王继宗 / 著

常州运河文化丛书

本书获常州市大运河文化带建设研究院
2021年后期资助

共田

谨以此书纪念中国大运河申遗成功十周年

江南通道

江南大运河溯源至
大禹及新石器时代考

辽宁大学出版社 | 沈阳
Liaoning University Press

图书在版编目（CIP）数据

江南大运河溯源至大禹及新石器时代考/王继宗著
. --沈阳：辽宁大学出版社，2024.8
（常州运河文化丛书）
ISBN 978-7-5698-0470-6

Ⅰ.①江… Ⅱ.①王… Ⅲ.①大运河－史料－常州
Ⅳ.①K928.42

中国国家版本馆 CIP 数据核字（2023）第 193201 号

江南大运河溯源至大禹及新石器时代考
JIANGNAN DAYUNHE SUYUAN ZHI DAYU JI XINSHIQI SHIDAI KAO

出 版 者：辽宁大学出版社有限责任公司
　　　　　　（地址：沈阳市皇姑区崇山中路 66 号　邮政编码：110036）
印 刷 者：沈阳市第二市政建设工程公司印刷厂
发 行 者：辽宁大学出版社有限责任公司
幅面尺寸：185mm×260mm
印 　 张：38
字 　 数：760 千字
出版时间：2024 年 8 月第 1 版
印刷时间：2024 年 8 月第 1 次印刷
责任编辑：于盈盈
封面设计：徐澄玥
责任校对：郭宇涵

书 　 号：ISBN 978-7-5698-0470-6
定 　 价：168.00 元

联系电话：024-86864613
邮购热线：024-86830665
网 　 址：http://press.lnu.edu.cn

前言

2014年6月22日，中国"大运河"被列入联合国教科文组织《世界遗产名录》。京杭大运河是中国东部平原上的伟大工程，是中国古代劳动人民创造的一项伟大的水利建筑，是世界上最长的运河，也是世界上开凿最早、规模最大的运河。现在普遍的结论是这条大运河始建于公元前486年，即《左传》记载的吴王夫差开凿了从扬州到淮安的苏北运河"邗沟"。

本书独辟蹊径，首次援引《左传》指出：夫差出兵中原的98年前，其曾祖父吴王寿梦便已出兵齐鲁，他应当由邗沟进兵，因为吴国出兵一日不可离舟船，这就有力地证明邗沟早在夫差之前便已存在，夫差是重开而非初开。这一能够用来否定《左传》公元前486年夫差开凿邗沟乃创开的史料，是目前所有大运河研究论文和专著均未曾提及过的。

本书在对世界文化遗产大运河文献的梳理研究过程中，还首次向世人披露了常州与镇江宋代地方志中的三条宋人文献，能够用来证明江南大运河早在大禹时代便已存在的震惊世界的史实，即：

1. 常州 宋《咸淳毗陵志》卷15"山川"载："运河，……《史记》云：禹治水，于吴通渠贯江、湖。"表明江南大运河是大禹治水的产物。

2. 宋《舆地纪胜》卷七"镇江府·景物上"载："漕渠：……司马迁曰：'禹之治水，于吴则通渠三江、五湖'，其来久矣。"这与宋《咸淳毗陵志》的观点两相呼应，证明常州至镇江段江南大运河在大禹时代便已存在。

3. 宋《舆地纪胜》同卷"镇江府·本朝人诗"又引宋人熊邁诗："禹疏渠绝岘，秦凿堑分京。"这就写明大禹是"疏"漕"渠"也即疏浚大运河，证明大禹之前常州至镇江段江南大运河便已存在。

有此三条宋人文献作为依据，加上常州大运河戚墅堰南岸新石器时代马家浜文化"圩墩遗址"、常州大运河横林北岸新石器时代崧泽文化"青城墩遗址"这两大考古发现，便能证明其时常州至镇江段江南大运河的存在，这条运河便是上述新石器马家浜、崧泽两大文化的母亲河。本书《江南大运河溯源至大禹及新石器时代考》因此而有文献与考古这两方面的双重证据。

目前，大运河的研究者与研究论著均未能引及上面三条史料，从而把夫差开邗沟视为大运河最早的一段。今常州市民俗学会、常州市大运河文化带建设研究院在地方文献研究过程中发现这三条文献，并将其钩沉推新展示给世人，旨在证明江南大运河在大禹乃至大禹之前的新石器时代便已存在。

这是常州与镇江地方志文献对世界大运河研究的重要贡献，世界文化遗产大运河最早一段乃常州至镇江段江南大运河藉此得以证明，这充分体现出常州镇江段江南大运河在世界大运河中最早的卓越地位。

这无疑是常州大运河研究对中华大运河溯源工程的重大贡献，有助于人们深化对中华民族文明史的认识，极大推前了中国大运河在世界运河史中的年代，具有重要的社会意义和相当的学术价值。

2019 年 2 月，中共中央办公厅、国务院办公厅正式印发《大运河文化保护传承利用规划纲要》，深入贯彻落实习近平总书记重要指示批示精神，充分挖掘大运河丰富的历史文化资源，保护好、传承好、利用好大运河这一祖先留给我们的宝贵遗产，打造大运河文化带。为此，2020 年 10 月，文化和旅游部、国家发展改革委等部门进一步落实这一国家战略，印发《大运河文化和旅游融合发展规划》，从多方面推进大运河文旅产业融合发展，带动大运河沿线经济社会高质量发展。

以上文件的出台，表明大运河从"文化遗产"跃升为"国家战略"，而 2022 年 5 月 27 日，中共中央政治局就深化中华文明探源工程进行第三十九次集体学习，习近平总书记在主持学习时强调中华文明探源工程的巨大意义，指出对中华文明起源和形成的探究是一项复杂而又漫长的系统工程，需要把考古探索和文献研究同自然科学技术手段有机结合起来，回答好中华文明起源、形成、发展的基本图景、内在机制以及各区域文明演进路径等重大问题，并要做好中华文明探源工程研究成果的宣传、推广、转化工作，提升中华文明的影响力和感召力。

2022 年 8 月，习近平总书记的重要讲话，指明了中华文明探源工程的巨大意义，对中华文明探源工程提出文明定义和认定进入文明社会的中国方案。

2022 年 8 月 16 日，中共中央办公厅、国务院办公厅印发的《"十四五"文化发展规划》又进一步强调要加强中华文明探源，深入挖掘大运河历史文化资源。因此，中国大运河的溯源，不光是运河研究绕不开的基础性课题，也是中华文明探源工程的应有之义。然而所有研究大运河起源的学者和论著，无一例外都将《左传》记载的公元前 486 年夫差开凿扬州到淮安的苏北运河"邗沟"作为中国大运河的正式起源，中国大运河起源于春秋末年的吴王夫差遂成为定论，申报世界文化遗产时也是根据这一结论进行申报的，中国大运河因此被认为只有2500年历史，这就远远低于同为人类文明宏大标志的埃及金字塔，也与中国春秋以前虞、夏、商、西周高度发达的农业、农田水利局面不相吻合，极大地低估了中国大运河起源的时间上限。而运河名为"漕渠"，名字中的"渠"字便与农田水利之"渠"无有二致，而且中国的沟洫体系逐级放大，必然会有大的人工沟渠充当运河之用。因此，我们很有必要对中国大运河的探源作认真的考证，而不能迷信前人以大运河是春秋晚期夫差所开的成说。本书在学术界率先打通中国古代农田水利（古人称之为"井田"）与运河起源的关系，大大推前了中国大运河的真实起源。

我们很有必要结合最新发现的文献史料与考古材料，对中国大运河的探源作认真而翔实的考证，不能再迷信前人关于大运河为春秋晚期夫差所开的成说。中华文明最宏伟的历史遗迹一是长城，二是大运河，而同为四大文明古国的埃及，其代表性的历史遗迹是金字塔。中华文明丝毫不亚于埃及文明，但最古老的金字塔已经有4600多年历史，代表中华文明的伟大工程大运河的起源不应当只有2500年而远远落后于埃及金字塔。而2019年7月6日，距今距今5300—4300年的良渚古城遗址申遗成功，其山地大坝这一宏伟的水利工程，让我们看到当时江南地区水利事业的发达，宋人言大禹治水疏浚江南运河，从良渚此项考古发现来看便是完全成立的了。

本书便是在响应习主席文明探源的时代号召，对上升为国家战略并成为世界文化遗产、代表中华文明高度的中国大运河的历史溯源展开深入细致的研究，此项研究完全立足于中华传世的经典文献和先秦考古发现这双重证据，证明江南大运河早在4200年前的大禹时代便已存在，很可能就是更早的五六千年前新石器时代马家浜人农田水利的杰作。中国大运河的历史起源丝毫不晚于金字塔，而且金字塔是丧失其原有功能的文物遗存，在未丧失功能时又仅供法老一人使用；而中国大运河从其起源开始，便是大众共建、共享的全民工程，而且泽及万世，一直延续到今天仍焕发着生机与活力。中国大运河"天人合一、泽被万世、利及万民"的特点远非埃及金字塔所能比拟。本书的研究极大地彰显出中华文明"天人合一、以民为本"的特征，彰显出中华文明的物质与精神成就对人类文明所做的伟大贡献，增强了民族的历史自信和文化自信。

基于上述理念，本书重点研究世界文化遗产大运河的历史起源，综合运用文献与考古的双重证据，突破世人普遍接受的中国大运河始于春秋吴王夫差开邗沟的上限。具体而言：全书前两章运用了一系列证据而非孤证，根据《越绝书》称吴国都"西江"、《三国志》称孙权复丹徒为武进（音"吴京"）、六朝人称镇江为"京吴"、镇江有一系列带"京"字的地名，加上一系列吴王坟特别是周天子赐给江南领主宜侯的"宜侯簋"均在镇江沿江山上出土,首次向世人证实从"宜侯簋"所赐的吴君周章开始,一直到迁都苏州城之前的吴王僚,江南吴国有 500 年立都于镇江的历史。而吴国一日不可离舟楫,故知由镇江发端的江南运河其时便已存在。《左传·哀公九年》载公元前 486 年吴王夫差北上伐齐开通邗沟,但《左传·成公七年》又记载 98 年前的公元前 584 年,夫差曾祖父吴王寿梦曾经出兵攻打山东的郯国,而吴国出兵一日不可离舟船,故知邗沟早在寿梦时代便已存在,夫差是重开(即疏通)邗沟而非创开。

本书第三章则从深入钻研《禹贡》、《史记·河渠书》这条主线入手,揭开中华大地上的主要沟渠全都定型于大禹,在江南便是江南大运河这又一惊人史实。第四章则展开富有理性的逻辑推理,根据江南地区古人类遗址沿运河分布的考古发现,根据运河与长江岸线相平行的自然地理格局,论证江南大地早在新石器马家浜时代便已有运河,江南大运河是新石器马家浜人稻作文明"井田制"的"横塘"这一横向主干渠,是江南先民化沼泽为良田的泽及万世的水利工程奇迹。

本书最大的学术价值在于首次把江南大运河的产生,由现在普遍流行的吴王夫差时代,推进到"宜侯簋"所在的周初,乃至"泰伯渎"所在的商末。同时更据《史记·河渠书》与《禹贡》的文献记载,再将江南大运河的开凿推进到大禹治水的远古时代。然后根据"井田制"与"马家浜文化遗址"的研究,把江南大运河的最初开凿推进到新石器的马家浜时代,证明其为马家浜人化沼泽为良田("井衍沃")的"井田制"横向主干渠。同时指出上古江南大运河常州以东皆为湖水,天然可以行舟,所要开通的江南运河只有常州以西的今天江南大运河镇江至常州段。

本书将中国大运河的历史由 2500 年前推至五六千年前的新石器时代,具有重大的学术突破,也为中国运河与世界运河史的研究挖掘出一系列翔实的史料,印证了中华五千年文明的辉煌历史,奠定了中国运河在世界运河史中高古而卓越的风范,在传承历史文脉的同时,大大增强了民族的历史自信;在富有学术价值的同时,又具有较大的社会意义。

本书追溯江南大运河历史起源于新石器时代马家浜稻作文化的"井田制"灌溉主干渠,在世界文化遗产大运河研究、江南吴文化与良渚文明研究、中华典籍《禹贡》研究、秦始皇江南开发研究等领域均有独到的创见。全书是以江南大运河作为研究总纲,但不局限于江南大运河本身,而是较广地涉及江南先秦史研究的诸多领域,书中所做的江南"井田"考、大舜"龙兴"江南考、《禹贡》确为"治水记"考、镇江五百年"吴京(武进)"考、秦始皇江南"驰道"考、长江三角洲"北江、西江、南江、中江、东海、运河"构成"田"字格局考、中原王朝对江南的"厌胜"考、武进丹阳"齐梁故里"考、奔牛"牛埭税"是世界税收起源考等九大考,均为笔者率先提出的创见和新论。特别是全书发现了现在所有大运河研究论著均未引及的三条宋代文献史料,为中国大运河起源研究得以上溯至大禹及大禹以前开辟了全新纪元。

本书的出版要感谢艾伦·戚先生、毛卫成董事长以及江苏九洲集团刘灿放董事长、陆惠根先生的大力支持。本课题的研究有幸获得常州市大运河文化带建设研究院 2021 年后期资助,被纳入常州运河文化丛书。本研究成果的主要发现又有幸获得恩师国家图书馆古文献资深专家李致忠先生、中国方志文献领域知名学者复旦大学巴兆祥教授、益友上海社科院历史所叶舟博士的审阅。在此一并表示衷心的感谢!

毗陵末学王继宗敬撰

2023 年 3 月 18 日

目录

本书导读

2020 年 12 月 1 日出版的第 23 期《求是》杂志，发表了习近平主席重要文章《建设中国特色中国风格中国气派的考古学，更好认识源远流长博大精深的中华文明》。这篇文章指出：做好我国考古工作和历史研究，一要继续探索未知、揭示本源，二要做好考古成果的挖掘、整理、阐释工作。我国的考古发现，展示了中华文明起源和发展的历史脉络，实证了我国百万年的人类史、一万年的文化史、五千多年的文明史；展示了中华文明的灿烂成就，是坚定文化自信的重要源泉；展示了中华文明对世界文明的重大贡献。在历史长河中，中华民族形成了伟大民族精神和优秀传统文化，这是中华民族生生不息、长盛不衰的文化基因，也是实现中华民族伟大复兴的精神力量，要结合新的实际发扬光大。

习近平总书记的这篇文章为我们指明了历史与考古研究的方向，就是要"建设中国特色中国风格中国气派的考古学"，以此来"更好认识源远流长博大精深的中华文明"。

中国考古与外国考古的最大不同，也即中国考古的独特风格与中国气派，便是中国拥有悠久且丰富的文献记载，拥有文字和文物这双重证据。这得益于我们华夏民族是全世界最善于记载本民族历史的民族。

晚清民国时期的王国维先生学贯中西，秉持"中体西用"的治学理念，提出文字与文物并重的"双重证据法"，为中国考古形成独特的风格与正确的治学思路指明了方向。我们需要全面理解王国维先生的这一治学理念，摆脱西方考古与历史研究的束缚，形成中国特色的考古之路。

本书第三章"五、（三）"特地援引王国维先生的原话："吾辈生于今日，幸于纸上之材料外，更得地下之新材料。由此种材料，我辈固得据以补正纸上之材料，亦得证明古书之某部分全为实录，即百家不雅驯之言，亦不无表示一面之事实。此'二重证据法'，惟在今日始得为之。虽古书之未得证明者，不能加以否定；而其已得证明者，不能不加以肯定，可断言也。"画线部分表明王国维先生提出"双重证据法"的初衷恰是重在文献、辅以考古，而不是用无法开口说话的考古证据来否定能开口说话的文献依据。

但晚清民国所处的时代，中国正处在极度贫困虚弱的时期，国人对西方文化充满仰望之情，将传统典籍视为故纸堆而不屑一顾，导致否定本土文化的"疑古思潮"泛滥，偏执地认为出土的文物要优于传世的文献，因为文献历经各朝各代的修饰篡改并不可信，这以顾颉刚先生的"层累地造成的中国古史"说为代表。

以顾颉刚先生为代表的民国以来的"疑古"学人，根据自己"中国文献典籍乃是不断层累附益（附会、增饰）而成"的学术论断，意图证明上古典籍中记载的"尧舜禹"并不存在，上古典籍中记载的"大禹治水"在当时的生产力水平下无法实现，有关"大禹治水"的典籍记载，不过是后世各地民间治水故事"百川汇海"般不断增益、集成的结果。其核心的理由便是：尧舜禹和大禹治水这两者的存在，全都找不到西方考古所强调的文物支撑。

本研究在习近平总书记从考古与历史研究中坚定本民族文化自信、汲取本民族复兴力量的宗旨指引下，秉持王国维先生"文献第一、结合考古"的治学理念，将"大运河"与"良渚文化"这两大世界文化遗产纳入研究视野，打通两者的关联，揭示出良渚文化的先民"马家浜人"稻作文明与大运河的深刻关系，以此来对"世界文化遗产"大运河作一远古溯源，揭示其中蕴藏的中华文明生生不息、长盛不衰的智慧结晶。

这一研究，印证了"尧舜禹"是一种真实的存在，破除了历史虚无主义；客观分析了"大禹治水"的生产力水平，特别是良渚申遗成功的山地大坝的存在，论述了"大禹治水"完全可行而非痴人说梦；揭示出"世界文化遗产"大运河最早一段出现在新石器时代水网密布的"镇江至常州地区"的历史图景，指明大运河的现实成因便是新石器时代江南先民稻作文明所开辟出来的大规模农田水利中的灌溉总渠；最终印证了"江南大运河镇江至常州段"在人类运河史中的崇高地位，指出其为迄今可考且沿存至今的最早运河。

一、本书的研究方法

本书秉持王国维先生"文字第一、文物第二"这一初衷，立足考古研究，借助合理的逻辑推理，补上文献缺失的环节，坚持清代文献学家的"考据"立场，凡有所论，必有所征（征引文献作为立论依据），全书凡引古籍文献全都用楷体字标明，以示言必有据，务求笃实，取信于人。

二、本书的学术价值

本书最大的学术价值便在于首次把"江南大运河"的产生，由现在普遍流行的吴王夫差或秦始皇时代，向前推进到"宜侯簋"所在的周初，乃至"泰伯溓"所在的商末。同时更据《史记·河渠书》与《禹贡》的文献记载，再将其推进到大禹治水的远古时代。最后根据"井田制"与"马家浜文化遗址"的研究，把江南大运河的最初开凿推进到新石器的马家浜时代，证明其为马家浜人化沼泽为良田（"井衍沃"）的"井田制"横向主干渠。同时指出江南大运河常州以东皆湖水，天然可以行舟，所要开通的江南运河只有常州以西的今天"江南大运河镇江至常州段"。

三、本书的学术创新

本书尽可能占有上古文献，同时辅以先秦及先秦以前的考古发现，以文献学与考古学相交叉的创新解读视角，取得以下一些学术上的创新：

1. 本书最大的学术创新在于第四章证明江南大运河起源于新石器时代马家浜人所开凿的"井田制"横向主干渠。这是根据大量的马家浜文化遗址位居"江南大运河"的两岸，而本书第四章"三、（一）"提到的《太湖水利技术史》一书"太湖环湖溇港圩田示意图"中的横塘（即宜兴的"北横塘、南横塘"，湖州的"荻塘"，吴江的"吴江塘岸"）全都与太湖岸线相平行而为运河。无独有偶，江南大运河与长江岸线相平行而为运河，其名字又叫"塘河"，这就证明江南大运河也是江南"塘浦圩田"图景中的"横塘"。而江南的"塘浦圩田"显然就是古代"井田制"的遗迹，所以"江南大运河"便应当是新石器时代先民，由于江南地区人口激增而太湖流域可供耕种的非沼泽地太少，于是实行化沼泽为良田（"井衍沃"）的"井田制"，这一农田水利开发所造就的"井田制"的横向主干渠泽及后世，便成为沿用至今的"江南大运河"。由于"良渚文化"呈现出一种背离江南大运河而向沿江、沿海沼泽滩涂地带发展的新态势，所以江南大运河便不应当是"良渚文化"的水利成绩，而应当是沿运河分布的比良渚人要早一两千年的马家浜人的水利开发奇迹。

2. 第一章详论秦始皇在江南的一系列开发，即：开辟"秦驰道"，在今天镇江城下开"京口河"、南京城下开"秦淮河"，在嘉兴地区堰塞形成今天"南湖"的前身；同时又改江南一系列富有吉祥含义的地名为恶名。秦始皇通过以上手段，一方面开发了江南的交通，另一方面又以这种改变地形地貌、地名的心理暗示手段，来镇压江南地区自"舜禹"两帝开始直至"吴越"两国的都邑景象（也即所谓的"王气"），均为先秦江南史研究中的创论。

3. 第三章详论大禹治水的可信性，主要通过详细研析《禹贡》，首次证明：《禹贡》并非此前史学界所公认的结论——《禹贡》乃春秋战国人的山川地理记"，而的确就是古人所说的观点——《禹贡》乃大禹本人向上天汇报其治水经过的总结报告。这一结论核心理由便是：如果是山川地理记，便不可能重复记载水道；而治水过程中却会发生某两次治水重复走过同一段路的情况。《禹贡》自"嶓冢导漾，东流为汉"言汉水入长江干流后，一路上又叙述其流到南京处的"北江"入海；自"岷山导江"言岷江入长江干流后，一路上又叙述其流到芜湖处，走宜兴"中江"入太湖，经"吴淞江"入海：后者便与前者重复了长江干流的武汉至芜湖段。如果是山川地理记，肯定要先表述岷江，对此岷江的表述到其流入长江干流处的"宜宾"处便停止；然后再表述汉水，对此汉水的表述到其流入长江干流处的"武汉"处便停止；然后再叙述"宜宾"至"南京"，以及"南京"以下的长江干流；然后再叙述此长江干流在"芜湖"处分出来的一个支流"中江"。今《禹贡》之文叙述汉水时一路叙述至大海，叙述岷江时也一路叙述至大海，便不可能是山川地理记，而只可能是治水记。即：大禹先治汉水，一直治到南京处的长江（即"北江"）入海；第二次治岷江，治到芜湖时，便不治上回已经治过的南京以下的长江（即"北江"），改治上回没有治理过的"芜湖—宜兴—吴江"处的"中江—太湖—吴松江"。《禹贡》治水说"便是破解"《史记·河渠书》治渠事就是大禹治水业绩"的密匙所在。本研究否定了后世几乎成为定论、其实却是误会的"《禹贡》乃山川地理记或贡赋记"这两大说法，在《禹贡》研究领域具有颠覆性突破。

4. 第三章详论大舜和江南的关系，填补了江南大舜研究的空白，证实舜的故乡在钱塘江（即"南江"）以南的余姚、上虞，而江南（指"北江"长江以南；而"南江"钱塘江以南也在"江南"的地理范畴内）是其龙兴之地，江南文明自古就很发达（这有"良渚"申遗成功为证），江南以疏通为主的治水理念（即《吴越春秋》所谓的"通水之理"）是大禹治水效法、学习的榜样和总纲。

5. 第四章详论"井田制"之谜，揭开"井田制"这一原始公社时期赖以立国的根基性制度的诸多细节，在"井田制"研究领域有集成之功（笔者所做的工作尚未能"集大成"，故称"集成"）。本书在研究时秉持王国维先生恪守文献为可信的原则性主张，证明"井田制"乃实践出真知，确为古代中国（乃至全世界）长期实行过的现实制度，颠覆了此前学术界的认知。这一研究事关江南"井田制"在全国"井田制"格局中的地位，也事关"井田制"横向主干渠"江南大运河"的成立，是学术界首次打通"大运河"起源与江南"井田制"这两者之间的联系，具有开创之功。

6. 第二章论明武同举据《江南通志》所提出来的"夫差创开江南大运河，且此江南大运河走孟河出江"说的荒谬。《江南通志》只是言江南大运河在古常州府境内段也即"望亭至奔牛段"这170里乃夫差所开（按：古常州府管辖今天的无锡全境），所言

170 里并不包含孟河段在内，因此孟河便不是夫差所开的运河。须知武同举的说法，早已成为大运河研究领域普遍接受的观点，因此本书的这一观点便彻底颠覆了先秦江南大运河史的研究，指明最早的江南大运河就在京口出江，而非由孟河，亦非由"吴古故水道"之利港出江。

7. 第一章详论镇江就是先秦吴国的首都吴京，"宜侯簋"的出土，表明周康王封第五代吴君周章定都于镇江，而"余眛坟"的出土，以及吴王余眛时代齐国逃难大臣庆封在丹徒有宅的文献记载，又表明吴王余眛也定都于镇江，再加上周章到余眛之间一系列吴国君王的坟墓出土于镇江，更加可以证明先秦吴国定都于镇江长达 500 年。而吴国一日不可离舟船，也就一日也离不开运河，据"宜侯簋"便可推定：镇江之地早在西周初年便已有大运河存在，而周天子之所以赐吴国定都于此，便看中此地不光是江海门户（指长江入东海的门户），更是江南、江北大运河的渡江咽喉所在，是控制南北中国（当然是指东部中国的北方和南方）的战略要地。

8. 第四章末尾详论"吴古故水道"的复杂性，指出"古"为前朝之意，而汉代的前朝便是吴、越、楚，未必要很早；"故"为不用也即荒废之意。因此"古故"两字并不能证明这条水道是江南吴地的最早运河，也不能证明其开凿要早于江南大运河。因为"吴古故水道"其实分为古、中、晚三段：西段由"芙蓉湖—利港"出江，天然有湖，不是人工水道，此是自古就有而为最古，但非人工运河；中段"泰伯渎"是泰伯所开，晚于江南大运河；东段"蠡渎"是越灭吴时范蠡所开因而极晚。吴古故水道与江南大运河在行经路线上几乎没有重合（仅在无锡城往西至阳湖那 20 多公里段有重合）；而且这条水道中由人工开凿的中、西两段均晚于江南大运河。这就彻底破除学界迷于"古故"两字而定"吴古故水道"甚早，乃至定其为江南最早的运河，或径直认为它就是"江南大运河"雏形等说法的荒谬。

四、本书的主要观点

除了上述创新观点外，在此有必要把全书柱石性的观点开列如下，供读者研判其是否成立，如果一一成立，则本书的结论便有根基而坚固。

1. 如果先有城市再有运河，由于城市定位的随机无序，所以每相邻两座城市间的运河当是直线，而某座城市与两侧城市间形成的两条运河便当是曲折的而不大可能在一直线上，所有城市间的运河便当曲曲折折的而不可能在一直线上。今串起江南镇江至苏州诸座城市间的江南大运河却是一条平滑直线或曲线，这就证明江南这一系列城市应当是先有运河再有城市。江南城市据文献可知先秦时代便已存在，由此便可得知：串起江南这一系列城市的运河必定要早在先秦之前就已存在。

2. 两河交会，呈"十"字相交便无法判定谁早谁晚；但如果是呈"丁"字形相交，则横向绵亘之河为早，正向来会之河当晚。而常州城下"西蠡河"与江南大运河呈"丁"字形相交，其为范蠡所开，证明大运河早于范蠡便已存在；且范蠡开河至此，又表明其时此处便已有市集（即常州城的雏形）存在；上文已言江南大运河线路平滑证明是先有运河，再有市集（城市的雏形），而市集的孕育显非朝夕之功，可证范蠡前很早便已有大运河存在于今天的常州城处。无锡城下的"泰伯渎"与江南大运河也呈"丁"字形相交，其为泰伯所开，证明大运河早于泰伯；且其时已有无锡市集（即无锡城的雏形）存在，江南市集因运河而生非朝夕之功，故知今天无锡城下的大运河又当远早于泰伯便已存在。

3.《太平御览》载孙皓命岑昏开杜野与小辛间的"小辛凿道"，两地名在古今地图上均有标，全都在江南大运河岸边，证实岑昏所开便是"徒阳运河"（江南大运河丹徒至丹阳段）处的"大、小夹冈河"，后人常把东吴开"小辛凿道"误会成秦始皇开驰道。

4.《太平寰宇记》等文献只记载秦始皇三十七年南巡至镇江城，开了城东侧"京岘山"南麓的"猪婆滩"为长坑，即开了丹徒镇至镇江城那一小段24里长的"河口运河"，从而可以少逆江而上18里，并命名此地为"丹徒"。后人常把这件事误解为秦始皇开了整条"徒阳运河"。

5. 详考秦始皇二十七年在江南开凿的"秦驰道"的路线，指出"常州—无锡—苏州"因其运河地处古"上湖"湖区，无法筑成坚实的地基，所以镇江至苏州段驰道无法与运河相并而行，于是改走其北很远处的沿江冈身，形成"冈身"（实为古人借助天然冈身而成就的"捍海堤"）之上的如丘陵般的驰道"陵道"。我们千万不能把秦始皇开"驰道"视为秦始皇开"运河"而将两者混为一谈。

6.《越绝书》所载的嘉兴地区的"陵水道"，王文楚、郑肇经先生皆认为是开运河。其实上一点已言明：江南的驰道全都凌驾于如陵般的"捍海堤"（即"冈身"）上，到嘉兴时，捍海堤恰好又与运河水道相并行，故名"陵水道"。其实水道原本就有，因为《越绝书》《至元嘉禾志》记载秦始皇三十七年南巡时听到"水市出天子"的谣言，到嘉兴时正好目睹此地有水市而将其挖废成"堰塞湖"（即今嘉兴"南湖"的前身），证明秦始皇时嘉兴处便已形成繁华水市，则其处大运河当更早就已存在（因为运河形成水市远非一朝一夕之功，秦始皇时嘉兴有水市，证明今天嘉兴城处的大运河当远早于秦始皇时代便已存在）。

7. 吴国有500年立都于镇江，证明大运河在周初时便已存在于镇江（详见上文"三、7"）。《左传·哀公九年》载公元前486年吴王夫差北上伐齐而开通邗沟，但《左传·成公七年》又记载98年前的公元前584年，夫差的曾祖父吴王寿梦曾经出兵攻打山东的郯国，而吴国出兵一日不可离舟船，故知邗沟其实早在寿梦时代便已存在，夫差是重开（即疏通）邗沟。

8. 重点研析《史记·河渠书》与《禹贡》，揭示中华大地上的主要沟渠全都定型于大禹，在江南便是江南大运河。论证思路便是：《史记·河渠书》先讲华夏治理黄河始于大禹，下来言中国开渠也始于大禹。可是开诸渠事写在"自是之后"四字后，宋代学人将此四字理解为"大禹治理黄河后"，而把其下之事仍旧理解为大禹的行事；后辈学人（包括今人）则理解为"大禹治水完毕后"，其下之事遂是大禹以后的后人行事。加之其下所开诸渠虽然和《禹贡》相合而确为大禹治水事，但又有"于蜀，蜀守冰凿离碓"，似乎证明此所言诸渠乃是后人而非大禹治水。幸亏纪国泰先生之文雄辩成都平原若无"都江堰"便无法成为人类的宜居之地。而成都平原出土了从大禹到李冰之间的大量文化遗址，证明成都平原早在李冰之前，便当有"都江堰"这一水利枢纽存在；由此可证《禹贡》"岷山导江，东别为沱"的沱江，就是都江堰从岷江分出的那条枝江。应当是后人因为李冰在四川治水的名声太响，传抄时误在"凿离碓"这大禹功绩前加上了"蜀守冰"三字，遂使上下文大禹开通天下沟渠的伟绩，顿时也就演变成了三代以后的众人行事。但真相是无法掩盖的，因为《庄子·天下》言大禹治水时开了"支川三千，小者无数"，此外又有大量史料全都能证明大禹是治河与开渠两者共同的鼻祖，司马迁焉能在《河渠书》开头只把大禹列为治河之祖，而不把他视为开渠之祖？且都江堰如果是李冰之事，接下来述西门豹治水之事在李冰之前，焉能时间倒置？宋《咸淳毗陵志》《舆地纪胜》以及熊通的诗，全都把《河渠书》"通渠三江五湖"理解成大禹的行事，而且宋人熊通用的是"疏渠"两字，指明大禹只是疏浚而非创开，江南大运河还可溯源到大禹之前的新石器时代。我们后人距大禹比宋人要遥远，宋人既然读《河渠书》开头的开渠文字全是大禹治水的成绩，肯定有其自古相传的学术渊源，后人便不当妄自怀疑宋人这一学术传承。

9. 良渚发达的农田水利，印证了以沟渠体系为核心要素的"井田制"在江南大地上的普遍存在。良渚发达的水利系统，印证了井田制干渠"江南大运河"的开凿应当不在话下。2019年申遗成功的良渚山地大坝的存在，表明良渚乃至稍早的马家浜时代，在地势比常州以东的湖区仅高出几米的镇江至常州段开通运河，那是完全能做到的。

10. 江南地区一流的水运条件，催生了"江南大运河"这一全世界迄今有史可考且完整幸存的首条大型运河。这表现为：江南水运和水利最为发达，江南水运需求最为旺盛。江南需要化长江江面上的"逆江而上"为运河内的"内河航运"，从而形成活水周流的水循环。江南开河最为容易，江南水利经验最为丰富。江南地区容易因为治水而形成强有力的政权来从事水利开发。北纬 30° 的大江、大河口，是其所在文明圈中政治、经济、文化最发达地区，诞生了很多宏大的人类工程（如金字塔、大运河）。因此，长江三角洲拥有开凿中国乃至世界首条运河的先天条件。

11. 江南适宜稻作文明的"井田制"催生了江南大运河。

12. 江南大运河与古长江岸线平行，暗示江南大运河可能是古代江南先民对长江岸线因势利导的利用。而陈桥驿先生"浙东运河"的研究则独泄天机，对于研究江南大运河起源具有重要的启迪。

五、对全书论证的总领

上述的创新观点与基石性的主要观点，全都经过本书分章、分条的详细论证而得出。由于本书的中心观点"江南大运河早在大禹乃至大禹之前的新石器时代便已存在，是全世界迄今有史可靠且幸存至今的首条大运河"，论述起来错综复杂，字数又多达 59 万字，所以特在全书开头按章作一总领，以收提纲挈领之效。

全书共分四章，如"百川汇海"般多角度地证明"江南大运河起源于大禹及大禹之前的马家浜时代"这一中心结论。下面加★者便是可引以为据的证据，而加★★者便是极有说服力的证据。

（一）第一章旨在从多方面、多角度，运用多重证据，揭示江南大运河早在秦始皇前便已存在的事实。

1. 史书中正式记载江南大运河开凿的是《资治通鉴》卷一八一载隋炀帝在大业六年开江南河。陆游受此误导，认为隋以前无运河。

2.《南齐书》所载"丹徒水道入通吴会"便能把江南大运河、浙东运河的存在前推至齐梁。

3. 唐许嵩《建康实录》载孙权开破岗渎"以通吴、会舳舰"，此"破岗渎"所接通的便是通往吴郡与会稽郡的江南大运河，这也就把江南大运河、浙东运河的存在上溯到孙吴时期。

4.《太平御览》言孙皓命令岑昏斩绝陵垄而开"杜野"与"小辛"间的"小辛凿道"，这两个地名在今天地图上仍然有标，皆在大运河畔，可证所开实为徒阳运河的"大、小夹冈河"，后人皆误会小辛凿道乃秦始皇开驰道。

★ 5.《咸淳毗陵志》孟渎乃东汉光武帝所开，其与江南大运河呈"丁"字形相交，证明其晚于运河，是江南大运河的存在可以上溯到两汉的实证。

★ 6. 江南大运河溯源至秦的事实依据便是：如果先有城再有运河，则其运河格局必将是相邻城市间的运河为一直线，而依次连接所有城市的运河总体呈现曲曲折折的格局。现在连起江南诸座城市（镇江至苏州）的运河是条平滑曲线和直线，且两两等距（指丹阳至苏州段），证明是先有运河再有城市，一日舟程（即一百里）形成过夜用的城市，半日舟程（约五十里）形成用午饭的大镇。而江南城市据文献可知先秦已经存在，故知江南大运河必定秦以前就已存在。

★ 7.《太平寰宇记》等文献只记载秦始皇逝世那年（即秦始皇三十七年）南巡至镇江，征发 3000 红衣囚徒，开京岘山猪婆滩处为长坑，从而开了丹徒镇至镇江城那一小段 24 里长的"河口运河"，可以少逆江而上 18 里，并命名此地为"丹徒"。后人常误以为是秦始皇开了整条"徒阳运河"。

★★ 8. 先秦吴国五百年立都镇江的证明，是"镇江—常州—无锡运河"在先秦吴国时必定存在的依据。秦始皇改镇江那块地方为"丹徒"之名，而《三国志》载孙权下诏书是复丹徒为武进而非改丹徒为武进，证明"武进（吴京）"是秦始皇改此地为恶名"丹徒"之前的地名，即此地为先秦吴国时的京城所在。我们找到六朝和五代人称立都镇江京口的吴国政权为"京吴"。齐国大夫庆封在吴王余昧时逃奔吴国，显然应当在吴国国都有其家宅，因为要受吴王长期考察后才能离京上任，上任时又一定会有人质留在京城，总之，庆封当有宅在吴王眼皮底下的首都乃无可怀疑之事。今江南大地仅丹徒有庆封宅，这是丹徒为吴王余昧京城的有力旁证。丹徒出土了"宜侯簋"与"吴王余昧墓"，是证明丹徒为吴王京城"吴京"的两大考古力证。《越绝书》载明吴都在"西江"，当即"长江三角洲"西北角的今天镇江京口之地，这是证明"京口"乃"吴京"的又一有力旁证。我们正是依据上述五重证据，得出丹徒（京口）就是先秦吴国首都"吴京"的惊人结论和史实；"京口"之"京"不再是自然高丘意，而是人工兴建起高台，然后在此台上兴建起雄伟建筑的国都意。所以下来一点也就顺理成章了，即吴国与越国风俗相同，一日不可离舟船，吴国之所以能立国于镇江之地，此处必定要有发达的水运体系，加强其与吴国发祥地的江南东境"梅里"的联系，这就等于是在说：沟通起镇江城与常州、故都无锡梅里一带的"江南大运河"，早在宜侯簋的周初便当已经存在。

★ 9.《太平寰宇记》载明"龙目湖"是梁武帝所开而与运河无关，《嘉定镇江志》误记为秦始皇所开。

★★ 10. 详细考证秦始皇二十七年所开凿的江南驰道路线，指出秦驰道仅在镇江河口那一小段、嘉兴至杭州那一段与江南大运河并行，镇江—常州—无锡—苏州皆因运河处为古上湖，无法筑成严实地基，故驰道不与运河并行，改走沿江的冈身，形成凌驾于冈身（即捍海堤）上的如同丘陵般的驰道"陵道"。这与秦始皇三十七年征发 3000 红衣囚徒，开镇江河口运河而改其地名为"丹徒"乃是不同年份的事，后人常混为一谈。而秦始皇二十七年开凿笔直线的驰道，截丹阳境内的"经山（京山）山脉"，使山峦被直道斩截而破缺，秦始皇三十七年南巡视察时，特赐恶名"曲（缺）阿"。总之，秦始皇二十七年所凿驰道与江南大运河无关，与江南大运河沿岸的小辛凿道也无关。我们不能把秦始皇开驰道与秦始皇开运河混为一谈。

★ 11.《越绝书》所载的嘉兴地区的陵水道，王文楚、郑肇经先生皆认为是开运河。其实上一点已经言明，江南的驰道皆是凌驾于如陵般的捍海堤上，到了嘉兴处，捍海堤恰与运河水道并行，故名"陵水道"。虽名为"陵水道"，但秦始皇二十七年只开了陵道，水道却是原本就有的。

★★ 12. 何以知晓嘉兴处水道是秦始皇之前就有？因为《越绝书》和《至元嘉禾志》载明秦始皇在秦始皇三十七年南巡听到"水市出天子"的谣言，到嘉兴所在的长水县时，正好看到人们坐在船上贸易而有水市，于是调发十万当地的囚徒筑"马塘堰"形成一个堰塞湖来淹没此"水市"（长水县），迁其城于湖北岸，用恶名"囚倦（由拳）"来命名，孙权改其名为佳名"禾兴"，后改名"嘉禾、嘉兴"，所成之湖就是今天嘉兴城南极负盛名的南湖。而"6"证明江南的运河要早于沿河的市镇，而嘉兴所在之地秦始皇时便已形成繁华的水市，且其水市的繁华程度已经到了足以让秦始皇侧目而视、惊恐不已的地步，而水市的形成显非一朝一夕所能成就，这就证明嘉兴处的江南大运河，其实早在秦始皇之前便至少已经存在了数百年。

★ 13. 秦始皇恐惧江南的水市，证明他根本就不会在江南开运河，相反，他在江南所造的驰道凌驾于水道之上，形成对江南原有运河一种"以土克水"的形势上的镇压。

★★ 14. 江南大运河始于秦始皇纯属误会，其代表性的观点，即王文楚先生根据秦始皇在镇江"开猪婆滩"，在嘉兴"治陵水道"，而两者又是江南大运河一首一尾处的两大工程，从而判定整个江南大运河是秦始皇所开。而本书第一章论明：文献只记载秦始皇开了镇江"猪婆滩"这河口一小段，认为秦始皇开了丹徒至丹阳段的"徒阳运河"，一是把岑昏开的"小辛凿道"误会成为秦始皇所开；二是把秦始皇在曲阿境内沿"京山（水经山）"山脉开凿的"秦驰道（又名'直道'、'天子路'）"给误会成了开凿"徒阳运河"的记载；三是把秦始皇在京岘山下，开了旨在引运河由今天的丹徒镇改口至今天镇江城处入江的那一小段 24 里长的运河，误会成开凿丹徒至丹阳的"徒阳运河"全段的记载；四是把"陵水道"当成"江南大运河"。只要有上述四大误会中的任何一个或几个，便会得出秦始皇开创"徒阳运河"乃至整个"江南大运河"的说法。剔除这四大误会后，文献根本就没找到任何秦始皇开凿江南大运河全段的记载，秦始皇只开了镇江河口那一段；而其只开河口这一段，本身也就能证明"徒阳运河"早已存在（不然他要开河口干什么？）；而秦始皇时嘉兴水市的存在，也就能证明嘉兴处运河早已存在，《越绝书》所谓的秦始皇治"陵水道"，是秦始皇二十七年开嘉兴段驰道时，凌驾于已有的运河水道之上，这一"陵水道"的记载并不是他开嘉兴运河水道的记载。

★★ 15. 为了更详实地考明秦始皇所开驰道与江南大运河的区别，本书据《史记》《越绝书》所载秦始皇南巡江南的行踪来考明江南的"秦驰道"，指出其根本就没走"江南大运河"。席龙飞主编的《中国科学技术史·交通卷》沿江南大运河画驰道，即把秦驰道视为江南大运河北岸上的驿道，其实是忘却了江南大运河在常州以东段为"上湖（芙蓉湖）"的事实，此运河沿岸其时尚是湖沼，根本就找不到坚实的路基可以筑驰道，本书不光纠正了以席龙飞为代表的学者所绘秦驰道路线的荒谬，同时也就纠正了秦始皇开秦驰道的同时兼开运河水道的错误认识。

16. 本章最后详实地引用原始文献，来考证秦始皇三十七年南巡对江南王气的一系列镇压（即改恶名），对于认识上文的考证也有一定帮助。

（二）第二章旨在从多方面、多角度，运用多重证据证实江南大运河早在商末周初的泰伯之前便已存在。

★ 1.《咸淳毗陵志》载明西蠡河是范蠡所开，它与大运河呈"丁"字形交会的格局，证明西蠡河晚于大运河，则大运河肯定在范蠡、夫差、勾践之前便已存在，因此大运河显然不是战国时的春申君所开。

★ 2. 西蠡河结束于常州城下，证明常州城这个地方早在范蠡所在的春秋末年便已有市集存在，而上一章"6"言明江南诸城市是先有运河再有市集，市因河起。而市集的孕育又非一朝一夕所能成就，至少得有几十乃至上百年的过程，这也就证明江南大运河在范蠡同时代的吴王夫差之前几十年、上百年，乃至更久以前便已存在的事实。所谓吴王夫差开通江南大运河的说法，其实也可据此排除。

★ 3. 吴国一天都离不开船，因此上章"8"吴京在镇江，便可用来证明大运河早已开到镇江城处。

4. "宜侯矢簋"表明周初第三代周天子赐第五代吴君周章于"宜侯矢簋"①出土的宜地也即今天的丹徒之地，铭文中所赐"三百川"中最大之川应当就是江南大运河。而周天子之所以要分封原本在江南腹地无锡梅里的吴郡，到镇江这一地方来定都，是因为此

---

① "宜侯矢簋"就是前文所说的"宜侯簋"。宜侯名"矢"其簋可称作"宜侯簋"亦可称作"宜侯矢簋"。因"矢"字不常见，故行文时一般写作"宜侯簋"，仅在强调宜侯之名时写作"宜侯矢簋"，特此说明。

处不光是江海之门，更是江南、江北大运河贯通长江的咽喉要地，因此"宜侯夨簋"周天子命吴君移镇丹徒，也就强烈暗示出此处当有江南大运河的存在。

★★5.《左传·哀公九年》载公元前486年吴王夫差北上伐齐而开邗沟，但《左传·成公七年》又载98年前的公元前584年夫差的曾祖父吴王寿梦攻打山东的郯国。而吴国一日不可离舟船，98年后的夫差出兵尚且要治河，98年前的寿梦出兵肯定也要走水道即江北大运河邗沟，这也就证明江北大运河邗沟其实早在夫差之前便已存在，夫差是重开江北大运河。吴国统治中心在江南，开河只可能由腹里开往边地，故知江南大运河肯定要早开于江北大运河数年。总之，寿梦之时江南与江北的运河应当都已存在，寿梦时河况好而不用重开，寿梦时河况不佳而要重开，故为《左传》记载。

6. 夫差时代江南大运河走"吴古故水道"实属误会，因为吴古故水道从利港出江要逆江而上至广陵200里，在古代是不可能的，因为东吴与明朝尚且要避逆江而上之险，开江南的破岗渎或江北的白塔河，化风险极大的逆江航运为"内河（运河）航运"。

★★7. 清黎世序的《续行水金鉴》、民国武同举《江苏水利全书》都据《江南通志》的记载，认定夫差开运河到奔牛后便改走孟河出江。而《江南通志》的原文说："运河，在府南。自望亭入无锡界，流经郡治，西北抵奔牛镇达于孟河，行百七十余里。吴夫差所凿。"请大家量一下地图便可明白从望亭到奔牛已是170里，所以作志者说的是望亭到奔牛这170里的江南大运河是夫差所凿，而并没说孟河是夫差所凿。作志者说的是常州境内的运河，不涉及常州以东的苏州境内，也不涉及常州以西的镇江境内，故只说从望亭到奔牛这170里是夫差所凿，而望亭以东至苏州，奔牛以西至镇江，其未言是否夫差所开，但思考一下，也就知道肯定也是夫差所凿，因为夫差出兵怎么可能只凿望亭到奔牛那170里呢？由其不举苏州至望亭，即默认苏州至望亭乃夫差所凿，则其不举的奔牛至镇江，显然也当视同此例而看作夫差所凿。正如上面"5"所说，夫差出兵要整治河道，所谓"凿"仍是重凿而非创开。而清黎世序、武同举非常州人，不识作者只说常州境内之运河乃夫差所凿，反倒读作大运河走孟河，夫差出兵走孟河。

8. 夫差出兵如果不由镇江出江，与广陵无缝对接，而是由孟河出江，势必逆江而上130里，同"6"所言，这在夫差后的东吴乃至明清都是困难而不可行的。而且这一理解如"7"所言，又纯属黎、武二君误解，《江南通志》其实并没有说夫差所开运河是走孟河。

★9.《咸淳毗陵志》"泰伯庙"条载明泰伯渎是泰伯所开，与江南大运河呈"丁"字形交会的格局，证明泰伯渎要晚于江南大运河，这便是江南大运河可以溯源至商末周初的泰伯时代的理据所在。

（三）第三章从深入钻研《禹贡》《史记·河渠书》这条主线入手，揭开中华大地上的主要沟渠全都定型于大禹，在江南便是江南大运河的惊人史实。

1. "荥阳下引河东南为鸿沟，以通宋、郑、陈、蔡、曹、卫，与济、汝、淮、泗会"加上"于齐，则通菑、济之间"的开渠事，便在《禹贡》大禹从沇水一路疏导济水、黄河、荥水、菏水、汶水等入大海的过程中："导沇水，东流为济，入于河，溢为荥；东出于陶丘北，又东至于菏，又东北，会于汶，又北，东入于海。"其中"菏"指"菏水"，孔安国注："菏泽之水"，即沟通济水与泗水的水道；而济水又通黄河，泗水又通淮河。历来相传夫差出兵时，为了沟通淮水与黄河而开"菏水"，其实早在大禹时代便已存在，这与"邗沟、江南大运河历来相传为夫差所开，其实大禹时代便已存在"的情况是一样的。其实更当是大禹之前先民们的水利成绩为大禹所发扬光大。★★

2. "通渠汉水、云梦之野"的开渠事，便在《禹贡》大禹从嶓冢山开始疏导汉水的过程中："嶓冢导漾，东流为汉，又东，为沧浪之水，过三澨，至于大别，南入于江。"

3. "通沟江淮之间"的开渠事，便在《禹贡》大禹综合治理江水、淮水过程中："导淮自桐柏，东会于泗、沂，东入于海。"

4. "通渠三江、五湖"的开渠事，便在《禹贡》大禹疏导汉水后沿长江而下疏导南京处的长江"北江"，以及疏导岷江后沿长江而下疏导芜湖处"中江"入太湖走吴淞江入大海这两大过程中："东，为北江，入于海"；"东，为中江，入于海"。

5. "于蜀，蜀守冰凿离碓，辟沫水之害，穿二江成都之中"的开渠事，便在《禹贡》大禹从岷山开始疏导岷江的过程中："岷山导江，东别为沱"。而司马迁误把此事挂在蜀郡太守李冰名下，何以见得是误挂？

因为《史记·河渠书》末尾有司马迁亲笔所写的总结之语："太史公曰：余南登庐山，观禹疏九江，遂至于会稽太湟，上姑苏，望五湖；东窥洛汭、大邳、迎河，行淮、泗、济、漯洛渠；西瞻蜀之岷山及离碓；北自龙门至于朔方。"而《禹贡》中载明"九江、会稽、姑苏、五湖、洛汭、大邳、逆河、淮、泗、济、漯、洛诸水、龙门、朔方"都是大禹治水之地，因此"禹疏"两字肯定总领到"北自龙门至于朔方"，则两者之间的"西行瞻望西蜀地区的岷山和离碓"便也在"禹疏"的范围之内。因此，根据太史公最后的这番总结之语，便可明白《史记·河渠书》"治河"下来所说的中华大地上最初所开的诸大型干渠之事，便也全都是大禹的丰功伟绩，"蜀守冰"三字乃司马迁行文时一时疏忽所作的妄加，更有可能是司马迁不误而后人传抄《史记》时妄加。★★

可是后人因上引《史记·河渠书》中画线的"蜀守冰"三字，而疑"自是之后"是三代以下之事，而非大禹开渠事。幸亏纪国泰教授《大禹"岷山导江"与"开明决玉垒传说的历史观照》这篇文章，雄辩地证明成都平原若无"都江堰"，便无法成为人类的宜居之地。而成都平原出土了大禹时代（距今 4200 年左右）至秦代李冰之间的大量文化遗址，证明成都平原早在李冰之前便已有人类居住，而成都平原宜居的前提便是"都江堰"水利枢纽的建成，由此可以证明《禹贡》"岷山导江，东别为沱"的"沱江"就是都江堰从岷江分出的那条枝江。★★

我们在纪国泰教授观点的基础上更往前推：成都平原的"三星堆文化"已有 3000—5000 年历史，大禹时代距今仅 4200 年左右，这更意味着"都江堰"这一伟大的水利工程肯定也是大禹之前便已存在，是蜀地先民们集体治水所创造出来的水利奇迹，后为大禹发扬光大，李冰只是再度修缮而已。由于李冰在四川治水的名声太响，司马迁作《史记》而抄录前人这段史料时，因自己一时误会，在"凿离碓，辟沫水之害，穿二江成都之中"这大禹功绩前加上了"蜀守冰"三字，遂使上下文大禹开通天下沟渠的伟绩，顿时变成了三代以后的众人行事。

真相是无法掩盖的，因为《庄子·天下》引墨子的话："昔者禹之湮洪水，决江河而通四夷九州也，名山三百，支川三千，小者无数，禹亲自操橐耜而九杂天下之川。腓无胈，胫无毛，沐甚雨，栉疾风，置万国。禹大圣也而形劳天下也如此。""杂"就是"乱""治乱、治理"之意。所言的"小者无数"四字正是在说《史记·河渠书》"至于（大禹）所过，往往引其水益用溉田畴之渠，以万亿计，然莫足数也"的"莫足数也"这四个字。

大禹治水开天下沟渠的事我们还能找到一大堆史料，如《史记·夏本纪》载："禹乃遂与益、后稷奉帝命，命诸侯百姓兴人徒以傅土……以开九州，通九道，陂九泽，度九山。"如《墨子·兼爱中》："古者禹治天下……南为江、汉、淮、汝，东流之，注五湖之处，以利荆楚、干、越与南夷之民"，便是上引《河渠书》所说的"于吴，则通渠三江、五湖"。《孟子·滕文公上》："禹疏九河，瀹济、漯，而注诸海；决汝、汉，排淮、泗，而注之江；然后中国可得而食也。"画线部分说的便是沟通长江、淮河的邗沟，也即上引《河渠书》中的"东方则通鸿沟江、淮之间"。后人误以为是夫差开辟的（其实是重开的）旨在沟通淮河与泗水以达黄河的"菏水"，正是《禹贡》所说的"又东至于菏"中的"菏"。

总之，司马迁作《河渠书》时肯定一开始要写治河（治黄河）、开渠（开凿灌溉兼水运的人工沟渠）的鼻祖，而上述史料都证明大禹是治河与开渠两者的共同鼻祖，司马迁焉能在《河渠书》开头只把大禹作为治河之祖，而不把他作为开渠之祖？既然有一大堆史料能证明大禹是开渠之祖，司马迁又怎能在《河渠书》开头不表述这一点？★★由此可知，《史记·河渠书》述完治河鼻祖大禹事后，下来的"自是之后"开渠之事，仍是在叙述大禹这一开渠鼻祖之事。即"自是之后"当理解为大禹治黄河之后,前来治理黄河以南的诸沟渠,而不可以理解为大禹治水完毕后,大禹以后的人们开挖黄河以南的沟渠。

西门豹治漳水在魏文侯朝(前445—前396),郑国渠建于秦王嬴政元年(前246),蜀守李冰据说是在公元前256年至前251年任蜀郡太守时主持修建都江堰水利工程,比西门豹要晚150年,比郑国渠早不了几年。如果"自是之后……然莫足数也"不是大禹的功绩,而是三代乃至春秋战国人的功绩,按照司马迁作《史记》的风格便不应当不按照时间先后来排列,应当把蜀守李冰事放到西门豹开渠事与郑国开渠事之间来叙述。★★

或有人认为,司马迁是先按地域总述中原开渠事,再述楚,再述吴,再述齐,再述蜀,然后再述魏国(西门豹)与秦国(郑国)开渠事。但如果西门豹与郑国开渠事当与上文并列的话,则上文的总结语:"此渠皆可行舟,有余则用溉浸,百姓飨其利。至于所过,往往引其水益用溉田畴之渠,以万亿计,然莫足数也",岂非应当放在西门豹与郑国的水利工程后加以总结更为更妥当?难道西门豹与郑国开的渠就不能行舟,就不能供百姓分流灌溉?★★

因此最合理的解释便是"自是之后……然莫足数也"是大禹的功绩。大禹治完中原黄河水患后,又于中原及楚、吴、蜀三地的长江流域开河渠。正如大禹治河完毕,司马迁要下赞颂之语:"九川既疏,九泽既洒,诸夏艾安,功施于三代";然后再述大禹在黄河以南地区开通水渠的成绩,最后总结道:"此渠皆可行舟,有余则用溉浸,百姓飨其利。至于所过,往往引其水益用溉田畴之渠,以万亿计,然莫足数也。"即大禹治河的功绩只能保证黄河三代无大患,但其在各地开凿的大型的水利沟渠,却让后世永远坐享其利:一可行舟,二可灌溉。而且大禹所过之处("至于所过"),往往在主干河渠处引出分支之河,来把更多的土地化为良田,他号召并发动沿途百姓所开的分支河渠数量多以万、亿计(古代一亿为十万),但由于这些小支渠过于细小琐碎,所以作者司马迁也就不加列举了("莫足数也")。

如果"自是之后……然莫足数也"不是大禹的功绩,便会产生两个问题,即这一系列重要河渠的开凿者没有名字(除都江堰是李冰所开外),这在古代是不可想象的,因为没有领导者是不可能开出宏大的渠道工程的。

而且"至于所过"也只能理解为不是大禹所过,而是渠道经过之处,下文"往往引其水益用溉田畴之渠"的主语当与之相同,便成了渠道往往引其水而语意欠通。而且《汉书》录《史记·河渠书》之文而更名为"沟洫志",可证"渠"即"沟洫",而《论语·宪问》"禹稷躬稼而有天下"句马融注正称颂"禹尽力于沟洫,稷播百谷",则此"河渠书""沟洫志"焉能不述及大禹"尽力于沟洫"这一开沟渠的水利方面的丰功伟绩呢?由此一端便可确信"自是之后……然莫足数也"皆是大禹治水时在各地开凿出的水利渠道与沟洫。★★

　　笔者认为,《史记·河渠书》开头的开渠史料出自前人之书,司马迁未加考证而妄加上了"蜀守冰"三字,即都江堰仍是大禹的杰作,《史记·河渠书》开头的开渠文字全是大禹治水的成绩。★★

　　《史记·河渠书》末尾司马迁亲笔总结了其所观天下诸水利奇迹皆为《禹贡》所载的禹迹,其中就有"西瞻蜀之岷山及离碓"的记载,由此可见他也知道此离碓乃大禹功迹而非李冰所创,且其作为史官,叙事时序不可颠倒(指李冰事不可述于西门豹事之前),而且叙事逻辑也不能紊乱(指"此渠皆可行舟"如果总结了非大禹的李冰,便也当总结到西门豹、郑国而当下在两人治水之事后,今此语不总结西门豹、郑国,便意味着其也不应当总结李冰而只总结大禹一人之功,即"蜀守冰"三字不当有),因此又有另一个说法,"蜀守冰"三字当也有可能非司马迁本人妄加,乃是后人传抄时误涉李冰治水名声过大而妄加。

　　古人皆能读懂《河渠书》开头"开渠"事说的是大禹治水的神功,而当代所有水利史专家却异口同声地说大禹没有这种开渠的能力,而把上述"开渠"事视为三代以下无名氏所为(除李冰有名外)。

　　何以见得古人能读懂而今人读不懂?即常州地区的宋代地方志《咸淳毗陵志》卷十五:"运河……《史记》云:禹治水,于吴通渠贯江、湖。"《舆地纪胜》卷七"镇江府":"漕渠……司马迁曰:'禹之治水,于吴则通渠三江、五湖',其来久矣。"同卷"本朝人诗"又引宋人熊迪诗:"禹疏渠绝岘,秦凿堑分京。"指明大禹疏通了江南大运河,秦始皇只是为了破"京口"王气而开了江南大运河河口那一小段"堑",让江南大运河从原来的丹徒口(即古丹徒城,今丹徒镇)改口于今天的镇江城("分京"之"分"就是分一支流出来,也即改口之意),就像他在南京开秦淮河走泄金陵王气那般如出一辙。而且宋人熊迪用的是"疏渠"两字,指明大禹并非创开而是疏浚此漕渠,此漕渠乃是古已有之,大禹再加疏通而已,这就让我们找到了江南大运河可以溯源到大禹之前的新石器时代的宋代文献依据。★★

　　我们后人距离大禹比宋人要远,宋人既然读《河渠书》开头的开渠文字全是大禹治水的成绩,肯定有其理由,肯定有其自古相传的学术渊源,我们后人还是应当相信古人的学术传承,不要妄自怀疑宋人的说法。

（四）第四章展开富有理性的逻辑推理，根据古人类遗址的考古发现，根据运河与长江岸线相平行的自然地理格局，论证江南大地早在马家浜时代便已有运河，即稻作文明"井田制"的"横塘"（横向干渠），是江南先民化沼泽为良田的泽及万世的水利奇迹！

1. 在新石器时代与尧舜禹的时代，江南大地在常州以东弥漫大湖即"上湖（芙蓉湖）"，要到3100年前的泰伯时代，无锡东境才在泰伯围城（堤）三百里的努力下成田，要到2600年前的诸樊与阖闾时代，苏州全境才适宜定居而成为吴国首都，由此可以断言：在五六千年前的新石器时代与尧舜禹的时代，常州以东不用开河就能行舟，江南大运河要开凿的只是镇江至常州段。后来随着无锡、苏州、嘉兴之地慢慢露出水面，而一直在湖上行舟的常州至无锡段，因无锡之地露出水面而要开河，形成了运河水道，其他各段亦然。从第四章开头提到的"太湖流域地形图"便能看出，常州以东的运河流经区全是标作空白的湖区，而常州以西是打格子的丘陵山地，要开河的话只要从常州往西开就行，常州以东不用开河。从开河的习惯来看，显然也是从水资源丰沛的河湖地区往水资源稍少的高亢地区开，即江南大运河当以常州为原点往西开凿，而不是反过来由镇江往东南开凿到常州。

2. 正如上文"（三）"所举"三星堆文化"之例，江南大运河肯定也同"都江堰"一样，是大禹之前的先民所开而为大禹所发扬光大。

3. 常州马家浜文化"圩墩"遗址与崧泽文化"青城墩"遗址，同在江南大运河两岸而离河岸很近，表明江南大运河其时已经存在，是这两大文化的母亲河。★

4. 良渚发达的农田水利，印证了以沟渠体系为核心要素的"井田制"在江南大地上的普遍存在。良渚发达的水利系统，印证了"井田制"干渠"江南大运河"的开凿应当也不在话下。良渚山地大坝的存在，表明良渚乃至稍早的马家浜时代，在地势比常州以东段仅高几米的镇江至常州段开运河完全能做到。★

5. 江南地区一流的水运条件，催生了"江南大运河"这一全世界既迄今可考且仍有迹留存的第一条大型运河。详见上文"四、10"。

6. 江南适宜于稻作文明的"井田制"催生了江南大运河的核心论证如下：

江南钱塘江南岸的余姚"河姆渡"遗址出土了7000年前的世界最早的稻谷遗存，证明江南是稻作文明的起源地。水稻的生长环境需要明确的田块和田埂，田块内必须保持水平，田块要有一整套灌排设施。而江南地区地形低洼，沼泽遍布，为使沼泽地适宜水稻生长，太湖流域的百姓发明了"筑土堆墩"的生产方式，即大量开挖沟渠，把挖出来的泥土堆筑成比地面高的田埂，再在田埂里面灌水而形成水田。在需要放水时，便开闸或凿开缺口而把田埂内的水放入开挖出的深沟大渠中去。这就形成两类事物：一是大量的人工河道与池塘，二是大量高于地面的水田。此法会耗费大量土方，另一种方法便是第四章"五、（二）、6"引《吴都文粹》中郑寰之论所说之法，即古人可以用良渚人擅长的"草包泥"码出坝体，围出一大块湖面，将湖中之水舀空，再将湖底挖深到快要掘地出水时为止，用湖底挖出来的泥土，垒成院墙般的高厚坝墙来阻挡四围的湖水，在坝墙内的湖底营构居室与良田，而且围湖面积越大，取土可以越多，坝墙也就筑得越厚实，这也是泰伯要围城（堤）三百里来改造无锡东境的原因所在。以上两种水土改造形成田庐的方式一开始杂乱无章，在强有力的部落联盟政权出现后，便采取了今天工业化般的做法，合理地按照"井"字格的正方形格局来规划（即以九为基数），或按照"二乘五"的矩形格局来规划（即以十为基数），从而收获今天工业化般的规模效应，大大提高生产效率，解决了人多而"非沼泽的可耕地"少的困境。于是江南地区便在全国率先出现"井田制"。★

此前，人们普遍认为"井田制"盛行于黄土高原，因为那儿土质疏松，利于开沟渠，而江南地区土质坚硬，难以开沟。其实这是一个巨大的错误。因为"井田制"以沟洫来划分田亩，重在水利，而北方难以种植水稻，以小麦作物为主，小麦喜旱，不宜采用井田制这种沟洫形式；而南方以水稻为主，水稻需水，才需要采用井田制这种沟洫形式。《吴越春秋》载明大禹定都绍兴后"造井示民，以为法度"，证实中国的"井田制"可以确定是从江南的稻田耕作开始向全国推广。★

"井田制"在后代便表现为五代吴越国在江南围湖造田所形成的"塘浦圩田"，如《太湖水利技术史》"太湖环湖溇港圩田示意图"中表现出来的江南的塘浦圩田，从形状格局上就能证明江南大运河就是井田制的主干渠"横塘"。因为图中太湖东、南、西三侧与湖岸平行的诸条大河，便是"井田制"中"若网在纲"的横塘之河。而江南大运河与长江海岸线平行，也与之类似，当是古人在太湖以北的沼泽地带所开辟出的大型"井田"中的灌溉总渠。只不过太湖东、南、西三侧以圆滑的太湖湖岸为基准，而太湖北岸不再以不规则的太湖湖岸为基准，而以直线的长江岸线为基准。★★

江南的塘浦圩田从命名上也能证明江南大运河就是井田制的主干渠"横塘"。因为从命名上看，井田制的横向经河通常以"塘"来命名，如"太湖环湖溇港圩田示意图"图中环太湖的"南北横塘"是宜兴境内的运河，"荻塘"是今天的湖州运河，"吴江塘岸"便是江南大运河的吴江段，它们都可称之为"横塘"，后世全都用作运河。而今天的江南大运河，自古以来，民间皆称之为"塘河"，如常州人称城东的江南大运河为"东塘"，称城西的江南大运河为"西塘"，其分支运河，即北门外通东北境的那条主干河道，称之为"北塘河",而城南通城西南境的那条连通宜兴城的"武宜运河"也即"南运河",则称之为"南塘"。这就证明:以"塘"字来命名的江南大运河常州段,便是化沼泽为良田的井田制的横向主干渠"横塘"。★★

春秋时期,"井田制"已被废弃,中国进入一家一户的"私有制","井田"诸渠因而分崩离析,没过多少年,便因再也没有公有制下"一心为公"的大众的通力同修而废弃。唯有其灌渠总渠,因开得极为深阔广大,最难湮废,而且此渠有交通、泄洪方面的大功用,所以被沿岸百姓珍惜而自发保留下来,历久而不废。

所以说,江南的稻作文明,以及大禹及大禹之前的新石器时代江南部落联盟的"井田制",催生了大型的灌溉系统,这一灌溉系统的横向主干渠便成为江南大运河的雏形。

而五六千年前的新石器时代的"马家浜文化"和"崧泽文化"遗址,都沿运河和吴淞江分布;到了四五千年前的"良渚文化",出现了远离运河而向沿海沼泽地区充分发展的态势,这就表明,大运河应该是聚居在大运河两岸的马家浜人所开,而绝对不会是背离运河而向海岸线发展的良渚人所开。★★

7. 江南大运河与古长江岸线相平行,暗示江南大运河可能是古代江南先民对长江海岸线因势利导的利用。而陈桥驿先生浙东运河的研究独泄天机,对江南大运河的起源研究具有重要启迪。

第四章"四、(五)"提到的陈桥驿教授文中的四幅图描绘了"浙东运河"的形成过程:由最初海中长出的沼泽滩涂(第一幅图),到东晋时筑坝蓄水形成"鉴湖"(第二幅图),后世沿其坝便形成了"浙东运河"(第三、第四幅图,其图见陈桥驿《古代鉴湖兴废与山会平原农田水利》一文的第189、191、196、200页;其文载于《地理学报》1962年第3期)。

由上可见,浙东运河其实就是东晋永和年间人们沿古海岸线所造的坝(其实就是先秦越地的捍海堤而被秦始皇在其上建驰道而成为"陵道"),阻挡会稽山北坡流下来的淡水所形成的一个长湖,然后此湖慢慢萎缩成为河道(其实就是垦田时化沼泽为良田,为了把良田所在处的水给排掉,莫如再把沿堤的河道挖深,如此这般的不断改进,便形成了沿堤极深的浙东运河)。而这条远古的海岸线,在东晋时代,已经演变成为陆地上的"山麓延伸地带"与江海水土沉积而来的"冲积沼泽地带"的分界线。★★

8. 最后的结论:"常事不书",运河因其常见而不为古籍所载。像汉代肯定已经有江南大运河存在,而记及汉代之事的《越绝书》只载"吴古故水道",对于江南大运河视而不见，可证古籍不载江南大运河并不代表其时没有运河。只要认定宋人"《史记·河渠书》说的就是大禹开通江南漕渠"这一事实，便能凭此来"上下千古"，把江南大运河由大禹溯源至新石器时代的马家浜人。

9. "吴古故水道"实分古、中、晚三段，西段由"芙蓉湖—利港"出江，天然有湖，不是人工水道，自古就有；中段"泰伯渎"是泰伯所开，晚于江南大运河；东段"蠡渎"是越灭吴时范蠡所开因而时间极晚。"吴古故水道"与江南大运河从行经线路上看，几乎未有重合；而且吴古故水道其人工开凿的中、西两段，均晚于江南大运河。这就彻底破除了学界迷于"古、故"两字而定"吴古故水道"甚早，乃江南最早的运河，或以之为江南大运河雏形（前身）诸说的偏见。

六、未来的研究方向

江南大运河起源的研究是一个极其复杂的系统工程，远古的水利遗迹又很难留存到今天，好在古人行事的道理仍可想见。本书便主要立足于现有的文献，以及人类亘古不变的逻辑事理，提出大量全新的观点。作为新的观点，便需要时间的检验、考古的证实，也需要参阅更为大量的文献史料来不断地补充、修正、辨讹。将来特别应当注重更多考古发现的运用，对大禹及新石器时代背景下的江南做进一步的细化研究，对江南大运河与稻作农业的关系也需要作更为深入的探究。

引 言

近日有则消息让考古界颇感震惊，即《三星堆青铜器的铜料，可能来自江西吴城？结论让人难以置信》[①]：

北纬三十度，有这样一个神秘而又令人向往的地方。在前后五度的范围之间，存在着许多令人费解的谜团，这些可谓奇观的成果，蕴含着令人咋舌的历史文明。而这其中，以三星堆为标志性建筑的古蜀国就坐落于此。

……

在2012年，中国科学技术大学科技考古实验室，组织了一场对该地青铜器成分的具体分析，这次分析得出了一个令人震惊的结果。检测结果表明：在三星堆出土的青铜器中，含有一种独特的化学元素，一种名为"异常铅"的高放射成因铅。

而科学家在对江西吴城商代遗址的青铜器进行检测时，竟然也同样发现了这一独特的化学元素。而在其他类似的遗址的青铜器检测中，却并未发现这一元素。也就是说，科学研究表明：三星堆中出土的青铜器与江西吴城遗址的青铜器，出自同一个源头。

那么问题来了，无论怎么说，这两个地点之间都间隔了大半个中国的距离。在经济与科技皆极其落后的时代，古人又是怎么做到跨越犹如天堑的距离，完成了这么大批量的青铜原料，跨越半个中国的运输的呢？

研究表明：三星堆人民可能真的跨越了半个中国去运输铜矿。因为在江西吴城遗址附近，发现了一座足以支撑这两个大型遗址的铜需求量的铜矿；并且经验证，该矿洞被确认的确是从商代就已经开始开采了。这样一来，时间及空间位置，就都有了合理的解释。

……

那么运输方式又是什么呢？古代运输方式无外乎两种：陆路运输及水路运输。综合来看，陆路运输基本可以排除，毕竟运量过大，所需人力、物力极多，远不如水路运输

①　https://baijiahao.baidu.com/s?id=16971146406399978145&wfr=spider&for=pc。

—— 1 ——

节约资源。且两地皆临近江河，故而笔者拙见：如三星堆遗址铜矿真的来源于江西瑞昌，那么水运可能是最大概率的运输方式。

……

结语：最后无论结果如何，随着科技的不断发展，这样的研究不断深入，三星堆遗址也将逐渐完全展露在我们面前。这也充分证明古人的智慧是无穷的，我们也需要重新去定位商代的一些问题，用更加宏大的眼界看待问题。

相隔1500多公里的四川"三星堆"，与江西"吴城遗址"使用同一铜矿原料，充分说明上古先民的交通运输能力远超今人的想象，今人需要重新审视商代先民们的活动能力和活动范围，重新评价古人驾驭自然、改造自然的能力。

上面这则发现揭示的是北纬30°地带长江上游、中游两处著名的考古遗迹，而本书则针对北纬30°地带长江下游的人类伟大工程"江南大运河镇江常州段"做一溯源，证明其为"世界文化遗产"大运河中的最早一段，同时也是世界迄今可考的最早的大型运河。

本书旨在通过严密的文献考证和合理的逻辑推理，完成大运河研究史上的创举——把"江南大运河"的起源追溯到大禹以及新石器时代的"马家浜文化"，见证中华先民伟大的智慧和创造能力。

人所共知，京杭大运河镇江至杭州段古称"江南河""江南运河"，是隋炀帝利用旧有的人工运河"江南河"拓宽改造而来，本书称其为"江南大运河"。

那么，隋炀帝之前的"江南河"究竟成于何人、凿于何时？对于这一问题，去古未远且古学传承有序的宋及宋以前的古代学人，普遍认为江南大运河是大禹治水所开。宋以后的学人因去古渐远而疑古越重，大多认为是秦始皇所开；民国以来，在学人武同举相关研究的推动下，又普遍认为是秦始皇稍前的吴王夫差所开。

与之紧密联系的，便是民国人荒谬地否认"大禹治水"乃至大禹本人存在的真实性。这与晚清民国以来盛行的疑古思潮有关。

在晚清积贫积弱、民国崇洋媚外的时代风潮影响下，人们几乎全盘接受如下的事实：大禹时代生产力落后，尚不具备开挖"江南大运河"这类大型人工运河的能力。于是也就普遍认为这条今日荣登"世界文化遗产"名录的"京杭大运河"的前身，应当是生产力进步到战国时代的秦始皇，或比之稍早的春秋晚期的吴王夫差所开。自然也就不敢相信《尚书·尧典》"申命羲叔，宅南交"句蔡沈《传》所解释的"南交，南方交趾之地"，也即不敢相信今天的越南居然是泱泱华夏"尧舜禹"三位圣帝时的本土国境；更不敢相信《禹贡》"导黑水，至于三危，入于南海"说的就是大禹在治理澜沧江这条古"黑水"

河时，一直治理到了该河河口处的今天越南胡志明市。

试问，当今又有几位国人敢信《尧典》中关于尧舜声教远被交趾越南的记载？敢信《禹贡》中关于大禹治水足迹曾亲履南越之境的记载？呜呼，伟哉！《尚书》既然能载尧舜禹三代国境远至越南、大禹治水远至南越，则大禹治水时，在江南大地疏导出一条大运河来又何足为奇？良渚申遗成功的山地大坝的存在，更能证明其时在江南平地上开长河不在话下。上文大禹时代长江上游的"三星堆"文明，能与3000里外长江中游的吴城文明相交通，也就足以证明大禹在交通能力上能沿澜沧江坐船直驶南越沿海，在改造自然能力上能在江南平地疏导出宏大运河。

其实秦始皇所开的，只是江南大运河河口处的"丹徒至镇江"那一小段；秦始皇所开凿的"秦驰道"也和"江南大运河"毫无关系；丹徒的"龙目湖"乃梁武帝而非秦始皇所开；丹徒至丹阳的"小辛凿道"乃东吴岑昏开凿；秦始皇"治陵水道"并非开运河，而是在捍海大堤上兴建"秦驰道"。根据以上诸条我们便可判定：秦始皇并未开凿"江南大运河"；事实上，我们翻遍古代典籍，也未看到秦始皇开凿"江南大运河"全段的任何记载。

而丹徒镇有"庆封宅、井"，出土过"宜侯簋""吴王余眜墓"，这一系列文物与史迹已足以证明：早在"宜侯簋"所处的周康王时代，吴国的首都便已迁至此"宜侯簋"出土之地，并一直延续到吴王阖闾前的吴王余眜，乃至被阖闾弑杀的吴王僚时代；难怪此地一直以"京口、京镇"命名，城东的镇山则名为"京山"，其处的大运河口又名为"京口"，这一系列地名中所带的"京"字，便能证明吴国的首都就在此地；而孙权下诏书恢复此地秦始皇所改恶名"丹徒"前的原名为"武进"，其实应当写作"吴京"为是！六朝与五代人称镇江为"京吴"，便意指定都于此"京口"之地的先秦吴国。而东汉时的文献《越绝书》，更是直接载明吴国的首都为"西江"，而京口之地正处于"长江三角洲"西北隅这一上游。由于吴国是一天也离不开河道与船只的国度，其能五百年长期定都于地势颇为高亢的宁镇丘陵地带的镇江京口之地，势必要有运河来沟通其故都梅里，这也就强烈透露出，从"宜侯簋"所处的周康王时代起，镇江至常州段的"江南大运河"，乃至镇江沟通江南全境诸城的"江南大运河"全段便已经存在。而"宜侯簋"所言的赐给"宜侯（即虞侯，也即吴侯）"的"厥川三百"中的最大一"川"，肯定就是这条"江南大运河"；周康王也正是因为京口之地地处"大运河"与"长江"相交汇处这一战略枢纽，才会命令原本在江南腹地"梅里"的、与己同宗的姬姓政权"吴"，在天下大定的西周初年便要移镇京口这一既是长江海门咽喉同时又是大运河南北枢纽咽喉的战略要地。这么做一方面加强了江南吴政权与宗周王朝的紧密联系，另一方面又有助于江南吴政权代表宗周王朝来对东南沿海一带行使有效的管辖。由于宗周王朝的首都在西北，所以也就要把吴政权的统治中心尽量迁移到江南吴地最西北角的镇江之地来。这是因为长江三角洲西北角的今天镇江之地，无疑就是长江三角洲最靠近西周首都之地，便于集结江南乃至东南部中国的贡物北上。

民国以来的学者，又引《左传》吴王夫差"城邗，沟通江淮"之语，认定"世界文化遗产"大运河的最早一段便是夫差所开的运河"邗沟"。其实，夫差出兵中原98年前，他的曾祖父吴王寿梦，便已经出征过山东的郯国。而吴人自古擅长水战，不熟悉用马拉战车的"车战"，其运兵、运军粮更是从来都离不开舟船，即便到了夫差北上争霸中原时仍旧如此。因此，夫差曾祖父寿梦出征中原时，应当也和后来夫差一样由邗沟进兵。这就证明，江北与江南大运河全都是寿梦之前便已存在，而《左传》所载实为夫差出兵时的重开邗沟，并不意味着此沟是他从无到有的创开。

其实，无论是江北大运河还是江南大运河，都是"宜侯夨簋"所处的西周初年便已存在，因为周天子封宜侯于"宜侯夨簋"出土的"宜"地，即今天的丹徒之地，也就是看中此地既是江海门户，同时又是大运河贯通长江两岸咽喉的战略地位。而泰伯所开的"泰伯渎"的存在，及此渎入运河后，运河对岸并无与之同在一直线上的河道的存在，更能证明泰伯时代便已有此江南大运河。

历来认为"吴古故水道"是"江南大运河"的前身，其实它是与江南大运河在空间上并存的另一条不同的水道。它与江南大运河仅在"无锡"到"阳湖"这一小段上重合，而且由于无锡至阳湖这一小段是在"上湖（古芙蓉湖）"湖面上航行，也就可以任意航行，也即未必要沿今天江南大运河这条航线来航行，所以我们完全可以认为"吴古故水道"与"江南大运河"是两条不同的水道，"吴古故水道"绝非"江南大运河"的前身或先驱。

我们之所以敢于断言"吴古故水道"并非"江南大运河"的先驱，便在于此"吴古故水道"的东段是范蠡所开的"蠡渎"，中段是泰伯所开的"泰伯渎"，显然都要晚于江南大运河（因为"泰伯渎"呈"丁"字形来和江南大运河相交汇，便能证明其晚开凿于江南大运河，更不用说比泰伯晚的范蠡了）。整个"吴古故水道"唯有西段，由无锡城进入无锡境内的"上湖（古芙蓉湖）"（古人又称"无锡湖"），然后走此湖的入江孔道"利港"出长江，暂时无法确定其开凿年代。事实上，这一西段其实是在天然湖面"上湖

（古芙蓉湖、无锡湖）"上行舟，此湖是天然存在，根本就用不着开凿，所以也就根本没必要寻究其开凿年代，因此这西段根本就不能视为人工运道；"吴古故水道"就其人工开凿的"中段"和"西段"这两部分而言，全都晚于江南大运河。

总之，"吴古故水道"的关键一段"蠡渎"是春秋末年范蠡所凿，因此也就可以断定其与"泰伯渎"和"宜侯簋"所共同暗示出来的商末周初便已存在的江南大运河无关。事实上，"吴古故水道"走泰伯渎，而泰伯渎是"江南大运河"的支流，这也就告诉我们：从空间上看，"吴古故水道"是与"江南大运河"并存的另一条不同的水道，是江南大运河往北通江，往东通泰伯国都、国域的"旁枝运道（支流运河）"；而从时代上看，则上文也已充分证明："吴古故水道"是晚于江南大运河的"后起运道"。

而民国"国民政府江苏水利署"主任、河海工科大学水利史教授、江苏建设厅第二科科长武同举这位资深的水利史专家，其所征引的清《江南通志》所谓的"夫差开运河走孟河"的说法，纯属受清《江南通志》一书的误导。夫差开运河，其实是重开之前就有的江南大运河，而且这条重开的旧有运河并非走"吴古故水道"所走的从"利港"出江后逆江而上至广陵（扬州），也不走明清"江南大运河"所走的从"孟河"出江后逆江而上至扬州的走法，它走的就是今天由镇江出江而与对岸"广陵"扬州无缝对接的江南大运河自古以来的走法。

《史记·河渠书》载治河事祖于大禹，所载开渠事其实也祖于大禹。这就证明《史记·河渠书》所总结的全国那几条最有代表性的大型水利沟渠如"都江堰、邗沟、江南大运河"等，全都是大禹治水的煌煌功绩。其实这些大型水利沟渠也并非大禹所创开，应当全都是大禹继承先民的水利设施疏浚而来。事实上，个人精力有限，是不可能在短短十几年治水中开出全国各地的沟渠来的。而在大禹之前，江南地区的水运极为发达，治水经验也极其丰富，与稻作文明相匹配的井田制，应当就是江南大运河的真实起源。

而五六千年前的"马家浜文化、崧泽文化"遗址分布在江南大运河和吴松江两岸，四千年前的"良渚文化"遗址开始呈现出明显的背离运河沿线、奔赴长江海岸线的发展态势，这就有力地证明：江南大运河应当是以常州"圩墩"为代表的"马家浜文化"的农田水利杰作。这一水利奇迹后来被大禹所发扬光大，又被历朝历代的中央与地方政府继承并沿用至今，是当之无愧的"起自亘古、泽及万世"的世界文化遗产，是人类文明结出的璀璨硕果。

第一章 龙脉溯源一：

江南大运河溯源至秦

常州位居上海、南京两市正中，堪称"长江三角洲"北部地区的地理中心所在；同时又是"京杭大运河"镇江至苏州段的中点所在，堪称江南大运河的核心区域。江南大运河常州段的开凿疏浚，对于江南大运河的形成和发展起着极为关键的作用。

"京杭大运河"镇江至杭州段古称"江南运河"，是隋炀帝利用旧有的人工运河"江南河"拓宽改造而来。隋炀帝之前的"江南河"究竟成于何人、凿于何时？以《咸淳毗陵志》和《舆地纪胜》为代表的宋及宋以前人，大多把《史记·河渠书》"于吴则通渠（即漕渠，也即江南运河）三江、五湖"解读为大禹治水的产物，可惜后人不敢也不愿相信这一点，另立许多新说而徒事纷纭。

史书中正式记载到江南大运河开凿的是《资治通鉴》卷一八一：隋炀帝在大业六年（610）"敕穿江南河，自京口至余杭，八百余里，广十余丈，使可通龙舟"，陆游受此误导，在其日记《入蜀记》卷一"乾道六年六月十六日"中认为："自京口抵钱塘，梁、陈以前不通漕，至隋炀帝始凿渠八百里，皆阔十丈，夹冈如连山，盖当时所积之土。"

而以《至顺镇江志》为代表的宋元人则认为镇江段运河是秦始皇所开，该书卷二"地理、漕渠"："漕渠之凿，自秦始。历代因之。"卷七"山水、丹徒县、漕渠水"："京口有渠，肇自始皇，非始于隋也。"今人王文楚先生《江南运河的形成及其演变》便根据此卷七的记载而立论①，认为镇江至杭州的江南大运河是秦始皇所贯通，同时又受《越绝书》"吴古故水道"的迷惑，误把这条从苏州到江阴利港的"吴古故水道"认为是春秋时期江南大运河的前身②。

民国学者武同举《江苏水利全书》卷二十七"江南运河一"，根据《左传》吴王夫差

---

① 见王文楚《古代交通地理丛考》，北京：中华书局 1996 年版，第 384 页。
② 见该书第 387 至 388 页。该书第 388 页有图，图中所绘的"春秋吴越渠道"便是从苏州到江阴利港的"吴古故水道"。

出兵北伐而开邗沟这一史实①，断定夫差必定要先开江南大运河，因此江南大运河和江北大运河（邗沟）应当同为吴王夫差所开凿，这一判断是合乎情理的。但他受清代《江南通志》的蒙蔽，认为吴王夫差所开运河尚未能开到镇江至奔牛段，而是从奔牛走孟河这条河出长江，然后逆江而上到达扬州邗沟②。"唐宋运河考察队"田余庆先生在《运河访古》一书"前言"中依据常理力纠此偏，推断吴王夫差所开江南大运河必定要走镇江至奔牛段③，唯有如此，方能与江北邗沟无缝对接。田余庆说比武同举之说更近情理。夫差北伐中原始于江南，其开河运兵显然是先开江南，再开江北，因此江南大运河要比江北邗沟早开凿数月乃至数年当是不争之事实。

由于江北邗沟的存在，夫差从江南起兵便要凑邗沟之口。王文楚说夫差从江南起兵是走利港，若按武同举说则走孟河，两者到邗沟全都存在逆江而上数十乃至上百公里的困难；田余庆说夫差起兵走京口与邗沟无缝对接，便甚为合理。但他们都忽略的是，早在吴王夫差出兵前约一百年，吴王寿梦便已出兵鲁地；吴人直到夫差时尚不习车战而要由水路进军，则寿梦时肯定也是如此。由此可知，邗沟当是寿梦时便已存在，则京口与之无缝对接的江南大运河显然也是寿梦时便已存在。

笔者向来不迷信前人成说，细心追溯江南大运河的起源，根据周康王时的文物"宜侯簋"、商末泰伯在运河旁开的"泰伯渎"，证实商末周初江南与江北大运河皆已存在的惊人事实。最后得出的研究结论便是：江南大运河应当是新石器时代"马家浜文化"的农田水利杰作，大禹治水时将其拓宽疏浚，充分发挥其农业灌溉、交通航运、引流泄洪这三大水利功用，此渠遂被吴泰伯、周康王、吴王寿梦、吴王夫差、秦始皇、吴大帝孙权、隋炀帝，以及历代统治者善加利用而沿用至今，堪称起自亘古而泽及万世，是当之无愧的世界文化遗产，代表了中华民族"天人合一"的生态理念，谋求人与自然和谐发展、共存共荣。

本章旨在把江南大运河由所谓的隋炀帝开凿（实为重新开凿），溯源到秦始皇的时

---

① 即《左传》哀公九年（公元前486）："秋，吴城邗，沟通江淮。"

② 武同举言："周敬王二十五年（前四九五）吴王夫差凿河通运。"下引《通志》即清《江南通志》："运河，在府南。自望亭入无锡界，流经郡治西北，抵奔牛镇，达于孟河，行百七十余里。吴夫差所凿。隋大业中（六年·六一〇），自京口穿河至余杭，拟通龙舟，此其故道也。"然后据之作出结论："今按：夫差于周敬王三十四年（前四八六）城邗、沟通江淮，自吴达邗，度必凿运道，由今武进县孟河出江，最为捷径。其时京口运道尚未通。"武同举未注明夫差"周敬王二十五年（前四九五）"开运河的文献出处，有无证杜撰之嫌。

③ 田余庆：《运河访古》，上海人民出版社1986年版，前言部分第2页，下文第二章"二、（四）"有引。

代。其最明白晓畅的证据便是：秦始皇只开了镇江京口那一小段 24 里长的运河河口的运河，证明了从丹徒到丹阳的"徒阳运河"在他之前便已存在的事实。今详论如下：

一、江南大运河溯源至齐梁

"京杭大运河"是隋炀帝打通沿途前人所开诸多运河的集大成之作，"江南河"①同样是隋炀帝在前人基础上拓宽凿深而来。这也就是下文"五、（三）"引《至顺镇江志》卷七"山水"所说的"齐通吴会，隋穿使广"。

那么，隋炀帝在江南所开的这条"江南河"到底是集谁之作？即江南大运河始于何时，由何人所开？带着这个疑问，我们对相关历史典籍作一认真梳理，相信功夫不负有心人。

我们首先就能发现隋炀帝前一百年的齐梁时代，便已有这条"江南大运河"存在，即《南齐书》卷十四"州郡志"载"丹徒水道入通吴会"。

"吴"指吴郡的郡治，也即先秦吴国的首都，后世的苏州城；"会"指会稽郡的郡治，也即先秦越国的首都，后世的绍兴城。"丹徒水道"就是今天从丹徒发端而流往丹阳的"江南大运河"，又可简称为"徒阳运河"。此"徒阳运河"往东南一直可以连通常州、无锡、苏州（即"吴"郡郡治）和杭州，也即"江南大运河"镇江至杭州段。再往南还可以从杭州渡钱塘江走"浙东运河"连通绍兴（即"会"稽郡郡治）和宁波，故此"丹徒水道"便被称为"入通吴、会"。

《南齐书》"丹徒水道入通吴会"指的显然就是今天从丹徒至杭州的"江南大运河"，以及此河流过钱塘江后连通绍兴、宁波的"浙东运河"。《南齐书》这一记载，便是江南大运河早在隋炀帝前一百多年的南朝齐梁时便已存在的确凿无疑的文献依据。陆游《入蜀记》认为隋以前江南大运河并不存在的说法并不准确。

二、江南大运河溯源至刘宋

《南齐书》卷二十九"全景文传"又载："全景文，字弘达，少有气力，与沈攸之同载出都，到奔牛埭，于岸上息。有人相之：'君等皆方伯人，行当富贵也。'……孝建初，为竟陵王骠骑行参军。"奔牛埭属于"牛埭"，是动用牛这种畜力来拉船过坝的埭堰（即大坝）。此"奔牛埭"就是今天常州运河上的西大门"奔牛"。这条记载便是常州段江南

---

①古书称"江南大运河"为"江南河"。常州青果巷处的古运河"前河"，便是隋炀帝所开的"江南大运河"常州城段。

大运河在文献中的最早记载。

"堰"其实就是拦水坝，低于河面，用来蓄水，不会断流导致阻碍航运；"埭"当是略高于水面的浅坝。而"坝"则高筑于水面之上，蓄水更多，但会造成河流的阻断、航运受阻，过坝时要把船中货物卸空后翻坝，翻到坝的另一侧后再重新装船启运。行人坐船到坝亦如此，要下船后将空船翻坝，然后再上船。埭堰比坝要低，堰更是低于水面，两者既能蓄一定的水量，又不会造成断流，特别是盛水期，大水漫过埭堰，船只可以畅行无阻；唯有枯水期，连堰也会露出水面来断流（堰此时便因水枯而发挥阻水、蓄水的功能）。因此，埭堰比坝能更好地缓解航运的受阻。后世随着生产技术的进步，到了唐宋两朝，河上的闸能有效关闭而不泄水，所以此时闸、坝同建，将坝的蓄水功能与闸的通航功能结合在一起，完美解决了筑坝所造成的蓄水与通航的矛盾。

《宋书》卷七十九《竟陵王刘诞传》载：元嘉三十年（453）"元凶（宋文帝太子刘劭）弑立……劭（刘劭）遣将华钦、庾导东讨，与（顾）彬之弟相逢于曲阿之奔牛塘，路甚狭，左右皆悉入菰封，彬之军人多赍篮屐[1]，于菰荡中夹射之，钦等大败。"所谓"塘"，就是堤岸、堤防。此处当指"塘河"，即有石驳岸的河，也即此河两侧的土岸全都筑成了石驳岸。所谓"奔牛塘"，便是奔牛埭那一段砌有石驳岸的江南大运河。运河作为国家命脉所系的交通大动脉，有必要用石驳岸来加强河岸的坚固程度，提升河道的建筑档次。但全线都改造成石驳岸未免耗资巨大而不现实，所以只能把关键河段砌成石驳岸，比如"奔牛埭"处便是这种砌有石驳岸的关键河段，故称"奔牛塘"；又比如常州城段，也是砌有石驳岸的关键河段，故而留下"前北岸"[2]这一地名[3]。"奔牛塘"这一地名，表明奔牛埭作为运河上的重要水利设施，其坝及坝的上下游，应当很早就筑有石驳岸而被称为"塘河"。当时的奔牛埭、奔牛塘还隶属于曲阿县（后世丹阳县），而不像后世那样隶属于武进县，故《宋书》称之为"曲阿之奔牛塘"。

一般人都会因为刘宋朝早于南齐，便想当然地认为上引的《宋书》记载要早于《南齐书》，即最早记载到奔牛埭的历史文献是《宋书》，其实并非如此。上引《南齐书》全景文与沈攸之坐同一艘船（"同载"）到达奔牛埭，发生在"孝建初"之前，而孝建元年

---

[1] "赍"为胸怀、怀藏之意。"屐"为木鞋。篮子为竹编，故"篮屐"当是竹编的屐鞋。

[2] "北岸"一词便是"驳岸"一词用同音简体字替代书写而来。

[3] 常州城段古运河要到隋炀帝重开运河后才改走"青果巷"，隋炀帝开"江南河"之前走的是"前北岸"，详见拙作《龙城·龙脉——古城常州以运河为纲的城池水系的变迁》第一章"龙脉寻城踪：常州城内最古运河水道沿'后河'一线考"，江苏人民出版社2020年4月版。

是公元 454 年；上引《宋书》曲阿奔牛塘之战发生在公元 453 年。由于全景文事很可能发生在"孝建初"之前好几年，所以上文所引的《南齐书》"奔牛埭"的记载，其实要比《宋书》"奔牛塘"的记载略早些，当然未必会早很多。因此，最早记载到常州段江南大运河上重要节点"奔牛埭、堰"的历史文献恐非《宋书》而是《南齐书》。

奔牛埭与奔牛塘是江南大运河上重要的水利设施，即陆游《渭南文集》卷二十《常州奔牛闸记》所载：大运河与长江交汇处"北为瓜州闸，入淮、汴以至河、洛；南为京口闸，历吴中以达浙江。而'京口'之东有'吕城闸'，犹在丹阳境中；又东，有'奔牛闸'，则隶常州武进县。以地势言之，自创为运河时，是三闸已具矣。盖无之，则水不能节；水不节，则朝溢莫涸，安在其为运也？"即奔牛上游到镇江的地势要比奔牛下游到常州的地势至少高出三四米，如果奔牛不筑坝，奔牛上游的运河水便如同袋口未扎好般尽泄无余、滴水无存。

奔牛埭与奔牛塘是江南大运河上极重要的水利设施，陆游强调它们是江南大运河一日不可或缺的水利设施，也是用来保证江南大运河有水可以行舟的必要的、不可或缺的水利设施。因此，《南齐书》《宋书》所记载到的奔牛埭、奔牛塘河的存在，也就是江南大运河在南朝刘宋时期便已存在的铁证。

关于南朝刘宋时期江南大运河的存在，我们还能找到一条非常确凿的文献依据，即《咸淳毗陵志》卷十五"山水"叙述江南大运河两侧的"阳湖"这一词条时，引用了山谦之的《南徐记》："长渠南有小五湖，南通阳湖。以近阳山，故名。"所言的"长渠"，便是今天的江南大运河。同样的记载又见于《太平寰宇记》卷九十二"江南东道四、常州"无锡县的"五湖"条："晋陵、无锡两县中分湖为界。《南徐州记》云：'无锡西三十五里有长渠，南有五湖，向南又有小五湖。非《周礼》所云'五湖'也。'"又见于《咸淳毗陵志》卷十五"山水"述无锡县之"五湖"条："五湖，在县西北五十里二百五十步。《寰宇记》云：'中与晋陵分派。《南徐记》云："县长渠南有五湖，又有小五湖，非《周官》之'五湖'也。"'中道长渠，溉田五十顷。""中道长渠"便是说今天的江南大运河（古称"漕渠"，因其长而又名"长渠"）取道于此湖，此湖就在江南大运河航线上。实际上，此湖正在大运河上，这就更加证明南朝刘宋时期《南徐记》所谓的"长渠"便是江南大运河。《南徐记》的这条记载，无疑就是江南大运河在南朝刘宋时期便已存在的文献实证。

三、江南大运河溯源至东吴

上文已能证明南朝宋齐梁陈时期"江南大运河"便已存在。其实，刘宋往前追溯 200

多年的三国时的东吴初年,江南大运河便已存在,其关键证据便是"破岗渎"①这条能在山地靠一级级埭堰(堤坝)来爬坡的山地运河的存在。

(一)破岗渎证明早在东吴初年江南大运河便已存在

唐代许嵩《建康实录》卷二载:(吴大帝孙权)"赤乌八年(245)八月大赦,使校尉陈勋作屯田,发屯兵三万,凿句容中道,至云阳西城,以通吴、会舸舰,号'破岗渎',上、下一十四埭。通会市②、作邸阁。仍于'方山'南,截淮③立埭,号曰'方山埭',今在县东南七十里。"孙权为了加强首都建业与东部财赋重地吴郡、会稽郡的沟通和联系,开凿"破岗渎"通到"云阳西城"。据魏嵩山先生考证,破岗渎东到"丹徒县南宝堰镇"④,因此"云阳西城"便在宝堰镇附近。破岗渎到达宝堰镇后,再走宝堰镇东的旧有河道,通到今天丹阳城(即古"云阳"城)下,接上通往吴郡、会稽郡(即"通吴、会")的旧有水道。而这一"通吴、会"的旧有水道显然就是江南大运河。

"破岗渎"的命名,表明此渎是凿破山峦而成的具有相当工程难度的山地人工运河。这条能翻山越岭的运河,横亘在茅山丘陵岗地,为了解决其水源问题,孙权派人在江宁、句容两县间的"赤山"附近,依托天然湖面筑起"赤山塘"水库(又叫绛岩湖、赤山湖)来积水接济,湖岸周长60公里。破岗渎全长32公里,沿航道共筑14座埭,上七埭入古延陵县境,下七埭在古江宁县界,平均每2.2里设埭一座。通过这一系列堰埭来分段节制、拦蓄水源、提高水位,把全程的水位落差分散到13个河段,形成一组大型的梯级航道。

"破岗渎"船只过埭的方法,按《宋书》卷四十三《徐羡之传》载:"先是,帝(宋少帝刘义符)于华林园为列肆,亲自酤卖。又开渎聚土,以像破岗,率左右唱呼引船为乐。"即唱着劳动号子来拉船过坝。可见破岗渎上的埭是聚土筑成,坡度大概是1:2~1:2.5,坡度很和缓,船只靠人力来拖拽过埭。肯定也会如上文说的"奔牛埭"那般,用畜力拖船过埭。这种用人力、畜力过埭的方法,适应了封闭式梯级航道的通舟需要,由于坡度不陡,所以拉船也容易,过埭速度也快;因埭是坝而非闸,不会走泄山地运河宝贵的河水,故不耗水。"六朝破冈渎路线示意图"参见张学锋《六朝建康都城圈的东方——以破冈渎的探讨为中心》(原刊于武汉大学中国三至九世纪研究所编《魏晋南北

---

① 破岗渎,又写作"破冈渎",皆可,本书因所引史料其名两见而未加统一。

② 会市,集市。

③ 指南京城南的方山和秦淮河。

④ 见魏嵩山《太湖流域开发探源》,江西教育出版社1993年版,第165页。

朝隋唐史资料》第32辑，上海古籍出版社2015年版，第75页。

　　许嵩特在上引《建康实录》文献后加上自己的案语："其渎在句容东南二十五里。上七埭入延陵界，下七埭入江宁界。<u>初，东郡舫不复行京行[①]江也</u>。晋、宋、齐因之。梁太子嗣[②]，改为'破墩渎'，遂废之，而开'上容渎'，在句容县东南五里。顶上分流，一源东南[③]三十里、十六埭入延陵界；一源西南流二十五里、五埭注句容界。上容渎西流入江宁'秦淮'[④]。后至陈高祖即位，又埋'上容'而更修'破岗'。至隋平陈，乃诏并废此渎。"所言即梁武帝儿子萧纲立为太子后，"破岗（纲）渎"之名对太子萧纲不利，所以改用音异而同义之字称为"破墩渎"来加以避讳，后仍怕"破岗（纲）"之名的强烈心理暗示，所以又特废此"破岗（纲）"之渎，另开"上容渎"。[⑤]

　　关于此破岗渎的开凿，又见《太平御览》卷七十三"地部、堰埭"引晋代张勃语："《吴录》曰：句容县，大皇[⑥]时使陈勋凿开水道，立十二埭，<u>以通吴、会诸郡，故船行不复由京口</u>。"

　　上引两处文献中画线部分所言的"东郡"（"东郡舫不复行"），就是东吴首都建业（今南京）东部的吴郡、会稽郡等郡（也即引文所谓的"吴、会诸郡"）。其言"吴郡"（郡治即今苏州城，乃吴国最后一个首都）与"会稽郡"（郡治即今绍兴城，乃越国首都）的船只不用再走京口（今镇江）处的长江（"不复行京口江"），而这些船只从会稽郡（绍兴）、吴郡（苏州）到京口（镇江）所走的内河水路，不正是《南齐书·州郡志》所说的通"吴郡、会稽郡"的"丹徒水道"（"丹徒水道，入通吴、会"），也即江南大运河吗？因此，上引破岗渎的文献史料，也就能证明东吴孙权时代"江南大运河"肯定存在。

　　由于从京口（镇江）入长江，溯江而上抵达建业（南京），会有长江风涛之险，所以吴大帝孙权特地要在赤乌八年（245）开凿"破岗渎"，把首都建业（南京）的内河水系，

---

　　①　行，当据《景定建康志》卷十六"破岗渎"条引《建康实录》。京江，即京口（今镇江）处的长江江面，又名"京口江"。此字或当据下引《太平御览》改"口"。

　　②　指梁武帝的儿子萧纲立为嗣子（即太子），为避讳其名"纲"，特意改"破岗渎"为"破墩渎"；但仍怕此渎之名"破岗"对太子萧纲有不利而废之，别开"上容渎"。

　　③　此处当据下文"一源西南流"而有一"流"字。

　　④　指秦淮河。

　　⑤"破冈渎与上容渎位置示意图"可参见《长江之险黄天荡》。其图采自中国水利学会水利史研究会、江苏省水利史志编纂委员会编印的《太湖水利史论文集》。

　　⑥　指吴大帝孙权。

与横贯其东部盛产粮食、国家赋税占比极重的"东郡（吴郡、会稽郡）"的江南大运河水系给沟通起来，把存在巨大安全风险的长江航运转变成安全隐患极低的内河航运。

这一水道的具体走法，便是从南京往其东南的茅山丘陵地带，开一条斩破此山峦余脉的山地人工运河"破冈渎"，抵达"云阳西城"（今镇江市丹徒区宝堰镇①），然后再由宝堰镇处原有的自然河道往东流入丹阳境内那条"入通吴、会（吴郡和会稽郡）"的水道，而这条"入通吴、会"的水道显然就是"江南大运河"。

由于"破岗渎"的开凿，东郡（首都建业以东的晋陵郡、吴郡、吴兴郡、会稽郡）的船只，便可由"江南大运河"西行到"云阳西城"，然后再往西走"破岗渎"驶入秦淮河而至建业（今南京）。

破岗渎开凿前，吴越两地前往首都建业（今南京）交纳赋税的运粮船要走"丹徒水道"（即"徒阳运河"）驶入大江，然后溯江西上抵达建业，这便要冒江上大风大浪的巨大安全风险。因此，吴大帝孙权特地要开凿这条"破岗渎"，其目的就是使首都南京的河道水系能和江南大运河水系相贯通，通过内河航运便可连通吴郡、会稽郡等东部诸郡各大城市。于是江南吴越之地前往首都建业（今南京）输纳国赋的运粮船再也不用走"丹徒—丹阳运河"驶入长江来冒逆江而上的风险，从而化昔日的长江航运为如今的内河航运，安全系数极大提高②。

隋灭陈而葬送南朝，杨广便是灭陈的统帅，他奉命对百姓秋毫无犯，赢得南朝士民的广泛赞誉。同时他又奉父亲隋文帝之命拆平了整座南京城。因为隋朝灭掉六朝最后一个朝代后，生怕南京这个地方再度出现皇帝（自秦始皇以来便相传南京有帝王气），对北方中原王朝（隋朝）的统治构成威胁，所以隋文帝杨坚便下令把建康所有城池、宫殿、胜迹全都彻底摧毁，夷为平地，开垦成耕田。这座辉煌三个多世纪的当时世界第一大都市便从地图上悲壮抹去。

秦始皇改"金陵"这一美名为恶名"秣陵"（即养马的地方），现在隋代也秉承与秦始皇一样的政策，要让这座令自己倍感忌惮的南国之都再度恢复秦始皇时的格局，变成一片喂马用的荒凉草原，以防他人占领建康后称帝来和自己对抗。隋文帝的做法，与下

---

①上文提到的《破冈渎与上容渎位置示意图》有标注，在"宝墥"（即宝堰）略西处；其在丹阳城西，而丹阳古称"云阳"，故此宝堰镇西境之城名为"云阳西城"。所谓"云阳东城"应当就是丹阳城东"齐梁皇陵"所在地的"东城里"，上文提到的《六朝破冈渎路线示意图》亦有标注。

②由此也可看出：由江南大运河至京口（今镇江）驶入长江后，逆江而上抵达建业有风涛之险，所以要特开此内河航运来避险。先秦吴国若由所谓的"吴古故水道"走利港，或由武同举所谓的"孟渎"出长江而至邗沟，同样存在这种逆江而上的风涛之险，这是我们认定"先秦吴国长江南岸'运河口'不在邗沟对岸'京口'"这一结论错误的重要理据。

文我们提到的秦始皇对六国都城的破坏如出一辙。南京城因此遭受史上最为严重的全面毁灭。同时在行政建置上，隋代也废除此地丹阳郡及丹阳、湖熟、江乘、临沂四县的建置，把建康、秣陵、同夏三县并入江宁县，建置为蒋州，在石头城内设蒋州治所和"扬州总管府"。隋炀帝大业初年，又改蒋州的建置为丹阳郡，统领江宁、溧水、当涂三县。整个隋唐两朝，北方王朝大力扶持大运河口处的扬州城来取代南京成为南中国的中心，以此来羞辱南京，压制南京的再度崛起。正是从隋朝开始，现在扬州这个地方才开始叫"扬州"（意为《禹贡》"九州"中的"扬州"的治所）。而在隋以前，现在扬州这个地方叫"广陵"，其时的"扬州"则设在南京城下。

破岗渎或上容渎就像一根脐带，让建康东侧富庶之郡的财力物力源源不断输入建康城的肌体，唯有如此方能维系这座南朝都城的繁华，这一脐带工程对于这座南朝都城的意义极为重大。所以正如上引许嵩按语所言"至隋平陈，乃诏并废此渎"，即隋代为了彻底让建康城萎缩，下令废去这"破岗、上容"两渎，也就是割断往建康城输送物资营养的脐带，建康城从此只能萎缩成比江南吴地诸州县经济实力都要弱劣很多、偏居一隅、交通不便的下州小县。

整个隋朝一直到唐朝，南京基本上都是一片田野。江南大运河又走不到南京，从镇江过江到扬州，南中国的物资财富全都涌到扬州广陵城下再继续北上洛阳、长安，这就导致扬州的经济实力、政治地位、文化繁荣全都盖过南京局面的形成。隋唐文人来南京更多是怀古，凭吊南朝兴亡，留下大量文学作品。毕竟南朝的文学奇特瑰丽，给隋唐文学留下了永不磨灭的影响，值得致敬。

当然，到了隋末，隋炀帝巡幸扬州时北方大乱，难以返回，首先想到的便是迁都金陵而非扬州，于是下令重修丹阳宫（古丹阳郡在南京，而不在今天的丹阳），但尚未来得及实施，便被宇文化及弑杀。南京经过唐朝200多年的缓慢发展才又恢复过来，并开始崭露些许"王气（都邑的气象）"，即唐朝灭亡后不久，在群雄割据的五代十国时期，南京再度成为地方割据政权"南唐"的首都。但好景不长，很快又被中原王朝北宋消灭而再度受到全面压制。

与东吴时代江南大运河有关的问题，除了"破岗渎"外，还有两个问题非常关键：即"小辛凿道"和"大小夹冈"，今详述如下。

（二）"小辛凿道"是东吴末年重开"徒阳运河"，而非秦始皇创开"徒阳运河"

上已论明："破岗渎"的开凿，便能证明《南齐书》所言的"丹徒水道入通吴会"这一贯通丹徒（镇江）至杭州的"江南大运河"，以及再通到绍兴的"浙东运河"，早在三国东吴立国的前期便已存在。

明白这一点很重要，我们正是根据它来判定史书所载的"小辛凿道"便是东吴末年孙皓命令大臣岑昏拓宽的"徒阳运河"。

《太平御览》卷一七〇"州郡部十六·江南道上·润州"引《吴志》曰："岑昏凿丹徒至云阳，而杜野、小辛间皆斩绝陵垄①，功力艰辛。（杜野属丹徒。小辛属曲阿。）"而《三国志》"吴志卷三"孙皓天纪三年（279）载："岑昏险谀、贵幸，致位九列，好兴功役，众所患苦，是以上下离心，莫为皓尽力。"可见，岑昏开"小辛凿道"是东吴末年孙皓时的事，而且还是岑昏"好兴功役，众所患苦"的一大罪状。

引文提到的"杜野"，就是丹徒镇旁、大运河畔的杜野湖，《光绪丹徒县志》卷十一"河渠志"载，"杜野湖，在县东南十五里"，其归在此"河渠志"的"运河，各支河、港、澳、塘、湖、溪、池、泉、井、沟、滩、潭"类下，表明此"杜野湖"归属"运河"类中，自然也就是"京杭大运河"镇江段的枝杈水系、蓄水"水柜"，肯定就在"京杭大运河镇江段"的河边。而引文中所谓的"县"就是丹徒县，也即今天的镇江城。由于丹徒镇在镇江城东18里②，从引文所载"杜野湖"里数方位来看，此湖就在丹徒镇西3里③处的大运河边。

《丹徒县地名录》书首"丹徒县地名图"中标注的村名"杜墅湖"当即古"杜野湖"所在，其在大运河南岸。由于湖泊有一定的宽度，现在所标的"杜墅湖"村当在古杜墅湖的湖心处，自然离运河岸有了一定的距离，则古杜墅湖北岸就在运河南岸畔当无可疑。从图上距离来看，此湖至丹徒镇的距离也正好是四五里，与所谓的三里亦相去不远。

引文提到的"小辛"，在《光绪丹阳县志》书首地图上也有标注，在丹阳与丹徒交界处的运河东岸上。

"杜野湖"和"小辛"这两者全都在大运河边，可证岑昏所开凿的从杜野到小辛间的水道，显然就是今天丹徒至丹阳之间的"徒阳运河"④，也即东吴初年便已存在的"入通

①垄，据四库全书本，中华书局1960年影印宋刻本讹作"袭"。

②《光绪丹徒县志》卷二紧接"京岘山"条又云："丹徒故城，在山下。今其地名'丹徒镇'。……《括地志》：'丹徒故城，在今县东南十八里。'"可证丹徒镇就是古丹徒城，其在"今县"也即镇江城东18里处。

③湖在县东南15里，丹徒镇在县东南18里，故湖在丹徒镇西3里。

④上已言杜野湖与小辛皆在运河畔，则两者间当是水道，而此水道显然只可能是"徒阳运河"。

吴、会"的"丹徒水道"，可见所谓岑昏"开凿"小辛凿道，便是重开、拓宽旧有的"徒阳运河"水道。

上文所说的东吴初年"破岗渎"的开凿，旨在打通南京与江南大运河这两者间的内河航运，这就证明《南齐书》所说的"丹徒水道入通吴会"这条江南大运河的"丹徒—丹阳段"，早在三国时的东吴初年便已存在。因此晚于其30多年的东吴末年的岑昏所开的"小辛凿道"，显然就是拓宽早在东吴初年便已有之的丹徒至丹阳间的运河，即丹徒至丹阳间的运河并非创开于岑昏。

明白这一点很重要。如果不明白这一点，也就不明白岑昏前的东吴初年"徒阳运河"其实早已存在的事实（人们历来都会把这一点忽略），从而对上述岑昏开凿"小辛凿道"的记载产生两大根深蒂固的误区：

一是误会江南大运河丹徒至丹阳段是东吴末年岑昏所开（其实是拓宽而非创开）。上面我们已经用"破岗渎"的存在，证明早在30多年前的东吴初年，便已有"江南大运河丹徒至丹阳段"的存在，所以上引文献是孙皓命令岑昏重新拓宽"江南大运河徒阳段"而非创开的记载。为何要拓宽呢？因为生产力发达了，船只造大了；经济稳定增长，商品贸易更加频繁，舟船增多导致河道变得拥挤，所以需要拓宽水道来保证运道畅通。

二是由于大家都知道秦始皇派红衣囚徒凿破横亘在京口与丹阳两县境内的某条山脉，从而赐给这两地两个恶名"丹徒""曲阿"（分别意为"穿红衣囚服的囚徒们待的地方"，"破损而难看的山体"），人们便极容易把"小辛凿道"误会成秦始皇开凿曲阿山丘之事，进而再把所谓的"秦始皇（实为东吴岑昏）开小辛凿道"视为"秦始皇开凿秦代运河或秦驰道"。如《民国丹阳县志补遗》卷六"古迹"："秦凿道，在县北二十里。其地曰'小辛'。"其实下文"六"我们会详引文献，证明秦始皇所开的曲阿县境内的"秦驰道"，是沿上文提到的《光绪丹阳县志》书首地图中丹阳县东北境那条"经山"山脉而开，并没有在其图中"小辛"那个地方开；同时更会证明秦始皇只开了丹徒镇至镇江城之间的"京岘山"下那一小段24里长的运河，并没有开凿丹徒"杜野"至丹阳"小辛"间的"徒阳运河"全段。

由此便可破除上面两大历来就有的误区，得出一个非常重要的历史结论：所谓的"小辛凿道"，其实就是东吴末年的吴国君主孙皓命令其大臣岑昏拓宽的"徒阳运河"，而不是秦始皇所开。

（三）东吴末年岑昏"斩绝陵垄"重开徒阳运河的"大、小夹冈河"考

从丹徒至丹阳之间的运河，就像吴大帝孙权所开的茅山丘陵地带的"破岗渎"那样，

也开在丘陵地带，即上文所言的"斩绝陵垄，功力艰辛"。

当然，茅山丘陵比起徒阳丘陵要更为高大，所以开凿破岗渎的工程难度远比徒阳运河要大很多。而且破岗渎要开石山，岑昏拓宽徒阳运河所"斩绝"的"陵垄"其实只是土山，陆游《入蜀记》云："自京口抵钱唐，梁、陈以前不通漕。至隋炀帝始凿渠八百里，皆阔十丈，夹冈如连山，盖当时所积之土。"可见大小夹冈一路上并无石山。开土山的难度并不比平地开河大多少。

由于两岸为山冈，故这条"徒阳运河"又名为"夹冈河"，意为夹在土冈中的运河。在丹徒境内者称为"小夹冈"，在丹阳境内者称为"大夹冈"，见《至顺镇江志》卷七"山川、丹阳县"：

夹冈河道，俗分大、小之名：在丹徒县①之南者，谓之"小夹冈"②，在丹阳县③之北者，谓之"大夹冈"④。宋庆历中，尝置堰⑤，旋罢。(《宋会要》："庆历中，于夹冈道置堰，功费多而卒无补，旋罢。今地名有'黄泥坝'者，岂其地与？"按旧《志》：夹冈地势萦回歧分，山脊相距旷迴，行者惴惴。熊叔茂诗："僻疑昏有虎，静怪晓无鸡"⑥，谓此地也。嘉定中，郡守宇文绍彭，创置六铺，拨逻卒守之，舟行、陆走，藉以无恐。混一以来，成坦涂。) 大夹冈之西有石翁仲二。(石翁仲二，在大夹冈之西，高可七尺余，相去十许步，旧《志》不载，问之土人，莫知其故，疑古陵墓也。)

此言运河在丹徒境内者称为"小夹冈河"，在丹阳境内者称为"大夹冈河"。其言"舟行、陆走"，似乎"秦驰道"与"运河"并行，其实不是的。下文将考明：秦驰道是沿"沿江山脉"(即沿长江南岸往东南方向走的"京岘山—经[京]山"山脉)而行。这儿所说的"陆走"便是运河河堤上的，秦以前便古已有之，秦以后一直沿用到明清时代的古驿道(其实这一古驿道还一直沿用到今天，即京杭大运河两岸上的公路是也)，因此其所言的"陆走"并非指秦时才有的"秦驰道"。

又《嘉定镇江志》卷十"兵防、巡铺"：

夹冈巡铺：夹冈俗分"大、小"名之，地势萦回歧分，山脊相距旷迴，行者惴惴。熊叔茂诗："僻疑昏有虎，静怪晓无鸡"，谓此地也。守臣、殿撰宇文绍彭，创置六铺，

---

① 即今镇江城。今丹徒镇处则为古丹徒城。

② 即小夹冈河。

③ 即丹阳县城。

④ 即大夹冈河。

⑤ 即低于河面的拦水坝以蓄水而不断航。

⑥ 指其地无人烟，连白天都听不到人家养的鸡的啼叫声；其地荒凉，故疑黄昏时会有猛兽出没。

分拨逻兵；舟行、陆走，藉以无恐。

丹徒县界"小夹冈"三铺。（第一铺，尉司弓手五人；第二铺，西津巡检司土军六人；第三铺，地名"新丰"，"圌山巡检"土军四人。）

丹阳县界"大夹冈"三铺。（第四铺，经山巡检司土军五人。第五铺，尉司弓手五人。第六铺，弓手五人。）

笔者按：大夹岗最北处的"小辛"最为邻近"经山"山脉，故以"经山巡检司"驻扎此地、负责巡查，这并非说运河要流经"经山"，也不是说经过"经山"的秦驰道（即古书所谓的"东城天子路"）要从这"大夹冈"处的"小辛"发端。

此文献开列的六铺所属的巡司，可资考证此"徒阳运河"（即夹冈运河）所经过的六个重要节点。具体来说：在丹徒境内有三铺，第一铺属县尉司，那肯定说的是丹徒县的县尉司，则此铺肯定靠近丹徒城（也即镇江城）①，即此"小夹冈河"是从镇江城往东流。

第三铺名为"新丰"，又作"辛丰"，即上文所说的运河东岸上的"小辛"，又写作"小新"。此"辛丰镇、新丰村"今天仍然存在，此铺由其东北四五十里外的驻防于圌山处的"圌山巡检司"抽调兵员前来防守。

第二铺属"西津巡检司"，也不是说此铺在西津巡检司的辖区范围内，因为西津渡在镇江城运河入江口的西侧，而此第二铺所在之地已是镇江城东南很远之地，早已不在西津巡检司的巡逻范围内，所谓的"第二铺，西津巡检司土军六人"，是指西津巡检司派六名士兵在此铺防守。

同理，丹阳三铺，第四铺属经山巡检司管辖，只是说由其东侧二十余里地的经山巡检司派兵来驻守，并不意味着此铺就在经山。第五铺是丹阳县尉司派人防守，第六铺未言由哪个司派兵驻守，当是蒙上省略，即仍是丹阳县尉司派人驻防。此第五、第六铺显然已靠近丹阳城，故由丹阳县尉司派兵把守。

又《至顺镇江志》卷七"山水"：

漕渠水，自江口至南水门九里，又南至吕城堰百二十四里。秦凿丹徒、曲阿。（《类集》："秦始皇三十七年，使赭衣徒三千，凿京岘东南垄。"《舆地志》："秦凿云阳北冈。"《吴录》："截直道，使曲，故名'曲阿'。"旧《志》不载渠之所始。今水道所经大、小夹冈，一在京岘之南，一在云阳之北。其势委曲周折，皆凿山为之，正与诸说相合。）【笔

①丹徒城就是镇江城，与丹徒镇不同。丹徒镇在丹徒城也即镇江城东18里的今丹徒镇，也即古丹徒县处。

者按：其以"徒阳运河"为秦朝开山所凿，非也。因为丹阳境内之山"经山"在丹阳县的东北境，运河在丹阳城的正北，运河沿线并无山脉，而且从丹徒到丹阳的运河直而不曲，无"曲阿"之形，即便开山也不可能把山塑为山体扭曲的"曲阿"之形。其言丹徒境内的"小夹冈河"在镇江城的镇山"京岘山"东南，所言正确，即此"小夹冈"其实就是"京岘山"往东南坟起①的余麓；其又言丹阳境内的"大夹冈河"在丹阳城北，所言无疑，即此大夹冈乃"经（京）山山脉"往西坟起的余麓。由后者命名为"大夹冈"，而前者命名为"小夹冈"，可证经山要比京岘山来得高大。今按经山主峰为"水晶（经）山"是丹阳全境第一高峰，海拔高度为 166 米；而镇江城东 18 里的镇山"京岘山"海拔高度仅为 113 米，是要比经山低小很多。】齐通吴、会（《齐·志》：丹徒水道，入通吴、会。）隋穿使广。（隋大业六年敕："穿江南河，自江口至余杭八百余里，广十余丈，使可通龙舟。"按旧《志》引唐孙处元所撰《图经》云："云阳西城有水道至东城②而止。"《建康实录》："吴大帝赤乌八年，使校尉陈勋作屯田，发屯兵三万，凿句容中道至云阳西城，以通吴、会船舰，号破冈渎，上下一十四埭：上七埭入延陵界，下七埭入江宁界。于是东郡船舰不复行京江矣。晋、宋、齐因之。梁以太子名'纲'，乃废破冈渎，而开上容渎，在句容县东南五里，顶上分流：一源东南流三十里，十六埭入延陵界；一源西南流二十六里，五埭注句容界西，流入秦淮。至陈霸先，又湮上容渎，而更修破冈渎。隋既

---

① 坟起，即如一个个坟头般微微隆起的丘陵。

② 请参见上文提到的"六朝破冈渎路线示意图"。"云阳西城有水道至东城而止"这条记载证明：南朝齐梁皇族到丹阳城东"东城里"齐梁故里陵墓上坟时，是走"破冈渎"到达"云阳西城"（即丹阳城西"宝堰镇"西侧的那座城，今已不属云阳即丹阳境内，而在丹徒境内。"云阳"即丹阳的古称），然后再往东行船至丹阳城而入江南大运河，然后沿此江南大运河东行至其北岸的"陵口"古镇（古镇为齐梁皇陵的入口，故名"陵口"），然后往北驶入"萧港"河（其图标作"萧港"，民间音讹为"萧梁河"），从而抵达"东城里"的齐梁皇陵区，给萧氏皇室的祖陵和帝陵上坟。此"东城里"就是今天丹阳城东"荆林镇"的"山城巷"村，又写作"三城巷"，其村附近有"皇业寺"，古名"皇基寺"，因避唐玄宗李隆基讳改名"皇业寺"，此寺就是齐梁两朝开国皇帝齐高帝萧道成、梁武帝萧衍共同的祖先萧整的故居，故为两朝皇业的根基所在，所以命名为"皇基寺"。此寺之所以能成为齐梁两朝皇业的根基，便在于此寺是齐梁皇室南迁始祖萧整的故居，齐梁皇室的祖坟（萧整坟）便在此寺近旁，此寺便是齐梁两朝萧氏皇族祈祷皇基永固、皇业永存而改祖居为寺院所设。《[民国]丹阳县志补遗》卷六"古迹"："云阳东西城，在今延陵西三十五里。两城相去七里，并在渎南，其址今为田。"所言之"渎"应当就是"破冈渎"。然两城相距仅七里，则云阳西城至东城的水道便只有七里，两城如此靠近，又何必将两城一同提及？提及其中一城便可；今两城一同提及（"云阳西城有水道至东城而止"），可证两城间水道并不短，云阳东城必不在云阳西城附近，而当在距离云阳西城远达六七十里之遥的云阳（即丹阳）东境的"东城里山"齐梁皇陵处。又上引《[民国]丹阳县志补遗》卷六"古迹、云阳东西城"条下又有："秦凿道，在县北二十里。其地曰'小辛'。"正如上文所考，此"小辛凿道"乃东吴末孙皓命岑昏所凿，并非"秦凿道"，乃是"吴凿道"，且非陆道而是运河水道。

平陈，诏并废之。"则知：六朝都建康，吴、会漕输，自云阳西城水道径至都下。故梁朝四时遣公卿行陵，乘舴艋，自"方山"至"云阳"。盖隋大业中，炀帝幸江都，欲遂东游会稽，始自京口开河至余杭。此说不然。<u>京口有渠，肇自始皇，非始于隋也。</u>盖六朝漕输由京口泛江到达金陵，则有风涛之险，故开云阳之渎，以达句容，而京口固未尝无漕渠也。详味《实录》所谓"东郡船艋^①不复行京江"之语，可见。《舆地志》："晋元帝子袞，镇广陵，运粮出京口，为水涸，奏请于丁卯港立埭。"又《齐·志》："丹徒水道，入通吴、会"，皆六朝时事，尤为明验。是则，炀帝初非创置，不过开使宽广耳。及观《京口诗集》，宋乾道庚寅，郡守蔡洸浚漕渠成，郡人顾致尧作诗记之，有曰："两冈相望山壁立，地形脊高势巨潴。练湖寸板虽得尺，废亭泄去如尾闾。自从秦凿兴赭徒，大业广此事遂娱。岁久不治成廞瘀，下视一线皆泥涂。"观此，<u>则渠始于秦明矣</u>。）【笔者按：下有考，江南大运河实为秦以前便已存在，故画线部分所言虽已将大运河由隋代前推至秦代，其实仍未穷尽其源而仍不确。】唐引练湖灌注。（唐转运使刘晏《状》："练湖，周回四十里。官河干浅，得湖水灌注。"）

又《嘉定镇江志》卷六"山川、丹徒县"：

丹徒水，《齐·志》："丹徒水道，入通吴、会。"隋大业六年，敕穿江南河，自京口至余杭八百余里，广十余丈，使可通龙舟，并置驿宫、草顿，欲东巡会稽。

《宋会要》："淳化元年二月，诏废润州之京口、吕城，常州之望亭、奔牛四堰，秀州之杉木堰，杭州之捍江、清河、长安三堰，越州之山阴县西堰。""天圣七年五月，两浙转运使言：润州新河毕工，降诏奖之。"

《四朝国史·志》^②："庆历三年，润州浚漕河成。督工者，赐诏嘉奖。其后，每年必干浅，辄阻漕舟；虞部郎中胡淮，与两浙路提点刑狱元积中，再^③经度常润州'<u>河夹冈道</u>'^④置堰。功费多而卒无补。御史陈经言之，淮及积中皆贬官。（熙宁二年）初，武进尉凌民瞻督役，积中总其事；盖积中主民瞻议故也。郑向为两浙转运副使，疏："润州蒜山漕河抵于江，人便利之。"皇祐二年，王琪再守润，转运使欲大兴役，浚常润二州漕河。琪言："方蛮蜑骚五岭，又南方岁比不登，民困无聊，不可重兴此役。"诏罢之。

---

① 艋，据上文应作"舰"。
② 当指南宋官修的神宗、哲宗、徽宗、钦宗《四朝国史》中的"水利志"。
③ 再，再次，第二次。此处指两人两度、两次经营谋划（即"经度"）夹冈河置堰之事。
④ 指大小夹冈处河道。或当据下引《会要》之"开修夹冈河道"，而改此处之"河夹冈道"为"夹冈河道"。

而后，议者卒请废吕城堰，破古函管而浚之，河反狭，舟不得方行①，公私以为不便，官吏率得罪去。"

《会要》："治平四年七月，都水监言：'两浙相度到润州至常州界开淘运河，废置堰闸，乞候今年住运②，开修夹冈河道'，从之。"

《四朝国史·志》："元祐四年，知润州林希，复吕城堰，置上、下闸，以时启闭。"《四朝史·本传》："曾孝蕴，字处善，公亮从子。绍圣中，管干发运司籴籴事，建言：'扬之瓜州，润之京口，常之奔牛，宜易堰为闸，以便漕运、商贾。'役成，公私便之。"③

《四朝国史·志》："元符二年九月，润州京口、常州奔牛澳闸毕工。先是，两浙转运判官曾孝蕴，献《澳闸利害》，因命孝蕴提举兴修，仍相度立启闭日限之法，至是始告成也。"④

......

政和六年八月《御笔》："镇江府，旁临扬子大江，舟楫往来，每遇风涛，无港河容泊。以故，三年之间，溺舟船凡五百余艘，人命当十倍其数⑤，甚可伤恻。访闻：西有旧河⑥，可以避急。岁久湮废，宜令发运司计度，深行浚治，以免沉溺之患。委官处画，早令告功。"

蔡佑《杂记》云："京口漕河，自城中至奔牛堰一百四十里，皆无水源，仰给练湖。自郡城至丹阳中路，谓之'经函'，东西贯于河底。河西有良田数十顷，乃江南名将林仁肇庄，地势低于河底，若不置经函泄水，即潴而为湖，不可为田。经函高四尺，阔亦如之，皆巨石磨琢而成，缝甚缜密，以铁为窗棂，自运河泄水、东入于江。中间，献议者欲自京口浚河极深，引江水灌于毗陵，与太湖水相通，可省吕城、奔牛二闸⑦。其间别有利害，亦以经函不可开⑧，其议竟不行。绍兴七年，两浙转运使向子諲，取唐韦损、刘晏考核状⑨，建言：'欲于吕城夹冈置斗门二、石碴一，以复旧迹。度费万缗，庶为永利。'

---

①方，并排。方行，并行。即原来河道每侧都可以两船并行，即全河道四船并行；现在每侧只可以一船通行，即全河道只能两船通行。

②住运，停止漕运。

③此是瓜州、京口、奔牛三闸改坝为闸的年岁，以便国家漕运与民间商贾贸易。可证奔牛闸的地位与瓜州、京口闸相当。

④此是京口、奔牛由普通之闸改为高级而省水的澳闸形制。

⑤指一船以十人计，则翻船五百多艘当淹死五千人。

⑥疑指镇江城西"西津渡"处的西津。

⑦古代吕城、奔牛要有闸。今天吕城、奔牛无闸，便在于今天用机械之力可以挖河极深之故。

⑧指其中还有其他一些原因导致没这么做，但关键原因还是因为有大家族泄水用的经函存在而不敢破坏之，故不可开。

⑨指唐代韦损与刘晏两人考察核实吕城当建闸的情况书。

诏从之。二十九年夏四月己亥，户部侍郎赵令詪言：'自临安至镇江，河水浅涩，留滞纲运。望令守臣修堰、闸。'辛丑，诏从之。乾道六年，守臣、秘阁蔡洸，自丹阳之南，浚至夹冈，【笔者按：当是从丹阳城南往北开浚运河河道到大、小夹冈处为止，即开浚江南大运河"徒阳运河"段。】郡人顾时大有诗。"

八年，守臣、殿撰宋赒，自"利涉门"之北，浚至江岸，郡倅陶之真有《记》。（今记文不存。）

淳熙二年，守臣、阁学张津，自"京口闸"以北，浚至江口。"文惠"[①] 钱良臣有《记》：京口当南北之要冲，控长江之下流。自六飞[②] 驻跸吴、会[③]，国赋所贡，军须所供，聘介所往来，与夫蛮商、蜀贾、荆湖闽广江淮之舟，凑江津，入漕渠，而径至行在所，甚便利也。惟郡境高卬，势赑屃，若鳌伏，水不可以潴：北泄于江，而南注于毗陵，失时不疏，淤淀日甚。前此，节麾相望，岂无以漕运为急？而事大、役重，前柂、后掣；量力举事，仅济目前；否则，缩手却顾而已。岁移、月改，流断、舟胶[④]，纲𦨣相衔，轻涉湍涌，由'五泻堰'以济。（五泻，字依《毗陵志》书[⑤]。）风涛倏惊，惴惴焉覆溺是虞。其或应办聘使，属冬涸，堰渠挽水，转相添注，劳费百倍。嘉定癸酉十一月乙未，上采廷臣之议，令因[⑥] 漕臣至郡，同守臣、总领，相度开浚利便[⑦] 以闻。时，宝文阁待制史弥坚，领郡事，奉旨与运副吴镗、总领钱仲彪，沿渠按视，得其源委：盖渠自江口行九里而达于城之南门，民居、商肆，夹渠而列，渠岸狭不盈咫。畚土以贮于岸，费省易集。一雨濯之，旋复填淤[⑧]。是积土不可以濒渠[⑨]。江干元有五闸（京口闸距江里许。又南为腰闸。又东为下、中、上三闸。下闸在转般仓东。中闸在大军北仓后。上闸在程公桥团楼

---

①钱良臣谥"文惠"。

②六飞，亦作"六骈、六蜚"。古代皇帝车驾之六马疾行如飞，故名，比喻帝位或皇权。宋徽宗14岁初封端王时，兄长宋哲宗封他"镇江军节度使"而来镇江上任。靖康元年（1126）正月戊辰（初三），已经成为"太上皇"的宋徽宗赵佶，因金兵入侵威胁京都汴京，遂连夜匆匆出奔，避敌南幸，经12天劳累，在正月辛巳（十五日）元宵节那天，再度来到镇江城，图谋复辟（即在镇江城称帝），但被钦宗召回汴京软禁，最终两人同被金兵俘虏，屈死北国。

③此处指宋高宗迁都吴郡与会稽郡所在的杭州建立行在所，改名"临安"，建立南宋政权。

④指水流断绝而船底摩擦河床，就像被胶水粘住而生了根那般走不动。

⑤按"五泻"的写法，是据常州毗陵郡的地方志，其实也可以写成"五卸"或"午卸"，而"五泻湖"其实就是"无锡湖"的转音。按：无锡湖就是"上湖"，也即"芙蓉湖"。

⑥二字当倒为宜。

⑦察看并估计开浚是否存在便利（即好处）。

⑧指开河后，便把泥土堆在岸上，这样可以节省工费、人力，从而容易成功（"费省易集"），但一下雨又冲入河中，等于没开浚河道。

⑨指挖出来的河泥不可以濒临河岸堆放。

北。今腰闸已废。）通接潮汛，撙节启闭。粤①从渠塞，积岁不开。木圮、石泐。渠浚而闸启，闸启而潮通，是修闸不可以失时。于是郡委壕寨官通行打量。……

四、江南大运河溯源至两汉

《咸淳毗陵志》卷十五"山水"："孟渎，在县西四十里。《风土记》云：'七里井'有孟渎，汉光武初潜，尝宿井傍，民为指途达江浒，即位命开此渎。"这条记载载明"古孟渎"是东汉光武帝所谓恩赐常州百姓所开。

《风土记》是西晋人周处所编，距东汉光武帝仅两百年，其说当属可信。此孟渎源于运河，与运河呈"丁"字形相交，并未延伸到运河对岸，由此便可知道是先有运河再有孟渎，而不可能相反。由于孟渎开于东汉初，江南大运河当早于孟渎，这便是江南大运河东汉初年便已存在的证据。而司马迁《史记·河渠书》提到"于吴，则通渠三江、五湖"，更可证明西汉时江南大运河便已存在。今对其详析如下：

此孟渎之河（即"孟河"）从江南大运河发端，北流入长江，是沟通运河与长江的一条天然大河，当然也不能排除其乃远古"井田制"所开人工干渠的可能。

此河在运河对岸并无去脉，与运河呈"丁"字形相交，可证此河完全是从江南大运河发源。这便可证明两点：一是此河不是天然大河，而是人工渠道；二是江南大运河必定在孟河开河之前便已存在。而孟河是东汉初年就有，这便可证明江南大运河必定在东汉初年前便已存在。因此，东汉初年重开孟河的这一记载，便是江南大运河在东汉初年便已存在的文献实证。

《史记·河渠书》载："于吴，则通渠三江、五湖。"而江南大运河一路上正沟通起"北江（长江）"、"中江（松江）"、"南江（浙江）"这"三江"，同时又一路上沟通起"洮、滆、太、射、贵"这五湖【后两湖又合称"芙蓉湖"；其即芙蓉大湖（也即"上湖"）西北角的部分】。因此，《史记·河渠书》所记载到的"于吴，则通渠三江、五湖"这条河渠，只可能是江南大运河。由于这是西汉人的记载，便可证明西汉时便已有此江南大运河存在。

而且《史记·河渠书》把"于吴，则通渠三江、五湖"这句话写在大禹治水之后，

---

① 粤，发语词，可以不译。粤从，自从。

战国李冰、西门豹治水之前，则这句话显然又可以作为江南大运河在春秋时便已存在并沿用至司马迁时代的文献实证。

笔者第三章将考查：《史记·河渠书》是言治河（治黄河）与开渠（开天下诸渠）两者的鼻祖全都始于大禹，而"于吴，则通渠三江、五湖"便是大禹所开天下诸渠中的一渠，因此《史记·河渠书》"于吴，则通渠三江、五湖"其实是在说大禹开通了江南大运河。因此，这句话不光能证明西汉司马迁时代便已有江南大运河存在，更是大禹时代便已有此江南大运河存在的文献依据。

五、江南大运河溯源至秦

秦代已有江南大运河虽然找不到最直接的文献依据，但却有"江南城市布局"这一非书面的实际证据作为支撑。也就是说，江南城市沿运河等距离分布，可以证明运河是江南诸城市的源头；然后根据江南这一系列城市东吴时便已存在于这里，显然秦汉时仍在这里，先有运河再有城市。因此，秦汉时代必定已有江南大运河存在于此。今将此事实依据详析如下：

（一）秦代以前江南大运河便已存在的事实依据

江南城市都在运河岸上，从丹阳至常州至无锡至苏州无不等距，这证明江南地区是先有运河再有城市，而不可能相反。

一般情况下，都是先有城市，再在两座城市间开通直线的运河加以连接。江南诸城市如果先于运河自发形成的话，不可能全都布局在一直线上等待一条一直线的运河来将其串连。这就意味着：连接起江南诸城市的运河应当曲曲折折为是。现在江南大运河从丹阳到苏州，一路上呈平滑直线而无曲折之感，这便可证明江南地区是先有运河再有城市。这在全世界的城市群中都显得极为罕见，堪称孤例。

而且这一段江南大运河上相邻两座城市的间距都是 100 里左右，正好是古人行船一天的里程[①]。两相邻城市间的中点又均形成大集镇，如丹阳与常州间有奔牛，常州与无锡间有横林，无锡与苏州间有望亭，这显然是行船到中午时分停船用饭然后才有气力继续前进的所在。由此可见，江南这一系列城市与集镇雏形的形成便当是：运河岸上一日舟程的过夜处形成大城市，半日舟程的用午饭处形成大集镇。这种等距且直线布局的运河城市群全世界极罕见，堪称孤例。

---

　　①在未发明火力发动机之前，所有船只的水上运动全靠人力撑篙或划桨，一天10小时大致能行船100里，古今不会有太大的变化。

　　江南这一系列城市在秦代乃至先秦时代便已存在：苏州是先秦吴国的首都，秦始皇改京口为丹徒，改曲阿为云阳，证明这三座城市先秦便已存在。毗陵（即常州）与无锡在《汉书·地理志》中有记载，证明汉初便已存在；由于秦王朝极为短暂，这两座城市又显然不可能是汉代新设，因而这两座城市在秦代必定已经存在。秦代这五座城市的存在，便能有力地证明江南大运河秦代便已存在。

　　那么江南大运河会不会是秦始皇所开？我们知道，因交通枢纽和过往食宿形成的城镇断非朝夕之功所能造就，当有数十乃至数百年岁月的积淀，方能达到需由国家来建置其为城市的规模。因此便可断言，这些城市及比之要早的江南大运河绝对是秦代之前就已存在。

　　如果真认定江南这些城市是秦始皇开通大运河短短几年内形成，这便意味着先秦吴国、越国、楚国占据长江三角洲时的城市不在运河沿岸。但今天我们全然没有在江南发现运河沿岸以外的大都市的存在，这便意味着先秦吴国、越国、楚国占据长江三角洲时，此地或许没有城邑。但这里显然是吴国的腹心之地，又焉能没有城邑存在呢？因此从考古和常识来说，我们也只能认定：长江三角洲常州以东部分挖不出吴国、越国、楚国的城邑，也就意味着其时这些城邑就在后世这些城市处，由于其被后世诸城市所延续，所以古人的遗迹全都毁坏无存而没了踪影，自然也就挖不出了。由先秦吴国、越国、楚国江南城市就在后世江南诸城市处，而我们已根据连接这一系列城市的运河为平滑曲线而非曲折线表明此地是先有运河再有城市，因此也就可以断言这一系列江南城市赖以存在的母亲河"江南大运河"在先秦这些城市出现前便已存在。

　　而且秦始皇时代，嘉兴这个地方已经出现了"水市"（即河两岸上的水上集市、河市），见《太平寰宇记》卷九十五"秀州、嘉兴县"："秦望山，《九州要记》：'始皇登此山望海，因以名。'始皇碑，在嘉兴县。吴主立于长水县，土人谣曰：'水市出天子。'始皇东游从此过，见人乘舟水中交易，应其谣，遂改'由拳县'。"这就证明：秦始皇所开的"驰道"路过了江南大运河边的水上市集嘉兴，即秦始皇东巡所走的"驰道"，在嘉兴这一段上，应当与江南大运河相并而行（至于其他段则不一定）；今天嘉兴城的所在，至迟在秦始皇时代便已形成为水岸上的城市。

　　另外，由于秦始皇在镇江、丹徒、丹阳地区开凿过"猪婆滩""秦直道"（即"秦驰道"），后人（如王文楚先生）便根据这两大工程，判定江南大运河"徒阳段"是秦始皇开凿①。其实秦始皇开的"猪婆滩"只是把江南大运河的北口由"丹徒口"（即最古老的"京口"）向西延伸18里②，从而移到今天的镇江城处（即秦以来的"京口"），并没有开挖"徒阳运河"的全段，而秦始皇开的驰道与徒阳运河是不相重合的两条线，除了交会点在京岘山外，不再有一点重合。

笔者查遍所有古籍史料，只能找到秦始皇开"丹徒—丹阳段驰道"的记载，而没有找到秦始皇开"丹徒—丹阳段运河"的记载；古籍史料只有秦始皇开京口那一小段"河口运河"（24里长）的记载，而没有秦始皇通整条"丹徒—丹阳段运河"的记载，更不用说开通整条"江南大运河"的记载了。

由秦始皇开的只是"丹徒—丹阳段运河"末端京口处那一小段河口运河（24里长），把大运河从古丹徒城（也即今天的丹徒镇）引到新丹徒城（即今天的镇江城）下，可证当时肯定已经有"丹徒—丹阳段运河"存在。

今将上述发现详证如下：

（二）秦始皇只开了丹徒镇至镇江城那一小段"河口（京口）运河"

京岘山南麓因离长江不远而泥泞低湿，人称"猪婆滩"，秦始皇只是把这一小段滩涂开挖成运河，见《山堂肆考》卷十八"地理、山"："秦凿：丹徒县城东有京岘山。秦时望气者言：'其地有王气。'始皇使赭衣三千徒，凿京岘山为长坑，以泄其气，即此。京镇、京口，皆以此山得名。凿山之徒皆赭衣，故县名'丹徒'。"《太平寰宇记》卷八十九"润州、丹徒县"："《吴录·地理》③云：……秦望气者云：'其地有天子气。'始皇使赭衣徒三千人凿长坑，败其势，改云'丹徒'。"《太平寰宇记》所言的"凿长坑"因其"长"字，极易使人误会秦始皇开了整段徒阳运河，其实所"凿长坑"当据《山堂肆考》的"凿京岘山为长坑"理解为京岘山南麓的长坑，也即今天江南大运河北口之丹徒镇到镇江城那一小段名为"猪婆滩"的河口运河。

今镇江城东十余里的"京岘山"东侧为丹徒镇，其实这个丹徒镇才是先秦时代丹徒城的所在，也即下面所说的先秦吴国的首都所在，其地的运河口因吴国首都在此而得名"京口"，其西旁之山也因此得名"京岘山"。此"京岘山"又一直向东南延伸到丹阳县境内，称为"京山"，也即齐梁王陵所在的"水经山"。秦始皇开"猪婆滩"以去除京岘山的王气（"以泄其气"），从而把江南大运河的北口西移十余里挪到今天镇江城处。今天的镇江城其实是秦始皇移古丹徒而来，今天的丹徒镇方才是先秦的丹徒城，丹徒镇的运河

---

① 见王文楚《古代交通地理丛考》一书所录的《江南运河的形成及其演变》第389页。

② 此为直线距离，沿河道曲折而行则为24里。

③ 指《吴录》这本书中的"地理志"部分。当非指《吴录》引《汉书·地理志》。

口方才是最古老的京口，而今天镇江城处的运河口是秦以后的京口。秦始皇让江南大运河河口西移十余里的现实意义，便是可以和对岸的邗沟更好地对接，即让两者正向垂直对接而非斜线对接，以此来保证两者对接距离最短，从而让船只少逆江而上十余里。

秦始皇只开了"江南大运河"河口处的"京岘山"下"猪婆滩"处的运河，即只开了今天丹徒镇到镇江城那一小段约24里长的运河，见《山堂肆考》卷十八："凿京岘山为长坑，以泄其气"；《太平寰宇记》卷八十九："凿长坑，败其势"，今详论如下：

1. 秦始皇开凿猪婆滩就因为这儿生气太旺而有"王（旺）气"

秦始皇为什么要开凿猪婆滩？因为这儿生气太旺。古人所谓的"某地有王气"之"王"，其实不是"帝王"之意而读作"帝王"之"王"，而是意为"成王业、做帝皇、称帝、称王"之意，"某地有王气"就是"某地要成就帝皇之业，某地要有人称帝而为帝都"之意，这个"王"字在古代当破读为去声，与"旺"字同音，其意也就有了"旺"字的兴盛、旺盛意。

何以见得秦始皇所开处生气太旺而有王气呢？《光绪丹徒县志》卷十一"河渠、漕河"条历数镇江段漕河年年需要挑浚的原因便是：

一、"潮水来急、退缓，水挟沙泥，日有停蓄，古有'一日厚一钱'之说。"

二、"猪婆滩，夹岸系山基所凿，地多流沙。"

三、"丹阳城北，地系夹冈"。也即上文所说的："杜野、小辛之间"的徒阳运河两岸的土山，古人称之为"大、小夹冈"，其中运河丹徒段称为"小夹冈河"，运河丹阳段称为"大夹冈河"。

《光绪丹徒县志》下来又专门介绍"猪婆滩"的奇异之处，便在于此河滩有流沙而导致河底年年会长高，就如同神话传说中大禹父亲鲧治水时自己会生长的"息壤"般神奇："河底高于他处……又有因河底增长，于挑浚后架柴烧之，以冀断其旺气者，乃旋烧、旋积①，又非列焰所能魇②矣。其名为'猪婆'者，乃系北岸脚下沙水汇成两凹，若猪婆然。而流沙活动，又若豕突其间也。此处只能于挑浚时倍加人力挖之极深，庶③无浅涩之患耳。""猪婆"之名是指流沙涌出时的情景：远远望去，就像一只老母猪在泥浆中四脚交替着刨泥狂奔的活动模样。那么，这段运河的河底为什么会涌沙而自己增高呢？

---

①指一边烧的时候，一边还有土在堆积起来。证明火烧无法克制住神话传说中"息壤"这种会自己生长、拥有旺盛生命活力的泥土。

②魇，即"压"，镇压。"又非列焰所能魇"指火焰无法镇压住。

③庶，庶几，差不多，此处指希望之意。

常州《道光武进阳湖县合志》卷三"水道、孟渎河"条，说明了镇江"猪婆滩"其中的奥秘："五里至汛水镇，镇为古万岁街，旧武进县址，侨置南兰陵郡，故桥有'兰陵''千秋'名，以其为齐梁兴王地，故宋时谓乡为'千秋'、镇为'万岁'，至明改为'通江乡''阜通镇'云。地多沙，泛为泉，故又曰'汛水'，以其音似耳。考<u>泛沙之处，土软性腻，如京口'猪婆滩'</u>；五里中，一律如此，通河之受病处。"

其实这很好理解：今天的万绥（阜通镇）与京口"猪婆滩"都地处长江岸边，地底如同连通器般与江水相通，涨潮之时，有一股大力把江水往陆地上涌，于是江中泥沙便会走此连通器，在江岸上的河道内泉涌般泛起，"猪婆"便是根据其泛起之状——"流沙活动又若豕突其间"而得名；常州则根据其地有水泛出而命名其地为"泛（汛）水"，其音与"万岁"相近，人们视其地有王气。难怪此地叫了"泛水（万岁）"之后，果然出了齐梁两朝皇帝，而镇江城也因城东这"猪婆滩"处有"泛水（万岁）"而出了宋武帝刘裕。

秦始皇看到此处生气如此勃发，便要对其采取"去势"的手段，即借开河口运河之名来割除这块地方的旺势[①]，把能泛水的"猪婆滩"那段泥土给挖掉，使之不能泛水（即下引文字中称之为"泄王[旺]气"），此事为如下文献记载：

《太平寰宇记》卷八十九"江南东道一、润州、丹徒县"："《吴录·地理》云：……秦望气者云：'其地有天子气。'始皇使赭衣徒三千人<u>凿长坑，败其势</u>[②]，改云'丹徒'。"

《太平御览》卷一七〇"州郡部十六、江南道上、润州"："又《地理志》曰：秦时望气者云其地有天子气，始皇使赭衣徒三千人<u>凿坑，败其势</u>，改云丹徒。"

《山堂肆考》卷十七"地理、山"："釜顶：釜顶山在丹徒县，与京岘山相连。<u>京岘在县东，即秦所凿泄王气处</u>。吴谓之京口镇，以此。"

《山堂肆考》卷十八"地理、山"："秦凿：丹徒县城东有京岘山。秦时望气者言：'其地有王气。'始皇使赭衣三千徒，<u>凿京岘山为长坑，以泄其气</u>，即此。京镇、京口，皆以此山得名。凿山之徒皆赭衣，故县名'丹徒'。"

画直线的"败势"就是"去势"的意思，也就是把"猪婆滩"挖出长坑、开出河道

---

① 何以知是借开运河之名而不是借开驰道之名，便是因为下引之文都言明是"始皇使赭衣徒三千人……改云'丹徒'"，而下面笔者将征引大量文献，证明派三千丹徒（"赭衣徒三千人"）所开的工程是河口运河而非驰道，秦始皇并没有开整段江南大运河，他派三千丹徒开的只是此丹徒城处的河口运河而非整条运河。

② 败势，即"去势"。

来，相当于割除其旺盛之势。而画浪线部分则指明所凿"长坑"是在京岘山下，即沿"京岘山"的山脚，从运河的丹徒口到镇江城开一条运河水道出来。正如同秦始皇在南京所开的秦淮河那般，秦始皇在镇江也以开河这种方式来走泄山脉旺盛的地气（即走泄其生机活力。）请注意，上引文献全都指明秦始皇只开了京岘山下"长坑"（长条形的河道）那么一小段，其所开的不是整个徒阳段运河，而是其河口改口之用的那一小段运河。

"猪婆滩"就在京岘山南，"败势"就是"去势"以泄其"王（读'旺'）气"。所挖的长坑，便是丹徒镇至镇江城沿"京岘山"脚而行的那段弯弯曲曲的河道。只有这一段江南大运河入长江的河口运河是秦始皇所开，秦始皇只开了这么一小段运河（即穿镇江城而过的那条运河，也即下图中细线部分。下图粗线所示是长江江岸），文献中根本就找不到他开挖整个"徒阳段运河"的记载，也找不到他开"徒阳段运河"其他某一段的记载。

当然，秦始皇挖去猪婆滩后，其处与大江间的类似"连通器"的机制依然存在，这一天然的机制是秦始皇无力改变的[1]，所以河底依然会涨沙，只不过上面有厚厚的河水盖住，秦始皇别说一时半会，就是一年半载也看不出河底涨高，所以也就自欺欺人地认为这个地方被他制服了。其实河底依旧在涨沙，一直涨到清末依然如故，所以需要年年开挖，即上文《光绪丹徒县志》所载的"猪婆滩，夹岸系山基所凿，地多流沙"的泛沙现象。

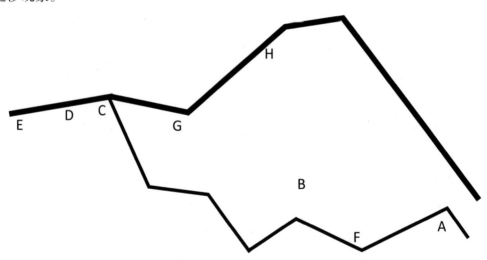

上图中A处便是今天的丹徒镇（古长江岸在此），而下文将重点考证指明：此处其实就是先秦的"古丹徒城"所在，其处的运河口便是秦始皇之前的江南大运河入江口"古京

---

[1]除非后世伴随江岸淤涨，此地离长江越来越远，这一机制才能得到根治。但后世此处的江岸并未外涨太多，所以直到清末，此处的这一机制依然未能得到根本改变，"猪婆滩"依然如故在泛沙。

口"所在。

图中 B 处就是镇江城的镇山，也即此地名为"京口"的得名由来——"京岘山"的主峰所在，以其为中心，西至镇江城 C，东至丹徒镇 A，北至焦山 H，南至运河的这一镇江城东的大片区域，全是这座"京岘山"的山体所在。

图中 C 处便是今天镇江城处的运河口（今天的镇江城就是秦始皇以来的丹徒县城所在）。此运河口便是秦始皇以来的江南大运河的入江口"京口"所在。（按：A 处的运河口是"古京口"，此 C 处的运河口是秦始皇以来的"今京口"。）

图中从 A 处到 C 处 24 里长的曲曲折折的运河水道，便是秦始皇所开的"河口运河"，其 B 处"京岘山"主峰东南侧 F 处的那一小段运河，便是会泛水而有"王（旺）气"的"猪婆滩"而被秦始皇特意挖废所成之河。（猪婆滩的位置在 F 处，详考见下文"2"。）

图中 D 处便是著名的西津渡，E 处便是著名的金山，H 处便是著名的焦山，G 处便是著名的北固山。

2. 猪婆滩位置在京岘山主峰东南、丹徒镇西 6 里处考

下面详考："猪婆滩"在镇江段运河上的位置，就在上图京岘山主峰 B 东南、丹徒镇 A 西六里的 F 处。

今按《光绪丹徒县志》卷十一"河渠、漕河"条述沿途河段有：

现在河口步至丹阳境止，计长八千三百三十一丈有奇。合一万六千六百六十二步有奇，为四十六里有一百零二步奇。【笔者按：8331 丈为 16662 步，可证一丈（十尺）为两步，则一步为五尺。16662 步为 46 里剩余 102 步，则 46 里便是 16560 步，一里为 360 步（180 丈）。清制一尺为 32 厘米，亦有 25.7 厘米者，见《中国文物报》2006 年 6 月 14 日第 7 版王木南先生《关于清工部营造尺》一文言："笔者家藏一只清工部营造尺，……计 25.7 厘米长，比罗福颐家藏清工部营造尺 32 厘米，短 6.3 厘米。"若以前者一尺 32 厘米计，则一步五尺为 1.6 米，未免步幅过长而不像是人走出来的，故不大可能；而后者一尺 25.7 厘米，则一步五尺为 1.285 米，正合人一步之步幅长度（按：古人一步为左右脚各走一步，即今人所谓的两小步），正为合适。】逐向、逐段备纪于下：

江口入河，向巽转南、又转巽，至"大闸口"，计一百零七丈六尺。

又向巽转东向甲，至"浮桥下"河口，计一百二十七丈六尺。

又向甲转辰、转南，至"西门桥"，计一百八十六丈四尺。

又向丁，至"西城下"小流水洞，计二十丈。

又向丁转西、转东向卯，至"小教场"西首城下、大流水洞，计五百二十三丈一尺五寸。

又向卯，至"南门桥"，计二百五十八丈四尺五寸。

又转寅，至南小关外"便益桥"通内城河处，计一百零六丈。

又向寅转巽，至"南闸"，计六十六丈七尺。

又转乙、转巳、转丙，至"都天庙"前，计三百十九丈零六寸。

又转巽、转辰，至"丁卯桥"港口，计五十八丈。

又向辰转巳、复转辰向东、转寅、转艮、转丑、复转艮、转寅、由甲而卯，而后至"猪婆滩"，计九百九十四丈。

又转巽、转辰、向东展转向艮、复向东屡转、复转艮、向北转丑、转子复屡转、由北而东、转寅，至"丹徒镇"湾子桥口，计一千零八十一丈。

又转乙、巽、复转乙，至"横闸"通江河口，计一百四十丈。

又转丁、丙、巽、巳、屡转向东、复向辰，至"越河"通江河口，计一千四百六十四丈三尺。

又转丙、午、丁、未、复转南屡、向丙、午、丁、未、转向巳、向巽、向辰、复转向巳、向丙、向午，至"徐祠"前，俗称"狗儿庙"，计九百七十八丈七尺。

又转丁、转未、复转丁、转午、转丙、巳、转巽、复屡转丙、午、丁、复转向午，至"辛丰桥"，计一千零四十一丈七尺五寸。

又转巳、转辰、转乙、复转巳、由丙、午、丁、未、转向坤、又转未、丁、丙、巳、复转丙、向丁，至"界牌"，入丹阳县境，计八百五十八丈五尺。

出境、向丁，乃丹阳境之"小辛村"，土名"豆腐架"，计一百四十四丈七尺。

以上丹徒县境内漕河，通总计八千三百三十一丈二尺一寸。（出境在外）……

猪婆滩，自"都天庙"前至此，河之转向最多，【见上文画浪线者，可证在浪线之前转向较少而河道笔直，唯"猪婆滩"前后，河道转向极多，即河道开始变得甚为曲折起来。】盖缘两岸高阜皆系山冈发脉，开河时循度地势，让高就下故也。但至此滩，则两岸忽开，变为平岸；过此，则两岸又耸：缘此地系山冈过峡，河至此无路可让，穿峡而过，故河底高于他处。加以两峡沙泥一遇雨水冲入河中，且两岸山脉甚旺，岁有增长，故由来挑浚为吃紧处，亦为最难处。昔人有因北岸多沙，寻至京岘山南，填其一洞，其洞土名"穷坑"，言漏土入河也。自填塞后，加高为墩，名"富贵墩"，然名色虽改，流沙如故，非填塞所能治矣。又有因河底增长，于挑浚后架柴烧之，以冀断其旺气者，乃旋烧、旋积，又非列焰所能靡矣。其名为"猪婆"者，乃系北岸脚下沙水汇成两凹，若猪婆然。而流沙活动，又若豕突其间也。此处只能于挑浚时倍加人力挖之极深，庶无浅涩之患耳。

上文画浪线者便是"猪婆滩"一带的记载，可见从丁卯桥至猪婆滩的河道为994丈即1998步（以上文所说的一步1.285米计，则为2567.43米），猪婆滩至丹徒镇湾子桥处是1081丈即2162步（以上文所说的一步1.285米计，则为2778.17米）。从丁卯桥至丹徒镇湾子桥处总计2075丈即4150步（以上文所说的一步1.285米计，则为5332.75米）。

今取"丁卯桥"所跨的"丁卯桥港"的港口到丹徒镇的运河所在区域，然后从丁卯桥港口开始往东测量，量至2.8公里处，为有河中岛屿的"运河"处（即前图所标F处），其处当即"猪婆滩"所在；量至5.4公里处，为图东北角有枝河流入运河处，应当就是所谓的"丹徒镇湾子桥口"附近。（据下文考，其桥似当在此处再往东200米。）

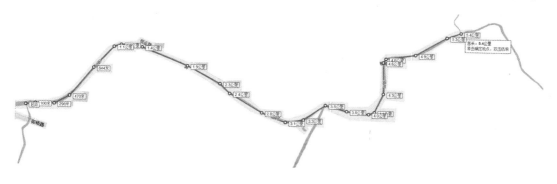

今查湾子桥又名"永宁桥"①，第30页图所标A处的运河上，正在上图测量所得的5.4公里处再往东200多米。这就证明：我们在上文所作的"一步为1.285米而非1.6米"的判断是正确的。同时也说明：笔者量得"猪婆滩"当在上图2.8公里处的河中有岛屿的"运河"处（即第30页图所标F处）是大致正确的，而"猪婆滩"也在这一带。

《丹徒县地名录》是据《光绪丹徒县志》书首的丹徒县全境图描绘为下图，其中部偏上便清楚标有"京岘山"，即第30页图所标的B处；此"京岘山"东南运河处标有"猪婆滩"，正在第30页图所标的F处，也即测量出的距"丁卯桥港河"口2.8公里处。此"京岘山"山麓东趾标有"丹徒乡"，其即丹徒镇，也即古丹徒城，图中所标的"丹徒口"便是古代江南大运河在秦始皇之前的入江口所在；而古代江南大运河自秦始皇以来的入江口，则在图中所标的镇江城北的"京口"处。此"丹徒口"往东又标有"越河口""谏壁镇""越河闸"，其即当代京杭大运河的入江口"谏壁船闸"所在。

由此可证：

（1）自远古至先秦，江南大运河河口在古丹徒城、今丹徒镇处的"丹徒口"，古丹徒

---

① 见王礼刚《丹徒古镇永宁桥》一文称："永宁桥，俗名湾子桥，是一座石拱古桥，在丹徒镇上雄跨运河。"参见：https://xw.qq.com/amphtml/20180716AOCRUI00。

城便是因为丹徒口"江南大运河"船只在此过夜而繁荣起来的市集城镇。

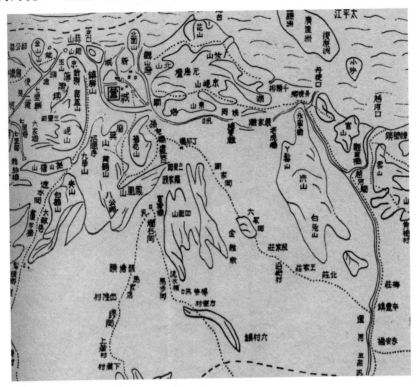

（2）秦始皇将江南大运河口西移24里到今天镇江城处的"京口"，是为新京口，而丹徒口则为旧京口，因其在"京岘山"东趾，肯定会以此山的"京"字来命名。而秦始皇避讳"京"字而将此地改名"丹徒"而抹去"京"字，则此山名"京岘"肯定是在始皇之前，下文"（三）"便将详细考明先秦此地就名叫"吴京、京城、京口、京山"，益证"丹徒口"必为"古京口"，京口不始于秦始皇，秦始皇所立河口实为新京口，在其之前的江南大运河入江河口就在丹徒口且名"京口"，其河口便孕育出古丹徒城，而镇江城（也即秦以后的新丹徒城）便是秦始皇移江南大运河口于新河口所逐渐形成的市集城镇。需要指出的是：新丹徒城不是秦始皇时代一下子出现的，而是慢慢孕育的，孙权筑铁瓮城便是新丹徒城形成的标志，其时已是秦始皇400多年后的汉末建安十三年（208）。

（3）秦始皇之所以要将运河口西移24里（按曲直河道计），便是为了让船少走18里（按直线距离计）逆江而上的水路，从而可以和对岸的"邗沟口"（后世因有瓜形沙洲涨出而命名其为"瓜洲渡"）以对直线的极短距离（而非斜线的较长距离）相对接。因为长江水自西往东流，自南往北渡江时，势必要被长江水冲下去一段距离。远古时长江就在扬州城下，其距镇江秦始皇新开运河口的距离为18公里（36里），由新口北渡长江，势必被江水往下游冲下去一段距离，比如5里，到对岸后便要用拉纤来逆江上行到扬州城下的江北邗沟的沟口。秦始皇新改的运河口从旧口西移了9公里（18里），从而正对今天的扬州城。则由旧的河口渡江到北岸后，便等于要逆江上行9公里，再加上被长江水冲往下游的那段距离，所以到江北后，要拉较长的一段纤才能进入邗沟口北上。今将南岸的运河口西移18里而正对江北扬州城下的邗沟口，到对岸时也就只要拉被冲往下游的那段距离了。当然秦始皇之前的古人，为何不在南岸正对扬州城的秦始皇所开河口处开运河口，而要选择在京岘山东南的丹徒镇处开河口，也就在于正对扬州城处有"京岘山—北固山"的余脉在（此山脉为自西往东而来），无法开河，所以要在京岘山往东告一段落的江边平地丹徒镇处开河口（且从江北"邗沟"口渡江之船顺江流而下，正好到此处入江南运河[1]）。到了秦始皇时代，已完全有能力在京岘山南麓开河，所以也就把长江南岸的运河口移到正对江北大运河"邗沟"的河口处。而清代又因秦始皇所定的江南大运河口"京口"一带江岸淤涨而改走谏壁的"越河口"，其名又作"月河口"。而"月河"最初是为了减杀走直线河道的凶猛水力，而在水势汹涌的直线河道旁开凿一条绕行的半环（即偃月）形河道，因形似偃月故名"月河"。

特别是直线河道要造桥、造闸、修理河道时，便会在该直线河道两端筑坝封死，将水抽干后筑闸、造桥、修河。此时运河船只仍有通行的需要，为了满足此需要，便在封死直线河道的两坝的坝外侧，旁开一道半环（偃月）形河道跳过被封死的直线河道，过往船只便可绕行因修坝闸桥梁而被堵的那段直河道。

古代称"瓮城"为"月城"，其为城门外围环绕城门而筑的旨在拱卫城门、加强防御用的半圆环（偃月）形小城。此"月城"是辅助性的半环城墙，"月河"便是辅助用的半环河道。谏壁闸处的这条"月河（越河）"的河道虽无半环之形，但最初肯定也是因为"丹徒口"运河因筑闸、造桥、修河等工事阻断运河，便在其口东侧旁开一道辅助之河通江，供漕运船只跳过"镇江—丹徒段运河"而可进出江南运河。由于是辅助之河，而"月河"意为辅助河，"月城"意为辅助城，于是便取"月河"的辅助意，而不管谏壁镇这条新开河有无半环（偃月）之形仍称其为"月河"。

后来由于丹徒镇至镇江城的运河河道淤涨难行，遂以此"月河"为正途。因此河不再是辅助河而反客为主、由附属成了大邦，也就不宜再用带有辅助意味的"月河"之名，遂改用同音字称作"越河"。

由此河有"谏壁（练壁）"的古名，详下文"（三）、8"引唐代《史记正义》注所录

---

[1] 这并不意味着大运河是从江北往江南开的，本书第四章"二、（八）"与"五、（四）"旨在证明大运河从江南往江北开。

唐贞观年间魏王李泰编的《括地志》云：'汉吴王濞冢，在润州丹徒县东练辟聚北'，而人口聚居的村落（"聚"）一般都会在河边形成，由此可见穿过此"练辟聚"的"月河"很可能也是旧有的通江河道，并非完全由人工开凿而成。

在古代，漕运船只北上如果走此越河口，等于要逆江而上二三十里才能至邗沟，有巨大的不便和风险，但漕船运粮完毕回程时却可顺江东下，走此月河口比走"丹徒口"或"京口"要便捷，甚至有再顺江东下至常州境内孟河口走孟渎至奔牛入运河者，或再东下至同样在常州境内的德胜河口走德胜河至连江桥入运河者，甚至更有船顺江而下至江阴境内的"蔡港—江阴运河—五泻河"直至无锡高桥入运河者，更为省便。又可想见，秦始皇开镇江城河口后，从江北渡江之船因顺江流东下，显然从古有的丹徒口或练壁口入江南大运河为便，所以镇江大运河三口并存。

民国以来，由于机械船马力十足，从越河口北渡、逆江而上邗沟口轻而易举，越河口遂成为京杭大运河北上、南下均必经的河口所在，镇江口、丹徒口偏居其西，反倒因与京杭大运河这一出入口相去颇远而日受冷落，古今变迁的确让人意想不到。

《镇江地名录》书首的《镇江市地名图》，清楚标有"京岘山"，并标其高度为80.1米，与上图正好古今对照，大致可以确定上图中"严家滩"当即《镇江市地名图》的"严家村"，其西的"许家村"至"孙家湾"之间当是上图的"猪婆滩"所在。

而上文"三、（二）"提到的《丹徒县地名图》中的"杜墅湖"正在"许家村"东南，可证"杜墅湖"也就在"猪婆滩"运河的南畔。

3. 秦始皇所开即"猪婆滩"的确凿判定

古书只记载秦始皇在镇江之地开了京岘山东南、丹徒镇西6里处[①]一条长坑（即运河），没有记载秦始皇开其他运河；而且古书载明秦始皇开此长坑的目的，是为了败此地之势。

而京岘山东南、丹徒镇西6里处便是猪婆滩，其显示出蓬勃旺盛的生气——"王（旺）气"。

据此两点，一是此地在京岘山东南、丹徒镇西6里处，二是此地有"势"一般的"王（旺）气"而需要"去势"败泄，所以我们便可确凿无疑地确定：古书所记载到的秦始皇在镇江开的唯一一处运河水道便是此"猪婆滩"。

古书只记载到秦始皇开猪婆滩这一点而未记载到开其前、其后段运河水道，但由于

---

① 详见上文"2. 猪婆滩位置在京岘山主峰东南、丹徒镇西6里处考"。

"猪婆滩"是丹徒古城（今丹徒镇）至镇江城江南大运河中的很小一段，秦始皇是不可能只开这一小段便作罢的，因为下文"（四）"引《太平寰宇记》"武帝望京岘山盘纡似龙"语告诉我们京岘山本身就是一条龙，只是"败势""去势"还远不够，于是我们便可以根据两点：一是猪婆滩只是运河"丹徒镇—镇江城段"河口运河的一个有机组成部分，不可能独立存在；二是秦始皇破坏此地风水，当会对此京岘山龙脉以外的全身部分痛下毒手；便可把史书缺载的事实"举一反三"地运用合理的逻辑推理给补充完整。

秦始皇从江南大运河入长江的古京口，沿着不可开河的京岘山山址一路往西，挖掉了山东南的"猪婆滩"（即挖出长坑来作为运河水道），然后再往西一路沿京岘山山腹开长坑（即运河水道），等于为此山做了外科手术般的开膛剖腹，实施了风水上的大破坏，使这条龙脉彻底沦为斩断脚爪，并惨遭开膛破肚的"死龙"，同时也就把江南大运河的河口，由京岘山东趾的"古京口"（丹徒古城也即后世丹徒镇处的"丹徒口"），给西移到了京岘山西趾的秦以来的"京口"（后世丹徒城也即镇江城处的运河口）。

同时还不忘记要用开河的红衣囚徒来污名化此地将其冠名为"丹徒"，又把古河口的"京口"之名改成"丹徒口"。新"京口"只是我们对它的称呼，秦始皇当然要称其为"新丹徒口"。相应的，西面那个老的丹徒口便称作"老丹徒口"。

古籍文献只记载到秦始皇开京岘山东南、丹徒镇西6里处有"势"而要败泄其气的那块地方为长坑，我们通过文献记载与地图测距，严密地考证清楚，所言即"猪婆滩"处的长坑（运河），然后我们又通过适当地"举一反三"，便可明白这一记载其实是指秦始皇为江南大运河开凿了改口运河。即秦始皇开的便是以"猪婆滩"为核心的，旨在把江南大运河河口由"古京口"改至"新京口"的24里长的改口运河。

古籍文献只记载到秦始皇开此河口运河，并未记载到秦始皇开江南大运河的其他段，既未记载到秦始皇开了"从丹徒至丹阳段的运河"，也未记载到秦始皇开了"镇江至常州段的运河"，更未记载到秦始皇开了"镇江至杭州段的运河"、乃至开了"镇江至绍兴大禹陵"的运河。下文"六"我们将详考秦始皇临终前一年到会稽大禹陵南巡的路线走的是江南的驰道而非江南的大运河水道，这倒不是说江南大运河的水道在当时还不存在。众人敢说其不存在的理由便是：如果真有此运河存在，秦始皇南巡也就不用走驰道而可以走此更为便捷的水运了。其实这一推测忽略了秦驰道比水运更快的事实，因为秦始皇命令建造秦驰道的目的，就是要让自己的政令能在短短一天一夜传到广东，所以秦始皇南巡走驰道远比运河水道来得快速，秦驰道就是当时等级最高而最快捷的高速公路。因此，秦始皇到江南来走秦驰道并不能证明江南此时没有大运河。其实，《太平寰宇记》载有商末泰伯开了江南运河的东枝运河"泰伯渎",《咸淳毗陵志》记载春秋晚期范蠡开了江南大运河的南枝运河"西蠡河",证明江南大运河的分枝运河在商末、春秋时便已存在,而先于此分枝运河的主干运河"江南大运河"肯定是商末、春秋时就应存在。况且此处又证明秦始皇开的只是江南大运河的河口运河(亦可视为大运河的分枝运河),"皮之不存、毛将焉附?"秦始皇河口运河的开凿,不也就能证明其主干运河"江南大运河"在此河口运河开凿前便已存在,秦始皇只是做了改河口的工作罢了。因此,江南大运河在秦以前就存在便可据此而定论。

4. 丹徒镇处为古丹徒城,有古京口;镇江城处为秦始皇新建的丹徒城,有新京口

京岘山东南的丹徒镇是古丹徒城,这里有秦以前江南大运河的最古老出江口——"古京口";镇江城处是秦始皇开了上面那一小段新河后,逐渐形成新的丹徒市集,在后世发展成为新的丹徒城,其处的运河口是秦代江南大运河的出江口——新京口(当时名叫"丹徒口",而古京口便名为"老丹徒口")。我们把这一结论详考如下:

《光绪丹徒县志》卷二"山":"京岘山,在城东五里。……《太平寰宇记》:'《吴录·地理》云:……秦望气者云:其地有天子气,始皇使赭衣徒三千人凿京岘南坑,败其势,故云"丹徒"。'"此指明:秦始皇所开的泄王气处是在京岘山南侧,而"猪婆滩"正在京岘山南侧,因此"猪婆滩"应当就是秦始皇所开的泄王气处。

《光绪丹徒县志》紧接此"京岘山"条又云:"丹徒故城,<u>在山下</u>[①]。今其地名'丹徒镇'。……《括地志》:'丹徒故城,<u>在今县东南十八里</u>。'《南徐州记》:'<u>秦始皇凿处,在故县西北六里、丹徒"京岘山"东南</u>。'"这条记载非常重要,因为它指明了四点:

一是画直线部分指明:"今县(即今丹徒县城,也即今天的镇江城)"东南18里[②]处的丹徒镇才是最古老的丹徒城"丹徒故城"。

二是画双线部分指明:此丹徒镇(丹徒故城)在京岘山东南侧的山脚处("在山下")。

三是画浪线部分指明:秦始皇在镇江开凿的地方便在"故县(丹徒故城)"丹徒镇"西北六里"的"京岘山东南"。而上文我们已用古文献考证清楚"猪婆滩"就在80.1米高的"京岘山"主峰东南侧的运河水道上,就在丹徒镇的大桥"湾子桥(永宁桥)"正西2162步处,一里为360步,则正好就是6里多2步。可证"猪婆滩"就在丹徒镇这一丹徒故城("故县")"西北六里"的"京岘山东南",与上文所说的"秦始皇凿处"在"故县(丹徒故城)"丹徒镇"西北六里"的"京岘山东南"完全吻合,这就证明"秦始皇凿

---

①　指在京岘山下

②　从今天的镇江城至丹徒镇(古丹徒城)的直线距离为18里,而沿两者之间曲曲折折的运河水道的距离则为24里。

处"就是"猪婆滩"。

正如上文指出：秦始皇在丹徒一带所开凿的运河，文献仅记载到这一处而未记载到第二处。虽然文献只是说秦始皇凿长坑，并未明言秦始皇所凿长坑就是猪婆滩，但我们却可根据两重吻合（一是位置相合，即在山东南相合，在镇西的里数又相合，二是特征相合，即有旺盛之势需要败泄），确凿无疑地断定：秦始皇开凿的地方就是猪婆滩。其在京杭大运河上的位置，上文已据文献和地图精确考明。由于古代民间称述方位时并无精确的罗盘在手，所言方位只是大致不差，常会把"正西"说成"西北"，所以把猪婆滩在丹徒镇西（实为"西南"）六里说成是西北六里也情有可原。

四是再上一条记载画双浪线部分又指明：秦始皇的开凿方式便是把"京岘山"东南侧、丹徒故城（今丹徒镇）西北六里处会泛水（即会涌起泥沙的"猪婆滩"给挖出一条长坑也即河道来（"凿京岘南坑，败其势"）。

因此，秦始皇在丹徒故城破坏此地王气的做法便是：把丹徒镇处的古运河，沿着"京岘山"的南腹，往西开挖一段，连通到今天的镇江城处。即把原来京岘山东南的丹徒镇处的运河口（古京口）给人为西移了18里。这是按照陆路上的直线距离来计算，若是按照秦始皇所开的曲折河道来计算，则为24里长。从而在新河口处发展形成今天的镇江城。秦始皇开挖新"京口"处这一小段24里长运河水道的实际原因，就是渡到江北岸凑近江北运河邗沟之口时不用逆江而上19里[1]；即在江南岸走24里长的内河航运到达新河口处，对直地渡到长江对岸的江北"杨子渡"口（相当于邗沟口）。

《方舆胜览》卷三"镇江府"："京岘山，在府治东五里，谓之'京镇'。《祥符图经》不载。'京口'得名以此。鲍昭[2]有《从京岘拜陵》诗。"画线部分很重要，证明"京口"得名于京岘山。而镇江城的"京口"（秦始皇所开新运河口）远离京岘山（相距至少有"五里"远），而丹徒故城就紧挨在京岘山山脚下[3]而有运河口名为"丹徒口"，则此丹徒口必定因其所靠之山"京岘山"而古名"京口"。后来，秦始皇决定把不在京岘山脚下、即离京岘山五里之遥的镇江城的运河口定名为新的"丹徒口"（后人则沿用秦始皇改名前的古称"京口"），其改河口前的老口则名为"老丹徒口"（后人因称新口为

---

[1]经测量，从丹徒镇的古运河口沿古长江岸线，过北固山至秦始皇新开的运河口为9.8公里，相当于19里。江北岸的情形当与之相类。

[2]鲍昭，今写作"鲍照"。

[3]见上引"丹徒故城，<u>在山下</u>，今其地名'丹徒镇'"，由画双线部分便可知其紧靠在京岘山下。今按京岘山在镇江城东5里，而丹徒故城在镇江城东18里，两者之差应当就是京岘山的长度13里。

"京口"，遂称此老口为"丹徒口"）。其实秦始皇改名前的京口不在此，而在丹徒镇处的"老丹徒口"。

丹徒镇古名"京口"，其"京"字便得名于此"京岘山"；而"口"字，显然就得名于运河有通江河口开在此"京岘山"下。因此"京口"之名，也就证明其肯定得名于"京岘山"下开有此运河之后；而到秦始皇时，秦始皇方才改此地"京口"之口为恶名"丹徒"（取"赭衣徒三千人凿京岘南坑"的赭衣囚徒意而改名为"丹徒"）。则秦始皇之前便已有此"京口"地名，也即有"京口至丹阳段运河"存在了。秦始皇既然只开了一小段河口处的运河，就证明"丹徒水道"在他之前便已存在，秦始皇只不过让其河口改道（西移）了一下而已。

杜佑《通典》卷一八二"州郡十二、古扬州下、丹阳郡、润州、丹徒"县下言："有句骊山、黄鹤山、北固山、京岘山，亦曰'京口'；谯山戍。"谯山，即镇江城西北长江中的焦山。画线部分的记载很重要，指明"京岘山"又叫"京口山"，这就证实"京口河"——即"古京口"丹徒镇处的江南大运河，也即所谓的"徒阳运河"——原本就在这座"京岘山"东趾（即东侧山脚下）的古丹徒城所在，此处的运河"丹徒口"其实就是"古京口"。秦始皇为了北渡时少走逆江而上的水程，遂向西开挖新河道通到江边，于是形成为新的市镇，也即今天镇江城的前身，运河于是也就走新挖河道延伸到了今天的镇江城这里。

丹徒故城处的运河口今名"丹徒口"，古代当名"京口"，因为这一河口就在"京岘山"山脚下，故名"京口"；反过来，京岘山因其下有此江南大运河入江口的"京口"地名而得名"京口山"。而今天镇江城处的江南大运河入江口设有"京口闸"，其距京岘山反倒有五里之遥（上引"京岘山，在城东五里"，即京岘山在镇江城"京口闸"东五里）。显然紧挨京岘山东侧山脚的丹徒镇处的江南大运河入江口才是最初的京口（即秦始皇之前的"古京口"）。由于秦始皇改运河口西移18里到了今天的镇江城处，便把原来的"京口"之名也移给了这个新河口，从而把原来的"（古）京口"改名为"丹徒口"。

由今天的"京口"不在京岘山脚下可证两点：一是最初的"（古）京口"肯定是在紧挨"京岘山"脚的丹徒镇处的今江南大运河的"丹徒口"处；二是秦始皇改道后的运河口后世取名为"京口"而不在"京岘山"脚下，证明秦始皇改道前的"京岘山"脚下的今天的"丹徒口"其实就是秦始皇之前的古"京口"，后人沿用江南大运河河口的古称来命名秦始皇所开的新河口为"京口"。这两点均意味着秦始皇改道前，运河便已存在。再加上史书只记载秦始皇开了京岘山下直线距离为"十八里"，若以曲折河身计算则为24里的运河，便可证明整段"徒阳运河"并非其开凿，而是在他之前就已存在，所以他仅需开凿河口这一小段（24里），为的是与对岸江北的"杨子渡"对直渡江，从而省去逆江而上18或19里的不便与风险。

秦始皇故意开河泄京岘山的壮盛阳势也即壮盛王（旺）气，从而将河道引到京岘山的西北，这与他在南京开钟山脚下的秦淮河西泄钟山王（旺）气应当也是同样的原理。

秦始皇只开了这一小段运河，而他又改此地"京口"之名为恶名"丹徒"，"京口"之名便能证明此处早在秦始皇开河改名前便已是运河的入江口，而秦始皇并没有开凿徒阳这一整段江南大运河，只开了引导河口改往西处的那一小段24里，这便可证明秦始皇之前此地已有江南大运河存在。下面笔者将详细考明此处就是先秦吴国的首都，故名"京城、吴京"，因而此地运河口得名"京口"。难怪秦始皇要在这里开河道来破此地的王（旺）气，也就因为这里是先秦吴国首都"京城"，其地名中的"京"字会给人以腾腾王（旺）气之感。

（三）丹徒镇处古京口是吴国首都"京城"的详细考证

此先秦吴国立都于京口（镇江）的考证事关全局，特别是第二章"二"便可以靠此论证来把江南大运河溯源至周康王。因为本考证考明的是西周初年第三代周天子周康王时，便把地处江南的与自己周王朝同姓之国吴国的京城，给指定分封在了"宜侯簋"出土的"宜地（其即'虞地、吴地'）"，也即今天的古丹徒城（今丹徒镇）一带，此地便因此而得名"吴京"，孙权记录为"武进"。

而周康王分封"吴京"于此的一大原因，便是镇江丹徒这儿在当时是海门，是长江入海口；同时，这里又是江南大运河与江北大运河"邗沟"入江口的所在。从全国地理格局来看，这儿更是"贯通整个东部中国的南北向大动脉——大运河"与"横贯整个南中国的东西大动脉——长江"的交会处，战略位置非常险要，控制此地便可控制住整个东方中国并成功牵制住长江中游的荆楚之地。

而吴国一日不可离开舟船水道，吴国之所以能立都于此镇江丹徒之地，本身也就能证明此处必定要有条江南大运河存在，否则吴国也会开条大运河出来。

由"宜侯簋"言明周天子赐给吴君周章"厥川三百"，可以想见江南大运河便是其中的最大一川。换言之，此江南大运河并非吴国新开，而是此地旧有。正因为旧有此战略要河，周天子才会把此地指定分封给居此江南的同宗同姓的至亲之国"吴国"。

因此，从周康王时的吴君周章，直到被阖闾刺杀的吴王僚，先秦吴国有五百多年立都于镇江京口之地，故其地名为"吴京、京城"，其处的大运河河口名为"京口"，其处的镇山名为"京岘山"，由此镇山往西往东又有一条"京山山脉"，其西端便是江中的"金山（京山）"，堪称此"京山山脉"的江中龙头；由此镇山往东南便是龙身，由丹徒县境一直延伸到丹阳县境内，长达近百里，此山脉便是出过齐梁两朝或是登基、或被追封的15位皇帝的"经山（京山）山脉"，其主峰名为"水经山"（又名"水晶山"，实即"水京山"，又作"水金山"，见上文"三、（二）"末提到的《光绪丹阳县志》图中有标注），最后延伸到常州西北境的"齐梁故里"的县城古武进县（今万绥）北入江成为吴尾山，相当于是龙尾。

这一系列带有"京"字的地名，便能系统证明"京口"之名绝非秦始皇把江南大运河口改到今天镇江城处的"京口"才有，而是之前就有；古京口就在今天丹徒镇处的"丹徒口"处，其处为此地镇山"京岘山"的东趾，自然可以用"京岘山"的"京"字来命名而称作"京口"。

秦始皇忌讳此地有"王（旺）气"，不光挖去有旺盛地气的猪婆滩，还特地让穿红衣服的囚徒们，以搞沿江交通大开发的名义（即开河口运河以减少逆江而上的水程），来对此吴地之都搞风水意义上的破坏，同时还改此地王气十足的"京城、吴京、京口"为恶名"丹徒"，此京岘山东趾的江南大运河的河口方才由"京口"之名改为"丹徒口"。

因此，此地一系列拥有"京"字的地名"吴京、京城、京口、京岘山、京山"乃至"京江"，绝非东吴孙权立都于此地才开始，因为孙权下诏书改丹徒为武进用的是"复"字，即恢复此地的古名"武进（吴京）"，而非用的是一般性的"改"字，可证此地这一系列带有"京"字的地名不只是孙权之前的旧有，更是秦始皇改名之前的旧有。

而秦始皇忌讳此地有王气，把此地污名化为"丹徒"，则这一系列带有"京"字而王气十足的地名又绝非秦始皇时才有，而当是秦始皇之前的旧有。秦始皇也正是因为此地有"京"字王气十足，方才将其改名为"丹徒"。

当然，有人会认为汉初刘贾的荆国立都于此，此地或许因此而有"京城"之名，"京城"之名并非始于先秦吴国，即先秦吴国并不建都于此。但刘贾是"荆国"而非吴国，此地即便因其而有"京城"之名，但不会因其而有"吴京"之名，而当称作"荆京"。故孙权时代所恢复的"吴京（武进）"，并不始于刘贾之"荆京"由此便可想见。

又有人会认为西汉的吴王刘濞立都于镇江之地，其国号为吴，"京城、吴京"当源自刘濞之吴而与先秦之吴无关，即先秦之吴并不建都于此。但我们定此地"吴京"源自先秦之吴，乃是依据此地有一系列吴王坟出土而可定论。特别是"吴王余昧坟"的出土，证明吴国至春秋末年的吴王余昧时仍然定都镇江，而"宜侯簋"则言明封"宜侯（即

'虞侯、吴侯'，'宜、虞、吴'三字古音相近或相同")于此簋出土之地镇江，则此镇江丹徒之地名为"京城、吴京"实与先秦吴国有关，而不始于西汉之吴王刘濞。换句话说，西汉刘濞立都于此，乃渊源于先秦吴国立都于此。而且《越绝书》载明刘濞之吴的首都在广陵，又载明刘濞之吴在吴县（今苏州城）有宗庙而表明吴县又为其都，即其不止一都，但古书一点都没记载到吴王刘濞之都在镇江（下文"8"是据文献推定吴王刘濞又有一都在镇江京口，但却没有文献明确言明），吴王濞以后的、东汉以来的文人恐怕也就难以知晓刘濞曾经以镇江丹徒之地为都，因此东汉末年的孙权时代，从土著民众到全国文士，也就不大会有人知晓或认为镇江"吴京"之名始于刘濞之吴了。

从周初到春秋晚期这五百多年间的先秦吴国时，镇江丹徒之地便已名为"吴京"，且坐拥江南大运河的入江口而得名"京口"，这一结论实乃前人未曾言及的本书创论，其事关本章与本书的全局，故详论如下：

1. 第一条极有力的文献证据：孙权"复"丹徒为武进

"京口"乃"吴京"的第一条文献依据便是《三国志》载孙权下诏书"复"丹徒为武进，而非"改"丹徒为武进：一字之差，透露重要玄机。

按《三国志·吴书》卷二《孙权传》载：刘备称帝时，曾诱使武陵蛮夷叛吴归蜀，至嘉禾三年（234）"冬十一月，太常潘濬平武陵蛮夷事毕，还武昌，诏复曲阿为云阳，丹徒为武进。"所改的"武进"两字意为：北拒曹操，西平蜀汉，必定要靠武力来进取而使国运昌盛。难怪吴大帝孙权要把自己旧时所都的京口之地命名为"武进"，而把后来的新首都武昌命名为"武昌"；其后来又把正式决定下来的首都（今天的南京）命名为"建业"，表明自己图谋建国大业的天下之志。

由于上引官方正史所征引的孙权诏书用的是一个"复"字而未用"改"字，而云阳又的确是曲阿的旧名，即"复"字用在"曲阿为云阳"上是对的，则"复"字用在"丹徒为武进"上应当也真实不虚（正史要经过多位官员的层层把关、字斟句酌，每一字都当信实不虚），这就证明"武进"其实不是丹徒后来的新改之名，而应当是丹徒原本就有的旧名。

而"武进"的读音又与"吴京"相同，所以丹徒古名"武进（吴京）"，其实也就证明丹徒就是先秦吴国的首都"京城"，故此城所在的江南大运河的入江口便称为"京口"。秦始皇忌讳此名拥有"京"字而让此地带有十分明显的"王气"；事实上他又知晓我们后人并不知道的事实：此地原本就是先秦吴国的首都，吴国的京城、宫城在他那时候必定仍然存在，所以该地名所显示出来的王气更非虚名而是实在不虚，于是他也就要改此地王气十足的"京口"之名为恶名"丹徒"（意为穿红衣服的囚徒们待的地方，则此地便是极卑恶无耻之地）。而且秦始皇表面上似乎是在改"京口"，但由于"京口"只是一个河口而以"京"来命名，而"京"在古代历来就是首都之意，则河口旁的丹徒古城必定可以被称作"京城"，河口旁的山必定可以被称作"京山（京岘山）"，其地又是先秦吴国的首都，故可以名为"吴京"。正如北京古名"燕京"而为燕国的首都，则"武进（吴京）"之名其实也就能证明此丹徒京口之地在当时便是吴国的首都。秦始皇特地改这"吴京（武进）、京城、京口"山、水、城①三位一体的充满盛大王气的地名为恶名"丹徒"；而孙权代表了江南的实力崛起，首当其冲便要恢复此地旧时那充满王气的壮盛美名，当然他在这三位一体的美名中选定的是"武进（吴京）"而未选择另外两个，也就证明其为此地的大名（即京城、京口并非此地的正名）。

由秦始皇改"云阳"为"曲阿"，孙权复"曲阿"为秦始皇改之前的旧名"云阳"，证明孙权所恢复的丹徒旧名"吴京（武进）"，必定也是复秦始皇改之前的正名。

丹徒之地在秦时既可以称作"京口"，又可以叫作"武进（吴京）"和"京城"。"京口"是针对运河而言，指明其乃江南大运河入长江的末口（即最北之口）所在；"武进（吴京）"和"京城"则是从这座城市在吴国政治地位的角度来称呼，而后者"京城"则更强调其"城"的壮丽雄伟；而"京口"之名则在强调此地有"河（运河）"且地处此河通江口岸的十分重要的战略地位。

乾隆《江南通志》卷五"舆地志、沿革表一、常州府"之"三国吴、吴郡、毗陵县"下有注："按《吴志·孙权传》：'嘉禾三年，复丹徒为武进。'《通鉴注》：'吴改丹徒曰武进，晋复曰丹徒，仍因丹徒、曲阿立武进县，属毗陵郡。'是吴之武进有今武进县之地矣。又'武进'之名，《宋·志》云'孙权改'，《吴志》云'复'，是'武进'为吴、楚间旧邑名也。"

所引"《通鉴注》"见《资治通鉴》卷九十四"晋纪十六"晋成帝咸和"六年春正月，赵刘征复寇娄县，掠武进"，胡三省注："娄县，前汉属会稽郡，后汉、晋属吴郡。吴孙权嘉禾三年改丹徒曰武进，晋武帝太康三年复曰丹徒，仍分丹徒、曲阿立武进县，属毗陵郡，晋改毗陵曰晋陵。刘昫②曰：唐苏州昆山县，汉娄县地。"

其言"是吴之武进有今武进县之地矣"，其实：三国东吴之武进为丹徒县，与今天的武进县毫无关系。西晋将武进县改回丹徒县，又分丹徒、曲阿两县的东境设立新的武进

---

① "山"指京（岘）山，"水"指京口河、京江，"城"指京城、吴京。
② 指刘昫《旧唐书》卷四十"地理志、江南道、吴郡"："昆山，汉娄县，属会稽郡。梁分娄县置信义县，又分信义置昆山，取县界山名。"

县；而今天的武进县，其"奔牛—万绥—孟河"这西北一隅，便是西晋所设武进县的所在，万绥便是西晋所设武进县的县城所在，史称"武进故城"，故可以说"西晋武进占有到今武进县之地"，但其实也只是部分占有今武进的西北一隅而非全部占有，今武进之地是唐朝武则天在垂拱二年（686）分晋陵县西半境给武进县而来，明代朱元璋洪武初年又把晋陵县并入武进县，等于古晋陵县的东半境也全部划归了武进县。今天的武进县只有"奔牛—万绥—孟河"这西北一隅是西晋武进县的一部分，此地与丹徒之间隔开了丹阳，因而此地根本就不属于三国东吴时改丹徒县为武进县的丹徒县。

其所引《宋·志》云'孙权改'"，见《宋书》卷三十五《地理志》"南徐州刺史、南东海太守"："丹徒令：本属晋陵，古名'朱方'，后名'谷阳'，秦改曰'丹徒'，孙权嘉禾三年改曰'武进'，晋武帝太康三年复曰'丹徒'。武进令：晋武帝太康二年，分丹徒、曲阿立。毗陵令，宋孝武大明末，度属此。""度属此"，指的是毗陵郡在宋孝武帝大明年号的末年，由"吴郡"改属"南东海郡"来节度。好在乾隆《江南通志》能引《吴书·孙权传》"嘉禾三年，复丹徒为武进"的"复"字，来纠正《宋书·地理志》的"改丹徒为武进"之"改"字为非（或定此"改"字当理解为"改回"而不当理解为"新改"），从而定"武进"是丹徒县的旧邑名，即画线部分得出的结论："是'武进'为吴、楚[1]间旧邑名也"，这是非常正确而有眼力和见地的！

有一种可能是孙权寻访民间此地来历时，得知被秦始皇污名化为"丹徒"的这块地方，其旧名为"吴京"，孙权只听到百姓口头说起这个音。而知晓此地旧名的只可能是当地的土著百姓，而古代的土著百姓几乎全都是文盲，孙权听得其音，问其字当如何写法，百姓自然摇头说不知写作何字，孙权也就不知如何落笔了。

也有可能是此地民众知其为吴地之京，但孙权因为此地如果写成"吴京"，便意味着此地只能局限在方国吴地之京的地位，从而也就意味着自己（孙权）将无法一统中原来让此地由"吴京"升格为天下之京（"天京"），于是也就有意把这个听来的读音"吴京"给硬写成了"武进"，以此来表达自己想通过"以武而进"来让该地名突破"吴京"的格局，并且从字面上就能冒出那种通过武力来统一天下的雄心壮志（即所谓的天下之志）来！

当然这么一改，也就掩盖住丹徒原本称作"吴京"的旧名，也就掩盖住丹徒原本为吴国之京这一后人全然不晓的史实（离开先秦吴国不远的秦始皇及离开秦始皇不远的孙权那肯定是知晓的，但后人全然不晓），从而使得两千年来所有历史研究者，全然不晓

---

[1] 吴楚，当指先秦吴国与后来取代吴国、越国占领江南的楚国（这两个朝代之间涵盖了其中间占领江南的越国）。

镇江城还曾经成为过先秦时期吴国（而不光是荆王刘贾、吴王刘濞、东吴吴国）的京都所在。

《三国志》载孙权"复"丹徒为武进而非"改"丹徒为武进，我们以此来作为"京口"乃"吴京"的依据未免显得过于单薄而未必确凿。好在我们还是能够找到第二类文献依据，使该结论由文献上的孤证变成双证，令此结论更加可信。而且这第二类文献依据本身又有两条而非一条（即其本身亦非孤证）。

2. 第二条重要文献证据：六朝、五代人称京口为"京吴"

六朝、五代人称京口为"京吴"。"京吴"与"吴京"只是字序颠倒一下，两者的含义显然密切相关。因此，六朝、五代人称京口为"京吴"，便是"京口"乃"吴京"的第二类文献记载。所谓的"京吴"，其实就是以京口为首都的先秦时期的吴国，从而与"吴京"在含义上也完全相通。

五代人称京口为"京吴"的文献实例见《至顺镇江志》卷八"庙、丹阳县、嘉贤庙"条收录的南朝梁代延陵县令王僧恕所作的延陵县季子庙碑，其碑文中有"甘棠勿翦，知东周之美政；庙宇修存，信京吴之流庆"句，"京吴"与"东周"对仗并举。

一般人都会把此"京吴"中的"京"字理解为"大"，把"京吴"理解为"大吴"，并把"大吴"解释成"伟大的吴国"。但"东周"与"大吴"并列，"大吴"已经明显在气势上把其宗主国"东周"给比了下去。"周"尊于"吴"，作者王僧恕出于"君尊臣卑"的正统道德价值观，肯定要尊重"东周"，其当无意用"京吴"指"大吴"即伟大的吴国。

"京吴"既然与"东周"对仗并举，而"东周"是政权，表明"京吴"应当也是政权的概念，否则两者便构不成严密的对仗。"东周"既然是客观中性的政权名号，从严密对仗的角度来说，"京吴"应当也是客观中性的政权名号；从名号的客观中性角度来说，便不当解"京"为"大"而作"大吴（伟大的吴国）"这种加了定语的褒义式政权名号来理解，因为没有一个客观而中性的政权名号前会加上"京（大）"这样的形容词。

因此，"京吴"与"东周"对仗并举，两者应当都是客观而中性的政权名号。由于"东周"这一客观而中性的名号是以其首都来称呼其国名，即此"东周"是指定都于东都洛邑的周朝。则"京吴"这一客观而中性的名号应当也是以其首都来称呼其国名，即此"京吴"便是立都于以"京"字来命名的首都"吴京、京口（今镇江）"的吴国。因此，这一记载到"京吴"的文献，便是吴国立都于带"京"字的"吴京[①]、京口"，也即今天镇江丹徒的重要文献实证。所谓的"京吴"，就是建都于"吴京（或京口）"的吴国。因此，这条"京吴"的文献记载，便是季子所处的父亲寿梦与三位兄长做吴王时，吴国立都于京口的文献实证。

而《史记》卷三十一《吴太伯世家》开头"吴太伯"三字下《史记正义》注："寿梦卒，诸樊南徙吴；至二十一代孙光，使子胥筑阖闾城，都之，今苏州也。"其"王诸樊元年"下《史记集解》注："骃案：《系本》曰：'诸樊徙吴也。'"可见诸樊秉持自己"让国于季子"的志向，不敢居父王寿梦所在之都，特意把自己的摄政王朝廷（即办公地）迁到吴县（今苏州）境内办公和居住，相当于后世"行在所、行都"的概念；其时的首都，也即其父王所居、所葬之都仍是京口。到其子阖闾时，又抛弃父亲诸樊之城（当即今天考古发现的"木渎古城"），命令伍子胥建筑属于他自己的非常宏大壮丽的吴县城（即今苏州城），人称"阖闾城"，为与太湖边武进与无锡两县交界处的另一座早已建好的陪都"阖闾城"相区别，遂称"阖闾大城"，太湖畔的那座"阖闾城"因比之要早[②]、要小而称为"阖闾小城"，两城皆是吴王阖闾命伍子胥所建，故皆名"阖闾城"。于是阖闾与其子夫差，便正式迁京口之都于吴县（即今苏州）。

所以说，从季子的父王寿梦，一直到被阖闾弑杀的吴王僚，应当全都建都于"京口"也即今天的镇江城（吴王诸樊一度迁走，但他建立的是行都，并不影响镇江吴都的地位），其处因此而得以"京"字来命名，立都于此的吴国便被称作"京吴"，以别于泰伯所都的故都梅里——其称之为"故吴"（故吴墟）；也有别于阖闾父子所都的新都姑苏（即后世的苏州城）——其称之为"姑苏"或"东吴"。

镇江"京口"丹徒之地因是吴国之京而用类称称作"京城"，用独称则称作"吴京"，后世音讹或孙权有意记录为"武进"，由于此地位于江南大运河的北口而名"京口"，其城西侧的镇山便被称为"京岘山"，其往东南延伸的此山余脉便被称为"京山山脉"（即丹阳境内的"水经山"），其长江江面亦被称为"京江""京口江"。

秦始皇忌讳"京口"之地这一系列从城到山再到水的地名中的"京"字，于是将其

---

①注意，"吴京"是镇江丹徒的独有之称，"京城"是普天下诸侯国国都相同的类称，此处当用独称来称呼，故此处不列类称"京城"，即不写作"吴国立都于带'京'字的'京城'"。

②通常情况下，早的自然原始而小。

— 41 —

统统改为恶名"丹徒"①，即"丹徒城、丹徒口、丹徒岘、丹徒山、丹徒江"②，所以《三国志》称孙权下诏是恢复丹徒为武进，而非新改丹徒为武进。则立都于此"京口（京城、吴京 [武进]）"之地的先秦吴国便称作"京吴"。《三国志》的作者陈寿离先秦和秦朝未远，尚知晓此由来，故用"复丹徒为武进"，而不用"改丹徒为武进"；梁朝延陵县令王僧恕去陈寿又未远（仅200多年），亦知晓此由来，故称之为"京吴"（意指延陵季子所在的政权是建都于京口的先秦吴国）。所以"京吴"便可作为"京口"之地的又一别称而与"吴京"含义相通。

今遍查古代文献，除上述一例外，我们还能找到另一条称镇江京口之地为"京吴"的例子，而且是仅此一条，可证在历史长河中，由于汉以后的人几乎已无人知晓先秦吴国立都镇江京口的史实，遂导致镇江京口又名"京吴"或"吴京"的外号也就无人知晓。

笔者所找到的这处文献便是《全唐诗》卷七五三南唐诗人徐铉《得浙西郝判官书，未及报，闻燕王移镇京口，因寄此诗，问方判官、田书记消息》："秋风海上久离居，曾得刘公一纸书。淡水心情长若此，银钩踪迹更无如。尝忧座侧飞鹧鸟，未暇江中觅鲤鱼。今日京吴建朱邸，问君谁共曳长裾？"由于诗题称"移镇京口"，诗中"今日京吴建朱邸"的"京吴"显然就指镇江而非建康了。

而在文献中，"吴京"一般指的是定都于吴地的南朝首都建康（今南京），从来都不指镇江，其文献实例可见《文选》卷二十二刘宋朝诗人颜延之《车驾幸京口，侍游蒜山

①镇江之地因处运河入江之口而得"京口"之名，今人都说镇江处的大运河是秦始皇所开。但秦始皇既然忌讳此地之名带有"京"字，则大运河若是秦始皇所开，则此地必无"京口"之古名（因为"口"是河口，因运河而有，运河若是秦始皇所开，则秦始皇之前此地便无"口"字的地名，更无庸说"京口"了）。而上文已论证清楚"京口"之名显然就是"丹徒口"之前的旧名（因为秦始皇改此地旧名"吴京 [武进]"为"丹徒"，此地在秦始皇改名前便有带"京"字的"吴京 [武进]、京口"之名），这便能证明镇江京口处的大运河必定早于秦始皇就存在。

②称镇江江面为"丹徒江"之例见东汉王充《论衡·书虚》："今时会稽、浙江钱唐、丹徒大江，皆立子胥之庙，盖欲慰其恨心，止其猛涛也。"又见唐徐坚《初学记》卷六"江"："凡长江有别名，则有京江、（在南徐州。《禹贡》所谓'北江'也。今润州丹徒县也。）瓜步江、（今扬州六合县界。西南对润州江宁县，即魏文帝及后魏太武帝所临处。）乌江、（即项羽死处，今和州乌江县也。）曲江。（枚乘《七发》曰：观于广陵之曲江。曲江，今扬州也。……）凡江带郡县因以为名，则有丹徒江、钱塘江、会稽江、山阴江、上虞江、广陵江……"。称镇江江面为"京江、京口江"之例见《嘉定镇江志》卷六"山川"："京江水，在城北六里：东注大海，西接上流，北距广陵。《祥符图经》谓之'京口水'，《寰宇记》谓之'京江水'。唐许浑《思丁卯村》诗：'于嗟楼下水，几日到京江？'杜牧赋《杜秋娘诗》：'京江水清滑，生女白如脂。'自唐以为'京江'矣。"极易使后人误会是先有"丹徒江"之名，再有"京江"之名。其实前已详细论明秦始皇改"吴京、京城、京口"为"丹徒"，则镇江处江面先称"京江、京口江"，再称"丹徒江"矣，因果次序千万不可颠倒。

作》诗："岩险去汉宇，衿卫徙吴京。"唐人李善注："宋（南朝宋）都吴地，故曰'吴京'也。"又见《文苑英华》卷三一四唐代诗人李宾登金陵（今南京）瓦官寺而作《登瓦官寺阁》诗："晨登瓦官阁，极眺金陵城。钟山对北户，淮水入南荣①。漫漫雨花落，嘈嘈天乐鸣。两廊振法鼓，四角吹风筝。杳出霄汉上，仰攀日月行。山空霸气灭，地古寒阴生。寥廓云海晚，苍茫宫观平。门余'阊阖'字，楼识'凤凰'名。雷作百川动，神扶万拱倾。灵光一向贵，长此镇吴京！"亦以"吴京"指金陵南京。唐代大诗人李白《李太白集注》卷五《鼓吹入朝曲》："金陵控海浦，渌水带吴京。"又卷十五《留别金陵诸公》诗："黄旗一扫荡，割壤开吴京。"王琦注："吴京，金陵也，以吴人所都，故曰'吴京'。"文献中从来都没找到过六朝及六朝以后人称镇江为"吴京"的例子（除上引徐铉之一例外）。

但正如今天北京以天津为海口那般，视镇江为京城建业之口，而名其为"京口"亦无不可。实不知，远在南朝建业为都之前的秦始皇时代，便已称镇江之地为"京口"，其与六朝时南京为京而镇江为其出海口无关。而且从地理上看，镇江与南京相隔也颇远，亦不宜视其为南京的口岸。从地理上看，镇江实乃江南大运河入长江的最末之口；正如"邗沟"入淮河的最末之口（即"入淮口"）称为"末口"（其地在今淮安城附近）那般，镇江这一运河的入江口便被称为"京口"，其"口"字并非得自首都南京城的出海口岸在此，而得名于江南大运河的末口（即最北的入江口）在此。

由六朝人把京城建业称为"吴京"，而不把镇江京口之地称为"吴京"，可知古人称镇江为"京吴"（正如上文所言，其即相当于"吴京"），便不会是六朝立都建业时的说法。因为其时的吴京设在南京，当时之人也就不会视镇江为"京"而称之为"京吴"了，更不会称之为"吴京（武进）"了。而事实上，称镇江为"吴京（武进）"，据《三国志》所引孙权诏书，乃是孙权恢复秦始皇所改恶名"丹徒"前的名字，即是秦始皇之前的先秦时代便已称此地为"吴京（武进）"。由镇江"吴京（武进）"乃先秦古名，则称镇江为"京吴（京城之吴）"亦当是秦始皇以前的事。

从上引碑文来看，梁王僧恕口中的"京吴"显然也和六朝首都"吴京"建康无关，因为此碑文所言的季子，其生平与建康南京没有任何交集，梁延陵县令王僧恕再怎么糊涂，也不可能把季子和建康的"吴京"扯上关系；而延陵季子庙就建在镇江下属的延陵县境内，梁延陵县令王僧恕只会把季子与镇江这个"京口、京城、吴京（武进）"之"吴"挂上钩。由此亦可明白："京吴"当指立都镇江"京口、京城、吴京（武进）"之地

---

① 荣，屋檐两端上翘的部分，今通称"飞檐"。

的先秦"吴"国①，从而也就让"京吴"与镇江挂上钩，透露出镇江乃季子时代先秦吴国首都的含义来。而南唐人徐铉称镇江为"京吴"，其实应当也就出典于王僧恕，同样也透露出镇江乃季子时代先秦吴国首都的含义来。

以上两条文献，第一条南朝文献证明了"京吴"是指：延陵季子所处的政权乃是建都于镇江京口之地的先秦吴国；而第二条南唐文献证明了镇江京口之地因先秦吴国立都于此而有"京吴"之雅称。上文"1"与本处"2"这两点的考证，便无可辩驳地揭示出"武进"的内涵就是"吴京：吴地之京"，这对于"武进"（即镇江丹徒）以及统领后世武进的常州（后世武进改置于常州晋陵县）全境精气神的宏大提升，无疑具有重要意义。

有人或许会因下面"8"所揭示的"京口是荆王刘贾、吴王刘濞都"，从而认为梁人称京口为"京吴"，不过是在用荆王刘贾与吴王刘濞立都于此的典故罢了，而未必就指先秦的吴国。

然上文已初步谈到：荆王刘贾的国号为"荆"，不是"吴"，其立都京口之国当称"京荆"而不当称"京吴"；刘濞之国虽然国号是吴，但据"8"所引《越绝书》的记载，人们向来都会认为其首都是在广陵（扬州）和吴郡（苏州），没有人会认为其首都在京口（镇江），罕有人会像本书这样，据《太平寰宇记》的文字，推得刘濞之吴又以京口为都，因此也就没人会把"京吴"（即以京口为都之吴）与刘濞之吴联系起来（因为几乎所有人都认为刘濞之吴不在京口）。更何况，我们更有下面三重证据（两重是文献旁证，一重是两类考古实证）来证明镇江京口之地乃先秦吴京的惊人史实，从而也就更加能够证明此处所言的"京吴"其实指的是立都京口的先秦之吴而非刘贾之荆、刘濞之吴。

事实上，刘贾国号为荆，前人虽然知晓其立都于京口，但当称"荆京"而非"吴京"。而刘濞则无文献记载其立都于京口，即便有当时离刘濞不远的西汉人知晓刘濞曾经立都京口的史实，但由于刘濞最终的结局是发动"七国之乱"，被汉景帝派将军周亚夫剿灭，兵败被杀，相当于身败名裂，也就不会有人因刘濞之吴而称其所都的京口为"京吴"；可以想见，即便真有反对中央、不识时务、歌颂反叛者的人这么称呼，京口人也会自感蒙耻而不愿答应，此名也就不会流传开来。这也就更加证明，上文所言的"京吴"实指立都京口的先秦之吴而非刘贾之荆、刘濞之吴，"京口"早在先秦时代便已是"吴京"。

---

① 而不是立都于建业南京的东吴之"吴"。事实上季子也是先秦吴国之人，与东吴无关。

又：镇江之地因位居运河入长江之口而得"京口"之名。今人都说镇江处的大运河是秦始皇所开；如果大运河是秦始皇所开，则秦始皇所开大运河的入江口必定是秦代才有，则此入江口之名便当是秦始皇所起；而秦始皇忌讳此地带有"京"字之名，则秦始皇所开此河的河口必定不会起"京口"之名。然而孙权诏书写明他是恢复秦始皇所改恶名"曲阿"为秦始皇更改前的古名"云阳"，则同一诏书同一句话中提到的"恢复丹徒为武进"便也是把秦始皇所改恶名"丹徒"恢复为秦始皇更改前的古名"武进"。这就表明"武进（吴京）"乃是先秦就有的古名，则此"吴京"处的河口，秦始皇之前必定名叫"京口"（意为"吴京"处的河口），"京口"之名显然就是秦始皇改"丹徒口"之前的旧名，而非孙权之前的吴王刘濞之吴立都于此才叫"京口"之名。这便是能够用来证明镇江京口处的大运河必定早在秦始皇之前便已存在的又一旁证。

3. 第三条有力旁证：庆封宅在丹徒

庆封宅在丹徒，便是"京口"乃"吴京"的又一绝有力的旁证，这是笔者找到的能够用来论证"镇江京口之地先秦时为吴京"这一论点的第三重证据。

在讨论这一问题前，我们首先要理清：庆封有可能在吴王余祭逝世前不久奔吴，乃至更有可能是在吴王余祭逝世、吴王余眛即位后投奔吴国，而且无论是前者还是后者，赐吴王之女给庆封为妻，赐朱方之地给庆封为封邑，则肯定全都是吴王余眛之举。至于吴王之女是余祭还是余眛女都有可能（即吴王余眛可以把先王余祭女或自己女儿赐给庆封为妻）。关于以上结论，我们详考如下：

今按《左传·襄公二十八年》之《春秋经》："冬，齐庆封来奔。"

其《左氏传》："叔孙穆子食庆封，庆封泛祭。穆子不说（通'悦'），使工为之诵《茅鸱》，亦不知。既而齐人来让，奔吴。吴句余予之朱方，聚其族焉而居之，富于其旧。"

其杜预《注》："句余，吴子夷末也。朱方，吴邑。"

其孔颖达《正义》："此时吴君是余祭也。明年余祭死，乃夷末（即'余眛'）代立，昭十五年吴子夷末卒是也。服虔以句余为余祭，杜以为夷末者，以庆封此年之末始来奔鲁，齐人来让，方更奔吴，明年五月而阍弑余祭，计其间，未得赐庆封以邑，故以句余为夷末也。"

而《史记·吴世家》"寿梦有子四人，长曰诸樊，次曰余祭，次曰余眛"句，《史记索隐》则注："《左传》曰'阍戕戴吴'。杜预曰：'戴吴，余祭也。'又'襄二十八年'《左传》：'齐庆封奔吴，句余与之朱方。'杜预曰：'句余，吴子夷末也。'计余祭以襄二十九年卒，则二十八年赐庆封邑，不得是夷末。且'句余''余祭'或谓是一人。夷末，惟《史记》《公羊》作'余眛'。《左氏》及《谷梁》并为'余祭'。'夷末'、'句余'，音、字各异，不得为一，或杜氏误耳。"

又《史记·吴世家》载："王余祭三年，齐相庆封有罪，自齐来奔吴。吴予庆封朱方之县，以为奉邑，以女妻之，富于在齐。"

今考鲁襄公二十八年正是吴王余祭三年（前545）。根据《史记·吴世家》所载，庆封确为此年冬投奔鲁国后，当即又在此年冬底投奔吴国，而且吴王余祭又在此年冬底庆封刚到后，便赐女儿给他为妻，又赐朱方之地给他作为封邑，而且庆封就在这年冬底短短几十天内，富裕程度便超过昔日在齐国时的生活状况。这显然是不可能的，一是古代贵族的成婚那是大礼，更不用说是王族的婚礼了，因而吴王之女下嫁庆封的这场皇家婚礼的举行，至少要准备上一两个月。换句话说，庆封即便真是冬天奔鲁后立即奔吴，他也不可能在此年冬天娶得吴王之女为妻。至于他就封于封地，再经营封地而致巨富，那更不可能是冬底一两个月所能完成的事，司马迁如此叙事是欠严谨的。

相较于司马迁的不严谨，便能显示出孔颖达的解释是合理的，即《春秋经》只言此年冬天庆封逃亡到鲁国，并未言此年冬天齐国就来责备鲁国而庆封再投奔吴国。换句话说，《左氏传》所言的庆封再度逃亡吴国而吴君封其朱方之地，庆封聚族经营而致巨富，显然都不是一两年所能完成的事，所以我们不可以草率认定庆封逃亡吴国是鲁襄公二十八年冬天事，因为《春秋经》只言此年冬天庆封逃亡到鲁国，而《左氏传》所言诸事当是左丘明把庆封以后数年的经历概括性地附注于此，其时间其实是不可考实的。

而且从事理上说，明年五月吴王余祭便被人刺杀，庆封离开鲁国很有可能如孔颖达所言是在吴王余祭逝世后。而且我们下文还将指出，庆封作为外来臣子，吴王当要考察他相当长一段时间后才敢赐他封邑，派他就封（即到封地上任），即便庆封真的是在吴王余祭逝世前夕抵达吴国，分封其朱方之地的肯定也是下一任吴王余眛了，因此杜预以"句余"为"余眛"是合理的，孔颖达的解说是正确的，后人迷于左丘明《左传》、司马迁《史记》，认定庆封是鲁襄公二十八年也即吴王余祭三年冬天投奔吴国实乃误解。

讨论清楚分封庆封的吴王只可能是余眛而非余祭，我们再来讨论"庆封宅在丹徒"何以能证明"镇江京口之地就是当时吴国之京"这一结论。

（1）庆封有宅在丹徒，但丹徒（京口）并非庆封的采邑"朱方"

《光绪丹徒县志》卷五十六"艺文、国朝文"收录有清人颜于钧的《朱方非丹徒辨》：

　　"朱方"之名，见于《左氏·襄二十八年传》云："齐庆封奔吴，吴句余①与之②朱方，聚其族焉而居之。"杜注："朱方，吴地。"而不详其所在。《公羊》作"防"，云："庆封走之吴，吴封之于防。"案："防"与"朱方"盖一地也。古"防"字多省作"方"。《汉书·功臣表》"汁防侯"，《史记》作"什方"，便是"方"即"防"也。"防"字又通作"房"。《左·昭十三年传》云："楚灵王迁许、胡、沈、道、房、申于荆。"杜《注》作"防"，云："汝南有吴防县，即防国。"《史记·项羽本纪》："封杨武为吴防侯"，《汉·志》作"吴房"，孟康注云："本房子国。以楚封吴王弟夫概于此为棠溪氏，故名'吴房'。"然则："房、防"与"方"，皆得通用。《左》、《公》所记，字异而地则同一。

　　谓之"朱方"者，《路史》云："有虞氏国丹朱于房，为房侯。"（注："房，同作'防'。"）《周语》亦云："昭王娶于房，曰'房后'。丹朱冯身以仪之。"③以其为丹朱所封，故曰"朱方"，犹之楚昭封吴夫概于房而谓之"吴房"也。鲁襄之世，房尚未迁，而得有"朱方"以封庆封者，"朱方"不过房地一邑。房之立国，不必即在朱之所封：统而言之，则曰"房"；析而言之，则曰"房国"、曰"朱方"。称以"朱方"，正所以别于"房"也。④其地在今汝宁府遂平、西平及许州之郾城等境。（《唐书》："元和十二年，李愬攻吴防，克其外城。既平吴元济，遂改号曰'遂平'。"《括地志》："棠溪县城，城在郾城县西北八十五里。"《寰宇记》："西平县西北有棠溪村。"三县地境相接，盖皆古房国之地。）与润之丹徒，绝不相关。

　　《邑乘》⑤引张勃《吴录》第云："朱方，后名'谷阳'"，亦无"丹徒为朱方"明文。其以朱方为丹徒，则自颜师古始。而合丹徒、朱方、谷阳为一地，则又自杜佑始。《汉书·地理志》会稽郡"丹徒"，师古注云："即《春秋》'朱方'。"杜佑《通典》云："丹徒，古朱方，后名'谷阳'。"厥后，《太平御览》引《十道志》遂云："润州丹阳郡，春秋吴国地，谓之'朱方'。"罗泌《路史》亦云："润之丹徒东二十里，曰'朱方'"⑥，是直

────────

　　①上文已详考"句余"应当就是吴王余眛的可能性为大，其为吴王余祭的可能性为小。本书便遵从杜预、孔颖达的见解，定"句余"为吴王余眛。

　　②与，给与。之，他，指庆封。

　　③周昭王娶了房国的女子。引文中所言的"丹朱"实指丹朱的神灵。冯，读"凭"，依靠、扶助。冯身，倾心、全身心。仪，匹配。

　　④即房国虽在，其都城以外的"朱方"之地则为吴国侵占而分封给了庆封。

　　⑤指颜于钧所在的镇江府丹徒县的《丹徒县志》。

　　⑥按《路史》卷二十六原文作："朱方（襄二十八）：润之丹徒东二十，地曰'朱方'，吴邑也。故庆封入吴，与之朱方。昭四年：楚围朱方者。"东二十，即"东二十里"，《路史》行文常省略单位名称"里"字。

以朱方为在吾郡之东路而从而点缀之者。① 且谓："城南有庆封宅、庆封井也。"

则尝以《春秋》考之：昭公四年《经》云："楚子、蔡侯、陈侯、许男、顿子、胡子、沈子、淮夷伐吴，执齐庆封杀之，遂灭赖。"楚子者，楚灵也。执齐庆封，执之于朱方。（《左传》云："围朱方，克之。执齐庆封，尽灭其族。"）即执之于防也。

《春秋》之世，吴境北极淮阳，丹徒在其腹里。灵② 于庆封，并非有所积怨、深怒，必欲得而甘心？其合诸侯于申（今南阳府）而伐吴以戮之，不过假借"仁义"之名以求济其所欲。且当时用兵迥非后世流寇之比。灵虽横暴，亦恶③ 能帅八国之师，深入吴境千有余里，大具舟楫，涉长江之险，直至润之丹徒而杀齐庆封哉④？

至谓"朱方后名谷阳"，则是牵合《春秋》"灭赖"之文为说，然愈足以证朱方之非丹徒："赖"者，近乎⑤ 房之小国，其音与"厉"相谐，故《公》《谷》经文皆作"灭厉"。而《僖十五年经》亦书："齐师、曹师灭厉。"（杜《注》误。）其地后世实名"谷阳"《史记·老庄申韩列传》云："老子者，楚苦县厉乡曲仁里人也。"注引《括地志》云："苦县，在亳州谷阳县界。厉，音'赖'。"是"赖"即"厉"。厉在谷阳，谷阳则苦县，苦县则属亳州，（《春秋》时别有一赖，在今湖北随州。《左·桓十三年传》云："楚子使赖人追之"是也。字亦可读作"厉"。解者多混而一之，非是。）《汉·志》云："淮南苦县。"然则谷阳自是一地，虽与防相去不远，而要非朱方之异称，且更非会稽之丹徒所得而冒称者也。

说者徒以朱方之"朱"与丹徒之"丹"同训赤色，因误以丹徒为朱方；又欲阴取《春秋》"灭赖"之文为证，知"赖"有"谷阳"之称，遂于丹徒之左近求谷阳既不可得，则以为"朱方一名'谷阳'"耳。又按《谷梁传》云："庆封封乎吴钟离。"钟离，楚邑，淮南县。（按：钟离亦有时属吴。）在今为凤阳府。虽与《左》《公》不同，而其地要不出乎淮、汝，是奚可移而属之江南之丹徒也哉？

此文的重要性，便在于首次严谨而详实地考明如下几点事实：

① "朱方"当是丹朱所分封的房地，古人"方、房、防"三字混写而可通假，其地即今河南遂平（先秦时的房国）一带。

---

①下文考得庆封宅在旧丹徒城，而旧丹徒城正在今丹徒城也即镇江城东18里，故罗泌"润之丹徒东二十里，曰'朱方'"是以庆封宅所在的旧丹徒城为朱方城。

②指楚灵王。

③恶，读作"乌"，意为"何""如何"。

④所言诚然。如若果能如此，何不趁此大胜一鼓作气灭了吴国？由其不灭吴国，亦可知其并未攻入吴国腹里之地的丹徒；则朱方不在吴国腹里之地的丹徒又可知矣。

⑤近乎，靠近。赖国是靠近房国的小国家。

②"谷阳"是赖国的别称，赖国与朱方是两地，因此"谷阳"不是"朱方"的别名。

③朱方之地与钟离相近，故《左传》言分封庆封于"朱方"，《公羊传》言分封庆封于"防"，而《谷梁传》则言分封庆封于"钟离"附近，其实这三者说的都是一回事，三地也都在今天的河南一带，是吴楚两国的交界处。

④吴国应当把异族之人庆封分封在吴国的边境，用他来守卫边疆，庆封也正因为地处边疆的原故而被楚国攻灭；如果他被封在丹徒这一吴国的心腹之地而被楚国攻灭，则楚国的战斗力之强、吴国防御力之弱真是到了难以想象的地步而荒谬绝伦。由屈荡守朱方，不久屈荡又被楚人以勾结吴国的名义处死，一般都认为这是吴国再次夺回朱方之地，这也能表明朱方是在吴楚争战的两国边境线上；如果朱方之地在丹徒，则吴国何能容忍敌国安插大将军到自己的心腹之地来？吴王阖闾的弟弟夫概投降后，楚国又把夫概分封在朱方一带，来为楚国防守边境，称为"吴防"，楚国同样也不可能把异国投诚之人分封在其祖国的内地、而应当分封在两国交界的边疆处，这同样也能表明朱方（也即吴防）之地应当在吴楚两国交界的边境线上。

⑤该文作者又合情入理地断定：庆封作为异族之人，吴王是不可能把他分封在本国心腹之地丹徒的；而且楚国也不敢轻率出兵攻打吴国的腹里之地丹徒。楚王如果能攻下吴国的腹里丹徒而俘杀庆封，为何不趁胜再进军一二百里与吴国决战而直捣吴都无锡梅里或苏州城？楚王怎么可能只攻杀一庆封，便选择偃旗息鼓地退兵？由此可知，庆封必定是被吴王封在吴国边疆上的今天河南、安徽交界处的朱方。也正因为此，楚国才能够乘虚而入，攻打吴楚边境上的"朱方"而得手。

⑥赖国在朱方近旁，所以楚国趁机一并把赖国给攻占了。

⑦"谷阳"是朱方近旁赖国的别名，与朱方相邻近但非同一地区。把丹徒视为"朱方"已是大误，再把"谷阳"与朱方视为同一个地区，说出"丹徒又名'谷阳'"的话来，更是误上加误。

综合以上因素，便能得出下面⑧的结论：

⑧朱方之地肯定位于吴楚两国的交界处，古往今来的镇江志，以及抄录镇江志说法的省志与国家总志等地志文献中，所有关于丹徒古名"朱方"和"谷阳"的说法，全都出自前人的误会和后人对前人误会的袭讹踵谬，全赖清人颜于钧《朱方非丹徒辨》这篇宏文得以正本清源、肃清流毒！

那么前人的这一误会源自何时？前人又为何会发生这种原本不应该发生的重大误会呢？这一点显然也值得详细考究一下。

上文作者颜于钧认定此误源自唐人，即注《汉书》的颜师古和作《通典》的杜佑。其实这一误会源自更早的六朝人，即东吴、东晋与南朝的宋齐梁陈（以上六个朝代可总称为"六朝"）人便已如此。

《镇江师专学报（社会科学版）》1987年第4期，载刘建国《朱方考》一文，详举六朝与唐朝人称丹徒为朱方的实例。

如其引《宋书》卷八十二《周朗传》："其地如朱方者，不宜置州。……岂吴邦而有徐邑？"言："徐邑即徐州，南朝时曾侨置于丹徒。这里周朗以朱方代称丹徒，此其一。"

其又引《先秦汉魏南北朝诗》"宋诗"卷三刘宋诗人谢灵运《庐陵王墓下作诗》"晓月发云阳，落日次朱方"句，言："云阳，即今丹阳，西边数十里即今丹徒，当年诗人从云阳出发，无论以里程或是路线计，一日游的归处，无疑应是丹徒。这里诗人亦以朱方代称丹徒，此其二。"

又举镇江焦山上残存的六朝摩崖石刻《瘗鹤铭》中有："甲午岁（仙鹤）化于朱方"（见镇江博物馆编的《焦山碑目志》），言："六朝时焦山地处丹徒县境，既然其时瘗鹤于斯，刻石于斯，自然是以朱方代称丹徒，此其三。"

最后又举近年镇江出土的唐代墓葬中的十余方墓志铭，有一半称当时的润州治所丹徒为朱方（见《考古》1985年第2期所刊载的《江苏镇江唐墓》一文），言："这里又是以朱方代称丹徒，此其四。"

最后得出结论："上述例证已经清楚地表明，及至六朝、隋唐时期，人们称丹徒为朱方的现象仍然比较普遍和流行。可见，朱方古名一直牢固地植根于丹徒故老的心上，其地位和影响确是达到根深蒂固的程度，这完全体现了地名在使用和流传中，所具有的稳固性及延续性的重要特点。反之，所谓朱方是在安徽钟离，或河南房县的说法不能成立，是因为这两处地方，在古代志书或人们口碑中，均未曾见有称之为朱方的先例，也没有留下任何朱方在两地流传的痕迹，这与丹徒的情况正好形成显明的对比。因此，结论应该是肯定的，朱方即是丹徒，古代一地二名而已。"

此文的价值便在于证明：颜师古注《汉书》、杜佑撰《通典》把丹徒称作《春秋》中吴王余昧封庆封的"朱方邑"是有依据的。但此文认为其他地方没有"朱方"之号，唯独丹徒有之，于是定丹徒确有古名"朱方"确为庆封采邑，根据本书下文的考证，这种说法其实是靠不住的。

颜于钧《朱方非丹徒辨》论证朱方与谷阳肯定在吴楚两国交界处的河南、安徽一带，这是无可怀疑的。而丹徒父老自古（六朝）以来又认定自己就是"朱方"邑所在，这也是确定无疑的。两者的矛盾看似无法解决，其实解开这一谜底的关键，便在于旧丹徒城，也即今天丹徒镇内，拥有庆封的宅和井。

（2）庆封有宅在丹徒，证明丹徒为吴王余昧的京城

《光绪丹徒县志》卷七"宫室"有："春秋齐庆封宅，《舆地纪胜》：'在县城南。'（详见'水、庆封井'注。县城，今丹徒镇。）"这便讲明庆封宅、井在"丹徒故城"，也即今天的丹徒镇内。所谓的"详见'水、庆封井'注"，即其书卷十一"河渠"："庆封井，在县治西南'白龙冈'庵下，其水逆流，又曰'逆流泉'。齐庆封奔吴，吴与之朱方。（按：此所谓'县治'，即丹徒镇，古名'朱方'。然朱方实非丹徒，辨详'艺文'。）聚其族而居。此井，在所居之地。（陆龟蒙诗：'今歌此井是吴人，断绠沉瓶自兹始。'）"所言的"辨详'艺文'"，即上文所引的其书卷56颜于钧《朱方非丹徒辨》。

此丹徒镇既然不是庆封的封地"朱方邑"，那又为何会有庆封的家宅和取水用的水井出现呢？显然，这就证明丹徒镇就是庆封最初来吴国定居的地方。

我们都知道，政治流亡的逃难大臣，首先会到避难国的国都面见君主，恳求同意自己在贵国避难而定居此地接受该国考察，然后再接受君主的委派而出任官职。所以逃难大臣肯定会先在避难国的首都有其家宅。这逃难大臣谒见君主后，便会等待君主国的委派；而君主肯定要考察这位外来臣子的忠诚，这一考察过程显然不会是一两天的工夫，往往要一两年才能"日久见人心"。等考察放心后，君主才会委派这位外来大臣上任，出任之地一般也不会是腹里要地，而只可能是边境多事之地，以充分发挥其治理地方事务、进行军事作战这两方面的才能，同时又可进一步深入考察其忠诚程度。因为边境之地多半是新征服来的地区，外来之臣即便叛变，丧失的也是本就不属于本国的国土，没什么可惜。经过"日久见人心"的忠诚度考察后，君主才敢委任这位外来大臣官职。所谓的分封庆封一座采邑"朱方"，其实也就相当于任命他担任吴国新占领的敌国边境城市"朱方"城的地方行政长官兼军事首长。

朱方是从楚国手中夺来的，之前肯定就有官衙在城内。庆封在朱方之地既然是行政长官，则他在这一分封之地内住的肯定就是旧有行政长官们住过的府第，这个府第便不是一般意义上的属于他自己的家宅。这一行政长官的府第也就是后世所称的"公馆、官衙、官邸"，那肯定也是之前旧有而非庆封来后才开始建造；而庆封被楚国俘杀后，此官邸又会被后来楚国所任命的长官（如楚国派来占领朱方之地的将军屈荡）入住，因此朱方城中也就没有庆封宅和井留下来，因为朱方城中供庆封居住过的府第原本就不是庆封一家所私有，朱方城中的这一府第自然也就无法用"庆封"的名字来冠名；相应的，其宅、其井也就不可以用"庆封"两字来命名。这就导致吴国首都之地会有"庆封宅、井",而庆封分封的朱方城内却留不下以"庆封"两字命名的宅和井。

现在吴国腹里之地唯有丹徒有庆封的宅和井,其余各处全都没有,特别是吴国的首都"故吴墟"(即勾吴墟,也即今天的无锡梅里[1])和吴国的新首都吴县(今苏州)[2]没有,这便可证明:丹徒其实就是当时吴王的驻跸地,相当于后世所谓的"行在所、行都"。

《咸淳毗陵志》卷十五"山、无锡":"柯山,在县西。《九域志》云:'柯山在惠[3]山侧。'《风土记》云:吴仲雍六世孙柯相所治之地。"《成化毗陵志》卷十七"山、无锡"特改"惠山"为"舜山",表明惠山旁的舜山与柯山其实是联为一体的:"柯山,在县西。《九域志》云:柯山在舜山侧。《风土记》云:吴仲雍六世孙柯相所治之地。今俚俗合名为'舜柯山'。"《元丰九域志》卷五"两浙路、常州、古迹、柯山"条:"在慧山侧,即吴子仲雍五世孙柯相所治之处。""五世孙"是据《史记》而言,按《史记》卷三十一《吴太伯世家》:"太伯卒,无子,弟仲雍立,是为吴仲雍。仲雍卒,子季简立;季简卒,子叔达立;叔达卒,子周章立。是时周武王克殷,求太伯、仲雍之后,得周章。周章已君吴,因而封之。乃封周章弟虞仲于周之北'故夏虚',是为虞仲,列为诸侯。周章卒,子熊遂立;熊遂卒,子柯相立。"则受周天子封爵的周章便是吴国第五代吴君;仲雍、季简、叔达、周章、熊遂、柯相共有六代人,柯相为仲雍的五世孙。《咸淳毗陵志》《成化毗陵志》言柯相为仲雍的六世孙,则出自《吴越春秋》卷一《吴太伯传第一》:"追封太伯于吴。太伯殂卒,葬于梅里平墟。仲雍立,是为吴仲雍。仲雍卒,子季简;简子叔达;达子周章;章子熊;熊子遂;遂子柯相。"即《史记》所说的"熊遂"在《吴越春秋》是两代人。

由上引《咸淳毗陵志》《成化毗陵志》《元丰九域志》这三条记载便可得知:古代吴国尚处于部落阶段,君主的驻所迁徙不定,不像后世朝代那样,把国都永远固定在同一个地方。吴泰伯定都梅里,其继承人仲雍亦居"蕃离"(即"梅里"的另一种读法),而

---

① 故吴墟,即"勾吴墟",其即大舜在此立都的"故虞墟","虞、吴"两字古通。"故吴"又讹为"勾吴",泰伯是在大舜旧都"舜过山(即故虞墟)"东南百里处的今天无锡的梅里镇立国,故称"故吴国",讹成"勾吴国"。此乃泰伯礼敬先圣大舜帝,避不敢居其"一年成聚,二年成邑、三年成都"之地,而往东南巽位退避三舍。一舍三十里,退避三舍即退避百里;巽,通"逊",往东南退舍,便是往谦逊的方位上退避一百里。

② 诸樊新立之都。

③ 原字空白,据《永乐大典·常州府》卷五引此条补。

柯相则迁到无锡的柯山（即惠山西侧的舜山与柯山，合称"舜柯山"，也即"舜过山"①）。

据文献记载，到了吴王寿梦时，又迁回泰伯所立的故都梅里。这也只是相传如此而已，见元《无锡志》卷三之六"古迹"言无锡梅里的"太伯城"条："太伯城，《毗陵志》云：'在州东南四十里。'《史记》云：'太伯奔荆蛮，荆蛮之徒从而归之者千余家，立为吴太伯。'《吴越春秋》云：'太伯当殷之末，恐中国侯王用兵以及荆蛮，故起城，周三里二百步，外郭三百余里，在吴西北隅，名曰"故吴墟"。'自太伯以下，至王僚三十三君，皆都于此。吴公子光刺王僚，即此都也。'"据笔者来看，镇江既然出土了余昧坟，寿梦、余祭、余昧、王僚便应当全都立都并安葬在京口（镇江）才对。

先秦吴国要到吴王诸樊、阖闾、夫差时，方才定都姑苏（今苏州）。事见《史记》卷三十一《吴太伯世家》开头"吴太伯"三字下《史记正义》注："吴，国号也，太伯居梅里，在常州无锡县东南六十里；至十九世孙寿梦居之；号'句吴'②。寿梦卒，诸樊南徙吴；至二十一代孙光，使子胥筑阖闾城，都之；今苏州也。"即吴王寿梦逝世后，诸樊奉父亲之命，想把国君之位让给最小的弟弟季子。但由于季子坚决不接受，诸樊只能就任"摄政王"的角色，即《吴越春秋》卷一"吴王寿梦传第二"所言的"诸樊以适③长，摄行事、当国政"。由于是摄政（代理国君之位），所以也就特地要避不敢居先王寿梦的首都，而另外迁到吴县来立吴县为陪都，即上引《史记》画线部分所谓的"南徙吴"。而《史记》卷三十一《吴太伯世家》"王诸樊元年"下，《史记集解》注亦言："骃案：《系本》曰：'诸樊徙吴也。'"

可见，寿梦时，吴国仍都梅里（据本书考证，实都镇江京口，梅里是故都），诸樊迁于其东南的吴县（即今考古发现的苏州城西"穹隆山"下、太湖东岸上的木渎古城遗址）。到了阖闾时，方才请伍子胥大为筑城，所建便是今天的苏州城。

由于阖闾定都姑苏，而阖闾为诸樊子，子承父业，加之古书又载"诸樊徙吴"，则其

---

①江南大地上有两座舜过山：一在"上湖"以北，在今天常州东北与江阴交界处；一在"上湖"以南，在今天无锡惠山西侧，古名"历山"，又名"舜柯山"。这是大舜在江南立国（其国号为"虞"，也即"吴"）时，在"上湖"以北、以南各自立一都。所谓"都"，就是邦国酋长大舜的办公驻地，因江南全境被大湖"上湖"分隔开，只设一个驻所有其不便处（指湖另一侧的百姓前往此侧便不容易），所以大舜宁愿自己就老百姓的方便（指由自己两只脚来接近老百姓）而设两处来让自己奔波于两地，不愿让百姓奔波于两地来就自己，故大舜在上湖北、南各设一所。古人以北为尊，故北"舜过山"要尊于南"舜过山"而独得"高山"之名。

②"句、勾"两字古通。"句吴"即"勾吴"，"句践"即"勾践"。

③适，通"嫡"。

父诸樊定都苏州境内当可无疑。阖闾有可能在其父所建城池基础上扩大而筑成今天的苏州城，即诸樊城可能和阖闾定都的苏州城重合；但也有可能不重合，而在今天苏州城西"穹隆山"下、太湖东岸上的"木渎古城"遗址处。

应当说，在吴王诸樊后的吴王余祭、余眛、僚，应当又以吴王自居，而不再像季札大哥诸樊那样怀有浓重的"摄政"想法，于是又迁回季札父王寿梦所都的镇江京口，以名正言顺的"吴王"自居，只不过循"兄终弟及"之制不传子而传弟罢了。

当然，相传专诸刺王僚发生在无锡的梅里，见上引元《无锡志》画浪线之文，即吴王僚迁回的不是镇江京口，而是无锡梅里。据笔者来看，吴王僚应当仍是在京口被刺。

按《光绪无锡金匮县志》卷十二"冢墓、周"有："专设诸墓，在城中娄巷，今有塔曰'专诸塔'。"卷三十四"艺文、诗"有明末清初严绳孙所作《专诸塔》诗："何年壮士此栖迟？片石居然照等夷。尺剑已还公子国，一龛翻并让王[①]祠。不妨屠狗长邻近，岂有巫阳走岁时？堀室功高犹惨淡，更将何地葬要离？"可见无锡城内"娄巷"有专诸坟，而梅里又在无锡县境内，因此无锡城内的专诸坟、专诸墓塔，便可视为专诸刺王僚于无锡梅里的佐证，从而得出王僚定都于梅里。

其实大为不然。因为专诸坟如果在无锡城东30里处的梅里，则我们便可以确定王僚的确就定都于梅里，但现在既然是在无锡城内，则专诸并非安葬在他刺杀王僚的地方。因为王僚没有定都过无锡城，无锡城在历史上也从未有充当过吴都的记载。既然专诸并非葬在他刺杀王僚的原地，则他刺王僚于镇江与梅里便都有了可能。后人之所以不敢把他葬在他刺杀王僚的王僚之都镇江或梅里，便因为王僚被刺后肯定要安葬在其首都旁边的山上，专诸作为刺杀其的仇人，与吴王僚不共戴天（指不能共处于同一方蓝天下），与吴王僚的亲戚（含阖闾本人在内）及子孙也是不共戴天，所以专诸自然应当远避而安葬他乡为是。

《礼记注疏》卷三《曲礼上》："父之仇，弗与共戴天。（父者，子之天；杀己之天，与共戴天，非孝子也。行求杀之，乃止。）兄弟之仇，不反兵。（恒执杀之备。）交游之仇，不同国。（仇不吾辟，则杀之。交游，或为朋友。）"所谓"不共戴天"，就是指不愿和仇敌同处在同一方天空下生活，乃至不能在同一个天底下并存于世，即有对方则无自己，

---

① 让王，指"泰伯"，无锡城有"泰伯祠"。

有自己则无对方，一定要和对方分个你死我活方止。后人便用"不共戴天"来形容仇恨极深。这说的是杀父之仇。

王僚是君，君乃臣之天，杀君之仇自然与杀父之仇相等，因而专诸胆敢刺杀吴国的国君，则他与在天有灵的王僚及在世的吴国大臣们便都有了"不共戴天"之仇。而朋友之仇尚且不能同城，所以专诸坟自当与吴王僚生前所居、死后所葬的都城，相去至少一两座城市为宜。

所以专诸如果刺王僚于梅里，其在无锡县境内，葬专诸坟于无锡城内，等于把两位仇家安排在同一个县境安葬，等于王僚的亲属与专诸同住在一个县境，连"交游之仇，不同国"（古代之国方圆百里，即后世"县"的概念）都未能做到，这么做的话，简直就在打吴国所有臣民们的脸，可谓大违礼制，令有识之士义愤填膺，也令吴国在诸侯国面前颜面扫地！

如果专诸是在镇江京口刺王僚，无锡城与镇江京口相距200多里，古代方圆百里为一国（即后世之一"县"），镇江与无锡之间便隔开了丹阳、常州（武进）两个县的境域，这方才符合"不共戴天"（即不能共处于同一方天空下的同一块大地）的"君父大仇弗与共戴天"的古礼，吴国臣民们在天下诸国面前才算有点脸面。

所以，专诸坟葬在无锡城，恰可证明专诸未在无锡梅里刺王僚，而是在镇江京口刺王僚，即吴王僚时的吴都不在无锡梅里，而在镇江京口。同时我们也深信：吴王僚的坟墓肯定不在无锡梅里，而当在出土"余昧墓"的镇江京口。

当然，吴国首都肯定是在吴国的发祥地无锡梅里，称为"故吴墟"，这里有吴国一世祖泰伯的宗庙，后世的君主永远不会剥夺这个地区作为名义上首都的地位，但我们想说的是：后世的吴君又有开疆拓土的重任在身，常会随自己军事占领的需要，而驻扎在疆土的前沿阵地，比如我们这里所说的镇江京口。

有人会问，庆封为什么在河南的朱方没有留下自己的宅和井呢？原因上面已详细说过，即朱方无论是吴国占领前还是占领后，早就设有过行政长官，他们必定要有官邸供自己居住，庆封不可能另立一座新宅，当是住在这历来传承的官邸中；他被楚国攻灭后，楚国后来的长官入住此官邸，此官邸即便是庆封新造，也肯定不会再沿用庆封的名字，即便曾以庆封的名字来冠名，也要加以抹除。所以，朱方之地、朱方之城没有庆封宅、庆封井也就不足为怪了。

如果吴国的腹里之地"长江三角洲"有两座或两座以上城市出现庆封宅、庆封井，我们便不敢判定哪一处是他所投奔的吴王余昧驻跸的行都所在。现在既然只有丹徒一处出现庆封宅和井，我们才敢断定丹徒就是余昧时代吴国的首都。而1984年，在丹徒大港沿江的北山顶，发现了吴王余昧的大型墓葬[1]，更加证明了这一点。

由此可见：丹徒古名"吴京（武进）、京城、京口"，绝对不是从孙权的东吴政权建都于此开始，而当是先秦吴王定都于此的原故（下文将据"宜侯簋"的出土来考明：早在西周第三代天子周康王，便已命令吴国的第五代君主周章定都于"宜侯簋"所出土的镇江京口之地[2]），难怪秦始皇要割除"京岘山"，要凿损曲阿"经山（实为'京山'）龙脉"，以此来镇压此地居然名"京"的异常蓬勃的王（旺）气。

"宜侯簋"证明第三代周天子分封第五代吴君周章到宜地，这个"宜地"显然就是"宜侯簋"出土的丹徒之地。同时"宜侯"其实就是"虞侯、吴侯"。因为"宜、虞"两字古音相近，"虞、吴"古字又通假（因为"吴"可读"娱"而与"虞"同音；"虞"比"吴"只增加一个虎字头"虍"而为其繁写形，"吴"便是"虞"的简写形，两字实为同一字），所以"宜"即"吴"，也即大舜的国号"虞"。而江南以大舜定都此地的缘故得名"虞、吴"（本书第三章"六、11"有详论）。"宜地"应当就是吴国的首都"吴京（武进）"，也即今天镇江丹徒地区；"宜侯"就是"虞侯"也即"吴侯"；"宜侯矢"就是"虞侯（吴侯）矢"，也即吴国第五代国君周章。

从"宜侯簋"所证明的第三代周天子分封吴君到此宜地，也即分封到此簋出土的镇江京口之地，也即分封到此簋写明的"宜＝虞＝吴"之地，此地既然可以"吴"来命名，显然就是吴国国君所驻跸的吴国之都"吴京"所在了。

从"宜侯簋"所证明的第三代周天子分封到此"宜地"（实为"吴"地）的第五代吴君周章，到后来胆敢藐视封主周天子权威而擅自称王的吴王寿梦，再到其子孙吴王余昧、吴王僚，镇江丹徒京口之地作为吴国首都"吴京（武进）"，居然绵延长达500年不衰，可证吴国在泰伯立国后三四代人下来，便很快就响应中原周武王、周成王、周康王三位周天子的号召，走上了西扩的道路，所以"故吴墟"梅里没有什么吴国的遗存出土

---

①依据是该墓葬出土的余昧矛有铭文"余昧自乍工其元用"。当然有人对这段铭文有不同的识读（即不识读为"余昧"），认为此墓葬未必是余昧墓。

②按：郭沫若、唐兰两先生考证"宜侯簋"所封的"宜侯矢"为虞侯（即吴侯）周章，其为吴国第五代吴君。见唐兰《唐兰先生金文论集》之《宜侯矢簋考释》，紫禁城出版社1995年版，郭沫若《文史论集》之《〈矢簋铭〉考释》，人民出版社1961年版。

也就不足为怪了。因为泰伯之后的吴君，很早就奉周天子之命，迁居、西扩到丹徒一带而立"行都（也即新都）"于丹徒，梅里只是一个宗庙所在的象征性的发祥地"故都"而已，只有周章之前的四代吴君立都于此。

　　至于苏州城为何也没什么吴国的遗存出土，原因亦然，即苏州作为吴国首都只有吴王诸樊、阖闾、夫差这祖孙三代人而已（从诸樊摄政当国的公元前 560 年至夫差亡国的公元前 473 年仅 87 年），与梅里只有四代吴君驻跸的年数大致相当。既然梅里没什么吴君遗迹留传下来供考古挖掘，则苏州城自然也就没什么吴王遗迹被考古挖掘出来。而且夫差亡国后，苏州被越人乃至更后来灭越的楚国人占据了两百多年，三代吴王的遗迹早已被后来住在此地的越国人（乃至楚国人）的生活侵蚀、磨灭，苏州城作为越国在江南吴地的统治中心，其有大量越文化的遗存出土，而没有一丁点吴文化的遗存出土，便由来于此。

　　后人正因为普天之下只有丹徒有"庆封井、庆封宅"，而《春秋左传》又言庆封封于朱方，于是读过书的文人很自然就会"想当然"地认为庆封应当就分封在这里。因为如果庆封分封在别处，为何别的地方没有他的宅和井呢？

　　普通老百姓当然没读过什么书，肯定不会知道古书所载的庆封这个人和他的事，更不知道庆封逃到江南来政治避难过。但他们经过有文化的人那么一说，丹徒那不识字的老百姓们自然也就知道并相信了这一点，即有庆封宅和庆封井的丹徒，应当就是庆封的封地朱方城。

　　至于有人看出破绽而刁难丹徒父老：为什么丹徒自古以来就没留下过"朱方"或"谷阳"的名称？丹徒父老们觉得那也很好理解，即被秦始皇给改掉了。于是丹徒城从文人到百姓，全都开始认可自己这儿就是"朱方"和"谷阳"，此处被秦始皇改掉的古名应当是"朱方"和"谷阳"。据上文刘建国先生的考论，早在六朝时便已如此。

　　其实秦始皇改丹徒旧有的代表其吴都身份的显赫之名"吴京（武进）、京口、京城"为污名"丹徒"（意为身穿红衣囚服的人服役、劳作过的地方）；秦始皇并不是改"朱方"或"谷阳"之名为"丹徒"。《三国志·吴书》卷二《孙权传》：嘉禾三年冬十一月"诏复曲阿为云阳，丹徒为武进"，请注意诏书用的是"复"字而非"改"字。我们都知道秦始皇改云阳为曲阿，称"复曲阿为云阳"是对的；因此其称"复丹徒为武进"便意味着：秦始皇所改的丹徒的古名其实是"吴京（武进）"而不是"朱方、谷阳"。因其为吴王之都，故名"京城"；其处的运河入长江之口便称为"京口"，其处的镇山便称为"京岘"，此镇山所在的山脉便被称为"京山山脉"，此处的长江江面便被称为"京江、京口江"。"京城"只是其行政级别的类称，诸侯国所有的国都全可以称作"京城"，而"吴京（武进）"才是其该行政级别的独称——天下只有镇江之地在周章至王僚这500年中可以称作"吴京（武进）"。（按：天下方国的首都皆可称作"京城"，"京城"只是一个类别之称，不是此类别中的每个个体之称，此类别中每个个体，即每个方国的京城当以本国的国号来作为自己的独称，如吴国的京城便称作"吴京"，即今镇江京口；燕国的京城便称作"燕京"，即今北京。）

总之，秦始皇是改"吴京（武进）、京城、京口"为"丹徒"，并没改"朱方、谷阳"为"丹徒"。而且"朱方""谷阳"这两个词，从字面上再怎么看也看不出有什么王气冒出来，秦始皇没必要改掉这两个不令他感到有王气恐惧的名字。换言之，秦始皇不会因为这两个名字而改其为污名"丹徒"。而"吴京（武进）、京城、京口"有热腾腾的王气冒出来，令秦始皇大感不悦和恐惧，所以才要将其改掉。

至于真正的朱方之地，即河南遂平一带为何反倒没有"朱方"的古名流传下来？那便是因为其后来改名为"吴防"了；"朱方"就是朱房、朱防，与"吴防"之名太近似，人们自然也就想不起它的古名来了。

附带说一句：颜于钧说"朱方、谷阳不在丹徒"那是对的，但后人如果根据他的文章得出丹徒镇的"庆封宅、庆封井"出自古人伪托，则又不对了。

而刘建国先生以六朝以来称丹徒为朱方乃时人的共识，这是对的，但他根据普天下仅丹徒有"朱方"的别号，而其他地方没有，从而断言丹徒就是朱方，这个结论其实是靠不住的。因为好多地名后世都没能流传下来，这是很正常的事情，其原因便是已经改为它名了，老百姓叫惯了新名而遗忘了旧名，其改名前的名字又因无人记载，所以未能流传下来。因此朱方之地（河南遂平）没有"朱方"之名流传，是不可以用来证明其地自古以来原本就没有"朱方"之名这一结论的。

4. 第四条考古实证：丹徒出土的"宜侯簋"与"吴王余昧墓"

丹徒出土"宜侯簋"和"余昧墓"这两类考古实证，有力地证明丹徒是周康王时第五代吴君周章以来，直至自立为王的吴王寿梦及其子孙吴王余祭、吴王余昧、吴王僚时的京城——"吴京"。而此先秦吴国因定都于镇江京口的原故，而被梁人王僧恕称作"京吴"，南唐徐铉也因此典故而称镇江为"京吴"，"京吴"与"吴京（武进）"字序颠倒而其意相通。

　　王国维在清华学校研究院讲授《古史新证》①时，在其讲稿第一章"总论"中提出著名的"二重证据法"："吾辈生于今日，幸于纸上之材料外，更得地下之新材料。由此种材料，我辈固得据以补正纸上之材料，亦得证明古书之某部分全为实录，即百家不雅驯之言，亦不无表示一面之事实。此'二重证据法'，惟在今日始得为之。虽古书之未得证明者②，不能加以否定；而其已得证明者③，不能不加以肯定，可断言也。"而丹徒出土的"宜侯簋""吴王坟"这两类考古实证，等于也就为上文得之"于纸上之材料"的文献依据，找到了得之于"地下之新材料"的考古实证，从而为证明丹徒为吴王京城"吴京"找到了王国维先生所说的"不能不加以肯定"且"可断言"的"双重证据"，从而显得"双保险"而更加可信、万无一失。

　　此处便详论这一考古类实证，作为"丹徒为吴京"这一论点的第四重证据。

（1）"宜侯簋"证明吴京在镇江，"虞、吴、矢、鱼"四字相同而与"宜"音相近（一声之转），此五字皆为吴国国号

　　1954 年，在镇江丹徒镇东 16 公里的"烟墩山"山坡中部的一个大型土墩墓中，出土了一批西周前期的青铜器，有鼎、簋、鬲、盘、觥、盂等，其中最重要的发现便是"宜侯矢簋"，器腹内有铭文 120 余字，记载了周王南巡时，把"虞侯矢"改封在宜地为"宜侯矢"。

　　其实"虞、吴、矢"三字古代皆通，"吴"的繁体字作"吴"，实为"口（勾）"与"矢（吴）"的合称（"口"与"勾"古音同，"矢"即"吴"的古字），即"吴（吴）"字其实应当读成"勾吴"两个字而为"双音节汉字"。（正如今人发明的"千瓦"写作"瓩"而读作"千瓦"。）

　　"虞"可写作"戯（戯）"。其字没有"攵"后的左半部分"虍（虍）"也就意味着："虞"下之"吴"换成"鱼（鱼）"后，这两个字"虞"、"虘（虘）"仍是同一个字。这便有力地证明："吴"和"鱼（鱼）"其实是一回事。

　　"虞"又可写成"戯"，"戯"的本意就是打鱼。而"矢"其实又是象形文字"鱼（鱼）"的简笔形。"矢"的头为鱼头，"矢"的两侧是鱼的背鳍和腹鳍，"矢"底下的"人"便是鱼尾，这不是笔者妄说，而是著名考古学家卫聚贤先生的结论。

　　下图便是卫聚贤《吴越释名》一文所指出的："甲骨文、金文上'吴'字，……均为鱼形。"此文见"吴越史地研究会"编的《吴越文化论丛》（上海：江苏研究社，1937

---

　　①《古史新证——王国维最后的讲义》，"清华文丛"本，北京：清华大学出版社，1994 年版。

　　②指未得考古证据证明的古书记载，不能轻易加以否定。

　　③指已得考古证据证明的古书记载，必须加以坚持和肯定。

> 名　释　越　吴
>
> 吴越释名
>
> 衛聚賢
>
> 一　吴
>
> 甲　就字形言
>
> 甲骨文金文上吴字，猶其是金文上的蘇字，均像魚形。
>
> 名越：越上加於為於越？兹釋於左。
>
> 吴越是古代江蘇浙江兩個國名。但為甚麼名吳？奥上加句為句吳？又為甚……

年版）。

2000 年底至 2001 年初，在山西曲沃晋侯墓出土了"叔夨方鼎"，铭文中有"叔夨"两字，李伯谦先生定为唐叔虞，定此鼎为晋国第一代封君唐叔虞自作的铜器①。可证宜侯夨之"夨"不宜按传统音切读作"仄"，而当读作"虞"，恰印证了卫聚贤先生"'夨'即'鱼'之象形文字说"的正确性。也印证了本书"虞、吴、夨、鱼"四字相同的观点。

历来误以"吴"为大言，即大声喧哗之意，见许慎《说文解字》："吴，姓也，亦郡也。一曰：'吴，大言也。'从矢、口。"段玉裁《说文解字注》："大言，即谓'哗'也。"《诗·周颂·丝衣》："不吴不敖，胡考之休"，毛《传》："吴，哗也。"又《诗·鲁颂·泮水》："烝烝皇皇，不吴不扬"，郑玄《笺》："吴，哗也，讻讼也。"

其实，意为大声喧哗的"吴"字应当写作"𠯵"，其音为"哗"的去声而音"话"，与音"无"和"娱"的"吴"字发音不同，乃两个字，"吴"字和大言（即喧哗）无关，古书把"𠯵"字写作"吴"是形近而误。《诗·周颂·丝衣》："不吴不敖，胡考之休"，陆德明《经典释文》便指出其字当写作"𠯵"："吴，旧如字。《说文》作'𠯵'，𠯵，大言也。何承天云：'"吴"字误，当作'𠯵'，从口，下大，故鱼之大口者名"𠯵"。'"《汉书·郊祀志上》便引其诗作："不𠯵不敖，胡考之休"，颜师古注："𠯵，谨哗也。"而《诗·鲁颂·泮水》"不吴不扬"句陆德明《经典释文》："吴，郑如字，谨也。又王音误作'𠯵'，音'话'"，反倒以不误为误了。今按《玉篇·口部》："𠯵，大声也。"此"𠯵"字又有大口之意，故又可指大口之鱼，一说就是大鲇鱼，见《集韵·祃韵》："𠯵，口大皃②。"《字汇·口部》："𠯵，鱼之大口者曰'𠯵'。"明方以智《物理小识·鸟兽类下·鲇》："鲇，大者曰'𠯵'。"

今按常州人庄述祖有《说文古籀疏证目》一卷，其书首目录后附有其拟的"条例"，指出："见③所补偏旁比旧几倍。其中亦有不必改为部首者。然既以彝器文校小篆之讹，

---

① 见李伯谦《叔夨方鼎铭文考释》，《文物》2001 年第 8 期。

② 皃，即"貌"的古字。

③ 见，通"现"。

如……大言之'吴'非吴越之'吴'，如此类者，散在各部，难于寻检，今皆补为部首，展卷瞭然，亦举隅之一也。"其目录立有："吴，《说文》从'矢'部"。（该书见《续修四库全书》第243册。）

总之，"虞、吴、矢、鱼"这四个字其实都是同一个字及同一个字的增益形①，都可以作为吴国的国号。这便证明两点：

一是在泰伯奔吴之前，此长江三角洲之地就因"虞"氏族的大舜在常州与江阴交界处的"舜过山"、无锡惠山西侧的"舜过山（舜柯山②）"出任江南部落联盟首领，而取舜的氏族国号得名为"吴（虞）"。这一国号"吴（虞）"字意为打鱼人的部落和国度。今天常州舜过山脚下西侧的"寺墩"遗址出土大量极为高大的玉琮和众多珍贵的玉制礼器，被认定是良渚文化晚期的国都所在，而大舜生活在距今4200年前，正是良渚文化的最末时代，"寺墩"遗址的出土，便是大舜在其东不远处的常州舜过山担任部落联盟首领的考古物证。

二是泰伯的国号就是沿用此地旧有的虞舜国号"虞、吴、矢、鱼"而来。而寺墩的"寺"字又与大禹的姓"姒"字发音相同，"寺墩—舜过山"往北不远处的长江岸边，有以虞舜国号命名的"虞门桥"，其又写作"鱼门桥"（上已言"虞＝鱼"），其为舜过山下舜河入江那一段"新沟河"入江口处的桥。

按明人张衮所编的《嘉靖江阴县志》卷二"桥梁"："跨'新沟河'桥三：……新沟桥，在虞门村西，又名'虞门桥'。"而在他之前的明人黄傅所编的《弘治江阴县志》卷六"古迹"："甑人墟，宋《志》云：'鱼门村，县西二十里，旧《经》云："甑人所居之处。"'今按，'鱼门村③'，于'古迹'之义无当，合更④为'甑人墟'。"这说的便是：宋《江阴志》中这一古迹名为"鱼门村"，明弘治朝修志者黄傅嫌"鱼门"两字不识其意而不大像是古迹名称，遂特意改为"甑人墟"。

其实编志的弘治朝江阴著名县令黄傅孤陋寡闻，不识"鱼门"即"虞门"，其乃虞舜

---

①即："鱼（魚）"是正体的象形文字，简笔则作"矢"，象鱼的简笔画形状。"吴（吴）"是以"矢"为国号而称之为"勾吴"时加了"口（勾）"的复体文字（即一字而读作双音节词）。"虞"是在"吴"的基础上加了表示打猎的"虍"（虎字头），用来表示此氏族乃打鱼民族的意思。

②由此可见：第七或第八代吴君柯相建都于柯山，其实仍是在大舜成都的"上湖"南侧的舜过山处立都。此"上湖"南侧的舜过山，在古名"历山"的今天无锡"惠山"的西侧。

③此字不清，据《永乐大典》定其为"村"。按《永乐大典》卷3580/6a（册第3页2091下栏）"村"类"鱼门村"："《江阴志》：鱼门村，在县西二十里，旧《经》云：甑人所居之处"，所引全同，故可据补。

④合，当。更，改。"合更为'甑人墟'"意为：应当改更为"甑人墟"。

国门所在，而为至圣至古的胜迹。由学识渊博的黄傅不识此点，更可证明虞舜成帝前曾立国江南延陵"舜过山"之事，早已失传难考。

黄傅肯定没能想到这个"鱼门（虞门）"其实就是《史记·五帝本纪》所说的："舜耕历山，渔雷泽，陶河滨……舜耕历山，历山之人皆让畔；渔雷泽，雷泽上人皆让居；陶河滨，河滨器皆不苦窳。一年而所居成聚，二年成邑，三年成都。"此"鱼门村"所在的"新沟河"上游的"舜过山"就是大舜过化的圣山，"新沟河"就是"舜过山"下"老舜河"入江的那一段，"舜过山"与此"鱼门村"便由"新沟河"这条舜过山下的老舜河连系在了一起，与虞舜的关系极为密切，此"鱼门村"其实就是虞舜过化（过而教化）舜过山下百姓"耕者让畔""渔者让居""陶不苦窳"处。

舜从各方面教导百姓，培育的是全才，所以在他的教化下，打鱼之人同时又制陶而成为"甑人"（"甑"即蒸煮食物用的陶器）。此村地处"舜河"的入江口，便是"舜河"的大门所在，其人又打鱼，故此地便称作"鱼门"。由于老百姓没有陶器便无法盛放谷物，便没有器物来煮熟开水并将此沸水保存，为了能让百姓吃上干净而不发霉的谷物，喝上清洁卫生的开水，势必就要制作陶器，并不断提升陶器的品质，于是大舜又教导这些民众制陶甑并不断改良，黄傅便将其处写作"甑人墟"（"墟"为村墟、集市意）；而舜的国号又为"虞"，方志又载明此"鱼门"写作"虞门"，而且上文又考明"虞、吴、鱼"三字相同而同为大舜氏族的族号，此三字便标明大舜所在的"虞（吴、鱼）"氏族其实就是生活在江海之滨、湖泽之畔的打鱼为生的氏族，所以"鱼门＝虞门"。因此，"鱼门、虞门"的名称也就标明：此"舜过山"下"舜河"口的"鱼门、虞门"，便是虞舜在江南所建立的国家①或氏族——"虞国（虞氏族）"的国门所在。

此虞门桥往东不远处又有夏港口的"夏王庙"。"夏王"就是大禹，"夏"是大禹的国号，这也就标明"夏港"应当就是大禹治水所开的用来走泄"太湖"与"上湖"②水入大

---

①古代的方国方圆仅百里，相当于部落联盟，不同于后世之国必须疆域广大。所以虞舜成帝、发迹之前，在江南所立之国也就方圆一百里左右或二百里左右。

②"上湖"即太湖往长江泄水所形成的次级湖沼"芙蓉湖"。

江的通江大河"常州十四渎"中的一条①。

以上这一切全都充分表明：泰伯便是在虞舜、大禹这两位圣帝的"龙兴之地（意即最初的大本营、政绩发迹地）"江南立国②，故其国号命名为"勾吴墟"，其实意为"故吴墟"，指明这儿是以前虞舜之吴的大本营，"故吴"其实就是"故虞（先王大舜虞国）"之地所在！

又：上面已经说清楚"宜"字的古音和"虞、吴、矢、鱼"四字的发音相同（按"娱"用"吴"来作为声旁构字，表明"吴"可音"娱"而与"虞、鱼"同音），即古音"宜""虞"乃一声之转，"宜侯簋"表明其出土地就是"宜"，其实也就是"虞、吴"（"宜、虞、吴"三字音同或音近），"宜侯簋"便是"吴"国首都"吴京"设在此簋出土地镇江京口的考古实证，同时也是证明镇江京口先秦时为吴国首都而得名"吴京"的力证。

（2）"吴王余眜墓"证明吴京在镇江：先秦江南吴地的吴王"生东吴，死丹徒"而有两京

1984年在丹徒大港沿江的北山顶发现吴王余眜的大型墓葬，这就为上文"3"所悬断的"庆封奔吴时吴王之都在镇江"给出了完美的考古方面的实物证据。

其墓在此山顶部，俯临长江，雄伟开阔，气势壮观，是葬墓的风水宝地。该墓封土高大，直径30多米，高达6米，有墓室、墓道。从此墓室、墓道中出土了400多件青铜器，其中有余眜矛（骹部铭文为"余眜自乍工其元用"），以及青铜鼎、编磬、钮钟、编钟、錞于、悬鼓、丁宁、鸠杖、辔饰、镖、戟、镞、矢等青铜礼器、乐器、车马器、兵器等。其中15件青铜器有铭文，是迄今为止在先秦吴国境内发现的唯一一座有青铜铭文为佐证的吴王墓葬。

青铜钟磬与鼎的出土，表明墓主生前为钟鸣鼎食的贵族；青铜錞于、悬鼓、丁宁等

---

①事见宋人单锷《吴中水利书》："常州运河之北偏，乃江阴县也。其地势自河而渐低。上自丹阳，下至无锡，运河之北偏，古有泄水入江渎一十四条：曰孟渎、曰黄汀堰渎、曰东函港、曰北戚氏港、曰五卸堰港、曰梨溶港、曰蒋渎、曰欧渎、曰魏渎泾、曰支子港、曰蠡渎、曰牌（一曰'碑'）泾，皆以古人名或以姓称之，昔皆以泄众水入运河，立斗门，又北泄下江阴之江。今名存而实亡。今存者无几。"所谓十四渎而仅列名十二，可见尚有未列名者，所以其未列名的这条"夏港"应当就是这14条大渎中的一条。况且黄傅《弘治江阴县志》卷十四"杂辨、河渠"称："夏港，盖江阴百渎之宗经，浙西列郡之喉舌。洪荒以来，禹迹所及，固已有之；非若申、蔡诸港，智创而力为"，所以"常州沿江十四渎"中更不应当少却"夏港"这条通江大渎。又由常州流往江阴的大港"申港""利港"亦当是常州沿江十四渎之一。

②泰伯定都梅里，在舜过山东南百里处，也在大舜教化的波及范围内，可视为在大舜"龙兴之地"上立国。

的出土，表明墓主生前曾是战场的指挥者；青铜鸠杖的出土，则表明墓主生前拥有至高无上的权力。墓道中还发现一具殉葬女性的骨架，又与古籍文献中吴王用人殉葬的记载相符。虽然墓室中的随葬品大多被盗，但仍可据出土器物的铭文断定其墓主就是春秋后期的吴王余眜。

　　自古相传吴国的统治中心（即政治、行政中心）在太湖平原，但余眜死葬丹徒大港的确耐人寻味。镇江东郊大港至谏壁的沿江地带依山面江，形势壮观，除发现烟墩山一号墓（宜侯矢墓，实即周天子所封的第五代吴君周章墓）、母子墩（周章之子熊遂墓）、磨子顶第一大墓（吴王寿梦墓）、北山顶墓（吴王余眜墓）外，这一带沿江山丘上还发现有烟墩二号墓、王家山墓、青龙西山及东山墓等，从墓葬规模及出土的青铜器物来看，墓主生前应当都是吴国贵族或王族，尤其是青龙山磨子顶大墓，被考古界认为是吴王寿梦之墓①。

　　所有这些，全都构成一个有机整体：即墓葬出土的丹徒镇这一带应当就是吴国的政治中心所在。先秦时，这一带又是长江口与运河口两相交会处的交通与战略上的咽喉要地：当年吴国争霸中原，水军就是从这里渡江沿"邗沟"北上。

　　这些墓葬的出土有力地证明：夫差以前的寿梦及更早时期，吴王们的坟墓全都葬在京口，而且"宜侯簋"又说"厥川三百"，即此处河网密布；吴人又以舟为马，一日离不开河道、船只②（吴人要到寿梦时，晋大夫巫臣前来出使并教授，方才知道用车作战），据此可知：吴国最迟在第三代周天子周康王封第五代吴君周章时，便已有运河到京口；否则吴人将无法立国于此地势偏高而水源相对欠缺的京口之地。

　　所以下来一点也就顺理成章了，即吴国与越国风俗相同，一日不可缺舟船，吴国之所以能立国于镇江之地，此处必定要有发达的水运体系，加强其与江南东境"梅里"这一吴国发祥地的联系。由于江南大地上所有的自然河道都与长江岸线正向相交，没有与长江岸线相平行的自然河流存在。换句话说，如果没有江南大运河这条人工水道存在的

---

　　①1992年苏州浒墅关"真山"墓出土，也被怀疑为吴王寿梦墓，但也有人认为是越国墓；其墓旁又有楚国春申君墓。由于考古前墓葬已遭一些哄抢，能够用来证明墓主人身份的文物丢失，所以墓主人为谁，在史学界至今仍是个谜。由于无法确定墓主是否为吴王寿梦，所以苏州市政府公布其为市级文保单位时，将其命名为"真山吴楚贵族墓葬群"。

　　②见《越绝书》卷八"外传、记地传"："句践喟然叹曰：'夫越，性脆而愚，水行而山处。以船为车，以楫为马。往若飘风，去则难从。锐兵、任死，越之常性也。"《吴越春秋》卷六"勾践伐吴外传"亦有："越王喟然叹曰：'越性脆而愚，水行山处。以船为车，以楫为马。往若飘然，去则难从。悦兵、敢死，越之常也。"

话，京口与东部的故都"无锡梅里"地区，势必要通过长江来出入，顺江而下容易，逆江而上险象环生；还不如开通一条与长江岸线相平行的江南大运河，一路上又可横贯、沟通所有流入长江的自然河流，更可与长江构成一个宝贵[①]的"水循环"体系，从而化危险性极强的"逆江而上"为没有任何安全隐患的"内河（即运河）航运"。

　　这就等于是在说，沟通起镇江与东部"常州、故都无锡梅里一带"的"江南大运河"，早在宜侯夨的周初应已经存在。则"京口"之名也就得名甚早了。至于夫差开江北"邗沟"被《左传》记载到，并不是说江南没有运河，恰可证明江南早已有了运河，所以他才可以不用开江南之河而直接开江北之河。而且下文第三章，我们更将证明大禹时代便有此邗沟与江南大运河，连邗沟也不用夫差创开，而是他在前人基础上疏浚、重整而来。因此，《左传》只记夫差开江北"邗沟"，不记其开江南大运河，可证江南大运河已有且完善，不用重开便能出兵，而江北邗沟虽有而不完善，待整修后方能出兵。

　　而且不光先秦的吴王安葬于此，汉代的荆王刘贾和吴王刘濞也领有吴地而安葬于此。《越绝书》卷二"外传、记吴地传"："汉高帝封有功，刘贾为荆王，并有吴。贾筑吴市西城，名曰'定错城'，属小城，北到平门，丁将军筑，治之[②]。十一年，淮南王反，杀刘贾。后十年，高皇帝更封兄子濞为吴王，治广陵，并有吴。立二十一年，东渡之吴，十日还去。立四十二年，反。西到陈留县，还奔丹阳，从东瓯[③]。越王弟夷乌将军杀濞。东瓯王为彭泽王，夷乌将军今为平都王。濞父字为仲。"又有：苏州城"匠门外信士里东'广平地'者，吴王濞时宗庙也。太公、高祖在西，孝文在东。去县五里。永光四年，孝元帝时，贡大夫请罢之。"两处画线部分清楚载明荆王刘贾和吴王刘濞领有吴地。

　　故《太平寰宇记》卷八十九"江南东道一、润州"："汉初为荆国，故荆王刘贾所都之地，今郡城中贾墓尚存。"《至顺镇江志》卷八"庙、本府"亦载："顺佑王庙：在府治之后圃，即汉荆王贾庙也。贾受封此地，与黥布战，死，人为立庙。唐有先天重修二石刻。"其卷十二"古迹、墓、丹徒县"亦载："汉荆王墓：在府治后圃。"又《史记》卷一〇六《吴王濞列传》："东越即绐吴王，吴王出劳军，即使人鏦杀吴王。"《史记正义》注：《括地志》云：'汉吴王濞冢，在润州丹徒县东练辟聚北，今入于江。'《吴录》云：

----

　　①其宝贵便在于江南诸河皆与长江正向相交，赖这条与长江相平行的大运河来贯通它们，从而形成"长江"—"江南正向入江的自然河道"—"江南与长江平行的大运河"这三者所构成的网格状的水循环体系。
　　②指丁将军筑此城而作为自己的治所。
　　③使东瓯之人从之。

'丹徒有吴王冢,在县北。其处名为"相唐"。'"练辟聚"当即"谏壁里"。^①我们都知道隋炀帝死葬雷塘,而吴王濞死葬丹徒城东"吴王坟"所在的"谏壁里"江滩上的"相塘",两者同样以"唐(塘)^②"字来命名。当然,这"相塘"早已沦没坍塌到长江中去而无迹可寻。又上引《史记》之文的《史记集解》注:《吴地记》曰:吴王濞葬武进县南,地名'相唐'。"《史记索隐》注:"张勃云:'吴王濞葬丹徒县南,其地名"相唐"'。今注本云'武进县',恐错也。"其实不误,是前人不知丹徒在孙权时代曾改名武进,不知此武进并非后世之武进。练壁在镇江城也即丹徒城东南,故可以说是"丹徒县(武进县)南",亦可说是"丹徒县东",皆不误。

《太平御览》卷一七〇"州郡部十六、江南道上、润州"引《舆地志》:"又曰:丹徒界内土坚紧如蜡。谚云:'生东吴,死丹徒。'言:吴多产出,可以摄生自奉养;丹徒,地可以葬。"即常州、无锡、苏州这江南腹地多水而肥沃,但不宜葬(水浸易腐烂,这也是江南东部地下文物难以遗存的原因之一);西北的镇江之地地势高,不受水浸,适宜安葬。今按汉代的荆王刘贾与吴王刘濞虽然葬在丹徒,但很可能没有生长在江南吴地(指吴城苏州),而孙权虽然最初也立都吴县,后来迁都京口,接着又迁都南京,但葬在南京紫金山。唯有镇江考古发现的这群吴王坟,表明先秦吴国诸君王、贵族可以称得上是"生长东吴而死葬丹徒"。因此,上述谚语其实也就是在说先秦时吴国国君大都安葬在丹徒。有此名谚为证,丹徒有那么多吴王及吴地贵族的坟墓出土也就不足为怪了。同时这句谚语也表明江南吴地有东吴与西吴两个统治中心的事实,东吴当即无锡梅里的吴国古都"故吴墟",西吴便是诸吴君实际坐镇并安葬于此的"吴京"京口。

请大家注意:名谚所言的"东吴"当指无锡梅里,而非苏州吴县。因为苏州吴县作为吴都是在吴王诸樊、阖闾、夫差这三代人手上。而诸樊时名义上的首都仍在其父王寿梦所居、所葬的京口,而非苏州吴县,诸樊肯定也要归葬丹徒;在他少年成长阶段,苏州吴县尚未成都,他所生长的东吴肯定是无锡梅里而非苏州吴县。阖闾可能会生长在父亲的行都东吴苏州,但也可能生长在无锡梅里;但他死葬"虎丘"而非丹徒,已与名谚不合。而夫差亡国时,被勾践追杀于太湖畔"阖闾城"西不远处常州"秦阳山"^③,而非丹

---

①辟,通"壁","练辟"即"练壁"。谏壁古名"练壁",因其地沿江南大运河南行可达丹阳"练湖",此地远通"练湖",近临"侯山(今雩山)"峭壁,故名"练壁",后人音讹为"谏壁"。

②"唐"为"塘"之古字。

③见《万历常州府志》卷二"常州府武进县境图说":"秦阳山,在夹山东,中隔太平河,旧传秦皇尝至此。按《越绝书》:'秦余杭山者,越王栖吴夫差山也。去县五十里,山有水,近太湖。'岂即此邪?"关于夫差亡国时,被勾践追杀于太湖畔"阖闾城"西不远处常州"秦阳山",本章"六、(五)、5"有详考。

徒，也与名谚不合。

既然"生东吴，死丹徒"说的不是刘贾与刘濞，也不是吴国的最末两代吴王阖闾、夫差，自然说的就是第五代吴君至吴王僚这500多年的吴君，其时的"东吴"是指泰伯的吴都"故吴墟"梅里，其时的"丹徒"便是指这五百年吴君所都的吴都——"吴京（武进）"。

而联系在两者间的水道，便是江南大运河镇江至无锡段，然后由无锡往东走泰伯渎至漕湖。而先秦时代常州以东弥漫着古"上湖"（即"芙蓉湖"），根本就不用开河，所以真正要开的水道，也就是镇江至常州段运河，常州往东的运河水道可以走天然的湖面（即"上湖"湖面）。这是证明江南大运河镇江至常州段在周初至吴王僚这500多年中便已存在的重要理据；而镇江得"京口"之名，便始于此时。

今丹徒烟墩山有"宜侯簋"、"余眛矛"为代表的吴王墓出土，证明先秦时的吴国很早就占据了丹徒，并把行政中心定在此新占领之地，为整个国家把守北门，并号称此地为"京城、吴京（武进）"，号称丹徒处的运河口为"京口"，丹徒地区的王气（即都邑气象）便发端于此。"丹徒"是秦始皇所改的恶名，其原先的名字便当是"吴京（武进）"。"京城"不过是此地为首都后，用"类称"来称此首都为京城；其有别于诸国京城的独称则是"吴京"，而后人讹为同音的"武进"，秦始皇改掉而后来孙权加以恢复的名字，便是与"武进"同音的"吴京"而非"京城"。

5. 第五条重要文献证据：《越绝书》载明吴都在"长江三角洲"西部的"西江"

《越绝书》载明吴国定都在"西江"，所谓"西江"，顾名思义，应当就指"长江三角洲"西部的"吴京"京口之地，这是证明"京口"乃"吴京"的有力旁证，是我们找到的文献年代颇为久远的第五条重要证据。

按《越绝书》卷十二"外传、记军气"："越故治，今大越山阴，南斗也。吴故治西江，都牛、须女也。"都牛，当即"牵牛"，是吴地所对应的天上星宿。吴、越两国以浙江（钱塘江）为界，"越国"在浙江东南，"吴国"在浙江西北，故称"西江"。

但上文中的"大越山阴"是座城市，即越国的首都原本称作"大越"，秦始皇以污名称之为"山阴"（意指山北终年不见阳光的背阴之地①），则文中的"西江"显然也应当是座城市而不应当是个地区，所以"西江"也就不可以理解为"浙江以西"，而当理解为吴

---

① 古人称山北为"阴山背后"，迷信者以之比喻阴间不得超升、永居幽冥的鬼魂们居住处，又以之比喻人间偏僻而受冷落处。越国的首都"大越城"正在会稽山的北侧，故秦始皇用"山阴"之名来对其作污名化冠名。正如其用红衣囚徒来贬称吴国首都"吴京"为"丹徒"。

国的首都在"西江"区域，也即吴国首都所在地名为"西江"。

即上引文字的上半句称越国首都在大越（今绍兴），从对称的角度来看，其下半句所说的便应当是吴国的首都在"西江"。而镇江"京口"之地正在江南大地（即"长江三角洲"）西北角的"北江"（即长江）上游，正可称作"西江"（因为河流一般都由西往东流，故"西"为上游，北江的上游便可称作"西江"）。《越绝书》的这条记载，便是能够用来证明镇江为吴都的有力的文献证据。

而吴国的首都，历来都认为有二，而不知其实有三。

历来所知的两个吴都，一是古都梅里（"故吴墟"），二是吴国的末代首都吴县"姑苏城"（今苏州城），两者都在大江的东南方，不可以称作"西江"。因此，"西江"这座城市，应当就指江南（长江三角洲）西北角的镇江丹徒为是。

《越绝书》的这条记载，加上"庆封的宅""余昧等吴王的坟"，一同能证明：梅里只是名义上的吴国首都，其实吴君很早就因周天子的改封迁到了更具战略要地意义的丹徒之地。正因为此，梅里一带也就没什么吴国遗迹出土了（因为立都于此的吴君只有四代）。当然，这也与大舜、大禹两位圣帝在其核心统治区——舜过山下的今天常州、江阴、无锡一带——倡导节俭①，而泰伯又"崇让、节俭"，不好攀比、不好奢华有关。

---

① 吴地节俭，可以从其地早餐之俭约看出。而广东与湖北人的早餐则非常丰盛，粤人称为"早茶"，鄂人称为"过早"，吴地人则无论富贵还是平民，全都只是清粥一碗，小菜与点心一两样而已。《淮南子》卷二十"泰族训"载："舜深藏黄金于崭岩之山，所以塞贪鄙之心也。"汉陆贾《新语》卷上"术事第二"亦言："世俗以为自古而传之者为重，以今之作者为轻。淡于所见，甘于所闻。惑于外貌，失于中情。圣人贵宽，而世人贱众。五谷养性，而弃之于地；珠玉无用，而宝之于身。故舜弃黄金于崭岩之山，禹捐珠玉于五湖之渊。将以杜淫邪之欲，绝琦玮之情。道近，不必出于久远，取其致要而有成。"这都代表着中国古人远超西方的智慧境界。《越绝书》卷八"外传·记地传"载：大禹"因病亡死，葬会稽。苇椁、桐棺，穿圹七尺，上无漏泄，下无（即'毋'）即水。坛高三尺，土阶三等，延袤一亩。尚以为：居之者乐，为之者苦，无以报民功！"大禹简陋之葬既体现出"俭以养德"的古人智慧，同时又是江南文明重要特征的表现。这一江南文明的重要特征便是主动抛弃奢华，从而形成一种良好的习俗。这也正是我们常州人风俗原本从简，待客礼节历来并不奢华的根由所在，即《康熙武进县志》卷十三"风俗"所载的常州地区"乡人燕饮，昔崇俭素，今则务为丰腆"，后半句写出后世（当指清代以来）奢靡之失，上半句便是江南人追求古道与本真的旧俗。又《史记》卷一百二十九《货殖列传》称江南无巨富之家，可证江南地区节俭之风至秦汉时依然如尧舜禹之时："江南卑湿，丈夫早夭。……总之，楚越之地，地广人希，饭稻羹鱼，或火耕而水耨。果隋蠃蛤，不待贾而足；地势饶食，无饥谨之患。以故呰窳偷生，无积聚而多贫。是故江淮以南，无冻饿之人，亦无千金之家。"末句"无冻饿之人"，便点明江南物产之富饶而不贫瘠，而"亦无千金之家"则点明江南人崇尚节俭而不贪财，这也正是大舜与大禹节俭遗风的体现。故江南吴地"良渚文明"那精工繁缛、宏大瑰丽的玉器，一经大舜与大禹的教化便销声匿迹；泰伯及其稍后共四代吴君立国于中吴"梅里"之地时，也没什么奢华重器出土，当是此种原因所致。

历来所不知的一个吴都便是"吴京"京口。正因为吴都在京口，所以秦始皇要来破坏此地的王气，从而留下"丹徒"这一恶名；正如秦始皇要在越国首都"大越城"留下"山阴"这一恶名。秦始皇破坏王气，也就是毁坏此地的城池、宫殿，凡是一切能用来代表吴越两国政权性质的建筑全都要摧毁（正如隋代平毁建康为喂马用的秣陵）。至于墓葬，则怕惹恼在天有灵的历代吴君和贵族，所以不敢毁坏而能流传至今，这也就是后世镇江地区能有吴王坟出土，但却没有吴王宫殿建筑等可以出土的原因所在，即秦始皇保留了吴王与吴地贵族的坟，而宫殿等建筑则全部夷平、粉碎，别说现在，早在秦朝便已无迹可寻。

这便是《越绝书》卷二"外传、记吴地传"所记载的："秦始皇帝三十七年，坏诸侯郡县城。"据此记载便可知，秦始皇立国的秦地之城必定一座不毁，用来防备万一哪天"关东六国"起来亡秦时，有可资防御的屏障；而秦以外诸侯国的城池则必定要全都毁掉，以免"关东六国"有反抗秦朝的凭借。而常州东北境"延陵—舜过山"下延陵季子受封的"延陵邑城"，以及今天常州城所在的范蠡所建的"延陵县城"等江南大地上的所有具有一定规模的城池，此时皆当毁坏，而秦末六国贵族起来亡秦时，以及汉初时，则再度加以重建。

《越绝书》卷二"外传、记吴地传"："乌程、余杭、黝、歙、无湖①、石城县以南，皆故大越徙民也。<u>秦始皇帝刻石、徙之。</u>"此条记载说的便是：秦始皇临终前一年南巡大越，祭绍兴大禹陵而在会稽山刻石纪功，此次秦始皇下江南的目的便是为了镇压江南吴越两国的王气。由于越曾灭吴，吴是亡国者，越是胜利者，所以对越族的镇压尤为激烈。正因为此，上引文献的画线部分便言：秦始皇到绍兴会稽山南巡刻石纪功后，马上就迁走此越国首都地区的越国之人，不让他们在故地（即首都地区）得势。

现在我们来深究："西江"为什么真的是指吴国首都——今天的镇江城？

笔者按：长江三角洲四面环水，其中西、北、南三面环的是江，东面环的是海，即"东海"（东洋大海）。西、北、南三面环的江即《禹贡》所谓的"三江"但又有所不同：同的是长江三角洲北、南两面之江就是《禹贡》"三江"中的"北江"和"南江"；不同的是长江三角洲北、南两面中间西侧的西江，从芜湖处分一枝东流而为《禹贡》"三江"中的"中江"，"西江"并非"中江"，但却是"中江"水之源。

"北江"，即今镇江至"常州—无锡—苏州"北境之江，其在上海流入东洋大海，入

---

① 无湖，今写作"芜湖"。

海口便称为"长江湾"。此江因沿长江三角洲北界而行，故名"北江"。

"南江"即今天的"浙江"，《水经注》写作"渐江水"，因其一路上流经高山之地，河道受山地阻障、制约，被迫随山脉走势一波三折，遂得名"之江、折江、浙江"。此江发源于古"新安郡"，即后世安徽的徽州和浙江的淳安等县，遂取其流经之地称作"新安江"；其中游今已筑起"新安江大坝"截流形成"新安江水库"，也即闻名天下的"千岛湖"；此江再往下便流经富阳县，东晋以前称作"富春"，故此江的富春境内段便又得名"富春江"；此江再往下流，便掠过古钱塘县（今杭州）南境入海，同样因其流经之地而得名"钱塘江"，其入海口得名"钱塘湾"。此江因循长江三角洲南界而行，故名"南江"。

既然"北江、南江"均因是在"长江三角洲"的北界、南界流过而得名，则所谓的"西江"自然也不当例外，显然也就是在"长江三角洲"西侧流过之江。而"长江三角洲"古又名"江东"，便因为长江从九江流往南京的这一段，因在安徽境内而安徽简称"皖"遂得名"皖江"，其江因是西南往东北流向，人们便将此皖江以东的地区称作"江东"。如此看来，所谓的"西江"便当是长江三角洲这"江东"之地西边界上的"皖江"，也即长江的九江至南京段。

这并非我的臆说。直到唐朝，人们大多仍习称此皖江段为"西江"，唐以前更当如此。如李白《夜泊牛渚怀古》诗："牛渚西江夜，青天无片云。""牛渚"就是皖江中段的马鞍山"采石矶"，这便是唐人称皖江中段为"西江"的实证。而温庭筠《西洲词》："南楼登且望，西江广复平。艇子摇两桨，催过石头城。"南京古名"石头城"，这显然就是唐人称皖江东北端的南京江面为"西江"的实证。而唐元稹《相忆泪》诗："西江流水到江州，闻道分成九道流。""江州"即九江，这便是唐人称皖江西南端的九江江面为"西江"的实证。以上三例便证实清楚"西江"的确就指九江至南京段的长江——"皖江"。

西江与北江相交接的长江拐弯处，古人既可以视为是在南京，也可以视为是在镇江，因为南京与镇江相邻，两地距离很近。换句话说，古人既可以视西江在南京处转弯，也可以视其在镇江处转弯，也即"西江"流至南京至镇江地区方才流为北江，南京与镇江之地皆可视为西江与北江的转折点处。这就意味着视"西江"的末尾在南京与镇江皆可。

但由于古人历来是以镇江为海门（亦可称之为"江门"，即长江入海之门），这就意味着把镇江视为西江的终点要比把南京视为西江的终点更符合人们的常识；事实上，长江也正是在镇江（而非南京）处才豁然开朗而东去。关于镇江之圌山为"江门"也即"古海门"，长江要到这儿才东折，并非我等臆说，乃是古人的公认，即明万历朝常州人顾世登、顾伯平为家乡（长江南岸离镇江并不远的常州武进县大宁乡）作乡志《毗陵高山志》，其卷二"水道"述"高山之北十里许，曰'大江'"时有注：大江"自'石头城'

北行、抱镇江，至'圌山门'东折，几二百里入于海。"石头城就是南京的古城，其言：大江（也即长江）从南京到镇江仍是北行，其江从石头城也即南京北行绕过镇江城北，要到镇江城东50里处的圌山方才往东拐去，然后东行差不多200里流入东洋大海。长江南岸的"圌山"与江中的沙洲（即今日的"扬中"取其为"扬子江中流"的沙洲意而得名"扬中"）正好形成一座江门（在南朝及南朝以前则为海门），故称"圌山门"。事实上，南京至镇江的长江水道是正东走向，到了"圌山门"也即"扬中"往下便奔向东南而与南京至镇江的水道有了明显的拐点，其拐点便在镇江城东50里处的"圌山门"。尽管南京至镇江的长江是正东走向，但古人言方位时未必会看罗盘，且无法像今人这样可以用上帝视角俯瞰大地且端正好方位；所谓"当局者迷"，身处大江面前，根本难辨东西南北，只能凭目测与心估。而"大江东去以入海"的古语又深入人心，谁敢怀疑？于是便把"圌山门"往下原本东南走向的长江航道给想当然地认为是正东走向，也就让上游原本正东走向的南京至镇江段长江水道显得是西南往东北走向；于是也就认为从"九江"自西南往东北流的"西江"一路往北由南京流到镇江，一直要到镇江（实为镇江东50里的圌山门）方才正式东拐，由江南西界北行的"西江"正式转变方向成为江南北界东行的"北江"。因此，古人并不认为南京是"西江"的终点，而以镇江为"西江"的终点。由于起点和终点显然要比中间诸点更为重要，因而"西江"的起点九江，终点镇江比起中间的南京更为重要，于是镇江便因其为西江终点而独得"西江"之大名，《越绝书》遂称先秦吴国定都镇江之地为定都"西江"。

至此我们便能明白《越绝书》所谓的"吴故治西江"便是指人所共知吴国的都城是姑苏，又知其乃最末两代吴君之都，而吴国定都此姑苏前的旧都（"故治"）则在镇江（"西江"）。因此，这句话便是镇江乃先秦吴国旧都的最为直接有力的文献证据。这不由让我们想起庄子"西江水"与"涸辙鲋"的典故来，即《庄子·外物》："车辙中，有鲋鱼焉。（庄）周问之曰：'鲋鱼来！子何为者邪？'对曰：'我，东海之波臣也。君岂有斗升之水而活我哉？'（庄）周曰：'诺。<u>我且南游吴、越之王，激西江之水而迎子，可乎？</u>'鲋鱼忿然作色曰：'吾失我常与，我无所处。吾得斗升之水然活耳，君乃言此，曾不如早索我于枯鱼之肆！'"画线部分可见在先秦人的观念中，"西江"正与吴王有关，"西江"一词自然也就有了"吴王所居住的吴都"这一意味在内。由此便可以明白：先秦人的确是以吴国首都的京口之地为"西江"地区。

无独有偶，常州城西北与丹阳交界处有"黄山"，其东北更有一小山插入江流之中，名为"吴尾山"，见《万历武进县志》卷二"乡都"之"通江乡"载："黄山，在孟河东，俯瞰大江，颇称胜概。土人取石以煅灰矿，远近皆利之。东北一小山插入大江，名曰'吴尾'，以群山自西来，至此而尽，故名。"

常州之地无山，一马平川，唯其西北有丹徒、丹阳之山的余脉延伸入境而很快入江消失。此丹徒、丹阳之山其实就是上文所提到的镇江京城之山"京山"走至丹阳而为"经山"，此丹阳"京（经）山"余脉再往东走至常州西北境的"孟城"（其又名"孟河"城，也即上引文字中所谓的"孟河东"之"孟河"）以东而名为"黄山"，此余脉再往东便是"吴尾山"而入江消失。上引文字写明此吴尾山以东再无它山，此山是西边"镇江—丹徒—丹阳"山脉延伸而来且至此而尽，正如同动物身上的尾巴到此渐渐细小成尾巴尖而止。其既然名为"吴尾"，此山又位于东，即尾巴尖向东消失，则尾巴尖所源出的山脉本体便当自西而来，换句话说：吴之尾东渐消失，则吴之体、吴之头当自西而来，即上文所言的"群山（本体）自西来"。因此，这东渐而消失的"吴尾山"之名，便意味着"吴"在常州以西而非以东。

而后人所通晓的吴都苏州却在常州以东，而从苏州到此吴尾山之间并无山脉相连，即此山根本就不可能说成是吴都苏州之尾。且此山若因其为吴都苏州诸山之尾而得名"吴尾山"，则其山便当"自东而来至此而尽"，与上文所言的吴尾山是"群山自西来，至此而尽，故名'吴尾'"相矛盾。"吴尾"是"吴山"之尾，此"吴尾山"源自西来的群山，则西来的群山便是延伸出此尾来的"吴山"。吴尾山以西的镇江丹徒、丹阳"群山（即山脉）"之所以称作"吴山"，其原因便是上文所说的："宜侯簋"的出土表明吴国自周章以后便迁都镇江京口之地，其地遂得名"吴京"，孙权用同音字记录为"武进"尚不失其音，其山乃吴京之山，故既可以名作"京山"，自然也可以名作"吴山"，此吴京之山从"吴京"也即京口丹徒之地东至常州西北的孟城入江而尽，如同动物尾巴般渐渐缩细直至成尖而消失，其最后那入江的尾尖之山便名"吴尾山"。

此"吴尾山"的命名形象地告诉我们：其山所发源的本体是"吴地（实即吴都）"之山，此山为其尾故名"吴尾"。由于吴尾山是向东如同尾巴般渐细而消失，所以其所祖源的本体之"吴（实即吴都）"便当在与此消失方向相逆的、山势向西日益粗壮起来的京口之地。这个位于今天京口镇江之地的吴都，要到阖闾、诸樊、夫差时方才迁到此常州吴尾山以东的苏州之地。之前的"吴（都）"在此山之西，之后的"吴（都）"在此山之东，由于此吴尾山是自西而来，故此"吴尾山"之名所标识的并非苏州之"吴"，而是镇江之"吴"。

所以常州这座"吴尾山"便是标识吴都在此山以西镇江地区的重要地标，其与"西江水"可谓一东一西，共同标明"吴都"就在"西江"（皖江）东口的镇江之地，就在逆"吴尾山"尾巴消失方向的向西而山势日益粗壮的镇江之地，"吴尾山"名称中的"吴"

字有"吴都"之意。同时"吴尾山"之名也标明当时吴都镇江京畿地区的东界之尾便当在此"吴尾山"附近，"吴尾山"名称中的"吴"字实亦有"吴都京畿范围"之意在内。

6. 以"京口"之"京"为高丘，而不识其为国都的"京城"意，实乃误会

把镇江"京口"之"京"理解为单纯的自然高丘之意，而不理解其为充满人工高大建筑的国都之意，实乃后人的误会。

《太平御览》卷一七〇"州郡部十六、江南道上、润州"：《图经》[①]曰：'其城因山为垒，缘江为境。《尔雅》曰："丘绝高曰'京'"，因谓之京口。'"这条记载是唐或宋初《润州图经》引的是《尔雅·释丘》的话："绝高为之京。"郭璞为《尔雅·释丘》这句话作过注解："人力所作。"《尔雅》说"京"字高丘意，未言其人工还是自然，但郭璞注特意强调清楚：这个"京"字绝非自然的高丘，而是人工筑起的高丘，即在高地上人工堆筑起台基，然后再在此人工堆筑的台基上建造起更为高大雄伟的建筑，从而不会受水淹。故所有引《尔雅》"绝高为之京"来说镇江因其自然之高山而得名者，已违背《尔雅》之本意矣。

甲骨文的"京"字"斎"便是象形文字，取象人工建造起高高的栏杆，然后在其上又建造起方形而高大的谷仓形象。此"京"字便引申为人工垒筑的高丘，也即《说文》所说的："京，人所为绝高丘也。"说了半天，无论是许氏《说文》还是《尔雅》郭注，"京"字不仍旧是大都市（首都）的建筑样貌吗？因为一般的城市与乡野，谁会动用人工堆筑起绝高之基来造房子呢？只有大都市才会如此。所以"京"字从其造字的象形本意上来说，原本画的就是高高台基上所建的宫殿形象，即便"京"字真的用来指自然山丘，其实用的也是其引申义——即《尔雅·释诂上》"京"字用来指高大之义"京，……大也"时的引申义。

所以把"京口"理解为：镇江沿江一带多山，其中有个小口即"丹徒口"可以走运河，故名"京口"，意指自然高山中的运河口。即把"京口"纯粹理解成：自然高山的某个薄弱地带在长江涨潮往岸上涌流的长期冲刷过程中冲刷出来的一个小口而流有运河。这种理解其实是不妥当的。"京口"之"京"并非自然意义上的高丘，而是人工建成的高台上的宫殿建筑；镇江"京口、京城"之名并不源自江边的高丘、大山，而是此处乃吴国京城高大宫殿群所在地的原故。此处名为"京口"，乃是吴国君主有意选择此高丘地带作为国都，并在此高丘之地上筑起更高的台基，然后在此台基上建造起更为高大雄伟的

_____

① 疑为唐人编的镇江《图经》。《太平御览》编于宋初太宗太平兴国年间，亦可能引宋初《图经》。

建筑，用来作为发号施令者行政与居住之用，所以"京口"之"京"不全是自然或人工的高丘之意，而更是京城之意！

而且江岸上的镇江城所在处，其海拔仅为20米左右，其"金山"在古代又是江中之山，并非江岸上的山，只有43米高。如此低，形成不了绝高的气势，所以引《尔雅》"绝高为京"来解释镇江"京口"的含义，其实是不符合镇江地区自然地貌实情的。镇江得名于"京口"，其实是先秦吴国立都于此，在堆高的台基上建造宫殿群的缘故，而非此地有绝高如"京"（京城建筑）般的自然高丘。

7. 丹徒（京口）实乃先秦吴国首都"吴京"这一惊人结论、惊人史实的得出

"武进"之名由来于孙权改丹徒为武进，一般人都认为其含义是"以武而进"，代表孙权的东吴政权想要通过武力来进军中原、一统天下的决心。也就是说"武进"这个地名是孙权以后才有的。

一般人可能没注意到《三国志》的原文是孙权"复丹徒为武进"，这就颠覆了上面那种认识；"武进"居然是丹徒这块地方的古名！而我们根据丹徒出土了周天子分封"虞侯"也即"吴侯"于"宜地"的著名的"宜侯簋"，以及丹徒出土了余昧等一系列吴王坟，《越绝书》又有吴国首都在"西江"这座城市的记载，梁朝与南唐了解镇江历史之人声称镇江京口为"京吴"，古书又有"生东吴，死丹徒"的古谚，我们这才弄明白，正如"宜侯簋"所言，乃是周初第三代周天子周康王，鉴于丹徒是江南、江北大运河的交会处，此地又是当时长江入海的海门所在，正因为丹徒之地的地理位置如此显赫重要，所以周天子便命令吴君从无锡梅里移镇此地，此地遂为"吴京"（江南吴地，也即江东吴国之京），立都于此京口的先秦吴国遂称"京吴"，但由于口耳相传，并无文字流传下来可供参考，孙权又尚武，记录其音时便听成了具有武力进取之意的"武进"，于是把它记录成了"武进"（此为一种说法）。上述考证说明了武进的真实古义，阐述了"武进（吴京）"一词所应有的吴文化的使命和担当，具有重要的历史与现实意义。

上文论证"武进"由来于"吴京"，今天镇江丹徒之地先秦时名为"吴京"的主要证据如下：

（1）丹徒（京口）是吴国首都吴京的历史依据便是：先秦时代丹徒城内有庆封宅和井。

（2）丹徒（京口）是吴国首都吴京的两大考古依据便是：先秦时代的宜侯簋和吴王坟。

（3）吴国定都长江三角洲西北隅丹徒处的汉代文献依据便是：《越绝书》称吴都为"西江"。

（4）丹徒（京口）原名"吴京（武进）"的三国时代的文献依据便是：《三国志》孙

权恢复丹徒古名"武进（实当作'吴京'）"的诏书记载。

（5）镇江丹徒为吴京的又一项重要文献依据便是：六朝与五代人称京口镇江为"京吴"的记载，与"吴京"含义密切相关而只是语序略有不同。

（6）从语义学上证明"京口"之"京"为高台建筑所展示出来的都城景象，从而指出：把"京口"之"京"单纯理解为自然意义上的长江南岸的自然高丘，不识其作为国都的人文景象，实乃后人误会。

正是在上述六重证据的考证基础上，我们才敢信心十足而又小心谨慎地得出一个前人未曾发现的惊人的史实，即孙权所恢复的丹徒古城（今丹徒镇）的古名"武进"其实就是"吴京"，此地就是先秦时代吴国（江南吴地）的首都。通过上文的论证，我们可以看到这方面的史料其实也不少，只可惜前人全都未曾注意到。像《三国志·吴志》诏复丹徒为武进，六朝与五代人称京口镇江为"京吴"，东汉《越绝书》称吴国立都于"西江"便是其中三例。这三例文献依据加上丹徒"宜侯簋"和"吴王坟"的发掘便获得了考古实证，再加上丹徒城内有庆封宅和井的有力佐证，自此便使先秦吴国定都镇江而此地得名"吴京"成为"铁案如山推不翻"的定论。

这也就是说：先秦吴国只有前四代君主在梅里，末尾三代吴王诸樊、阖闾、夫差在苏州，其中间的君主，从周章开始到吴王寿梦、吴王余祭、吴王余昧、吴王僚，全都在镇江，故丹徒古名"吴京"，这里的镇山叫作"京岘山"，这里的运河口叫作"京口"，这里的城叫作"京城"，东南不远处的"齐梁皇陵"所在之山称为"经山（也即'京山'）"，其处的长江江面名为"京江"。因为这儿是吴国的首都所在，故而全都用都邑景象的"京"字来命名。正因为此，秦始皇才要用破坏此地王气的三千红衣囚徒（丹徒）来改"吴京"这一"王气"十足的名字为丑恶的名字"丹徒"，以此来让破坏此地王气的三千红衣囚徒（丹徒）在名字上永远镇压此地的王气（吴京）；与此针锋相对地，孙权也就要恢复此地原有的美名，把"曲阿"恢复成"云阳"，把"丹徒"恢复成"吴京"。但他只是听百姓说此地古名"吴京"的字音，觉得此地作为"吴京"距离自己的雄心斗志还远远不够，所以他要改成同音的"武进"，以此来彰显自己武力进军攻取中原的一统神州的壮志，丝毫不满足于自己"龙兴之地"的镇江地区只作江南吴地一地之京的地位，所以他要用"武进"（武力进取中原）的写法来突破"吴京"内涵格局上的局限（此为另一种说法）。

先秦之吴定都于镇江，还有另外三个佐证：一是江中的金山本即"京山"，二是先秦的秦齐等国皆有数都，三是刘备在孙权立都京口前便亲言此地有"京"之名、孙策在孙权立都京口前便已命孙河守此"京城"。今详论如下：

镇江城北大江中有著名的金山，金山寺依其山势而建，形成"寺包山"的独特格局。《元丰九域志》卷五"镇江府、古迹"载："金山寺在扬子江中。《寺记》云：金山旧名'浮玉山'，唐时有头陀挂锡于此，因为'头陀岩'，后断手以建伽蓝。忽一日，于江获金数镒，寻以《表》闻，因赐名'金山'。"说的便是唐代高僧裴头陀（即《白蛇传》中镇压白娘子的法海和尚），在唐贞元年间（785—804）到金山来重建寺院，偶然掘得一批黄金，通过镇江"镇海军节度使"[①]李锜上表给皇上而赐名"金山"。这是"金山"之名因法海开山得金而得来的通行说法，乾隆朝所修《江南通志》卷十三"山川、镇江府"便特辨上面这一通行说法的讹误："金山，在府西七里大江中，初名'浮玉山'。风涛环绕，势若飞动。岩洞、泉石，皆名胜也。《九域志》云：'唐裴头陀于此开山得金，因赐今名。'然梁天监四年，僧祐高、宝志，于金山修水陆会[②]，则'金山'之名当在唐前。"而《金山志》卷一"山水"："金山：……又《九域志》：唐时有裴头陀挂锡于此，后断手以建伽蓝，忽一日，于江际获金数镒，李锜镇润州，表闻，赐名'金山'。然唐建中间（780—783），扬州陈少游以甲士临江，韩滉尝以兵临金山，与少游会[③]，则此山之名非自锜始。又梁天监四年（505），即金山修水陆会，则金山自昔已传，又非始于建中矣。"[④]这些文献所用到的"金山"之名，全都早于法海开山得金的年代，可证从梁代以来，此山便一直叫作"金山"。

由于镇江有一系列带"京"字的地名——"京城、京口、吴京（武进）、京岘山、京山（经山）山脉、京江"，所以镇江城下长江中的这座金山原名"京山"是完全有可能的。下文"10"又引《元和郡县志》"京上郡城"语，而镇江城便造在北固山南麓上面，证明"京上郡城"之"京"当指这陆地上的"北固山"，即陆地上的"北固山"也可称作"京山"；而江岸外的长江江面上的山岛自然也可以称作"京山（金山）"。一句话，镇

---

① 今按《旧唐书》卷十二《德宗本纪上》：建中二年（781）五月"庚寅，以浙江西道为'镇海军'，加苏州刺史韩滉检校礼部尚书、润州刺史，充镇海军节度使。"卷十三《德宗本纪下》：贞元十五年（799）二月乙酉"以常州刺史李锜为润州刺史、浙西观察使、及诸道盐铁转运使。"由此可见，润州便是"镇海军节度使"的驻所所在。"镇海"之名表明其时的长江入海口在今天的镇江城，后世才移至今天的海门县（今属南通市管辖），于是镇江之地便由"镇海"改名为"镇江"，圌山海门也变成了江门。

② 指梁武帝在金山初创"水陆法会"。

③ 见《旧唐书》卷一二九《韩滉传》载：韩滉唐建中年间（780—783）"以兵三千人临金山"。

④ 沈云龙主编《中国名山胜迹志丛刊》第四辑，台北：文海出版社，1978年版。

江城附近的山头、山脉，包括江中的山岛，皆可以此地乃先秦吴国之京"吴京"的原故，遂蒙"吴京之山"之号而被称作"京山"。而这座江中的金山更可视为地上"京山"山脉的发端处（即头脑所在），故此岛独得"京山"之名，后因法海得金而用同音字记录为"金山"。此京山山脉的另一端，便是上文所详述的：此山脉向东一直延伸到常州西北境"孟河城"东入大江而最终成为尾巴尖消失的"吴尾山"。"吴尾"之名更加证明另一方向即西方的江中"金山"便是此京山龙脉的龙头，而此吴尾山是"吴京"镇江此京山龙脉的龙尾所在。龙头起自大江，上陆而为京山龙脉，最后龙尾又回到长江，构成龙水相依的格局。

从西周初年开始，吴国都城有过迁徙，这绝非痴人说梦。事实上，一国都城的迁徙变动，乃是西周与东周（春秋、战国）诸侯国的常态。

有关吴国迁都的研究，尚属江南"先秦史"研究的全新领域，特别是吴国曾迁都镇江京口之地长达500年之久，更是前人未曾论述过的笔者的最新发现。

吴国都城的迁徙变动符合春秋、战国各诸侯国常态，这一点可以从秦国都城的变迁史中找到类似的佐证：

秦人最初分封在今天甘肃清水县一带，后因护送周平王东迁有功而被赏赐宗周故地，封为诸侯，正式立国。秦国建国后的迁都历程可以分为四个阶段。

一是"雍城"，在今陕西宝鸡市凤翔区南。秦国建国后，便于公元前677年定都雍城，经营雍城长达250年之久。

二是"泾阳"，在今陕西泾阳县。秦灵公为了向东扩张，于公元前419年迁都泾阳。

三是"栎阳"，在今陕西省西安市阎良区。战国初期，秦献公立志收复被魏国占领的河西之地，于公元前383年将都城东迁至栎阳。

四是"咸阳"，在今陕西咸阳。秦孝公任用商鞅变法，国力大增，秦国的战略重心转为东进，于公元前350年又将都城迁到咸阳，直到公元前221年秦统一六国后，咸阳仍为国都。

秦以"泾阳"和"栎阳"作为都城的时间全都不长，这两座都城属于带有军事性质的临时性都城，这正如同吴国太湖畔的"木渎古城"和"阖闾小城"。

秦国迁都泾阳、栎阳、咸阳后，其宗庙依然保留在雍城，所以很多重要的礼仪活动也全在雍城举行，像秦王嬴政成年时的加冕仪式便在有宗庙的雍城举行，雍城一直是秦国政治、经济和文化中心。这正如同吴都"梅里"，虽然第五代吴君周章已把吴国的政府机构迁到了吴京（今镇江丹徒、京口之地），最末两代吴王阖闾、夫差又把这朝廷（即政府）迁到吴城（今苏州城），但其宗庙仍一直保留在原地即无锡梅里，梅里是吴国唯一的国都，因为吴国第一代君主泰伯的宅、墓、庙（也即吴国的宗庙）设在此处，其地乃吴国（勾吴国）立国的始基之地，故称其为"勾吴墟、故吴墟"；而"吴京"（后世之京口）、"吴"（后世之苏州）只是行都、陪都。

同理，齐国也建置有五都，这与秦国的情况加在一起，便能证明：先秦一国之都并不局限于一处而时有迁徙乃是诸侯国之常态。

齐国共有五都的建置，在春秋时期渐露雏形，到战国时期完全形成。其国都临淄居中，四境除北面临海外，其余三面分别设有四个别都，即西面的"高唐"，西南面的"博（莒）"和"平陆"，东方的"邯殿（即墨）"。这四个别都全都地处边地交通要冲的所在，具有边防重镇的性质；这与镇江京口乃吴国西北部重镇，坐拥并控扼东部中国"运河"与"长江"相交会处的、长江咽喉所在这一险要地理形势，故而要在其地建置行都，其用意是完全相同的。

而《至顺镇江志》卷二十"杂录、地理"之"京口谓'京'"条引："《献帝春秋》：'刘备至京（指吴故京镇江），谓孙权曰："吴（指末代吴都苏州）去此数百里，即有惊急，赴救为难，将军无意屯京乎？"权曰："秣陵有小江百余里，可以安大船，吾方理水军，当移据。"'盖吴先都京，复都建邺（指孙权亦是先都吴京[武进]再都建业），则京口亦谓之'京'。"

这读起来似乎是孙权建都镇江之地后，其地才名为"京"（"盖吴先都京，复都建邺，则京口亦谓之'京'"），但其上文言明是刘备建议孙权说"将军无意屯京乎"后，孙权这才定都镇江之地。如果镇江之地得名"京"是在孙权定都后出现，则刘备便不当以"京"来称呼此地；今刘备以"京"称呼此地而在孙权定都此地之前，这便可证明镇江之地得名"京"并非来自孙权定都于此，乃是此地早在孙权定都之前便已是江南吴地之京。无独有偶，《三国志·吴书》卷六《孙韶传》："伯父河……孙策爱之，赐姓为孙，列之属籍，后为将军，屯京城。"亦在孙权称帝建都镇江前便已称其地为"京城"（史家文笔严谨，是不可能用后来之地名追书其地的）。以上两者便是下文"10"引《元和郡县志》卷二十六"江南道、润州"所谓的："又孙权未称尊号，已名为'京'。"

而本节"（三）丹徒镇处古京口是吴国首都'京城'的详细考证"一开头便说明：镇江之地得名为"京"并非源自汉初刘贾的荆国立都于此，亦非继刘贾之后的吴王刘濞立都于此。因此，孙权之前此地名"京"便只可能源自先秦吴国定都于此这一种情况了。

况且上引的《献帝春秋》一书，历来相传是东汉末年至东吴时人袁晔所记载的东汉末年汉献帝朝的史实，这便相当于是当时之人记录当时之事；加之史家（即作史之人）文笔严谨，更加不可能误传刘备之语。而且袁晔又是广陵（即今扬州）人，就生活在镇江的江对岸，更不可能不知晓咫尺之隔的江对岸发生的时事实情。因此，上述记载便能确凿无疑地证明镇江之地以"京"命名乃是孙权东吴以前的事情，加之上文论明其绝非汉初刘贾、刘濞所致，则应当就是先秦吴国定都于此的缘故。

8. 西汉时"京口"再度成为荆王刘贾、吴王刘濞都的文献记载

《太平御览》卷一七〇"州郡部十六、江南道上、润州"：

《十道志》曰：润州丹阳郡①，《禹贡》扬州之域。春秋时，吴国地，谓之"朱方"。吴为越所并，地属越。战国时，越为楚所灭，复属楚。秦并天下，为会稽、郭二郡之地。<u>汉初为荆国，故荆王刘贾所都之地。吴王濞诛，以其地并入江都国。</u>武帝又分属丹阳、会稽二郡之地。

这条记载言明京口曾是西汉初年刘贾荆国的首都。而《史记》卷五十一《荆王世家》：汉高祖在刘贾被英布杀害后，于汉高祖"十二年立沛侯刘濞为吴王，王故荆地。"刘濞既然继承的是荆国的地盘，则首都（未必是刘濞全域之都，至少可以是其获得的刘贾那块地盘之都）也当沿袭荆王刘贾的做法而立在京口之地。

《汉书·吴王濞传》："上患吴、会稽轻悍，无壮王填②之，诸子少，乃立濞于沛为吴王，王三郡五十三城。"宋祁有注："故东阳郡、郭郡、吴郡，即贾旧封。"即汉高祖立那原本封在沛地的沛侯刘濞作吴王，继承荆王刘贾原来所封的三个郡。由于刘濞封号是吴王，可能首都也会设在吴郡即今天的苏州城，但上文"4、（2）"已说江南吴地早在先秦时便已有"生东吴，死丹徒"之谣，则吴王刘濞时江南有京口（丹徒）与吴郡（苏州）两个吴地之都也是极为正常的。

而且江南京口（丹徒）与吴郡（苏州）两个首都的格局，很可能也是自古就定下来的，我们在上文"4、（2）"中认为是从先秦吴国第五代君主周章封于"宜（即镇江丹徒这块地方）"开始就有的，只不过当时的"东吴"之都还不在苏州，而是在苏州西侧、无锡东境的"梅里"。要到吴王诸樊、阖闾父子时，吴国才迁都苏州，江南大地才形成京口（丹徒）与姑苏（吴郡、苏州）两个首都的格局，若再加上故都梅里（故吴），则为三个首都并立的格局。

---

①六朝时的丹阳本在南京。隋灭陈终结南朝，南朝时期的首都建康（今南京）所在的丹阳郡的政治地位在隋唐备受打压，唐玄宗天宝元年（742）改润州为丹阳郡，领有今南京地区，郡治设在丹徒（今镇江），并改曲阿县之名为丹阳县，从此"丹阳"之名不再属于南京，现归丹阳市所有。

②原书有注："师古曰：悍，勇也。填，音竹刃反。"即"填"音"镇"。

《舆地纪胜》卷七"两浙西路、镇江府、府沿革":

西汉初，<u>为荆国刘贾所封。</u>（此据《元和郡县志》，而《寰宇记》遂以为"<u>刘贾所都之地，今郡城中贾墓尚存</u>"。象之谨按：《汉书》："高帝六年，以东阳、鄣郡、吴郡五十三县立刘贾为荆王"，而《贾传》谓其王淮东，却无都丹徒之文。然谓贾死而葬此，则未可知；径谓其都丹徒，则与西汉王淮东之文相戾。今第依《元和志》之书，不敢强益也。）后属吴王 ① 及江都国 ②。

《史记》卷一〇六《吴王濞列传》："东越即绐吴王，吴王出劳军，即使人鏦杀吴王。"《史记正义》注："《括地志》云：'<u>汉吴王濞冢，在润州丹徒县东练辟聚北，今入于江。</u>'《吴录》云：'<u>丹徒有吴王冢，在县北。其处名为"相唐 ③"。</u>'"画线部分非常重要，尽管刘贾、刘濞没有生长在东吴之地，但他们皆安葬于丹徒，便能有力地坐实先秦吴王们有"生长东吴、死葬丹徒"的习俗。

我们都知道隋炀帝葬于"雷塘"，此又言明吴王刘濞葬于"相塘"，"相塘"已沦没在长江中，即坍入长江而无迹可寻。这就意味着今天镇江附近找不到吴王刘濞的坟，乃是其坟沦入江中而无迹可寻的原故，并不代表吴王刘濞没有安葬在镇江地区。

《越绝书》卷二"外传、记吴地传"："汉高帝封有功，刘贾为荆王，并有吴 ④。贾筑吴市 ⑤ 西城，名曰定错城，属小城，北到平门，丁将军筑，治之。十一年，淮南王反，杀刘贾。后十年，高皇帝更封兄子濞为吴王，<u>治广陵，并有吴</u>。立二十一年，东渡之吴，十日还去。立四十二年，反。西到陈留县，还奔丹阳，从东瓯。越王弟夷乌将军杀濞。东瓯王为彭泽王，夷乌将军今为平都王。濞父字为仲。"又有：吴县（今苏州城）"匠门外信士里东广平地者，<u>吴王濞时宗庙也</u>。太公、高祖在西，孝文在东。去县五里。永光四年，孝元帝时，贡大夫请罢之。"宗庙在此，则吴王濞的首都必在于此吴县；画线部分便

---

① 指吴王刘濞

② 指吴王濞被杀后，汉景帝封皇子刘非为江都王。

③ 唐，古"塘"字，意指大堤。钱塘县、钱塘江，古即写作"钱唐县、钱唐江"。相唐，即"相塘"。"唐（塘）"当是江边堤坝，隋炀帝葬扬州城外的"雷塘"，疑亦是江边的堤防所在。之所以吴王与炀帝皆要葬于江堤，便在于周边低洼，唯有江堤远高于平地而不受水淹。吴王刘濞未曾料江堤会受江潮冲刷而易坍入大江。

④ 除了所封的"荆国"（即中江"荆溪"两岸的"鄣郡"），加上灭韩信而得韩信楚国淮河以南的"东阳郡"外，还一并拥有了江南吴地。

⑤ 今苏州城的市。

言明：吴王刘濞生前之都又在广陵（今扬州），是其有吴郡（今苏州）与广陵两都，但由于有"生东吴、死丹徒"之谣，则其死葬京口仍当是事实（见上引其葬丹徒练辟之相塘），是刘濞时亦沿先秦吴国的做法而有东吴苏州与京吴丹徒两都，但其葬在离中原更近的吴京丹徒。综上可见，丹徒京口与广陵扬州、吴郡苏州同为刘濞封国"吴国"内的三个都城当也是事实。

需要说明的是，荆王刘贾、吴王刘濞之都皆在今镇江城东的古丹徒城处，即今丹徒镇处；而今天镇江城所在处在秦始皇时代尚是一个小村，它是伴随着东汉末年北方徐州人大量南迁涌入而日渐繁荣起来并超过古丹徒城，于是到孙权时代才初次为其建城（铁瓮城）而成为孙权最初的国都。今将此过程详考如下：

9. 从"京口里（村）"到"徐陵亭"到"徐陵镇"再到"铁瓮城（后世镇江城）"的城镇化演进

乾隆《江南通志》卷六"舆地志、沿革表二、镇江府"之"后汉、吴郡、丹徒县"下有注："《后汉书·志》：'吴郡、丹徒县。'《通典》：'汉建安十三年，吴镇丹徒，筑城，南面、西面各开一门，因"京岘"号为"京镇"，因门为"京口"。'①《南徐州记》：'京口先为徐陵。'《通鉴注》：'华覈封徐陵亭侯。则"徐陵"盖亭名也。'《文献通考》：'吴主孙权初镇丹徒，谓之"京城"。'《尔雅》：'绝高为京。'其城因山为垒，缘江为境，似河内郡，内镇优重，自宋至陈，京口常为重镇。"

所引《通典》，今本杜佑《通典》未见。

所引《通鉴注》，见《资治通鉴》卷八十"晋纪二"咸宁五年（279）"吴主又遣徐陵督陶浚将七千人"句注："徐陵与洞②浦对岸，吴主权时吕范洞浦之败，魏臧霸度江攻徐陵，全琮、徐盛击却之。又华覈封徐陵亭侯。则'徐陵'盖亭名。吴以其临江津，置督守之。《南徐州记》曰：'京口，先为"徐陵"'，其地盖丹徒县之西乡'京口里'也。"这条文献可以证明，古丹徒城是在今天的丹徒镇，秦始皇移此处的大运河口于今天的镇江城处，而镇江城处因是新迁河口，人口有待聚集，集市尚未兴盛到要圈城加以保护的地步，所以秦始皇时尚未在其处立城。

秦始皇虽憎恶"京口"之名而改"丹徒"，但暴秦仅维系15年便灭亡了，人们自然

---

① 其意指：因为"京岘山"而号"京镇"（"镇"指镇山）。因其为大运河之门而号"京口"。

② 洞，当作"润"，即宋代的镇江府唐代称之为"润州"的得名由来。下"洞浦之败"之"洞"亦同。

也就再也不用避秦始皇之讳，于是又称说起此地那一系列带"京"字的地名来；但由于"吴"国已亡而不复存在了，所以"吴京（武进）"与"京城"这两个名字叫不起来了，但山仍可以叫"京岘山、京山（金山）、京（经）山山脉"，而不用称"丹徒岘、丹徒山"了；运河口仍可以叫作"京口"，而不用再称"丹徒口"了；江面仍可以叫"京江"而不用叫"丹徒江"了。由于秦始皇移古丹徒口（即古京口）于新地有其道理在内，即船只北渡大江时可以少走近20里逆江而上的水路，故而仍被后世沿用，遂称秦始皇新开的河口为"京口"，而把古京口称作"丹徒口"，于是在秦始皇新开河口处便出现"京口里"的地名，这一地名用"里"字来称呼，表明秦始皇把运河古口（古"京口"）改于此后，此新河口（"京口"）日渐形成为人口的聚居区而可以用"里巷"来称呼了，而城外的里巷便是村落之意，这便是此地初显村墟气象。

东汉末年因中原动乱，北人（主要是徐州人、青州人）南迁渡江定居于此一渡江便能抵达之地，遂称其地为"徐陵亭"；其以"亭"来称呼，证明其地尚是郊野村镇，尚未有城。东吴时的孙权，方才在这秦始皇所改河口之地建立起第一座城池，号为"铁瓮城"。（按：先秦吴国建在镇江城处的"京城"就是古丹徒城也即今天的丹徒镇处；秦始皇将此京城平毁不存，汉代可能会有所恢复，其在此"铁瓮城"东18里。今天镇江城所在处的第一座城，则是孙权所造的"铁瓮城"，此城并非先秦吴国的"京城"所在。）

所引"《文献通考》"，见《文献通考》卷三一八"舆地考四、古扬州、镇江府"："吴主孙权初镇丹徒，谓之'京城'；后都于秣陵，改为'建业'。晋平吴，为毗陵、丹阳二郡地①，兼置扬州。元帝渡江，都建业，改丹阳太守为丹阳尹《尔雅》曰：'绝高为京。'其城因山为垒，缘江为境，似河内郡，内镇优重。宋置南东海郡及南徐州，而扬州如旧。齐梁以后，并因之，以至于陈，京口常为重镇。隋平陈，郡废。于石头城置蒋州，又废南徐州为延陵镇，后又分置润州于镇城②，（州东有润浦。）炀帝初州废。"

润浦，是镇江府"润州"得名的由来，其为镇江城东一条通江河港，后世因整个长江流域得到开发，人类改造自然的能力日渐增强，森林砍伐日益严重，导致江水含沙量不断加大，沿江河港如果不定期开浚便会淤塞，"润浦"也就因此淤塞消失。

《元和郡县志》卷二十六"江南道、润州"："隋开皇九年，贺若弼自广陵来袭，陷之，遂灭陈，废南徐州、改为延陵镇，十五年罢镇，置润州，城东有润浦口，因以名。"

---

① 指京口丹徒成为毗陵郡辖地而一度成为毗陵郡郡治，秣陵建业则成为丹阳郡郡治。

② 京口为重镇，时名"延陵镇"，此镇之城即铁瓮城，置润州于此重镇所在之城"铁瓮城"。

又其"丹徒县"下有记载："东浦，亦谓之'润浦'，在县东二里，北流入江。隋置润州，取此浦为名也。"上引《资治通鉴》注"徐陵与洞浦对岸"之"洞浦"便当据此改作"润浦"。徐陵即今镇江城，见下引《江南通志》言明"京城"铁瓮城就是徐陵镇，而铁瓮城就是后世北固山南的镇江府治（即府衙）所在。（"'铁瓮城'位置示意图"参见刘建国《守望天下第一江山——古城·京江·南山》，江苏大学出版社 2014 年版第 8 页。）

古人以北为尊，建城自当在老百姓居住区的北方，所以百姓居住的"徐陵市集"便当在铁瓮城南面而不在铁瓮城中。《镇江地名录》书首据《光绪丹徒县志》县城全图绘制有"光绪五年丹徒县城全图"，城内那条曲折之河便当是秦始皇所开河口运河所在。

后世因其两岸民居众多，无法疏浚，才改走罗城（即外城）西濠。秦始皇以来的古运河其实是走今天镇江城内的，不走此"光绪五年丹徒县城全图"中标作"运河"的罗城濠。此城内之秦运河当从"光绪五年丹徒县城全图"中的南水关入、北水关出，然后西通此图中标有"风神庙"的大京口闸，此后世的京口闸当是秦始皇新开的京口所在，至于出北水关后东北至甘露山西侧的甘露港出江当是后人所开之便捷水道（其河类似古丹徒口东侧谏壁处开的便捷水道"月河"），并非秦始皇时代所有。

刘建国《守望天下第一江山——古城·京江·南山》（江苏大学出版社 2014 年版）第 57 页的"镇江唐宋与明清城垣、运河比较示意图"，便很好地画清楚唐宋运河穿城，而明清运河走转城的罗城西濠的区别。其西北角的"新河"口便是小京口闸所在（亦类似于上面说的开在正口旁的便捷水道）。综上，江南运河在镇江城有"五口入江"，自西向东分别为大京口、小京口、甘露口、丹徒口、谏壁口（又名月河口）。

"徐陵市集"固然是在古运河两岸发展起来，但主要当在西岸，由刘建国的图便可见古运河东侧有山，河、山之间的平地宽度不大，所以西岸要比东岸有更充分的发展空间，河西岸市集当是徐陵市集的主体所在。上引《资治通鉴》注言"徐陵与润浦对岸"，即民众所聚居的徐陵市集（孙权只在其北立铁瓮城，其时徐陵市集尚未筑城，东晋南朝时当建城将其包裹）当在运河西岸，其与润浦正好隔运河相望（"徐陵与润浦对岸"）。上引《元和郡县志》又言明"润浦"在城东二里而名"东浦"，其时徐陵集市当已被城包裹，城东 2 里隔运河为"润浦"，润浦当是镇江城东隔运河相望的、运河东岸上一条与运河相平行的北行通江的河道。

当然，考虑到运河两岸当一同发展成市而一样繁华，不可以将徐陵市集局限在西岸，则徐陵与润浦所隔之河亦可能不是古运河而是徐陵市集筑城后的护城河。或上引文献中的"徐陵"就指下引《江南通志》中的"徐陵镇"也即铁瓮城，所隔之河当是铁瓮城的护城河（铁瓮城应当不可能没有护城河）。刘建国《守望天下第一江山——古城·京江·南山》（江苏大学出版社 2014 年版）第 40 页的"唐代润州城区水道、陆路示意图"将润浦画在铁瓮城东，然两者间距仅 1 里，未足 2 里，其与古运河西岸徐陵市集相距最宽处有 2 里，窄处不足 1 里，这也意味着"徐陵"更多是指运河西岸的徐陵市集为是。

《江南通志》卷三十二"舆地志、古迹三、镇江府"："京城，即今府治。《文献通考》云：吴主孙权初镇丹徒，谓之'京城'。《通典》云：'南面、西面各开一门，因京岘，号为"京镇"，因门为"京口"。又曰徐陵镇。《南徐州记》云："京口先为徐陵。"'《城邑考》云：郡有子城，周六百三十步，即吴所筑，内外皆甃以甓，号铁瓮城。晋郗鉴、王恭镇此，皆更为营缮。南唐林仁肇复修之。"画线部分便表明孙权造"铁瓮城"便是因为：北方南迁而来的徐州士族聚居的"徐陵"已经由郊野气象的"亭"日益繁华成了"镇"，到孙权时代更是繁荣，需要把此镇的最繁华区圈起"城"墙来，以保障数百年孕育积累起来的密集居室、繁盛人口、众多财产的安全，使其免于盗贼和战争的焚掠破坏。这也意味着城南侧运河东岸与山之间空间虽窄，但也形成有沿河市集，只是没有西岸规模大罢了。

《江南通志》卷二○○"杂类志、辨讹"有"丹徒曰京"条："《通典》：'汉建安十三年，吴镇丹徒，筑城，南面、西面各开一门，因京岘为"京镇"，因门为"京口"。'而《文献通考》复引《尔雅》'绝高曰京'为证，则'京'当因丹徒岘而得名。然三国以前，丹徒未有'京'之名，盖孙权初镇丹徒，谓之'京城'，侈大言之耳。东晋至梁、陈，皆以此地为'京城'，而建康谓之'京邑'。"画线部分表明京岘这座山，在秦始皇改此地为恶名"丹徒"后便称为"丹徒岘"，显然就因为秦始皇调发三千丹徒（赭衣囚徒）开破此京岘山龙脉的缘故。暴秦统治天下仅 15 年便灭亡，暴秦灭亡后，汉代之人又可以称此山为京岘山了。

此条文献言丹徒所在的镇江名为"京口、京镇、京城"是因丹徒城所在的镇山"京岘山"而得名（"'京'当因丹徒岘而得名"）。其实是倒果为因了。其不知：先秦吴国立都于此而此地有"京口、京城"之名，岘山反倒是因此而得名"京岘山"。

此条文献言"三国以前，丹徒未有'京'之名"，其说又非是，因为孙权下诏书"复丹徒为武进"，"进""京"同音，其用"复"字可见是恢复旧名，则孙权之前，此处已有"京"字之音、"京"字之名，其"京"字之名当得名于先秦吴国立都于此。

此条文献言"盖孙权初镇丹徒，谓之'京城'"，孙权立都于此固然可以称此为京城，但"东晋至梁、陈，皆以此地为'京城'，而建康谓之'京邑'"则非是，因为东晋南朝以建康为都，此为"京口"，唯有建康方可称"京城、京邑"，此地不可称"京城"而只可称"京口"。或以此地称"京城"源自孙权，则上文已言，孙权是下诏恢复此地旧名

"吴京（武进）"，此地孙权之前便已名为"吴京（武进）"而有"京城"名号（史料见上文"7"之刘备语与孙河守京城事），则此地名为"京城"便不是孙权立都于此的原故，也不是东晋南朝立京都于建业（今南京）而以此地为京都建业通江海的口岸、遂称此地为"京口"的原故。

10. "京口"得名"徐陵"乃是东汉末年的事情

上引文献表明镇江城所在的"京口"在孙权的东吴、司马氏的东晋、宋齐梁陈的南朝又名"徐陵"。其实"京口"名为"徐陵"正是东汉末年的事，并非自古就有，其地自古就名为"吴京（武进）、京城、京口"而非"徐陵"。

上引《资治通鉴》注："《南徐州记》曰：'京口，先为"徐陵"'"，乃是不知此地为先秦吴国之京而有"京口"之名，误以此地是因东吴孙权立都于此方有"京口"之名，而"徐陵"显乃东汉末年徐州人南迁于此而得名，东汉早于东吴，故而得出"京口以前为徐陵"的错误结论。

"徐陵"的地名铭刻着从东汉末年开始一直到东晋初年结束的，北方青、徐士人大量举族南迁、过江来居此一渡江便能到达的渡江首站之地的历史。青、徐士人何以定居此地？不就是因为这些北方士族举族南迁时肯定坐船沿江北的"邗沟"南迁，其到邗沟南口的"杨子渡"渡江后的第一站，显然就是秦始皇特意改开的与"邗沟"相对直的江南大运河的北河口"京口"。

于是青、徐士人便聚集在这过江第一站的"京口"之地繁衍生息，因是徐州人士为多，且汉朝是中原统治南方，故"京口里"便反客为主地被这些移民们改名为"徐陵亭"；而东侧18里的先秦吴京所在的古丹徒城也被青徐士人反客为主地盖过，在后世沦为丹徒镇。青、徐士族的南迁带来了占统治地位的中原文明，极大推动了此镇江京口之地的城镇化进程。孙权建铁瓮城而定都此"京口"之地，便与此地乃青、徐士族聚居地有密切关系。

《元和郡县志》卷二十六"江南道、润州"：

本春秋吴之朱方邑，始皇改为丹徒。汉初为荆国，刘贾所封。后汉献帝建安十四年，<u>孙权自吴理丹徒，号曰"京城"</u>，今州是也。十六年，迁都建业，以此为京口镇。按：州理①或古名"京城"，<u>说者以为荆王刘贾尝都之</u>，或曰孙权居之，故名京城。今按："荆"字既不同，【笔者按：指荆王刘贾立都于此宜称"荆城"，不当称"京城"。然"荆"之京

---

① 州理，即州治，唐人避高宗李治讳而将"治"字改写为"理"字。

亦可用类称称作"京城"，故此论据实非。】又孙权未称尊号，已名为"京"，则两说皆非也。【笔者按：其言孙权之前，丹徒已名为"京"，所言甚有见地。上文已据孙权下诏所恢复的丹徒旧名为"武进"而同"吴京"之音，已能证明这一观点。此言丹徒京城之名并非来自刘贾荆国立都于此，也不来自孙权吴国立都于此，其说甚是；但下文其以丹徒"京城"得名于此地地势高耸似"京"，则前文"6"已论其为非。我们的观点便是：丹徒名"京城"，乃是先秦吴国之"京"在此，即"吴京（武进）"，与《元和郡县志》"绝高为京"的观点迥异。】按："京"者，人力所为绝高丘也，亦有非人力所为者。案：亦有（一作"亦云"）人力所为者，若公孙瓒所筑易京是也；非人力所为者，荥阳京索是也。今地名"徐陵"，即此京非人力所为也。京上郡城，【笔者按：当指"京山（也即'北固山'）"山麓上的镇江郡城。】城前浦口，即是京口。【笔者按：指今镇江城面向大江的西北侧的"大京口闸"这一浦口，非指城东的"润浦"口①。】《吴志》曰："汉献帝兴平二年，长沙桓王孙策创业江东，使将军孙何领兵屯京地"，是也。【笔者按："京地"之"地"

---

① 《守望天下第一江山》第37页据此句，第38页又引《唐书音训》："京口在润州城东北甘露寺侧"，定镇江城东的润浦是六朝的京口。这似乎也意味着秦始皇之京口在润浦，润浦就是秦始皇时的江南运河。●其所引之《唐书音训》见《嘉定镇江志》卷六"山川、丹徒县、伊娄河"条："《唐·地理志》：'开元二十七年，齐浣开。'《本传》云：'浣迁润州刺史。州北距瓜步沙尾，纡汇六十里，舟多败溺。浣徙漕路，縣"京口埭"至"伊娄渠"以达扬子，岁无覆舟，减运钱数十万。'《唐书音训》：'京口在润州城东北甘露寺侧。瓜步在今真州西六十里，距扬州一百二十里。'"引文见《新唐书》卷一百二十八《齐浣传》："迁润州，州北距瓜步沙尾，纡汇六十里，舟多败溺。浣徙漕路縣'京口埭'，治'伊娄渠'以达扬子，岁无覆舟，减运钱数十万。又立伊娄埭，官征其入。"《唐书音训》便是为《新唐书》此引文中的"京口、瓜步"两词作注释。所注显是齐浣改运道（"徙漕路"）后的京口，而非古之京口（其言明是"徙漕路縣京口埭"，故知齐浣后的京口埭堰非是古之京口埭堰矣），故不足以据此定古京口在润浦。●齐浣事又见《旧唐书》卷一百九十中《齐浣传》：开元"二十五年，迁润州刺史，充江南东道采访处置使。润州北界隔吴江，至瓜步沙尾，纡汇六十里，船绕瓜步，多为风涛之所漂损。浣乃移其漕路，于京口塘下直渡江二十里，又开伊娄河二十五里，即达扬子县。自是免漂损之灾，岁减脚钱数十万。又立伊娄埭，官收其课，迄今利济焉。"●据上文提到的《光绪五年丹徒县城全图》，甘露寺所在的甘露山下东侧为刘建国"唐代润州城区水道、陆路示意图"所绘的润浦口，西侧为甘露口，则《唐书音训》"京口在润州城东北甘露寺侧"未言是东侧还是西侧，即齐浣所改之唐代京口在甘露口也是有可能的，未必就在润浦口，所以据这句话定润浦口就是京口，润浦就是六朝及秦始皇所开的运河本身就未必靠得住。●且古京口若在润浦口，即古运河走润浦，上文"徐陵与润浦对岸"便是"徐陵与运河对岸"，则徐陵便不是沿运河发展而来，这明显有违常识。常理：运河两岸形成集市后围筑成城，运河必定要在所围的镇江城内；今润浦在城外（刘建国"唐代润州城区水道、陆路示意图"有绘），故知润浦绝非古运河，其浦口绝非京口，而镇江城内之河方才是古运河，其西北出江之口当是古京口。●即便退一万步讲，《唐书音训》"京口在润州城东北甘露寺侧"真是指东侧的润浦口，且上引《元和郡县志》"城前浦口即是京口"真的是指润浦口，也是唐人且是唐齐浣后的情形，以此来承接上文孙权之京城而以孙权也即秦之京口在此，实为有误。●且此浦自有其名"润浦"，浦口自有其名"润浦口"，润州之名由此而来（详见下页之引文"置润州。城东有润浦口，因以名"），自古又不言此润浦口有"京口"之名，足证其非古京口河（古江南运河）。

当作"城"；又"孙何"当作"孙河"，即上文"7"所引的孙策命孙河屯守京城事，见《三国志·吴书》卷六《孙韶传》："孙韶，字公礼。伯父河，字伯海，本姓俞氏，亦吴人也，孙策爱之，赐姓为孙，列之属籍，后为将军，屯京城。"】《吴志》又云："魏将臧霸，以轻船五百，敢死万人，袭徐陵，攻烧城堑。"即吴时或称"京城"，或称"徐陵"，或称"丹徒"，其实一也。晋永嘉乱后，幽、冀、青、并、兖五州流人过江者，多侨居此处。吴、晋以后，皆为重镇。晋咸和中，郗鉴自广陵镇于此，为侨徐州^①所理。升平二年，徐州刺史北镇下邳，京口常有留局。后，徐州寄理建业，又为南兖州，后又为南徐州。隋开皇九年，贺若弼自广陵来袭，陷之，遂灭陈，废南徐州，改为延陵镇。十五年，罢镇，置润州。城东有润浦口，因以名。隋氏丧乱，杜伏威窃据其地。武德三年，伏威归化。六年，辅公祏叛，复据其地。七年，平公祏，依前置州。其城，吴初筑也。晋王恭为刺史改创，西南楼名"万岁楼"，西北楼名"芙蓉楼"。

其引《吴书》"袭徐陵"事，见《三国志·吴书》卷二《孙权传》：黄武元年"冬十一月大风，（吕）范等兵溺死者数千，余军还江南，曹休使臧霸以轻船五百，敢死万人，袭攻徐陵。"

又《吴书》卷二十《华覈传》："孙皓即位，封（华覈）'徐陵亭侯'。"

又《吴书》卷三《孙皓传》：天纪三年八月，"皓又遣徐陵督陶濬，将七千人从西道"云云。

可证镇江自古就有"徐陵"这一名称，不是东吴之后的东晋南朝设"南徐州"后方才得名。因为作《三国志》的陈寿卒于西晋，不可能看到东晋"南徐州"的设置，而孙皓时尚无"南徐州"的建置。所以合理的解释便是：东汉末年北方大乱时便已有大量人口从北方迁居此过江首站的镇江丹徒地区，这与西晋末年北方大乱，南下之人全都止步京口的情形相同。或许正因为拜此汉末移民热潮所赐，京口遂得"徐陵"之名。又《光绪丹徒县志》卷三"川"："徐浦，《方舆纪要》：齐建元初，以魏人入寇，沿江置戍，分置一军于徐浦，即徐陵也。"这里显然就是东汉末年北方人（徐州人）南逃江南时的聚居之地，故名为"徐浦"。后来东晋在丹徒（今镇江城）设立南徐州的州治、南东海郡的郡治，于是丹徒（也即今天的镇江城）又有了"南徐"的别称。上文言徐陵在镇江城内秦运河两岸（以西岸为主），则"徐浦"不出意外的话就是镇江城内秦运河的别称。

从公元184年的黄巾起义、公元190年的"董卓之乱"开始，大一统的东汉王朝彻

①指侨置于南方的"南徐州"治所（即衙门）设在此。下文"所理""寄理"之"理"皆是"治"字避唐高宗讳而改书。

底土崩瓦解，中华大地陷入长期的内部倾轧、外族入侵、军阀割据混战的动乱与分裂局面，人祸与天灾持续流行。从三国鼎立，到东晋时北方的"十六国之乱"，再到东晋灭亡而南方宋齐梁陈四朝的更替、北方北朝诸政权更替，战乱不休，一直要到公元589年隋朝消灭南朝陈政权统一中国，方才彻底结束东汉灭亡以来长达400多年的分裂割据的动乱局面。在这400多年间，有一个重要的政治、经济、文化现象，就是"北人南迁、南北融合"；政治、经济与文化的中心也随之不断南移。

而北方世家豪族与流民的大量南迁，显然要从东汉末年的大动乱算起，这就是《三国志·吴书》卷七《张昭传》所说的："汉末大乱，徐方士民多避难扬土。"其中最著名的便是"徐方万口"，即古丹阳郡（今南京地区）人陶谦，在徐州担任刺史，同为丹阳郡人的笮融聚众数百，依附陶谦，并在徐州大造浮屠①寺（佛寺），每次浴佛，就食者有万余人。《后汉书·陶谦传》载：曹操攻打徐州刺史陶谦，因"徐方不安，（笮）融乃将男女万口、马三千匹走广陵。广陵太守赵昱②待以宾礼。"笮融杀死赵昱，投奔豫章（今南昌），被扬州刺史刘繇打败，"徐方万口"成为刘繇的部众。

《资治通鉴》卷六十一载：汉献帝兴平二年（195），刘繇与孙策作战，命手下猛将太史慈"侦视轻重。时独与一骑，卒③遇策于神亭，策从骑十三，皆坚④旧将辽西韩当、零陵黄盖辈也。慈便前斗，正与策对。策刺慈马而揽得慈项上手戟，慈亦得策兜鍪。会⑤两家⑥兵骑并各来赴，于是解散。"胡三省注："神亭，在今镇江府丹阳县界。"此亭就是丹阳与武进两县交界处的"廒亭"，"廒"音"撑"，与"神"音相近，故可用音记录作"神亭"。后来，"繇与策战，兵败，走丹徒。策入曲阿，劳赐将士，发恩、布令，告谕诸县。其刘繇、笮融等故乡部曲来降首⑦者，一无所问。乐从军者：一身行，复除门户⑧；不乐者，不强。旬日之间，四面云集，得见⑨兵二万余人，马千余匹，威震江东。"即刘繇战败后，孙策发布告示，凡是刘繇、笮融的部下，愿投降的既往不咎，凡是仍旧愿意参军的，一人入了行伍，全家便免除赋税徭役（"复"即免除徭役之意）。于是刘繇、笮融麾

---

① "浮屠"即佛的又一音译。
② 其为徐州下辖的山东琅玡郡人。
③ 卒，通"猝"，仓猝。当时太史慈仅与一员骑兵同行。
④ 孙策父亲孙坚。
⑤ 会，正逢。
⑥ 指刘繇与孙策两派人马。
⑦ 降首，投降、自首，即降服。
⑧ 复，免除徭役。一人行军（即参军），全家可免赋役。
⑨ 见，现。见兵，现役军人。

下两万多青州、徐州人便都归附了孙策。后来连与孙策作战过的山东东莱人太史慈也归降了孙策。

江东孙吴政权最主要的政治、军事力量基础，便是这批"青、徐士家"，如：彭城人张昭为首的张氏家族，琅玡郡诸县人诸葛瑾、诸葛恪为首的诸葛氏家族，山东东莱黄县人太史慈等。而且孙氏远祖是军事家孙武，原本就是山东齐国人，战国时被吴王阖闾重用，举族由山东迁至江南，江东的孙吴政权本身就带有很深的山东青、徐情结，诸子封王也都喜欢用青、徐两州的山东地名，如：齐王（如孙奋）、鲁王（如孙霸）、琅玡王（如孙休）等，孙权的王夫人又是琅玡人，青、徐士人宗族在孙吴政权中拥有举足轻重的地位。与此相联系的，便是大量从青、徐二州以各种名义迁移过来的北方汉人，定居在江南"扬州"地区（今南京①、镇江、常州一带），作为渡江桥头堡的镇江京口之地出现"徐陵亭（徐陵镇）""徐浦"这种带有北方徐州印迹的地名也就不足为怪了。而孙权在徐陵镇建铁瓮城立都于京口，更是其政权以"青徐士家"作为立国根基的表现。

11. 孙权三都先有武进、再有建业、再有武昌的历史经过

孙权立有三个首都，其历史与逻辑顺序是"先有武进、再有建业、再有武昌"，而不是"先有建业、再有武昌、后有武进"，镇江京口所在的武进（吴京）因有大批"青、徐士家"而成为其立国的最初根基。

《三国志·吴书》卷二：黄初"二年四月，刘备称帝于蜀。权自公安都鄂，改名'武昌'。"而上引《三国志·吴书》卷二《孙权传》载嘉禾三年（234）"冬十一月，太常潘濬平武陵蛮夷事毕，还武昌，诏复'曲阿'为'云阳'，'丹徒'为'武进'。"

从字面上看，自然是"鄂"县改名为"武昌"在先，而"丹徒"改名为"武进"在后。因此，所有人都会想当然地认为孙权是先有"武昌"所代表的"以武来昌大其国"之志，然后再有"武进"所代表的"以武来进军中原"之志。

其实真相恰好相反，是"武进"之名在先而启迪了"武昌"的命名，而不是"武昌"的命名影响到了"武进"的冠名。因为《三国志·吴书》载孙权从"鄂"的名字到"武昌"的名字，用的是"改名"的"改"字，表明"武昌"之名前代没有，是孙权所改创、发明；而《三国志·吴书》载孙权从"丹徒"的名字到"武进"的名字，用的是"诏复"的"复"字，即恢复旧有，可证"武进"之名是前代就有，孙权是恢复、沿用此地的古地名。

---

① 按：六朝的扬州州治设在江南的南京地区，隋代方设于今天江北的扬州（隋以前称"广陵"）。

从历史顺序来看，孙权最初由吴郡郡治（即今天的苏州城）迁到京口（今天的镇江城），然后再度迁到"石头城"也即今天的南京城，然后再迁到"武昌"城也即今天的武汉城，最后又再迁回"建业"也即今天的南京城，并以"京口"所在的武进作为其陪都。其事迹详见文献如下：

《三国志·吴书》卷二：建安"五年，……曹公表权为讨虏将军，<u>领会稽太守，屯吴。使丞之郡，行文书事</u>。"可证孙权最初的统治中心（即行政中心、兵马屯驻中心）在吴郡（古又名会稽郡）的郡城"吴县"，也即今天的苏州城。

《元和郡县志》卷二十六"江南道、润州"："后汉献帝建安十四年，<u>孙权自吴理</u>①<u>丹徒，号曰'京城'，今州是也。十六年，迁都建业，以此为京口镇</u>。"可证建安十四年（209），孙权把自己的统治中心由吴郡郡城（今苏州）迁到了旧"京口"（今丹徒镇）西18里（直线距离）的秦始皇以来的新"京口"（即今镇江城），建造起著名的"铁瓮城"作为都城（即统治中心）。

《三国志·吴书》卷二：建安"<u>十六年，权徙治秣陵，明年城石头，改秣陵为建业</u>。"即建安十六年（211），孙权又把自己的治所（即统治中心）从京口迁到了秣陵，次年在此处建造起"石头城"，改秦始皇所定的恶名"秣陵"为"建业"，以此来表达自己建功立业的宏伟志向（即想凭借武力一统天下）。

然后才是本节开头引《三国志·吴书》卷二所说的黄初二年（221）立都武昌。

而《三国志·吴书》卷二："黄龙元年（229）春，公卿、百司皆劝权正尊号。夏四月，夏口、武昌并言龙、凤凰见。丙申，南郊，即皇帝位。……秋九月，权迁都建业，因故府不改馆②，征'上大将军'陆逊，辅太子登，掌武昌留事。"可证黄龙元年（229）秋，孙权又回都建业，武昌成了太子孙登镇守的陪都。

然后才是本节开头引《三国志·吴书》卷二所说的嘉禾三年（234）恢复丹徒的古名"武进"。从上列时间顺序来看，似乎应当是"先有建业、再有武昌、后有武进"，其实大谬不然，今详论如下：

上述文献表明，孙权在苏州吴县任的是吴郡太守，苏州不算是国都，是郡治，而其由吴县迁到镇江京口才沿用其处旧有的"京城"之名而以之为都。故孙权的皇业之基并不在吴县，也不在武昌，而在京口，京口是孙权最初的国都所在。而此地古已名为"武

---

① 理，即"治"，唐人避高宗李治讳而改"治"为"理"。

② 改馆，改变住所。不改馆，就是孙权把原来自己住的武昌皇宫，作为陆逊辅佐太子孙登治理武昌时的官衙。

进"，据上考，实为"吴京"，孙权因误听或有意听成能用来表达自己以武力进军中原而一统天下志向的"武进"这个名称。所谓的"孙权自吴理丹徒，号曰'京城'"，貌似镇江京口之地要从孙权开始才号称"京城"，其实正如上文所论，此"京城"来自于先秦吴国立都于此，孙权号此地为"京城"是恢复此地旧称。

由于他迁都武昌前的首都的古名是"武进（吴京）"，所以才会启迪他以"武"字来命名后来的首都武昌，即由"以武而进"达到"以武而昌"。从逻辑上讲，也不可能先有"以武而昌"再有"以武而进"，因为"昌"是极盛意，"进"是前进，从由进到昌（极盛）的事理因果来看，显然也是"进"在前而"昌"在后，而不可能反过来"昌"在前而"进"在后。所以事实的真相应当是先有武进再有武昌，是武进启迪了武昌的命名，而不可能反过来"死读书"那般理解出来的：先有武昌再有武进，是武昌启迪了武进的命名。

我们再把"立都建业"那中间一环考虑进来，从而形成其立都定名的完整逻辑链，即先有"以武而进"，再有"建国伟业"，再有"以武而昌"而一统天下；这个逻辑顺序一目了然，即要通过"以武而进"来建功立业而使国运昌盛，而不可机械地依据上列建都事件所表达出来的"先有建业、再有武昌、后有武进"的时间顺序，得出先建国、再昌盛、再进展，这在逻辑上既不顺也说不通。这更加意味着孙权所立三都，其命名的历史与逻辑顺序，应当把"武进"放到最开头来排作：先有武进、再有建业、后有武昌。

12. 江南吴地自古以来就有三都（三个中心大都市）——镇江、苏州、南京的格局

《太平御览》卷一七〇"州郡部十六、江南道上、润州"先引"《后汉书》曰：建安中，吴大帝自吴徒都京口。十六年，迁都秣陵，复于京口置'京督'以镇焉。"这条记载言明孙权的东吴政权，跟随西汉荆王刘贾的先例而来京口建都，其在迁都南京后，仍以此地作为军事重镇，相当于是南京"建业"的陪都。

然后又引："《吴志》① 曰：京督所统，藩卫尤要；是以，吴为重镇。"

最后又引《舆地志》："又曰：丹徒界内土坚紧如蜡。谚云：'生东吴，死丹徒。'言：吴多产出，可以摄生自奉养；丹徒，地可以葬。"这也就解释清楚：先秦吴国最早的首都是在无锡与苏州之间的勾吴之地"梅里"②，此先秦吴国最末两代君主阖闾与夫差的首都在吴县（苏州），而先秦吴王的坟却几乎全都在丹徒也就不足为怪了。

今丹徒烟墩山出土了吴君的重器"宜侯簋"，出土了"余昧墓"所代表的吴王墓，证明先秦时代的吴国很早就占据了丹徒，号称此地为"京城"，号称丹徒处的运河口为"京

---

① 此似出自《三国志·吴书》，但未见其文。
② 今无锡城东、苏州城西北的梅里，有吴国开国君主泰伯所葬的泰伯墓和纪念他的泰伯庙。

口"，丹徒的王气便彰显于此、由来于此。"丹徒"是秦始皇改的恶名，其原先的名字应当就是"吴京"（孙权误记或用谐音记录成了"武进"），"京城"不过是武进成为首都后，称"吴京"（武进）这一首都之城为"京城"罢了。"京城"并非最初的地名，它是"吴京（武进）"之地升格为吴国京城后，用类称来称此地为"京城"。

正如北京之地古名"幽州"，燕国立都于此而名"燕京"，两汉、魏、晋一直到唐代仍称其为"幽州"，辽代立其为陪都"南京"后，再度将其命名为"燕京"；元代立都于此而命名其为"大都"，明清在此立都而称之为"北京"，元、明、清三代也都称其为"京城"或"京师"。

南京成为东吴首都后亦称"吴京"，之后的东晋宋齐梁陈也立都于南京之地，也都沿袭东吴之称而称之为"吴京"（文献实例见上文"2"）。实不知东吴之前的先秦吴国的首都"吴京"乃是在古"武进"也即今天的丹徒、镇江。后世因政区变迁，西晋割丹徒与丹阳东境重设武进县，隋唐时政区又发生变迁，此武进县被改成了占据古晋陵县的东半，遂把县治移到古晋陵郡城也即今天的常州城下。其实先秦吴国的京城"吴京（武进）"就在今天的丹徒、镇江，而东吴、东晋与南朝的宋齐梁陈这六朝的"吴京"则在南京，读者不可不晓。

《太平寰宇记》卷八十九"江南东道一、润州"：

润州丹阳郡，今理丹徒县，《禹贡》扬州之域，春秋时属吴，谓其地为"朱方"。《左传》云："齐庆封奔吴，与之朱方"，是也①。至鲁哀二十二年，吴为越所并，地复属越。楚灵王使屈申围朱方，执庆封，其地属于楚。秦并天下为会稽、郭二县之境。按《吴地志》云："自句容以西属郭郡，以东属会稽郡。"汉初为荆国，故荆王刘贾所都之地，今郡城中贾墓尚存。【笔者按：吴王刘濞墓也在镇江城附近。上文"4、(2)"、"8"考明：古谣谚"生养于东吴、死葬于丹徒"说的是先秦吴王也葬于丹徒，则丹徒很早就是吴王经营之地，故江南大运河开至丹徒当很早，远非秦始皇所为。】

至吴王濞诛，以其地并入江都国。武帝又分属丹阳、会稽二郡之地。后汉，吴、丹阳二郡地。按后汉建安十四年，吴孙权自吴徙都于京口。【笔者按：东吴孙权也步先秦吴国、西汉"荆""吴"两国的做法，立都于京口。】

十六年，迁都秣陵，复于京口置"京都督"以镇焉。

又《吴志》云："京都所统，藩卫尤要，是以为重镇。"

---

①上文"3"已详辨：把镇江城视为庆封所封的"朱方"之地纯属误会。

后为南徐州，置刺史，镇下邳，而京城有留局。其后，徐州或镇盱眙，或镇姑孰，皆留局于京口。

晋平吴，又为毗陵、丹阳二郡地，兼置扬州。

元帝渡江，都建康，改为丹阳。《尔雅》云："绝高为京。"其城因山为垒，缘江为境，因为之"京口"。【笔者按：此以镇江地区高耸于长江岸上而得名"京口"，上文"6"已论其说非是。】

镇江丹徒正因为作过先秦吴国的都城，而与东吴之地的无锡"梅里"或"吴县"（今苏州城）成为江南大地上的两大国都，流传下"生东吴，死丹徒"的民谣，后来汉朝所分封的荆、吴两国也都继续沿用这一西一东两个都城的格局，乃至到了汉末三国时期的东吴孙权时，仍旧沿用吴县、京口双雄并峙的格局，加上孙权所新立的建业（南京）之都，江南大地遂彻底形成三都鼎峙的格局。详见上文"11"有论。

13. 武进如何在后来的政治变迁中，由丹徒镇移到今天常州城下的文献记载

《宋书》卷三十五《州郡志》"南徐州刺史、南东海太守"载："丹徒令……古名'朱方'，后名'谷阳'，秦改曰'丹徒'。孙权嘉禾三年改曰'武进'。晋武帝太康三[①]年复曰'丹徒'。""武进令，晋武帝太康二年分丹徒、曲阿立。"同卷"南徐州刺史、晋陵太守"载："曲阿令，本名'云阳'。秦始皇改曰'曲阿'。吴嘉禾三年复曰'云阳'。晋武帝太康二年复曰'曲阿'。"

今天的武进县，其实是西晋太康二年（281），晋武帝把孙权所改的武进县又恢复成秦始皇所定的旧有恶名"丹徒"县后，分丹徒、曲阿（今丹阳）两县的东境所设，其县治设在今天武进县的万绥镇，亦建有城，为了和唐垂拱二年（686）设在常州城下的武进县相区别，称之为"武进故城"。所谓"故"，即垂拱二年前的武进县城，以别于垂拱二年迁武进县衙于常州城下后武进县所在的常州城。

唐太宗贞观八年（634）将此新设才14年的武进县并入晋陵县，垂拱二年（686年）武则天又将其复置起来，并让晋陵县把自己的西半境划给这新恢复建置的、与自己同姓"武"的"武进"，使之向东、南两个方向大为扩展，县治便不能再偏居于西北一隅处的武进故城（今万绥镇），于是将其迁到晋陵县城（也即今天常州城）下。其事详见《新唐书》卷四十一《地理志》"常州晋陵郡"："武进，望。武德三年以故兰陵县地置，贞观八年省入晋陵，垂拱二年复置。"《太平寰宇记》卷九十二"武进县"："晋太康二年分丹徒、

---

①　三，当作"二"，否则与下文太康二年立武进便有两"武进"并存矣。

曲阿二邑地立武进县。梁武帝改为兰陵县，隋文帝废。唐武德三年又置，贞观元年并入晋陵，垂拱二年分割晋陵西三十六乡又置。"《元和郡县图志》卷二十六"武进县"："梁武帝改武进为兰陵。入晋陵，垂拱二年又析晋陵西界立武进县，于州理。"末三字便是在常州州城内理事的意思，也即在常州城下设立武进县治的意思。《旧唐书》卷四十《地理志》"常州、武进"亦言："垂拱二年又分晋陵置，治于州内。"即分晋陵县西境设置武进县，其县治（即县衙）设在常州城下。

14. 常州中吴之地原本就是"先吴之都"，"吴京"（武进）迁到"吴地名都"常州是一种历史回归

上文详细考察了孙权三都符合逻辑的"先有武进、再有建业、再有武昌"历史经过，以及"丹徒吴京（武进）"如何变迁成为今天"常州武进"的历史沿革，从而证实镇江与常州两地的密切关系。

大家可能料想不到的是，今天"吴京（武进）"之名全归武进（不归镇江丹徒①）而移到常州城下，已与镇江"京口"无关，其实这也是一种历史的回归。因为早在周康王封周章于镇江而立"吴京"的1000多年前，即距今4200年前的大舜时代，先吴之地的吴地之京——"先吴之京、虞吴之京"——便在今天常州境内的"舜过山"地区，而非镇江地区。

今天"武进"所在的常州地区，也完全有资格冠以"吴地名都"的荣衔来和武进"吴地之京"的内涵相匹配。

首先，从地理形势上看，常州当得起"吴地名都"之称。因为常州地处"长江三角洲"东端上海、西端南京的正中间，说常州地处江南的腹心完全没有问题。江南古称"吴"，所以常州便是吴地的中心区、核心区，史称"中吴"。明及明以前，常州领有武进、无锡、宜兴、江阴、靖江五县；清代雍正朝以后，常州下辖武进、阳湖，无锡、金匮，宜兴、荆溪，江阴、靖江八县，从此时起便号称"中吴要辅、八邑名都"。常州历来就是江南吴地"中吴"板块上最有名的大都会，自古就是占据该板块统治地位的郡府级建置，在全国的政治地位中处于中等偏上，早在唐代便与润州（镇江）一同列为全国十大望州（"十望"）之一。其地又经济发达、交通便捷、人文荟萃，无论从哪个方面来看，都称得上全中国乃至全世界的"首善之区"。因此，称常州为"吴地名都"可谓名实相符。

---

①指后世"武进（吴京）"之名由常州之武进来继承，而不由镇江之丹徒来继承。即后世只称常州之武进为武进，再也不称镇江之丹徒为武进了。

其次，从历史由来上看，常州 4200 年前便是大舜的"先吴（虞）之都"，也即"江南吴地"之都。

因为常州古称"延陵"，"陵"就是山。常州东北与江阴交界处有座"舜过山"，此山从横山桥的"横山"发脉，绵延至江阴城下，是一条绵延起伏的青山龙脉，这便是常州得名"延陵（意为绵延起伏的丘陵）"的镇山所在。"舜过山"下就是良渚文化晚期的国都"寺墩"遗址，而寺墩的晚期正是大舜生活的年代，所以常州"舜过山"便是大舜那个时代大舜在江南的统治中心。

《史记·舜本纪》载："舜耕历山，渔雷泽，陶河滨，作什器于寿丘，就时于负夏。……舜耕历山，历山之人皆让畔；渔雷泽，雷泽上人皆让居；陶河滨，河滨器皆不苦窳。一年而所居成聚，二年成邑，三年成都。""历山"就是常州府属县无锡县的惠山，"雷泽"就是常州东南方的太湖，而常州府下属的宜兴县更是天下闻名的"陶都"且地处"中江"荆溪这一大河之滨，所以大舜在常州"三年成都"之地，应当就是良渚国晚期国都"寺墩"近旁的这座"延陵"舜过山。

大舜为何要以山为都呢？那便是因为常州东境有浩森的"上湖（芙蓉湖）"，此"舜过山"耸峙湖中，以山为都可以不惧洪涝。大舜所教化的"耕者让畔、渔者让居"，正是泰伯让国、季子让国的先声，铸就常州人文始祖泰伯与季子的"仁让"个性，对于常州崇尚礼让的城市精神产生极其深远的影响。而舜过山北侧"舜河（即新沟河）"入江口处有"虞门桥"（在江阴境内），大舜的国号为"虞"，所以这座"虞门桥"便是大舜立国、立都于延陵"舜过山"的国门所在。

古代"虞、吴"两字通假，所以大舜的国号就是江南得名"吴地"的由来。正因为此，历来都称泰伯是"奔吴"而非"创吴"；早在泰伯投奔江南之前的大舜时代，江南便已有了"吴（虞）地"之名，所以常州舜过山便是当仁不让的"开吴之地"。而无锡梅里的泰伯之吴[1]，苏州城的阖闾之吴[2]，那都是后起之秀。因为在大舜时代，无锡与苏州还都在海平面之下（苏州城北的"虎丘"古名"海涌山"，相传远古是海岛，海浪天天在此腾涌），海水味咸，即便枯水期露出来的陆地也是斥卤之地，并不适宜人类的居住和耕种；唯有海拔比之稍高的常州之地常年露出水面，经过千百年的自然熟化，成为先民们开垦的肥沃乐土。所以 4200 年前的"开吴之地"，肯定就在常州沿江濒海处的桥头堡兼全境镇山"延陵舜过山"。

---

[1] 指泰伯立都于无锡县的梅里聚。聚，指聚落、村落。
[2] 指阖闾立都于吴县的苏州城。

正因为此，古人要以"高山仰止、景行行止"来称颂此山而命名其为"高山"①。无独有偶，舜过山下的芙蓉湖又名"上湖"，也即"尚湖"（"上、尚"两字古通），山下的长江古称"大江"，不远处的太湖又称"大湖"（"大、太"两字古通），湖、江、山全都以"高、大、尚"来命名，圣贤之风可谓源远流长。而这舜过山上的圣、贤便是大舜与季子，两位全都是令古人"高山仰止、景行景止"而肃然起敬的伟大人物，所以常州"延陵舜过山"的圣贤之风不仅源远流长，更为全华夏所景仰。

到了千年后的泰伯时代，无锡成陆，故泰伯立都于无锡梅里，为的是不与延陵之民（即大舜所都的"舜过山"之民）②争那成熟之地，无锡梅里便是"后吴之地"；再到五六百年后的阖闾时代，苏州也慢慢成陆且熟化，故直到此时阖闾方能立国于苏州城，苏州实为"后后吴之地③"。

综上，舜过山北"虞门桥"便是立国并成都于此的虞舜国门所在，这一地名加上意为大舜过化④于此的"舜过山"，一同标明了以此"延陵"舜过山作为自己方圆百里内镇山、从而赢得"延陵"之名的常州之地，便是4200年前的大舜时代大舜在江南出任部落联盟首领时的统治中心，也即当时的江南吴地之都。舜过山西趾的"寺墩"有比"世界文化遗产"杭州良渚遗址更为高大伟丽的玉琮出土，便是此处乃江南良渚国晚期国都所在的历史与考古方面的实物见证。

"武进"之名虽然源自镇江，镇江乃周朝的"吴京（江南吴地之京）"。今天"武进"之名已由常州的武进来继承，早已和镇江丹徒无缘，迁到了镇江以东的常州城下，镇江城只得"京口"之名而得"吴京"一半之音与形（指得"吴京"两字中"京"字的音与形），而常州城下的武进有幸得"吴京"两字的全音（但未得其字形）。常州得此吴京之音又何尝不是一种历史的回归？因为4200年前的大舜时代，先吴大地上的江南吴地之京——"先吴之京（实也即'虞舜之吴的京'）"，就在今天常州境内的舜过山地区而非镇江地区。

15. 详论武进与无锡交界处、太湖畔"阖闾城"的首都与陪都地位

在此我们要重点考证一下武进与无锡交界处的阖闾城，其中武进占大多数，无锡只占一小半。此城位于太湖畔，是吴王阖闾命伍子胥建造，是吴王阖闾与吴王夫差在首都阖闾大城（今苏州城）以外所设的夏宫与陪都。

在阖闾大城未造好之前，吴王阖闾的首都便当是这座他命伍子胥先建造起来的太湖畔

---

① 舜过山历来名为"高山"，山下"大宁乡"明代所编的地方志便命名为《毗陵高山志》。

② 延陵之民，也即常州之民。

③ 后于"后吴之地"的无锡梅里。

④ 过化，即过而教化，历来用作地方官任职于某地的说法。

的阖闾小城。即太湖边的这座"阖闾城"最初是吴王阖闾所驻扎的吴国首都。其原因便是吴王公子光阖闾派专诸刺杀了吴王僚，自然也就不敢居住在自己刺王僚的吴国旧都、今天的镇江京口（因为吴王僚坟在京口，阖闾作为刺杀他的主谋，与吴王僚的在天之灵和人间亲属有不共戴天之仇，所以要远避），于是就要在远离镇江京口（隔了今丹阳、武进两县）的太湖畔另立一座新都。

苏州的阖闾大城建造起来后，太湖边的阖闾小城便成为苏州阖闾大城的陪都。吴王阖闾命伍子胥建造苏州大城时，完全有可能抛开父亲诸樊此前在苏州摄政办公时所立的陪都，因为嫌弃其乃陪都格局而规模不宏，诸樊之城应当就是今天考古挖掘出来的同样是在太湖畔的"木渎古城"。今天苏州城所在的阖闾大城，很可能是阖闾命伍子胥在"诸樊城"东边另立炉灶。

此"木渎古城"也位于苏州城东南的太湖口处，四周环绕有一圈山脉（灵岩山—穹窿山—香山—胥山—尧峰山—七子山），通过四个山口与外相通，西南部又通过"胥口"来和太湖连通，其形势正如同太湖畔的"阖闾城"一样，具有非常明显的太湖畔的军事堡垒性质。而阖闾命伍子胥所造的阖闾大城则"非军事化"的首都属性更为强化。其超长的城墙、由"井田"化来的方正的围棋盘格局，比起两座太湖畔军堡式的"木渎古城、阖闾小城"更能彰显出吴国的国威，这也正是阖闾不满足于已有的苏州诸樊城、太湖畔阖闾城，而要命伍子胥建造一座当时全中国无与伦比的大城的动机所在。《越绝书》卷二"外传·记吴地传"载其长度："吴大城，周四十七里二百一十步二尺"，如此长的城墙规模，显然就是春秋、战国时期的最大城池[1]，这也显示出江南吴地人敢为天下第一流的地域文化个性。

今详考太湖畔吴国陪都"阖闾城"如下：

常州下属武进与无锡两县太湖畔的阖闾城，就是最末两代吴王阖闾、夫差居住、办公

---

[1] 按《现代快报》2011年1月12日第F15版对木渎古城的报道《春秋晚期最大古城址在苏州》："昨天上午，中国社会科学院考古论坛在北京召开，公布了六项'2010年中国考古新发现'，苏州木渎春秋城址考古项目名列其中，为江苏省唯一入选的考古项目……从目前已知的南、北、东、西四处城墙遗迹来看，该城址依山临湖而建，呈不规则状，似扇形，经测算，总面积约24.79平方公里。为目前所知的我国春秋时期最大的古代城址。"（见 http://dz.xdkb.net/html/2011-01/12/node_55.htm.）而伍子胥所造的阖闾大城比之要大，所以阖闾命伍子胥建造的便是当时（春秋时）全中国最大之城。而且还造得特别巨大，力图空前绝后，让后人在很长一段时期内无法超越。《燕下都遗址》一文称："燕下都遗址是已知已发现的战国都城中最大的一座……燕下都故城呈长方形，东西长约8公里，南北宽约4~6公里，总面积约40平方公里"，（见 http://www.bytravel.cn/Landscape/89/yanxiaduyizhi.html.）该遗址2001年被评为"中国20世纪100项考古大发现"之一。其周长52里左右，阖闾大城周长（苏州城）48里，与后来的这座战国最大城也能做到格局相当、不遑多让。

的陪都所在，这有文献为证，见元《无锡志》卷三之六"古迹"："阖闾城，在州西富安乡，相去四十五里。《越绝书》云：'伍员取利浦及黄渎土筑阖闾城。'《吴地记》云：'阖闾城，周敬王六年，伍员伐楚还，运润州利湖土筑之。不足，又取吴地黄渎土。为大、小二城。当阖闾伐楚回，故因号之。'若以《越绝书》'利渎'为证，恐非。吴之大城，自姑苏至润州四百余里，其取土不应如是之远。今按阖闾大城在姑苏，即今之平江是也。小城在州之西北富安乡同墅，其地边湖，其城犹在，至今其处土人有'城里''城外'之称。州东梅李乡有利浦并黄土渎，去州十里，非润州利湖也。又按《史记·伍员传》云：'吴王夫差杀伍子胥，取其尸盛鸱夷革，浮之江中。吴人怜之，为立祠江上，因命其山曰"胥山"。'长晏曰：'太湖边。去江不远百里，故云"江上"。'据今城之侧有同江，同江之侧有胥山，其证明矣，历历可考。"即元《无锡志》的编者认为吴王夫差就是在这座阖闾小城杀害伍子胥的。

长晏，即三国时注《史记》的张晏。文末所引即《史记》卷六十六《伍子胥列传》：吴王赐伍子胥自尽，因伍子胥临死前预言吴国不久将亡，于是"吴王闻之大怒，乃取子胥尸盛以鸱夷革，浮之江中。吴人怜之，为立祠于江上，因命曰胥山。"这时《史记集解》注："张晏曰：胥山，在太湖边，去江不远百里，故云'江上'。"《史记正义》："《吴地记》云：'胥山，太湖边"胥湖"东岸山，西临"胥湖"。山有古丞胥二王庙。'按：其庙不干子胥事，太史①误矣，张注②又非。"夫差赐子胥自尽事，要么发生在吴国的首都姑苏城，要么发生在其正好驻跸的陪都阖闾小城。《史记》称吴王夫差把伍子胥的尸体抛入江中，吴人便在江边的山上立祠，其山因有伍子胥祠而名"胥山"。吴人自然不敢在吴王夫差活着时为伍子胥立庙于胥山，当是吴王夫差被勾践消灭后，越王或吴地百姓为伍子胥立庙而其山得名"胥山"。

三国时张晏作注：胥山就在太湖边上，太湖边离开长江不足百里，故可以概略地称此胥山为"江上"，其以"江"为长江。但如果伍子胥的尸体所抛之"江"是张晏所说的长江的话，则吴人便不当在近百里外的太湖边"胥山"上立庙。要么抛伍子胥尸体于长江，而胥山之庙建在长江畔；要么胥山之庙在太湖畔，而吴王抛伍子胥尸体于太湖畔的某条江上。由于吴王夫差时的首都没有在长江边上者，只有在太湖边的阖闾小城。而苏州城处的阖闾大城不在太湖边，也不在长江边。由此便可知吴王当杀伍子胥并抛其尸体于太湖畔的陪都阖闾小城处。

---

① 指太史公司马迁。
② 指张晏所作的注。

《武进县地名录》"雪堰乡地名图"中标的"姚巷上"、"巷里"、"∴阖闾城"、《无锡市地名图》中标的"闾江桥"处，便是阖闾城的四个角落；从图中便可看出：太湖畔武进与无锡交界处的"阖闾城"是个近乎长方形的城池，便是太湖畔"阖闾城"的护城河。标"闾江"两字的阖闾城的北护城河便是闾江，此闾江北岸便是"胥山"。阖闾城南边标有"马"字的部分，便是当年阖闾城所在的太湖北岸与其南太湖中马迹山（马山）之间的湖面，今已填平成陆，使"马迹山（马山）"由湖中岛屿变成了与湖岸相连的半岛。由图亦可知阖闾城的一大半在武进县境内的雪堰乡，无锡只占据了一小半。由于无锡人抢先将其命名为"无锡阖闾城"，也就架空了"武进阖闾城"的存在，给人以"喧宾夺主"之感。

太湖畔武进与无锡交界处的"阖闾城"是个近乎长方形的城池，其北侧护城河便名叫"闾江"，阖闾城隔此"闾江"河的北岸便是"胥山"。所以上引《史记》卷六十六《伍子胥列传》及其《史记集解》所引张晏注的真相便应当是：吴王夫差抛伍子胥的尸体于阖闾城北侧的护城河"闾江"内（事实上古人坐北朝南，此城最核心的王宫肯定在北侧，故抛尸北护城河），此江流入太湖，尸体便顺此江流而进入太湖，而太湖便是古中江（松江）的水道，故称"浮之江中"，此"江"不是"北江"长江，而是"中江"太湖和吴松江。

上引元《无锡志》"阖闾城"条称："据今城（阖闾城）之侧有闾江，闾江之侧有胥山，其证明矣，历历可考"，所言极为正确！此外，我们在宋元常州、无锡地方志中还能找到一系列记载，所言皆是此事，即宋《咸淳毗陵志》卷十五"山水、江、无锡"："闾江，在县西五十里太湖滨，以阖闾筑城于此，故名。夫差杀伍员，浮尸其中，今有庙云。"元《无锡志》卷二"总水"："闾江，在州西四、五十里太湖上，即太湖之别浦也。《史记》云：'夫差杀伍子胥，取其尸盛鸱夷革；浮之江中。'即此地。其江与太湖合流，实太湖之区也，特别其名耳。"宋《咸淳毗陵志》卷十四"祠庙、无锡"："伍相公祠，在县西'胥山'上，山下有渠曰'闾江'。"元《无锡志》卷三"祠宇"："伍相公祠，即伍员子胥庙也。子胥为夫差所杀，投之江中，吴人怜之，为立祠焉。今祠在县西'胥山'下、'闾江'上。"后世以夫差在苏州城杀子胥，实误矣。

又出生在"阖闾城"旁、太湖中马迹山岛的常州人陈玉璂在其编的《康熙武进县志》卷四"山川"之"迎春乡"中载明："小胥山，在耿湾。世传：子胥死，尸漂于此，郡人聚哭之，故名。"而《万历武进县志》卷二"乡都"之"迎春乡"载明：<u>迎春乡，在县东南九十里太湖中马迹山。统都一，其村镇皆曰'湾'"</u>，其中就列有"耿湾"。画线部分表明迎春乡就是马迹山，也即今天无锡灵山大佛所在的灵山，古属武进，今属无锡。由于马迹山是湖中之岛，其山脚便是湖岸，故其山脚供人居住的平原便被称为"湾"。其耿湾处有小胥山，在马迹山西北部（"耿湾"即今天著名的"禅意小镇'拈花湾'"），与北偏东10公里处的阖闾城、胥山正隔湖对望（其古地图可取《道光武进阳湖县合志》书首诸乡之图拼合而成，而其今天的地图则可取《武进县地名录》诸乡之图与《无锡市地名录》中的无锡市地图结合来看）。

伍子胥的尸体由"阖闾城"北的护城河"阊江"流经"胥山"南麓，由"阊江口"进入太湖。太湖岸边湖流沿湖岸逆时针旋转，伍子胥的尸体由阊江口流入太湖后，便顺着太湖湖岸这股逆时针旋流，向西南漂流到此湖中马迹山岛西北侧耿湾的"小胥山"处，然后又顺太湖湖流转而东漂，由吴淞江流入东洋大海。

《康熙武进县志》所载的马迹山耿湾"小胥山"，与元《无锡志》"阖闾城"条所载的"胥山"遂能两相印证而不再是孤证。在此双重证据的共同印证下，便能清楚表明：伍子胥被杀于太湖畔的吴都"阖闾小城"而非"阖闾大城"苏州城。

而唐人张守节《史记正义》只知苏州"胥湖"边有"胥山"，不知太湖"阖闾城"北有"胥山"，但苏州"胥山"上的祠堂是"丞胥二王"的庙，不是伍子胥的庙，他反倒去怀疑司马迁《史记》"吴人怜之，为立祠于江上，因命曰胥山"有误，又怀疑张晏注太湖边的"胥山"有误。这全都是张守节因自己的孤陋寡闻、学殖不广而造成的误解。

但这里有一个大问题，也是张晏百思不得其解的问题，即"胥山"在太湖边，当称"湖上"而不可称作"江上"，但司马迁却写明是"浮之江中""立祠于江上"，则子胥便不可能死在太湖畔而吴人立其祠于太湖畔的"胥山"。当然张晏也作了牵强附会的解释，即太湖距长江不足百里，可以称为"江边"（即处于长江干流旁的长江流域内），从而说成是在"江上"。

其实包括张晏在内的所有古人全都忘记了一点，即太湖是"中江"水道经行之处，也就可以视为"中江"水道的一部分。因此，所谓的"江中、江上"，就是太湖这一"中江"之中、"中江"之畔（按："中江"与"北江[今长江]"并列为《禹贡》"三江"中的两江）。由《史记》称太湖为"江上"，亦可知古代"中江"下游的松江入海口或许真有太湖那般宽阔，从而可以和"长江湾""钱塘湾"有一比。即《吴中水利全书》卷十三录宋人"郏侨《再上水利书》"："吴淞古江，故道深广，可敌千浦。"即"中江"下游松江入海口处的"松江湾（亦可称'中江湾'）"相当于有一千条浦那么宽。今以一浦宽10米左右计，便是十来公里宽。而今天长江口最窄处也只有五六公里，所以古松江（中江）入海水道的江面宽度，便相当于今天长江湾最窄处的两倍还不止。

所以张晏以"浮之江中"为浮之"阊江"其实也不正确，而当是浮之太湖这一"中江"水面上。"中江"贯穿整个太湖，太湖以西的中江水道就是宜兴城处的"荆溪"大河；而太湖以东的中江水道便是"松江"，其音与"中江"正相近，足证"中江"就在后世的松江。关于宜兴的荆溪就是松江上游的长江"中江"故道，详见《咸淳毗陵志》卷十五"山水、溪、宜兴"："荆溪，在县南二十步，广二十二丈，深二十五丈，周孝侯斩蛟桥下，即此溪也。按《前汉·地理志》，实为'中江'。溪贯邑市，受宣、歙、芜湖之众流，注震泽，达松江以入于海。"又见《永乐大典·常州府》卷五"山水、宜兴县溪、荆溪"条引元朝的《大德毗陵志》："《汉·地理志》注：'中江，在芜湖之西南，东至阳羡入海'，即此溪也。桑钦《水经》亦言：'中江，在丹阳芜湖县南，东至阳羡入海。'盖荆溪受宣、歙、芜湖数郡之水，流注震泽。"此荆溪因其原本就是长江的"中江"故道，故有江的规模和气势，后世此江即便萎缩，其最宽处相传仍有9里之多，故此荆溪之宜兴城东段有"东氿"之称，宜兴城西段有"西氿"之称，而宜兴城内横跨此荆溪（中江）的桥便因长250步而名为"长桥"，见《咸淳毗陵志》卷三"桥梁、宜兴"："长桥，在县南二十步，晋周孝公斩蛟之地。陆澄《地抄》云：汉邑令袁玘建。南唐徐铉记桥，亦云。东西四十尺，南北二百五十尺。"汉代一尺等于23.75厘米，250尺便相当于60米长，足见此桥之长、此河之宽。宜兴城的县衙便建在此溪北岸，县衙门前20步便是此溪而跨此溪建此长桥，此长桥便是天下闻名的周处斩蛟之桥，周处斩的便是江中之蛟。如果以太湖由松江湾通海而视之为海湾的话，周处斩的更是东海之蛟龙（即海生湾鳄）。

从芜湖至宜兴的荆溪"中江"水道，在高淳、溧水、溧阳三县境内便是"溧水（陵水、濑水①）"也即胥溪，在宜兴境内便是"荆溪"；再加上吴江县至上海市的松江②"中江"水道，再加上太湖水面，三者便构成完整的"中江水道"。此中江水道由松江而通东海的海潮。东海海潮由松江入海水道往西上溯到太湖时，水面陡然宽大起来。在没有高空

---

①"中江"自古又名"陵水、溧水、濑水"，其流至宜兴境内便称为"荆溪"，其上游的"陵水（溧水、濑水）"则名"胥溪"。宜兴有"荆南山"，其处即跟随泰伯立国的"荆蛮"之地，中江流到这荆蛮之地便名"荆溪"，"荆蛮"实即"荆溪蛮"之意。"濑"字古音"历"，故"陵、溧、濑"三字其读音相近或相同，今人写作"溧"而古人写作"陵、溧、濑"皆可。解开其字意的关键，便是许慎《说文解字》言："濑，水流沙上也。"《汉书·武帝本纪》"甲为下濑将军，下苍梧"句注："臣瓒曰：濑，湍也，吴越谓之'濑'，中国谓之'碛'。"可见"濑"便是流于山间砂石之上的湍急溪流。中江"濑水"之名，便来自于此河乃夏秋暴雨水大之时所形成的山溪，加之长江每天两次涨潮，特别是夏秋天文大潮时，长江潮水涌入茅山丘陵之地一路东流，更加大其势。此河由于流淌在山间丘陵中，河道之水很浅，水流也因山势而湍急，降雨则成洪流，雨止则断流，必须要有堰坝设施方能蓄水行舟。伍子胥为了其能常年行舟，遂加深河底并筑起一系列埭堰（相传共有五座而名"五堰"），形成梯级运河，好似今天的梯田，过往船只通过翻坝来爬坡；此山地自然河流遂成为人工改造过的山地爬坡运河，后人便以兴起改造者伍子胥的名字命名为"胥溪"。

②松江，即"吴淞江、吴松江、吴江"。吴江县因其所经而又名"松陵"，其江又名"松陵江"。

俯瞰条件的古人看来，这"中江"入海水道所通的"太湖"，便与北江的"长江湾"、南江的"钱塘湾"差不多的模样而可相提并论，简直可以称之为"中江湾"或"太湖湾"，于是便把太湖视为东洋大海的一部分，我们尚能找到一两处古人称太湖为"大海"与"西海"的文献实例①，便是这一点的很好证明。且此"北、中、南"三江皆通海潮，太湖因"中江"吴松江而通海潮，因此也就一日两潮，震动不已，得名"震泽"。所谓"震泽"，其实就是感潮的潟湖②。

间江边有胥山，伍子胥当在阖闾城被吴王夫差杀害，然后夫差浮其尸③于阖闾城北的护城河"间江"而流入太湖这一"中江"（实相当于"中江湾"）中，然后又随湖水由松江（中江）流入东洋大海。伍子胥便成为其尸体所居住的东海的海神。长江与钱江这"北江"与"南江"涌潮时，"中江"也会涌潮，古人便视"三江"之涌潮全都是东海海神伍子胥的暴怒之状。即：每天两潮便是伍子胥每天发怒两次，而这种愤怒会伴随秋天的天文大潮达到最高潮，每次都是分"中江、北江、南江"这三路，怒溯吴国的首都苏州城与陪都阖闾小城地区，特别是自己被抛尸的太湖边的陪都阖闾小城，以此来发泄其愤恨之情，故民间要在三路怒潮所经过处，全都树立起伍子胥庙来安慰、平息其怒气。像江阴县的长江边申港处便立有子胥庙，见《嘉靖江阴县志》卷八"祠庙"："伍相公庙，在顺化乡，庙后有桥。申港亦有之。"其实长江潮头所涌到的吴国境内的长江沿岸，处处都要为之立庙，以安慰、平息子胥愤怒，只求江潮不要过于汹涌。而潮头还会冲入沿江的湖泊中，使

---

①按《太平寰宇记》卷九十四"湖州乌程县、小雷山"："周处《风土记》云：太湖中有大雷、小雷二山"中的"太湖"两字，文渊阁四库全书本即作"大海"，而文渊阁四库全书本同卷"湖州长兴县、大雷山"条引"周处《风土记》云：太湖中有大雷、小雷二山"作"太湖"而不作"大海"，可见"太湖"在古代即可称作"大海"。明孙瑴《古微书》卷三十二："太湖中洞庭山林屋洞天，即禹藏真文之所，一名包山。吴王阖闾登包山之上，命龙威丈人入包山，得书一卷，凡一百七十四字而还。吴王不识，使问仲尼，诡云：'赤乌衔书以授王。'仲尼曰：'昔吾游西海之上，闻童谣曰："吴王出游观震湖，龙威丈人名隐居，北上包山入灵墟，乃造洞庭窈穷禹书。天帝大文不可舒，此文长传六百初，今强取出丧国庐。"这说的便是苏州城西太湖中的洞庭西山古称"包山"，山上有"毛公洞"，即此处所言的"洞庭山林屋洞天"。这一别有洞天的洞中，曾出土过吴王阖闾所得的灵书。画线部分孔子亲至"西海"之上听闻到的有关此洞的童谣，便可证明"西海"就是此"洞庭西山"所在的太湖。此条文献更加佐证上引《太平寰宇记》中的"大海"两字恐是古文，而后人以太湖非大海范畴而妄改"太湖"。

②潟湖，存在于海的边缘地区，是海水受不完全隔绝或周期性隔绝所形成的湖泊；起隔绝作用的可以是障壁岛、沙坝、沙滩、沙丘等。潟湖的最大特点便是盐度不正常，在潮湿地区会因河水大量注入而发生淡化，而在干旱、半干旱地区则会因强烈蒸发而发生咸化。以"潟湖"来称太湖，强调的不光是其有潮而似海，更有可能其水也是咸的，其盐度会随潮水的涨退与内陆淡水河流的注入而不确定；其盐度或高或低，因其有咸味，故而名"西海"。

③浮其尸，即抛其尸入水。尸体的比重小于水的比重，故会漂浮在水面上。

湖泊感潮，古人形象地称之为是"伍相①巡湖"，见《弘治江阴县志》卷六"山川"："胥湖，宋《志》云：'在县东。旧《经》云：'伍子胥亡入吴，至此击剑而歌。湖在胥歌村，因名。'慈云寺有《唐兴建寺碑》，云：'伍相巡湖，固彰于板籍'是也。"

那么"三江"沿线的各座子胥庙，到底哪一处是抛其尸处？由于伍子胥显然是在吴王夫差所在的都城处被杀害，而其都城又必须靠江、近湖。由于吴王夫差之都就两个，均不在南江"钱塘江"畔、北江"长江"畔，故可以肯定其抛尸处不在"南江、北江"这两江内，因此"南江、北江"沿江江岸上的子胥庙均非抛尸所在。

吴王夫差之都只有两个，一是苏州城处的阖闾大城，其不在长江、中江边（按苏州城南三四十里的吴江县才位于吴松江边，苏州城并不在"中江"吴松江边），也不在太湖边，所以子胥肯定不可能被赐死在这儿。

吴王夫差的另一个首都便是太湖"中江"畔的阖闾小城，抛尸处显然只可能是这个阖闾城，此处的子胥庙下的"中江"太湖便是其抛尸所在。正因为伍子胥其实就死在太湖边的阖闾城，因此"中江"怒潮这一太湖涌潮当更为有名，从而被古人直接视为伍子胥最暴怒的所在，所以子胥沉尸处的"阖闾小城"北护城河"间江"北岸"胥山"上的伍子胥庙也就最为有名。难怪张晏百思不得其解此胥山何以称作"江上"但却仍要把它写到《史记》注解中来。

由于自然地理的变迁，吴松江因淤塞、江底抬高而日渐浅狭，太湖涌潮日逊一日直至没有。长江湾也因水土沉积而日益变狭，天文大潮不如钱塘江壮观。所以先秦的"三江潮"到如今也就只剩下"南江"的钱江潮最为壮观了。

通过上述的考论，我们便能清楚地证明：吴王夫差杀伍子胥处乃是今天太湖畔武进与无锡两县交界处的阖闾城，而非苏州城处的阖闾大城。其时吴国的首都为阖闾大城，而太湖边的阖闾城也是吴国对抗越国的重要军事要塞，而且还是吴王阖闾造好苏州处阖闾大城前的吴王阖闾居住的都城所在。在阖闾大城造好后，此阖闾小城仍然保留其行都的属性；特别是夏天，此地因靠近太湖而得清凉之气，可以作为避暑的夏宫，故而成为吴国的陪都、夏都。

历来相传伍子胥是在端午节五月初五那天被吴王夫差赐死。农历五月，天已开始炎热

---

①伍子胥为吴国的宰相，民间俗称宰相为"相公"，宰相又可简称"相"，故尊称伍子胥为"伍相""伍相公"。

起来，所以夫差赐死伍子胥的地方，据此也可断定不是苏州的阖闾大城，而当是太湖边避暑用的阖闾小城。无锡人偷换概念，据"阖闾小城"乃吴王阖闾与夫差居住过的都城属性，抹去苏州"阖闾大城"这一吴王正都的存在，宣称吴王阖闾与夫差只有唯一一都即无锡与武进交界处的这座阖闾城，其实也是违背历史文献记载的"掩耳盗铃"之举。

由于伍子胥在五月初五被赐死，他又生活在屈原之前，所以江南吴地人历来都认为端午节的习俗是用来纪念自己江南吴地的大忠臣伍子胥。而洞庭湖—洪湖流域（即古云梦泽地区，也即今天湖南、湖北地区）的楚国人，认为端午节是纪念自家楚地的大忠臣屈原。其实端午风俗源自上古以来就有的两大风俗：一是人们在五月端午节，因农忙插秧，中午来不及做饭，而吃原始社会就发明的"快餐"——粽子；二是农忙插秧时需要雨水，为了求雨，便特意要划仿龙模样的龙舟，引诱冬眠刚醒的水中真龙（即鳄鱼）快快活跃起来，故而要快速划船，开展龙舟竞渡。

关于太湖边的阖闾城是吴国陪都还有一个重要证明，即：江南"干族"这一支越族人，以善于铸剑而著称于世。古代铸剑名人"干将、莫邪"夫妇为吴王铸剑，丈夫干将姓干便是干族人。拙著《龙城·龙脉——大运河为纲的常州古城水系变迁研究》第二章"十、南北邗沟考——干越之族由无锡'邗沟'之地迁至常州'邗沟'之地，再迁至今天江北扬州'邗城、邗沟'的轨迹"，考明这支铸剑民族"干族"（"干"为剑身之意）的祖先，便居住在无锡西南境"阖闾城"北的"邗村"（即"干村"——干族聚居之村）。

此邗村处有"北邗沟"北通"南阳湖"而通运河，又有"南邗沟"南通"阖闾城"所在的"闾江"而入太湖。干族臣服于吴国后，便当成为吴国专门制造兵器的兵工厂部队，邗人便成为吴国开疆拓土的开路先锋而调发前线就地打造兵器，原有驻地无锡邗村便被吴国占用，到吴国晚期的吴王阖闾时，伍子胥便将其南境建造成吴国的陪都"阖闾城"。

而"阖闾城"南太湖中的"马迹山"又有钮姓氏族存在，其可印证两点：一是干族是铸剑民族，二是"南、北邗沟"南侧的太湖边的"阖闾城"地区便是吴王阖闾建造好苏州阖闾大城前的统治中心所在（苏州阖闾大城建造好后，阖闾小城仍保持其陪都与夏宫的地位）。今详述如下：

阖闾城与马迹山隔太湖相望，相距仅10里。马迹山乃太湖中最大的岛屿，1949年中华人民共和国成立后，其地围湖造田，才与阖闾城处的湖岸连成半岛。这座马迹山便是当今闻名天下的无锡灵山大佛所在地"灵山"。《成化毗陵志》卷三十一"古迹"便记载此岛其实就是吴王阖闾的夏宫所在："避暑宫，在县南马迹山内间湾，世传：吴王阖闾构宫，于此避暑。今其井犹存。"因此，阖闾城与马迹山一带便堪称是吴国统治的又一心脏地带。

就在这吴国首都区（或陪都区）的马迹山上，世代居住着一个大姓——"钮"姓。这个"钮"字和"纽"字音义相同，"钮、纽"其实就是同一个姓的两种不同写法。"钮"字本意指印鼻，古人称之为"印钮"；又可以指器物上用来把持、捏拿或系绳提携、挂戴用的把柄部分。剑柄同样是剑上面用来把持、佩戴的部分，古人同样以"钮"字来称呼其为"剑钮"。这钮姓人家有家谱传世，据其家谱记载，他们就是为吴王造钮（其中就包括剑钮在内）的家族。

我们都知道"干"字通主干、躯干的"幹"（今简化为"干"字，古代"干、幹"实为两字）。故"干"这个族名，其实也就表明"干"这个部族是为吴王造剑干（剑身）的氏族。相应地，钮族便是给干族配套来造剑钮（剑把）用的氏族。即：干将所在的干族人为吴王铸剑，而钮部族便为吴王造剑钮（剑把）。

钮族就生活在阖闾城附近，而干族所聚居的"干遂"这一干国、干部落也就在阖闾城附近。这是因为剑干和剑钮的制造应当两相配套而不可分离太远。因此，阖闾城南马迹山钮姓世族的存在，一方面可证明："干族应当就在钮族所聚居的马迹山北'阖闾城'不远处的'干遂'"这一结论之可信；同时也能证明："干族应当就是铸剑的部族，而钮族便是为他们配套生产剑钮（剑柄）的部族"这两个判断符合事理；同时更能证明：吴王阖闾是在干族聚居地这一江南地区生产力最发达的兵工厂地区，建造起自己的国都（或陪都）"阖闾城"。

我们再根据无锡因其地出产铸造青铜器、青铜剑所必须的锡而很快开采完毕，从而得名"无锡①"来看，以及根据今天出土的越王勾践剑丝毫不锈、锋利如新来看，吴王阖闾立都的干族聚居地"干遂"，很可能就是当时全中国乃至全世界闻名的"兵工厂"。后来吴王又命伍子胥建造起今天苏州城所在的"阖闾大城"，于是又把原来的首都"阖闾小城"下的"兵工厂"给整体搬迁到了苏州城南二里处的"千里庐虚"，见《越绝书》卷二"外传、记吴地传"："千里庐虚者，阖庐以铸干将剑。欧冶僮女三百人。去县二里，南达江。"其所言的"南达江"，就是南达吴江城处流过的古"中江"吴松江。

16. 综论历代江南吴地首都的演变

江南吴地的首都由 4200 年前尧舜禹时代的常州延陵山，迁到 3200 年前泰伯时代的无锡梅里，再在百年后的周康王时代迁到镇江京口，再在 2500 年前的吴王阖闾与吴王夫差这吴国最末两代君主时，迁到苏州城而一直定格至今，今将其历史演变略述如下：

---

① 无锡城西畔"锡山"的锡，早在春秋战国、秦汉时代便已开采枯竭，故其地以"无锡"来命名，未开采完的上古当名"锡"或"有锡"。

（1）尧、舜、禹、夏代的"吴京"这一大舜所确立的江南吴地的京都，以及尧、舜、禹之前的"河姆渡文化、马家浜—崧泽—良渚文化"时代的江南吴地之京，应当在常州的延陵山也即"舜过山"一带。

（2）商末周初泰伯奔吴后的"吴京"，在无锡梅里。

（3）周康王至吴王阖闾前的"吴京"，在镇江城。由于吴国立都于此"京城、京口"长达五百多年，这一阶段的吴国便被称为"京吴"。

（4）吴王阖闾、夫差这两位末代吴君的末代"吴京"，在"阖闾大城"也即今天的苏州城，后世称之为"吴县"。其陪都"阖闾小城"则在武进与无锡交界处的"干吴①之地"，即今太湖边的"阖闾城"。

而吴王诸樊开始立行都于今苏州城西太湖畔的"木渎古城"，但其后的吴王余祭、余昧、吴王僚又迁回"吴京"镇江，证明诸樊时的国都仍在镇江，苏州城西的"木渎古城"只是行都。

（5）吴国灭亡后，越、楚、秦、汉及以后的吴京，全都延续吴国亡国时所立的"吴京"而在苏州城，故苏州一直作为江南吴地的省会。

隋炀帝南巡至扬州时，因中原大乱，一度打算把江南大地上的"吴京"短暂地定在常州城东南的"毗陵宫"内，欲将其作为自己统治南国的行都，可惜他不久便被弑于扬州而未来得及实施。

其时隋炀帝开运河巡幸江南，在运河沿岸各城市全都建造有"离宫"供自己过夜居住之用。他在常州运河南岸所建的离宫便名为"毗陵宫"。他造的这座"毗陵宫"却不像其他地方那样只举一郡之力，而是举东南部中国十郡兵匠之力建造而成，即《资治通鉴》卷一八三称此宫乃隋炀帝"集十郡兵数万人……大抵仿东都西苑之制，而奇丽过之"，这就更加证明这座宫殿是以"东都西苑"的国都标准来建造，比当时的陪都"东都洛阳"的离宫还要奇丽（"奇丽过之"）。可见江南其他城市的"驿宫"只可能举本郡、本城之力建造，无法与常州的"毗陵宫"抗衡。因此，从离宫的规模档次上说，常州"毗陵宫"也具有了"一览众宫小"的东南之都的格局气度。

从吴王夫差灭亡以来一直到民国，"吴京"全都设在苏州城。这是尊重先秦吴国对末

---

① 早期的吴国定都梅里后向西教化或扩张，融合或吞并今天阖闾城所在的干部落，遂合称"干吴"，音声流变而为"勾吴"。

代首都的选择。

　　当然，东吴、东晋、宋齐梁陈六朝定都于建业、建康（均为今南京）而亦有"吴京"之称，但其作为天下（指南中国）之都，江南一地之"京"（即省会）仍设在苏州。今天江南吴地之"京"（即省会）遂由苏州改为南京。

　　因此，我们可以得出如下的结论："先吴之都（虞舜之都）"在舜过山即延陵山。"后吴之都（泰伯勾吴之都）"在无锡梅里。"后后吴之都（虞侯也即宜侯周章至吴王僚之都）"在镇江。"后后后吴之都（吴国最末两代吴王阖闾、夫差之都）"在苏州。苏州成为江南吴地之都其实是后来居上。

　　在此当严正指出一点：先秦吴国迁都的轨迹并非是僵化的一直线。今人认为泰伯先都小丹阳之横山梅里，其后人再迁至丹徒（即早期吴国之都在宁镇丘陵地带），然后再都常州（如淹城），要到寿梦时方才始迁至无锡之梅里。

　　人类历史是不可以僵化地用数学物理中的线性运动思维来理解的，"迁都"是一国的重大之举，是众多因素综合作用的结果，不是某种因素影响下的直线过程，"迁都"的轨迹完全可以不是上述"宁—镇—常—锡—苏"这一直线过程，而可以有曲折，有回复，其轨迹应当是"常—锡—镇—苏"，我们不宜用线性思维来论断历史。

　　人类的活动不像物理活动。人是有主观能动性的，如果以线性思维来论证历史，必定会犯僵化而机械的教条主义错误。正如丹阳"齐梁皇陵"诸石刻，不是造型古拙者为早，精美者居后；因为艺术发展到一定成熟阶段后，会因战乱而发生大的退步。像丹阳"齐梁皇陵"前的天禄麒麟石刻齐代时特别精美，因齐末梁朝代替齐朝的过程中发生过大的动乱，怀此技艺的能工巧匠死于乱兵之中，技艺失传，所以梁代的天禄麒麟反不如齐代精美亦在情理之中。如果秉持后代精美、前代古拙的"线性思维"来断定齐梁皇陵前诸石刻的年代恐会有误。

（四）"龙目湖"是梁武帝所开，不是秦始皇所开

　　文献只记载秦始皇开凿江南大运河镇江城处的那一小段河口运河，而且此河口运河旁的"龙目湖"其实也是梁武帝所开而非秦始皇所开。但后人常会把秦始皇开京岘山下"猪婆滩"运河与梁武帝开京岘山下"龙目湖"相混淆。

　　《太平寰宇记》卷八十九"江南东道一、润州、丹徒县"："京岘山，《梁典》云：武

帝望京岘山盘纡似龙,掘其石^①,为龙目二湖也。"

《太平御览》卷六十六"湖":《梁典》曰:武帝望京岘山盘纡似龙,掘其右,为龙目二湖。"

蛟与龙析言有别、浑言不分,由周处斩蛟实为江海之鳄,便可知龙的原型就是鳄鱼。上引文献言京岘山形状像一条龙,实即形似一条鳄鱼。秦始皇要破此山风水,显然也与此山似龙有关。而梁武帝是此山东南不远处的古武进县"东城里"^②人,知晓丹徒这座似龙的"京岘山"是自己萧家"东城里"王气的根本和由来^③,于是在此山东南的龙头处,开了两个圆池作为其双眼,相当于"画龙点睛",让这条龙脉顿时活了起来而可"飞龙在天"。当然秦始皇以开运河到镇江城的方式,挖断了这座京岘山的"势",所以梁武帝要用上述这种风水上的补救法来振兴此龙脉的生机活力。

这原本很清楚,即上文"(二)、3"所论的:秦始皇沿"京岘山"的南腹开了古丹徒城至今镇江城的那一小段24里长的江南大运河河口之河,为的是去此龙脉之势(生殖活力),而梁武帝为此龙脉点了双睛,想挽救其生机活力。

可是后人也会把这两者搞混,误以为秦始皇凿"京岘山"南的长坑就是开"龙目湖"。即《太平御览》卷六十六"地部三十一、湖":"刘桢《京口^④记》曰:龙目湖,秦王东游,观地势云:'此有天子气',使赭衣徒凿湖中长冈使断,因改为'丹徒'。令^⑤水北注江也。"此说大误。因为"京岘山"不在湖中,"龙目湖"乃两个小湖,不是一个大湖,容不下"京岘山"这一长达十余里的如龙之山。凿京岘山长冈使此山从中间断开恐也不确,秦始皇只是沿此山南腹开了一段24里长的曲折运河罢了。由上文"(二)、1"处的第30页图来看,河口运河沿京岘山南侧一路往西延伸到此山西侧五里^⑥的镇江城处后再流往西北入江,一点都看不出中断(即斩断)此京岘山,以此来引运河水北通长江的感觉。

其实刘桢所说的凿"长冈",正当据上文"(二)"开头所引的《山堂肆考》"凿京岘山为<u>长坑</u>以泄其气"、《太平寰宇记》"凿<u>长坑</u>败其势"改作"长坑"即运河为是。因此,刘

---

① 石,当据下引《太平御览》作"右"。

② 东城里就在"京岘山"东南直线距离五六十里处的"经(京)山"山麓的今天丹阳县荆林乡三城巷村。

③ 按:丹徒县的"京岘山"与丹阳县的"东城里山"地脉相连,下文将有详论。"东城里"虽然行政上属于古武进县,但由于古武进县乃西晋分曲阿、丹徒两县东境而置,故古书常将其写成"曲阿东城里",而不称作"武进东城里",正如古武进县的奔牛在上文"二"所引的《宋书》中也写成"曲阿之奔牛塘",这都表明东城里、奔牛本属曲阿县境,后来分曲阿东境建置武进县时才划归古武进县境。

④ 京口,据中华书局1960年影印宋刻本,文渊阁四库全书本误作"东阳"。

⑤ 令,据文渊阁四库全书本,中华书局1960年影印宋刻本误作"今"。

⑥ 五里,见下一小节引《嘉定镇江志》:"京岘山,在府治东五里。"

榱所谓的秦始皇"凿（龙目）湖中长冈……令水北注江"是完全不符合事实的臆说，其当如上文所考，是秦始皇沿京岘山南腹开运河，把原来的运河口由今天的丹徒镇西延18里（直线距离）到今天镇江城西北入长江。

又《嘉定镇江志》卷六"山川、丹徒县"："京岘山，在府治东五里。《润州类集》云：'州谓之"京镇"、"京口"者，因此山。'《寰宇记》：'梁武帝望京岘山盘纡似龙，掘其左、右为龙目二湖。'按《类集》：'龙目湖，秦时所掘。'与《寰宇记》小异。"前人极易把梁武帝与秦始皇所凿之物混为一谈，误以梁武帝所凿的龙目湖为秦始皇所凿，《润州类集》便是其中的代表。

此引文还纠正了上述《太平寰宇记》《太平御览》的一个错误，即古人言方位时是坐北朝南，左东右西，所以"掘其右"便是掘"京岘山"西侧的镇江城处为龙目湖，而非掘"京岘山"东侧的丹徒镇处为龙目湖。但龙头当在东南（因为龙朝大海，大海在东），龙目湖实当在京岘山东侧而非西侧，今引文作"掘其左右"，指掘此山东南侧龙头的左右两侧作为双目，甚为合理。

（五）秦始皇开凿的江南驰道与江南大运河无关

《史记》卷六《秦始皇本纪》秦始皇二十七年（前220）"治驰道"句注："《集解》：应劭曰：驰道，天子道也。道若今之'中道'然。"《汉书》卷五十一《贾山传》：秦始皇"为驰道于天下：东穷燕、齐，南极吴、楚。江、湖之上，濒海之观，毕至。道广五十步，三丈而树，厚筑其外。隐以金椎，树以青松。为驰道之丽，至于此。""三丈而树"是指驰道正中央三丈宽的区域（即"中道"），要用树隔离出来专供天子一人驰行[1]，秦始皇所开的驰道因此得名"天子道、中道、天子路"，则史籍所载齐高帝萧道成故居门前的"东城天子路"便当是秦皇驰道中的一段。

"东城天子路"见《南史》卷四《齐高帝本纪》：齐高帝"所居武进县有一道，相传云'天子路'。或谓秦皇所游，或云孙氏旧迹。时讹言'东城天子出'。……术数者推之：上旧居武进东城村，'东城'之言，其在此也。"《咸淳毗陵志》据此而把"东城天子路"收在该书卷二十七的"古迹"类。

东城里古属武进，后世划给丹阳，何以见得？《梁书》卷七《太祖张皇后传》："葬武进县东城里山"，《高祖郗皇后传》："归葬南徐州、南东海[2]、武进县东城里山"，这便是

---

[1] 参见席龙飞主编《中国科学技术史·交通卷》"第十七章　秦汉时期的陆路交通""第三节　道路修筑管理制度""一　驰道、复道、甬道的修筑"的相关内容（第597页），科学出版社2004年版。

[2] 指南东海郡。

东城里古属武进的依据。帝后当合葬，梁武帝父亲梁文帝（又作梁太祖）萧顺之当和张皇后合葬，其"建陵"前一对华表至今仍存，两根华表表额均书"太祖文皇帝之神道"八大字，一为正像，一为镜像，以墓道中轴线作轴对称；梁武帝也当与郗皇后合葬，其"修陵"前一对天禄麒麟现存一只，就在梁文帝"建陵"华表近旁，这两大古迹都在今天丹阳城正东十余里处的荆林乡"三城巷"村东北。

史载梁文帝夫妇、梁武帝夫妇合葬于东城里山，这两座陵墓今天都有地面文物可考，这便无可辩驳地证明这两大古迹所在处便是史书所称的"东城里村、东城里山"。由于《梁书》载明当时这儿属于武进县，这便无可辩驳地证明"东城里村、东城里山"在后世（据下考当是隋代）的行政区划调整中划给了丹阳。

此东城里山、东城里村所在地正在"水经山"南麓，可证秦始皇从先秦吴国周康王以来的首都"京口"（即镇江）开往先秦吴国诸樊、阖闾、夫差这三位吴王首都"吴县"（即苏州）的驰道"天子路"走的是京岘山往东南延伸到丹阳境内"水经山"南麓的"东城里"村，故名"东城天子路"。而江南大运河是走京岘山正南的"杜野、小辛"到丹阳城，两者是截然不同、不相重合的两条路。

从丹徒"京岘山"到丹阳"东城里"的这条绵延起伏的山脉今天称为"经山"，其实当和京口一样得名于吴国首都在此，其当同"京岘山"一样用"京"字称作"京山山脉"为宜，后世因"京"字所表达的王气太过明显而有意改称"经山"以免受历代帝王之猜忌。秦始皇开了这条"京山山脉"南侧的直道（即驰道），使这条代表江南吴地王气的"京山"龙脉，一路上所有自然弯曲的山峦、山趾全都被这条直道齐刷刷地斩断而缺损（相当于斩伤了龙腹、斩断了龙趾），故名"曲阿"。这件事便是《至顺镇江志》卷首"郡县表、秦始皇二十六年"所载："曲阿：古云阳也。史官奏：'云阳有王气。'<u>凿北冈，截直道使曲，以厌之，因名'曲阿'</u>。""京山山脉"在曲阿（丹阳）的正北与东北境，故名"北冈"；"截直道使曲"便是开笔直的驰道来截断自然弯曲的山峦使之有缺损，故名"曲（缺）阿"。由于笔直的道路划过山冈时再怎么划也不会导致山脉弯曲，这也就证明"截直道使曲"的"曲"字，也即"曲阿"的"曲"字，根本就不可以理解为弯曲，而当理解为"亏阙、缺损"的意思。正如我们今天仍称理亏为"理曲"[①]，可证"曲"字原本就有"亏缺"意。

今详论秦始皇开今丹阳境内驰道来齐刷刷斩断"经山（即京山）"龙脉使之缺损而名

---

①理曲，指理由欠缺（即理亏）、没有道理。元王结《善俗要义·明要约》："亦有诈立契约公肆欺谩者，然理曲之人，终亦败露。"

"曲阿"事。

秦始皇以搞沿江交通大开发、开"秦驰道"这一当时最高等级的可以走马车的高速公路的名义，来对先秦吴国已有500多年历史的首都吴京，以及京山龙脉延伸到的云阳之地（两者即今天镇江丹徒、丹阳之地）大搞风水意义上的严重破坏。

《至顺镇江志》卷首"县邑、丹徒"："始皇三十七年，使赭衣徒三千凿京岘东南垄，故名'丹徒'。"所言甚是，即秦始皇开凿了京岘山东南处"猪婆滩"这一会泛水处。

其"县邑、曲阿"又言："古云阳也。史官奏：'云阳有王气。'凿北冈，截直道使曲，以厌之，因名'曲阿'。"又卷七"山水、漕渠水"："秦凿丹徒、曲阿。（《类集》：'秦始皇三十七年，使赭衣徒三千，凿京岘东南垄。'《舆地志》：'秦凿云阳北冈。'《吴录》：'截直道，使曲，故名"曲阿"。'"画浪线部分所言甚确，即秦始皇在全国所开的驰道因其笔直而名为"直道"，而秦始皇在丹徒"京岘山"到丹阳"经山"山脉南侧[1]所开的直道（驰道），使丹徒"京岘山"到丹阳"经山"原本自然弯曲的山峦，被笔直的高等级公路"驰道"给斩截，即被这"直道"齐刷刷地斩断而有缺损，故名"曲阿"[2]。但画双线部分把秦始皇三十七年秦始皇开京岘山东南猪婆滩及其西延的河口运河，与开秦驰道混为一谈则是错误的，下文将详论。

《太平御览》卷一七〇"州郡部十六、江南道上、润州"："《舆地志》曰：曲阿县属东南徐[3]之境。秦使官吏因东南有王气在云阳，故凿北岗，截直道使曲，以压其气，故曰'曲阿'。"这条记载非常重要，一下子解开了三大谜：

一是画直线部分言明：秦始皇是派官吏来凿此"直道（驰道）"的，这就言明秦始皇在丹阳境内开的是驰道而非运河水道。如果秦始皇开的是运河水道，那肯定也是派赭衣囚

---

[1] 按原文作"凿京岘东南垄"，可见开的是京岘山南侧而非北侧。下文言丹徒、丹阳的京山山脉与京岘山为同一山脉，秦始皇开驰道不可能开凿山洞来穿山，因为古代没有今天那种凿山开隧道的技术，由此可知秦始皇只能沿"京岘山—京山山脉"同一侧也即南侧来开笔直的秦驰道。古人以山南为阳，以山北终年不见天日为阴，公路当然要向阳才不阴湿打滑，显然要开在山南，据此也可断言秦始皇是在山南开"驰道（直道）"。

[2] 曲，即亏阙意。今人仍言理亏为"理曲"。所以"曲阿"就是山阿（山麓、山峦）被斩断而有亏缺的意思。虽然"曲"字的通常含义是"弯曲"，但由于文献说是开直的路（"直道、驰道"）使山"曲"，则这个"曲"字就肯定不会指"弯曲"的意思了；因为直道截过山麓，其截过处会笔直而不会弯曲。今翻查字典，知道"曲"字除了通常的"弯曲"义项外，还有"亏缺"之意。而开直路切山，自然会使山峦缺掉一块，所以"曲"字当作"亏缺"解，而不当作"弯曲"解。

[3] 北徐州在今徐州，北人南迁，徐州人居于一过江的"晋陵郡"之境，晋陵郡治曾一度设于镇江，故镇江又称"南徐州"，其在中国、中原的东南部，故称"东南之徐"。

徒所开凿的工程项目，应当和驰道一样加以记载，今不记载，说明秦始皇在丹阳境内没有开运河水道，而只开有驰道。

而上文所说的"河口运河"则是秦始皇南巡到达镇江京口之地时，亲自看着三千赭衣囚徒开的，见上文"（二）、1"引《太平寰宇记》卷八十九："始皇使赭衣徒三千人凿长坑，败其势"，与他在来之前命官吏开"直道（驰道）"是两回事。

由于河口运河只有 24 里长，加之有 3000 人来开，所以一两天便可开完，故秦始皇有时间亲自监督这一阉割京岘山的整个工程；而南京的秦淮河由于下文"六"考明秦始皇南巡时有可能到达过南京；但开秦淮河工程巨大，非两三日可以完成，所以应当是他命人开的，与镇江开河泄王气在目的上相同，但在形式上却有镇江亲自坐镇而南京命人开挖的细微区别。

又河口运河是在丹徒县境内开的，没有涉及丹阳境内，河口运河又是命红衣囚徒开的，所以他便把这自己命红衣囚徒（丹徒）开有 24 里长河口运河的吴国首都"吴京"之地给命名为"丹徒"，其与丹阳无关。丹阳的驰道工程肯定也是官吏率红衣囚徒开的，但却不是秦始皇此次亲命三千赭衣囚徒开的。

二是画直线部分言明：秦始皇是派官吏来开凿此驰道，并非自己亲自坐镇开的。换句话说，秦始皇三十七年南巡是来验收此"直道（驰道）"工程的竣工情况，此年并非开驰道之年。事实上，驰道也应开在其南巡之前（按《史记》卷六《秦始皇本纪》言明是始皇二十七年"治驰道"）。而丹徒的"猪婆滩"则是秦始皇三十七年南巡时，发现有泛水情况而预兆此地有"万岁"之气，于是零时起意命官吏整治，自己亲自坐镇指挥 3000 名红衣囚徒开的。秦始皇不可能停留太长时间，所以丹徒所开的长坑（即河道）不会很长，即我们所说的"猪婆滩"所在的这一河口运河总长仅 24 里。

三是下引诸书都言"截其直道，使之阿曲"，从字面意思上看，似乎是秦始皇亲自开的，旨在把直道变弯曲成为曲道。但道路变曲便不应叫作"曲阿"，现在既然叫作"曲阿"，说明是山阿（即山峦、山麓）变曲，显然，这条记载所谓的"截其直道，使之阿曲"，应当就是上一条记载画浪线部分的"截直道使曲"，即用笔直的驰道来把沿路自然弯曲的山脉山趾给齐刷刷地斩截而破损难看，故名"曲阿"。所谓"曲"就是折损意（今有"曲折"一词）、亏缺意（今有"理曲"一词），而不是弯曲意。

事实上，山脉都是自然弯曲的，"曲阿（山峦弯曲）"是最正常不过的自然现象，而且无论怎么截，都不可能使直的山脉变弯曲。唯有山峦被笔直道路切过时，其被直路斩截后的阙损局面是极其丑陋难看的，如下图所示；"曲阿"就是"缺阿"，即笔直的驰道掠过自然弯曲的山峦，将其山趾齐刷刷斩断，使一座座原本有自然弧线形的山丘丘面全都阙损了一大块，"曲"有"阙、缺"意，故名"曲阿"。"曲阿"就是开笔直驰道时有意掠过山峦来挖山使山体缺损之意；其道笔直而开，并不弯曲。

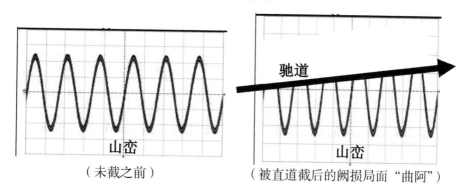

（未截之前）　　　　　（被直道截后的阙损局面"曲阿"）

《元和郡县志》卷二十六"江南道、润州、丹阳县"："本旧云阳县。秦时，望气者云：'有王气。'故凿之以败其势，截其直道，使之阿曲。故曰'曲阿'。"其"截其直道，使之阿曲"当据上文所言，作"截以直道，使其阿'曲（即阙损）'"。

今查丹徒从"京岘山"往东，然后再往东南延伸，有一系列山（见下图），即官山、云山、老鼠山、观山、马迹山、长山、龙洞山而入丹阳县界，然后在丹阳县境内（见再下图）又有老鸦山、水经山等，我们不妨将其统称为"经山"山脉，齐梁皇陵便在此"经山"的南麓。此"经山"山脉由"京岘山"发脉，其名之"经"与"京"字字音又相同，显然"经山"就是"京山"之意。而"京"有帝都之意，有王气，所以"京山"山脉也就是龙脉所在。由于此"京山龙脉"从"京岘山"发脉，所以秦始皇便首先要破坏龙头"京岘山"东南部（即"猪婆滩"）的王气，然后再调发三千赭衣囚徒[1]，从京岘山开始，以开驰道为名，特意将驰道开在这"京山龙脉"的南侧，将此京山龙脉斩截、丑化。而且这一驰道工程，肯定是在秦始皇三十七年南巡前便已开好，秦始皇南巡时，只是来视察、验收该工程项目的竣工罢了。换句话说：曲阿、丹徒之名，早在秦始皇三十七年南巡前便已存在。今按秦始皇于二十六年统一六国，次年便开驰道，见《史记》卷六《秦始皇本纪》：二十七年"治驰道"，则曲阿、丹徒之名似乎是秦始皇二十七年就有，其实并非如此。

即秦始皇三十七年才命三千赭衣囚徒开"河口运河"并命名"丹徒、曲阿"两恶名。因为一是下文"六"言明，秦始皇临终那一年到江南来南巡，抵达会稽山朝拜大禹陵，改

---

[1] 秦代囚徒皆穿红衣服，故名"丹徒"。"丹徒"即穿囚服的徒工之意，也即"囚徒"之意。

越国首都"大越"为"山阴",则秦始皇改吴国首都"吴京(武进)"为"丹徒"也当是此次南巡回咸阳途中经过镇江时实地命名吴京为丹徒,顺带连累丹徒近旁、京山龙脉所走及的丹阳一起改了恶名"曲阿"。因为吴、越两国地位平等,要改便当一视同仁同时更改,不可能厚此薄彼、时有先后,即不可能开驰道时改吴京为丹徒、云阳为曲阿,隔了好多年南巡时才改越都为山阴。

二是秦始皇所开河口运河曲曲折折,而所开秦驰道却必须笔直一条线而名"直道",这就证明河口运河并非沿秦驰道而开,如果河口运河沿笔直的秦驰道而开便也当是一直线。其秦驰道当开在河口运河以南,不贴京岘山南腹而开。如果秦驰道已贴京岘山南趾而开,将其斩截破损而成"曲阿"之形的话,京岘山南侧早就被秦驰道开膛剖肚过了,秦始皇也就不必再来补上一刀:开"猪婆滩"那一小段长坑来阉割京岘山,同时又以沿江交通大开发的名义,将此长坑往西延伸为河口运河,从而对整个京岘山南侧作外科手术式的开膛剖肚。由秦始皇开此河口运河破坏京岘山风水,便可知之前的秦驰道并未伤及京岘山一丝毫毛,所以秦始皇要在其南巡考察时,发现京岘山居然未受破坏而无曲阿之形,所以才要残忍地重重补上一刀。

由于京岘山北侧就是大江,无法开驰道,而京岘山本体又未受驰道波及,所以我们也就可以知晓:秦驰道应当开在京岘山南侧有一定距离处,向西直通南京的江乘县(见下文"六"之考)。秦始皇补完这重重一刀后,便因其乃三千赭衣囚徒操刀实施这一针对京岘山的"外科手术",所以便命名此地为"丹徒",并改此京岘山往东南延伸的京山龙脉所走到的云阳为"曲阿":"丹徒、曲阿"在命名上应当只比"山阴"稍晚一个月左右罢了。

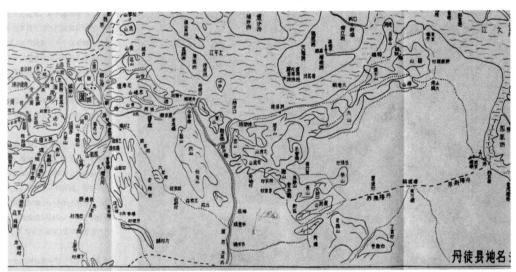

(此图出自《丹徒县地名录》,乃据《光绪丹徒县志》中的丹徒县全境图描绘)

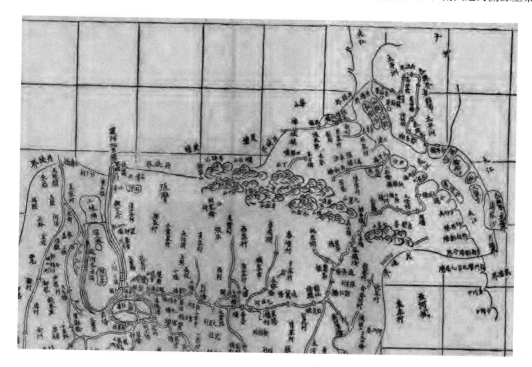

（此图出自《光绪丹阳县志》）

以上两图的贯通：（1）前图底线正中的运河与后图左侧的运河相贯通；

（2）前面下方右侧的京岘山山系，与后图中央的经山（京山）山系相贯通。

总之，三千赭衣囚徒开河口运河的工程，以及"丹徒、曲阿"的命名，绝非秦始皇三十七年南巡前好多年的开驰道那一年（即秦始皇二十七年），而应当就是秦始皇逝世的秦始皇三十七年发生的事情。秦始皇此次南巡的确是来视察好多年前的驰道工程对丹阳境内破坏得是否令他满意，一看相当满意，即山峦全被斩断破损了，收到了丑化此地（让此地难看）的效果，于是改其美名"云阳"为丑名"曲阿"，把自己在此地改造出来的这一丑陋地貌非常形象地描述了出来。然后他又来到丹徒境内，一看京岘山没被破坏，居然会"泛水"而有"万岁"之嫌的地方"猪婆滩"存在，于是大为震怒，命令三千赭衣囚徒（丹徒）立即补开河口运河，改此地为恶名"丹徒"。总之，驰道工程他是来视察验收的，而河口运河却是他临时起意而现场督办的。

因此，上引《至顺镇江志》画双线部分（"*秦始皇三十七年，使赭衣徒三千，凿京岘东南垄*"），把秦始皇三十七年开京岘山东南猪婆滩及其西延的河口运河，与秦始皇二十七年开的"秦驰道"混为一谈，则是绝顶错误的。其实一句话就能证其为误：两者如果同一年发生的话，则秦始皇三十七年是秦始皇逝世之年，而秦驰道显然应当在秦一统天下后便立即着手建成，不可能等到秦始皇逝世之年才开，因此两者绝非同一年之事，不可混为一谈；而且《至顺镇江志》载明"使赭衣徒三千"开京岘山东南猪婆滩河口运河是秦始皇临终那年即"秦始皇三十七年"事，其显然就是秦始皇现场坐镇开成，而非命人开成。

上文所说的此"京（经）山山脉"从丹徒县的东南境一直延伸到丹阳县的东北境：所以，在丹阳而言，便被称为"北冈"（见上引《太平御览》"有王气在云阳，故凿北岗"），因其在丹阳县城之北的缘故；相应地，在丹徒而言便被称为"南冈"，因其在丹徒县城之南的缘故。

由于梁文帝建陵的华表、梁武帝修陵的天禄均存世，皆在此"经山（京山）山脉"的南侧，史载两陵在古武进县的"东城里山"，又载山下的"东城里"村有"东城天子路"的古迹（引文详见下文"六、（五）、6"的江南王气说）。所谓的天子路当是秦始皇开的驰道（因是天子所开，故名"天子路"），其过"东城里"这一段，便名为"东城天子路"；由此"东城天子路"之名，便可证明天子秦始皇所开的驰道一定要经过"东城里"。而"东城里"这个地点据现存的梁代两陵便可确定是在"经山（京山）山脉"之南，我们判定秦始皇当在"京山山脉"南侧而非北侧开驰道的依据便在于此。而且上文的小注也指明古人以山南为阳，以山北终年不见天日为阴，公路显然要开在山南向阳之地才不会阴湿打滑，利于骏马奔驰，据此也可断言秦始皇是在京山山脉南侧开驰道（直道）。

秦始皇在此京山山脉南侧开驰道，将此京山山脉南侧的山峦全都齐刷刷地斩断，相当于把此山脉之龙的腹部全都给剖开而露出难看的肚肠来，这便是"曲阿"地名的由来（今天之所以看不出来，便是因为短短几十年后便能长出植被来掩盖的原故）。而上文我们又证明了丹徒"杜野"至丹阳"小辛"间的运河水道，是吴国岑昏所重开，此"小辛凿道"与秦始皇无关，史书只有秦始皇开大运河"河口段运河"的记载，没有秦始皇开此大运河"徒阳运河"全段的记载，而此秦始皇所开的河口运河的存在，反过来也能证明此徒阳运河乃至江南大运河全段在秦始皇之时便已存在。总之，史书没有一点史料记载到秦始皇开了岑昏所重开的"小辛凿道"前身的江南大运河徒阳段。这意味着两点：一是秦驰道并未开在江南大运河河岸上而与江南大运河水道相并行，二是秦始皇并未开凿江南大运河的全段而只开了江南大运河河口那一小段"河口运河"。

今按《光绪丹阳县志》卷二"山"："北冈，在县北十八里练湖上，即秦时所凿处。"这是误以为秦始皇开凿的是运河，其实秦始皇开凿的不是练湖处的运河，而是经山处的驰道。秦始皇凿的"北冈"在县东北的经山，不在县正北练湖北的山冈。

《太平寰宇记》卷八十九"江南东道一、润州、丹阳县"："按《舆地志》：'……秦有史官奏："东南有王气，在云阳。"故凿北冈，截其道，以厌其气。'又《吴录》云：'<u>截其道使曲，故日"曲阿"</u>。'"此言"凿北冈"乃开驰道而非开运河，这是正确的。画直线部分则有误，即：据上文的考论，乃是以直道截"经山山脉"一个个原本自然弯曲的山阿，而不是截路使道路弯曲。因为道路之曲与山阿之曲无关，人们不会因为截路导致路曲而让此地山阿名为曲阿（"阿"指山）；事实上秦始皇造的是笔直的驰道，其再怎么截山也只能截出直线而截不出曲线来，故知：当是以直路截自然弯曲的山峦使之缺损而得名"曲阿"。因此，上引文字画直线部分的表述实为有误。

但是，后人误会秦始皇派三千赭衣囚徒（丹徒）所开的丹阳境内的驰道是"杜墅、小辛"间的驰道，也就是与"徒阳段运河"相并行的驰道，也就是秦以前与秦以后，与江南大运河相并行的驿道。这是错误的。这一错误说法见《至顺镇江志》卷二"道路、丹阳县"："秦凿道，在丹阳县界。……（《唐图经》：'秦有凿道，亦谓之天子道。'又引《舆地志》：'吴孙皓，求凿道于杜墅、小村，即厌[1]王气之所。今无此地名。'）"所谓"小村"，当即"小辛村"。

从前附两图可以清楚看出：丹徒与丹阳之山都是从京岘山发脉往东南走，不在运河边，所以秦始皇创开的秦驰道与江南大运河并不重合，因此秦始皇凿山使山阿曲，肯定不会发生在运河沿线，这一点务请牢记！即秦始皇所凿"曲阿"是驰道而不是江南大运河；在江南大运河方面，他开的只是"丹徒口"那一小段江南大运河，整个"徒阳运河"他没有开；他开的全程的工程是驰道而非运河，即他开的是丹徒与丹阳境内的驰道，而不是丹徒至丹阳的江南大运河。

（六）秦始皇在嘉兴"治陵水道"乃是镇压江南大运河的驰道兼捍海堤工程

江南大运河有一段历来认为是秦始皇所开，即《越绝书》所载的嘉兴地区的"陵水道"。魏嵩山、王文楚先生《江南大运河的形成及其演变过程》（《中华文史论丛》1979年第二辑）"二、秦代江南大运河的形成"指出："古时'陵''陆'通用，'陵道'即'陆道'，于低洼地区开河起土筑成的陆道，陵水道是水陆并行的道路，又可见秦始皇时亦被开通。"郑肇经先生《太湖水利技术史》（农业出版社1987年版）第四章第一节"二、围田的起源和发展"亦言："从苏州至杭州这一段运河正处于湖沼软土地带，开挖中必配合着堤岸的修筑。秦代修治的'陵水道'，就是水陆并行的道路。因此，苏嘉杭运河的初步形成，为湖东洼地的围垦创造了条件。秦汉之际，苏州东南50里的湖荡浅沼区出现了'肥浇水绝

---

① 厌，通"压"而读作"压"。

的稻田三百顷'①，反映太湖东南围田有了一定程度的发展。"

其实《越绝书》卷二所谓的"治陵水道"，是秦始皇在秦始皇三十七年他逝世那年听闻"水市出天子"的谣言，到长水县时正好又看到人们坐在船上进行贸易，于是调发当地的囚徒筑"马塘堰"形成一个堰塞湖，把长水县城给全部淹没，然后把长水县城迁到此新形成的堰塞湖的北岸，命名其为恶名"囚倦（由拳）"。东吴以振兴江南吴地自居，藐视中原王朝，自然要把秦始皇赐给江南的污名全部改回原来的佳名，如果没有找到旧时的佳名，便要赐予一个新的佳名，于是由拳县因孙权时有嘉禾（多穗之稻）长出，孙权便特赐佳名"禾兴"，意为嘉禾兴起之地，故别称"嘉禾"，后来避太子孙和讳改名"嘉兴"。秦皇因水市改名，反倒能证明秦始皇时嘉兴段江南大运河及沿河水市便已存在。所谓的"治陵水道"，应当就是在运河东侧筑起"捍海堤"，堤的顶上通行驰道，此堤能使淡水不出海、咸潮不入境，使此地得以围垦沼泽形成良田（泽田）。这个"治陵水道"工程并非开江南大运河。今详析如下：

陵，就是隆起处。陵道，就是建造在大堤顶上的大堤之路，既可以作为城防设施，又可作为防洪大坝、防海潮大坝之类的水利设施，同时也是顶上有高等级公路功能的交通设施（如同今天的高铁建造在大堤般的高路基之上），是集水利、防御、陆路交通于一体的多功能设施，而堤下之河同样也是集防御、水路交通、灌溉为一体的多功能工程。

《越绝书》卷二"外传、记吴地传"："寿春东兔陵亢者，古诸侯王所葬也。楚威王与越王无疆并。威王后烈王，子幽王，后怀王也。怀王子顷襄王也②，秦始皇灭之。秦始皇造道陵南，可通陵道。到由拳，塞同③，起马塘湛，以为陂，治'陵水道'到钱唐、越地，通浙江。秦始皇发会稽适④戍卒，治通陵高⑤以南陵道，县相属。"这说的便是：楚国迁都寿春⑥后，秦始皇消灭了楚国，在寿春诸侯王的陵墓之南（指楚国占领此地之前，分封于此地的诸侯，以及楚国迁都此地后，诸楚王所葬的大陵墓之南）开辟驰道，其驰道就像今

---

① 原书注："《越绝书·吴地传》。"
② 指楚威王的坟与越王无疆坟并排，威王后是烈王及其子幽王坟，其后是怀王坟。
③ 同，当是"河"字的形近而误。
④ 适，通"谪"。
⑤ 高，疑为"亭"字的形近而误。按："亭"字隶书似"高"字。
⑥ 今安徽淮南市寿县，其东40里有大舜治理淮河流域而担任其处省长（部落联盟首领）时所立之都"舜耕山"，寿春成为楚国首都也与大舜曾立都于此的缘故分不开。即大舜"三年成都"所成之都，在后世仍是有名的大都会，所以楚国才会选择此地为都。无独有偶，大舜在江南之都便是常州东北的"舜过山"，此是大舜之都，其东南100里处便是仰慕大舜而奔江南吴地的泰伯所立吴国的首都无锡梅里，泰伯此吴国首都仍在舜过山辐射所及的不远处。

天的"高铁（高速铁路）"那般，建造在堤防般高高的台基上，如同山陵（即山脉）一般，一路凌驾着通到江南吴地的"由拳（也即今天的嘉兴城）"，再一路凌驾到钱唐（杭州），坐船南渡浙江（钱塘江）后再往东一路凌驾到越国首都"大越（今绍兴）"之地。因如山陵般凌驾于楚、吴、越地面之上，故名"陵道"，象征着大秦对吴越楚三国的征服和霸凌。

　　上引画线部分的"马塘"见《至元嘉禾志》卷五"堰闸"："马塘堰，在县南七里，广四丈，高二丈五尺，长七十步。"其下有："《考证》：旧《经》云：秦始皇三十七年东巡至此，改长水乡为由拳乡，遏水为堰，以厌①'水市'之谣。其堤既立，斩马祭之而去。《九域志》同。"既然是筑堰，可证上引《越绝书》中的"塞同"两字当是"塞河"之误。又"湛"通"潭"而可读作"潭"，即马塘潭是筑堰而成的堰塞湖，其详情细考如下：

　　《至元嘉禾志》卷十二"祠庙"："马塘庙，在县南七里'马塘堰'侧。"宋张尧同《嘉禾百咏》有《马塘泾》诗："疑着风波恶，民谣亦畏人。筑塘成堰后，斩马祭河神。"其下有："《附考》：泾在郡城南七里。《九域志》云：始皇至此，遏水为堰，斩马祭之。属嘉兴。"

　　《元丰九域志》卷五"两浙路、秀州、古迹"："马塘堰，《图经》云：'秦始皇三十年东游至此，改长水为"由拳县"，遏水为堰，以厌"水市"之谣。其堤既立，斩马祭之，因名。'……驰道：《地志》云：始皇至会稽、句章渡海，经此。"画线的"三十年"当作"三十七年"。《至元嘉禾志》卷一"沿革"言明由拳县原本位于今天嘉兴县城南五里而名"长水县"（"此地本名'长水'……改之曰'由拳'。……故由拳县，在今县南五里"），上引《至元嘉禾志》言明马塘堰在今天嘉兴县城南七里，即马塘堰在古长水县城南二里。此是秦始皇在其临终那一年（即三十七年），南巡会稽（绍兴）后的返程途中，渡钱塘湾之海来到钱塘（今杭州），走驰道②北上，途经嘉兴，因此地吻合"水市出天子"的谣言，便破坏此地的水市，其方法便是在长水县南二里处"遏水为堰"，用堰塞湖来淹没这个已经形成水市的地方，然后杀马来祭此地的山川神明，以平息其对本朝改变其自然地貌的愤怒。故所造的堰便以所杀之马命名为"马塘堰"，所筑之湖便称为"马塘泾"或"马塘湛、马塘陂"。他同时又改长水县为由拳县（其实是改"囚倦县"而音讹为"由拳"）。

　　因此，上引《越绝书》"到由拳塞同起马塘湛以为陂"，一般都标点为"到由拳塞，同起马塘，湛以为陂。"其意极度费解，难以理解。其实"同"字当是"河"字的形近而误，"塞河"就是"遏水为堰"之意，即秦始皇到由拳之地后，命令把长水县城北迁五里到今

---

①厌，通"压"，表示镇压。

②其走的是驰道而非运河，详见"六"有考。

天的嘉兴城处，再在原来的长水县城南二里处塞河道而形成"马塘堰"这一人工湖，把堰北侧原来的长水县城给淹没，另迁新城于湖北岸，被淹没的旧城在其南五里处，秦始皇造就的这个城南的人工湖，其实就是今天极负盛名的嘉兴"南湖"。

"湛"字当读作"潭"，即水潭。"起马塘湛"就是开山采石筑坝创建出"马塘湖"这一人工的堰塞湖（"陂"）来，故其句当标点作："到由拳，塞河，起'马塘湛'以为陂。"最后的"以为陂"三字，便点明这个"湛"字就是"潭"与"湖（陂）"的意思。

关于"湛"字意为潭、湖的例子，可见《管子·轻重戊》："夏人之王，外凿二十宝，蝶十七湛，疏三江，凿五湖，道①四泾之水，以商九州之高，以治九薮，民乃知城郭门闾室屋之筑，而天下化之。"邹汉勋《读书偶识》："宝，同'亢'，沈、湛、浮、潭，古通字。蝶，同'渫'。"按《说文·巛部》："亢，水广也。"即大水。《集韵·薛韵》："渫，治也。"商，估量。《管子》之文是说：夏代大禹靠什么赢得了天下？便是靠开凿破天下20处大湖的湖堤、湖岸来走泄其湖水，同时又治理了天下17处小湖，疏通了"长江三角洲"的北、中、南三条大江（"北江"即今长江，"中江"为太湖西侧的宜兴荆溪—溧水胥溪和太湖东侧的吴松江，"南江"即钱塘江），凿破江南以太湖为核心的五大湖北东南三侧湖岸②来走泄此五大湖积遏不流的湖水，使此五湖之水流入三江后再下东海，从而疏通长江入海口处"长江三角洲"的积水，他就通过这种方式，疏导好了全国以"四泾"（江、河、淮、济四水）为代表的天下各大河的水流，测量了全国九大州高地的高程（即大山与高原的海拔高度），治理了天下九州每一州境内的最大湖泽及重要的小湖泽，让人们懂得了建造城郭、里巷、房屋建筑，从而使天下得到很好的归化——让天下臣服于大禹的统治而形成统一的国家，当然这一国家体系是以道德与经济利益来维系的比较松散的联盟，而非战国以后那种依靠中央集权的行政体系来整合维系的大一统国家。

又《越绝书》言明："秦始皇造道陵南，可通陵道。到由拳，塞同，起马塘湛，以为陂，治陵水道到钱唐、越地，通浙江。秦始皇发会稽适戍卒，治通陵高以南陵道，县相属。""陵"就是以寿春为都的古诸侯与楚王陵，秦始皇以此陵墓为起点，往南造陵道，一直造到由拳，再从由拳修建"陵、水道"（即由拳以北的陵道与运河水道不相并行，从由拳往南则陵道与运河水道相并行）；由拳至钱唐（杭州）再坐船渡江后一直到越国首都大越（绍兴）的陵道应当全都依傍运河水道，故皆名"陵、水道"。"适"，即古"谪"字，

---

① 道，通"导（導）"，疏导。
② 五大湖西侧是山，无法凿；北侧是长江湾，东侧是松江湾与东海，南侧是钱塘湾，故凿之。

可见秦始皇是调发会稽郡犯罪充军人员从事这一宏大工程。"高"当是"亭"字的形近而误，"通陵亭"，当是寿春通往古诸侯与楚王陵的那个乡镇建置（"亭"为古代的乡镇建置），也即从此陵墓往南造"陵道—陵水道"的起点所在。两者均为高架的秦驰道，故以"陵"命名，其不与运河并行则为"陵道"，若与运河并行则名为"陵水道"。"县相属"，即秦始皇开这条"陵道—陵水道（即秦驰道）"来连通沿路诸县。因此"秦始皇发会稽适戍卒，治'通陵亭'以南陵道，县相属。"说的便是：秦始皇调发会稽郡犯罪充军人员，开凿了由拳到钱塘（今杭州）再到钱塘江南岸"大越"（今绍兴）之地的驰道工程，从而连通起浙江两岸，把从楚都寿春"通陵亭"开始，一直到楚国所占领的江南吴越大地上的沿路诸县全都给串联起来。所开"陵水道"历来认为很可能就是江南大运河，即江南大运河似乎是秦始皇所开。

但正如我们指出，江南运河早于沿河市镇，而嘉兴所在之地秦始皇时便已形成繁华水市，且其水市的繁华程度已经到了足以令秦始皇侧目而视、惊恐不已的地步（如果该处水上交易规模不大，也就几户人家，便司空见惯、随处皆有，秦始皇也就不会将其与"水市出天子"的谣言挂上钩了）。而水市的形成显非一朝一夕所能成就，这就证明嘉兴处的江南大运河，其实早在秦始皇之前便已存在至少数百年。秦始皇是把嘉兴往南到钱塘（今杭州）、绍兴（古越国首都"大越"）的这段驰道，沿原有的运河水道修筑，用高高的土堤"陵道"[1]，来镇压住此地旧有的江南大运河这条水道的王气，同时又可以作为沿江的防海大堤，防止海水咸潮的涌入，保证长江三角洲良田的农业生产。等于在江南大运河外侧，为长江三角洲建造起一道兼有驰道功能的防海水咸潮的大堤；相当于修筑起捍海堤塘来围造起淡水的"陂田"。

后人觉得捍海大堤当是五代吴越国的水利奇迹，似乎本书是把五代的水利成就"移花接木"般嫁接到了秦代乃至先秦。其实不然。因为五代有海潮的侵袭而要捍海，古人同样也有这种需要；而且捍海堤不过是累土石成坝而已，四五千年前的埃及可以垒起纯石的金字塔，则二千多年前的中国古人建造起沿海绵亘数百里长的土石筑就的捍海大坝也没什么不可能。况且上引《越绝书》卷二"外传、记吴地传"："秦始皇……治'陵水道'到钱唐、越地"，"唐"即古"塘"字，也就是堤防的意思，此"钱唐"就是今天的"钱塘"也即杭州之地，就在海边，所以此"唐"字指捍海用的石制堤坝的可能性是很大的。此《越

---

①所谓"陵道"就如今天的"高铁"，建造在如小山陵般的高堤之上，堤顶为道。取其如"陵"之高，又取其有"道"路之功用而称作"陵道"。

绝书》文献表明杭州得名"钱塘"早在秦始皇时代便已如此，更可想见恐怕还当更早些，杭州"钱塘"之名绝非得自吴越王钱镠所造的捍海堤，而当是先秦吴越时所造的捍海堤。由《越绝书》秦始皇"钱唐"之名，可证秦始皇及其前的先秦江南便已有五代吴越那种捍海堤存在，这绝非笔者痴人说梦。关于先秦吴、越两国已有"海塘"这种捍海堤保护下的塘田存在，可参见第四章"四、（五）"引方杰主编的《越国文化》之"塘田与水利"一节。

而且秦始皇既然恐惧江南的水市，自然也就意味着江南水市所赖以存在的江南大运河不会是秦始皇所开。因为他恐惧水市，难道还会开大运河作为孕育"水市"形成的温床？

由此一端便可想见，孕育江南水市（江南大运河沿岸所有城市全都是水市）的母亲河江南大运河肯定不是秦始皇所开。秦始皇不光不会开此河，而且还要利用"陵水道"这种地势高的工程，从形势上镇压这条地势低的会出天子的江南母亲河。秦始皇开的只是此"江南大运河"北入长江口处的今天镇江城那一小段24里长的河口运河。

由于水市的孕育并非一朝一夕所能成就，嘉兴水市的存在并繁荣，也就能证明江南大运河早在秦始皇之前便很早就已存在。此大运河沿岸会因行舟晚上过夜、中午就食这两大需要而形成一系列的水市，每隔百里便是过夜用的大水市而发展成为后世镇江[①]—丹阳—常州—无锡—苏州等大城市，而每隔五十里便是中午就食用的中小水市而发展成为后世两大城市间的大集镇，如丹阳与常州间的奔牛（或吕城）、常州与无锡间的横林（或五牧）、无锡与苏州间的望亭等。

而后世沿大运河发展起来的诸大城市和市镇，似乎嘉兴最为繁荣而要遭秦始皇镇压，其实常州应当比嘉兴更为繁荣，因为笔者在《龙城·龙脉——大运河为纲的常州古城水系变迁研究》第一章的最后指出，隋炀帝开运河时，天下唯独常州城的运河因之前发展太繁华，而在隋炀帝开运河时两岸房屋无法拆迁来拓宽河道，所以不得不早在隋炀帝开运河

---

①镇江至丹阳只有五十里，似乎不合，其实正相合。因为考虑到邗江口处的广陵扬州城到镇江为五十里，换句话说：丹阳至镇江为半日舟程，到镇江为中午时分，直接渡江至广陵也是可以的，但更多的船只不敢一到镇江的中午便贸然渡江，而要在此镇江河口处歇息，等待风平浪静的过江时机再渡江。所以镇江处聚集的人流是江南大运河其他水市的数倍，其所形成的便不再是中午就餐用的集镇，而是过夜食宿用的大城市，而且过往船只在此处还不是住上一两夜，而有可能住上好几夜才能等到适宜的渡江时机，所以镇江的繁华程度远比江南大运河诸水市更高，难怪会成为吴国的首都。相应地，江北广陵扬州也因渡江船只在此等候南渡时机而一样繁华。但考虑到江南经济文化肯定要比江北经济文化发达（从考古发现的良渚文化等新石器时代遗址的数量与品质便可看出这一点），所以在先秦时代，江南的镇江应当比江北的扬州要更繁华些。这也是吴国首都定在镇江，而扬州只是其江北一个桥头堡式的辖区，一直要到夫差时代才在这里设城，即命守在这桥头堡的邗族筑起"邗城"。因为吴国以江南为腹里，以江北为边陲，所以立国于江南的吴国是绝对不允许江北过早出现能与江南相抗衡的大城市。

时，便要由前后北岸的"后河"改道城南青果巷的"前河"（古人以南为前，以北为后，前河、后河是以方位而非开河时间先后来命名）。而江南乃至全国其他城市均未发生此种现象，这就证明江南大运河沿岸诸水市中，常州的发展最为古老和繁华，嘉兴成市时间亦当后于常州而市集繁华略逊于常州。

那为何秦始皇没有像嘉兴那样镇压常州而将常州城淹没？正如下文"六"考明秦始皇临终那年南巡由绍兴回长安时走的是驰道，未走运河。唯独嘉兴那一段运河与驰道并行，镇江那一段运河与驰道相距也很近，所以秦始皇走驰道南巡时，只改造了这两地的运河（在嘉兴淹没其水市，在镇江凿其京岘山而开河口运河）。而常州境内的驰道在沿江，运河岸上的常州城距江有四五十里之遥，秦始皇走驰道便无法亲履常州城，自然也就看不到此地水市的繁华，也就谈不上镇压了。由此看来，嘉兴的水市不一定最繁华，只不过秦始皇走驰道而嘉兴运河在驰道旁，遂被秦始皇窥见其水市的繁华遭到镇压。

结果常州西北不远处的古武进县境内出了齐梁两朝皇帝，嘉兴倒是没有出过皇帝，看来"水市出天子"的谣言实当应验在常州一带。常州城因秦始皇未至而逃过嘉兴城那种被淹为湖的一劫，其意为"绵延不绝、长生不衰"的嘉名"延陵"也未被秦始皇改为恶名，比江南其他诸城市都堪称幸运。因为江南诸城市中，秣陵（今南京）、丹徒（今镇江）、曲阿（今丹阳）均遭秦始皇改名并破坏风水（南京被开秦淮河、镇江古丹徒城被凿京岘山且因是吴都而遭平毁、丹阳被凿经山山脉），姑苏吴县（今苏州）、无锡阖闾城因是吴都而遭平毁，越都（今绍兴）遭平毁且改恶名山阴，长水（今嘉兴）遭淹毁并改恶名囚倦。所以说江南所有大城市除杭州外（上海其时尚在大海之中），几乎全都无一幸免；唯有常州得以逃脱这场破风水[①]、改恶名的噩运，堪称幸运之至。常州水市何以能如此繁华，到隋代时便已拓宽不了而要改道？这便是本书所力图证明的全书中心论点：镇江至常州段运河乃是江南大运河中大禹及马家浜时代便已存在的最早开凿的一段。

秦始皇筑"堰塞湖"淹没长水县事，是人间极悲的惨剧，所以在古代广为流传，散见于如下多部典籍，足证其真实不虚。

一是《宋书》卷二十七《符瑞志上》："初，秦始皇东巡，济江。望气者云：'五百年后，江东有天子气出于吴，而金陵之地有王者之势。'于是秦始皇乃改金陵曰'秣陵'，凿北山以绝其势。至吴，又令囚徒十余万人掘汙[②]其地，表以恶名，故曰'囚卷县'，今嘉兴

---

① 所谓"风水"，撇开迷信成分、客观地来看，不过就是居优的自然地理形势而已。

② 汙，又可写作"污"。按：污，低洼之意，《六韬·犬韬·战骑》："污下沮泽，进退渐洳，此骑之患地也。"

县也。"汗"即凿地为坑意（《集韵》卷三《麻韵》："汗，凿地也"），可见秦始皇南巡至江南吴地时，在金陵也即今天南京城处①，改其美名"金陵"为恶名"秣陵"，意指此处被破坏得满是荒草、只配养马。然后又把南京城北侧的钟山龙脉，在此山脉正南的"方山"处斩断，等于把这条龙脉的"兴王（读'旺'）之势②"给斩断，斩出来的那段山头其形方正③，如一方玉印从天而降，故名"方山、天印山"（其即今天江宁区境内著名的"方山景区"）。

而秦始皇南巡到江南吴地的今天嘉兴县时，亲自指挥十几万人的大部队（囚徒）④破坏那儿的土地，即通过掘土筑坝，堵住其处向海泄流的水口，形成一个大型的堰塞湖⑤淹没了长水县，将其县另迁于湖北岸，命名其为丑恶的名字"囚卷县"。

"卷"读音为去声，即读作"书卷"之"卷"，意指疲劳、疲倦，正字当写作"券"，与"券"形似而不同，后人写作"倦"字，以与"券"字字形区别开来，以免"券、券"两字混同。今按《墨子·节用中》："是以终身不餍，殁世而不卷。"孙诒让《墨子间诂》：卷，"正字当作'券'。《说文·力部》云：'券，劳也。'《考工记·辀人》郑（玄）注云：'券，今"倦"字也。'卷，即'券'之叚⑥借。"晋陶潜《归鸟》诗："矰缴奚施，已卷安劳？"孙公焕《笺注陶渊明集》："卷，与'倦'同。"可证"囚卷"即"囚券、囚倦"之意，即这一工程浩大、劳累到了让囚徒们都感到疲倦的地步。秦始皇改镇江吴京为"丹徒"用的是囚徒所穿的囚衣，此处避免重复，改嘉兴长水为"囚倦"，用的是囚徒的神情，两者堪称天造地设的一对；可证古代为某地起污名的一种通行做法，便是用囚徒来命名⑦；此亦可证"丹徒"与"囚倦"肯定是同一时期、也即秦始皇临终那一年（秦始皇三十七年）南巡江南时一同命名的恶名，其命名在时间上不可能有先后。

二是《太平寰宇记》卷九十五"秀州、嘉兴县"："秦望山，《九州要记》：'始皇登此山望海，因以名。'始皇碑，在嘉兴县。吴主立于长水县，土人谣曰：'水市出天子。'始皇东游从此过，见人乘舟水中交易，应其谣，遂改'由拳县'。"故由拳县，在今县南五里，秦始皇见其山上出王气，使诸囚合死者来凿此山。其囚倦，并逃走，因号为'囚倦

---

①据下文"六"考，秦始皇其实并未亲临南京，只是命人在南京凿方山、开秦淮河，并改其为恶名"秣陵"而已。

②势，指势头。

③就像在长条肉上横切那般切出方的肉块来。

④即十几万军事化管理的充军罪犯。其动用十几万人的部队来施工，可证工程规模浩大，所挖湖面不小。

⑤一般人极易认为是把此地掘地出水而挖成一个大沼泽，但上文已详引相关文献考明是在其城下游（也即城南）筑起坝来形成堰塞湖将城淹没。

⑥叚，即"假"。

⑦此可见古人对犯罪的鄙视。

山'，因置'囚倦县'；后人语讹，便名为'由拳山'。"可见秦始皇通过凿破此山（其山当在长水县以西）来淹没长水县城，当是凿破此山引来山背后盛大的水源，并用挖此山的土石运到长水县城东南面筑成大坝、遏制来水使之不能往东、往南走泻，从而形成堰塞湖淹没县城；再加上前引文献提到秦始皇命令囚徒把长水县"掘地三尺"般挖深成沼泽。可见这一工程实在是劳苦、浩大，连囚徒们都因厌倦而出逃，所以赐予此地恶名"囚倦县"。汉代人当是嫌其名字的意思实在是粗恶到说不出口的地步，于是便改成谐音而字面看不出有何意思来的"由拳县"。

三是元徐硕《至元嘉禾志》卷一"沿革"："又《吴录·地里》曰：吴王时，此地本名'长水'，故嘉兴亦名'长水'。秦始皇东巡，望气者云：'五百年后，江东有天子气。始皇至，令囚徒十万人掘汙其地，表以恶名，改之曰'由拳'。'又按《寰宇记》云：'始皇东游至长水，闻土人谣曰："水市出天子"；从此过，则人乘舟交易，应其谣，遂改'由拳县'。'又曰：'<u>故由拳县，在今县南五里</u>。始皇见其山上出王气，使诸囚凿此山。囚倦，并走，因号为'囚倦山'，置'囚倦县'，后人讹为'由拳'。《水经》云：'秦始皇改为'囚倦'，亦曰'由卷'。'西汉属会稽，东汉属吴郡。吴黄龙三年，由卷野稻自生，改为'禾兴'，志瑞也。赤乌五年，因立太子和，改为'嘉兴'，晋、宋、齐、梁因之。"可见秦始皇由钱塘江北渡而刚入江南（即长江三角洲）南境地界时，便听到了"水市出天子"的歌谣，他沿东北向的驰道没走多远便来到了今天嘉兴城南五里处的先秦时代的长水县，正好看到这里有水市（即老百姓们坐着船在河中贸易），与谣言正相吻合，于是他便把这块地挖废成池沼，并把它原来的名称"长水"改成恶名"囚倦"，汉人改作"由拳"。难怪吴大帝孙权特意要为此地平反，赐予佳名"禾兴、嘉兴"，对"秦、汉、魏"这三大坐镇中原北方而仇恨江南崛起的中央王朝表示极度的藐视。

四是《水经注》卷二十九"沔水"又载长水县沦陷为湖的神奇故事：

谷水出吴小湖，迳由卷县故城下。《神异传》曰："由卷县，秦时'长水县'也。始皇时，县有童谣曰：'城门当有血，城陷没为湖。'有老姬闻之，忧惧，旦往窥城门，门侍欲缚之，姬言其故。姬去后，门侍①煞②犬，以血涂门。姬又往，见血，走去，不敢顾。忽有大水长③，欲没县。主簿令干④，入白令，令见干，曰：'何忽作鱼？'干又曰：'明府亦

---

① 门侍，看守城门的官吏。

② 煞，即"杀"。

③ 长，涨也。

④ "令"为长，即首领。主簿令，当指担任主簿而为诸吏之首。其名"干"，故称"主簿令干"。

作鱼。'遂乃沦陷为谷矣。因目'长水城',水曰'谷水'也。"《吴记》曰:"谷中有城^①,故由卷县治也,即吴之'柴辟亭',故'就李乡'、'槜李之地。<u>秦始皇恶其势王,令囚徒十余万人污其土,表以污恶名,改曰'囚卷',亦曰'由卷'也</u>^②。吴黄龙三年,有嘉禾生卷县,改曰'禾兴'。后太子讳'和',改为'嘉兴',《春秋》之'槜李城'也。"

此记载表明:郦道元写《水经注》的北魏时,民间只存有长水县沦为湖沼的记忆,至于如何沦为湖沼的真实成因(即秦始皇筑坝形成堰塞湖将其淹废),则因年代久远而遗忘殆尽。于是当地老百姓茶余饭后便根据其名"长(涨)水县"而编造出了一个涨水淹没城池的离奇故事,算是解释清楚"长(涨)水县"的由来。而上述记载又表明,与民间的胡编乱造不同,有文化的读书人仍能通过引经据典,寻找到此县沦陷为湖的真实成因,便是秦始皇下令弃城为湖。至于秦始皇如何将这座长水县城淹没成人工湖的,前引《至元嘉禾志》卷五、《元丰九域志》卷五所言的"过水为堰"、《嘉禾百咏》所言的"筑塘成堰"而形成"堰塞湖"的一系列史料,再加上此处所言的"谷中有城"这一自然地形容易形成堰塞湖的条件,已能帮我们揭开其中的谜底。

上引《水经注》画线部分"<u>秦始皇恶其势王</u>","王"读"旺",联想上面镇江与万绥之地会泛泥水就如同男子之"势"那般生气过于旺盛(即"势王","王"字读作"旺"),秦始皇便要阉割京岘山,在其山东南麓会泛水的"猪婆滩"处开出长坑来;此嘉兴处亦是"势王",而且镇江临江会因连通器缘故而泛水,则此嘉兴当亦因临海而同样会因连通器缘故而泛水,所以上引文献所说的"<u>秦始皇恶其势王</u>"当与镇江"猪婆滩"处的泛水相似,秦始皇在镇江是挖长坑,此处则是挖废成大湖(堰塞湖),工程量更大,故而囚徒比丹徒要劳倦且人多。

上引《水经注》所言"由卷县,秦时'长水县'也",当据上引《至元嘉禾志》"吴王时,此地本名'长水'"而修正为不光是秦朝,而且是先秦吴国时,此由拳县本名"长水",然其时未必设县,秦时设县。又本条《水经注》所引文字"大水长"之"长"读"涨",可证先秦吴国时此地本名"长水"之"长"字同样要读作"长官"之"长"而意为"涨",表明其处因在海岸边,会涨水(即涨潮),容易受淹,这也符合我们第四章"五"的判断,即江南全境在常州以东多湖泽,不用开河,天然有水可以行舟。其湖泽因通海,所以会像太湖通海而感潮名为"震泽"那般,嘉兴处的湖泽也通海而会涨水(即涨潮)。

---

① 此点明城在谷中,所以下来秦始皇才容易将其湮塞为湖。

② 指囚徒为此工程而劳累疲倦也。

在四五六千年前，此处弥漫湖泽，但湖泽都有一定的寿命，会因水土沉积而日渐变浅乃至淤塞成陆，到了一千年后的商末周初，此地尚是沼泽地带，但再过一千年的先秦吴国时，此处逐渐露出大面积的沉稳地面而形成市集。其处的水道也是雨季水盛时为湖，冬季枯水时干涸，所以需要在沼泽地带人工开挖一条比较固定的航道即人工运河。沿此人工运河形成的水市这一城市雏形，位置在今嘉兴县城南五里，其地以濒海而会涨水（即涨潮）命名为"长水"。其再往南二里有"马塘堰"，秦始皇因江南有"水市出天子"的谣言，到长水县这儿又正好看到此处的河上有人坐在船上进行水上交易，其规模到了需要他镇压的地步。而今天的京杭大运河正经过嘉兴，由此记载便可明白嘉兴在秦始皇时代便已有江南大运河而形成了大规模的集市。既然秦始皇南巡时见到"陵水道"处的嘉兴水市早已存在，也就能证明"江南大运河"早在秦始皇之前便已存在，且在嘉兴这里与驰道相并行。嘉兴的驰道因是驰道（"陵道"）与运河（"水道"）相并行（整个长江三角洲当仅嘉兴至杭州段如此），故名"陵水道"，意为此处是"陵道（驰道）与水道（运河）相并行的秦驰道"。

秦始皇这时又听到主管看风水的官员报告说长水县城旁的山上有天子气（实即因邻海而会泛泥水），于是在县南二里处以开山为名，派赭衣囚徒（即穿红衣服的"会稽谪戍卒"这十余万充军之人），凿破其山，取其土石在山脚下筑起大堰，杀马祭祀此地被他打扰到的山川之神，此堰因此名为"马塘堰"。大堰筑成后，便与所在山谷两旁的山形成一个大的堰塞湖"马塘湛（潭）"，把山谷中的整个长水县城给沉没了。在淹没之前，秦始皇命令把长水县迁到北边五里处的堰塞湖北岸，命名其为恶名"由拳县"（即囚倦县）。其令"十余万人污其土"，可证工程量至少是镇江3000囚徒所开24里长河口运河的33倍。"污"即"汙"，意为低洼；"污其土"，就是"汙其地"，也即开挖堰塞湖沉没其县，使此县地势低洼受淹之意。秦始皇通过这种方式来镇压江南吴地，东吴孙权便要特地来为此地平反，命名其为嘉名"禾兴"，后又改名"嘉兴"，《三国志·吴书》卷二：黄龙"三年……夏有野蚕成茧，大如卵。由拳野稻自生，改为'禾兴县'"，翌年即改元"嘉禾"，同卷赤乌"五年春正月，立子和为太子，大赦，改禾兴为'嘉兴'。"此地古代又雅称"嘉禾"，故元代所修的嘉兴地方志便称为《至元嘉禾志》。

总之秦始皇筑"陵水道"不等于此地的运河是秦始皇所开，而是此地的陵道建造在此地运河的水边，此陵道（即建造在高基上的驰道）是秦始皇所开，道下的运河不是秦始皇所开。所谓的"筑陵水道"就是筑陵道于水道（即江南大运河）上的意思。秦始皇造此陵道便是要对原有的运河水道构成一种"以土克水"的形势上的高态镇压和霸凌（陵道如坝而高高在上）。

秦始皇在嘉兴（及江南全境）所开的陵道同时也是捍海堤，起的作用便是阻截内水

（淡水）出海的同时，又可阻止外水（即海水咸潮）涨入（倒灌）内地、破坏土壤，对于促进嘉兴（及江南全境）围湖造田所形成的水田农业发展有积极意义。

这么看来，浙江地区的捍海大堤似乎是秦始皇所造。其实正如上文所揭示的：文献中秦始皇之时乃至秦始皇之前，杭州便已称为"钱塘"，可证这种捍海大堤所成就的"塘田"应当是先秦吴越两国改造濒海沼泽平原的产物。秦始皇统一全国后，肯定会对其继承并发扬光大。由于统一后秦国国力更为充盛，所造海堤更为雄伟，并在其顶上加上驰道这一交通大动脉功能，将其改造成全国最高等级的"高速公路"、"高速铁路"（前者是普通路面，而中间两道有可能是木轨供马拉车，满足天子的高速出行的需要，类似于今天铁轨上奔驰的火车而为当时的"高速铁路"[①]），先秦吴越两国所造的捍海大堤肯定也就不能与之同日而语了。

所谓"塘田"，就是在离海岸线较远的滨海平原上，围筑土堤，拦截顺自然河流上溯的咸潮，从而形成一种既不同于在内陆河、湖、滩地筑堤形成的圩田，又有别于沿海滩涂上的围海造田，是我国东部沿海地区独有的古代农田类型。

这类塘田伴随"海塘"（用来挡海潮的大坝）而出现。而海洋泥沙运动导致沿海滩地不断向外淤涨，使海塘也不得不向外延伸，原来围筑起来的挡潮用的堤坝便被新的挡潮坝替代而失去御潮的功用，其内的塘田已不再是原来意义上的塘田，而成为筑有"海塘"的滨海平原内的腹地水田。

常州地区所代表的江南沿海一带也有塘田这种农田水利产物。常州地区先秦时代挡江海之潮用的挡潮堤，应当就是其西北境古武进县"东城天子路"的雏形。秦始皇当在先秦吴越两国所造的挡潮堤上修建自己的"天子路（即驰道）"，在古武进境内便称为"东城天子路"，其路一直往东延伸到江阴境内。这类捍江海潮水之堤只有出水没有入水，即其堤上只为大河大川流入长江、东海开有孔道，让堤内河流流出堤外，然后在出水口上架起"石桥"，桥门当有闸，在长江、东海涨潮时因其水咸而堵塞关闭。这种沿海大塘堤坊只让大河出水，其存在显然也阻碍了其他小河的出水，所以也就导致太湖流域沼泽化的加剧；而大禹治水的一个重要举措，就是改变良渚时代这种不良的做法，平毁这种障捍海潮江潮的堤防工程，使得太湖流域的出水畅通无阻，即明张国维编《吴中水利全书》卷十三"郏亶《上水利书》（熙宁三年上）"言："昔禹之时，震泽为患。东有堰阜[②]，以隔截其流。禹

---

①见《伏牛山，秘而未宣的重大科技考古发现：秦代铁路》，http://www.360doc.com/content/12/0121/07/2496469_176781132.shtml。

②即"冈阜"，也即今人所谓的"冈身"。

乃凿断堰阜，流为三江，东入于海，而震泽底定。"所言的"堰阜"就是"冈阜"，也即今人所谓的"冈身"，其实就是海浪冲击后，贝壳砂石沉积而成的天然的捍海堤。而江南先民们又在其上善加利用，筑大、筑高、筑实成更为宏大的捍海堤。秦始皇则用之为凌驾于地面之上的"高速公路"——即沿江沿海的"驰道"。详见下文"六、（五）、3"引《至元嘉禾志》卷十四"古迹"载明："秦始皇驰道，在府西北、昆山南四里。<u>相传有大冈路，西通吴城，即驰道也。</u>"卷二十九有唐询《华亭十咏》咏这句话道："<u>相传大堤在，曾是翠华游</u>"，已清楚言明先民利用天然的"冈身"造成捍海堤，而秦始皇利用堤顶做成秦驰道，同时也证明上文秦代就有捍海堤存在的判断是合理的。秦始皇由于造此驰道而又违背了大禹的做法，强化了捍江、捍海堤的存在，导致江南水环境日趋泛滥、恶化，易受水淹。但随着秦王朝仅有十五年的短暂统治便宣告崩溃，其捍江海的大堤也因其"逆天"（违背自然规律），所以很快就因失去政府维系而被废弃，消失殆尽。

需要说明的是，嘉兴以北的驰道并不沿江南大运河，只有嘉兴那一段驰道与江南大运河相并行。上引《越绝书》"秦始皇造道陵南，可通陵道。到由拳，塞河，起马塘湛，以为陂。治'陵水道'到钱唐、越地，通浙江。"似乎造驰道（陵水道）与开堰塞湖是同一时期的事，其实不然。正如秦始皇在镇江开河口运河与开驰道是两回事，此处亦然：秦始皇南巡时开湖沉没长水县与开驰道也是两回事。开驰道当在之前好多年（即秦始皇二十七年），而秦始皇在镇江命三千赭衣囚徒开河口运河，与在此处命10余万囚徒开工程量至少是镇江开河工程量33倍的堰塞湖，则是秦始皇临终那年（即秦始皇三十七年）同一年的事。镇江驰道"东城天子路"与嘉兴"陵水道"是秦始皇命官吏开凿，而镇江开"河口运河"、嘉兴开"堰塞湖"则是秦始皇临时起意、亲自坐镇指挥监督整个过程。

上引研究者认为"陵、陆"两字通用，"陵道"就是"陆道"，即在低洼地区开河，将挖出来的泥土堆筑成陆道，"陵水道"就是开河筑堤形成的水陆并行的通道，于是得出结论：秦时，苏州以南"嘉兴至杭州"的渠道亦被开通，其即"杭嘉运河"的前身。

其说见本节最开头引郑肇经先生《太湖水利技术史》"第四章、太湖下游塘浦圩田的形成、发展和隳坏"之"第一节、围田的起源和发展"之"二、围田的起源和发展"："从苏州至杭州这一段运河正处于湖沼软土地带，开挖中必配合着堤岸的修筑。秦代修治的'陵水道'，就是水陆并行的道路。因此，苏嘉杭运河的初步形成，为湖东洼地的围垦创造了条件。秦汉之际，苏州东南50里的湖荡浅沼区出现了'肥浇水绝的稻田三百顷'，反映太湖东南围田有了一定程度的发展。"其说有违常理处在于，在软土地带上开河容易，不用筑堤岸。现在秦始皇既然要筑堤岸，则其所筑的工程肯定就不是开运河而是筑驰道。筑驰道要取来泥土，故而会加深、加宽原有河道，此河道乃是原来就有，由于在原有水道处治陵道，故称为"治陵水道"，并不是有条水道名为"陵水道"。

秦始皇之所以要把驰道像今天的高铁那样建造在大堤之上，主要是因为怕大水淹没驰道的缘故。加之江南地势低洼，容易受水淹没而驰道遭灭顶之灾，且水长期不退，所以更要建造在高高的大堤之上。而长江三角洲北濒北江（长江），东濒东海，南濒南江（钱塘江），本身就有捍此二江一海之堤，在北江便是"东城天子路"的前身，在南江便是"钱塘"，在东海便是嘉兴的"陵水道"，秦始皇造驰道便不用再造此路下的基坝，直接利用江南先秦吴越两国先民所造的捍北江、东海、南江的堤坝，在其上开通驰道即可。在苏州以北、以西地区，腹里与江岸间的地域宽厚，捍海堤远离运河，故两者不并行；苏州以南地区，地域陡然变窄，故捍海堤与运河相并行而有"陵水道"的格局；镇江京口地区地势高，不用造捍海堤，但驰道与运河全都收束于此交通枢纽处，故两者亦相近但不并行。

至此，我们可以把秦始皇在嘉兴地区对江南王气的破坏经过梳理一下："由拳县"本名"长水县"，在今天嘉兴县城南五里。秦始皇由绍兴渡江回咸阳时，在杭州一踏上江南地界，便听到"水市出天子"的谣言。北上经过长水县城时，正好看到此处的人们全都坐在船上进行水上贸易，规模达到了需要镇压的地步，可见当时这儿已经有运河，并且还形成了规模较大的市集，可证嘉兴段江南大运河甚为古老。秦始皇又看到这一带的山有天子气，便在长水县城南二里处，以开驰道为名，调发会稽郡的赭衣囚徒（即穿红衣服的"会稽谪戍卒"——充军的罪犯），命令他们在最快的时间内、以极强的劳动强度凿破此山，引来山背后的盛大水源，同时又将挖来的土石运到长水县城南二里处筑成大堰，杀马以祭，所筑之堰命名为"马塘堰"。同时又命囚徒们在最快时间内、以极强的劳动强度，把长水县掘地出水沦为沼泽。然后又通过凿破的西侧之山引来太湖盛大的水源淹没此地，再通过所筑的县南二里的马塘坝遏制此水，不让其水东流、南流入海，加之长水县本身就地处山谷之中，于是形成一个巨大的人工堰塞湖"马塘湛（潭）"，从而把长水县城给彻底淹没，其湖就是今天嘉兴城南的"南湖"。此湖东侧有秦始皇所筑的堤防般的驰道，南侧又有马塘坝的锁住，此湖之水难以走泄。然后秦始皇命令把长水县城北迁五里到堰塞湖的北岸，用恶名"囚倦县"来命名，汉代人因其名实在不雅而用谐音字记录为"由拳县"。秦始皇令"会稽谪戍卒"[1]"十余万人汙其土"[2]，便是开挖人工堰塞湖沉没该县的意思。秦始

①上引《越绝书》语。
②上引《宋书》语。

— 130 —

皇借修筑"陵道上的驰道"这一交通大开发的名义来镇压江南吴地，所以东吴要特地为江南吴地平反，把秦始皇所改恶名"丹徒、曲阿、由拳"统统改回旧有的嘉名"京口、云阳"和新赐的嘉名"禾兴（后又改嘉兴）"。

《越绝书》中秦始皇从寿春开到嘉兴，再过钱塘江在江对岸开到越地（即绍兴）的"陵道"工程，其实就是顶上有驰道的捍海大堤工程。其中镇江、常州境内的那段称为"东城天子路"，位于长江南岸，捍御的是长江口的东海海潮（即长江潮）。而嘉兴、钱塘这一段便是捍御钱塘江口的东海海潮（即钱江潮）。

后人都认为《越绝书》秦始皇在嘉兴"治陵水道"就是开凿江南大运河嘉兴段，这仍可以见本节最开头所引的王文楚先生的观点为代表："古时'陵、陆'通用，'陵道'即'陆道'，于低洼地区开河起土筑成的陆道。陵水道是水陆并行的道路，又可见秦始皇时亦被开通。"末句指江南大运河在秦始皇时便已全线开通，这个结论是对的，但其对陵水道的认识是错误的，更不能据此认为江南大运河的全线开通始于秦始皇。

其实秦始皇在嘉兴"治陵水道"，不等于嘉兴这儿的运河水道就是秦始皇所开。秦始皇只不过建造起运河水道旁与之平行的嘉兴段"陵道"罢了。（所谓"治陵水道"有可能是"筑陵道于水道之上"的意思，并不是说秦始皇既治陵道，又治水道而两者可以合称"陵水道"。"陵水道"这一称呼，也许是对"治陵水道"断章取义、标点有误后的错误解读。）

其实秦始皇在嘉兴所建"陵道"（建造在人造高陵上的驰道）对原有水道（江南大运河嘉兴段）本身就构成一种"以土克水"的形势上的镇压。不光嘉兴段陵道平行于江南大运河水道而对其构成形势上的镇压，就是陵道与江南大运河水道不相重合的江南其他地方，陵道其实也对包括江南大运河和所有自然河流在内的江南水利构成巨大的阻遏作用，代表的是中央秦王朝对江南固有水利工程"江南大运河"以及江南所有入江入海的自然河流的一种"以土克水"的风水形势上的镇压，此陵道因其"逆天"（指违逆自然水性）而完全要依靠秦王朝的国家强制力来推行和维系。随着秦王朝统治的迅速土崩瓦解，国家强制力不复存在，汉代又有鉴于"秦亡于暴政"的历史教训，不敢再在江南推行这一以驰道为代表的先朝暴政，于是江南沿江海岸线而行的驰道工程，便因其原本就有的"逆天"属性而完全崩坏，不用几十年，便在江南民众的自发拆毁和河流的自然冲刷下消失殆尽、无影无踪。于是嘉兴的马塘湖得以东流入海，湖面退缩成为一条大河，这便是后世称之为"马塘泾"而不称其为"马塘湖（潭）"的原因所在。

我们都知道无锡、常州、丹阳都是运河上的水市，为什么秦始皇只淹没了嘉兴一处？笔者多年来对于秦始皇在江南所开驰道作过深入细致的研究，见下文"六"，今将与此有关要点概述如下，其史实与文献出处详见下文"六"。即：

秦始皇临终前一年南巡会稽"大禹陵"全走驰道而未走江南大运河。其从采石矶渡过长江，走沿"中江"而行的秦驰道，经从南京以南的安徽当涂境内的"小丹阳"抵达杭州，渡钱塘江至会稽大禹陵朝拜，按原路返回杭州后，改为往北走驰道依次到达江南诸城中的嘉兴、苏州、江阴、京口而未经过常州，所以嘉兴是他看到的第一个水市而被其镇压。他到吴国首都苏州城时，由于苏州城建在运河东侧的岸上，并不像无锡、常州那样跨运河而建城，所以"水市"的感觉并不突出，并不吻合那首谣言。无锡与常州的确是跨运河两岸形成市集，是像嘉兴那样的标准水市，如果秦始皇经过的话，的确会令他极为敏感而加以镇压。但由于他南巡走的是驰道而非运河，从京口到苏州的驰道是沿江而行，正如嘉兴那样筑一道捍海大堤，堤顶走驰道，此捍海堤旨在"淡水不出海、咸潮不入境"而围垦泽田；由于运河不沿江而开，所以从京口到苏州的驰道与运河便不相重合。这就意味着秦始皇从苏州到京口走驰道便看不到其未走的运河上的两大水市常州与无锡，自然也就无从镇压。笔者此项研究比较细致，还指出秦始皇南巡的目的便是一路上视察他所下达的毁坏六国城墙的命令是否执行到位，同时验收从丹徒开到武进的驰道让丹阳经山龙脉破缺等破坏江南风水的工程是否执行到位，还有就是六国的宫殿是否破坏殆尽，在江南便是吴都苏州、京口的宫殿，以及太湖边今天武进与无锡交界处的吴国避暑用的夏都阖闾城，及城旁太湖内马迹山上的吴王阖闾的避暑宫等是否破坏殆尽。泰伯的都城梅里的吴国宗庙宫室也在破坏的行列中，所以今天梅里挖不出吴文化遗存。他在苏州北境的今天江阴城下还举行了一场军事化的狩猎，亲自射了六枝箭，留下"六射垛"的古迹，让自己的"巡狩"之旅有了"狩"的内容而名符其实。他在江阴狩猎完毕，便要去看一下江阴正南方的太湖滨的阖闾城破坏得如何，顺便还看了一下阖闾城西北不远处被勾践消灭的夫差所安葬的坟，然后再回江阴继续走驰道。由于无锡境内全是湖，没有车路可走，他自然是坐船到阖闾城，如此一来便会路过或看到惠山东趾上的无锡市集。可能是无锡的水市规模不大，无须镇压，真正引起他担忧的反倒是惠山龙脉异常高大（古称"西神山"，即吴国首都姑苏以西的神奇之山），而且有九个山陇而被人称作"九龙（陇）山"，民间又讹传为九龙纠缠在一起博斗的"纠龙山、斗龙山"之名，龙气如此旺盛令他倍感恐惧，于是他命人在惠山脚下又挖了一下，破坏其处的"王气"，留下"秦始皇坞"，这在陆羽《慧山寺记》中有明确记载。总之，秦始皇从苏州到镇江走的是驰道而非运河，他根本就没经过常州，也就无从镇压常州的水市。其实嘉兴原本就未出过天子，而出天子的水市应当是常州，即常州西北的古武进县境"京（经）山"龙脉上出了齐梁两朝皇帝。秦始皇始料未及，没想到要走一走运河水路来镇压沿运河的江南所有水市，常州遂能够幸运地未遭其破坏。常州水市之所以未遭破坏，其原因便在于秦始皇南巡走的是驰道，而江南驰道与江南大运河仅在京口与嘉兴两地重合，而在京口与嘉兴之间的常州境内两者不相重合，所以常州这江南大运河上的水市便逃过了一场嘉兴城那般"城毁、名改"的浩劫。

（七）江南大运河早在秦始皇之前便已存在，江南大运河始于秦始皇纯属误会

前已论明：

1. 秦始皇只开了"江南大运河"河口"京岘山"南侧"猪婆滩"处的运河，即开了从今天丹徒镇到镇江城那一小段24里长的运河（直线距离为18里），见《山堂肆考》卷十八"地理、山"："秦凿：丹徒县城东有京岘山。秦时望气者言：'其地有王气。'始皇使赭衣三千徒，凿京岘山为长坑，以泄其气，即此。京镇、京口，皆以此山得名。凿山之徒皆赭衣，故县名'丹徒'。"《太平寰宇记》卷八十九"润州"："《吴录·地理》云：……秦望气者云：'其地有天子气。'始皇使赭衣徒三千人凿长坑，败其势，改云'丹徒'。"

2. 秦始皇又开了从丹徒"京岘山"到丹阳"经山"山脉南侧的直道（即驰道），使"京山（经山）山脉"自然弯曲的山峦被齐刷刷地斩断而阙损，故名"曲阿"[①]，见《至顺镇江志》卷首"县邑、曲阿"："古云阳也。史官奏：'云阳有王气。'凿北冈，截直道使曲，以厌之，因名'曲阿'。"

3. 文献从来都没有秦始皇开江南大运河全段的记载。下文第二章更将详细考证秦始皇之前，包括"徒阳运河"在内的整个"江南大运河"便已存在，即江南大运河最西段的"徒阳运河"乃至整个江南大运河，在秦始皇时代肯定已经存在，而且不是秦始皇所开，乃是秦始皇之前就有。

4. 古今学者们之所以会认定秦始皇第一个开凿了丹徒至丹阳段的"徒阳运河"，其实一是把岑昏开的"小辛凿道"误会成秦始皇所开；二是把秦始皇在曲阿境内沿"京山（水经山）"山脉开凿的"秦驰道（又名'直道、天子路'）"，误会成秦始皇开凿"徒阳运河"的记载；三是把秦始皇在京岘山下开了旨在引运河由今天的丹徒镇改口至今天镇江城处入江的那一小段24里长的运河[②]，误会成为开凿丹徒至丹阳的"徒阳运河"全段的记载；四是把"陵水道"当成了"江南大运河"。只要有上述四大误会中的任何一个，就会得出秦始皇开创"徒阳运河"乃至整个"江南大运河"的说法。

---

①　曲，即亏阙意。今人仍言理亏为"理曲"。

②　秦始皇在京岘山下所开的这一小段引运河到今天镇江城处入江的运河改口工程，其现实作用也就在于可以和对岸的邗沟直线对接，从而少逆江而上十余里。正如"吴古故水道"在无锡以西入"上湖（即芙蓉湖）"后，要走最西的通江河道利港出江，而不走利港以东的申港虞舜国门"鱼门桥"、夏港等出江，皆是为了少逆江而上10里（从利港到申港为十里）。

于是在上述四大误会的引导下，便出现了一系列"秦始皇开江南大运河"的臆说。其实上述四大误会全都是毫无根据的臆说，古代持此臆说者甚多，后人又引以为据，于是积非成是，真相莫明。古人持此臆说者如《至顺镇江志》卷二"地理"之"坝、闸、堰"类的小序："漕渠之凿，自秦始。历代因之。"其卷七"山水、漕渠水"："京口有渠，肇自始皇，非始于隋也。盖六朝漕输由京口泛江到达金陵，则有风涛之险，故开云阳之渎，以达句容，而京口固未尝无漕渠也。详味《实录》所谓'东郡船艋①不复行京江'之语，可见。《舆地志》：'晋元帝子衷，镇广陵，运粮出京口，为水涸，奏请于丁卯港立埭。'又《齐·志》：'丹徒水道，入通吴、会'，皆六朝时事，尤为明验。是则，炀帝初非创置，不过开使宽广耳。及观《京口诗集》，宋乾道庚寅，郡守蔡洸浚漕渠成，郡人顾致尧作诗记之，有曰：'两冈相望山壁立，地形脊高势回潴。练湖寸板虽得尺，庱亭泄去如尾闾。自从秦凿兴赭徒，大业广此事遂娱。岁久不治成廢瘵，下视一线皆泥涂。'观此则渠始于秦明矣。)"

王文楚先生也是根据秦始皇镇江"开猪婆滩"、嘉兴"治陵水道"这"江南大运河"一首一尾处的两大工程，来判定整个江南大运河是秦始皇所开②，这一观点经过本书的论证也就显得不再可靠了。

其实我们翻遍所有文献，发现文献中从来都没有秦始皇开凿江南大运河全段的记载，也没有秦始皇开凿江南大运河丹徒至丹阳段的记载。《越绝书》卷二所谓的秦始皇"治陵水道"，的确极易让人误会是在开江南大运河，其实是在嘉兴段运河东侧筑捍海堤，上通驰道。秦始皇在江南地区沿海岸线所造的捍海堤，旨在使"淡水不出海，咸潮不入境"，可以围垦泽田，秦始皇在嘉兴"治陵水道"便是这捍海堤体系中的一段，绝对不是开江南大运河。

而且《史记》卷六《秦始皇本纪》二十七年"治驰道"，可证从寿春至长水（嘉兴）的陵道，从嘉兴到钱唐（杭州）、大越（绍兴）的陵水道，都当是秦始皇二十七年就已造好。而秦始皇南巡淹没长水县，迁县于湖北岸而改名"囚倦（由拳）"却发生在秦始皇三十七年。换句话说，秦始皇淹没长水县时，与运河水道相并行的驰道早已存在，秦始皇还充分利用此"驰道"来作为长水"堰塞湖"的阻障部分。

秦始皇南巡时因听到"水市出天子"谣言后，到长水县时正好又看到人们在此地坐船贸易，于是命令囚徒筑"马塘堰"形成堰塞湖，把长水县淹没，又把它的县城在淹没前强

---

① 艋，当作"舰"。
② 见王文楚《古代交通地理丛考》书中《江南运河的形成及其演变》一文的第389页。

制搬迁到湖北岸，命名为恶名"囚倦（由拳）"，东吴改嘉名"嘉兴"。这一事件反倒能清楚证明：秦始皇时，嘉兴段江南大运河和水市便已存在。而水市的形成需要数十乃至上百年的积累，这便意味着从镇江到嘉兴的江南大运河早在秦始皇统一天下前早已存在。而嘉兴离杭州并不遥远，所以京杭运河江南段在先秦便已存在当无可怀疑。

事实上，长江三角洲诸城市也就镇江、常州、杭州地势较高，需要开挖人工运河。而常州城往东，海拔开始日益走低，古代弥漫有芙蓉湖，根本就用不着开运河便有水路可通；到苏州、嘉兴一带海拔更低，常年受太湖湖水、东海海潮的漫溢浸渍，全是海边滩涂而水势盛大，同样无需开运河便有水路可通。总之，常州城以东的江南地区不用开河便有水面可以航行，可能也就在枯水期需要人工开挖一条河道来维持水上交通的畅通。

古代水势远比今天盛大，京杭大运河江南段真正需要开挖的其实也就镇江至常州那一段而已，像无锡、苏州、嘉兴海拔都很低，一派汪洋泽国，有天然水面可以通航。所以江南大运河在先秦时代全线贯通当无疑议，江南大运河最早开挖的那一段，应当是从芙蓉湖西岸往西开挖的常州段，然后才是再往西开挖的镇江段，这更是不言而喻的事。

而且古人相信：秦始皇南巡江南是为了镇压此地的王气（即下文所说的舜和禹在江南兴起，江南的吴国和越国居然可以来中原争霸），便以交通大开发（即开通驰道）为名[①]，凿开江南的山川破其风水而在江南修驰道。秦始皇早在自己南巡前，便已在江南大地上开通好陆、水两道（陆道是秦始皇新开，而水道却是自古就有而秦始皇加以整治、拓宽），秦始皇南巡只是为了验收以上工程。

秦始皇之所以要来验收这一工程，便是因为其在临终前一年听到了"亡秦必楚"的民谚[②]，而江南吴越之地被楚吞并，此巴掌大的地方居然京都林立（指镇江有吴京，常州沿江有舜过山，无锡太湖边有阖闾城，苏州有吴国之都，绍兴有越国之都），王气特别兴盛，最令他放心不下，所以特地要来江南南巡视察。

他在次年也即其逝世那年的正月抵达越都，一路上考察此江南之地的形和神，此前驰道工程未能破坏到的地方，他便来亲自加以重点整治和破坏，并改其佳名为恶名，以厌（压、镇压）其王（旺）势，如在南京开秦淮河，断钟山长陇为方山，在镇江、丹阳开河口水道，在嘉兴开堰塞湖，并改今天南京的美名"金陵"为丑名"秣陵"，改今天镇江的美名"吴京（武进）、京口、京城"为丑名"丹徒"，改今天丹阳的美名"云阳"为丑名

---

　　①如"东城天子路"，下文"六"有详考，走的是沿江沿海的岗身地带；又上文所说的嘉兴"陵水道"，沿着古已有之的"江南大运河"及其旁的古捍海堤而行。

　　②指《史记·项羽本纪》言秦代有"楚虽三户，亡秦必楚"的民谚。

— 135 —

"曲阿"，以上三名均为恶名。

常州堪称幸运，仍旧是"绵延不绝、长生不衰"的"延陵"佳名，未被秦始皇作污名化处理，原因便在于秦始皇苏州至镇江那一段驰道没沿江南大运河，秦始皇南巡便跳过了江南大运河上的"水市"常州城。不然的话，秦始皇从镇江至苏州的驰道如果沿江南大运河开的话（即也是嘉兴那种"陵水道"格局的话），秦始皇从苏州回程至镇江时必定会路过常州城，看到这儿也有"水市"，免不了要像嘉兴水市那般破坏一通。正因为秦始皇没有路过常州城，所以常州意为"延年益寿"的"延陵（延龄）"美名没有被改掉。

江南大运河最西段的"徒阳运河"秦始皇时代肯定就有了。现在能找到的最早记载是宋人顾致尧的《咏镇江蔡守浚漕渠》，又名《题丹徒漕渠》："两冈相望山壁立，地形脊高势回潴。练湖寸板虽得尺，废亭泄去如尾闾。自从秦凿兴赭徒，大业广此事遂娱。岁久不治成症瘕，下视一线皆泥涂。"（见《全宋诗》第48册第30351页。）此诗讲得很清楚：大业年间，隋炀帝所开的供遨游用的大运河，是在秦始皇调发穿红色囚服（即"赭衣"）的囚徒[1]所开凿的"徒阳运河"旧道的基础上扩宽而来（"大业广此"）。虽然这是宋人所言，似乎太晚，但宋人此言必定有其依据，所以不可轻易否定。据此诗，加上上文一系列秦始皇开发江南交通的文献记载，则秦始皇时代便已开有"江南大运河"当属合理。

秦始皇之前江南大运河便已存在，有上文"五、（一）"摆出来的江南城市早已布局在那儿的理据。秦始皇只不过沿用了旧有的江南水道；当然，局部河段如镇江城处的河口段会有所改造，嘉兴城那一段因造凌驾于高陵（即捍海堤）上的驰道，会对道下与之并行的江南大运河水道有所加深；其他运河各段可能也会有所拓宽和加深。秦始皇在江南大地上从无到有开发的工程不是"江南大运河"而是江南的"驰道"（当然是在此前先秦吴越旧有捍海堤基础上改造而来），下文便将详考江南的秦驰道。由于江南秦驰道的考证是通过秦始皇临终前一年在江南的南巡路线考得，所以我们一并详考秦始皇此次江南境内的南巡路线。

六、秦始皇南巡江南所行"秦驰道"考

由于人们常会把秦始皇开的驰道，和后世沿江南大运河而走的国家驿道这两者相混淆，误会秦始皇在江南所开的驰道就是后世沿江南大运河而行的驿道，即误会秦始皇在江

---

[1] 即丹衣之徒、丹徒，此是"丹徒"地名的由来。

南是沿江南大运河开驰道，所开驰道就是后世江南大运河岸上的驿道①。所以在此有必有对江南地区的秦驰道做一详考，彻底颠覆并纠正前人有关江南秦驰道的上述误说，这也是学术界首次对江南秦驰道做详尽考证。

当然，上文考明嘉兴段秦驰道与江南大运河相并行；嘉兴以北的江南驰道则不沿江南大运河而分道扬镳：驰道沿北江而行，运河从腹里而过；嘉兴以南至杭州城的秦驰道则可能也是和运河相并行的。

（一）秦始皇南巡江南的目的旨在镇压江南的王气

秦始皇南巡时经过了江南一系列城市，其敬畏从大舜开始的江南王气②，望祭江海，并视察对江南王气的一系列镇压工程，如毁江南都邑、毁吴越都城与宫殿，借开驰道（沿江高速公路）和河道等交通开发为名来毁坏吴越山川的自然面貌（也即所谓的风水），镇压或走泄江南的王气之势。

秦始皇敬畏大舜，在舜过山南侧不远（4公里）的秦望山望祭大舜与江海；后人以"舜（过）山"为大舜南巡经过而得名，当出于秦皇南巡过此的错误嫁接。事实上，秦始皇南巡会稽（今绍兴）返回咸阳时，因羡慕大舜功业，途中所有大舜遗迹全都要加以瞻仰，如在武汉一带遥望九嶷山行望祭之礼（即下引《史记》："行至云梦，望祀虞舜于九疑山"），在江南也特地来此常州东北境的"舜过山"祭拜。出于敬畏之心，秦始皇不敢践履大舜之山，故登其东南侧（即八卦中的"巽"位，通"逊"而有谦逊意）8里处的山，望祭供奉大舜的舜庙所在的舜过山，望祭江（长江）、海（东海）和江南诸山、诸湖（上湖、太湖等五湖），遂称所登之山为"秦望山"。

今详考秦始皇南巡江南事，以证古常州地区所有秦始皇的遗迹，以及江南从大舜所开始的所谓的"王气"（即都邑之气，也即江南能成为天下首善之区的气象）全都名不虚传。而秦始皇在江南的遗迹有：江阴秦望山、秦皇六射垛、古武进东城天子路、阜通古镇、无锡秦始皇坞、太湖秦始皇坐骑留迹的马迹山、秦履山，以及阳湖、秦阳山等。

（二）秦始皇南巡江南走的是"秦驰道"而非江南大运河

《史记》卷六《秦始皇本纪》载明其南巡路线："三十七年十月癸丑，始皇出游。……

---

①《中国邮政》1982年第1期载孙志平《中国邮驿始于何时？》一文指出："中国邮驿始于何时？过去，不少书刊认为始于周朝。我认为这种说法是不正确的。本来，通信史与人类发展史是同时开始的。人类有了集体活动，就有了相互通达信息的活动。中国远古的通信，早在距今约6000多年前的母系氏族社会时期就出现了。但有文字可考的邮驿史，则在公元前14世纪的殷商盘庚年代的甲骨文中才有了明确的记载。""驿"起始于人类早期，当时称之为"邮驿"，主要是用于交通信息，历代有过不同的名称，到了明清时代则称"驿站"。中国的邮驿源远流长，从有人类的那一天起，就出现了各种形式的通信活动。江南大运河岸上的驿道和江南大运河一样古老，据本书第四章考证，早在原始社会的新石器时代便已出现。

②详见下文"（六）"和第三章"五、（二）、3"。

十一月，行至云梦，望祀虞舜于九疑山。（《正义》：《括地志》云：'九疑山，在永州唐兴县东南一百里。《皇览·冢墓记》云：舜冢，在零陵郡营浦县九疑山。'言始皇至云梦，望祭虞舜于九疑山也。）浮江下，观籍柯，渡海渚。（《正义》：《括地志》云：'舒州同安县东。'按：舒州在江中，疑'海'字误，即此州也。）过丹阳，（《正义》：《括地志》云：'丹阳郡故在润州江宁县东南五里。秦兼并天下，以为鄣郡也。'）至钱唐。（《正义》：钱唐，今杭州县。）临浙江，（《集解》：晋灼曰：'其流东至会稽山阴而西折，故称"浙"。音"折"。'）水波恶，乃西百二十里从狭中渡。（《集解》：徐广曰：'盖在余杭也。顾夷曰："余杭者，秦始皇至会稽经此，立为县。"'）上会稽，祭大禹，（《正义》：上，音上掌反。越州会稽山上有夏禹穴及庙。）望于南海，而立石刻，（《索隐》：望于南海而刻石。三句为韵，凡二十四韵。）颂秦德，其文曰：……还过吴，从江乘渡。（《集解》：《地理志》：'丹阳有江乘县。'《索隐》：《地理志》：'丹阳有江乘县。'《正义》：乘，音时升反。江乘故县，在润州句容县北六十里，本秦旧县也。渡，谓济渡也。）并海上，北至琅邪。"

（三）《越绝书》卷八"不射"当作"六射"，即江阴"六射垛"是秦始皇遗迹

《越绝书》卷八"外传、记地传"："政更号为秦始皇帝，以其三十七年，东游之会稽，道度牛渚，奏东安：东安，今富春；丹阳，溧阳，鄣故①，余杭轲亭南。东奏槿头，道度诸暨、大越。以正月甲戌到大越，留舍都亭。……乃更名大越曰山阴。已去，奏诸暨、钱塘，因奏吴。上姑苏台，则治射防于宅亭、贾亭、北年、至灵，不射，去。奏曲阿、句容，度牛渚，西到咸阳，崩。"画线部分句读一般点作："则治射防于宅亭、贾亭北。年至灵，不射，去"，如李步嘉《越绝书校释》第204页即点作，"年至灵"，甚是费解。

"射防"一词《汉语大词典》第二卷第1265页有解释："古代射场的界限。汉袁康《越绝书·越绝外传、记地传》：'因奏吴上姑苏台，则治射防于宅亭、贾亭北。'按，古代打猎，除草为场，驱兽于场中而猎之，越防不追。参阅《谷梁传·昭公八年》及《广雅·释天》。"按魏张揖《广雅》卷九"祀处"："王者以四时畋，以奉宗庙，因简②戎事"，《春秋谷梁传注疏》卷十七《昭公八年》"秋，蒐于红"句《谷梁传》："因搜狩以习用武事，礼之大者也"③，这两条文献便道出古人以射猎兼行阅兵之事。"射防"就是古代狩猎时射场的界限。古代打猎，除草为场，驱兽于场中而猎之，越防不追。野兽越出射防界线，便让其逃生而不再追杀（即只追杀到射防边界为止）。

———————————

①鄣故，鄣郡故城之意，即"故鄣"。按《太平寰宇记》卷94"湖州、长兴县"："鄣郡故城，即秦时鄣郡城，今俗号'府头'是也。在县西南八十里。"

②简，检阅。简戎事，即检阅兵马，今人谓之"阅兵"是也。

③北京：中华书局1980年版《十三经注疏》第2435页上栏。

"射防"既然是古代狩猎场的界限，则"宅亭、贾亭、北年、至灵"当是所设猎场的四至（或四角；即此四点围起来的区域便是射防），故标点当作："则治射防于宅亭、贾亭、北年、至灵"，今又可据江阴地方志考得"不射"两字实当作"六射"为是，"不、六"两字形近而误。

按《弘治江阴县志》卷六"古迹"："六射垛，宋《志》云：'《旧经》云：秦王六射垛，在县北四里。'"其卷五"兵防"引宋《江阴志》"江防事宜"《绍定四年正月十八日江淮制置大使公文》后开列"本军措置分屯处所"有："六射垛寨，训练官一员，正军一百人。"可见"六射垛寨"这儿后世作为练兵的营寨，应当就源自秦始皇在此设打猎、阅兵用的射场。

宋王象之《舆地纪胜》卷九"江阴军、景物下"："六射垛，《旧经》云：'秦王六射垛，在县西北四里。'"则其方位更可精确为在江阴城西北而非正北四里处。《成化毗陵志》卷31"古迹"："六射垛，在县北四里，相传为秦王射垛。"《嘉靖江阴县志》卷二"古迹"："六射垛，在县东①北四里。《旧经》云：'秦王演射处。'"《崇祯江阴县志》卷一"古迹"："六射垛，秦王演射处，在县东西②四里。"《康熙常州府志》卷二十"古迹"："六射垛，在江阴县北四里。旧《经》云：'秦皇演射处。'"诸书言秦皇演射于此甚确，故上引《越绝书》中"不射"两字可据此而改"六射"，秦始皇南巡过此，当众表演，亲射六箭而去。

为何要射箭？这是巡狩制度当有巡和狩两个环节。巡即天子巡视四方，狩即巡的过程中要借打猎为名举行一场阅兵仪式。这是因为古人操练武事，以借狩猎的名义模拟战争，以达到不荒废武事的效果。

古代帝皇巡狩，除巡视政教外，以狩猎形式检阅军事也是重要一环。秦始皇此次南巡，便在吴都姑苏城北境的今天江阴城下举行狩猎、阅兵之礼（仪式），亲自演射六箭而去。为什么不多不少正好要射六枝箭呢？按《礼记注疏》卷二十八《内则》："国君世子生，告于君，接以大牢，宰掌具。三日，卜士负之，吉者宿齐，朝服寝门外，诗负之，射人以桑弧蓬矢六，射天、地、四方。"据此可知古帝皇巡狩阅兵时所射的六枝箭，应当分别是仰射飞鸟、俯射渊鱼、射东西南北四方之走兽。江阴城西北四里处的"六射垛"对于考证秦始皇"江南驰道"的路线至关重要，故在此首先加以讨论。

（四）今人考证"秦驰道"江南段的失误

席龙飞主编的《中国科学技术史·交通卷》"第十七章　秦汉时期的陆路交通""第一节　陆路交通线路布局""一　秦代以咸阳为中心的陆路交通网"：

---

① 东，当据上引文献《舆地纪胜》作"西"。
② 东西，当据上引文献《舆地纪胜》作"西北"。

从洛阳向东南至颍川郡治所阳翟（今河南省禹县）、陈郡治所陈县（今淮阳县）、九江郡治所寿阳①县（今安徽省寿县）。……由寿春往东南至历阳（今安徽省和县）过长江，则与公元前 210 年出武关、游云梦，沿江而下，过丹阳（今安徽省马鞍山市东南），临浙江以登会稽（今浙江省绍兴市）的路线相合。……

东方最边一条南北联系线被称为并海线。<u>具体线路大致是南起会稽郡会稽山（今浙江省绍兴市南），西绕钱塘县（今杭州市），东北绕吴县（今江苏省苏州市），西北过长江，</u>再折东北至东海郡朐县。然后绕琅邪郡琅邪台（今山东省胶南县南）……公元前 210 年东巡"上会稽，祭大禹"，"还过吴"，"并海上至琅邪"，又由之罘"并海西至平原津"，皆循此线。秦二世出巡，也曾循此线从"碣石并海。南至会稽"②。

两条记载后都有出处："汉·司马迁.《史记·秦始皇本纪》。"其考证秦始皇江南驰道是据《史记》卷六《秦始皇本纪》，即上文"（二）"所详引之文。

其书第 589 页"秦代驰道、直道分布示意图"大致是沿今天大运河江南段来标绘"钱塘—会稽—曲阿"段驰道，即上文"六"开头所说的误以江南秦驰道与秦以后的江南驿道相重合。

上引文献画线部分，该书编者用"具体线路大致是"的表述，可见其第 589 页图所绘线路只是其大约估计，并未考实，所以很有必要考证一下秦始皇南巡所走的江南"天子路（即驰道）"的具体路线。前已考明其"天子路（驰道）"连通江阴城西北的"六射垛"，而京杭大运河不经过江阴，则其图沿京杭大运河江南段标示的秦驰道显然已不准确，有必要重新考明后加以重绘。笔者找到的诸多秦驰道图③，其江南部分均与席龙飞书第 589 页图所绘一致，其实都是错误的。

其实秦始皇的驰道在江南不走江南大运河，走的是常州地方文献中记载的常州"东城天子路"，其为当时的沿江高速公路：途经古武进境内（今属丹阳境内）的东城里，再经过古武进境内的古武进城（今属武进县，即万岁镇，今名万绥，当时的秦汉、及先秦名叫"阜通镇"），然后经过江阴城，再往东南到达苏州城。今详考其路线如下。

---

① 笔者按：寿阳，当作"寿春"。东晋孝武帝时，因避简文太后郑阿春讳，改"寿春"为"寿阳"。秦代当称"寿春"。

② 席龙飞，中国科学技术史：交通卷[M].北京：科学出版社，2004：第 587~588 页。

③ 笔者找到的一系列秦驰道图，除极少数图像席龙飞之图那样，画出从丹阳（今南京）到钱塘（今杭州）一线的秦驰道外，其余绝大多数全都失画这条驰道。

（五）秦始皇南巡江南所经"秦驰道"路线详考

上引《史记》《越绝书》详细记载了秦始皇此次南巡的行踪和行事，可见此次南巡的目的显然是祭祀舜、禹二帝，即：望祭舜于云梦泽，亲祭禹于会稽山。其为何要到会稽山立碑歌颂秦德？其实就是仿效大禹在会稽山会稽天下。会稽，即"会计"，指古天子大会诸侯，计功行赏。汉王充《论衡·书虚》："百王治定，则出巡；巡则辄会计。"言皇帝天下大定后，必定要巡游天下，而巡游天下时，总是要召集各方诸侯来论功行赏，相当于开个总结大会、庆功大会。这事肯定不是随便举行的，而是帝皇获得天下大治后方才举行的一种重大典礼。故《史记·夏本纪》："自虞、夏时，贡赋备矣。或言禹会诸侯江南，计功而崩，因葬焉，命曰会稽。会稽者，会计也。"可见夏禹把会稽天下这件事放到自己的晚年，简直就把它当成人生最后一件大事来办，这事的重要性就相当于大禹为自己的一生画上一个圆满句号而盖棺论定。而大禹在绍兴会计天下，其实也是对大舜在此会计天下的效仿。《太平寰宇记》卷九十六"越州、余姚县"："上虞故县城，本汉县，今废，城在县西是也。《郡国志》云：'上虞故城，即虞舜与诸侯会计事至此，因相虞乐，因名'虞山'，在县西三十里。《太康志》：舜避丹朱于此。'"可见舜当年就是在会稽山东侧的故乡上虞举行会计大典的。论功行赏结束，自然要歌舞宴饮，互相娱乐（"因相虞乐"），非常愉悦，故名"虞山"。由此更可看出江南自大舜以来的神圣性。这儿是大舜的根基所在（舜的老家在"江南"钱塘江南岸的余姚、上虞，第三章"六、6"有详论），舜作为天下明德的典范，故此江南之地的民风是普天下最淳厚的。正因为此，大禹治水成功后，特地要将其治水宝典封藏在江南太湖中的洞庭山[①]。天下大定后，又会计于此，并终老安葬于此。故秦始皇也仿效舜、禹，来此会稽山刻石纪功、颂德。不止秦始皇，《史记》卷六《秦二世本纪》载秦始皇的继承人秦二世胡亥刚登基便南巡会稽，即："元年……春，二世东行郡县，李斯从。到碣石，并海，南至会稽，而尽刻始皇所立刻石，石旁著大臣从者名，以章先帝成功盛德焉……四月，二世还至咸阳。"从咸阳至河北秦皇岛的碣石，沿"并海（即'傍海'、也即'濒海'）驰道"至会稽再回咸阳，路途不下 5000 公里，行程不过两三个月。今以三个月 100 天计，则日行 1000 里。考虑中途停留游观的时日占四分之一即 25 天计，

---

①参见《吴郡图经续记》卷中"灵佑观"条："旧传：禹治水，过会稽，梦人衣玄纁，告治水法、并不死方在此山石函中，既得之，以藏包山石室。"又《古微书》卷三十二："太湖中洞庭山林屋洞天，即禹藏真文之所，一名包山。……按《灵宝要略》：昔太上以《灵宝五篇》真文以授帝喾，帝喾将仙封之于钟山。至夏禹巡狩，度弱水，登钟山，遂得是文，后复封之包山洞庭之室。……《越绝书》：禹治洪水至牧德之山，见神人焉，谓禹曰：'劳子之形，役子之虑，以治洪水，无乃怠乎？'禹知其神人，再拜、请诲，神人曰：'我有《灵宝五符》，以役蛟龙、水豹。子能得之，不日而就。'因授禹，而诫之曰：'事毕，可秘之于灵山。'禹成功后，乃藏之于洞庭包山之穴。"将，率，统率。将仙，即率领仙人、或命令仙人。

则日行将达1333里。以一天24小时换马不停奔驰则每小时行55.5里，平均每分钟462米，相当于每分钟奔驰古人的一里路。可证秦驰道可以日行千里以上。而马的奔跑速度是每小时40~120里，故秦驰道日行千里也是可以做到的。因此我们对于古人的迁移速度千万不可小瞧。

秦始皇下江南时由牛渚（即采石矶，《史记》作"海渚"，疑是"牛渚"别名）渡长江，走沿"中江"而行的秦驰道，经由江东的丹阳城（今南京西南境的安徽当涂境内的"小丹阳"，不是今天镇江东南的丹阳市），再经溧阳、故鄣抵达钱塘（今杭州）而至钱塘江，因江面宽阔，不敢从钱塘即杭州处横渡此江，于是又上溯120里，到浙江中游的狭窄处，也就是余杭县的轲亭南侧（在今富阳）的钱塘江北岸横渡钱塘江。钱塘江南有水道可以东到鄞县（今宁波），而秦始皇则由陆路（驰道）取道东南的诸暨（其处当有比较重要的设施需要秦始皇实地检查是否破坏殆尽，所以秦始皇要特意枉道一过），然后再往西北到达越国的首都"大越城"（即今绍兴），登上会稽山，立石刻来歌颂自己秦朝统一天下的功德，然后改大越为"山阴"（其目的就是为了抹除地图上的"越""大越"等字样，以山背后的阴暗角落意，来命名绍兴这座昔日的越国首都），然后再回诸暨，由余杭轲亭处的原路北渡钱塘江回到钱塘（今杭州，江南大运河的南口），然后至吴县，上姑苏台（即吴王宫），视察姑苏台上的吴王宫殿群与姑苏城这座吴国首都是否破坏殆尽，然后又离开吴县，至曲阿、句容，又至句容北的江乘①县渡长江，再由"并海线"（并，读"依山傍水"之"傍"，"并海线"就是傍海岸而建造的驰道，前附诸秦驰道图画在苏北腹里而非秦时的海岸线上，则又是一大误；秦始皇之所以要沿海岸造驰道，便如同上文所考证的"陵水道"的格局，是捍海大堤与驰道相结合的御咸潮围海造田用的、水利兼交通与通信②的宏伟工程），至山东琅玡台（其亦是越国首都，即越王勾践争霸中原时迁都于此）。其由吴县至曲阿县当是沿江而行，故而会到武进与江阴两县交界处的长江南岸畔的"舜过山"望祭江海与大舜，从而有"秦望山"这个山名留传下来。秦始皇巡游天下走的道路自然就是他下令在全国兴造的"驰道"，因为"驰道"正中间名为"天子道"，是专供天子出行用的最高等级的道路，秦始皇贵为天子，不可能舍此道不行。

《史记》卷六《秦始皇本纪》：二十七年"治驰道"句注："《集解》：应劭曰：驰道，天子道也。道若今之'中道'然。"《汉书》卷五十一《贾山传》：秦始皇"为驰道于天下：

①乘，音"胜"，指车、船等运载人与物的交通工具，此处指船。"江乘"意为江边登船的渡口。此处当是最著名的长江大码头，故设县于此而名"江乘"。

②信使可以快马加鞭地在驰道上疾驰，所以此驰道既是交通大动脉，也是通信大动脉。

东穷燕、齐，南极吴、楚。江、湖之上，濒海之观，毕至。道广五十步，三丈而树，厚筑其外。隐以金椎，树以青松。为驰道之丽，至于此。""三丈而树"指驰道正中央的三丈（约 7 米）用松树作为行道树隔离出来供天子专用，故称"天子道、天子路"意为供天子专用之路，又称"中道"意为正中央之路。古今人步距相同，古代一步乃走两下，约 1.5 米，则道路面宽 75 米[①]，如果 3.5 米一车道的话，相当于 21 车道。驰道是天子所开，中央三丈更是天子专用，是当时等级最高的道路，供当时行驶最快的骏马和马车奔驰，故名"驰道"，相当于今天的高速公路。秦始皇下令全国开凿驰道，为的就是要让自己的政令能飞速传达到天涯海角，据说要在两天内由首都咸阳传到南海（广州）。

驰道南极吴楚，通达大江、大湖，凡观海的大码头（"濒海之观"）也有驰道相通，则江南驰道必然会连接长江、太湖，以及下文提到的江阴"石牌山"这一看海用的天然的海滨大码头"石筏"；以及上文提到的有可能是长江上最大的码头，故而其县以此码头命名为"江乘县"。秦始皇在江南一路所行当皆为驰道而非坐船走运河[②]。

秦始皇在江南一路所行当皆为"天子路"（即驰道），考察上引《史记》与《越绝书》所记载的秦始皇南巡的行程踪迹，便可明了当时"江南驰道"的路线。本研究暂不涉及秦始皇从钱塘至绍兴再回钱塘的过程，只研究秦始皇在长江三角洲的南巡路线。上引史料只交代了长江三角洲"秦驰道"故鄣至钱塘，钱塘至吴县，吴县至曲阿这三段路线，至于这三段路线的诸多中间环节则无明文，遂有必要详考。

1. 从故鄣至余杭经过乌程

《太平寰宇记》卷九十四"湖州、乌程县"："掩浦，一名'项浦'，在县东北一十六里。顾长生《三吴土地志》云：'昔项羽观秦皇舆御，曰："可取而代也。"伯父项梁闻，掩其口之处，因名之。'"事见《史记》卷七《项羽本纪》："秦始皇帝游会稽，渡浙江，梁与籍俱观。籍曰：'彼可取而代也！'梁掩其口曰：'毋妄言！族矣！'梁以此奇籍。"下文考得秦始皇南巡由会稽回程时，经"由拳"至姑苏台，绝不可能至乌程，其当是由故鄣前往钱塘途中经过乌程。《史记》所言的"游会稽，渡浙江"，当作"欲游会稽，欲渡浙江"来理解，不当理解为"已游毕会稽、渡过浙江后"[③]。前面所提到的席龙飞《中国科学

[①] 一说：一步为 1.4 米弱，则为 69 米。

[②] 关于秦始皇南巡，容易产生两大误区：一是误会秦始皇由采石矶渡江后走南京、镇江、苏州、杭州来绍兴后再原路返回，其实来时走采石矶、湖州到杭州、绍兴，回去时才经过苏州、镇江；其来时可能专程前往过南京，见下文"（六）、1"，回去时则直接由江乘坐船渡江，未到南京。二是误会他不走驰道而坐船走江南大运河。

[③] 汉语没有时态、语态的变化，"将来时态"与"虚拟语气"在形式上看不出，全靠阅读者细心体会来加以理解。

技术史·交通卷》所绘驰道图中丹阳至钱塘的驰道没经过乌程，据此看来，显有失考。

2. 从钱塘至吴县经过嘉兴

《宋书》卷二十七《符瑞志上》："初，秦始皇东巡，济江。望气者云：'五百年后，江东有天子气出于吴，而金陵之地有王者之势。'于是秦始皇乃改金陵曰'秣陵'，凿北山以绝其势。至吴，又令囚徒十余万人掘汙其地，表以恶名，故曰'囚卷县'，今嘉兴县也。"可见秦始皇南巡至江南吴地的今天嘉兴县时，亲自命令囚徒们破坏其处的地势，命名其为"囚卷县"。

《太平寰宇记》卷九十五"秀州、嘉兴县"："秦望山，《九州要记》：'始皇登此山望海，因以名。'始皇碑，在嘉兴县。吴主立于长水县，土人谣曰：'水市出天子。'始皇东游从此过，见人乘舟水中交易，应其谣，遂改'由拳县'。"此证明秦始皇的驰道路过运河边的水市嘉兴。即这一段驰道当与江南运河并行，且嘉兴在秦始皇时已成为水岸上的城市。

其又言："故由拳县，在今县南五里，秦始皇见其山上出王气，使诸囚合死者来凿此山。其囚倦，并逃走，因号为'囚倦山'，因置'囚倦县'，后人语讹，便名为'由拳山'。"

元徐硕《至元嘉禾志》卷一"沿革"："又《吴录·地里》曰：吴王时，此地本名'长水'，故嘉兴亦名'长水'。秦始皇东巡，望气者云：'五百年后，江东有天子气。始皇至，令囚徒十万人掘汙其地，表以恶名，改之曰"由拳"。'又按《寰宇记》云：'始皇东游至长水，闻土人谣曰："水市出天子"；从此过，则人乘舟交易，应其谣，遂改"由拳县"。'又曰：'故由拳县，在今县南五里。始皇见其山上出王气，使诸囚凿此山。囚倦，并走，因号为"囚倦山"，置"囚倦县"，后人讹为"由拳"。'《水经》云：'秦始皇改为"囚倦"，亦曰"由卷"。'西汉属会稽，东汉属吴郡。吴黄龙三年，由卷野稻自生，改为'禾兴'，志瑞也。赤乌五年，因立太子和，改为'嘉兴'，晋、宋、齐、梁因之。"可见秦始皇走驰道至长水县时，路上听闻"水市出天子"的民谣，其由驰道走到今天嘉兴城南五里处，正好看到其处有水市（沿河有好几里长的贸易用的长街），与谣言相合，遂改其地为恶名"由拳"。

嘉兴段驰道与江南大运河相并行，而嘉兴以北的驰道当不沿江南大运河。

3. 从嘉兴至吴县经过崑山

元徐硕《至元嘉禾志》卷十四"古迹、松江府"："秦始皇驰道，在府西北、崑山南四里。相传有大冈路，西通吴城①，即驰道也。《舆地志》云：'秦始皇至会稽句章，渡海经此。'按汉贾山《至言》所谓：'秦为驰道之利，东穷燕、齐，南极吴、楚'者，非此

---

① 即吴国首都姑苏城，今苏州城。

钦？"卷二十八"题咏"有许尚《华亭百咏》之《秦皇驰道》："叹昔秦皇帝，何年此逸游？<u>迢迢大堰路</u>，千古为嗟羞。"卷二十九有唐询《华亭十咏》之《秦始皇驰道（在府西北、崑山南四里。相传有大堰路，西通吴城，即驰道也）》："秦德衰千祀，江滨道不修。<u>相传大堤在，曾是翠华游。</u>玉趾如将见，金椎岂复留？怅然寻旧迹，蔓草蔽郊丘。"同卷又有王安石《和华亭十咏》之《秦始皇驰道》："穆王得八骏，万事得其修。茫茫千载间，复此好远游。车轮与马迹，此地亦常留。想当治道时，劳者尸如丘。"梅圣俞《和华亭十咏》之《秦始皇驰道》："秦帝观沧海，劳人何得修？石桥虹霓断，驰道麋鹿游。车辙久已没，马迹亦无留。骊山宝衣尽，万古空冢丘。"大冈（大堰）就是沿海的冈身，上引画直线部分已清楚言明"大冈（大堰）路"就是即建造在沿海冈身上的驰道；上引画浪线部分"相传大堤在，曾是翠华游"更可证明：先民以沿海冈身为基础建造捍海堤，而秦驰道便建在堤顶，高架如山陵，故名"陵道"。这也为上文"五、（六）"所作的判断：秦及先秦江南先民就利用沿江、沿海冈身建造起捍江海大堤，提供了充分的文献依据。

此崑山[①]乃山名，非今昆山县，见《至元嘉禾志》卷四"山阜、松江府"的第一座山："崑山，在府西北二十三里，高一百五十丈，周回八里。"此崑山在"钱塘—由拳"一直线上[②]，则驰道当至此崑山下，然后拐向西北而通吴县。

4. 从吴县至曲阿经过江阴

前已言秦始皇南巡至江阴时，设猎场检阅士兵，六射（射六枝箭）而去，则其驰道必定经过今天的江阴城[③]下。其在江阴的遗迹尚有秦望山、鸡笼山、石牌等。

《永乐大典·常州府》卷五"江阴县山"引宋《江阴志》："秦望山，县西南二十七里。旧《经》：'按《风土记》：本名"菁耳"，山在蜀川，秦王[④]驱之，以塞东海，至此不肯前，登山四顾，因号"秦望"。'又引《山海经》云：'南有蜀川油九甓。'今按史籍，皆无所据。（《南徐州记》：'暨阳县西有秦履山'，此山是也。）"《弘治江阴县志》卷六"山川"："秦望山，县西南二十里。今俗呼'茶岐山'。宋《志》云：'《南徐州记》：暨阳县西有秦履山'，此山是也。"又："鸡笼山，县西南一十五里。即秦望山东峰也。宋《志》云：'秦始皇东巡，至此。'"《太平御览》卷四十六"地部十一、江东诸山"："秦履山，山谦之《南徐州记》曰：暨阳县西南可三十五里，有秦履山。传云：秦

---

① 崑山，今写作"昆山"。

② 故此段驰道肯定不会绕道乌程至由拳再至昆山

③ 其地西晋时方立县而建城，称"暨阳县"，梁末设为江阴县。秦始皇时其尚无城而为墟镇。

④ 秦王，《弘治江阴县志》（凤凰出版社2011年版）卷十四"杂辩、山川"之"秦望山"条同（第280页）；《舆地纪胜》卷九"江阴军、古迹"之"秦望山"条作"秦始皇"（江苏广陵古籍刻印社1991年影印惧盈斋本第132页）。

始皇登之，以望江海。"此"秦履山"即"秦望山"。履，踏也，登也，可见此秦望山乃秦始皇亲自登山望祭江海与西北乾卦（即君卦）方位的舜过山上供奉舜的舜庙，非是秦始皇命人望祭。其"望"字后人皆容易误解为普通的遥望，其实是"望祭"、遥祭之意。古帝皇巡狩时皆要行望祭山川之事，如《史记》卷一《五帝本纪》：舜"岁二月，东巡狩，至于岱宗，紫，望秩于山川。（《正义》：乃以秩，望祭东方诸侯境内之名山大川也。言'秩'者，五岳视三公，四渎视诸侯。）"此是大舜东巡泰山时行"柴望"之礼：紫，通"柴"，谓烧柴祭天，因是祭祀之礼，故改"木"字偏旁为表示祭祀的"示（礻）"字偏旁；"望"谓遥祭所封国境内的山川。

《永乐大典·常州府》卷五"江阴县山"又引宋《江阴志》："鸡笼山，县西南二十里。旧《经》：'俗传：秦始王[1]东巡，以金笼贮鸡，至此放之。后人或闻其鸡鸣，因名。'又云：其山形如鸡笼。"《弘治江阴县志》卷六"山川"："鸡笼山，县西南一十五里。即秦望山东峰也。宋《志》云：'秦始皇东巡，至此。'"

《永乐大典·常州府》卷五"江阴县山"又引宋《江阴志》："真山，县东十八里，《祥符图经》作'甄山'。按《十道四蕃志》：'一名"石筏山"，筏长六十步，始皇欲以浮海。亦曰"筏梁"。'……今俗呼'石牌山'：其石，面平数丈，悬江流中，水涨不没，涸亦不高，随水上下。"明冯士仁《崇祯江阴县志》卷一"古迹"："石牌，形如筏，在真山。传为秦皇驾以浮海者。长六十步，面平数丈，歃江滨，刻《心经》一卷。疾读未毕，潮辄上[2]，故难搨。宋《志》云：'涨不没，涸不高，随水上下。'"清蔡澍《乾隆江阴县志》卷二"古迹"："石筏，在县东长山之北；巨石鳞次，俯临长江，其形如筏，亦称'石牌山'。旧称：秦始皇东巡，尝登长山，欲自此浮海，故名。"

秦始皇修驰道"濒海之观毕至"，即凡是观海的胜处和入海的大码头，全都要有驰道相连，使海陆交通可以无缝衔接。江阴石牌山处的"石筏"，显然就是一处天然的海船登陆与岸上人坐船下海的海滨大码头。秦始皇慕名来此以观东海，或许原本就打算要坐海船从这儿出海到山东琅琊台[3]这一越国在中原的首都。显然是因为自己的健康状况不容许坐海船（秦始皇于此年七月便驾崩于琅琊台归咸阳的途中），所以从长计议，还是放弃渡海打算，决定再继续往西走150公里到达江面狭窄的江乘县（今南京栖霞区仙林大学城）坐

---

①王，宜据《弘治江阴县志》卷六"山川"及卷十四"杂辩"两引宋《江阴志》此"鸡笼山"条（第109、281页）、《舆地纪胜》卷九"江阴军、景物下"此"鸡笼山"条（第132页）改"皇"。

②由此可知前云石筏："悬江流中，水涨不没，涸亦不高，随水上下"乃传说，其涨潮时即没于水中。

③由于"并海线"驰道未必就在江阴石筏对岸，故知诸书言其在石筏"驾以浮海者""欲自此浮海"恐非指渡长江至对岸上"并海线"驰道，而就是要坐大船出海，由海道至琅邪台。

船渡江，正如其渡浙江时亦上溯120里至"狭中"而渡①，走陆路"并海线"这一傍海的驰道前往琅琊台，更为安全稳妥。

由上述秦皇遗迹，可见江阴县境内的驰道当是从吴县至江阴县东的"石牌山"，秦始皇本欲从此出海而因故放弃；再至江阴县西北四里的"六射垛"，秦皇于此临时建起狩猎场，射六枝箭而去；然后再向西到舜过山南的秦望山，秦始皇亲自登此山，朝北望祭舜过山纪念大舜，又望祭此处的长江、东海，以及此江南"延陵"地区诸山川与五湖。然后再向西抵达阜通古镇、东城里、曲阿、江乘。

《永乐大典·常州府》卷五"江阴县山"又引宋《江阴志》："彭公山，县东北十里。《须知》云：'昔彭越东征居此，营山之东。'"又："彭墓山，县东南三十里。即彭公所获首级葬此。"《弘治江阴县志》卷六"山川"："彭公山，县东北十五里。宋《志》云：'《源山须知》：彭越东征，居此，营山之东。'""彭墓山，本定山支陇，在张岐村，宋《志》云：'彭公所获首级，葬此。'"今按《史记》卷九十《彭越传》并无彭越抵达江南事，唯有"彭越乃悉引兵会垓下，遂破楚"语。则彭越当是在项羽乌江自刎后，率部渡江东征项羽残部而到过江南。江南有项羽残部，见《史记》卷九十五《灌婴传》："别追项籍至东城，破之。所将卒五人，共斩项籍。……渡江，破吴郡长吴下"，《史记正义》有注："破吴郡长兵于吴城下"，即灌婴于乌江斩项羽首级后渡江攻占吴郡，在吴郡郡治（今苏州城）斩了吴郡的"郡长"即太守。江南在当时为会稽郡，郡治设在吴县，即今苏州（故上文"（四）"提到的席龙飞图标苏州为"会稽"），属项羽领地。项羽起义于吴县，会稽郡属于其西楚国版图的一部分，故《史记》卷七《项羽本纪》乌江亭长对项羽说："江东虽小，地方千里，众数十万人，亦足王也。愿大王急渡。今独臣有船，汉军至，无以渡。"即江东（也即秦汉之会稽郡、先秦之吴越两国）仍然效忠于项羽您！彭越率兵与刘邦共围项羽于垓下，项羽突出重围南奔，也就是因为江东仍效忠于他，是他最后一块地盘，所以项羽要选择南奔。项羽南奔时，彭越肯定会率部追击项羽。项羽乌江自刎后，彭越必然会率部渡江，东征江南的项羽残部，遂因此而来到江阴。故《史记·魏豹彭越列传》"彭越乃悉引兵会垓下，遂破楚"，不光指其在垓下破楚，更指其追击项羽至乌江岸边后又渡过长江，占领项羽最后一块地盘"江东"，消灭项羽最后一支在江东的军事力量。而江阴邻近苏州，项羽起家的"江东八千子弟"显然包括江阴人在内，因此彭越在江阴肯定会遇到效忠项羽的江阴守军的顽强抵抗，故有斩获、掩埋之事。兵贵神速，彭越下江南时所走路线务求神速，那肯定也就

---

① 见前引《史记·秦始皇本纪》："水波恶，乃西百二十里从狭中渡。"

走的是秦始皇沿长江（北江）
所开的驰道。今按《弘治江
阴县志》卷十四"今志全境
图"①（右图）所绘："彭公山"
标在"石牌港"口略西处；
"彭墓"山标在江阴县城东
"定山"之东、"伞湖"之北，
在"真山"正南；则沿江驰
道由江阴城北，至真山处折
往正南，奔向吴县。

则沿江的秦驰道由吴县
至彭墓山，再至真山石牌港，
再至彭公山，再至江阴县西
北四里处的"六射垛"，再至
鸡笼山、秦望山，再往西至
曲阿，全都沿江而行。

**5. 秦始皇南巡途中在太
湖流域的常州江阴、无锡、
晋陵三县特作停留**

《永乐大典·常州府》卷
十五又引宋《江阴志》宋江阴人曹确《和王明远〈江阴五咏〉》诗，其第二、第三首便咏
秦望山和石牌：

《秦望山》："人传昔秦帝，兹山到曾望。驱从蜀川来，意塞东海涨。荒哉慕神仙，遗
事可悲怅。方士能夸言，未免图籍上。"

《石牌》："彼秦信可智，四海欲超迈。威灵岂非雄？可役万鬼怪！及其不能为，亦莫
救川渍。君看驾桥事，于今浪溯洄。"

其又引宋无锡人袁默《澄江八咏》，其第六首咏《秦望山》："海上仙山望凡绝，迢迢

---

① 参见凤凰出版社2011年版"无锡文库"影印明刻本，其图略不清。今取民国影抄本之图，见国家图
书馆出版社2011年版《上海图书馆藏稀见方志丛刊·（正德）江阴县志十四卷》第58册第392页（其
误以此《弘治江阴县志》为正德年间所修）。

弱水不可涉。鸟膺、蜂准岂不知①？长生不死心未灭。雄伯②关中亦一时，并吞六国犹指挥。自矜功德愚黔黎，驱山塞海疑有之。吾闻卢生言：'辟恶真人至。'又闻徐市言：'蓬莱药可恃，愿捕巨鱼连弩射！'史迁记此不及彼，古老相传恐真是。岷峨一夜失崔嵬，我耳山从蜀道来。嗟乎六丁汝狂斐，区区为役长城鬼。"

　　秦始皇每到大都会，都会望祭山川，从而在各地留下"秦望山"。如其至钱塘、余杭，即今杭州，便有秦望山，见《大清一统志》卷二一六"杭州府、山川"："秦望山，在钱塘县西南十二里。晏殊《舆地志》：'秦始皇东游，登此山瞻望，欲渡会稽，故名。'"明吴之鲸《武林梵志》卷十"凤林寺"条："唐鸟窠道林禅师，富阳潘氏。母梦日光入口，有娠，诞时异香满室，遂名'香光'。幼出家，诣长安西明，学《华严》。代宗诏国一禅师至阙，师谒之，得法南归，抵西湖秦望山，有大松树盘屈如盖，乃止其上，时人因以'鸟窠'名之。复有鹊巢其侧，自然驯狎。元和中，刺史白居易入山访之"云云。而古常州江阴县秦望山亦有鸟窠禅师遗迹，有其将田螺放生的"放生池"和传说，当是鸟窠禅师云游所至。其放螺异事，见《崇祯江阴县志》卷四"仙释"："鸟窠道林禅师，姓潘氏。母梦日光入口，有娠；诞时，异香满室，遂名'香光'。幼出家，谒国一禅师，得法归。抵西湖秦望山，有大松盘屈如盖，乃止其上，时人因以'鸟窠'名之。尝惺云：'吾邑芦圻庵，唐鸟窠禅师驻锡处。'内有'放生池'，师尝买螺蛳半截者放此。至今，池内螺蛳，皆无半尖；视之，如新剪截者。"又卷一"山川、秦望山"条："其东曰茶岐山，西曰芦岐山，有鸟窠禅师放螺塘异迹。"卷一"古迹"："鸟窠遗迹：鸟窠禅师，驻锡芦岐道场，见槽蠃蛳者，活截壳尾；尽买放池中。至今蠃蛳繁生，壳尾皆破落。"

　　秦始皇朝拜绍兴会稽山，于此绍兴会稽山亦望祭南海而有秦望山，即宋施宿《会稽志》卷九"山、会稽县"："秦望山，在县东南四十里。旧《经》云：'众岭最高者。'《舆地广记》云：'秦望在州城南，为众峰之杰。秦始皇登之以望东海。'……《太平御览》云：'山在州城正南，涉境便见。秦始皇帝登山以望南海。'"

　　以上江南三处著名的"秦望山"都是秦始皇在江南著名胜地望祭江海的遗迹，绍兴者望祭"南海"③，杭州者望祭"南江（即浙江）"，常州者望祭"北江（即长江）"和"东海"。"秦望"两字在古人心目中很是神秘，因为"望"有望祭意，能望祭天下山川者唯有天子，故"秦望"两字实有天子气在内。《南齐书》卷十八"祥瑞志"言齐高帝萧道成称

---

　　① 知，通"智"。

　　② 伯，读作"霸"，称霸之意。

　　③ 其处之海今称"东海"，古称"南海"，普陀山称为"南海观世音道场"，可证也。今按：钱塘湾以东的海面古称"南海"，其实就是今天东海的闽浙海面直至今天的南海。

帝时，天下祥瑞便有会稽剡县"刻石山"石刻文字"刻石者谁？会稽南山李斯刻秦望之封也"，便是其证。

关键是：绍兴的秦望山在大禹陵所在的会稽山之南，据说是为了望祭"南海"，而常州的秦望山在舜过山之南，这不是巧合，当是舜过山乃舜的正宗纪念地，其级别和大禹陵这种级别的大禹纪念地一样。所以，在舜过山与大禹陵之南望祭，既是望祭江海，更是望祭大舜与大禹，即绍兴的秦望山向北望祭大禹陵的大禹之灵、钱塘江（南江）和其处的东海海面，而常州东北角的秦望山向北望祭舜过山上舜祠内供奉的大舜之灵、长江（北江）和其处的东海海面。

太湖中古晋陵县（清代称阳湖县，属今武进县）有马迹山、秦履山，相传也是秦始皇遗迹。《咸淳毗陵志》卷十五"山川、晋陵"："马迹山，在县东南迎春乡太湖中西南二十里。山麓周百二十里，与津里山相接。山西地名'西青'，石壁屹立，下有两穴迹，圆各盈尺，深五六寸，水落则见，旧《经》谓：'秦皇巡幸，为马所践。'按僧文鉴《洞庭记》：汉郁使君为雍州刺史，归（社）[杜]沂州，经从此山，龙马驻迹留石面，时人语曰：'朝为雍州官，暮归栖九里。'文鉴诗云：'瀛州西望沃州山，山在平湖缥缈间。常说使君千里马，至今龙迹尚堪攀。'二说未知孰是。"马迹山即今无锡灵山大佛所在之地"灵山"，本为武进县之迎春乡，解放后割属无锡，其山有两处马踏之迹，相传秦皇南巡时，其马停驻此地，践踏成迹。又说是汉代一位姓郁的雍州刺史归太湖中老家"杜沂洲"时，经过此山，其龙马驻足石面留下马蹄痕迹。前人未详孰是。同卷又有："津里山，在太湖中。《四蕃志》云：常州有秦履山。注：始皇尝登此。后讹为今名。唐开成中邵偓作《记》云：'山连马迹、夫椒，峰峦回合，波影映带，实为奇观云。'"可见此山原名"秦履山"，出唐人梁载言的《十道四蕃志》，与上文"4"《太平御览》引刘宋山谦之《南徐州记》所言的"暨阳县西南可三十五里有秦履山"同名而异实①，当皆为秦始皇所登。其名"秦履"，后讹为"津里"，音相近之故。秦始皇沿"北江"南岸的驰道而行，似乎不会到达太湖。其实秦始皇当在吴县与江阴之间的"无锡湖（即芙蓉湖）"畔驻足停留过，其停留的目的便与他此行的又一目的密切相关。

《越绝书》卷二载："秦始皇帝三十七年坏诸侯郡、县城"，为了彻底消灭天下人反抗的依凭，秦始皇下令将秦国本土以外六国诸侯的所有城池拆毁。而此次南巡是在此年的十月，十一月走到云梦即武汉，正月走到绍兴，到姑苏时估计已是次年的正月或二月。此行

---

① 上文"4"引《弘治江阴县志》言明《南徐州记》"暨阳县西有秦履山"即其县的秦望山。

的目的就是要视察各地城池毁坏得如何。小城无王气，沿路看过即可，但越国的首都会稽（即"大越"，秦始皇特贬称其为"山阴"，今绍兴），吴国的首都吴县（先秦吴国时称"姑苏"，今苏州），当重点视察，越国争霸中原时的首都琅玡台更不能放过，所以此行的终点便是从江乘渡江北上，视察琅玡台。此外，吴国的故都梅里墟、陪都即太湖边的阖闾城也当重点看一下是否毁坏殆尽。可见他此行的又一重要目的便是要巡察一下江南各大都市的王气①毁灭得是否彻底。

　　元《无锡志》卷三下"古迹"："阖闾城，在州西富安乡，相去四十五里。《越绝书》云：'伍员取利浦及黄渎土筑阖闾城。'《吴地记》云：'阖闾城，周敬王六年，伍员伐楚还，运润州利湖土筑之。不足，又取吴地黄渎土。为大、小二城。当阖闾伐楚回，故因号之。'……今按：阖闾大城在姑苏，即今之平江是也。小城在州之西北富安乡间埕，其地边湖，其城犹在，至今其处土人有'城里''城外'之称。"吴王阖闾命伍子胥所建的大阖闾城即吴国首都吴县（今苏州）。而小阖闾城便是今天武进雪堰乡与无锡交界处的"阖闾城"。阖闾大城的建造要好多年，故阖闾肯定是先造太湖畔的阖闾小城供居住；等大城造好后再迁往大城，然后小城仍作为吴王阖闾与夫差的夏宫、陪都、军事要塞。何以见得吴王阖闾的夏宫在此？《成化毗陵志》卷三十一"古迹、武进"："避暑宫，在县南马迹山内间湾，世传：吴王阖闾构宫，于此避暑。今其井犹存。"避暑宫自然也就相当于行宫，则阖闾城肯定也就是行都，所以秦皇需要亲自视察一下太湖边的行都阖闾城以及太湖内马迹山上的行宫这两者毁坏得如何。遂因此机缘得以驻马"马迹山"、亲履"秦履山"，故两山皆因秦始皇得名合乎事理。因此《越绝书》"因奏吴，上姑苏台"语实当举一反三：既包括视察此姑苏台（即姑苏山）上的"吴王宫遗迹"破坏得如何，更当包括视察吴县（苏州）周边一带太湖畔陪都阖闾城、马迹山避暑宫在内的"吴王宫遗迹"破坏得如何。泰伯的都城"故吴墟"梅里的吴国宗庙宫室肯定也列在破坏名单中，今天梅里挖不出什么吴文化遗存原因当也在此，秦始皇当是坐船由江阴至无锡后，再由"泰伯渎"来视察此故吴墟，然后再回无锡而至阖闾城。

　　由于我们已经知晓无锡全境皆是湖，只有惠山等几个山头耸立于湖中成为岛屿，当然冬天枯水之季湖水退缩也会露出大片陆地，但毕竟地基不稳，这也正是秦始皇所修驰道要从"苏州—江阴—阜通—东城—曲阿"沿江傍海绕行，而不由"苏州—无锡—常州—曲阿"沿今天大运河沿线走江南腹里的原因所在。

---

　　①撇开迷信的说法客观来讲所谓的王气，其实就是成都（即能成为首都）的气象格局，也即今人所谓的都市景象。

其原因很简单，就是从苏州至无锡至常州全是湖面、沼泽（即"古上湖"），无法找到适合筑路的坚实地基，所以不得不北绕。上文"（五）"开头引《史记》言秦二世"到碣石，并海，南至会稽"，足证从碣石到会稽县（绍兴）所必经的江南驰道属于"并海线"驰道的一部分，其"并"字读作"依山傍水"的"傍"，"并海线"就是依傍海岸而建造的滨海而行的驰道，因此《史记》这条文字其实已告诉我们江南驰道沿江傍海而行，并不走腹里的大运河岸。而作者找到的诸多秦驰道图由于不了解"并海"即"傍海（濒海、滨海）"之意，全都统一把苏北的"并海线"驰道画在苏北腹里之地，而不画在秦时的海岸线上，当为大误。秦始皇之所以要沿海岸造驰道，便如上文"五、（六）"所考证的"陵水道"的格局，即："并海线"也同嘉兴的"陵水道"一样，是捍海大堤与堤顶驰道相结合的围海造田的宏大的水利工程兼宏大的交通与通信工程。

秦始皇的"并海线"驰道滨海而行，在江南便是沿江而行，而所沿之江实乃江海交接处的大洋，古称"扬子大洋江"。而"扬子大洋江"这一长江湾其实就可视为"东海"的近陆部分，可证江南的秦驰道也属于傍东海（长江湾）而行，从而也就属于"并海线"的一部分。

秦始皇为什么会钟情于沿海建驰道？那便在于其所造的其实是一座雄伟的捍海堤，可以挡住咸潮的入侵，有利于农业生产；堤顶又可用作高速公路，供骏马拉车或负人驰骋，收到高速公路与快速通信的功效。此沿江驰道之堤只在大河入江处开口，所以其不良后果便是导致沿江地区内河向海洋排水的不畅，加速堤内上流五湖地区内涝而湖泊沼泽化，在洪涝灾害发作时便会造成巨大的不利影响，但在旱灾时却可以有效地发挥截留水源、以利农业灌溉的功效。

这也就证明：在秦汉及以前，从苏州到无锡再到常州东境的大运河不用开就有天然的湖面可供行船，江南大运河所要开的只是"常州西境—丹阳—京口"段而已（即本书中心论点所要证明的"江南大运河镇江常州段"乃京杭大运河中的最早一段）[①]，而京口段运河相传为秦始皇凿"京岘山"所开，其实是他借开一小段河口运河的名义来破坏江南的王气

①下文提及"吴古故水道"即吴地很古老的一条水道为："出平门，上郭池，入渎，出巢湖，上历地，过梅亭，入杨湖，出渔浦，入大江，奏广陵"，其"入杨湖、出渔浦"即是走"上湖（芙蓉湖）"的现成水面，其前那段似乎是人工所开，其实在泰伯之前的古代仍是天然湖面。泰伯奔吴后开发江南，以梅里（即梅亭）为中心，围城三百里，第二章"四"将考明其所围之城实为大堤，泄湖成田。故从泰伯开始，"杨湖"以东的无锡至苏州城那部分"芙蓉湖"已基本成田而湖水走泄，故泰伯要于其中开泰伯渎（即"入渎"之"渎"）以资灌溉和运输。需要特别请大家注意的是：此"吴古故水道"仅无锡至杨湖这一小段与大运河重合，而且很可能当时不用开就有湖面可以行舟；其余部分都和大运河不相重合，其与大运河是两条水道，根本就不宜将其视为江南大运河的前身。

和风水。既然无锡全境是湖，秦始皇自然是坐在船上走"上湖"入太湖来视察。陆羽《慧山寺记》言惠山上有秦始皇坞："秦始皇坞，'坞'者，村墅之异名。昔始皇东巡会稽，望气者以金陵、太湖之间有天子气，故掘而厌之。"①看来他本次南巡的使命，不光要镇压金陵五百年后会成都的天子气，还要镇压住太湖流域五百年后出皇帝的天子气，从而让子孙可以永保万世基业。故其由"上湖"坐船经过慧山（又作"惠山"）时，对于这条游于"上湖"中的龙脉，同时又是号称"吴西神山"的风水宝地，而且还是吴都以西最高大的山，自然也就不能轻易加以放过了；限于行程所迫，他只是稍微动了一下手脚，挖了一下此锡山、惠山处的龙脉（按惠山有九陇即九峰，故又称"九龙峰"，龙气十足），留下了一个"秦始皇坞"。

世人由于未考见前述史实，都不敢相信秦始皇南巡时经过江南的江阴、武进，这以《乾隆江阴县志》为代表，其于卷二"古迹"类"石筏"条（上有引）、"六射垛"条后加按语："按：始皇东巡，未闻至江阴；石筏，亦非浮海具也。而六射垛，亦称秦皇遗迹，岂亦始皇耶？②又西境有'秦望山'，亦以始皇登此得名。祖龙非令主，而所在援引及之，可叹也已！"而《道光武进阳湖县合志》卷二"山、阳湖、马迹山"条注则所言甚是："考《史记》：秦始皇尝曰：'东南有天子气'，于是东游以厌之。《皇舆考》载祖龙东巡遗事：于姑苏，欲发吴王之冢；云间、虎林，有秦望山；嘉禾，有秦驻山，皆尝登之以望海。于京口，凿京岘山；会稽，凿剡山，以泄王气。焉知此山不尝登眺乎？《四蕃志》云：'常州有秦履山，始皇登此，故名。'今寨前湾有秦履山，可为确据也。"

秦始皇自知不久于人世，在人生最后阶段当然是拼命在为子孙着想，其尽力所做的事情居然就是不遗余力地疯狂破坏江南的王气和风水，这就足以证明江南在他心目中是多么可惧可畏！他为何如此惧怕江南呢？很显然，大舜和大禹根于江南而赢得天下，先秦的吴、越两国（吴王夫差、越王勾践）根于江南而称霸中原，事实上，最后不也是江南的项羽③破其巢、灭其国、焚其陵吗？这也就是上文所提到的《史记·项羽本纪》"楚虽三

---

① 见《咸淳毗陵志》卷二十一"词翰"。

② 说的可也是秦始皇的遗迹吗？

③ 项羽虽是苏北宿迁人，但很小就随叔父项梁逃难到会稽郡郡治（今苏州城）并在这里长大，其发家的部队便是来自江南地区的"江东八千子弟"，所以项羽是率领江东也即江南人消灭了秦。

户，亡秦必楚"的秦代民谚，所以项羽在杀掉秦王子婴而彻底葬送秦国后要自封"西楚①霸王"，定都徐州。江南吴越之地、"江东八千子弟兵"的雄风伟烈、神圣不可侵犯于此可见！秦始皇有此忌惮，焉能不惧这能亡其国的江南？

史载秦始皇南巡会稽时经过乌程，项羽拜于路边，有"可取而代也"之言（见上文"1"引《史记》与《太平寰宇记》）。秦始皇不知学大舜以让德教化百姓，使人人皆为圣贤而长治久安；反倒只知穷兵黩武，收天下兵器筑铜人，毁天下城池使撤防，破天下王气以镇压，陋矣！疯狂的"霸道"换来的是项羽更疯狂的反扑、报复和取而代之，秦再世而亡，秦室子孙被灭九族②，这不正反衬出江南大舜的仁德智慧才是治国安邦平天下、护佑子孙与宗族的"正道"吗？

"阖闾城"西北不远处的武进县境内有一座"秦阳山"，这就是同秦始皇一样不行大舜正道、穷兵黩武、再世而亡，堪称始皇帝前车之鉴的夫差，被勾践消灭的地方——"秦余杭山"。

《吴越春秋》卷三《夫差内传第五》："二十三年十月，越王复伐吴。吴国困，不战。士卒分散，城门不守，遂屠吴。吴王率群臣遁去，昼驰、夜走，三日、三夕，达于秦余杭山。（即'阳山'别名。）……越王乃葬吴王以礼于秦余杭山'卑犹'。（《越绝》曰：'夫差冢，在犹亭西"卑犹位"，近太湖，去县十七里。'《索隐》曰：'犹亭，亭名。卑犹位，三字共为地名。'《吴地记》曰：'余杭山，一名卑犹山'，是也。）越王使军士集于'我戎之功'，人一隰（《越绝》'隰'作'累'）土，以葬之。"《越绝书》卷十二《内经九术》："越乃兴师伐吴，大败之于秦余杭山，灭吴，禽夫差，而戮太宰嚭与其妻、子。"可见"秦余杭山"是越王勾践消灭吴王夫差处，在历史上颇为有名。

《越绝书》卷二"外传、记吴地传"，在"毗陵故为延陵吴季子所居"，"毗陵县南城故古淹君地也"，"毗陵上湖中冢者延陵季子冢也"，"蒸山南面夏驾大冢者越王不审名冢"这四条记载后面写有："秦余杭山者，越王栖吴夫差山也。去县五十里。山有湖水，近太湖。""夫差冢，在犹高西'卑犹位'。越王候干戈人一累土以葬之。近太湖。去县十七

---

①楚国吞并吴越后幅员辽阔，可分三楚："西楚"是自古以来楚国的根基，即江汉平原，故项羽虽然源出东楚的吴郡（今苏州城）和宿迁，最后又定都于东楚的徐州，但仍乐意以楚国大本营"西楚"来称自己。"南楚"则指楚国向南扩展的长江以南、鄱阳湖以西地区。而"东楚"便是楚国消灭越国后占有到的吴、越两国之地。今按宋叶廷珪《海录碎事》卷四上"国号门、西楚"："旧名江陵为南楚，吴为东楚，彭城为西楚"，则又是另一说。总之无论何说，"东楚"为江南吴越之地则为共识。

②即贾谊《过秦论》所言的："山东豪俊遂并起而亡秦族矣"，意为：崤山以东的英雄豪杰于是一齐起事，消灭了秦皇室这种族。

里。""三台者，太宰嚭、逢同妻子死所在也①。去县十七里。"由于这条记载写在上引画线部分的"毗陵县"诸条后，故知其所言的"去县"应当就是指去（即"距"、距离、离开）毗陵县（也即今天常州城）东②五十里，而不是离开吴国的首都吴县（今天苏州城）西③五十里。下引宋人潜说友《咸淳临安志》卷十六"疆域一"《吴越考》"又《越绝书·吴地传》云：'秦余杭山，去毗陵县五十里，有湖水，近太湖'"即如此解读。

"犹高"之"高"，当据上引《吴越春秋》画浪线部分的、元朝人注所引的《越绝书》作"亭"。疑"亭"字下部的"丁"字残缺或模糊，抄书者便以"□"代表，后人不明，误认作"高"字而加以抄录。《吴越春秋》卷三末尾说："越王乃葬吴王以礼于秦余杭山'卑犹'"；"（太）宰嚭亦葬卑犹之旁"，据上引《越绝书》和元人注所引的《越绝书》，可知"卑犹"在秦余杭山，"近太湖，去县十七里"。此处既然靠近太湖，则去县（即离开毗陵城）便不止17里。秦余杭山作"去县五十里"，则此处的"去县十七里"要么作"去县四十七里"，要么就当作"去县五十七里"为是。上引"三台者，太宰嚭、逢同妻子死所在也。去县十七里。"画线部分亦一同有误。

今按《史记》卷三十一《吴泰伯世家》：夫差"遂自到死。"《史记集解》："骃案《越绝书》曰：夫差冢，在犹亭西卑犹位。越王使干戈人一垄土以葬之，近太湖，去县五十七里。"此是言夫差坟距离毗陵县（即今常州城）的里数，至此可知：上引《越绝书》两处所作的"去县十七里"均脱一"五"字而当作"去县五十七里"，不当作"去县四十七里"。

上引《吴泰伯世家》此句的《史记索隐》："《左传》云：'乃缢。越人以归。'犹亭，亭名。卑犹位，三字共为地名。《吴地记》曰：'徐枕山，一名卑犹位'是也。垄，音'路禾反'，小竹笼以盛土也。"徐枕山，显是"余杭山"的形讹，其当指"秦余杭山"，而非指余杭县中的山。画线部分的《左传》是说：夫差自缢而亡，越人战胜而回了老家。

上引《越绝书》卷二："夫差冢，在犹高西'卑犹位'。越王候干戈人一垄土以葬之。近太湖。去县十七里。"

上引《吴越春秋》卷三《夫差内传第五》："越王使军士集于'我戎之功'，人一隰（《越绝》'隰'作'累'）土，以葬之。"

《越绝书》的"候"字，当据《吴越春秋》作"使"。

---

① 死所，死的地方。死所在也，死的地方就在此地也。

② 按：太湖水在常州东。

③ 按：太湖水在苏州西。

《越绝书》的"干戈"代指兵士，即《吴越春秋》所言的"军士"。

《越绝书》的"一累"即一抔土或一蒲包土。越王栖①夫差，夫差请苟活，勾践以"有父仇而不报、天予越又不取"羞辱之，夫差无辞以对，蒙面自杀，勾践命兵士们一人一捧土葬之于所栖之山，同时杀死了太宰伯嚭。

今按"余杭"两字可急读为"阳"，即上引《吴越春秋》"秦余杭山"注："即'阳山'别名。"则"秦余杭山"其实就是"秦阳山"。《咸淳毗陵志》卷15"山川、晋陵"："夹山，在县东南七十里。南北五里，包秦、阳二小山，旧传秦皇至此。"《万历常州府志》卷二"常州府武进县境图说"："秦阳山，在夹山东，中隔太平河，旧传秦皇尝至此。按《越绝书》：'秦余杭山者，越王栖吴夫差山也。去县五十里，山有水，近太湖。'岂即此邪？"秦阳山在夹山旁，其东不远处便是无锡的"南、北邙沟"所一同流入的"南阳湖"，南阳湖北又有"北阳湖"，"南阳湖"东南就是吴国的陪都"阖闾城"，距离太湖全都不远，"阖闾城"旁又有"白射山"（可见《道光武进阳湖县合志》书首"新塘乡北段图""安尚乡图"等）。

秦余杭山可以省称"余杭山"（见上引《越绝书》卷五："越追之至余杭山"），故杭州人误以为此山在自己"余杭县"境内，宋人潜说友《咸淳临安志》卷十六"疆域一"《吴越考》已辨其非："其一谓：夫差走余杭山，则余杭在吴之境内。殊不知：吴自有秦余杭山，《姑苏志》云：'阳山，又名"秦余杭山"，在长洲西北三十里。夫差栖于此，死，因葬焉，至今号"夫差墓"。'又《越绝书·吴地传》云：'秦余杭山，去毗陵县五十里，有湖水，近太湖。'今余杭去长洲、太湖甚远，岂可以名之偶同，强合为一？且越在东南，吴在西北。吴王不西北走苏、常，而反东南走余杭，必无此理。"

苏州人又以"秦余杭山"在苏州长洲县（即后世的吴县）境内，即"阳山"。而常州人则以"秦余杭山"在武进县的"秦阳山"。另外，武进与无锡交界处的"阳湖"东侧有一座"安阳山"，也简称为"阳山"。因为有两处"阳山"，江南人便称吴县的阳山为"东阳山"，称无锡的阳山为"西阳山"。《吴越春秋》卷三"达于秦余杭山"据元人注："即'阳山'别名"，则秦余杭山究竟是"阳山（东阳山、西阳山）"还是必须要有"秦余杭山"之"秦"字的"秦阳山"呢？

宋朱长文《吴郡图经续记》卷中"山"："阳山，在吴县西北三十里，一名'秦余杭

---

① "栖"为搁置，也即围困之意。

山'，一名'四飞山'。有白垩可用圬墁，洁白如粉，唐时岁以入贡，故亦日'白礓山'。《吴越春秋》云：'越王葬夫差于秦余杭山卑犹，盖即此山也。'今澄照寺、白莲院，在其下。"今查苏州的"阳山"的确盛产高岭土，此"高岭土"是做瓷器的原料，也即古人所谓的"白石"、"白墙（礓）"。

无独有偶，上文所提到的"新塘乡北段图"中武进与无锡交界处的"白射山"又名"白石山"，见元末至正年间编纂的《无锡志》卷二"山"："白射山，又名'白石山'，去州西五十里，面太湖，在'广长山'之西。""月牌山，在'白射山'西，与'白石山'连。"又见《咸淳毗陵志》卷15"山川、无锡"："白射山，一名'白石'，在县西五十里，有'白射庙'，面太湖。"

另外，《越绝书》卷二"外传、记吴地传"也记载到一座"白石山"："白石（一作'公'）山，故为'胥女山'，春申君初封吴，过，更名为'白石'。去县四十里。"由于上引《吴郡图经续记》言苏州阳山离苏州城为30里，此为离城40里，故知此"白石山"应当是"阳山"以外的苏州吴县城外的又一座白石山。

江南富有高岭土矿，有好几座山因产此"白石、白礓"（高岭土）而得名为"白石山"，不足为怪。

"白石山"当为"白礓山"。因为："礓"同"墙"，意为白土；其音"善"而与"蟮"同音，与"石"音也相近；而"蟮"与"蛇"音相近，江南方言"蛇"音"射"，故"白礓山"即"白射山、白石山"。

《吴郡图经续记》的记载，说明秦余杭山的重要特征在于其山脉中有一峰盛产白土而名"白礓山"。而武进的"秦阳山"以东正有无锡的"白射山"且相去不远（"秦阳山"见《道光武进阳湖县合志》书首"太平乡图"，"白射山"见《道光武进阳湖县合志》书首"新塘乡北段图"）。秦阳山、白射山以东又有"（安）阳山"，这三座山的山下古代弥漫着大湖"（安）阳湖"，后来萎缩成"南、北二阳湖"，其处在太湖北，与《越绝书》"山有湖水，近太湖"的记载也完全相合。所以"秦余杭山"应当就是武进的秦阳山，而非苏州的东阳山。

我们之所以敢排除苏州的东阳山，就在于《越绝书》是在"毗陵县"诸条后载明"秦余杭山者……去县五十里，山有湖水，近太湖。"这就意味着此"秦余杭山"只可能在常州毗陵县境内，而不可能在苏州吴县境内。

今秦阳山距常州城（即毗陵县城）28公里左右，与"去县五十里"之说正相吻合；而《吴郡图经续记》载苏州的东阳山距吴县为"西北三十里"，与《越绝书》"去县五十里"

之说相差太远。所以我们可以判定"秦余杭山"是无锡"西阳山"之西的、常州东南境的
"秦阳山",而不是苏州西北境的"东阳山"。

而且夫差逃了三天三夜（"吴王率群臣遁去,昼驰、夜走,三日、三夕,达于秦余杭
山"）,其乃逃命而非闲散的游逛,怎么可能三天三夜还在长洲（吴县）境内而未出境?他
应当早已逃到常州武进县境内为宜。今秦阳山近旁（在秦阳山的东侧）有"阖闾城",夫
差显然是奔本国建在太湖边的这座"陪都"兼避暑用的夏宫"阖闾城"而来,旨在收取
"阖闾城"内的军队、武器、物资后,继续向西奔逃。结果从"阖闾城"向西才逃了十几
里路,便在"秦阳山"被越军赶上,围困而死。

总之,《越绝书》把"秦余杭山"条写在"毗陵县"诸条之后,故知其应当在毗陵县
也即今常州境内,而非在苏州境内,其所言的"去县"当指去毗陵县东50里,而非指去
苏州城的长洲也即吴县西北50里。

又《吴越春秋》《越绝书》两部汉代古籍清楚载明夫差卒于"秦余杭山",山名以
"秦"字开头,自然应当是今天以"秦"字开头的"秦阳山",而非没有"秦"字的阳山
（即:既非无锡的安阳山这座"西阳山",也非苏州的白石山这座"东阳山"）。元人虽然注
"秦余杭山"为"阳山",但前已言"秦余杭山"可省称"余杭山",则"秦阳山"自然也
可省称"阳山",所以《吴越春秋》卷三"达于秦余杭山"句元人注"即'阳山'别名",
不足以证明"秦余杭山"在"阳山"（即不足以证明"秦余杭山"在苏州的东阳山或无锡
的西阳山）。

又《吴郡图经续记》载明夫差被灭之山有两个重要特征,即山名"阳山"而产"白
石",而武进的秦阳山东不远处就是"白射山"、"安阳山（西阳山）",与这两个特征也相
合。更何况我们也无法排除秦阳山在古代肯定不产"白石（高岭土）",即秦阳山有可能古
产白石而名又带阳山,正合《吴郡图经续记》所载。

秦余杭山即武进的"秦阳山",在秦始皇到来前的夫差时代便已得名[1],则此山似非秦
始皇所经。然《咸淳毗陵志》卷十五"山川、晋陵、夹山"条言:"包秦、阳二小山,旧
传秦皇至此。"言明秦始皇曾经到过这座秦阳山。

笔者认为,秦始皇曾经到过这座秦阳山也是合乎事理的。因为秦始皇在临终那年特地

---

[1]然下文言"秦余杭"即"秦余望",因秦皇望祭而得名"秦余望、秦余杭",夫差时代此山当无此名,
此名当是后人追书。

南巡，就是要来看代表江南吴越之地王气①的吴都（今苏州城）与越都（今绍兴城）的城池和宫殿毁坏得怎么样了，自然也就要视察一下吴、越两国大都市的毁坏情况，尤其是两国的陪都、离宫毁坏得如何。他视察吴国陪都"阖闾城"肯定是坐船游"上湖（今常州横山以东的'芙蓉湖'）"而来。秦阳山是勾践灭吴的著名之地，近在"阖闾城"旁，而且又有"安阳湖"湖面相通，行船便捷，因此秦始皇视察"阖闾城"时，肯定会慕名让船多走点路，特意来看一下"阖闾城"近旁勾践灭吴的"秦余杭山"。他在嘲笑夫差如此潦倒结局的同时，也没料到自己和宝贝儿子秦二世，很快也就要步阖闾、夫差父子"再世而亡"的后尘了。

因此，秦始皇之所以要来视察"阖闾城"，那便是因为《越绝书·外传、记吴地传》："秦始皇帝三十七年，坏诸侯郡、县城"，而"阖闾城"是吴国的离宫所在，是吴国王气的象征，所以秦始皇要在自己临终那年即秦始皇三十七年南巡江南，亲自踏看一下此城的毁灭情况。

《越绝书》卷二"外传、记吴地传"："秦余杭山者，越王栖吴夫差山也，去县五十里。山有湖水，近太湖。"其所谓的"秦余杭"，与"秦余望②、秦望"其实都是同一个名称。这儿所说的"秦余杭山"，就是常州东南境太湖边的秦阳山，其当又名"秦望山"，是秦始皇当年到太湖边望祭太湖处。太湖内马山又有"津里山"，又名"秦履山"，从名字中的"秦履"两字来看，此山应当还不是秦始皇派人望祭处，而是他本人亲自到此山上来望祭太湖；前已言江阴的秦望山就是刘宋山谦之《南徐州记》所谓的"秦履山"，可证江阴的秦望山也是秦始皇亲自登山望祭处。而秦始皇亲游太湖的目的，显然就是要亲眼见证一下：太湖边的吴王宫殿之城"阖闾城"，被他秦王朝的政权破坏得到底怎么样了。

《道光武进阳湖县合志》卷："津里山……《舆地纪胜》：'在县东南一百三十里太湖中，一名"秦履山"，<u>相传秦始皇尝自夹山登此</u>。'《咸淳毗陵志》：'津里山，在太湖中。《四番志》云：常州有秦履山。注：始皇尝登此。后讹为今名。'……《江南通志》：'津里山，与马迹山相连。旧名"秦履山"，相传：<u>始皇尝自夹山登此。江阴县东南二十里有秦望山，俗称"茶岐山"，盖即此山也</u>。'"

画浪线部分表明：秦履山（津里山）与太湖中的马迹山（即马山，也即灵山大佛所在

---

①所谓"王气"，就是指某一地区能够成为天下都邑的自然地理、经济政治、文化风俗等方面的综合表现、基础状况、总体素质等。简单说的话，就是此地成为都城后所建高大壮丽的建筑呈现给大众的都市气象。

②见《越绝书》卷八"外传、记地传"："无余初封大越，都'秦余望'南。千有余岁而至句践。"越国立都之处就是后世史书所记载的绍兴"秦望山"。可证"秦望"又名"秦余望山"。由于秦始皇每到一处便要望祭当地的江、山、河、湖，故"秦望（秦余杭、秦余望）山"到处都有。

的灵山）相连而在太湖中①。则画双线部分所言的常州东北境与江阴交界处的、"舜过山"东南方的秦望山，应当是另一座秦望山（又名"秦履山"），与太湖中的"秦履山"不同；画双线部分言"盖即此山（秦履山）也"，实为有误。

画直线部分言明秦始皇是先到"夹山"，再来太湖边的秦履山（津里山），而《道光武进阳湖县合志》书首"太平乡图""秦阳山"在"夹山"近旁（在夹山的东南侧），所以画直线部分便可证明：秦始皇应当是先到"夹山"视察完毕秦阳山的夫差坟后，再到太湖岸边的"阖闾城"来视察，然后再进入太湖中，登"秦履山"望祭太湖神；而并不像我们上文所想象的那样，秦始皇是先到"阖闾城"，再到"秦阳山"。

6. 从江阴至曲阿经过南朝古武进城"阜通镇"和城外的"东城里"

《咸淳毗陵志》卷二十七"古迹"载有古迹"东城天子路"，证明江南秦驰道沿长江（北江）而筑，经过了古武进县的东城里村。

秦始皇所开的驰道又名"天子道"。其经过齐高帝萧道成居住的古武进县东城里村的那一段便名为"东城天子路"。东城村古属武进，后归丹阳，《太平寰宇记》卷八十九"江南东道一、润州、丹阳县"便载明丹阳境内的这条"东城天子道"就是秦驰道，其曰："天子道，汉贾山上书：'秦为驰道于天下，东穷燕齐，南接吴楚'，即此道。"此"东城天子路"由丹阳之东城继续沿江岸往东到古武进城"阜通镇"后又一直通到江阴城下。

此"东城天子路"并非民间传说，而有正史见载，即《南史》卷四《齐高帝本纪》：齐高帝"所居武进县有一道②，相传云'天子路'。或谓秦皇所游，或云孙氏旧迹。时讹言'东城天子出'。其后，建安王休仁镇东府③，宋明帝惧，杀休仁，而常闭东府不居。明帝又屡幸，改'代'作'伐'④，以厌⑤王气。又使子安成王代之。及苍梧王败，安成王代立，时咸言为验。术数者推之：上旧居武进东城村，'东城'之言，其在此也。"

---

① 上文"五、（三）、15"所附古图绘有"津里山"，即其所附今图之"田鸡山"，在马山西侧。

② 相传齐高帝在武进县城外的住所处（即"东城里"村）有一条名为"天子路"道路。

③ 东府城，简称"东城"或"东府"，在今南京市"通济门"附近。原为东晋会稽王司马道子的府宅，太元中道子代领扬州事，即以其宅为治所。因在扬州旧治之东，故称"东府"。自后为东晋、南朝丞相兼领扬州刺史的官邸所在。东晋义熙十年（414）筑城，周三里九十步。西倚青溪，南临淮水，离台城四里。地居险要，每当建康有事，必置兵守此。梁绍泰末尽被焚毁。陈天嘉中，徙于府城东三里的齐安寺。陈亡后废。

④ 此不详何意。当是指今后所有任命东府宰相兼扬州刺史时，任命文书中的"代"字全都写成"伐"字，以免自己（宋明帝）被东城（宰相府）走出来的宰相兼扬州刺史给取代。之所以要改作"伐"字，便是要在字面上让后任宰相兼扬州刺史"伐"（战胜、斩除）前任宰相兼扬州刺史，从而在字面上保证入住此东府的宰相兼扬州刺史没有一个能拥有善终的结局，没有一个势力能得到生长（因为会被后任斩伐掉），以此来镇压此东府（东城）的王气。

⑤ 厌，读作"压"，镇压之意

又《南齐书》卷十八"祥瑞志"："宋泰始中，童谣云'东城出天子'，故明帝杀建安王休仁。苏侃云：'后顺帝自东城即位，论者谓应之。乃是武进县上所居东城里也。'熊襄云：'上旧乡有大道，相传云秦始皇所经，呼为"天子路"，后遂为帝乡焉。'案：顺帝实当援立，犹如晋之怀、愍，亦有征符。齐运既无巡幸，路名或是秦旧，疑不能详。"

这两条记载都明言秦始皇南巡时经过此地（据上考，实为南巡会稽（绍兴）返回时经过）。正如上引《太平寰宇记》，所谓的"东城天子路"其实就是经过古武进县东城里村的秦驰道。"东城天子路"这一名称其实已能证明江南秦驰道沿江而筑，因为这条秦驰道经过的东城里村就在长江南岸边。"或谓秦皇所游，或云孙氏旧迹"则表明后来的东吴政权仍在沿用秦始皇所开的这一段驰道。《咸淳毗陵志》卷27"古迹"便据上面的正史记载记录为："东城天子路，在县北万岁镇西。或谓秦皇所游，或云孙氏旧迹。宋明帝时讹言天子出，及齐高帝受禅，盖尝居此，言乃验。"

此东城里在今天丹阳境内，因为《梁书》卷七《太祖张皇后传》："葬武进县东城里山"，《高祖郗皇后传》："归葬南徐州、南东海①、武进县东城里山"，帝后合葬，梁武帝父梁文帝萧顺之"建陵"前华表犹存，上书"太祖文皇帝之神道"，梁武帝与郗皇后合葬的"修陵"前那对天禄麒麟仍存一只，亦在梁文帝"建陵"华表近旁，此华表、天禄在今丹阳市荆林乡"三城巷"东北，可证东城里村、东城里山即在此华表、天禄附近。

又《南齐书》卷一《齐高帝本纪》述其高祖萧整过江情形："中朝乱，淮阴令整字公齐，过江居晋陵武进县之东城里。"宋史能之《咸淳毗陵志》卷二十七"古迹"："兰陵城，在县北八十里千秋乡万岁镇西，南齐四世祖、淮阴令萧整侨居之地。按：万岁寺旧有伪吴天祚中石刻云：'寺西去萧梁帝祖宅三十里'；'东城村初名"皇基"，更曰"皇业寺"，后百七十五步即其城也'。"这说明：兰陵城就是"萧整侨居之地"，而萧整"过江居晋陵郡武进县之东城里"，故知兰陵城就是东城里村。其所说的"万岁镇"就是今天武进县西北的万绥，是古武进县县治（即县衙）所在的"武进故城"，城内有"万岁寺"，故后来城废缩小建置时命名为"万岁镇"而音讹为"万绥"。上引文字又说明：齐高帝四世祖萧整祖宅所住的"东城里村"在万岁寺西三十里。今按："东城里村"有寺，相传即齐梁两朝皇室共同的始迁祖萧整的故居舍宅为寺，故名"皇基寺"（即齐梁两朝皇业的根基便在此始迁祖萧整的故居处，即萧整生了齐梁两朝皇室），后来为避唐玄宗李隆基讳，改掉"基"字而名"皇业寺"，至今仍存，就在丹阳市埤城镇张巷北，正在"建陵"华表正北约1.5公里处，此寺即萧整故居东城里村所在，因为萧整过江居东城里，其居舍宅为寺为皇基寺

---

① 即南东海郡。

而改名皇业寺，故今丹阳皇业寺所在地便是萧整所居的东城里村，其正在武进万绥西 30 里处，与"寺西去萧梁帝祖宅三十里"的碑记又正相吻合。

"路"音"露"，听起来便有露出意；"天子路"就是"天子露"，也就是"天子出"的意思，意味着此处当出天子。结果此"东城里村"果真露出（冒出）来了齐高帝萧道成、梁武帝萧衍等齐梁两朝的皇帝，梁武帝父亲梁文帝陵就安葬在"东城里村"旁的山上，史称"东城里山"（下文"（六）、4、（2）"将详考其所在，就在今丹阳城东荆林乡的三城巷村），其东便是经山山脉，十余座齐梁皇陵便安葬在梁文帝陵南、北、东三面的经山（京山）龙脉旁，看来"东城天子路（东城村天子露出来）"果然王气非凡。

东城村往东三十里通武进故城（即今武进万绥），从江阴至东城村别无他路，必定要经过此地，所以"秦驰道"也必然要经过此武进故城。武进故城古名"阜通镇"，当是秦始皇调发军民在曲阿县（今丹阳）境内兴建的沿江高速公路"秦驰道（直道）"经过了此地，遂使此处的山阜得以通达，故名"阜通"。阜通镇设在这儿还因为这儿有一条天然大河（亦可能是先民人工开辟的"井田制"灌溉总渠）"孟渎河"流经此地，于是取水路"孟渎河"与陆路"东城天子路"相交会点的水陆要冲之地建置为"阜通镇"。西晋所设的武进县的县城便在此地，梁武帝天监初年又把原本设在"东城里村"的"南兰陵县"的县治（衙）改设于此而改"武进县"名为"兰陵县"，等于纵容自己"皇基（皇业之基）"所在的侨县"南兰陵县"反客为主地吞并了原本的宗主县"武进县"，故西晋以来所设的"武进城、武进县城"，从梁武帝天监初年便开始改名成了"兰陵城、兰陵县城"。隋代废兰陵县也即古武进县并其入曲阿（丹阳）县，唐初再设武进县，县城仍设在此处。武则天垂拱二年（686）把武进县衙东迁到常州城下，此城遂称"武进故城"。这座阜通镇处的武进故城便因县衙迁走而日渐衰败，到五代后唐的同光年间，武进故城中的城市居民又被彻底迁到常州城下，此城逐彻底废弃而降低建置为镇。因是出过齐梁皇帝的"齐梁故里"，故名"万岁镇"。而且镇上又有梁武帝这位万岁爷的家，梁武帝将其舍宅为寺，即著名的"智宝寺"，民间因是万岁爷的家，故而俗称"万岁寺"，此镇因有万岁寺，故其镇更名叫"万岁镇"。此"阜通古镇"便是梁代以来的"兰陵城"所在。"阜"音富，路通则富，富则万事通达①，"阜通"之名其实气派非凡，与"东城里（村）"可谓一东一西，成为"齐梁故里"的两大地标："阜通"是齐梁故里的县城所在，而"东城里"是齐陵故里的皇基"老祖宗萧整故居、也即萧氏大宗祠"与皇陵所在。

---

① 按"阜通"一词见《周礼·天官·大宰》："六曰商贾，阜通货贿。"郑玄注："阜，盛也。"指商贸能使货物丰富，购销渠道畅通。

以上这段经过，详见如下史籍的记载。一是地方志《永乐大典·常州府》卷二叙"武进县"建置沿革时，引《大德毗陵志》："武进县，故兰陵，在今通江乡阜通镇之北，有兰陵城故基，去常州治所凡八十里。五代后唐庄宗大同中，吴窃据江北，江盗旁午，民人惊扰不安，由此徙县于州治之内，至今不改。"二是国家正史《旧唐书》卷四十《地理志》"江南道、常州"载："武进，晋分曲阿县置武进，梁改为'兰陵'，隋废。垂拱二年，又分晋陵置，治于州内。"即设县治（县衙）于常州城下。《新唐书》卷四十一《地理志》"江南道、常州"载："武进，望。武德三年，以故兰陵县地置；贞观八年省入晋陵，垂拱二年复置。"

宋《咸淳毗陵志》卷三"乡都"只列乡、不列都，即不列乡下面的镇和村。其"武进县"名下列有"千秋乡"，这便是后世的"通江乡"。宋《元丰九域志》卷五"望常州毗陵郡军事"有："望晋陵：二十乡，横林一镇。望武进：一十五乡，奔牛、青城、万岁三镇"，所言三镇《咸淳毗陵志》卷七"场务"皆列为务而有"万岁务，在县北"的记载。凡设镇方设务，故《咸淳毗陵志》所记"万岁务"实即万岁镇。《成化毗陵志》卷三"乡都、武进县"："通江乡，（旧名'千秋'。）"其下"十都"有："阜通镇，旧名'万岁镇'。"未言何时改万岁镇为阜通镇。《道光武进阳湖县合志》卷三"水道、孟渎河"条言："五里至汛①水镇，镇为古万岁街，旧武进县址，侨置南兰陵郡，故桥有'兰陵''千秋'名，以其为齐梁兴王地，故宋时谓乡为'千秋'，镇为'万岁'，至明改为'通江乡''阜通镇'云。地多沙，泛为泉，故又曰'汛水'，以其音似耳。考泛沙之处，土软性腻，如京口'猪婆滩'；五里中，一律如此，通河之受病处。至此，则浦溇之水入焉。唐《志》所谓'万岁湾'是也。"这就直接认为是明代方才改"万岁镇"为"阜通镇"。但根据上引《大德毗陵志》"在今通江乡阜通镇"语，则元朝大德年间便已改称"通江乡阜通镇"矣。而宋《咸淳毗陵志》称"千秋乡、万岁务"，则宋代为"千秋乡、万岁镇"。可知是元朝避"千秋、万岁"之名②，改"通江、阜通"之名以避嫌、免忌。则"阜通"之名似乎是元代才有。其实，元代是恢复此地齐梁以前的旧名。齐梁因出皇帝而名此地为"万岁"，一直沿用至宋，元代避忌改名时，用的是此地齐梁两朝前、未出皇帝时的秦汉旧名"阜通"。或又有人改用同音之字而称"万绥"，而"绥"有平和之意，是去势之意，是言此地王气

①汛，当作"汎"，即"泛"；"汛水"即"泛水"；即古"万岁镇"之"万岁"两字字面上就有王气之嫌，故后来改成同音字"万绥""泛水""万税"以避嫌、免忌。下诸"汛水"皆当作"汎水"。因气势旺盛方能泥土上冲，所以历来以此地有旺气（即"王气"；此"王"字当读"旺"字之音）。

②此名有王气、有天子气，故为统治者所忌，所以要避嫌而改之

已经平复而不会泛沙、射水了；而《道光武进阳湖县合志》仍载其会"汛水"即泛沙、射水，则改"万绥"以避"汛水（万岁）"之名仍是字面上安慰多心的统治者罢了。

从吴县至曲阿，何以不沿今天的大运河走无锡、常州这一直线而要绕道北方、沿江傍海而行？这是因为苏州至常州间的无锡全境弥漫着大湖，见《越绝书》卷二"外传、记吴地传"："太湖，周三万六千顷。其千顷，乌程也。去县五十里。""无锡湖，周万五千顷。其一千三顷，毗陵上湖也。去县五十里。一名'射贵湖'。"[1]这都是先民们亲眼目测，可见此"无锡湖"湖面相当于五分之二个太湖[2]，可证其广大浩淼。其又名"上湖""芙蓉湖"，见元《无锡志》卷二"山川、芙蓉湖"："《寰宇记》云：上湖，一名'芙蓉湖'，亦谓之'无锡湖'，占晋陵、江阴、无锡三县界。"正因为苏州至常州间有此大湖存在，故多沼泽，无法找到适合筑路的坚实地基，故吴县至曲阿的秦驰道不得不北绕江阴，沿长江南岸的武进故城（阜通镇）、东城里而至曲阿（今丹阳）。所以秦驰道曲阿至吴县不沿江南"丹阳—常州—无锡—苏州"的大运河而走，而是沿江而行，前面提到的席龙飞《中国科学技术史·交通卷》驰道图标绘失于考证。

7. 秦始皇南巡从曲阿到江乘段的文献记载

元脱因《至顺镇江志》卷二"道路、丹阳县"："秦凿道：在丹阳县界。（唐《图经》：秦有凿道，亦谓之'天子道'。又引《舆地志》：'吴孙皓求凿道于杜墅、小村，即厌[3]王气之所'，今无此地名。）"可见"秦驰道"部分路段是凿山而来，故名"凿道"，云阳便因山峦被凿缺损而名"曲阿"。但这一记载误会"秦驰道"就是经过丹阳杜墅、小辛村的沿运河的后世驿道，则上文已论明其非是，江南沿大运河两岸的驿道乃是与大运河同时产生，大运河不始于秦始皇而可追溯到本书所揭示的大禹及大禹之前的新石器时代，秦始皇并未沿大运河走江南腹里以太湖为中心的五湖沼泽之地，而是沿"京岘山"往东南走丹阳"经山（京山）山脉"南侧开路到达"东城里"，然后再往东行三十里到达"阜通镇（即古武进县城）"，然后再沿江岸远行至江阴城，然后再折往南、奔向苏州境内。而京岘山往上又西通江面略窄而可渡长江的天然大码头"江乘县"。从江乘到镇江京口京岘山再到江阴，这一路全都沿江，是当时全世界最快的高速公路。

元《至顺镇江志》卷二"道路、丹徒县"："秦皇驰道：相传：自江乘至镇江大路是

---

① 见李步嘉校释《越绝书校释》第34页，武汉大学出版社1992年版。

② 一万五千顷比三万六千顷为二比五

③ 厌，读作"压"，镇压之意。

也。(《金陵志》：始皇三十六年①，用望气者言，东游至金陵，断山、疏淮，由江乘、丹徒往会稽②。古《志》：相传：自江乘至镇江大路是也。汉贾山曰：'秦东穷燕齐，南极吴越。蹞道广五十步，隐以金椎，树有青松，为驰道之丽，至于此。使其后世，曾不得邪径托足焉③。'王介甫有《秦皇驰道诗》。)"可见后世"江乘"到镇江的大路仍一直在沿用秦始皇所开凿的驰道，其路是沿江开山而行。今镇江城南（在秦始皇所开"河口运河"也即今天江南大运河镇江城段的南侧）有大路，往西走 312 国道过句容县"宝华山"北侧，再沿此 312 国道西至栖霞山南侧的南京师范大学仙林校区，也即古江乘县，再往西过钟山北侧、玄武湖北侧到南京火车站而至南京城。今天这条大道的前身应当就是秦始皇的古驰道所在。宁镇地势高，故不用像地势低的江南要走沿江大堤。

宋周应合《景定建康志》卷十六"疆域志二、道路"、"秦皇驰道"条："考证：<u>秦始皇三十六年东游，自江乘渡江，驰马于此</u>。（王荆公诗：穆王得八骏，万事不期修。茫茫千载间，复此好远游。车轮与马迹，此地亦当留。想当治道时，劳者尸如丘。）"（画线部分当作秦始皇三十七年东游北返时自江乘渡江，驰马于此，详上引元《至顺镇江志》文字之脚注。）

前引《史记》言秦始皇"还过吴，从江乘渡"，而《越绝书》作"奏曲阿、句容，度牛渚，西到咸阳，崩"。如果按《史记》的说法，秦始皇便没有到过南京城，所以凿钟山龙脉开秦淮河工程便似是他命令下属官员这么做的。如果按照《越绝书》的说法，秦始皇便似到南京城来亲自指挥凿钟山龙脉与开秦淮河的工程。

由于《史记》记载秦始皇下来是到山东琅邪台而非回咸阳，从江乘渡江走江北的驰道正为合适，如果西行到牛渚渡江，未免离开目的地山东琅玡台有"东辕西辙"之感，迂曲而绕远，故知《越绝书》所记当误。

且《越绝书》载秦始皇从江南渡江是回咸阳，自然是从自咸阳而来的来时的牛渚渡江为宜。但问题是《越绝书》载秦始皇崩于咸阳，而《史记》载秦始皇崩于沙丘（今河北广

---

①据《史记·秦始皇本纪》是秦始皇三十六年十月从咸阳出发而由南京西南的牛渚（采石矶）渡江至南京城南的古丹阳，其时当来南京视察断山、疏淮工程的效果如何，然后回古丹阳往钱塘，此时尚未到江乘，因其未从江乘渡江而来。秦始皇三十七年正月到绍兴大禹岭，然后再渡钱塘江至江南，一路由嘉兴、苏州、丹徒至江乘渡江北上。下引《景定建康志》亦误以秦始皇三十六年由江乘南渡长江而来江南之地，实则秦始皇三十六年是由牛渚南渡长江来江南之地，秦始皇三十七年由江乘北渡长江去山东琅玡台，然后回咸阳途中驾崩。

②其所言正好与事实相反。据上引史料《史记·秦始皇本纪》，是秦始皇三十七年由会稽返回时，从丹徒（今镇江）至江乘走此"丹徒—江乘"驰道，非是由南京至镇江至绍兴走此。

③指：导致后世不敢开辟小道（邪径）来供自己走路了，因为要开道便要开如此壮丽之道。邪道，比正道近便的小路。

宗），并非到达咸阳后驾崩。我们当然要相信正史《史记》的记载，即秦始皇是到山东琅琊台镇压这越国在北方的首都后，往西返回咸阳，中途病逝于河北境内。而且秦始皇此临终之年的南巡就旨在镇压吴、越两国的王气，不可能放过山东琅琊台不察，益证《史记》载其至山东为确，而《越绝书》载其直接回咸阳并驾崩于咸阳为误。[①]

由曲阿至江乘，或如上《至顺镇江志》言经过丹徒，或如《越绝书》言经过句容[②]，皆有可能。似乎前一种可能性为大，因为后者是为了要从"牛渚"渡江，自然是从句容至南京为直捷；但前已言秦始皇此次南巡并非从"牛渚"渡江，而是从"江乘"渡江，则至"句容"的记载也就显得未必可靠了。但即便此次秦始皇南巡没走经过句容城的驰道，也不代表《越绝书》所记载的"曲阿—句容—南京—牛渚"的驰道不存在。

因为上引《汉书·贾山传》：秦始皇"为驰道于天下：东穷燕、齐，南极吴、楚。江、湖之上，濒海之观，毕至。"可证秦始皇所建的"秦驰道"连海滨非人口聚居的景观之地（相当于今天海边的旅游景区；常设置在城市以外的非人口聚居处）都要连接，则所有人口聚居的城市，肯定也都要连上。换句话说，秦始皇所造的驰道绝非只有几条主干道，而是一个贯通全国各大中小城市的网状结构。因此，江南的句容必定也应当有驰道连通，即：不光镇江京口至江乘的驰道通往南京而至牛渚（今马鞍山西南的采石矶），也应当有曲阿（今丹阳城）往正西走到句容城后，再往西走到南京城，然后再往西南通到"牛渚"的驰道存在。而句容城下又有往西北连通江乘县的支路驰道存在。

秦始皇南巡北上琅琊台时，之所以不从镇江渡长江，乃是因为镇江处江面宽阔，秦始皇出于上文所说的身体安全考虑，不敢在江阴石牌冒那渡如海之江（指长江湾）的险，正如其前往会稽（今绍兴）时不敢在杭州渡钱塘江，而要西行上溯至钱塘江咽喉处的"狭中"渡过钱塘江，此处亦然。所以秦始皇要从镇江往西溯江而上，至长江的"狭中（即咽喉）"之地"江乘县"坐船渡江，这便是因为此处乃长江江面的咽喉，便于渡江的缘故。

秦始皇渡过长江后，沿苏北海岸线的驰道兼捍海大堤"并海线"北上至山东琅琊台，而这儿又是越王勾践称霸中原后的首都，秦始皇视察这儿同样是为了镇压此地作为越国首

---

①按《史记·秦始皇本纪》载："七月丙寅，始皇崩于沙丘平台。丞相斯为上崩在外，恐诸公子及天下有变，乃秘之，不发丧。棺载辒凉车中，故幸宦者参乘，所至上食。百官奏事如故，宦者辄从辒凉车中可其奏事。独子胡亥、赵高及所幸宦者五六人知上死。……会暑，上辒车臭，乃诏从官令车载一石鲍鱼，以乱其臭。行从直道至咸阳，发丧。太子胡亥袭位，为二世皇帝。"即从沙丘至咸阳一路上都要假装秦始皇还活着，每天到时上食物，百官在车前上奏国家大事，到咸阳才发丧说皇帝驾崩，故《越绝书》载秦始皇驾崩于咸阳便由此而来。

②所言之"句容"当指句容县城而非指句容县境。

都的王气。

而"江乘"的地名，"乘"（读音为"胜"），意指运载工具，一般指车，应当也可指船（因为船也是运载工具），"江乘"之名也就指明此处是坐船渡江的天然大码头，而江阴的"石筏山（甑山）"由于其处为江海交接处，实为坐船出海用的天然的海滨大码头，相当于是"海乘"了。

8. 秦始皇南巡所行江南段秦驰道的示意图

秦始皇此次下江南朝拜会稽山，是由"牛渚"采石矶（在今安徽马鞍山西南）渡江，走的是沿"中江"的"天子路（驰道）"，到达"南江"钱塘江渡江，至钱塘江南岸的会稽山朝拜大禹陵并刻石纪功，然后原路返回钱塘，至吴县登姑苏台，再立射防于今江阴城北，在巡的过程中举行了一场狩的仪式以符"巡狩"之名。秦始皇在此狩猎现场阅兵，当众表演亲自射六枝箭（古书称之为"六射"）后，因不

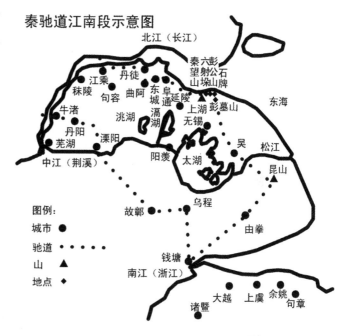

秦驰道江南段示意图

敢从江阴城东北"石牌"这个渡海大码头坐海船至琅玡台，于是离开江阴之地。此后走的路便是沿"北江"的"天子路（驰道）"一路往西，经由武进故城"阜通镇"、东城里村而至曲阿（今丹阳），在句容北境的"江乘"这长江的大码头渡江，走"并海线"驰道（即沿苏北与山东海岸线的驰道），北上至山东琅玡台这一越国在北方的首都，然后在返回咸阳途中的河北广宗县"沙丘平台"驾崩。

其吴县至曲阿之间必走沿北江的"天子路"，其路在东城村与阜通镇之间者称"东城天子路"，其吴县至阜通镇则经过江阴。故秦时沿北江的驰道当是"吴县—江阴—阜通镇—东城村—曲阿—江乘"，故我古常州地区（武进、江阴、无锡）同江南诸县一样，多秦皇遗迹。上文已详考江阴、武进境内秦皇遗迹以明其秦江南驰道的走向，今据上述考证结果绘得秦驰道江南段（不含钱塘江以南部分）图见右上。

（六）附：历代中原王朝对以武进为代表的江南王气的厌胜

江南地区有一流的龙脉与王气，武进是其中的独特代表，可谓"江南龙兴地，齐梁

帝皇州"。

常州武进一带的王气，首先发端并大显于大舜龙兴于武进县东北境的舜过山（今已由常州武进区划归常州天宁区而为该区最高之山，堪称"天宁屋脊"），详见本书第三章"六"。其次在于上文"五、（三）"所详细论证的"武进"之名其实就是"吴京"之意，得名于先秦吴国在古武进县所在的今天镇江京口之地立都（按：孙权复丹徒为武进，当时的武进县就是今天的镇江京口之地）。其地因做过可以争霸中原的东南大国"吴国"的首都，所以在秦始皇眼中肯定拥有蓬勃的王气，难怪秦始皇至死都挂念在心头而要在他临终前一年，拖着重病之体也要来对江南王气实施最终的镇压。在此有必要认真探讨一下武进王气的来龙去脉，以及历代中原王朝对以武进为代表的江南吴地的王气镇压，同时透过"武进"地名与建置沿革的变迁，也就能考察清楚中国古代的地名厌胜手法。

王气，并非迷信的概念范畴，而是有关某一地区政治、经济、文化、地理的一个综合性的概念范畴，也就是该地区能否成为一国之都的政治、经济、文化、地理等各方面的综合观感，有如人的相面。而江南地区正好对应埃及的首都地区：地理纬度相同，都位于世界级大河入海口处的三角洲（在埃及为世界第一大河尼罗河，在江南则为世界第三大河长江），两地具有充分的可比性：开罗能成为首都，至今不变，则江南地区能涌现出国都也是理所当然，这便是所谓的"王气"。

上文已经考明秦始皇望祭舜过山是对大舜的敬重，更是畏惧。因为秦始皇南巡江南过此舜过山，一方面敬畏从大舜开始的江南王气，望祭江海，另一方面又伴随其对江南自舜开始鼎盛起来的江南王气的一系列破坏举动。

江南王气从大舜开始，舜（虞族）、禹（夏朝）是江南人入主中原；而吴越称霸中原又是江南王气第二次大的彰显；而东汉末年中原板荡导致青徐士族南迁，为江南东吴政权王气的孕育提供了重要的实力基础；而晋室南渡及宋齐梁陈四朝天子出在江南更是江南王气的第三次大显；这都是令中原的秦汉、西晋、隋唐王朝感到惊恐而要力图镇压的江南王气，今特详述其事，以证江南王气之不虚，以证《越绝书》所标书名"越绝"名气之不虚[1]，即占有吴越两地的越国乃天下绝顶一流之地。吴越乃同国（在远古同属于良渚文化而为一个国度，后世因分别拥戴来自夏与周的贤人作为统治者而分为两个部族、国度，越灭吴后又统一为一个部族、国度），举越实包含吴在内。"越绝"这两字说的便是吴越王气天下一绝、天下一流！

---

① 参见第三章"二、（四）"末尾有论。

古人很早就有所谓"厌胜"的巫术，其又名叫"压胜"①，指通过符咒等法镇压并制服对方、驱邪得吉。如果某地有王气，帝皇们便会用各种方法来镇压其王气，元代陶宗仪《辍耕录》卷一"万岁山"条即载："塞上有一山，形势雄伟，金人望气者谓此山有王气，非我之利。金人谋欲厌胜之。"对某地王气的厌胜，有一种方法便是更改地名，秦始皇改吴京为恶名"丹徒"便是此法。正如有压迫必有反抗，有厌胜则被压者必定会有反厌胜，武进（吴京）的设立与变迁，便与孙权对秦始皇，武则天对唐太宗的反厌胜有关。用建置沿革及地名更改来厌胜的做法尚无专门的论著加以涉及，笔者学识浅陋，在此抛砖引玉，希望能引起历史研究与民俗研究者对这种独特"厌胜"手法的关注。

上文提到的从曲阿到江乘段的驰道的开发，秦始皇就表露出十分明显的"厌胜"味道在内。这也从另一侧面旁证了上文"五、（三）"所力图证明的：此地（即今镇江的京口地区）应当就是吴国的重要首都——"京城"地区的所在。

1. 秦始皇的厌胜与吴大帝孙权的反厌胜

据《六朝事迹编类·序》载："及秦兼诸侯，分天下为三十六郡，以金陵属鄣郡。时望气者云：'五百年后，金陵有天子气。'始皇东巡，乃凿钟阜，断金陵长陇以通流，改其邑为秣陵县。"

《元和郡县志》卷二十六"上元县"："本金陵地，秦始皇时望气者云：'五百年后金陵有都邑之气。'故始皇东游以厌之：改其地曰'秣陵'，堑北山以绝其势。及孙权之称号，自谓当之。孙盛以为始皇逮于孙氏四百三十七载，考其历数，犹为未及。晋之渡江，乃五百二十六年，遂定都焉。……上元县、方山：在县东南七十里，秦凿金陵以断其势，方石山垝②是所断之处也。"

秦灭楚，统一天下，命朝廷中掌管看风水的术士类官员考察天下风水，发现东南紫金山（金陵山）有天子气，五百年后将成为天下的首都，诞生天子，于是秦始皇借助"修驰道"这一交通大开发的名目，在统一六国的次年，便在南京凿断紫金山来龙，留下天印山（今江宁方山）③，又开凿秦淮河走泄金陵王气，然后又在临终前一年的秦始皇三十六年，以朝拜会稽山大禹陵（在今绍兴）的名目，从采石矶渡过长江，走沿"中江"而行的秦驰道，经从南京以南的安徽当涂境内的"小丹阳"时（详见上文"（二）、（五）"），便能视察

---

①此处"厌（厭）"通"压（壓）"，古读"压（壓）"。今读"厌"亦可。"厌胜"即"压胜"，也即镇压、战胜之意，是古代的一种巫术：通过符咒等法，压服对方，驱邪得吉。

②方石山垝，当据《六朝事迹编类》卷下"山岗门第六、石硊山"条"方山石硊"语改作"方山石垝"。垝，音"轨"，毁坏、坍塌，此处作名词，指毁坏处；又可指高险之处。硊，音"贵"；石硊，南京、宣城附近地名，即"石硊山"。

③将山脉斩断，形成一方天印般的方山。

其北 70 里处的、南京城南的天印山及山西侧流过的秦淮河① 这驰道工程的两大破坏效果，并贬称南京之地为"秣陵"（意指牧马之地）。所以历来相传：在南京立都的皇朝② 都不长久便与此有关。考虑到紫金山就在天印山北 30 里，秦始皇登此山而亲临南京之地也是完全有可能的（即秦始皇并非未到其地而赐名"秣陵"）。

金陵往东的镇江地区同样也有王气，于是秦始皇同样是在统一六国的次年，借开驰道为名，征发赭衣囚徒，凿断经山龙脉（经山南麓即齐梁皇陵），使山阿（山峦）亏曲（缺损），然后又在十年后亲自到江南南巡经过这镇江与丹阳地区时，视察该驰道工程的破坏效果，同时又发现一处一般人很难注意到的漏网的王气点，即会泛水而有王（旺）势的京岘山东南垄，于是再度调发赭衣囚徒三千人，将其凿破成 24 里长的河口运河，让江南大运河的入江口由古丹徒城（今丹徒镇）西移到今天的镇江城处，并改吴京（今镇江）为恶名"丹徒"，改其南境的云阳（今丹阳）为恶名"曲阿"，后人常将这相隔十年之事混为一谈，即唐李吉甫《元和郡县图志》卷二十六"丹徒县"所记载的："初，秦以其地有王气，始皇遣赭衣徒三千人凿破长陇，故名'丹徒'。"又同卷"丹阳县"所记载的："本旧'云阳县'，秦时望气者云有王气，故凿之以败其势，截其直道，使之阿曲，故曰'曲阿'。"

秦时囚徒穿赭衣（即红服），见《汉书》卷五十一《贾山传》：秦始皇时"赭衣半道，群盗满山"，颜师古注："犯罪者，则衣赭衣。行道之人半着赭衣，言被罪者众也。盗贼皆依山为阻，故云满山也。"当时囚徒众多，路上行人一半是赭衣囚徒，这未尝不是秦始皇征发赭衣囚徒开造驰道情形的写照。

虽然上文我们竭力证明《元和郡县图志》卷二十六"丹徒县""丹阳县"之文说的是秦始皇临终那年到镇江京口地区视察时临时起意，命三千赭衣囚徒大干两三天开成 24 里长河口运河而改此地之名为"丹徒（红衣囚徒）"，与其十年前的统一天下后不久便开驰道③ 穿过镇江京口地区，是从年代到内容全都迥然不同的两件事。但开驰道与开河口运河同样要调发红衣囚徒的猜测却是非常合理的（因为这种大工程只能调发充军囚徒来完成），当然两者不同的是：开驰道所调发的囚徒肯定不止开河口时的三千人，而且驰道开好后丹阳仍叫"云阳"，其改"曲阿"却是与开河口后镇江京口所在的"吴京"改"丹徒"乃同时之事。

后人也极易因"曲阿"与"丹徒"同改，而误会那导致"曲阿"之名产生的秦驰道的

---

① 方山在南京城南 30 里，山之西有秦淮河流过，见上文"三、（一）"提到的《六朝破冈渎路线示意图》。

② 即"六朝"东吴、东晋、宋、齐、梁、陈；又南唐、明。

③ 按秦始皇于二十六年统一六国，次年便开驰道，见《史记》卷六《秦始皇本纪》：二十七年"治驰道"。

开凿，与导致"丹徒"改名的河口运河的开凿，乃是同时发生之事。遂又导致两大误会：一是把秦驰道的开凿与秦始皇临终那年调发 3000 囚徒事混为一谈，实则正如上文所说，开驰道远不止 3000 囚徒所能胜任；而且驰道途经全国各地，全国没有一处因驰道而改名的记载，故知"曲阿"的改名并非开驰道那年。二是把秦驰道与开运河又误会地嫁接在一起，以为秦始皇在江南开驰道的同时又开凿运河，其在江南所开的大运河乃与驰道并线而行；这一点上文已经论证得非常充分和清楚了：江南秦驰道要避开江南腹地低洼多水的湖沼地形，改为利用先秦吴地先民依托远古冈身所造的、捍江海大潮用的堤防工程，沿长江南岸而行；而江南大运河则走江南腹里，以充分利用江南腹地"五湖"这广大的湖泊水面与多水的湖沼环境。

　　秦始皇临终那年，根据他眼前所看到的、征发 3000 红衣囚徒开河口运河来阉割京岘山龙脉的情景（即满路都是赭衣囚徒在开河的情景）①，将吴京（今镇江）之地冠以恶名"丹徒"加以污辱，想克制其王气，同时也表达自己对此地的极端厌恶②。然后他又目睹十年前，他借交通开发名义破坏的、后来齐梁皇陵所在地的经山龙脉，使其山阿缺损（曲），故而改其地为恶名"曲阿"③，以使其龙脉受损、王气不顺。结果此地虽出齐梁两朝皇帝，但两朝的时间都不长久。

　　驰道是秦始皇二十七年命令建造，现在三十七年前来南巡显然有一大目的，就是以朝拜会稽山大禹陵（在今绍兴）为名，沿此驰道之路来视察驰道工程对金陵（今南京，视察时赐恶名"秣陵"）、吴京（又因大运河口在此而名"京口"，即今镇江之地，视察时赐恶名"丹徒"）、云阳（今丹阳，视察时赐恶名"曲阿"）以及江南的其他地方（即上文所言及的太湖畔的阖闾城、太湖中的马山避暑宫、故吴墟梅里、吴都姑苏台、越都会稽山，以及越国在北方的首都山东琅玡台等）的"王气"（所谓"王气"就是山脉河流、都市建筑

────────────

　　①注意不是根据十年前满路都是赭衣囚徒开镇江段驰道的情景。因为开驰道是全国性工程，他不可能到现场去目睹、感受尘土飞扬；如果是他据想象中的情景来命名，则全国哪个地方开驰道不是此种情景？便不应当把"丹徒"之名只冠名给镇江一地。由于开镇江河口运河仅 24 里长，秦始皇自然能亲自坐镇而亲眼目睹这一应当只持续两天的工程的全过程。而且上引《元和郡县图志》卷 26"丹徒县"载："始皇遣赭衣徒三千人凿破长陇，故名'丹徒'"，据上文考，便是其临终那年凿京岘山而名其地为"丹徒"；同卷"丹阳县"载："秦时望气者云有王气，故凿之以败其势，截其直道，使之阿曲，故曰'曲阿'"，据上文考，便是其临终那年的十年前凿丹阳经山山脉而十年后的临终那年来其地冠其恶名为"曲阿"，意为山阿有损。

　　②指秦始皇厌恶其地有王气。秦始皇的内心对江南吴越之地充满仇恨和恐惧，所以他对出自江南的舜、归葬江南的禹充满的是敬畏。由于秦始皇不行仁道，所以他对舜和禹称不上仰慕。

　　③西晋分曲阿置武进县。齐梁皇陵所在之地秦汉及先秦时属曲阿，西晋以后属古武进县。

等所表现出来的出皇帝的风水，以及其处作为国都而建造起来的都邑景象）破坏得是否彻底，并赐予其地一系列的恶名。

江南果真有王气吗？大舜根于江南而贵为天子，便是江南王气的蓬勃彰显。秦始皇对江南可能会再度拥有王气（指江南像大舜那样取代中原王朝、也即取代自己的大秦政权来统一天下）必定心有余悸，民间又有"亡秦必楚"的谣谚[1]，而吴越两国又被楚国占有而成为楚国的一部分，根据谣谚，便也可能是吴越两地代表楚国来灭亡秦国，于是他南巡江南的重大使命，便是要来江南破坏和镇压以舜、禹、吴、越[2]为代表的江南王气。秦始皇在宁镇地区的交通大开发（秦始皇二十七年全国开驰道，三十七年改开京口的河口运河），以及改"金陵、吴京（京口）、云阳"三美名为恶名，均是镇压江南王气的"厌胜"之术。

尽管秦始皇做了如此多镇压江南王气的大动作、小心机，但秦代术士有关江南王气的说法，仍然在五百年后，出乎秦始皇预料之外地加以应验了——客观的历史进程并未因秦始皇的镇压之术有彻底的改变。

秦始皇是在此公元前 210 年（秦始皇三十七年）东巡会稽，他没料到的是，517 年后的公元 307 年（永嘉元年），晋元帝司马睿携王导等渡江，十年后的建武元年（317）建立东晋王朝，定都金陵所在的建业，其间相隔 527 年，岂非《元和郡县志》秦始皇术士所言的"五百年后金陵有都邑之气"？换句话说，秦始皇力图镇压的江南王气，仍不可避免地予以兑现，人力无法改变客观规律所注定的历史进程。

而秦始皇更没料到的是，他竭力镇压吴越的根基之地长江三角洲及长江三角洲南对岸的大越首都（今绍兴）的王气，结果出皇帝的地方居然是吴越两国的边远之地，也即苏北沛县的刘邦和宿迁的项羽（两地后来属于韩信的西楚，吴越属于东楚[3]），后者"西楚霸王"项羽灭了自己的秦朝，而前者"西楚（泗水）亭长"刘邦又取代后者建立了汉朝；由于秦始皇从南京"江乘"渡江后走沿海的弛道到琅玡台，未能"亲履"即亲自用两只脚来践踏、镇压一下苏北的腹里之地，结果这儿王气鼎盛，冲翻了他的大秦王朝，秦始皇及其术士可谓"百密一疏"，没料到最不可能出皇帝的吴越边陲的蛮荒地，恰巧就是未来出皇帝的龙兴地，真可谓天意远非人智所能揣测得透。至于他亲自到达的越国首都琅玡台

---

①张仪欺楚，楚怀王被骗到秦国囚禁而客死秦国，六国中，楚国被秦国灭亡显得最为无辜，民间为之不平，于是天下便盛行起"楚虽三户，亡秦必楚"的谣言。

②舜生于江南。禹归葬于江南。吴王夫差、越王勾践以江南为根基而能称霸中原。以上四者为江南之王气中秦始皇所特别关注。

③正如同长江三角洲在浙江北而称"浙西"，绍兴在浙江南而称"浙东"，楚国后期都于寿春，以长江为界，江北的江淮平原称为"西楚"，江南的长江三角洲吴越之地称为"东楚"。

（今山东省青岛市黄岛区琅玡镇），当然也要镇压一番，结果也未能阻止分封于此琅玡国的琅玡王司马睿成了东晋的开国皇帝①，而司马睿又是在吴越故地（即江南）的南京做皇帝，之后宋齐梁陈四朝皇帝又全都是吴越地区之人，可证吴越的王气从舜禹到吴王夫差、越王勾践，虽然被暴秦斩断于一时，终究磅礴于大汉，再盛于六朝（东吴、东晋与南朝宋齐梁陈），直至隋唐方才彻底消歇沉寂；但政治上的王气虽然消歇，而经济与文化上的旺势却继之雄起，繁盛至今，江南的兴旺之气可谓自古不衰、与时俱进。

《三国志·吴书》卷三《孙皓传》载：吴末天玺元年秋八月"鄱阳言：历阳山石，文理成字，凡二十，云：'楚，九州渚；吴，九州都。扬州士，作天子；四世治，太平始。'"石印所说的"吴，九州都"，说的就是东晋定都建业而掌管天下九州（当然有实土的只是扬州、荆州、梁州三州，其余六州全都是侨置于南方的徒有其名而无其土的象征性的侨州）；其言"扬州士作天子"，说的便是寄居京口的侨置彭城县的南彭城县人刘裕取代东晋建立刘宋王朝，古武进县西境侨置山东兰陵县的南兰陵县人萧道成、萧衍建立齐、梁两朝，而宜兴县南的吴兴郡长城县（今长兴县）人陈霸先建立了陈朝，这便是所谓的"宋齐梁陈四朝扬州人作天子"②的应验，再经过一个短暂得几乎可以忽略不计的隋朝，终于迎来涌现"贞观之治"这一太平盛世的唐朝③，有关江南王气的一系列预言居然完全应验。不光东晋王室在金陵坐镇江山，后来四朝天子又全都是太湖流域人，这便是秦始皇所要压制的"金陵、太湖之间有天子气"④，但最终仍镇压不住而全都成为了现实。而我常州齐梁故里武进县，及此武进县境内所侨置的兰陵县"东城里村"，共出过齐梁两朝大大小小连同追封在内的十余位皇帝，这无疑是常州武进王气的又一次大为彰显，要知道两朝皇帝同出一里，这在全中国恐也是绝无仅有。

秦始皇所开的江南驰道，时称"天子路"，经过古武进县东城里的这一段便称作"东城天子路"，即《咸淳毗陵志》卷二十七"古迹"类所载的"东城天子路"。其路通往"武进故城（万岁镇）"，其地因有驰道过往而交通发达、经济繁荣，故自秦汉以来便称作"阜通镇"，既富且交通发达，其名显然由来于秦始皇驰道的交通大开发；前"（五）、6"已论"阜通"之名必非元人始名，乃是元人复其古有的旧称，其证据便在于此，因为元代此地的交通优势早已不复存在，其地也早已由唐以前的城降格为乡镇，偏居武进交通不便的西

---

①秦朝琅玡郡治琅玡县（治所在山东青岛琅玡镇夏河城），辖今山东省东南部。西汉时期，其郡治方才迁到东武（今山东诸诚）。

②即预言所说的："扬州士，作天子；四世治"《禹贡》东南部中国为扬州，正南为荆州，扬州为吴越之地，此即言江南吴地之人作天子。

③即预言所说的："四世治，太平始。""太平"是指拥有"贞观之治""开元盛世"的唐朝的太平时光。

④陆羽《慧山寺记》文，上文"（五）、5"有引。

北一隅，沦为荒凉的乡野小镇，焉能以交通发达的"阜通"之名相称？

　　秦始皇是公元前 210 年东巡会稽的，400 多年后，孙权在江东崛起，当他听闻秦始皇时的术士预言 500 年后宁镇一带有天子气的旧闻时，心中必然雄心勃发，这也就是《三国志·吴书》卷八《张纮传》裴松之注所引的《江表传》："纮谓权曰：'秣陵，楚武王所置，名为金陵。地势冈阜连石头①，访问故老，云昔秦始皇东巡会稽经此县②，望气者云金陵地形有王者都邑之气，故掘断连冈，改名"秣陵"。今处所俱存，地有其气，天之所命，宜为都邑。'权善其议。"此后孙权便以天命所钟自居，处处不敢放逸，开启兢兢业业的创业历程。他最初坐镇京口，即唐许嵩《建康实录》卷一所载的建安十三年（208），"权始自吴迁于京口而镇之。"不久便徙治今天的南京，即《三国志·吴书》卷二《孙权传》所载的：建安"十六年（211），权徙治秣陵。明年，城石头，改秣陵为建业。"后又定都鄂州，即同卷记载的：黄初"二年（221）四月，刘备称帝于蜀。权自公安都鄂，改名'武昌'。"最后又于黄龙元年（229）"秋九月，权迁都建业"。刘备称帝时，曾诱使武陵蛮夷叛吴归蜀，嘉禾三年（234）"冬十一月，太常潘濬平武陵蛮夷，事毕，还武昌。诏复'曲阿'为'云阳'，'丹徒'为'武进'。"孙权恢复曲阿为旧名"云阳"，又恢复秦始皇所定恶名"丹徒"为其所定恶名之前的原名"武进"（据上文考，实为"吴京"，即江南吴地之京），这显然是对秦始皇的一种反厌胜，同时也是要用这种方式表达出：江东终于崛起，可以左右自己的命运，不用再沿用中原君主为它制定的恶名而蒙受污辱了！孙权把自己的两个旧都定名为"武昌"、"武进"，显然有其深刻的用意在内：顺天承运，统一天下，离开武力是不行的，武昌代表了"武运昌盛"，而武进代表了"以武进取"，与"建业"一同代表着孙权图谋通过武力来统一天下的雄心壮志，其实他也意在借此三个地名宣告南方的崛起，宣告南方要拿起武器、动用武力来向中原逐鹿争雄，揭开由南方人来一统天下的伟业。

　　孙权的继承人孙亮、孙休、孙皓丧失了孙权的兢业和雄心，只会沉酣于 500 年一到便可一统天下的迷梦中。《三国志·吴书》卷三《孙皓传》：天玺元年秋八月"鄱阳言历阳山石，文理成字，凡二十，云：'楚，九州渚；吴，九州都。扬州士，作天子；四世治，太平始。'"裴松之注引《江表传》："皓大喜，曰：'吴当为九州作都、渚乎？从大皇帝逮孤，四世矣。太平之主，非孤复谁？'"然而东吴恰巧就在公元 280 年，也即秦始皇东巡会稽后整五百年之际灭亡，似乎秦始皇的术士开了五百年后的江东子民一个莫大的玩笑。

---

①指石头城，地处今天南京城的清凉山一带。

②即上文所言的秦始皇三十六年从采石矶渡江前往绍兴大禹陵，途经南京城南"小丹阳"时，特意北行百里至方山、紫金山视察。

2. 晋武帝的再厌胜与南朝兴衰

晋武帝司马炎肯定会就此而对俘虏到己面前的孙皓嘲讽一番，同时作为中原不易之统①的执掌者，他继承的也就是秦始皇的衣钵和做法，自然会对江南作新一轮的地名厌胜。于是改回去的美名"建业、武进、云阳"全部又统统改回秦始皇定下的恶名"秣陵、丹徒、曲阿"。但奇怪的是，他却保留了孙吴所创设的"建业、武进"及"武昌"这三个名号，即平吴次年的太康二年（281），命秣陵县分出北半来建置"建邺"县（名字上加"邑"这个耳朵偏旁表示贬称），又命丹徒、曲阿两县分各自的东半境共同组建"武进"县，而武昌县亦予以保留。

为什么司马炎不将孙权用来表达自己统一天下之雄心的三个旧都之名从版图上抹去？我想这代表了中原胜利者的一种自信，即五百年后中原统一了江南，证明秦始皇术士的那个预言根本就不灵验，因此保留这三个地名并没什么可怕。即便那预言真有灵验，现在的局势也足以证明秦始皇那种起污名来厌胜的做法已经奏效，只要将地名改回旧时的恶名，江南王气依然无可作为。正是这种自信，才使得"建业"与"武进"没有在历史上昙花一现。在此有必要引用一下相关的记载来证明上文所言全都有史可据，并非笔者昏聩臆说。一是《晋书》卷十五《地理志》"丹阳郡"："建邺，本'秣陵'，孙氏改为'建业'，武帝平吴，以为'秣陵'。太康二年，分秣陵北为'建邺'，改'业'为'邺'。"二是《宋书》卷三十五《州郡志》"南东海太守"："丹徒令……古名'朱方'，后名'谷阳'，秦改曰'丹徒'。孙权嘉禾三年改曰'武进'。晋武帝太康三②年复曰'丹徒'。""武进令，晋武帝太康二年分丹徒、曲阿立。"三是同卷"晋陵太守"："曲阿令，本名'云阳'。秦始皇改曰'曲阿'。吴嘉禾三年复曰'云阳'。晋武帝太康二年复曰'曲阿'。"

雄霸一时的晋武帝没料到自己儿子的无能，局势发生了急转直下的剧变。这时人们才恍然大悟，所谓的"五百年后金陵有天子气"原来应验在此，这也就是《建康实录》卷五所记载的："昔秦望气者云：'五百年后，金陵有天子气。'及孙权称号，自谓当之，考其历数，犹为未及。元帝之渡江也，乃五百二十六年，真人之应在于此矣！"石印所称的"吴，九州都"说的也是东晋定都"建业"，而将"建业"升格为天下九州的首都（当然一大半是侨州）；其言"扬州士作天子"则是说：寄居京口的南彭城人刘裕取代东晋建立刘宋王朝，古武进县境内侨置的南兰陵县人萧道成、萧衍建立了齐、梁两朝，而宜兴县南的吴兴郡长城县（今湖州长兴县）人陈霸先建立了陈朝，这就是"宋齐梁陈四朝扬州人作天

---

① 指统治全中国的政权一直在中原，这一点从未曾移动更改过。

② 三，当作"二"，否则下文二年立武进便有两武进了。

子"的应验，再经过一个短暂得几乎可以忽略不计的隋朝，终于迎来拥有"贞观之治"这一太平盛世的唐王朝，这便说的是"四世治，太平始"（指经过宋齐梁陈四朝而迎来唐朝的太平盛世"贞观之治、开元盛世"），有关江南王气的这一系列预言方才完全应验。而武进出了齐、梁两朝大大小小连同追封帝在内的十余位皇帝，无疑是其王气的一次大显，要知道两朝帝皇同出一里，这在全国堪称绝无仅有。

由于南兰陵县设在武进境内，兰陵与武进密不可分，梁武帝于刚称帝的天监元年（502）便改"武进"为"兰陵"。开皇九年（589），隋灭南朝，对"齐梁故里兰陵"（也即齐梁萧氏皇族龙兴而皇业所基的武进）自然又要采用厌胜之法，这回更彻底，干脆废掉，即隋文帝把"兰陵"（也即昔日的武进）并入"曲阿"（今江苏丹阳），改属江都郡（今江苏扬州），这便是《隋书》卷三十一《地理志》"江都郡"所记载的："曲阿，有武进县，梁改为'兰陵'，开皇九年并入。"

齐梁帝皇一览表

● 齐十帝计二十四年

①	齐宣帝萧承之	子道成追封	永安陵	丹阳胡桥狮子湾、经山西
②	齐高帝萧道成		泰安陵	丹阳胡桥赵家湾、经山西
③	齐武帝萧赜	道成子	景安陵	丹阳建山前艾庙、经山南
④	齐文帝萧长懋（文惠太子）	赜子、子昭业追封	崇安陵	南京城北45里夹石山（贾山）
⑤	齐少帝郁林王萧昭业	长懋子、鸾废弑	墓名失载	丹阳建山水晶山、经山北
⑥	齐少帝海陵王萧昭文	昭业弟、鸾废弑	墓名失载	丹阳埤城水晶山、经山北
⑦	齐景帝萧道生	道成兄、子鸾追封	修安陵	丹阳胡桥鹤仙坳、经山南
⑧	齐明帝萧鸾	道成侄	兴安陵	丹阳荆林三城巷、东城里山东
⑨	齐少帝东昏侯萧宝卷	鸾子、萧衍废杀	墓名失载	丹阳胡桥吴家村、经山西
⑩	齐和帝萧宝融	宝卷弟、禅位萧衍	恭安陵	丹阳建山金家村、经山南

●梁八帝计五十六年

①	梁文帝萧顺之	子衍追封，齐高帝族弟	建（宁）陵	丹阳荆林三城巷、东城里山之东
②	梁武帝萧衍		修（宁）陵	
③	梁简文帝萧纲	衍子、侯景傀儡、为景弑	庄（宁）陵	
④	梁豫章王萧栋	子、侯景傀儡、为绎杀	（失考）	
⑤	梁武陵王萧纪	衍第八子、自立为帝、被绎攻杀	（失考）	
⑥	梁元帝萧绎	衍第七子、为北齐攻杀	和　陵	荆州府城津阳门外
⑦	梁贞阳侯萧渊明	衍侄、萧懿之子、王僧辩迎立，陈霸先废杀	（失考）	
⑧	梁敬帝萧方智	绎子、禅让陈霸先	陵名失载	江阴西石桥，后改葬江宁旧茔（南京甘家巷一带）

注：后梁政权从梁宣帝萧詧（萧衍孙，萧统子）起，传三世，为北周附庸，不录

3. 唐太宗的厌胜与武则天的反厌胜

唐高祖得了天下，前朝的敌人便是自己的朋友，于是在武德三年（620）以故兰陵县地复置武进县。奇怪的是，贞观八年（634），不知唐太宗何以又突然关注起这个武进县，将其废入晋陵县。更令人惊奇的是，武则天在其独揽大政的初年即垂拱二年（686），又不知出于何故，命晋陵县将其西半36个乡分出来重新设置这个武进县，而且武进县治不再回武进故城（万岁镇，后世常州西北80里的万绥镇）办公，而是设到常州州城下办公（"治于州内"）。其事详见《新唐书》卷四十一《地理志》"常州晋陵郡"："武进，望。武德三年以故兰陵县地置，贞观八年省入晋陵，垂拱二年复置。"《太平寰宇记》卷九十二"武进县"："晋太康二年分丹徒、曲阿二邑地立武进县。梁武帝改为兰陵县，隋文帝废。唐武德三年又置，贞观元年并入晋陵，垂拱二年分割晋陵西三十六乡又置。"《元和郡县图志》卷二十六"武进县"："梁武帝改武进为兰陵。入晋陵，垂拱二年又析晋陵西界立武进县，于州理。"（即在常州州城内理事，也即于常州城下设立县治。）《旧唐书》卷四十《地理志》"常州、武进"："垂拱二年又分晋陵置，治于州内。"

武则天为何要复置武进县？下面这段史料便让我们豁然开朗：《太平寰宇记》卷六十六"莫州"："废唐兴县，在县西北五十里，本汉高阳县地，旧名'葛城乡'，一名'依城'。唐如意元年（692），析河间县置'武昌县'，隶瀛州。至神龙初，改为'唐兴县'。"

看来武则天不光复置了"武进"县，还把当年与武进一同在历史上出现的"武昌"县给一并复置了起来，只不过当年的武昌县在唐代称"鄂州"，地望显赫，目标太大，不便

更改，所以特意改在河间县境内复置这个武昌县。何以武氏一倒台，唐中宗李显便于神龙初（按：神龙元年在公元 705 年）便改此县为"唐兴县"，其用意不已很明显了吗？这都是厌胜之术："武昌"县的设置是武氏为了彰显自家武氏国运的昌盛，故唐中宗一继立，首先就要改成"唐兴"，让唐室中兴。由此前推，武则天执政初年复置武进县的用意不也昭然若揭了吗？同样也是厌胜，以此兆示武氏将有大的进展而压倒李唐宗室。可能是"武昌"的名字过于猖狂，而"武进"之名相对低调，所以侥幸逃过被李唐废除或改名之劫。

再往前推，那唐太宗为何又要废"武进"呢？《旧唐书》卷七十九《李淳风传》："初太宗之世，有秘记云：'唐三世之后，则女主武王，代有天下。'"（王，读"旺"，"称王"之意，"女主武王"即姓武的女性要称王、任天下之主宰。）而《旧唐书》卷六十九《李君羡传》："贞观初，太白频昼见，太史占曰：'女主昌。'又有谣言：'当有女武王者。'太宗恶之。"（王，亦读"旺"，"称王"之意，"女武王"即姓武的女性要称王。）可见唐太宗早就看到过先朝秘记（即谶纬一类的预言），说有武姓女子将要取代他来统治天下，而武进向来又有王气之嫌，关键是"武进"这一县名岂非正在昭示武氏将有大的进展？唐太宗显然不能容忍这样的县名在自己眼皮底下存在，于是出于厌胜，将其从版图上废除了。

这正如安禄山造反后，唐玄宗除了调兵遣将，还有一件要紧事便是改名厌胜，即《旧唐书》卷九《玄宗本纪》：天宝十五载三月"己亥，改常山郡为平山郡，房山县为平山县，鹿泉县为获鹿县，鹿成县为束鹿县。"因为"常山"意味着安禄山能长久，"房山"意味着到处要防守安禄山而不能消灭他，"鹿泉县"听起来就像全国到处全是鹿，即天下全是安禄山的了（或听起来像安禄山得以保全），"鹿成县"意味着安禄山能成功，所以要统统改成"平山""获鹿""束鹿"，以求早日平定、抓获、翦除安禄山。

因此，武则天一掌权就复置武进显然是出于对太宗的报复，作为报复，自然不光要复设更要扩张它，这不光是一种反厌胜，更可以说是对李唐的一种新厌胜，以此来兆示武氏将通过进取来镇压住李唐。这就是武进由今常州西北一隅迁到常州城下并占据古晋陵县西半的秘史所在。

可以说，"武进（吴京）"向有"王气"之嫌：武进实乃"吴京"之意，今武进东北境的舜过山便是大舜时的江南吴地之京（"三年成都"），此是武进也即常州之地王气的高古彰显，连泰伯也要不远数千里遥奔江南，以大舜为榜样，在其立都的舜过山东南，退避三舍至无锡梅里之地定都而创立其勾吴国（实即与干族一同联盟而成立"干吴国"）；周天子命令第五代吴国君主周章迁到大运河入江口的今天镇江之地防守南中国，此地得名"吴京"，开启了"武进"王气盛名卓著的一页。东吴国孙权改其旧都所在之地的丹徒为秦始皇改名前的"武进"，是武进王气的又一次实力彰显。而齐、梁两朝皇帝同出武进境内的南兰陵，便是武进王气的又一大显。唐太宗废武进，武则天又复置并壮大武进，更是武进王气的再度敏感激发。后世，明太祖朱元璋又废晋陵入武进，古晋陵彻底变为今武进。昔日太宗朝寄晋陵檐下的武进得以在则天朝与晋陵分庭抗礼，再到最后的洪武朝反客为主、彻底吞并晋陵，这便是拜武则天与明太祖这两位尚武而充满实力的君主所赐。总之，武进这个地名曾一而再、再而三地触动过帝皇们对王气的敏感神经。

4. 齐梁故里西半部分的"东城里村与齐梁皇陵"何以古属武进今归丹阳？

代表武进南朝王气的齐梁故里东城里村（即南兰陵城）与齐梁皇陵为何古属武进而今归丹阳？这与隋、唐这两个定都中原的大一统王朝对武进这一王气敏感地带的废而复置有关。

（1）南兰陵县侨置于武进县境内，其县治在武进县的"东城里"村

《南齐书》卷一《高帝纪》述齐高帝萧道成的先世："彪，免官居东海（郡）、兰陵县、中都乡、中都里。晋元康元年，分东海为兰陵郡。中朝乱，淮阴令整，字公齐，过江居晋陵（郡）武进县之东城里；寓居江左者，皆侨置本土，加以'南'名，于是为南兰陵兰陵人[1]也。"

可见齐高帝与梁武帝共同的祖先山东兰陵县人萧整，过长江侨居于晋陵郡武进县境内的"东城里村"。东晋政府便在其定居处侨置南兰陵郡、南兰陵县，让这批以他为首的北方兰陵士族得以安身立命、行使统治。因此东晋侨置郡县所立的南兰陵城，就设在这批兰陵士族的领袖萧整所居住的"东城里"村。

《咸淳毗陵志》卷二十七"古迹"的记载也证明了这一点："兰陵城，在县北八十里千秋乡万岁镇西，南齐四世祖、淮阴令萧整侨居之地。按万岁寺旧有伪吴天祚中石刻云：'寺西去萧梁帝祖宅三十里'；'东城村初名"皇基"，更曰"皇业寺"，后百七十五步即其城也'。"此便言明兰陵城就是"萧整侨居之地"，而上引萧整"过江居晋陵（郡）武进县之东城里"，故知兰陵城就是东城里村，此村在武进故城（也即古武进县治，后世称作"千秋乡万岁镇"，即今万绥）以西。

（2）"东城里山"与"东城里村"相邻的证明

或有人言东城里山与东城里村（即南兰陵城）可以相去甚远，即"东城里"村不一定就在梁文帝、梁武帝夫妇安葬的东城里山近旁。幸亏《咸淳毗陵志》卷二十七"古迹、兰陵城"条打消了这一疑虑，证明齐梁皇陵所在的东城里山就在齐梁祖居东城里村旁。此"兰陵城"条言明"万岁寺旧有伪吴天祚中石刻云：……'东城村初名"皇基"，更曰"皇业寺"，后百七十五步即其城也'。"

万岁镇就是今天的万绥，是古武进县治（县衙）所在的武进故城，城内有"万岁寺"。

---

[1] 指南兰陵郡（南）兰陵县人。

上引文字便言明齐高帝四世祖、萧梁帝五世祖萧整的祖宅在万岁寺西 30 里，而萧整居于东城村，则东城村当在万绥镇西 30 里处。

东城村有皇基寺，因出皇帝而名"皇基寺"，相传就是萧整故居舍宅为寺而来，其为齐梁两朝皇帝共同的先祖，也就是齐梁两朝皇业的根基所在，故名"皇基"寺、"皇基"村。寺后 175 步（约 262 米），便是萧整定居"东城里村"后，在此地建造起来的古兰陵城，也即南兰陵郡、南兰陵县之城。

此皇基寺因避唐玄宗李隆基讳而改掉"基"字命名为"皇业寺"，至今仍然存在，在丹阳市埤城镇张巷北。南宋人陆游的《入蜀记》便有此记载，即其书卷一乾道六年（1170）六月十五日言文帝陵华表："柱上刻'太祖文皇帝之神道'八字。又至梁文帝陵。文帝，武帝父也，亦有二辟邪尚存，其一为藤蔓所缠若絷缚者，然陵已不可识矣。其旁有皇业寺，盖史所谓'皇基寺'也，疑避唐讳所改。"所言华表即梁武帝父亲梁文帝建陵的华表，在皇业寺不远处。《南齐书》卷二《高帝纪》建元元年七月丁巳下诏："南兰陵桑梓本乡，长蠲租布；武进王业所基，复十年。"（"复"即蠲免赋役意。）可见"皇基"就是"王（皇）业所基"之意。其寺乃齐梁皇室始迁江南之祖萧整的故居，故为齐、梁两朝的皇业所基，故其舍宅为寺之庙取名为"皇基"寺，旨在祈求由始迁祖萧整繁衍出来的齐、梁两朝皇室子孙的皇业永存。

按《梁书》卷七《太祖张皇后传》："葬武进县东城里山"，《高祖郗皇后传》："归葬南徐州、南东海[1]、武进县东城里山"，帝后合葬，梁武帝父亲梁文帝萧顺之建陵前华表至今犹存，上书"太祖文皇帝之神道"，梁武帝与郗皇后合葬的修陵前两只天禄、麒麟现存一只天禄，亦在梁文帝建陵华表近旁，其地在丹阳市荆林乡三城巷东北，可证东城里村、东城里山便在此华表附近，而张巷北的"皇业寺"在建陵华表正北约 1.5 公里处，则寺后 175 步的"南兰陵"城当就在此华表北方 1.8 公里左右[2]。其地正在武进故城（万绥镇）西三十里处，与《咸淳毗陵志》关于"兰陵城萧梁帝祖宅"（即萧整所居的东城里村）在"万岁镇万岁寺西三十里"的记载也完全吻合。

皇业寺离梁文帝与梁武帝陵墓不远。而且民间相传：梁武帝在"侯景之乱"中饿死台城，侯景便把他悬棺安葬在皇业寺大雄宝殿佛座下的地宫中，让其上不着天，下不着地而子孙断绝。皇基寺在东城村，寺后 175 步便是萧整定居的南兰陵城，而皇基寺今在丹阳荆林乡三城巷村梁文帝与梁武帝陵墓附近，而梁文帝与梁武帝陵墓又在东城里山，这便无可

---

① 即南东海郡。

② 古今人步距相同，一步即 1.3 米左右，175 步计 200 多米，加 1.5 公里约为 1.8 公里。

辩驳地证明丹阳荆林乡三城巷村附近就是"古东城里村、古东城里山、古南兰陵城"这三者的所在。

《梁书》卷七《太祖张皇后（即梁武帝父亲梁文帝妻）传》言："葬武进县东城里山。"同卷《高祖德皇后郗氏（即梁武帝妻）传》言："归葬南徐州、南东海（郡）、武进县、东城里山。"其所提到的梁文帝陵的华表、石龟、天禄麒麟，其所提到的梁武帝陵的天禄麒麟中的天禄全都还在，均在丹阳城东"荆林乡、三城巷村"北。梁文帝陵前华表上书"太祖文皇帝之神道"更是无可辩驳地证明梁文帝陵就在此地。由于《梁书》载明梁文帝、梁武帝夫妇葬在东城里山，于是便可证明此处便是"东城里山"，前已言文帝建陵华表在皇业寺也即东城村北1.5公里，这便证明东城里山与东城里村就在一起而不远。

《南齐书》卷二《齐高帝本纪》："窆武进泰安陵"，这一齐高帝陵亦存，在丹阳埤城赵家湾。1968年，愚昧乡民认为陵墓前成了仙的天禄麒麟会偷吃庄稼，遂借平整土地的名义将其用炸药炸毁。历经1500年的国宝就如此消失，令人扼腕痛心！赵家湾离梁文帝陵前华表不远（约6.5公里），离华表北1.8公里的南兰陵城不过4.7公里，却已在古武进县境内。

齐高、梁文、梁武三位帝皇的陵墓离南兰陵城最近的不足四里（指建陵华表距南兰陵城仅1.8公里左右），而皆已在古武进县境内，足证侨置在古武进县境内的南兰陵县只不过一座小城而已，并无多大实地（最多只是一座直径二三里的小城"东城里"罢了，城外便属于武进县境）。因此，在齐、梁两朝帝皇心目中，南兰陵县与其所扎根的武进县全境同等重要：古武进县西境的"齐梁皇陵"区所围绕的祖居"南兰陵城东城里"是皇业所基；古武进县东境的"武进故城"便是此方（指武进县全境）的行政、经济、文化中心，两者均为"齐梁故里"所在，不可偏废。所以说，"齐梁故里"东部在武进，西部在丹阳，从面积来说，两者大体相当。

难怪齐高、梁武登基之时，均首先要对两县一起减免赋税，即《南齐书》卷二《齐高帝本纪》建元元年七月丁巳诏："南兰陵桑梓本乡，长蠲租布；武进王业所基，复十年。""复"是蠲免赋役之意。《梁书》卷二《梁武帝本纪》：天监元年"复南兰陵、武进县，依前代之科。"即依齐代建元元年的科条旧例，免除两县的赋税徭役；《咸淳毗陵志》卷一"古今沿革表"以此"复"字为复置郡县（指复置南兰陵郡、武进县），误矣。

（3）"武进故城"在"萧梁帝祖宅（即萧整故居）"所在的"东城村"东三十里的文献记载

万岁镇就是今天的万绥，是古武进县治所在的武进故城，城内有万岁寺。上引《咸淳毗陵志》卷二十七"古迹、兰陵城"条言明万绥镇的万岁寺"西去萧梁帝祖宅三十里"（原文是："按万岁寺旧有伪吴天祚中石刻云：'寺西去萧梁帝祖宅三十里'"）。所谓"萧梁帝祖宅"，即上面引《南齐书·高帝纪》所说的梁武帝祖先萧整过江来居东城里村而成为齐梁两朝皇室共同的祖宅。因此这条记载便是说"东城里"村在万绥镇的万岁寺西三十里。而事实上丹阳荆林乡的三城巷村就在万绥镇西三十里，这更加证明：东城里的南兰陵城就在万绥镇西三十里的丹阳荆林乡"三城巷村"北（按：上文"三、（二）"末提到的《光绪丹阳县志》图标其村南之桥为"山城桥"，可见其村名又可写作"山城巷"）。

齐梁皇陵全都安葬在这儿，此"东城里"村还有河通大河"萧梁河"，再由萧梁河通"陵口（意为齐梁皇陵的入口）"处的江南大运河，便于齐梁皇室从南京坐船来帝陵上坟。萧梁河就是上文"三、（一）"提到的《六朝破冈渎路线示意图》中标的"萧港"，齐梁皇族由南京来东城里上坟便走此"破冈渎"，其路线详见该图。

上表《齐梁帝皇一览表》中这么多陵墓石刻聚集在丹阳荆林乡"三城巷"一带，也表明这儿应当就是萧梁帝祖宅（即萧整东城里村祖宅、南兰陵城）所在。

（4）"兰陵城"名号如何由古武进城外（乡下）的"东城里村"移到县城"武进故城"头上的经过

虽然东晋至齐朝的"南兰陵城"在"东城里村"，但梁武帝建立梁朝后，便把"兰陵城"的名号移到其东30里处的古武进县城头上。其做法便是改古武进县为兰陵县。这座县城便是今天武进县的万绥镇，于是"兰陵城"的名号便移到今天万绥的头上。万绥所在的武进县城因为其下辖的"东城里村"出过齐、梁两朝皇帝而称"万岁城"，城内又有梁武帝的故宅（梁武帝作为武进故城城外乡下的东城里村人，自然会在县城内购置房产），梁武帝登基后便把这城内的故宅舍宅为寺而称"万岁寺"（此寺即后世的"智宝寺"。此寺由于是"万岁"住过的府第改建而来，民间自然也就称之为"万岁寺"），由于此县城内有万岁寺，也就更加有理由称之为"万岁城"了，只是我们还没找到称武进故城为"万岁城"的文献实例，当是民间称呼而文人不记的缘故。

后世武则天主政的垂拱二年，武则天把与自己同姓"武"的武进县的县治从荒凉的江岸迁到繁华的常州城下，即县衙（县治）不再设在武进县城。由于没了县治，武进故城处的城池便得不到官府的维护而开始衰败，五代时又因为江盗横行（指长江口的江洋大盗横行），在常州城下办公的武进县令便把该城所有的居民，全部迁到常州城的武进县衙旁。由于武进故城名为"千秋乡"，所以迁到常州城的武进故城的居民所住的坊便称作"千秋坊"，武进故城因城迁走①而从此彻底沦落成镇级建置，称为"万岁镇"，所在之乡称为

---

① 武则天主政的垂拱年间只是县衙迁走而城未迁走，尚不至于荒凉到要沦落为镇的地步。

"千秋乡"。

"千秋、万岁"的不凡称号，标明的是这座故城曾经作为帝皇故里的显赫名分。后世为了避开统治者之忌（统治者总是忌讳某地拥有帝王之气的地名），又被迫改王气十足的"万岁镇"为古名"阜通镇"或同音的"万绥镇"，改王气十足的"千秋乡"为普普通通的"通江乡"。

（5）后人认为"萧梁帝祖宅东城里村"在"武进故城"的误会

明清时，江南大运河由于镇江至奔牛段地势高，奔牛闸西的河底远高于东，留不住水，于是奔牛闸常年关闭，大运河船只不能走镇江至奔牛段，改由奔牛北拐走孟河的水道，于是全中国南来北往的船只便可走过这座古代的"万岁镇"。

由于此镇是西晋至五代同光年间的古武进县城，而梁代至陈代又称为兰陵县城，于是后人常把这万绥镇所在的"兰陵县城"误会成为东晋至南齐"东城里"处侨置郡县所设立的最早的南兰陵城，于是万绥镇便错误地拥有了"东城里"的名字。由于"奔牛—丹阳—镇江"段运河水路经常不通，明清运河基本上走"奔牛—万绥—孟河堡"出江，万绥被人误会为就是古"东城里"的名气日盛，例如清人王士禛《精华录》卷一《毗陵归舟》诗，言其由常州毗陵郡城西侧的"西蠡河"口坐船出发，沿运河西上奔牛，走孟河渡江北归，诗中便提到将要路过孟河"齐梁故里"处的东城，所指实为万绥而非真正的丹阳境内的东城里。其诗曰："泊船西蠡河，解缆东城路。凉月淡孤舟，遥村隐红树。杳杳暮归人，悠悠渡江去。"诗人把自己走孟河从万绥过江的运河水路称作"东城路"。其实"万绥"仅在梁陈两朝称为"兰陵县城"，之前的东晋宋齐三朝称为"武进县城"，不称"兰陵县城"，当时的"兰陵县城"侨置在"武进县城"城外西行30里处的"东城村"。要到梁陈两朝，万绥这座"武进县城"才成为"兰陵县城"，此时东城里处的"南兰陵县城"因兰陵县衙迁到武进县城，于是彻底沦落为普通的"东城里村"而不为人知。

（6）史书全都记载"齐梁故里"在武进地界，何以今世又有部分归入丹阳地界？

为辨明"齐梁故里"名分的归属，首先得详细了解正史有关"武进"（即"兰陵"）的建置沿革。

《隋书》卷三十一《地理志》"江都郡"："曲阿：有武进县，梁改为'兰陵'，开皇九年并入。"《旧唐书》卷四十《地理志》"江南道、常州"："武进，晋分曲阿县置武进，梁改为'兰陵'，隋废。垂拱二年，又分晋陵置，治于州内。"【笔者按：此为武进附郭之始。（按：县治设在州城之下称为"附郭"。）】《新唐书》卷四十一《地理志》"江南道、常州"："武进，望。武德三年，以故兰陵县地置；贞观八年省入晋陵，垂拱二年复置。"《元和郡县志》卷二十六"常州、武进县"："梁武帝改武进为'兰陵'。入晋陵，垂拱二年，又析晋陵西界立武进县，于州理①。"《太平寰宇记》卷九十二"常州、武进县"："去州八十里。旧三十四乡，今十三乡。……垂拱二年，分割晋陵西三十六乡又置。"

武则天垂拱二年（686）时，迁武进县治入常州城下，其县城仍旧保留在原地而称之为"武进故城"，唐庄宗同光元年（923），因江边江洋大盗横行，江边武进故城内民众的人身财产安全遭受严重威胁，于是将此故城内属于武进县"城市户口"的居民全部迁到常州城下（之前的垂拱二年仅迁县衙未迁城，即城民仍在原地），武进故城遂彻底废弃而为镇。见《永乐大典·常州府》卷二引《大德毗陵志》："武进县，故兰陵，在今通江乡阜通镇之北，有'兰陵城'故基，去常州治所凡八十里。五代后唐庄宗大同中，吴窃据江北，江盗旁午，民人惊扰不安，由此徙县于州治之内，至今不改。"《咸淳毗陵志》卷二"叙县、武进"："后唐大同间，伪吴据其地，时江盗旁午，民不奠居，徙附郡城。"今按：后唐庄宗年号为"同光"，非"大同"，故《万历常州府志》卷一"建置表"作："庄宗同光元年癸未"，"徙武进县于州城。武进附郭之始。同光间，江盗旁午，民不奠居，徙入郡城，与晋陵俱为附郭。治金斗门外街西，宋因之。"

这其实是武进故城彻底废弃之始（即今武进西北境的"武进故城"彻底作废之始），非武进附郭之始，武进附郭于237年前的垂拱二年。清李兆洛所编名志《道光武进阳湖县合志》卷一"沿革表、武后垂拱二年丙戌"栏"武进"条便特加辨正："《唐书·地理志》：'垂拱二年复置。'《元和郡县志》：'垂拱二年，又析晋陵西界立武进县，于州理。'《太平寰宇记》：'垂拱二年，分割晋陵西三十六乡又置。'《方舆纪要》：'唐垂拱中，与晋陵并为附郭，宋、元因之。'此武进附郭之始。"所引"《方舆纪要》"见清初顾祖禹《读史方舆纪要》卷二十五"常州府、武进县"：晋陵县"唐垂拱中与武进并为附郭县，宋、元因之。"

前已考明东晋、南朝于古武进县境内的"东城里"村后175步划出方圆不过二三里地建立南兰陵城；其时，武进县治在万岁镇（即今万绥），南兰陵城外之地皆属古武进县之境，故齐高帝萧道成葬于武进县之泰安陵，梁武帝父梁文帝、梁武帝皆葬于武进县之东城里山，其他齐梁皇帝莫不皆然，全都安葬在南兰陵城外的古武进县境内。故今丹阳县"齐梁皇陵"所在之地，包括其陵墓的总入口"陵口"，皆是古武进县之地。梁武帝在土断②"南兰陵"入武进时，耍了一点政治手腕：他把武进县改成"兰陵"，名义上是土断"南兰陵"入武进县，实质上等于让南兰陵县反客为主来吞并整个武进。故梁、陈两朝武进县之地称为"兰陵"，"兰陵"遂成为武进的正式名称。

---

① 理，唐人避高宗李治讳，改"治"为"理"。于州理，即在常州城下设立衙门治理政事。

② 土断，以土著为断。即废除侨置郡县，将其土地、人民并入所在的当地之县。

那为什么"东城里村"古属武进而今归丹阳？这便是因为隋灭南朝，对于南方政权的发迹地"齐梁故里"要充分打压，于是便把"齐梁故里"所在地兰陵县，也即古之武进县废除，将其并入曲阿县（今丹阳）。

唐朝接替隋朝统一天下，于是下诏书命令曲阿县"以故兰陵县地置武进县"（见《新唐书》卷四十一《地理志》"江南道、常州、武进"县载："武德三年，以故兰陵县地置。"《新唐书》此十字的记载肯定是根据设县诏书来登载的），即唐朝替代隋朝统治天下后，礼遇"齐梁故里"①，命令曲阿（今丹阳）县令："把之前并给你县的兰陵县之地（也即古武进县之地）的地盘全部吐出来，重新复置该县，但其县名不用再称'兰陵县'，改用之前的'武进县'名字而称'武进县'。"之所以仍用古称"武进"，而不用后来的"兰陵"县之名，为的是不让这块地方再沾"齐梁故里——兰陵"的皇气。

可万万没料到的是：丹阳人欺君冈上，贪图武进县的肥沃土地而不肯全部归还。"武进县城"万绥镇那片土地是县城所在，肯定是要归还来设立新县的，而靠近丹阳的"齐梁皇陵"所在地倒可以扣住不还。可惜当初设县时，新上任的武进县令未能据理力争，遂使历史上的"齐梁故里"只有东半部设为武进县而划归今天的武进县，其西半部却永远留在了丹阳。

贞观八年，唐太宗嫌此县小且兆示武姓要进占天下，于是废此新设的武进县入晋陵县。武则天朝，又因其与己同姓且县境太小，于是强命晋陵县将其西半划出，重设此武进县，等于把旧武进县之地再加晋陵县之西半设为武进县，等于让武进县吞并了晋陵县的西半。明太祖又命晋陵县（即古晋陵县的东半）并入此武进县。故今天的武进县其实拥有了古武进加古晋陵两县之地。

照理根据唐朝的设县诏书"以故兰陵县地置武进县"来说的话，南朝史书明文记载的古武进县泰安陵、古武进县东城里山处的梁文帝陵（今更有陵前的天禄麒麟、华表、石龟为证）、梁武帝陵（今更有陵前的天禄为证）、古武进县东城里村处的皇业寺（今仍存）等，全都应当归在今天的武进县境内。然而事实上，这一"齐梁皇陵"区域全都留在了今天的丹阳东境。

（7）丹阳对古武进西半的窃据与常武百姓秉承季子的仁让之风

今对照唐武德三年"以故兰陵县地置武进县"的诏书，其未言"以故兰陵县地东境置

---

① 这与李唐皇室礼遇萧氏家族，让自己皇族与萧氏这一南朝皇族通婚有一定的关系。

武进县"，则诏书之意明显是要把旧兰陵县也即整个古武进县的全境全部划入新复置的武进县境内。很显然，这一诏令在当时并未能得到全部的贯彻和落实，丹阳只把古武进县的东境（即"武进故城"所在的万岁镇这一区域）归还出来设立为新的武进县，而古武进县的西境（即东城里村"南兰陵城"为中心的齐梁皇陵这一区域）未予归还，于是导致齐梁诸帝陵，及其祖先萧整侨居江南的东城里村"皇基寺"①及寺后175步的南兰陵城，古代属于武进而今天全都留在丹阳的局面出现。这就是《咸淳毗陵志》卷二十六"陵墓、武进、齐"所记载的："泰安陵，在彭山，南齐高帝所葬。按《南齐书·高帝纪》云：'建安四年，窆武进泰安陵'，即其地也。<u>今隶丹阳县境，在武进之西</u>。"

因此，丹阳取得齐梁故里西部的"齐梁皇陵"区，在法理上无据，于道义上有亏，实为欺君冈上的大不肖之举。可惜当时武进县令懦弱无能、不能见义勇为、据理力争，遂使千载之下疑窦丛生、真相莫明。而我常州（武进）百姓秉承人文始祖季子"三让国位"的仁让之风，不与人相争、计较，于此也彰然可见。而今日之丹阳人恰与延陵之仁让形成鲜明对照，其断章取义，引武则天朝"析晋陵西界立武进县"之文，声称武进已非旧时的齐梁故里、乃是晋陵县西境建置，有意抹杀唐高祖朝"以故兰陵县地置武进县"之文、不言武进有齐梁故里之地被太宗并入晋陵，遂宣称今武进全乃晋陵县之地、齐梁故里全在丹阳，因为隋代"曲阿有武进县，……开皇九年并入"；实为裁剪历史、欺世盗名！

（8）"齐梁故里"名在常武，丹阳与常州两地当化纷争为玉帛

古之丹阳人，皆能恪守礼义，得武进齐梁故里一半之地而不忍夺武进齐梁故里之名，故千载以来，与常州（武进）相安无事。

但凡知晓上述武进县政区沿革历史的人便都会知晓"齐梁故里，名在常、武"！其地虽然半在常武、半在丹阳，但"名分不可干、道义不可违"，齐梁故里之名分并不因其一半之地而可转移！

①东晋南朝设南兰陵城于古武进县境内，凡是侨县皆无实土，武进是其体，南兰陵不过是体上附着之毛而已（南兰陵仅有其方圆两三里之城，城外便全都是武进县境），"皮之不存，毛将焉附？"故武进有"南兰陵"之名，天经地义。

②梁武帝改武进为兰陵，武进故城万岁镇（今万绥）遂为兰陵县城，这是梁武帝这位皇帝、同时又是南兰陵人亲自向天下决定了的事情，即"武进就是兰陵、兰陵就是武进！"所以"兰陵城在万绥"史不绝书，如《永乐大典·常州府》卷二引《大德毗陵志》：

---

① 此寺是齐梁皇帝祖先萧整故居舍宅为寺，故名"皇基"，后避唐玄宗李隆基讳改为"皇业"。

"武进县，故兰陵，在今通江乡阜通镇之北，有'兰陵城'故基，去常州治所凡八十里。五代后唐庄宗大同中，吴窃据江北，江盗旁午，民人惊扰不安，由此徙县于州治之内，至今不改。"武则天朝又迁此武进县衙于常州城下（在今天南大街北段西侧的老百货大楼与老新华书店处），将此"千秋乡"的民众迁至武进县衙东北侧而特地用其原来的乡名命名为"千秋坊"①。而当时的武进便是旧时之兰陵，此旧时之兰陵也即唐代之武进迁至常州城，故常州城拥有"兰陵"之雅称乃是武则天钦定，亦可谓天经地义。至五代后唐庄宗时，武进故城彻底废弃，故城之民全部迁入常州城内"千秋坊"，常州城更与武进城（即兰陵城）融为一体，则常州城即兰陵城的名份又孰人可夺？

③而丹阳古称"曲阿"，未有"兰陵"之名（史上只有梁武皇帝改武进为兰陵，史上从未有皇帝改曲阿为兰陵），故丹阳虽得兰陵部分之地，亦不能得其"兰陵"之名。一者是因为其得来的途径经上述审查可以判定为非法；二者是因为其所得之地并非兰陵县县治所在；故其虽得兰陵部分之地，也不能凭此偏地而得其核心区"兰陵"之名（除非其得全部古武进之地，则尚有可说）。其最有说服力的证据，便是假设齐梁诸皇帝、诸皇子复活于地下，我们来问其是"武进"人还是"曲阿"人？他们肯会说："我是武进人，我不是曲阿人！"故"齐梁故里"之名定然在武进及后世吸纳武进的常州城头上，关于这一点当可无用多言了吧。虽然宋元镇江人自己编的《嘉定镇江志》《至顺镇江志》把齐梁皇室诸人收入人物类中，而常州自宋代编纂的《咸淳毗陵志》起便也收入。而乾隆皇帝编《四库全书》，其中收有江苏地区的省志《江南通志》，把齐梁萧氏有政绩的名人统统列入卷一四二"人物、宦绩、常州府"中，没有列入卷一四三"人物、宦绩、镇江府"中，等于否定了《嘉定镇江志》《至顺镇江志》的做法，肯定了常州《咸淳毗陵志》的做法，表明清朝最高政府，已经用编书的方式，论定齐梁兰陵萧氏是常州府武进县人、而非镇江府丹

①按《咸淳毗陵志》卷三"坊市"："千秋坊，在金斗门桥南街东。"卷五"官寺"："武进县治，县治在金斗门外街西"，即在"千秋坊"街之西。

阳县人。①

④而丹阳本为"曲阿",与"兰陵"之名甚无关系。或有人问:丹阳因得齐梁故里部分之地,遂可以得其名乎? 不可也! 譬如有人以不正当手段占有某人之物,十年后公然扬言:"我乃此物之主人,因为此物已在我手中。"有是理乎? 明晓其物得来途径之人,必正告斯人曰:"你这是偷盗啊! 因为此物的主人从未曾将它移送给你,官府(皇帝)也从未把它判决给你,则此物的主人便不是你,此物别有其主人。现在此物在你手中,恰可证明你来路不正! 尔乃盗也! "所以说:名分不可干,道义不可违,名分并不以物之所有为转移!

⑤常州为古"延陵邑",乃季子采邑。正如南京以那座"金"字形山陵②而山上玄武岩在阳光下会耀出紫光的"金陵"紫金山作为地标,我常州之地标,便是高矗于州境东北的大舜过而教化、延陵季子躬耕且埋骨的"舜过山"。这不光是常州的地理坐标,更是常州的精神坐标:大舜仁让、季子不争,故我常州、武进乃圣贤之乡,民众皆以仁让为怀,明晓"天下一家,何分人我"之理。况丹阳亦有"延陵"之镇,镇上也有天下闻名的崇奉季子的"季子庙",自也当服膺季子让国之风、慕义无穷。

---

① 今按:常州的《咸淳毗陵志》载齐梁萧氏皇族诸人于"武进县"名下,以后的元、明、清常州府志、武进县志皆然。宋《嘉定镇江志》、元《至顺镇江志》同样也载齐梁萧氏皇族诸人于"丹阳县"名下,以后的明、清镇江府志、丹阳县志皆然。编省志时,不可能常州、镇江两府下开载同样的内容,即齐梁萧氏只能归入一个府名下,康熙朝编江苏省志《江南通志》时将其归入卷44"人物、镇江府"名下而将其籍贯著录为"南兰陵人",未归入同卷"人物、常州府"名下。到了乾隆朝编江苏省志《江南通志》时,常州府武进县作为"南兰陵"名号的直接继承者表示不服,将官司打到乾隆皇帝面前,皇帝召集当时最有学问的人商议决定:诸齐梁萧氏"镇江府"名下不记,全记到"常州府"名下。这便是拨乱反正。如果常州没有理而镇江有理,康熙朝已定下的局面便不可能翻过来。由《四库全书》中的乾隆朝江苏省志《江南通志》萧家人全收在常州府名下,镇江府没有,这就表明这是清代最高学术机构最终否定了之前(指康熙朝)认定齐梁故里名份在镇江的做法以其为误,最终认定"齐梁故里"之名全在常州武进头上,不在镇江丹阳头上。事实上,"齐梁故里兰陵县"的县城也在武进万绥,丹阳东城里"皇业寺"不过是古"武进县城(万绥)"治下的乡下。这个丹阳东城里"皇业寺"本属武进万绥城处的"武进县(梁武帝改名兰陵县')"城直管,隋文帝废此"兰陵县(即武进县)"入丹阳,唐高祖下诏书命令丹阳县"以故'兰陵县'地复置武进县",结果丹阳人只归还了东部县城部分,未归还西部皇陵区,遂导致古武进一半留在了丹阳。所以从道义上讲,丹阳人得此一半武进县之地是窃取,是欺君罔上,故清朝的皇帝不予认可(即乾隆皇帝从道义出发,纠正了康熙朝大臣不顾道义承认窃取的错误做法)。而唐太宗将武进县并给晋陵县,因为其时有预言说太宗的天下将被姓"武"的女子取得,而"武进"又意味着武氏将往前有进展,所以唐太宗要废此武进县。武则天一上台便为这代其受过的武进县出气,分晋陵之西半为武进县,并将武进县城迁到常州城下成为附郭县,故而今天常州城下仍有"兰陵"的地名。

② 即所谓的"金陵"。

第二章 龙脉溯源二：

江南大运河溯源至泰伯（商末周初）

　　我们将江南大运河溯源到先秦的关键，便是上一章所考明的：秦始皇只开了江南大运河北口"京口"处那一小段河口运河，这就证明：江南大运河全河在秦始皇时代必定早已存在在那儿。上一章证明秦代已有江南大运河存在的理由可以总结为以下四点：

　　一是江南沿运河分布的诸座城市，在秦代乃至先秦时代便已存在，这就可以用来证明这些城市群所赖以产生的母亲河"江南大运河"，其实早在秦代以前便已存在在那儿。秦代已有江南大运河存在，虽然找不到直接的文献记载作为依据，但凭这点事实，即江南城市东吴时在这儿，汉代时仍在这儿，秦代也在这儿，而江南诸城沿运河直线分布的形势格局又能清楚表明是先有运河再有城市而非反之（若是反之，即先有城市再连出运河便会形成曲曲折折的运河水道而与江南大运河直线格局相违背），因此秦代之前必定已有江南大运河存在。

　　二是古籍记载吴大帝孙权时已有运河且非其所开，则汉代必定已有江南大运河存在；而西汉司马迁的《史记·河渠书》载："于吴，则通渠三江、五湖"，证明西汉时便已有此江南大运河存在，而司马迁把这件事记载在战国末年的李冰、西门豹、郑国之前，证明江南大运河在战国或战国以前便已存在。

　　三是我们找不到秦始皇与西汉开此江南大运河的文献记载（按理，秦汉的文献应当能流传到今天，如果江南大运河确实是秦汉开凿的话，史书当有其文献记载并流传到今天），我们反倒找到的是秦始皇在此运河北口开河而将河口西移直线距离18里的记载（如果按曲折河道计算的话则为24里），这就证明秦始皇之前已有此江南大运河存在，否则秦始皇便不会开此无源之河。

　　四是秦始皇听闻"水市出天子"的谣谚，在江南大运河上的"长水县"见到其沿河水市规模繁荣到了要镇压的地步。由其相当繁荣，可见秦代运河沿线上嘉兴城的雏形市集早已存在。而江南大运河上的城与市因江南大运河而产生并孕育壮大^①，江南大运河早于河上的城、市，所以江南大运河必定是先秦所开。

而要证明先秦春秋及春秋之前已有江南大运河存在的三大理由便是：

第一，江南大运河在古常州"武进、无锡"两县境内的两大支流"西蠡河"与"泰伯渎"，证明了开西蠡河的春秋、战国之交的范蠡以前，开泰伯渎的商周之交的泰伯以前，必定早已有江南大运河存在。因为这两条河全都止于运河，没有穿运河而过的运河对岸的河道存在，这一"丁"字形格局便能证明江南大运河为主，这两条河为宾，孰先、孰后可谓一目了然。

第二，镇江丹徒镇内古迹"庆封宅"的文献记载，加上镇江丹徒镇东沿江山体上出土的"宜侯簋"、多座"吴王坟"及吴地贵族坟这一系列考古证据，特别是"宜侯簋"的铭文，也就可以证明：先秦吴国在泰伯立国后不久便已扩张到镇江之地，接受第三代周天子的命令立都于此，为周王室把守这一江南、江北大运河衔接处的战略要地，此镇江之地因此而得名"吴京（武进）、京城"，同时又因江南大运河的入江口在此而命名此河口与河口所在的镇江地区为"京口"。以上无不透露出其时江南大运河的存在。

第三，先秦春秋时代已有江南大运河的又一最简捷的证明便是江南城市从未搬过家，东吴、秦汉时在此，先秦时仍在此，像运河岸上的"语儿乡"（今嘉兴之崇德）、"水市出天子"的水市（即古"长水县"，秦始皇将其污名化为"由拳县"，即今嘉兴）、"云阳"（秦始皇将其污名化为"曲阿县"，即今丹阳），这些都是先秦春秋战国时代就有记载的地名，其中"语儿乡"见《越绝书》卷八，"水市"长水县见《水经注》卷二十九，"曲阿故为云阳县"见《越绝书》卷二，这三个地点均在运河岸上，均是先秦就已存在在那儿。由于沿河城市的出现显然要孕育少则数十年，多则上百、数百年，这便是证明秦以前数十乃至上百年前必定已有江南大运河存在在那儿的重要理据。

正如上文所揭示的，江南沿直线而非曲折运河布局的城市群格局，充分表明其肯定是先有运河再有城市，而非全国及世界其他地区那样先有城市再连城开河而形成曲曲折折的运河城市格局。因此，秦代便已出现运河这一平滑曲线上的一系列城市，表明秦代之前必定已有此平滑曲线的运河存在。而且城市形成到一定规模需要数百年的孕育和积累，所以秦代之前数百年的春秋战国时代肯定已经有江南大运河存在在那儿，这才会有秦代运河沿

---

①上已言：江南诸城沿运河直线分布的形势格局，便能清楚表明先有运河再有城市而非反之；即非先有城市再连出运河而形成曲曲折折的运河水道来。由于江南诸城之间的运河并不曲曲折折，可证是先有运河再有城市。

岸城市群的存在。

那么，秦以前的春秋战国时代，是谁开凿了江南大运河？是吴王夫差，还是越王勾践，还是楚春申君黄歇？答案便是吴王夫差时便已有此江南大运河存在，其即位前89年的曾祖父寿梦时便已有此江南大运河存在，其更早的第五代吴国国君周章时便已有此江南大运河存在，其更早的吴国始迁祖泰伯时代便已有此江南大运河存在。

目前的史料如《左传·哀公九年》能证明吴王夫差开了"邗沟"，而《江南通志》能证明吴王夫差开了"江南大运河"，似乎再也没有别的文献史料能用来证明吴王夫差之前，有人开通了江南大运河或江北大运河"邗沟"。于是按照"唯文献论"的做法，只能得出吴王夫差开了江南与江北大运河这一结论。

其实这一"唯文献论"的观点，将因前述第二点考古发现的两点史实"宜侯簋"和"吴王坟"被彻底改写，从而证实宋人据《史记·河渠书》认定大禹开了江南大运河反倒是正确的，即《史记·河渠书》这条文献的确能用来证明吴王夫差之前"江南大运河"便已存在。上述两点考古发现如何能颠覆前人"唯文献论"所得出来的常识性认识？

（1）"余眜坟"在镇江出土，便能证明早在夫差前三代，吴国就已把疆土拓展到了镇江（按：吴王夫差前是吴王阖闾，其前是吴王僚，再往前是吴王余眜，即吴王余眜是夫差前三代的吴王）；

（2）镇江又有吴王余眜前的一系列吴王坟出土，更能证明吴王余眜前好多代，吴国很早就已把疆域拓展到镇江地区；

（3）镇江丹徒"宜侯簋"的出土，证明早在周初，第三代周天子周康王便已封吴君至镇江地区；

（4）吴国一日离不开船，也就离不开运河。因此江南大运河应该早在夫差之前，乃至早在"宜侯簋"所出土的周初，便已开到京口镇江，这是我们确信江南大运河绝非夫差所开而周初便已存在的最重要的理据所在。

本章旨在把江南大运河的溯源由上一章的秦朝再往前推到"先秦"商末周初的泰伯时代。镇江丹徒所出土的"宜侯簋"及众多吴王坟（特别是有出土器物铭文为证的余眜坟）便能起到最简明晓畅的证明作用，即：

镇江丹徒"宜侯簋"的出土，郭沫若、唐兰两位史学大家考明其铭文记载的是：周初第三代周天子周康王分封第五代吴国国君周章于此簋出土之地——镇江丹徒。而此簋出土地的山上又有一系列吴王坟出土，特别是吴王余眜坟中有出土器物铭刻有余眜之名，证实此坟确为吴王余眜之坟。由宜侯簋、余眜坟及一系列吴王与吴国贵族的坟在镇江丹徒地区的出土，便可证明：吴国从周章到吴王余眜这五百多年中全都定都于镇江，吴国很早就把疆域拓展到镇江地区。而吴王余眜的继承人吴王僚被吴王阖闾刺杀，阖闾的继承人是吴国最末一代吴王夫差，因此吴王余眜坟在镇江出土便能证明早在阖闾、夫差这吴国最末两代吴君之前，吴国便已拓展其疆域到镇江并立国（即定都）于镇江。

而吴国的风俗便是一天也离不开船，也就离不开运河。如果吴国立都镇江而镇江这一高亢之地没有大运河存在，一是和吴国"一日不可离舟船"的习水天性不合，二是将无法沟通并更好地控制住东边的"吴国发祥地——泰伯墓所在的无锡梅里"和"吴国末代首都——姑苏城"这两者所在的吴国腹地。总之，镇江如果没有大运河存在，吴国根本就无法立国于镇江这一高亢之地。所以江南大运河应该早在夫差之前便已开到京口镇江，这是我们确信江南大运河绝非夫差所开的最重要的理据所在，我们正是据此判定宋人援引《史记·河渠书》作为能够用来证明江南大运河早在大禹时代便已存在的文献依据是合理的。

今将上述运河溯源至商末周初泰伯时代的有关问题详论如下：

一、江南大运河溯源至先秦的吴王夫差时代

从常理上说，当一条河流已经存在时，人们另开一条河道与之交会，可以只开到此河为止而呈"丁"字形格局，也可以穿越此河而呈"十"字相交的格局。一般不会存在一条早已存在的河流只停留在某一点上，而后开的那条河流正好穿过此点而呈"丁"字形相交的格局。

这就意味着：如果两条河呈"十"字相交，则无法判断哪一条早；如果两条河呈"丁"字形相交，则处于"丁"字形横线处的河流肯定要早，而处于"丁"字形纵线处的河流肯定要晚。这是我们据常州城下"西蠡河"来判定范蠡与勾践两人之前的春秋吴王夫差时代便已有江南大运河存在的重要理据。

按《咸淳毗陵志》卷十五"山水、水、武进"："西蠡河，在南水门南，经陈渡桥、塘口入滆湖。单谔《水利书》谓：'范蠡所凿。今宜兴有东蠡河，横亘荆溪，北透湛渎，此为"西蠡"明矣。'"同卷"山水、水、宜兴"："东蠡河，在县东十五里，东南入太湖。咸平中，邑人邵灵甫重浚。"画线部分所引之书即单锷（上引《咸淳毗陵志》写作"单谔"）《吴中水利书》："宜兴所利，非止百渎。东有蠡河，横亘荆溪，东北透湛渎，东南接毊画溪，昔范蠡所凿，与宜兴'西蠡运河'，皆以昔贤名，呼其'蠡河'。"言明范蠡在

宜兴境内开"西蠡河、东蠡河"这两条河便以开河者范蠡来命名。

此西蠡河是常州城往南连通宜兴城的运河，故名"宜兴运河"，又名"南运河、南塘"。常州人称运河为"塘河"，通城北诸乡与江阴县城的运河便称"北塘河"，此乃通城南诸乡与宜兴县城的运河，故名"南塘河"，此河其实是"京杭大运河"在常州境内往南分枝出来的一条大型分支运河。范蠡从宜兴城自南往北开凿此河到今天常州城西"怀德桥"西侧"石龙嘴"处入江南大运河后便告结束，江南大运河对岸并无此河继续北流入江的河道存在。

这条西蠡河开到常州城下的江南大运河处便告结束而呈"丁"字形格局，已隐约告诉我们两点：

一是这儿肯定有一条"江南大运河"先于西蠡河存在。

二是这儿肯定有一个运河岸上的市集先于西蠡河存在，此市集便是今天常州城的前身。正因为有大的市集在这儿，范蠡才会把西蠡河只开到这儿为止；不然的话，范蠡便不会把西蠡河开通到这儿。

而范蠡是春秋战国之交的吴王夫差、越王勾践时代的人，所以上引文字也就成了"江南大运河"在春秋吴王夫差时代便已存在的理据，因此战国时楚国春申君开通江南大运河的说法当可排除。

既然常州城这个地方早在春秋末年、战国初年便已有市集存在，而这沿河岸孕育形成的市集显然就是因河而起。而集市的孕育又非一朝一夕所能成就，至少得有几十乃至上百年的过程。这也就充分证明：江南大运河在范蠡同时代的吴王夫差前几十乃至上百年，乃至更久以前，便已存在在那儿。所谓吴王夫差开通江南大运河的说法，实也可据此排除。

由于常州之地在夫差及夫差以前属于吴国的领地（吴王夫差的叔父吴王余祭，把常州所在的"延陵"之地，分封给夫差最小的嫡叔祖吴公子季札），所以开江南大运河的人肯定应当是吴王夫差或夫差之前的吴君，乃至吴国立国以前此地的某位邦国酋长，而不可能是越王勾践消灭吴王夫差之后，由越王勾践派范蠡来开。

二、江南大运河溯源至吴王寿梦及周康王时代

江南大运河溯源至吴王寿梦及周康王时代的核心证据便是：先秦吴国立都于京口（镇江），"宜侯夨簋"证明：周天子赐予吴君江南吴地上的最大之川便当是江南大运河，寿梦时江南大运河与江北大运河皆已存在。今将上述核心论点详论如下：

（一）先秦吴国立都于京口（镇江）而吴都离不开运河水系

我们的核心论点是：江南大运河可以溯源到吴王寿梦乃至周康王时代，周康王时代吴国便已定都于江南大运河入江河口"京口"（今镇江）地区，表明此地已有江南大运河存在。

此论点的核心依据便是上一章"五、（三）"根据五重证据论明先秦吴国的首都其实就在镇江"京口"之地而名为"吴京"，这五重证据便是：

①孙权下诏书复丹徒为武进而非改丹徒为武进，证明"武进（吴京）"是秦始皇改此地为恶名"丹徒"之前的地名，表明此地为先秦吴国的京城所在。

②六朝人称立都于镇江京口的吴国政权为"京吴"，五代人亦称镇江京口为"京吴"，"京吴"与"吴京"只是字序颠倒而含义相关，表明镇江京口这一吴国之都名为"吴京"。

③庆封宅在丹徒，是吴王余昧时京城在丹徒的有力旁证。

④丹徒出土"宜侯簋"与"吴王余昧坟"，是证明丹徒为吴王京城"吴京"的两大考古实证。

⑤《越绝书》载明吴都在"长江三角洲"西部的"西江"，"西江"当即长江三角洲上游西北隅的镇江京口地区，此是证明"京口"乃"吴京"的一锤定音的最直接有力的古文献证据，今略作阐述。按《越绝书》卷十二"外传、记军气"称越国旧时（当指勾践立都山东琅琊台之前）立都于大越（今绍兴），相应地又称吴国旧时（当指阖闾迁都苏州之前）立都于"西江"，其原文是："越故治今大越山阴，南斗也。吴故治西江，都牛、须女也。"唐朝人仍知晓"西江"是九江至南京的长江江面，如李白《夜泊牛渚怀古》诗"牛渚西江夜"，以马鞍山采石矶（牛渚）处长江为"西江"；温庭筠《西洲词》"南楼登且望，西江广复平。艇子摇两桨，催过石头城"，以"石头城"南京城西的长江为"西江"；唐元稹《相忆泪》诗"西江流水到江州，闻道分成九道流"，以九江江面为"西江"，足证九江至南京江面为"西江"。而镇江毗邻南京，其处为南京流来的"西江"与镇江东流的"北江"相交汇处，镇江完全可以视为"西江"之头，因此镇江江面又名"西江"当可定论。加之《庄子·外物》"西江水救涸辙鲋"典故中，庄子言："我且南游吴越之王，激西江之水而迎子，可乎？"可见"西江"的确与吴王也即吴都有关联，即庄子为代表的先秦人知晓吴国首都在"西江"也即镇江京口。事实上，京口之地正在江南之地西北角的北江上游，正可称作"西江"。因此，东汉文献《越绝书》所言的"吴故治西江"说的便是吴王阖闾之前的吴王立都于京口，"京口"有古名"西江"。因此《越绝书》这条记载便是能够用来证明镇江为吴都的最直接有力的文献依据。而《越绝书》又抄自比汉代更早的原始文献，从文献的古老性上来说，也是非常珍罕且可信的。

由上述五重证据便能得出丹徒（京口）是先秦吴国首都"吴京"的惊人结论与史实；

因此"京口"之"京"便不再是自然高丘意，而是人工兴建起高台并在此高台上建造起雄伟宫殿建筑的国都意。

由于吴国一日不可缺舟船，其能立国都于镇江之地，此处必定要有发达的水运体系，加强其与吴国发祥地江南东部及江南全境的联系。这就意味着：沟通镇江与今常州、无锡梅里故都一带的"江南大运河"其时当已存在。特别是丹徒镇考古出土的"宜侯簋"的铭文也能清楚透露出丹徒口"江南大运河"应当早在周初吴国时便已存在这一背景信息。

上述"先秦吴国立都于京口（镇江）"的五点证明中，第③点"庆封宅"尤为核心和关键。

本书第一章"五、（三）、3、（1）"引《光绪丹徒县志》卷五十六"艺文、国朝文"所录的清人颜于钧《朱方非丹徒辨》一文考明：齐国宰相庆封逃难到吴国后，吴王余昧封庆封的采邑"朱方邑"其实是在河南遂平，"谷阳"是朱方邑旁"赖"国的地名，"朱方"和"谷阳"全都不是丹徒的别名。但刘建国先生《朱方考》一文详细列举六朝与唐朝人称丹徒为"朱方"的实例，证明丹徒父老很早就认为丹徒是朱方。产生这一矛盾的关键，便在于丹徒故城（今丹徒镇）有庆封宅、庆封井而河南遂平没有。由于封邑领主的家宅当在封地内，后人便根据这一常识判定庆封的封地"朱方邑"当在拥有庆封宅的丹徒。这看起来似乎没有任何问题，其实这一常识恰是致误的误区所在。

庆封宅对于破解"镇江其实就是先秦吴国首都"之谜具有关键作用，因为逃难之臣肯定要先到吴都面见吴王，然后在吴王眼皮底下经过长年的考察，被认定忠实可靠后，吴王才会派其前往边境任职，同时还要在首都扣留其亲人作为人质，即会保留其在吴都的家宅供人质居住。现在江南大地上只有丹徒故城（今丹徒镇）有庆封宅、井，加上丹徒大港"北山顶"又出土了庆封时吴王余昧的坟，这便可证明丹徒就是吴国的行都，而无锡梅里则是有宗庙的首都（"勾吴墟"）和故都（"故吴墟"）。此地名为"京城"，此地运河口名为"京口"，城旁之山名为"京岘"，城北的大江名为"京江"，都由来于吴王立都于此，难怪秦始皇要改"丹徒"来抹杀此地一系列带"京"字的地名，以此来镇压此地的王气。

镇江出土了大批吴国君主和吴国贵族的墓葬，证明此地确为吴国首都，这也是梅里地区反倒没有吴君遗迹出土的重要原因所在，即第三代周天子早已把吴君改封于京口。至于苏州没有大量吴君遗迹出土，便也显得正常而可理解了，因为苏州成为吴国首都要到吴国最晚阶段的吴王诸樊、阖闾时，其作为首都到夫差亡国只有短暂即逝的几十年，与只有四代人（泰伯、仲雍、季简、叔达）立都的梅里情况相同——仅有的三四代人的遗迹早已被历史的大浪给无情地冲刷干净。而镇江则很早就成为吴国首都，有十七八代吴君立国于此（依次是：周章、熊遂①、柯相、强鸠夷、余桥疑吾、柯卢、周繇、屈羽、夷吾、禽处、转、颇高、句卑、寿梦、②余祭、余眛、吴王僚），遗迹自然众多。而吴国又一天也离不开舟楫之利，所以江南大运河在吴国定都镇江时便已当存在，"宜侯夨簋"所提到的"厥川三百"中的最大一川便当是江南大运河。因此我们得出如下的结论：**周康王时吴国便已定都京口而江南大运河便当已存在。**

庆封逃难到吴国时，自当定居在这吴国的首都京口。吴王余眛经过多年考察，认为他忠诚可靠，方才派他前往吴楚边境上的"朱方邑"任职，并把朱方作为他的封地，以此来充分调动其保家卫国的积极性，并可充分利用其军事政治才能来为吴国守卫边疆，未曾料楚王会倾一国之力来将其攻灭。由于庆封是派往朱方的军事长官，所以他在朱方的宅第便是公馆（相当于后世的府县衙门）。既然是公馆，便是在他之前、之后的朱方长官全都能居住，自然也就无法用庆封的名字来冠命，于是河南遂平的"朱方"之地反倒找不到此地长官庆封的故居（因为他住的是公馆而非私宅）。后人见《左传》称庆封封于朱方而在朱方之地为楚王攻杀，又见普天之下只有京口的丹徒故城有庆封宅和庆封井，而一般情况下领主的家宅当其在封邑之内，于是便想当然地认定京口之地便是庆封所封的朱方；这位自作聪明的文人又知道朱方旁边曾有个谷阳，于是一并把谷阳也拉到京口来显示自己的博学。其实从常理来判断，便可知晓以上结论有两大非：一是吴国的发祥地在江南无锡的梅里，离镇江城不过250里地，吴王再怎么信任异国之臣，也不敢把自己江南的京畿要地分封给异国权臣，由此可知分封庆封的"朱方邑"必不在江南。二是楚王再大胆，也不敢孤军深入吴王的京畿之地。而且楚王既然能轻松攻下吴国京畿内的重地朱方，何不乘胜一鼓作气顺带灭了吴都梅里？而吴王又焉能在楚王加兵自己京畿重地时毫无反抗？有此三大反常（楚王敢攻吴畿、楚王灭吴畿重地后不攻吴都、吴君不抵御进攻自己吴畿的入侵者让其如入无人之境），也可知晓"朱方邑"必定不在江南吴国的京畿地区。所以，以京口为朱方、谷阳，纯属古代学问不精者的附会嫁接。

（二）"宜侯夨簋"所赐的吴地最大之川当是江南大运河

上述用来证明吴都在京口之地的五点理由中，第④点"宜侯簋"因是考古证据而显得尤为重要可信。特别是此簋作为象征吴王君权的重器，其出土于镇江，更能证明镇江为吴

---

①熊遂，《史记》卷三十一《吴太伯世家》作为一人，而《吴越春秋》卷一《吴太伯传》作为两代人即熊与遂。

②诸樊迁都至吴县（今苏州）的木渎古城，开其子阖闾迁都吴县的先河，但其都城在今苏州城之西的太湖岸上，故苏州城也不会有诸樊的遗迹，而只有阖闾、夫差两位末代吴君的遗迹。

都。今有必要详述此簋的出土与铭文：

丹徒镇东 16 公里"烟墩山"大型土墩墓出土了"宜侯夨簋"，其铭文明确载明：周康王把"虞侯夨"册封在丹徒"宜"地，从此便将"吴君虞（吴）侯夨"改称为"宜侯夨"。而"虞、吴"两字古代通用，"虞侯"就是"吴侯"。这便是西周初年的第三代周天子命令吴国由梅里迁都京口的考古出土实物的明确记载。

下图右侧"①"所标记的便是出土"宜侯簋"的烟墩山在丹徒镇（即古京口）东 16 公里处，在"月河（又作'越河'）口"的"练壁镇（今谏壁）"东 11 公里处。古人墓葬会安葬在离城稍远处（其城即"古京口"也即今"丹徒镇"，下图所标的"丹徒口"），"宜侯簋"的出土，也就能证明此重器所标明的吴国首都"宜（虞、吴）"就在其附近。

考古学家定"宜侯簋"中提到的周王是周康王，并且断定"宜"就是丹徒的古名。周康王册封夨为宜侯（即虞侯也即吴侯），赏赐他香酒、铜器、弓箭和山田、山川、奴隶等，这就证明吴国这一代君主，已经把疆土拓展到了镇江丹徒一带，并在这儿立了都。当然，我们说吴国君主离开"吴都梅里"是为了开疆拓土的需要，其实要修正为周王室出于战略考虑，特地命令他们驻守于此地。

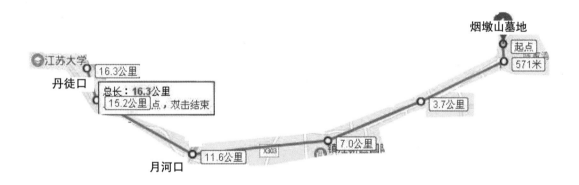

那此地在地理上有什么重要性呢？西周时的长江入海口就在镇江城这儿，此地便是当时的"海门"所在①，还有就是我们所要证明的"江南大运河"就开口于此，此地便地处江海（长江、东海）与河运（南北向的交通大动脉）相交会处，战略意义非常重要。

周康王是周成王的儿子、周武王的孙子，是西周的第三代君主，他即位后继续推行周成王的政策，使海内晏然太平，历史把他和周成王的统治时期合称为"成康之治"。周康

———————————

① 海门的标志便是其处的水开始咸起来，如果是淡水便不能视为海门。周初的海门当在镇江，南北朝时才逐渐东移到常州的孟河一带，因为江阴东境设有"南沙盐署"煮海为盐，即今常熟县的前身。隋唐时东移到江阴城，宋元明清才东移到今天南通的海门县境。

王在位时开疆拓土，把周王朝的势力拓展到江南一带，通过封藩、建卫①来巩固这一开疆拓土的成果，所以他要分封无锡梅里这江南腹地的吴君迁到此江南地区（即长江三角洲）与中原腹地相联系的"桥头堡"②式的战略要地丹徒来驻防，这无疑是周王室防止山东齐鲁一带商朝遗民万一有"风吹草动"的战略布署。

"宜侯矢簋"的铭文计120余字：

惟四月辰在丁未，王省《武王、成王伐商图》，遂省《东或（国）图》。王卜于宜■土南。王令虞侯矢曰：迁侯于宜。锡③〔〕鬯一卣、商瓒一■，彤弓一，彤矢百，旅弓十，旅矢千。锡土：厥川三百……，厥……百又……，厥宅邑三十又五，〔厥〕……百又四十。锡在宜王人〔十〕又七里。锡奠七伯，厥〔庐〕〔千〕又五十夫。锡宜庶人六百又……六夫。宜侯矢扬王休，作虞公父丁尊。

意为：四月丁未这一天，周康王察看武王、成王伐商的地图，又看了东方国家的地图。康王对宜地进行了占卜后，面朝宜地所在的南方，命令（当是特意从江南赶来朝拜受封的）虞侯矢说，把你迁到宜地，赐给你好酒一卣、圭瓒一柄，红色弓一张，红色矢一百根，黑色弓十张，黑色矢一千根。赐给你土地，包括川、田地和宅邑。赐给你人口，包括王人（君王的臣民也即所谓的公职人员）和庶人（平民）。宜侯矢为感激和纪念周王朝的封赐，特地铸造了这件宝器。后被埋在地中而被考古挖掘到了。

从此簋铭文体现出来的"宜"国方位和规模，结合此器物的出土地点，便可判定铭文中的宜国就在镇江丹徒大港镇的沿江地带，这是十分清楚的，因为：

一是铭文中提到这儿是地处中原以南的"东国"，这与丹徒在全国东南部的地理方位相合。

二是铭文提到这儿位于"厥川三百"的水道纵横的江口、河口地带，这与丹徒的山川地貌又相符合。

三是铭文提到这座城邑有众多的田宅和人口（"厥宅邑三十又五……锡在宜王人十又七里。锡奠七伯，厥庐千又五十夫"），与丹徒历来的富庶规模相当。

---

① 指通过分封，建立可以作为藩屏的属国来保卫自己。所谓"封建"，即"封诸侯、建藩卫"。

② 此桥头堡既然是连贯中原腹地与江南地区的，自然就当地处"长江三角洲"的西北角。因为这里是江南地区离中原最近的地方，故名"桥头堡"。

③ "宜侯矢簋"铭文中诸"锡"字其实原本皆作"昜"字，其即"锡、赐"的古字，故我们上面录文时径直改作其所通假的"锡"字，特此说明。

　　铭文中还特别提到"厥川三百"。而丹徒这儿最大的"川"便是江南大运河，除此以外，这个地方便没有一条河可以称得上是"大川"的了；这便意味着丹徒处的江南大运河，应当早在西周初年的康王时代便已存在。

　　但回到铭文原文中来，铭文提到的是："锡土：厥川三百"，"锡"即"赐"的古字写法，表示赏赐。"川"字，唐兰先生遵从郭沫若的释读[①]，认为是指"甽"而非河流。毕竟其前文是"锡土"而非"锡河"。

　　郭沫若与唐兰皆认为"川"为土地单位，似乎与河没有关系。但这土地单位既然名为"川"，那肯定就和自然河川发生上了关系。因为古人体国经野、化荒地为良田时，首先就当兴修水利、开沟挖渠或利用自然河流。"甽"的本意便是田间最小的沟渠，凡是宽、深皆为一尺的田间小沟便称为"甽"；然后"甽"字又引申为用这种最小沟渠划分出来的最小田块"甽亩"，由于"畎""甽"两字古同，所以"甽亩"两字古人常又写成"畎亩"。而"川"字的本义便是最大体量的人工沟渠，凡是宽三寻（即 24 尺约 6 米）、深三仞（即 21 尺约 5 米）的人工大沟渠[②]，以及宽深相当于此人工大沟渠或比之更大的自然大河流便统称为"川"；后来"川"又引申为这种最大沟渠（或自然河流）所划分出来的范围广大的田地，即所谓"一马平川"的"平川"（平坦的田地、平原）。因此"锡土厥川三百"便是赏赐用大河围绕区隔开的大片田地，既包括田，也包括田界之河。因此"川"应当是赏赐土地时的最大单位，而"甽"应当是赏赐土地时的最小单位。唐兰与郭沫若先生解"川"为"甽"未免失之过小，堂堂周天子所赐田土显然应当以井田制最大的"川"为单位，不当以最小的"甽"为单位。

　　关于古人体国经野、化荒地为良田时，水利当与之并行，即开田当与开沟一同进行，见载于《周礼·考工记·匠人》："匠人为沟洫，耜广五寸，二耜为耦，一耦之伐，广尺、深尺谓之'甽'。田首倍之，广二尺、深二尺谓之'遂'。九夫为井，井间广四尺、深四尺谓之'沟'。方十里为'成'，成间广八尺、深八尺谓之'洫'。方百里为同，同间广二寻、深二仞谓之'浍'，<u>专达于'川'</u>：各载其名。"画线部分表明"川"是"井田制"中最高等级（也即最宽）的沟渠，由其区隔开的井田便是最大的井田制单位。其完全可以直接借

---

　　①郭沫若《〈矢簋铭〉考释》谓："'川'乃'甽'之省，'百'字后当为'万'字。'甽'即'畎'。"载《文史论集》，人民出版社 1961 年版。

　　②见本书第四章"三、（七）、2"之表据《周礼·考工记·匠人》《周礼·地官·遂人》考定广三寻、深三仞谓之"川"。

助自然河川来作为这一井田制最大单位的边界。即以自然河川为经，以人工大沟渠为纬所围合的大面积田地来作为井田制赐田的最大单位。

有关"川"作为井田制最大单位，还见载于《周礼·地官·遂人》："凡治野，夫间有'遂'，遂上有'径'。十夫有'沟'，沟上有'畛'。百夫有'洫'，洫上有'涂'。千夫有'浍'，浍上有'道'。<u>万夫有'川'，川上有'路'，以达于畿。</u>"郑玄注："遂、沟、洫、浍，皆所以通水于川也：遂广深各二尺，沟倍之，洫倍沟，浍广二寻、深二仞。径、畛、涂、道、路，皆所以通车徒于国都也：径容牛马，畛容大车，涂容乘车一轨，道容二轨，路容三轨。"足证"川"应当是赏赐土地时的最大单位，既包括田，也包括田界上的河流。所以"宜侯夨簋"的"锡土：厥川三百"本就指赐田时一同赐予江南大地上用来标识田界的可资灌溉的水利沟渠（或自然大河）。即周天子代表上天，让宜侯合法地获得从镇江一直到常、苏二州的江南吴地上的广大土地和此土地上的三百余条大川、大渠。

井田制中，每一条自然河川（或每一条人工开挖出来的如同自然河川那般宽度的大川），都可以按照一定的距离（比如一万步或三万步），用大的人工沟渠为纬来划分成一段又一段。

总之，"川"是最大的井田制单位，是将一条自然河川（或人工大川）两岸的田用大的人工沟渠所界分出来的最大单位的井田面积。其可以是一万步或三万步见方，详见本书第四章"三、（七）、2.沟洫制"绘有表格，详考《周礼·考工记·匠人》以"川"划分出来的最大的井田制单位"方百里为同"为3万步见方的1万井、900万亩，而《周礼·地官·遂人》以"川"划分出来的最大的井田制单位"万夫有川"则为1万步见方的1111井、100万亩。

●即此自然河川（或人工大川）两岸的田按每1万步（33里）或3万步（100里）便用大的人工沟渠将其划分为一段。当以前者每1万步（33里）来划分的可能性为更大。

●即一条长百里的自然河川，便相当于是两三个井田制的最大单位"川"；故周天子赐宜侯即吴国国君"厥川三百"，便相当于是百来条大河。

●而后世一个县会有三四条这样的大河，所以也就相当于赐给吴国二三十个县那么大的地盘。

而"长江三角洲"的确有二三十个县那么大，所以周天子相当于把"长江三角洲"的绝大部分全都赏赐给了这个"宜国"也即"吴国"[①]。

我们也可以按另一种算法来计算周天子赐给"宜国（即吴国）"的国境。即古代百里见方相当于后世的一个县，而3万步为百里，所以"一川、一万步见方"便相当于"百里见方也即三万步见方"的九分之一。因此周天子赐给"宜侯"即吴国国君"厥川三百"，便相当于赐给吴国"三百除以九"个县，即30多个县。

而后世"长江三角洲"地区所设置的县，以明代为例，南京"应天府"下有上元、江宁、句容、溧阳、溧水、高淳6县，"镇江府"有丹徒、丹阳、金坛3县，"常州府"有武进、无锡、江阴、宜兴4县，"苏州府"有吴县、长洲、吴江、昆山、常熟、嘉定、太仓州7州县，"松江府"有华亭、上海、青浦3县，"嘉兴府"有嘉兴、秀水、嘉善、崇德、桐乡、平湖、海盐7县，"湖州府"有乌程、归安、长兴、德清、武康、安吉州、孝丰7州县，"杭州府"有钱塘、仁和、海宁、富阳、余杭、临安、于潜、新城、昌化9州县，总计有46州县，扣除明显属于和吴国相并存的"越国"疆域的湖州、杭州两府16县，大致也就30个县左右，可证周天子赐给吴国的疆域"厥川三百"，大致就是今天的"宁、镇、苏、锡、常、沪、嘉"这一区域。

因此，我们认为铭文中提到的"厥川三百"之"川"既是最大的井田制单位（"一川"当是"万步见方"而为1111井、100万亩，当非"百里见方"而为1万井、900万亩），更是大型的自然河川，可以用来作为"井田制"最大单位的自然疆界线。因为这两者并不矛盾，古人就是借用自然河川来作为井田制最大单位的疆界线的。我们更指出丹徒这儿的最大之"川"便是江南大运河，而且丹徒之地除此运河以外，再也没有一条河可以称得上是"大川"的了。这便意味着丹徒处的江南大运河应当早在西周初年的周康王时代便已存在。

事实上，吴人一天也离不开舟船与河道。因为江南河网密布，行路要造桥，在当时生产力低下的情况下，江南罕有陆路：因为造不起那么多的桥梁，而且也没有技术可以在川流密布的江南为数众多的大河上造桥。因此江南的交通全要靠水路，所以古人常说：吴人"一日不可废舟楫"。则吴国定都京口时必定要开河到京口，否则寸步难行而无法立国、立都于此。如果丹徒这儿没有这丹徒地区唯一一条大川"江南大运河镇江至常州段"，吴国根本就无法立足于此。吴国立都于丹徒之地的前提，便是要么此处原来就有这条"江南大运河"，要么就是吴国为立都于此而事先开出这条江南大运河来。由铭文直接言"锡

[①] 见本书第一章"五、三、4、（1）"论明"宜、吴"两字音近而通假，所谓的"宜国"即吴国。

（赐）"给"川三百"，周天子所赐之川显然是已有者，而不可能要吴国去新开，可证丹徒这儿的"井田制"的主干渠"川——江南大运河"，便应当是周康王之前就已存在。

而"宜侯夨簋"又提到以京口为中心的江南吴地"厥川三百"，我们已证明这一"川"字不光指田土、更可指河流，而以丹徒全境为中心的江南全境最大的可资灌溉的河道，便是江南大运河①，因此宜侯夨簋"厥川三百"的铭文便是江南大运河在周初便已存在的确证。其时镇江为江海门户②，"京口"地处江海与大运河"十"字相交处，战略意义非常重要，所以周天子才要迫不及待地命令吴国从江南腹地的无锡梅里移镇于此。

（三）吴越同俗而一日不可离舟楫，证明吴国境内江南、江北大运河皆已存在

吴、越虽为两国，但风俗却完全相同。由文献中越国一日不可缺舟船（即每天都离不开舟船）的记载，便可知晓吴国亦然。《越绝书》卷七《外传、记范伯》范蠡言："吴、越二邦同气共俗。"卷六《外传、纪策考》伍子胥言："吴、越为邻，同俗、并土；西州大江③，东绝大海。两邦同城④，相亚门户，忧在于斯，必将为咎。"加上"长江三角洲"地区出土的江南吴地的吴国遗存居然与越族文化相同，这都证明"勾吴"与"越族"本是同一个种族。

《吴越春秋·吴太伯传第一》言：太伯与仲雍"二人托名采药于衡山，遂之荆蛮。断发、文身，为夷狄之服，示不可用。……荆蛮义之，从而归之者千有余家，共立以为'勾吴'。"宜兴"中江"古名"荆溪"，荆蛮即荆溪上的越族人，因为"中江"上的古丹阳⑤本就有横山⑥，即"横望山"，古代可以写作"衡山"（"横、衡"两字古通），此横望山下原本就有梅里，见《越绝书》卷八"外传、记地传"："昔者，越之先君无余，乃禹之世别封于越，以守禹冢。……自无余初封于越以来，传闻：越王子孙在丹阳皋乡，更姓梅，梅里是也。"这批越王无余的后人，便成为后来拥戴泰伯的越族人。

泰伯、仲雍仅其本人加上所携带的很少几口家人来到江南之地，受到中江"荆溪"梅

---

① "北江"长江、"中江"胥溪—荆溪—太湖—松江、"南江"浙江虽然是江南地区的最大之川（即《周礼·职方志》所称的"三江"），但却无法人工驾御而为灌溉所用，周天子赐可以灌溉田土的河流时，肯定不会将其计算在内，因此江南可资灌溉的最大河流便当是江南大运河。

② 今按：长江入海口处的海门先秦时便在镇江，后世方逐渐东移到武进北侧的孟河，再东移到江阴的巫子门，最后东移到今天南通的海门区。

③ "州"乃象形文字，象的是被水环绕的陆地之形，其即小洲之"洲"的本字，此处当指为水环绕。"西州大江"即西北为大江所环绕。故上文称吴国的首都为"西江"，即指此"西州大江"，意为长江从西到北环绕此古京口城（在今丹徒镇处）。

④ 城，当作"域"。

⑤ 其乃今天江宁与马鞍山交界处的小丹阳。也即上文所说的安徽当涂处的古丹杨县。丹杨，即杨树砍伐后树芯为红色，后人讹"杨"为"阳"而书作"丹阳县"。

⑥ 凡天下东西向的山皆可称"横山"，又写作"衡山"，"横、衡"两字古通。纵为南北向，横（衡）为东西向。故"横山、衡山"遍天下都有，其中最大、最著名者便是南岳衡山。

里越族人的拥戴而立国。后来泰伯率领这批拥戴自己的越族人（即中江"荆溪"衡山处的蛮族——"荆蛮"）迁居到无锡，仍以"梅里"命名，以示不忘立国的根本便在于仰仗这梅里的越族人（正如楚都无论迁到何处都称为"郢"）。而且江南之地从大舜以来便称为"虞（吴）"，所以泰伯立国后便以"虞"的简体"吴"作为国号。而无锡梅里地处大舜江南之都"舜过山"的山下（且在此山下表示逊让的"巽"位[即东南方向]之退避三舍[即退避100里]处），是"大舜之吴（虞）"的核心根本所在。由于"大舜之吴"是此江南大地上的过去之"吴"，故可称为"故吴"，这便是太伯所立之国号称"勾吴（故吴）"而所立之都无锡梅里号称"故吴墟"的由来。正因为此，吴、越两族实为同一种族（即考古学上的"马家浜—崧泽—良渚文化"人），只是他们的领袖都不是吴越地区人，无余是夏王大禹的后人自中原来此江南之地而受良渚人拥戴，泰伯、仲雍则是周王室后稷的后人自西北边陲之岐山来此江南之地而受无余统领的越族人拥戴。

吴越两国（实为吴越一族）同气共俗，说越人的风俗便也就是在说吴人的风俗，两者可以互文见意。从古至春秋战国，乃至近现代，吴越之地的越族人都以其所擅长的舟楫著称海内。《淮南子·齐俗训》称："胡人便于马，越人便于舟。"《汉书·严助传》也说越人"习于水斗，便于用舟"。《越绝书·外传、记地传》更载越王勾践之语："夫越性脆而愚，水行而山处。以船为车，以楫为马。往若飘风，去则难从。"清人顾栋高《春秋大事表》卷三十三"吴楚交兵表"："吴自分封以来数百年；入春秋，常服属[1]于楚，至寿梦而遂不可制。说者谓此是申公巫臣教之，似矣，而犹未详其利害之实也。余尝究观《左氏》，而知吴地水行，其性不能以陆。故其会晋也：于蒲则不能至，于钟离而后至；于鸡泽则不能至，于戚而后至；晋侯征平邱之会，吴以'水道不可'辞。哀九年徼师伐齐，则先沟通江、淮矣；十三年，会晋黄池，则阙为深沟于商鲁之间矣。是知吴不能一日而废舟楫之用也。"由此可见，开沟运兵，是吴国行军作战前必不可少的首要任务，故寿梦和夫差出征中原，皆要开江北之邗沟。

宋程公说《春秋分记》卷四十"征伐书第二"："吴：吴国介江、湖而通淮，利于舟楫。其为兵，舟楫之兵也。自申公巫臣以两之一卒适吴，舍偏两之一焉，教之乘车，教之战陈（阵），而吴人始知有车骑之战，终不习也。""其伐楚，则沂淮而上，舍舟淮汭而后进。会于黄池，亦通江于淮，自淮而上。故曰：'余沿江、沂淮，阙沟深水，出于商鲁之间，以彻于兄弟之国。'[2]凡吴之兵，便利于舟。"

---

[1] 服属，臣服、隶属。
[2] 此乃《国语》卷十九《吴语》中夫差亲口所说的话。

可见吴越两国都是"一日不可废舟楫"的国家，习水性，麻利①于舟船，即便寿梦时已有晋国之申公巫臣教其车骑之战，仍学不会而积习难改、依旧用舟师。而有舟必当开运河，所以最早的运河肯定要出现在水运需求最旺盛的江南吴越之地。江南地区是到处河网纵横、林莽丛生的水乡，不利于进行车战，故吴越之人用舟师在水上作战。中原要靠步兵在陆上作战，吴越运送陆兵仍靠舟船，故吴越向中原进兵的首要任务便是寻找水道或人工开挖运河串联已有水道。

吴越地处东南沿海，河道众多，水运发达，交通工具便以舟船为主，其民以舟代步，乃是最自然不过的事。周朝慎到的《慎子》说："行海者，坐而至越，有舟也；行陆者，立而至秦，有车也。秦、越，远途也；安坐而至者，械也。"指出舟行的安逸和坐车的艰辛。吴与越都是善于制造舟楫的国家，而且拥有中国最早的水军，吴越船只的种类很多，有大有小，有用于运输货物、载人、作战等不同用途的不同规模的船只，为吴越人的生活与对外交往提供了巨大的便利。

正因为吴人以船为马，一日不可离开船运，也就一日也不可离开运河。而西周初年，吴国已经由无锡梅里拓展疆土到京口（其实是奉周天子之命守江海门户与南北运河的咽喉要口），则其运河必定也要随之开到京口之地，方能在此地立国。至于先秦的史料文献不载春秋乃至更早的西周时期吴国立都京口而在其地开运河之事，反倒有《左传》载鲁哀公九年（周敬王三十四年、公元前486年）："秋，吴城邗，沟通江、淮。"这是吴王夫差为了北上伐齐、进军中原，新建邗城（今扬州。亦有可能是在原来邗城基础上扩大而重新修筑大城），开凿能通航船只的沟渠，从那新筑的邗城引江水流往东北，借助天然湖泊"射阳湖（射陂）"后再折向西北，到达淮河南岸的"末口"（今淮安），从而开通起沟通长江与淮河的航道。关于此沟的名字，《左传》其实并未交代其名为"邗沟"，正如《咸淳毗陵志》卷十五"山川、邗沟"条言："按《左传·哀公九年》书：'吴城邗沟通江、淮'，杜预注云：'于邗江筑城；穿沟东北通射阳湖，西北至末口入淮，通粮道也。'故前辈于'邗'字下点断而读，盖城与沟两事。"指出读《左传》上引画线部分夫差所开之沟为"邗沟"者乃是句读错误，其实画线部分的"邗沟"两字当点断而读，即读作"吴城邗，沟通江、淮"，其沟之名其实不详。据《史记·河渠书》："东方则通鸿沟江淮之间"，可证此沟其实应当叫作"鸿沟"为是。

而"鸿沟"甚为有名，即《史记·河渠书》此句上文所言的"后荥阳下引河东南为鸿沟"便已提到过"鸿沟"，此处又提到另一处"鸿沟"，未免使人心疑。荥阳城下的"鸿

---

① 麻利，指迅速敏捷、快速干练。

沟"那真是太有名了，见《史记·项羽本纪》："项王乃与汉约中分天下，割鸿沟以西者为汉，鸿沟而东者为楚，项王许之。"《史记集解》注："文颖曰：于荥阳下，引河东南为鸿沟，以通宋、郑、陈、蔡、曹、卫，与济、汝、淮、泗会于楚，即今'官渡水'也。"又《史记·高祖本纪》："项羽恐，乃与汉王约，中分天下，割鸿沟而西者为汉，鸿沟而东者为楚。"《史记索隐》注："应劭云：在荥阳东南二十里，盖引河东南入淮、泗也。"可证秦汉时期的"鸿沟"是沟通黄河与淮水的沟渠，则沟通长江与淮水的沟渠恐怕不宜再称作"鸿沟"了，故《汉书·沟洫志》承袭《史记·河渠书》"东方则通鸿沟江淮之间"之文时，特地把"鸿"字给去掉了。

其实"鸿"为大，"鸿沟"就是大沟，本就是一个类别名称，天下此类的大沟全都可用此类称称作"鸿沟"：沟通黄河与淮河的沟渠可称"鸿沟"，沟通长江与淮河的沟渠不比其小，称作"鸿沟"有何不可？总之，淮河南、北两岸的大沟渠全都可以称作"鸿沟"，《史记·河渠书》的文字证明了夫差所开的沟通长江、淮河的沟渠本名也叫"鸿沟"，后人因误读《左传》句读而将其称作了"邗沟"，而事实上，此沟从邗城起，至末口（今淮安）止，以其起点称作"邗沟"亦无不可，但我们更要知其然而知其所以然，知道此沟的大名其实是《史记·河渠书》写明的"鸿沟"，与荥阳城下的鸿沟同名而异实。而且"邗沟"与"鸿沟"发音亦相近，两名更加容易混用。其实"鸿"为大雁，为常见禽类中最大者，故古人用"鸿"字来表示大的意思，普天之下所开"井田制"中大的干渠皆可以称为大沟，也即可以称为"鸿沟"；换句话说，荥阳鸿沟也是其处"井田制"的最大主干渠。

（四）寿梦出兵中原，证明吴王寿梦时江南大运河与江北大运河皆已存在

《左传·哀公九年》载公元前486年："秋，吴城邗，沟通江、淮。"这是吴王夫差北上伐齐争霸，而在"邗城"（今扬州城）开通旨在沟通长江、淮河的沟渠。从《左传》字面意思来看，这条"邗沟"似乎就是夫差所开。

但需要指出的是，吴人向中原进军并不始于吴王夫差之时，《左传·成公七年》又记载有上述事件98年前的夫差曾祖父吴王寿梦出兵攻打山东郯国的事：成公"七年（公元前584年）春，吴伐郯。"即吴王寿梦当上国君的第二年春天，便派军队长驱北上，一直攻打到鲁国南端的郯国城下（今山东郯城），郯国与吴国讲和。这标志着吴国从一个鲜为中原所知的封闭型的江南国家，第一次开始正式踏上前往中原争夺春秋霸权的道路。

吴国为什么会有这么强大的军事实力？《左传》解释说：就在于前一年，"巫臣请使于吴，晋侯许之。吴子寿梦说①之。乃通吴于晋。以两之一卒适吴，舍偏两之一焉。（《司

---

① 说，通"悦"。

马法》：'百人为卒。二十五人为两。车九乘为小偏，十五乘为大偏。盖留九乘车及一两二十五人，令吴习之。）与其射御，教吴乘车，教之战陈，教之叛楚。置其子狐庸焉，使为行人于吴。吴始伐楚，伐巢、伐徐。子重奔命。马陵之会，吴入州来。子重自郑奔命。子重、子反于是乎一岁七奔命。蛮夷属于楚者，吴尽取之，是以始大，通吴于上国。"

即楚国的逃亡大夫申公巫臣，因怨恨楚将子反而投奔晋国，得到晋景公的重用。吴、越两国原来都因实力弱小而不敢与楚国对抗，臣服于楚国。为了削弱楚国，晋国需要从战略上扶植吴国东西夹击、削弱楚国[1]。于是巫臣请求出使吴国，得到景公同意。巫臣到吴国后，寿梦对他很欣赏，于是吴国和晋国缔结了友好的邦交关系。巫臣带着他从楚国带走的 24 辆战车和 100 名步兵，到吴国来做军事顾问，临走时，留下 9 辆兵车连同这 9 辆战车上的射手和御者共 18 人，以及 25 名步兵，送给吴国做军事教练，教会吴国人如何使用战车，如何排布战阵，教唆吴国人勇敢地站出来背叛、进攻楚国。巫臣还把自己的儿子狐庸留在吴国担任吴国的外交官。吴国经过这番军事训练的洗礼后，便开始主动挑衅并进攻楚国、巢国（后世的安徽巢县）和徐国，楚将子重为此疲于奔命，晋国达成了自己的战略意图[2]。

此年八月，鲁成公与晋、齐等国国君在马陵会盟时，吴军便攻占了州来（今安徽凤台县），子重奉命从郑国赶往救援。在这种情况下，子重、子反一年之中七次疲于奔命地抵御吴军。原来臣服于楚国的蛮夷小国全都被吴国一一攻取，吴国开始变得强大起来，并开始和中原诸国在势力疆界上有了交集，开始进行国事上的往来。

正如前面所说，吴国出兵行军都要走水路而离不开船，即便之前申公巫臣在寿梦元年或二年来吴国教会吴人驾御马车并熟习步军作战，但前引文献已充分表明吴国军队仍积习不改，以舟行为主。因为吴国人自古以来就不习车战。由百年后夫差出兵时仍要先开运兵之沟"邗沟"，证明夫差百年前的寿梦出兵更当如此，这是证明夫差前一百年便已有"邗沟"存在的确证。

特别是吴人在本国境内时，水网密布，更以船行为主（因为古代造桥技术不发达，水

---

①而吴国强大后，吴王夫差争霸中原，在"黄池之会"炫耀武力、要胁晋国结盟，便因为吴晋两国原来就有自寿梦以来结成的近百年的友谊基础。但国家间并无永恒的朋友，只有永恒的利益交易，一旦吴国强大起来后，楚国与晋国又需要从战略上扶植越国来夹击吴国，于是便有了勾践趁夫差"黄池之会"之虚而攻入吴国首都之事，导致吴国元气大伤，最终奄奄一息地走向灭亡。

②楚国作为对吴国和晋国的反制，便派楚国人范蠡和文种前去担任越王勾践的谋士，在勾践险被吴王夫差灭国时，范蠡和文种出谋划策，帮助越国走上复兴轨道，用越国成攻牵制住吴国并将其灭国，最后楚国又攻灭越国，上演了一场"螳螂捕蝉、黄雀在后"的精彩大戏，故勾践成功后要杀范蠡和文种也是有其老谋深算在内。

道密集的江南水乡因难以处处造桥，步兵必将寸步难行）。江淮之间与"长江三角洲"同样也是水网密布的地区，寿梦的吴国军队北上进攻徐国、郯国，向西北进攻长江中游的巢国、楚国，肯定也都要走水路。特别是进攻徐国、郯国时，夫差所开的运兵、运饷用的"邗沟"，其实在寿梦时代也不容许不开，这也就意味着所谓夫差开的"邗沟"，其实早在寿梦时代就应当开凿成功或存在那儿，不然吴国便无法进兵，也无法保持军事补给的便捷和不间断。既然寿梦往山东进兵时已开凿过河或已有河了，则夫差同样出兵齐鲁时自然也就不用再开新河，沿用寿梦时的旧河即可，所以我们可以百分百地断言夫差出兵的邗沟就是寿梦出兵的旧河。至于《左传》只记载到夫差开邗沟，而未记载到寿梦开邗沟，那便是因为邗沟很可能就是寿梦之前就有的。寿梦出兵时，事情可能比较仓促，更有可能河面状况尚可，所以并未加以整修就可以出兵；而夫差由于要争霸中原，出兵人数众多，所以也就要事先好好整修一番方才可以出兵，其整修河道之事便被《左传》记载到。夫差时出大兵，需要先整治河道才能出兵；寿梦时应当出的是小兵或河道状况良好，所以不用整治河道便可出兵。所以《左传》便记载到了吴王夫差开邗沟事，而未记载到吴王寿梦开邗沟事。因此《左传》记载到夫差开邗沟其实并不能证明邗沟就是由夫差第一个开通，因为下一章我们便要证明邗沟其实早在大禹时代便已存在在那儿，寿梦也是利用原有的邗沟出兵；正因为寿梦时已有此河且河况良好，所以其未加整治，更无须开河，《左传》方才未加记载。

下一章"五、（一）"便引河南省社会科学院首席研究员、历史考古研究所所长张新斌，在《河南日报》2019 年 10 月 30 日第 12 版刊发长文《大禹与中国运河水系的起源》，赞同著名史学家岑仲勉先生观点，认为夫差并没有足够时间开凿"邗沟"，而当是利用大禹治水的成迹。与笔者的观点正合。

而且夫差出兵中原，《左传》只记载其开了江北的"邗沟"，不记载其开镇江京口处的"江南大运河"，其实这也就告诉我们：镇江京口处的"江南大运河"早就存在而不用开凿，而且还维护得很好，夫差出兵时无须整治，所以《左传》也就未加记载夫差开江南大运河的事。因此《左传》记载夫差开邗沟，而未记载夫差开江南大运河，并不意味着江南大运河要晚于邗沟；由吴国统治中心在江南，而江北为其边地，这恰可用来证明江南大运河很可能要早于邗沟而不用开。

如果说夫差开了江北邗沟，而江南京口却没有运河，这倒真的令人感到非常惊奇了。因为夫差有实力到江北去开河，为什么就不能（或没实力）在江南开运河？如果江南京口的运河不开，夫差从首都苏州出兵，要么走下面提到的"吴古故水道"从江阴利港出长江，逆江而上 100 公里才能到达邗沟；要么走武同举所说的由奔牛处的孟河入江，也要逆江而上 80 公里。从利港到孟河的江面距离不过区区 20 公里，夫差何苦在内陆开凿无锡至奔牛这 60 公里水道，只为了节省这区区 20 公里的逆江而上？

我们都知道，在航行技术日益发达的东吴，从镇江逆流而上到南京仅 60 公里，尚且畏惧、躲避江上风涛之险，特地要开内河航道"破冈渎"来规避。在航行技术更为发达的明朝，从孟河逆江而上扬州，也因为有风涛之险，而特地要在长江北岸开凿内河航道"白塔河"走"通扬运河"这一内河抵达扬州来规避。航行能力远弱于东吴、明朝的夫差，出兵时居然敢和"天时、地利"做那东吴、明朝尚且不敢做的抗争，逆江而上 80 公里乃至 100 公里，却未意识到要用"人和"在江南开一条运河。这对于从原始社会以来就一直擅长开河的江南吴地民众而言，真有点匪夷所思了。夫差父亲阖闾尚且能让伍子胥在茅山山麓间开凿疏浚出"胥溪"来，则夫差应当完全有能力在海拔不过十来米的镇江小丘陵地带开河，夫差却不知道要运用这种"人和"和父辈的技术，在江南"京口"开条运河来无缝对接江对岸的邗沟以利出兵，这倒真令人感到有点匪夷所思了。

而且夫差能在江北开河，为什么就不能在江南开运河？由《左传》不载其在江南开运河，便可证明江南的大运河其实在夫差时代早就有了。因为上文已经证明：从周康王开始，吴国便已立国于京口，吴国人是一天也离不开行船的，因为走路要靠两条腿走，很累；而坐船，只要用一根竹竿撑到河底，两人行舟还可相互交替，一人休息，一人撑船，丝毫不累，而走路却无法两人交替。当然，吴地同天下一样也是有车辆的，但从他们不习车战来看，可证吴地水网密布，逢河造桥数量太大，行车反不如行舟方便。总之我们想说的是：吴人一天都离不开行船，所以当"宜侯簋"清楚亮明吴国早在西周初年便已立国于京口的事实，便意味着其时京口处的江南大运河便当已经存在；如果不存在，吴国也会开这河，否则一直坐在船上"行走"的吴国人将无法立国于此京口之地。

深有这一同感的人还是有的，正是基于上述认识，"唐宋运河考察队"编的访古记《运河访古》（上海人民出版社 1988 年版）田余庆先生所写的"前言"第 2~3 页指出："江南大运河的关键部分是北段，即今丹阳至镇江一段，这一段运河，我推测也是吴王夫差时初开，或者吴王就山间自然河道，部分地修治利用。吴王过江争霸中原，很注意利用水路，他既然能开通邗沟于江淮之间，又能从海上攻齐[1]，也当有可能于自己的后方尽量利用水

---

[1] 继宗按：指《左传·哀公十年》："吴子三日哭于军门之外。徐承帅舟师，将自海入齐，齐人败之，吴师乃还。"（承，吴大夫。）

道以通长江，从而构成这段运河的雏形。……这段运河秦始皇曾加利用和改造。三国孙吴末年，岑昏曾主持过这段运河的重大改造工程。岑昏'凿丹徒至云阳，斩绝陵袭[①]，功力艰辛'。这是指岑昏在重叠的丘陵山岭间开辟运河新道，从而形成后世蜿蜒曲折河道的基础[②]。"

上一章"五、（三）、4、（2）"指出：镇江东郊"大港镇"至"谏壁镇"的沿江地带依山面江，形势壮观，发现了一系列吴王和吴国贵族、王族的墓，所有这些便都构成一个有机整体，指明丹徒这一带应当就是吴国的政治中心所在，无锡梅里只是宗庙所在的故都也即发祥地，吴君早已奉周天子之命，到江海口与运河口相交会的交通咽喉处防守。到春秋末年吴王阖闾与夫差定都苏州姑苏城后，此地仍是吴国的军事重镇，争霸中原的水军也是从这里渡江沿邗沟北上。

有人会有疑虑，江南大运河丹徒段的海拔一般为 7 米，而京口段大运河两岸有夹冈，特别是丹徒镇到京口那段"猪婆滩"运河是在丘陵中开河，其海拔是 14 米左右，比平地上的大运河高出 6~7 米来，有人便会认为在此处开河比较困难。其实我们已经证明：丹徒镇到京口这段"猪婆滩"运河是秦始皇开的，之前的江南大运河就走丹徒口走，丹徒口那儿便是平地开河而非丘陵开河，秦始皇为了破古丹徒城（即先秦吴国的首都"吴京"）的王气，才有意在丘陵中开了这段 24 里长的曲曲折折的坑道，把江南大运河引到今天镇江城下。

又有人会说，丹徒镇到京口那段"猪婆滩"运河是否秦始皇所开，姑且不论；从丹阳到常州再一直往东固然是平地开河，比较容易；但从丹徒镇到丹阳却有大小夹冈，等于是在丘陵山地处开河，颇为不易。持这种说法的人务请注意：大小夹冈皆是土山，陆游的《入蜀记》："自京口抵钱唐，梁、陈以前，不通漕。至隋炀帝，始凿渠八百里，皆阔十丈，夹冈如连山，盖当时所积之土。"可见大小夹冈一路上并无石山，开土山的难度其实也不大，在先秦时代乃至更早的新石器时代完全能够胜任。况且伍子胥能在"中江"水道穿行的茅山丘陵地带连开"五堰"，即挖深河道、筑起五座山地大坝来阻遏"中江"水，保持这条山地河道的水位，从而形成梯级的爬坡运河来供运输兵、饷之用；而丹徒、丹阳的"大小夹冈"根本就不能与茅山丘陵相比，在"大小夹冈"这种近乎平地的小丘陵处开河，不要说伍子胥、吴王夫差的时代能轻松胜任，就是大禹之前的新石器时代也不在话下。

---

①继宗按：袭，当是"垄"字之讹误，古人已误。

②继宗按：从丹徒镇至丹阳城（即云阳）之间的运河是笔直的，不弯曲，唯有丹徒镇至镇江城的运河比较弯曲。

又有人会说，丹徒至奔牛段运河地势高，水源不足，需要修筑一系列的坝才能留住河水，如果没有堰坝（古人称之为"埭"），所开运河的河水将一滴不存而不可行船；大坝的存在将使运兵大船无法通行，所以夫差要在宁镇丘陵与湖泽平原交界处下方的奔牛至孟河开孟渎走兵船出江，为的就是避免翻坝。这话的前半段说得很对，正因为此，镇江丹徒至常州奔牛段的运河开成后，一定要在"宁镇丘陵"转为常州及常州以东"湖泽平原"的交接地带"奔牛"处筑坝保水。此奔牛坝的修筑并不会影响镇江至常州段江南大运河的行舟，因为古人用的是独木舟，重量不大，可以用人力拉船过坝。

至于吴国出兵的战船，据《太平御览》卷三一五"兵部、水战"引："《越绝书》曰：伍子胥《水战法》：大翼一艘，广丈六尺，长十二丈，容战士二十六人，櫂五十人，舳舻三人，操长钩、矛、斧者四，吏、仆射、长各一人，凡九十一人，当用长钩、矛、长斧各四，弩各三十四，矢三千三百、甲、兜鍪各三十二。"可见当时吴国的标准战船"大翼"，以今日尺寸来计算，约长20余米，船上有士兵近百人，配备整齐的装备，能攻、能守，具有相当的战斗力，正如上文后半段的疑虑：这样的船只，能走过重重设坝的运河吗？

我认为上述91人拖20多米长的战船过坝是完全做得到的。换句话说，这样的水军战船不仅能跨海远航作战，也能在吴越之地的江河和江南大运河里行船并作战。更何况，丹徒口的海拔为7米，吕城和奔牛的海拔均为6米左右，奔牛以东的常州海拔是4到5米，丹徒与奔牛仅有1米的落差，在奔牛筑坝便能保证"丹徒口至奔牛坝"之水不走泄。所以江南大运河镇江至常州段，历来只设奔牛与吕城两坝便能做到水不下泄于奔牛以东的下游，而吕城与奔牛紧邻，其实只需在奔牛造起一坝便能使运河水不至于东泄，行舟时便只要翻奔牛一坝即可。事实上，从丹徒至奔牛的落差极小，丹徒至奔牛段运河之上并不需要重重设坝，因此先秦吴国只设奔牛一坝便可，其战船只要翻奔牛一坝即可。原始人开此镇江丹徒至常州奔牛段运河时，自然也只要筑起奔牛一坝就能完全胜任。

正因为丹徒镇东的"烟墩山"出土了著名的"宜侯簋"，其乃周康王时（？—公元前1057年）赐给宜侯（即"虞侯、吴侯"）的重器，证明此地早在西周刚立国之初的周康王时，吴国国君便已立都于此丹徒之地；而余眛时逃难来的庆封居于此丹徒之地，更能证明500多年后的吴王余眛时（又作"夷眛"，公元前544—前527年在位），吴国国君的行都仍设在丹徒。所以丹徒古名"吴京、京城、京口"，便当从周康王分封宜侯（虞侯、吴侯）到丹徒"京口"之地开始。

这一讨论与运河的关系就在于：既然吴王那么早就定都丹徒，这就证明丹徒到丹阳这一段江南大运河肯定早就开到了丹徒口；秦始皇并没有开凿这条运河，他只是从镇压此地风水的角度出发，把旧的丹徒口给抛弃，另外引其河道西走 24 里，开到今天镇江城处的京口，他只是开了这一小段 24 里长的河口运河，为的是走泄吴国国都"京城、吴京（武进）"的王气，这与他在南京城开秦淮河可谓如出一辙、无独有偶、相映成趣。

吴国立都于老丹徒城（今丹徒镇）所仰赖的、从"丹徒口"（在丹徒镇东）流到"曲阿"（今丹阳）的运河水道（即所谓的"徒阳运河"），便形成为后世江南大运河"镇江至常州段"的雏形。之所以要从"丹徒口"走，便可以绕开"京岘山"这镇江城处的重重山地丘陵。从"丹徒口"开此运河，便不用开凿从丹徒口到镇江城处的"京岘山—北固山"等重重山冈，而且丹徒口处的海拔与丹阳、奔牛海拔不存在大的落差，不用筑坝蓄水。至于此运河沿路经过的丹徒"小夹冈"、丹阳"大夹冈"，那全都是土山；秦始皇连"灵渠"都能开，伍子胥连"中江"那么高亢的茅山山麓的石山丘陵都能开河，此平地小土丘皆是土山，只不过其土质颇为坚紧罢了，在此开河不在话下。（按：丹徒镇至镇江城 24 里长的河道落差六七米何以不筑坝？由于其长，秦始皇及后代之人只要多深挖六七米，其河底便与丹徒口处运河的河底齐平而有水了。因其短，故可深挖。）

综上所述，出土的"宜侯簋"载明，周初第三代天子周康王分封虞侯（当即吴侯周章）到此簋出土的宜地也即今天的镇江京口之地。鉴于镇江京口的丹徒之地乃是江南、江北大运河的交会处，同时更是长江口与运河口相交会的交通咽喉、战略要地，所以周王朝在天下大定的第三代周天子时，便迫不及待地命令江南的同宗之国吴国，由江南的腹里之地"梅里"，移镇此江南（即"长江三角洲"）西北角"乾"方、"君"位这一最为靠近西周国都的"江海交接、南北通运"的战略咽喉。这也就暗示出江南大运河在铸"宜侯簋"的第三代周天子周康王时便已存在的重大背景信息。

夫差以前的寿梦及更早时期，吴王们的坟墓全都葬在京口[①]，而且"宜侯簋"又说"厥川三百"，而吴人又是"以舟为马"、一日也离不开舟船，吴人到寿梦时方才知道用车作战，可证吴国最迟在第三代周天子周康王封第五代吴君周章至镇江京口时便已有运河到京口，否则吴人无法立国于此京口之地，则"京口"之名得名甚早。夫差开江北的邗沟为史籍《左传》所记，并不是说江南没有运河，恰可证明江南早已有运河，所以他才可以不用开江南之河而直接开江北之河。而且下文第三章我们更将证明大禹时代即有此江北大运河"邗沟"与江南大运河，连江北大运河邗沟也不用夫差创开，是他在前人基础上疏浚重整而来。

---

① 现今苏州只发现一处吴王墓，即虎丘剑池阖闾墓，无锡也只发现一处吴君墓，即梅里泰伯墓。

三、"夫差开江南大运河说"的误会

《史记·河渠书》："于吴，则通渠三江、五湖"，所开的这条渠能沟通"三江"（"北江"即今长江；"中江"即今溧水的胥溪、宜兴的荆溪、太湖，以及苏州的吴江与上海的松江合称的吴淞江；"南江"即今钱塘江）和"五湖"（即太湖、洮湖、滆湖、射湖、贵湖，而后两者又合称"上湖"即芙蓉湖），这一能沟通起江南大地上这三条大江与五个大湖的河渠，等于就流遍了江南全境，而流遍江南全境、串起此三江五湖的大河那是只有一条而找不到第二条的，显然就是今天的"大运河"，因为江南大地上再也找不到第二条河流能完成沟通江南全境"三江、五湖"这一艰巨使命和宏大功能。

《史记》这段话写在大禹治水之后、战国李冰治理都江堰之前，这也就是春秋时期江南已有运河的文献实证，则这条江南的大运河显然就是大禹与李冰之间的春秋时期所开。所以此河不可能是勾践和勾践以后的春申君所开，而至少应当是夫差所开。夫差要北上和中原诸国争霸，开此河便是为了运兵，他有开河的现实动机。（当然，我们下一章会证明：《史记》此"于吴，则通渠三江、五湖"语，其实说的就是大禹开河。则此河尚不是夫差所开，而当是更早的大禹所开。此处暂假设其河乃夫差所开，下文再往前推到泰伯、大禹，乃至新石器时代。）

吴王夫差开运河有其现实动机，即运兵北上争霸，逐鹿中原，开河的目的就是军事出征。而且，在江北地区吴王夫差开通了终点为"末口"的邗沟，则其在江南地区开通终点为"京口"的江南大运河，便能使自己运兵、运饷的船只能与江北的大运河无缝对接起来，这是比较合理的。

而且他能在其吴国边疆的江北开河，则他在自己领地的核心区"江南"开河肯定更能办得到。有人说镇江地区多山而地势高，但我们据等高线图测得京口闸、丹徒口处古运河海拔只有7米高，与"辛丰"运河的海拔相同，只比"奔牛"运河的海拔高1米，比"常州城"运河的海拔高2至3米，并不高到哪儿去，上文"二"的末尾已解答了这方面的疑问。

又有人怀疑吴王夫差开镇江至常州段运河的理由便是：

①吴王夫差出兵可以走所谓的"吴古故水道"而用不另开新河，或者拓宽"吴古故水道"的旧河即可。

②吴王夫差开的是"从苏州到常州再到奔牛走孟河的运河"出江，然后逆江而上到江对岸的邗沟。

以上两者皆是误说，今分两点驳论如下：

（一）夫差时代江南大运河走"吴古故水道"纯属误会

汉袁康《越绝书·外传、记吴地传》："吴古故水道，出平门（苏州北门），上郭池（苏州城关之河），入渎，出巢湖（漕湖），上历地（蠡地、蠡湖），过梅亭（即泰伯的吴都'梅李'，其所说的从苏州到梅李的水道就是'太伯渎'），入杨湖（即阳湖，在武进、无锡交界处），出渔浦（即江阴利港，在常州东端，尚未到常州境内），入大江，奏广陵（逆江而上至广陵）。"

这吴地的"古故水道"走的是利港，不到常州。于是有人主张：夫差运河不到常州，只到常州东边的"戚墅堰"便走"三山港"北上由"利港"入了江。从而否定常州城及其再往西的运河是最古运河。

其实常州戚墅堰以东是古"上湖"，夫差时代仍旧是湖，不用开河都可以行船，直接走此湖面出利港即可（利港便是"上湖"的出江水道），何必要走到戚墅堰处再往北走后世的"三山港"河道呢？从等高线地形图来看，先秦吴国时，要到常州戚墅堰以西才会有大面积的陆地露出水面（即今天常州及其往西的地区），方才需要开凿运河。当然，戚墅堰以东也不排除冬天枯水期露出地面而需要开河，否则便会无水道可以行舟；即常州戚墅堰以东是开有大运河河道供枯水期行船，盛水期湖水弥漫，河道就在湖面之下，未必要循河道而行，可以任意行船；当然河道因是人工所开，自然取的是直线，在湖上循湖面下的河道而行可以做到距离最短。

由于江南全境的东部无锡、苏州地区，南部的嘉兴地区海拔极低，在四五六千年前仍在海平面之下而尚未露出水面，即便在先秦时期也仍大量被湖泽淹没，仅枯水期露出地面，这一点也就意味着四五六千年前或两三千年前开凿江南大运河时，从无锡到嘉兴段，在一年的大多数时间内，都可以借助自然湖面而不用开挖人工运河，这也就意味着江南大运河中最早的一段应当就是常州横山桥以西的镇江至常州段运河。

因为横山桥以东是古芙蓉湖，一直连通到苏州，而苏州至嘉兴又有大面积的湖面，均不用开凿运河就有水面可以行舟，至多在枯水期需要开挖一条人工运河，使其处比周围来得更深些，在枯水期也有积水可以行舟，至于非枯水期，因有湖面可以随意行舟，所以也就不用沿此河道线行船了；当然，非枯水期在湖面上仍旧沿河道而行的话，可以保证航线最短。

而且夫差如果从利港出江的话，到达夫差所开的"邗沟"南口（即今扬州城南的扬子渡），便要逆长江而上，这是不可能的[①]。除非江北也有一道东西向的运河才有可能，但这

---

① 古人虽有帆船，但必须等到刮东风时才能行舟；而且即便是帆船，在大江中逆水行舟也有不现实处。

又显得不大可能，因为夫差可以到江北的泰兴境内开河，还不如在自己的大本营江南常州至镇江开河；所以此江北有运河之说仍不通。

古代长江流到镇江、扬州之间后，虽然长江湾的喇叭口豁然扩大而水流渐趋平缓，但仍存在一定的流速，逆水而上仍显困难，而且后世东吴、明代在航船能力远比先秦要发达的情况下，也都以逆江而上为困难：东吴是开"破岗渎"不走逆长江而上的水运，而走内河航运至南京；明代则于苏北开"白塔河"，同样不敢走长江逆江而上，而走江北的内河航运至扬州。这都说明逆江而上在后世尚且困难，需要开运河走内河航运之法来规避，化逆江而上的有风险的长江航行为无风险的内河航运。则生产力落后的春秋时期，让夫差运兵船逆江而上至广陵（扬州）显然不现实。

有人说，涨潮时海水涌入而与上游来水相抵冲，上游来水流速会变缓，乃至会有"平水期"，即江水受海潮阻抑而有短暂的不流动阶段，下来便是海潮盖过江流而发生长江倒流。"平水期"流速为零，然后不久便要开始涨潮，流向改为向上游方向流动。在"平水期"发生时，便可充分利用这一江潮所导致的江流流速为零而迅速逆江而上。但我们都知道涨潮时非常汹涌，此时运兵无疑是自寻死路；而且"平水期"时间短暂，连横渡长江都未必来得及，想上溯百里到达广陵更不可能。

总之，从"利港"出江，利用涨潮逆江而上到达广陵是办不到的。古运河水道上虽然会有一道乃至两三道堤坝，但夫差时代的运兵船全都只有一两丈宽、二十多米长（见上文"二、（四）"《太平御览》卷三一五"水战"引《越绝书》："广丈六尺，长十二丈"），是可以用牛来牵挽过坝的。所以夫差的兵船通过有一道乃至多道坝的江南大运河是不成问题的。

《越绝书·外传、记吴地传》不光有"吴古故水道"的记载，又有"吴古故陆道"的记载，即"吴古故陆道，出胥明（'明'为'门'繁体字'門'之误，即'胥门'），奏（向）出土山（苏州狮山大桥西首），度灌邑（苏州西津桥镇），奏高颈（高景山），过犹山，奏太湖，随北顾以西，度阳下溪，过历山阳龙尾（这证明惠山在战国、汉代便已名为'历山'）西大决，通安湖。（疑为上湖即芙蓉湖在安阳山处的湖面，因在安阳山下，故名'安阳湖、阳湖'，即今天南北阳湖的前身）"

其又载："吴古故，从由拳（今嘉兴）、辟塞，度会夷，奏山阴。辟塞者，吴备候塞也。"

其既然说的是"古故"，可证所言乃吴国早期的水陆通道，不能代表吴王夫差所在的吴国中后期没有其他水道的存在。而且"古故"水道和陆道都只讲到无锡与常州交界处的利港、安阳湖便停止了，说的好像是吴国早期疆域内的水陆要道，而吴王夫差时代吴国早已扩张到"长江三角洲"全境，则我们不能刻舟求剑地据"古故水道或陆道"来判定吴王夫差未开辟其他新的水陆交通孔道。况且走吴古故水道渡江至广陵要逆流而上，东吴南朝之人尚且惧怕江涛之险而要另开"破岗渎"和"上容渎"，可证吴王夫差时代同样要开内河航运来和顺江流而下的长江航运构成一个交通回路，与江南的通江大河港共同构织起一个良性的水路交通网，从而为江南人工制造出一个江南所迫切需要的完整的水路循环体系；因此，开凿江南大运河比走吴古故水道更有利于出兵。

而且请注意上文的"古故"两字，其不言"古水道"，而称作"古故水道"，证明此水道是"吴地古水道"之前更老的一条水道。秦汉袁康当称之前的春秋夫差之水道为"古水道"，而称夫差之前的水道为"古故水道"。故由"古故水道"四字，也可证明：此入利港的水道是夫差之前的一条水道，这也证明今天经过常州的"江南大运河"是夫差所开的"古水道"，而走利港的水道乃是夫差之前的渡江水道。其渡江时肯定会被江流推送而往东流到今天的南通处，然后沿苏北海岸往北，到达淮河口后逆淮河而上（淮河水势远比长江要小，逆淮河而上是有可能的，逆长江则是不大可能的），从而到达中原。这就是《禹贡》所述的大禹时代及大禹时代之前，江南地区向中央皇朝进贡物产的一条路线，故称"古故水道"。到了夫差时代，便可以走江南大运河与苏北邗沟的"古水道"了。加之下两章我们还将考证江南大运河与苏北邗沟在大禹乃至新石器时代便有，这就意味着这条古故水道可能只是一条古老的朝贡水道，是泰伯创立的吴国早期尚未将国境西扩至常州以西时吴国的出江孔道，到了国境西扩至常州以西镇江地区后的第五代吴君周章，便完全可以走江南大运河与江北邗沟无缝对接而达淮河，避免上述"逆淮而上"的风险。（以上只是猜测，本书末尾将对吴古故水道重作比较全面的认识。）

总之，从利港出兵的话，显然不利于夫差的军事行动，所以夫差要重开运兵水道，从无锡、常州开到"京口"，然后过江，在邗城处往北开到淮安（古称"末口"），由此直达淮河而至中原。

淮安（古山阳县）古称"末口"，因其位于邗沟入淮口处而得名"口"，又因邗沟是夫差自南向北所开而得名"末"。"末口"者，邗沟入淮河处的终点。因此"京口"之名当得名于此运河的开凿，邗沟与江南运河显然是同一方国之人所开，邗沟既然是由南往北开，则此江南大运河显然也是从东南往西北开，镇江京口之地遂为江南大运河入长江的终点、而非长江往江南开河的起点。

此地因位于江南大运河入长江口处而得名"口"。后因其处成为吴国之京（"吴京、京城"）而得名"京口"。至于吴国来定都之前，此处名为何口？也就无法考知了。但据《越绝书》称此地为"西江",而镇江之地正好又是西江与北江衔接处,正是西江的终点、北江的起点,称其为"西江口"是完全有可能的。所以吴国定都之前,此地当因地处西江之东口、江南大运河的北口而得名"西江口"。

其又是北江的起点,为什么不能叫"北江口"呢?因为"北江"是长江,其江口实在更东的上海一带,镇江这儿不宜叫"北江口"而当叫"北江首"。且本书第一章"五、(三)、5"考明从九江自西南往东北流的"西江"要到镇江东 50 里的圌山门才正式拐向东海而成为"北江"。即西江转为北江的转折点是在镇江城东 50 里的圌山门,镇江城那儿尚是西江而非北江,故其当名"西江口"而不可以名为"北江口"。

江南需要一个完整的水循环,因为顺江可以东下,而西上不可逆江,需要在江南大地上开通大运河来解决逆江西上的问题,从而化"逆江而上"这一高风险的长江航运为无风险的内河航运。夫差出兵走的便是这条内河航运"京口河",这就意味着秦始皇以前便已有此"京口河"来和对岸的邗沟无缝对接。夫差由此河出兵便可以不受天时影响,这便叫作"天时不如地利"。但夫差明显忘了另外半句话:"地利不如人和",其空有江南如此优越的地利,却因失伍子胥这样的忠臣之心而亡国。

据《左传》而言,"末口"的运河便是夫差开的。"京口"是江南大运河的终点,"末口"是江北邗沟的终点,两者都以"口"来命名终点,从"京口"与"末口"这两个地名命名相同,也让我们感受到京口处的"江南大运河"可能也是夫差开的。夫差自然是从江南开到江北,所以江南段的"徒阳运河"肯定要比邗城至末口的"邗沟运河"要早一两年,是大运河中最早开凿的一段。而下面两章我们会把江南大运河与江北大运河(邗沟)的开凿大大提前到大禹及大禹之前的新石器时代,即便这两条河在大禹与大禹之前就有,仍当是在同一时代开通的,而且开江南大运河比开江北大运河要略早些。

(二)夫差开江南大运河走孟河实属误说

奔牛是孟河的南口,孟河城是孟河入江的北口。民国以来的水利史专家都会根据清人《江南通志》卷十三"舆地志三、山川、常州府"的记载,认定夫差开了孟河供运河行船。

夫差开江南大运河走孟河这一误说,是非常州人的清朝河南人黎世序和民国连云港灌云县人武同举根据自己对《江南通志》的领悟提出来的,居然一直风靡至今,成了水利史上的定论,其实是贻笑后世的荒谬结论。

能看破其错误的也只有常州人了,因为只有常州人知道从望亭到奔牛已经有 170 里长了,再加上奔牛至孟河这一段 70 里便是 240 里,黎世序与武同举所据的《江南通志》只言望亭到奔牛这 170 里是夫差所开,并不把奔牛至孟河的 70 里算在内。常州人全都知晓望亭至奔牛为170里，而外地人黎世序、武同举并不知晓这一点，误以为夫差所开的170里当含奔牛到孟河城的孟河在内，于是得出夫差出兵走的是孟河而非京口，这就真是误上加误了，作为常州人不得不援引最早的文献来以正视听。

黎世序与武同举这一误说发端于清乾隆朝《江南通志》卷十三"舆地志三、山川、常州府"："运河，在府南。自望亭入无锡界，流经郡治，<u>西北抵奔牛镇，达于孟河，行百七十余里。吴夫差所凿。</u>隋大业中，自京口穿河至余杭，拟通龙舟，此其故道也。自唐武德后累浚，为江南之水驿云。"画线部分清人似乎在说：夫差开的运河是从苏州到常州再到奔牛走孟河出江，而不走奔牛至镇江段的运河从镇江出江。

这是清人的记载，又是省志。对此我们当首先明白两点：一是省志一般都是抄录自常州的府县志；二是清人记载应当出自（即抄录）明朝乃至宋朝人的记载。如果找不到前朝的记载或府县志的记载作为依据的话，省志的说法往往会让人感到其为无本之木、无源之水而未必可信。因此，我们很有必要追溯一下《江南通志》这条文献所依据的明朝乃至宋朝人的常州府县志。

《成化毗陵志》卷十八"河"："运河，东自望亭风波桥入郡界，西至奔牛坝，凡百七十里有畸。"可证：从常州段运河东口，也即无锡东大门望亭风波桥，到常州段运河西口的奔牛坝，已经有170里长了。则上引《江南通志》画线部分所说的奔牛到孟河这一段，其实已经不能算在170里中了。因此其所谓的夫差所凿，只是说望亭到奔牛这段170里的大运河是夫差所凿。事实上，我们可以在地图上亲自测量一下，就能发现从望亭到奔牛的确已经170里了（即上引文字所说的170里就是"自望亭入无锡界，流经郡治，西北抵奔牛镇"），而不可能再把奔牛至孟河口的70里孟河给包括进来。如果要再加上奔牛至孟河口的孟河，则又当加70里而为240里。

《成化毗陵志》还有其更早的出处，即宋朝人的记载，见《咸淳毗陵志》卷十五"河"："运河，东自望亭风波桥入郡界，西至奔牛堰，凡百七十里有奇。《史记》云：禹治水，于吴通渠贯江湖。齐《地志》云：丹徒水道通吴、会。六朝都建业，自云阳西城（今丹阳）凿运渎径抵都下。隋初尝废。大业六年诏：自京口至余杭穿河八百里，广十余丈，欲通龙舟巡会稽。唐白居易有'平河七百里'之句。"（《成化毗陵志》承袭其文，一字不改。）

上面这条宋朝人的记载分四层意思：

一是言明从望亭到奔牛为170里。

二是言明此江南大运河就是大禹所开。

三是言明此运河在南齐为："丹徒水道"（即江南大运河的"丹徒—丹阳段"）一直通到吴郡（苏州）、会稽（绍兴）；则说的就是今天江南大运河的全程再加上通往绍兴的浙东运河。

四是言明隋代将此南齐运河作为隋代大运河中的"江南河（即江南段大运河）"。

这条宋朝人的记载根本就没提到夫差开凿运河之说。宋朝人早已明白，夫差出兵的江南运河并非夫差创开，这也就意味着夫差出兵所要走的与江南运河无缝对接的邗沟同样也非夫差创开。换句话说，《左传》所说的夫差为"沟通江淮"所开的邗沟，其实就是重开《史记·河渠书》所说的大禹在东方开的沟通江淮的鸿沟罢了，其并非夫差所创开。（按："邗沟"与"鸿沟"发音亦相近。见上文"二、（三）"引《史记·河渠书》："东方则通鸿沟江、淮之间。"）

而且从常理上看，夫差所开运河走孟河也是不合情理的。因为从空间上看，江南大运河的终点是扬州，如果从奔牛走孟河，然后逆江而上，与从奔牛到镇江渡江，其距离其实是一模一样的，即没有少走一里路。只不过前者走了孟河到镇江的长江，而且还是逆江而上，可谓险象环生；而后者走奔牛至丹徒的内陆运河，在海拔仅高 1 米的上游开河，只需要在下流筑一道如同滑梯般坡度较缓的大坝"奔牛坝"以利过往船只翻坝即可。显然后者更为安全、省力。夫差除非脑子有问题，才会不开奔牛至丹徒的运河，而走孟河至镇江的长江逆流而上。所以从空间对接与安全省力上看，夫差也当开河开到镇江，其代价不过是筑一座奔牛坝而已。

因此，夫差重开的出兵用的江南大运河，也只可能走常州至镇江段由镇江出江而与江对岸的邗沟实现无缝对接。（如果从孟河出江便不能与邗沟无缝对接。）

总之，"夫差开江南大运河走孟河"这种说法极其荒谬，纯属误读夫差所开的170里中包含有孟河，且无根据（指没有任何府县志及之前旧史作为出处），又不利于出兵（即上文所说的"逆江而上"行舟在夫差时代不可能）。此说的成因便是受所谓"'京口河'要到秦始皇才开通"误说的影响（见下引武同举之文最后的画线部分），即持历史进化论的观点会认为，生产力要发展到秦代，才有可能开凿丹徒至丹阳段的运河，遂不敢认为在先秦时代的夫差有这种生产力水平在镇江丹徒、丹阳境内的丘陵地带（大小夹冈）开京口河；但夫差北上又必定不走"吴古故水道"，因为"吴古故水道"出口在利港，要上溯百公里才能到达邗沟，于是也就认为夫差是以孟河作为其北上争霸中原时出兵的出江水道，即把出江口由江阴利港西推 20 公里到了武进境内的孟河口。

清人《江南通志》这条记载的广为传播主要靠两本书：一是清黎世序的《续行水金鉴》卷七十二"运河水·江以南七郡运河·原委八"："常州府运河，自苏州府吴县界西北流入，经无锡县城东，又西北流，迳武进县城南，又西北流入镇江府丹阳县界。《通志》：'运河，在府南。自望亭入无锡界，流经郡治，西北抵奔牛镇，达于孟河，行百七十余里。吴夫差所凿。隋大业中，自京口穿河至余杭，拟通龙舟，此其故道也。自唐武德后累浚，为江南之水驿云。'"末注出处"《大清一统志》"，而《大清一统志》又标明其引自"《通志》"，那显然就是上引的康熙、乾隆两朝两度编纂的《江南通志》了。二是民国武同举《江苏水利全书》卷二十七"江南大运河一"："周敬王二十五年（前四九五）[①]，吴王夫差凿河通运。"其下有注："《续行水金鉴》'运河水原委'引《大清一统志》：'常州府运河，自苏州府吴县界西北流入，经无锡县城东，又西北流，入镇江府丹阳县界。《通志》："运河，在府南。自望亭入无锡界，流经郡治，西北抵奔牛镇，达于孟河，行百七十余里。吴夫差所凿。隋大业中（六年、六一〇），自京口穿河至余杭，拟通龙舟，此其故道也。"'"△余按：夫差于周敬王三十四年（前四八六）城邗，沟通江淮，自吴达邗，<u>度</u>必开凿运道，由今武进县孟河出江，最为捷径。<u>其时京口运道尚未通</u>。"

上引文字中画双线的"度"字便说明此说是其猜度之词而未必可信。武同举所说实有两大误：

一是从河道里程来看：夫差如果由孟渎出江，距离"吴古故水道"出江的"利港"口只有20公里，还不如仍走吴古故水道，夫差何必开苏州到奔牛、孟渎的运河水道，劳民伤财，却只为节省在长江中逆流而上的区区20公里，同时又要冒60公里逆江而上之苦？（按：夫差如果从苏州开河开到奔牛计为100公里，如果还要开奔牛至孟河的孟渎水道则又长了35公里，总计135公里，只为了节省下20公里的逆江而上，可谓得不偿失。即便孟渎有天然水道，不必大开其河，常州东境又有湖而不用开河，以此来计，从常州东境的戚墅堰开到奔牛为30公里而接上孟渎天然水道，以此30公里来节省20公里，也属得不偿失。）

而且夫差既然能开江南大运河到奔牛处的孟渎，何不接着再从奔牛此孟渎口往西开那江南大运河剩下的30公里到丹阳，然后再从丹阳开20公里到镇江丹徒为便？这样总共才开了50公里。

夫差开奔牛至孟河的"孟渎"为35公里，所开长度与开"徒阳运河"20公里大致相当。从奔牛开江南大运河到丹徒，只比其多开了区区15公里（50-35=15公里），便可省

---

①武同举未注明夫差开江南大运河为"周敬王二十五年"的历史出处，属于无根之谈。且《史记》卷十四"十二诸侯年表"其年为"吴王夫差元年"。吴王夫差一即位便兴此大工程来开这条江南大运河的可能性也不大。

去 60 公里的逆江之苦，这是何等的划算。

即便孟河天然有河而夫差不用开奔牛至孟河的"孟渎"，则夫差开奔牛至丹徒比走孟河仅多开了 50 公里，以此 50 公里来省去冒长江逆江而上 60 公里的风险，明显也是划算的。

因此，无论从上面两种情况的哪一种来看，从奔牛开江南大运河到丹徒，即开通"江南大运河镇江至常州段"，显然要远比从常州开河到奔牛再走"孟渎"由孟河出江的做法来得省便且安全有保障。

二是丹徒至丹阳虽有"夹冈"土山，但伍子胥既然可以开胥溪中江"五堰"所在之山（今高淳、溧水境内茅山余脉的山麓），其山比丹阳"夹冈"之山地势要高，并且还是有石之山而非"徒、阳"之间大小夹冈那种纯粹土山。夫差与伍子胥时代的生产力水平能在茅山丘陵石山开出能爬高（即能爬山越岭）的运河"胥溪"，为何就不能在丹徒、丹阳之间的土质丘陵"夹冈"处开运河？况且秦始皇能开崇山峻岭间的"灵渠"，先秦吴国仅比其早 200 年，开徒阳小土丘处的河道当不在话下。而且生产力水平远超先秦的三国时东吴之人，尚且畏惧逆江而上的风险，要开"破冈渎"通南京，化逆江航运为内河航运；生产力水平更超三国的明朝人，仍旧畏惧逆江而上的风险，而要开长江对岸的"白塔河"，同样是化逆长江而上的航运为走内河航道：如果夫差时代的长江对岸有此种内河航道，则夫差既然能在江北岸开河，为何就不能在江南开河道？江南是夫差吴国的腹地，江北是夫差吴国的边疆，开同样长的河道，显然开在腹地可以更好地造福腹地百姓，功效与益处远比开在边疆强，而且号召腹地百姓出人力、出财物，开起河来也远比边疆容易，夫差何必舍近务远、劳民伤财，开在边疆去造福边疆人民，而不开在腹地造福京畿父老？

武同举声称由孟河渡江至邗城最为捷径，其实恰恰最不方便，因为要逆长江而上；武同举说吴王夫差时"京口运道"尚未开通（见上引画线语。其指京口处的"徒阳运河"要到秦始皇时方才开通），恰又忘了夫差的曾祖父寿梦，在夫差出兵 98 年前①便已出过一次逐鹿中原的兵了，故知武同举所说皆非，徒阳运河在夫差之前便已存在。

所以我们在此有必要全面清算武同举据《江南通志》而立的"夫差所开的江南大运河是从苏州到常州再到奔牛走孟河"之说的荒谬绝伦。

1.《江南通志》其实并未说夫差所开运河走孟河

关于孟河与大运河的关系，最初并不在于它是大运河的航道，而在于它是唐代孟简和

①按武同举言夫差出兵于公元前 495 年，而上文考明寿梦是公元前 584 年出兵，相距 89 年。寿梦生诸樊，诸樊生阖闾，阖闾生夫差，故寿梦是夫差的曾祖父。若从《左传·哀公九年（公元前 486 年）》夫差为北上伐齐而开通邗沟，《左传·成公七年（公元前 584 年）》寿梦出兵，则两者相距 98 年。

宋代杨玙，有意开浚的一条引长江水来接济大运河水源的大运河支流水道，是旨在补救镇江至奔牛段大运河因地势高而水易走泄、水源不足等问题的干渠，同时又可以作为沿岸居民灌溉粮田之用的农田水利方面的干渠；孟河作为交通用的大运河的主干航道要到明初才开始，明朝以前，运河航道基本不走这条以灌溉功能、补给运河水源功能为主的孟河，因为我们找不到明朝以前的史料能证实明朝以前的江南大运河航道走孟河。

可是后世的清朝人，由于"镇江至奔牛段运河"一年倒有半年闭闸不通，半年开通时仍只供官方运皇粮的漕船行走，民船、商船仍不能走，运河航道被迫改走孟河从明初以来已有三四百年悠久历史，于是清朝人便误会明朝以前的大运河可能也走的是孟河。（但正如上文所指出，我们其实找不到哪怕一条明初乃至明清史料称明以前运河走孟河的记载，上述误会属于无证据的悬断。）

正因为清朝人误会明朝以前的大运河可能也走的是孟河，于是在乾隆朝《江南通志》卷十三"山川、常州府"中写下那段容易引人误入歧途的记载："运河，在府南。自望亭入无锡界，流经郡治，西北抵奔牛镇达于孟河，行百七十余里。吴夫差所凿。隋大业中，自京口穿河至余杭，拟通龙舟，此其故道也。自唐武德后累浚，为江南之水驿云。"这似乎在说：夫差开的江南大运河，从苏州到奔牛后，走的是孟河而非镇江。

这种理解纯属后人误读。因为《成化毗陵志》卷十八"河"："运河，东自望亭风波桥入郡界，西至奔牛坝，凡百七十里有畸。"其书首"武进县境图"绘有"奔牛坝"，既然是坝而非闸，便意味着运河到此奔牛坝下便走不通了（即无法再往西行船了，要改由其图中标绘的坝东侧的"孟渎河"出江[①]），所以计算常州段运河里程时，西端便到奔牛坝下为止。这便可证明上引《江南通志》所说的"行百七十余里"是指从望亭到奔牛，根本就不包括奔牛到孟城的孟河那一段在内。事实上，从无锡与苏州交界处的望亭，到奔牛已经足足有 170 里了，如果再从奔牛到孟河口则又当加上 70 里而为 240 里。

《江南通志》只是说，从望亭到奔牛的运河为 170 里，人们由望亭到奔牛后，一般会走孟河入江，而不会走奔牛到镇江那段运河。原因便是天顺朝之前奔牛有坝，走孟河可免翻坝之劳；天顺朝以后虽然设有船闸可以通航，但要半年闭闸蓄水（指冬天及其前后的枯水季要闭闸为来年运河的漕粮运输蓄水），这半年中只能走孟河；另外半年（指春、夏、

---

①运河到此奔牛坝下其实已断为两截，坝的东西两侧难以通航：东来的船只无法再往西行船，西来的船只到坝下亦无法再往东行，除非舍得花大本钱，靠费力的盘坝，先将货物卸下，空船靠牛拉过坝，然后装船继续前行。但绝大多数西行之船都会选择改由图中标绘的坝东侧的"孟渎河"出江；相应的，绝大多数东行之船也不敢走京口的运河到此奔牛坝下盘坝，改为沿江东下，到孟渎河口入孟河，至此奔牛坝东侧进入大运河东行。

秋水盛之季）虽然开闸，但以通行官船为主，普通民船、商船仍要以走孟河为主。

因此《江南通志》的意思是说，从望亭到奔牛这170里大运河便是夫差所凿而隋炀帝打算用来通行龙舟的"运河故道"。根本就没说到从奔牛到孟城的"孟河"是夫差所开的运河故道。"达于孟河"这四个字并不在170里的运河故道中，这四个字只是在补充"抵奔牛镇"后，奔牛镇有坝堵死了去路，这时便可由"孟河"通往孟河口而入长江。由于《江南通志》编志者表达时欠严密，遂让人误会夫差开的运河走了孟河。

而且上引《江南通志》卷十三"山川、常州府"既然是常州府，所以他说的便是常州境内的运河，并不涉及常州以东苏州境内的运河，也不涉及常州以西的镇江境内的运河，因此他只说常州府境内从望亭到奔牛这170里是夫差所凿，而望亭以东至苏州的苏州府境内运河，奔牛以西至镇江的镇江府境内运河，其未言是否夫差所凿，但未言不等于就说它们不是夫差开凿；大家举一可以反三，也就会明白苏州、镇江两府的运河肯定也是夫差所凿。因为夫差出兵怎么可能只凿望亭到奔牛那170里呢？怎么可能不凿苏州至望亭段呢？由其不举苏州至望亭之运河，即是在默认苏州至望亭亦夫差所凿；则其所不举的奔牛至镇江段运河，显然也当视同此例而看作是编志者默认该段也是夫差所凿。正如《左传·哀公九年》夫差出兵要整治江北的运河河道"邗沟"，因此，此处所谓的"夫差所凿"其实仍是重凿而非创开。而清黎世序、武同举不识作者只说常州府境内的运河乃夫差所凿，反倒把编志者所说的明清时期大运河走孟河给理解成了先秦夫差时大运河也走孟河，从而理解出奔牛至孟河城的"孟河"段乃夫差所开的出兵通道，其荒谬处下文"2"将有详论。

问题是《江南通志》言常州府境望亭至奔牛170里运河乃"吴夫差所凿"这五字又是从何而来？我们上文已开列其所源出的常州最早郡志《咸淳毗陵志》，以及承袭《咸淳毗陵志》之文而一字未改的《成化毗陵志》，我们可以将其记载来和《江南通志》之文作一对比，我们明显就能发现《江南通志》是袭此两《志》之文，但加了这"吴夫差所凿"五字。即宋人与明人并未言常州府境170里江南大运河是夫差所凿，是《江南通志》的编志者自己加了这五个字而判定常州府境170里江南大运河是夫差所凿；由于其未能提供确凿的历史文献依据，且其所承袭来作《志》的宋、明常州地方志皆无此记载，故知是其自己所加而不足信。则援引常州府境运河之例而想当然地推导其东的苏州府运河、其西的镇江府运河亦当是夫差所凿的推论便可休矣。撇开《江南通志》这条莫明其源头的孤证外，中华典籍与宋元明常州府县志等江南地方志中，并无夫差开凿江南大运河的文献记载，故夫差开凿江南大运河说实属清人冒出来的无证悬断而未必可以信从。关于这一点，下文"3"还将展开讨论。

明朝"徒阳运河"在秋冬枯水季要有将近半年时间来闭闸蓄水以供春天漕运之用，此时民间只能走孟河出江。于是明清江南大运河便形成上引《江南通志》文字中画直线部分的走法。只有开春两三个月方能走"常州—丹阳—丹徒"的古代路线，而且还只限于官方运皇粮的漕船，民间仍不能走。换句话说，明清大运河的正途反倒在了孟河。所以上引《江南通志》画直线部分说的是明朝运河的走法，其下画浪线部分则是在说夫差所开而为隋炀帝沿用的明以前的运河故道。如果我们硬要把明清走孟河的运河路线理解成夫差所开而隋炀帝"拟通龙舟"的"故道"便说不通了，因为其已言明隋炀帝开的江南大运河的"故道"是"自京口穿河"，即走丹徒京口而不走孟河，则夫差所凿运河如果走的是孟河，岂非就是在隋炀帝"故道"前的更古的"故道"？如果真以走孟河为夫差所开，编志者焉能说出隋代走京口是"故道"的说法来？（即如果夫差走孟河，则明清走孟河之今道反倒成了最古之故道，隋炀帝走京口反是后来的故道，明清走孟河之今道反倒成了隋代故道以前的故道，焉有此等逻辑混乱的编志者？）所以《江南通志》编志者的本意是先说如今运河的走法（走孟河），再说此运河夫差所开而隋炀帝重开的故道（走京口）；表达时欠严密，误将两者连在了一起，又忘了交代今道走孟河而"故道"走京口[①]，于是让人误会夫差开的运河走了孟河。其实根据其下文隋炀帝在夫差基础上开的河走京口，便可知晓其所继承的夫差所开运河当走京口，这是编志者表达欠妥而引起后人的误会。（下文"5"还将有详论。）

总之，《江南通志》的编志者只是说夫差开了江南大运河，并未说夫差开的运河要走孟河。由于明朝镇江至奔牛段运河闭闸蓄水以供春夏漕运之用，民间只能从孟河出江，于是明清两朝的江南大运河便形成上引《江南通志》画直线的走法；只有春夏秋有几个月才走"常州—丹阳—丹徒"的古代路线（而且还必须是官船才能走，民船、商船仍不能走）。换句话说，明清大运河的正途反倒在了孟河。这就意味着，江南大运河的南口固然仍在杭州，而北口在明清两朝却由镇江京口替换成了武进孟河口处的"孟河"（古代又名"河庄"），"孟河（河庄）"在当时其实和杭州一样齐名，是明清江南大运河的一首和一尾，难怪明代冯梦龙《警世通言》第二十七卷《假神仙大闹华光庙》，杭州城作怪的妖精要到

[①] 同时也忘了明清今道虽走孟河，但每年春季运皇粮时的今道仍走自夫差、隋炀帝以来的京口故道。

"孟子河"（按"孟河"得名于孟夫子孟嘉，故又名"孟子河"①）来斩掉。而宋元大运河的北口在镇江、南口在杭州，故《警世通言》下一卷（第二十八卷）《白娘子永镇雷峰塔》作为宋元话本，便成了杭州城的蛇妖由镇江府的法海禅师来镇压。前者是明朝的拟话本，说的是明朝的事，故取明代大运河的首尾孟河与杭州来编排故事；后者是宋元旧话本，说的是宋朝的事，自然取宋代大运河的首尾镇江与杭州来编故事。由此可见明清之孟河与宋元的镇江相当，明清之孟河因大运河而得以与人间天堂杭州齐名天下。

所以上引《江南通志》画直线部分说的便是明朝江南大运河的走法，其后画浪线部分说的是夫差所开而为隋炀帝沿用的"从京口到奔牛再到余杭"的明以前的运河故道。《江南通志》的编志者表达时欠严密，遂让人误会夫差开的运河走到了孟河。

2. 夫差所开运河走孟河的荒谬

其实夫差所开运河走孟河的说法是极其荒谬的。因为夫差由孟河出江，要逆江120里才能到达扬州城下的邗沟，在生产力不发达的先秦，这种行船方式风险巨大。因为航海技术远比先秦发达的明朝，从孟河逆江而上扬州，一路上仍险象环生，需要在江北开白塔河、北新河来分别与江南的孟河、南新河（即德胜河）无缝对接。这便是明代常州人王㒜《思轩文集》卷三《扬州府重修白塔河记》所说的："古人尝谓：'润州北距瓜步，沙尾纤汇六十里，舟多败溺，遂徙漕路，由京口埭治伊娄渠以达扬子，岁无覆舟，且减运钱数万。'今京口埭既淤浅、不胜重载，则由常州孟渎河入江，溯流而趋伊娄，回远百八十里，视六十里既两倍之，而大江风涛之险、漂溺之患，月所不免，又非但岁中见之而已也②。斯河既成，则江南漕舟出孟渎者，可径投'断腰洪'入夹江三十里入河③，又四十里而达扬境，脱不测之渊以即安流。"

清人查继佐《罪惟录》"志"之卷十三"河渠志"也提到：从孟河逆江而上事故多发，所以漕船仍走镇江至奔牛段的运河故道："常镇运道：正统初，武进县之奔牛、吕城设为坝闸，漕船由京口出江。景泰中，坝闸颓废，从蔡泾、孟渎出江；往往舟坏，天顺中，复故道，增五闸。"

---

①明谢晋《兰庭集》卷下有《与盛医案自吴同舟，次"孟子河"洋口四首》诗，明王鏊《震泽集》卷八有《孟子河孙氏楼》诗，全都能证明"孟子河"就是"孟河"。今按："孟河"这条河古名"孟渎"，因孟城山得名；而孟城山又因孟夫子孟嘉（陶渊明的外公）曾在此隐居而得名，故"孟河"便因孟夫子孟嘉而又名"孟子河"（意为"孟夫子河"）。河旁"孟城山、嘉山"分别得名于孟嘉的姓和名，益证孟城山源自孟夫子孟嘉的可信性很高。《警世通言》这则明代话本小说故事，便能证明"孟河"这个地名在当时其实和杭州齐名于天下，究其原因便在于两者是江南大运河的一首和一尾。

②指这种情况在可预见的未来可能还不止一两年而是永久性的。唯有开了白塔河才会彻底改变。

③指入江北的白塔河。

3. 夫差所开运河走孟河的无据

而且从编史修志的惯例来看，夫差所开运河走孟河的说法也属于没有任何文献依据的无证悬断。

古代编史修志的一般做法，便是先编成《县志》，再统诸县之志而编成《府志》，然后再上交府志而由省政府统编成一省的《通志》，然后再上交省志，由中央政府统诸省之通志编成全国的《一统志》。《江南通志》便是江南省的省志，其"常州府"部分理应取材于常州的府县志，则《江南通志》"山川、常州府"所谓的夫差所开运河走孟河的说法①，应当就出自常州的府县志才对。

可是我们翻遍历代常州府志和武进县志，以及常州下属的其他各县的县志，都没有夫差开孟渎的记载，也没有夫差开运河走孟河的记载。翻遍历朝的史志，也未找到任何明以前运河走孟河的史料，特别是没有找到明以前史料有"明以前运河当走孟河"的猜测。这就表明：所谓的夫差开孟渎、夫差开运河走孟河、明以前运河走孟河的说法，要么是《江南通志》编志者自己理解有误或凭空杜撰而无依据②，要么就是其意根本就不指夫差开孟渎而如上文"1"所论，但因表达欠严密、欠明确，造成后人黎世序、武同举的误解。总之不可以作上述"夫差开孟渎、夫差开运河走孟河、明以前运河走孟河"这三种错误理解的。

而《咸淳毗陵志》"孟渎"条征引西晋周处的《风土记》，言明孟渎是东汉初年光武帝所开，不是夫差所开，即《咸淳毗陵志》卷十五"山水"："孟渎，在县西四十里。《风土记》云：'七里井'有孟渎，汉光武初潜，尝宿井傍，民为指途达江浒，即位命开此渎。"（下文"6"还有详论。）

而且本章上文与下文我们也详细论证清楚江南大运河在泰伯和西周初年便已存在，开凿者并非夫差，而当是下两章所讨论的大禹、乃至大禹之前江南大地上的马家浜文化时代的部落酋长们。

4. 从出兵角度来看，夫差在江南大地上所开运河也不会从孟河过江

夫差开江南大运河至孟河过江，这种说法极荒谬且不合理。上已言夫差由孟河出江需要逆江而上、风险巨大，连东吴和明朝都要归避此类风险，所以夫差时代走孟河逆江而上80公里是不现实的。今再从出兵角度详论此种逆江而上之不可能，从而证明夫差开江南

---

①上文"1"标题已言明：《江南通志》其实并没有说夫差所开运河是走孟河。是后人误解其如此说的，故加"所谓的"三字。

②即如果清朝人真是在此记载中说孟河是夫差所开的运河，则府县志皆未如此说过，省志如何得知这一说法？明及明以前人从未有人这么说过，清朝人方才冒出这种极新鲜的说法，则清朝人又是怎么知道夫差不走京口而走孟河？所以说，这是没有任何依据的凭空臆测，是清朝人方才开始这么说的，此前从未有人这么说过，所以这一清朝人方才开始冒出来的新奇说法令人难以信从。

大运河至孟河过江实乃严重不利于出兵。

孟河过江要逆江而上到邗城，在没有如今火力轮船的情况下，先秦时代即便靠风帆也是很难办到。虽然涨潮时上下流相抵冲而有个"平水期"，可以不用逆江流渡江，但那是极短暂的，孟河江面有几十里宽，恐怕渡过去没几里，这"静水期"便已过去而成了涨潮，而且是越涨越猛，此时运兵等同自杀。况且每次运兵都要算好"静水期"，每天只有一两个短暂时段可以运兵①，而且还短暂到根本就达不到渡过江的地步（古代长江江面很宽，有五六十里），这显然不利于出兵。

至于夫差在苏北开条东西向运河也不可能。因为夫差更明智的做法，应当是把东西向的运河开在江南为是。夫差能在江北开河，便能在江南开河，夫差显然不会舍江南而开江北。所以从运兵的角度来说，夫差也应当在邗城正南面的京口处往东开运河，只有这样才能做到与江北运河"无缝对接"，使自己的军事行动不受"天时地利"的限制，365天皆可畅运无阻。（下面两章还将充分证明此江南与江北的大运河乃是大禹及大禹之前就有，亦非夫差所开。）

5. "以孟河为古江南大运河"来自明清人据积习而误会此前也当如此

上文提到清人与民国人对《江南通志》作了"孟河为古江南大运河"的理解。这种理解纯属源自明清积习的误读和误会。

明朝人因镇江至丹阳段运河地势高（高出奔牛一米，高出常州两三米），靠丹阳闸、吕城闸、奔牛闸闭闸蓄水而河水仍然不足，需要开辟一个"练湖"作为水柜来蓄一年之水而仅能供漕运走上一两个月，所以只有运皇粮的那一两个月才能让"镇江至奔牛段运河"通行船只，其余时间京口、吕城、奔牛三闸全都关闭而不让船只通行，靠此积蓄起一整年的练湖水来供来年两三个月漕运之用。于是明清两代的江南段运河便形成如下的局面：一年有十来个月"<u>自望亭入无锡界，流经郡治，西北抵奔牛镇达于孟河</u>"，仅一两个月"<u>自望亭入无锡界，流经郡治常州府，西北抵奔牛镇达于</u>"丹阳、镇江，所以上引《江南通志》画直线部分其实说的是明朝运河一年中绝大多数时间的走法。而下面画浪线的"吴夫差所凿。隋大业中，自京口穿河至余杭，拟通龙舟，此其故道也"，说的是此运河乃夫差所开凿②而为隋炀帝所沿用。其所说的"此其故道也"是指运河的古脉，也即隋炀帝下江南所走的路线"镇江—丹阳—常州—无锡—苏州—杭州"，而不可能是明人所走的路线

---

①潮汐每天涨落两次，也有涨落一次的。白天的称"潮"，夜间的称"汐"。外海潮波沿通海的江河上溯，又使得通海的江河下游发生潮汐现象。

②这是有部分正确性的。即秦始皇的确是在夫差运河基础上疏浚拓开而非秦始皇始开；其实夫差之前的大禹及大禹时代此河便已存在，夫差仍是重开而非创开此运河

"孟渎—常州—无锡—苏州—杭州"，因为《咸淳毗陵志》卷十五"山川、运河"条引隋炀帝"大业六年诏：<u>自京口至余杭穿河八百里，广十余丈，欲通龙舟巡会稽。</u>""自京口"三字言明隋炀帝的运河经过镇江而不走孟渎，这就证明《江南通志》所言的"此其故道也"肯定不是明代运河的走法，而是明代之前的古人运河走法，这也就证明"吴夫差所凿"的"此其故道也"就是隋炀帝的运河走法"镇江—丹阳—常州—无锡—苏州—杭州"，而不可能是明代"孟渎—常州—无锡—苏州—杭州"的走法。因此，以夫差所开运河走孟渎明显就是纯属误会。究其原因便也是上文"1"末尾所指出的：清人编《江南通志》时交代不清所致，他只交代了明代一年中绝大多数时间的运河走法，而忘了交代自古以来及明代一年中运皇粮时的运河走法。

再退一万步说，清人真以夫差运河走的是孟渎，真以隋炀帝所开江南河走的是孟渎，则这种说法其实也是清人由于明清人运河走孟河为多，遂把这种印象给强加、投射到夫差时期的运河身上所致，这显然是"倒果为因、以后证古"了，所以不足为据。

因此，夫差所开运河千真万确就是从常州到镇江。而且从夫差到秦始皇只有 250 年历史，秦代的生产力水平与夫差时代的生产力水平相比，250 年中应当没有什么大的变化，如果秦始皇能开镇江至常州段运河，则夫差也能开镇江至常州段运河，所以夫差能开"镇江—常州—苏州"段运河乃是不证自明的事。更何况我们上文已经考明，夫差之前的泰伯时代便已有了江南大运河；夫差有能力开运河，并不代表运河就是他开的。

6. 孟河当是自然河道而被先民沿用为"井田制"的干渠

上文已经证明由孟河渡江之说原本就是后人理解错了《江南通志》导致的误会。孟河是自古就有的自然河道而被先民们用来灌溉，或是先民井田制中人工开凿的井田制干渠，总之其为"井田制"中用来分割最大"井田制"单位的大川，东汉光武帝加以重开，沿江的秦驰道通过此河的入江河口处，此孟河与驰道相交会处便成了水陆相交的要冲之地，所以形成集镇，相当于今天高速公路旁的一个服务、休息站，名为"阜通镇"。今详析如下：

《咸淳毗陵志》卷十五"山水、水、渎、武进"引极早的东吴周处《阳羡风土记》："孟渎，在县西四十里。《风土记》云：七里井有孟渎，汉光武初潜，尝宿井傍，民为指途达江浒，即位命开此渎。"其实汉光武帝也是重开，因为"孟城"城圆而地处东西两条山脉之间（东为孟城山，西为嘉山），形如"双龙戏珠"而号"珠城"，长江涌潮时必然从这两山间的缺口涌入而冲出一条自然河道来，故孟渎很有可能是上古就有的自然河道。但其全程是近乎直线的河道①，而且又经过人工开凿，因此合理的解释，便是当同镇江丹徒处的古运河一样，最初那段是自然河道，再往内陆延伸处却是人工开凿的引长江潮水深入内地加以灌溉用的引潮河。孟河与丹徒口处的大运河形状也很相似，两者的起源当相近，而沿江诸港的成因也当与之相近，是新石器时代的先民们，将这些通江的自然河港再往内陆开凿延伸，作为分隔"井田制"最大单位的大川，所以江南这些不断被人工开挖疏通而近乎直线的所谓的"自然"河道，其实应当也是古"井田制"的遗存，早在远古即有。孟河也是这种远古就有的河，后来因为江潮淤积而逐渐填塞成平地，于是东汉光武帝要加以重开。之前秦始皇时代必定也有此河，故"阜通镇"设在万绥处，便是其处乃沿江的秦驰道"东城天子路"与孟河相交会处形成水陆要冲之地的缘故。

此"孟渎"在东汉光武帝重新开凿之前，便当是江南新石器时代河姆渡、马家浜等文化的先民们借助自然大川所形成的"井田制"的灌溉总渠，其和长江南岸"德胜河、藻港河、三山港、申港、利港、夏港、江阴黄田港"等诸条通江的南北向大港一样，都是成因相同的、古人借助自然大川往内陆开凿延伸而形成的古"井田制"的纵向大河，而"井田制"的横向主干大河便是江南大运河，所以运河应当也是古"井田制"的遗存，起于原始的洪荒时代，是人类历史上唯一一条留存下来的、远古先民借助丹徒河口那一小段自然河道往内陆延伸、并转而继续向内陆横向开凿的大型人工灌溉总渠。我们之所以断定其为人工造就，便因为其从地图上看，其从丹阳往东至苏州乃是一条近乎直线之河。

7. 有关清《江南通志》夫差开运河走孟河纯属后人误会的总结

由于清《江南通志》夫差开运河走孟河存在错综复杂的误会，所以在此有必要做一总结性清算。

《咸淳毗陵志》卷十五"山水"："孟渎，在县西四十里。《风土记》云：'七里井'有孟渎，汉光武初潜，尝宿井傍，民为指途达江浒，即位命开此渎。广五丈，深七尺，南通运河，北入大江，岁久淤阏。唐元和中刺史孟简浚导，袤四十一里，溉田四千余顷。南唐

---

① 后世孟河曲曲折折，而古孟河从孟河城往南是一直线。即古孟河走"万绥"笔直往南的"浦河"，至吕城东七里的"七里井"入运河，从"孟河城"往南是条笔直线。由于"浦河"南半段唐朝属于常州武进县而不属于润州丹阳县（汉代时两县同属会稽郡，故会稽郡太守开孟河可以地跨两县；后世大郡分为小郡，便破坏了原有不跨郡而今跨郡的水利工程建设），故常州刺史孟简开孟河时因无权限到润州丹阳境内来开，遂不得不放弃浦河，让孟河从万绥东拐至"石桥"（即今"小河"）而不再走浦河，孟简自万绥东拐至石桥后，便一直线往南开到吕城东九里的"九里"入运河。明初奔牛筑坝，特意让孟河在"罗墅湾（西湾）"东拐至"东湾"再南拐，这样就可以流到奔牛坝东侧的"万缘桥"入运河。如此一来，运河东来的船只便可在奔牛坝下由孟河北上出江了，而过江南下的船只又可顺江而下由孟河口入孟河行至奔牛坝东侧入运河，于是运河上南来北往的船只便可借助孟河水道绕过奔牛坝，不用翻坝便可通行。如果孟河不从罗墅湾拐湾，仍由"九里"入运河的话，运河船只便无法借助孟河出入了。

保大初修水门，国朝庆历三年令^①杨玙谕民疏治，复通江流。"载明"古孟渎"是东汉光武帝答谢常州人民所开（实为重开）。

此孟河与大运河的关系，最初并不在于它是大运河的航道，而在于它是唐代孟简和宋代杨玙有意开浚的一条引长江水补给大运河的干渠。孟河作为大运河的主干航道要晚至明初方才开始。因为从明初开始，镇江到奔牛段运河一年倒有半年（即秋冬枯水季）闭闸不通以蓄水，所有船只全由孟河出入长江；半年（即春夏盛水季）镇江到奔牛段运河开通时，仍只保证漕船通行，民船、商船仍以走孟河为主。

于是在明清时人们的心目中，江南大运河的一首一尾便不再是京口和杭州，而是孟河和杭州。难怪明清有那么多名中医扎堆在孟河这一江南大运河上可以和杭州相齐名的重要入口处，在相互切磋中达到全中国最高的中医造诣。因为这儿是全中国东西向大动脉长江航道与南北向大动脉大运河相交会处而带来全中国的客流；而且从交通优势来说，由于有长江来脉丰沛客流的注入，孟河比杭州还要兴盛^②，可谓交通天下、富及四海，而且又有丹阳"京山（即经山）龙脉"的余脉延伸到此地的丘陵"孟城山、嘉山"等，可以种植草药，所以形成举世闻名的"孟河医派"。

后来在晚清时，伴随国家皇粮"废河运（指废运河运输）而行海运"政策的实施，江南皇粮海运的一首一尾上海和天津便迅速繁荣崛起，成为南北两京的门户所在，今天全都跃升为直辖市。而孟河则因江南开通南京到上海的"沪宁铁路"，以及后来天津到南京浦口的"津浦铁路"的贯通（1968年南京长江大桥建成而铁路桥率先通车，两线又贯通成为今天的"京沪铁路"），其所仰仗发展的运河交通优势全部丧失而迅速没落。但智慧的孟河名医们早已先知先觉地捷足先登到上海扎根，凭借数百年深厚家学传承下来的精湛医术，成为上海也即全国中医界的盟主。又通过在上海、南京创办中医学校的新型手段桃李满天下，"孟河医派"遂成为近现代中国中医界最具活力和影响力的中医流派。

后世的清朝人，因江南大运河航道的入口走孟河已有三四百年悠久历史，便误会明朝以前的大运河可能也走的是孟河，从而在乾隆朝《江南通志》卷十三"山川、常州府"中写出那段容易引人误入歧途的记载："运河，在府南。<u>自望亭入无锡界，流经郡治，西北抵奔牛镇达于孟河，行百七十余里。吴夫差所凿。隋大业中，自京口穿河至余杭，拟通龙舟，此其故道也。</u>自唐武德后累浚，为江南之水驿云。"这似乎在说：夫差所开的江南大

---

① 令，武进县令。

② 杭州处的浙江（即钱塘江）远比长江要短小，客流自然无孟河城处多。

运河从苏州到奔牛后，走的是孟河而非镇江。

这种理解纯属后人误读。《成化毗陵志》卷十八"河"："运河，东自望亭风波桥入郡界，西至奔牛坝，凡百七十里有畸"，书首"武进县境图"绘有奔牛坝而运河至此不通，故计算常州运河里程时，西端到奔牛坝下为止。这便可证明《江南通志》所说的"行百七十余里"是指从望亭到奔牛，根本就不包括奔牛到孟城的孟河段在内。事实上，从无锡与苏州交界处的望亭到奔牛已有170里，如果再从奔牛到孟河口又当加上70里。

《江南通志》只是说，从望亭到奔牛的运河为170里，人们由望亭到奔牛后，一般会走孟河入江，而不会走奔牛到镇江段的运河。其原因便是：天顺朝之前奔牛有坝，走孟河可免翻坝之劳；天顺朝以后虽然改坝为闸，但要半年闭闸蓄水，这半年中只能走孟河；另半年虽然开闸，但以通行官船为主，普通民商船仍以走孟河为主。

因此《江南通志》的意思是说：从望亭到奔牛这170里大运河，是夫差所凿而隋炀帝拟通龙舟的"运河故道"；根本就没说到从奔牛到孟城的"孟河"是夫差所开的运河故道。"达于孟河"这四个字并不在170里的运河故道中，这四个字只是补充"抵奔牛镇"后可由孟河这条水道抵达孟河口而入长江。

总之，《江南通志》的编者只是说夫差开了条江南大运河，并未说夫差开的运河要走孟河。由于明朝镇江至奔牛段运河闭闸蓄水以供春夏漕运之用，民间只能从孟河出江，于是明清时代的江南大运河便形成了上引《江南通志》中画直线部分的走法，只有夏秋那几个月才走"常州—丹阳—丹徒"这古代的路线（而且还必须是官船而非民船）。换句话说，在天下民众的心目中，明清大运河的正途反而是在孟河而非镇江。

所以上引《江南通志》画直线部分说的是明朝运河的通常走法，其后画浪线的部分说的是夫差所开而为隋炀帝沿用的"从京口到奔牛再到余杭"的明以前的运河故道（同时也是每年春夏运皇粮时唯有官船可行之正途）。编志者只是说那不含孟河"百七十里"（若含便要240里，今只有170里故知不含）的"望亭至奔牛段"是夫差所开而隋炀帝重开的运河故道；表达时欠严密，遂让人误会为夫差开的运河走了孟河。

其实夫差所开运河走孟河的说法极其荒谬。因为夫差由孟河出江，要逆江160里才能到达扬州城下的邗沟，在生产力不发达的先秦，这种行船方式风险巨大。因为航海技术远比先秦发达的明朝，从孟河逆江而上扬州仍然险象环生，需要在江北开"白塔河、北新河"来和江南的"孟河、南新河（即德胜河）"无缝对接，详见上文"2"引明王㒜《思轩文集》与清查继佐《罪惟录》的记载。

夫差所开运河走孟河的说法也没有任何文献依据。古代编志的一贯做法，便是先编县志而统编成府志，然后再上交府志而统编成省志《江南通志》便是江南省的省志，其"常州府"部分理应取材于常州的府县志。可是我们翻遍历代常州府志和武进县志，都没找到夫差开运河走孟河的说法。这同样表明：这一说法要么是《江南通志》编志者自己理解有误或凭空杜撰，要么是其表达欠明致使后人误解，总之对《江南通志》上引文字不可以作那种"孟河是夫差所开江南大运河故道"的理解。而上引《咸淳毗陵志》"孟渎"条征引西晋周处《风土记》已清楚言明孟渎是东汉初年光武帝所开，不是夫差所开。

四、江南大运河溯源至商末周初的泰伯

上文从多角度全面而有力地证明：夫差之前的寿梦及更早期，吴王之坟全都设在京口，而且"宜侯簋"载周初康王封第五代吴君至此簋出土的京口之地，又说其地"厥川三百"，文献又载吴人"以舟为马"，每天都离不开船只。吴人至寿梦时方才知晓用车作战，但出兵仍要走运河，见本章"二、（三）"引顾栋高《春秋大事表》"是知吴不能一日而废舟楫之用也"之论，可证吴国最迟在周康王时便已有运河开到京口，否则吴国无法在无大河的京口之地立国；此地因是运河入江口且又是吴国之京故名"京口"，"京口"之得名始于此周初康王时而甚早。夫差开江北的邗沟为史籍所载，并不是说江南没有运河，恰可证明江南已经有了运河，所以他才可以不用开江南之河而直接开江北之河。而且我们下一章更将证明大禹时代便有此邗沟和江南大运河，连邗沟也不用夫差开。由此可见"镇江—常州—苏州"段江南大运河，特别是"镇江—常州段运河"，当可前推到大禹治水时代。

上文已溯源到周康王时的早期吴国国君便已立都京口而有江南大运河存在于京口之地，其实还可以追根溯源到更早的商末周初的泰伯时代"镇江至常州至无锡之地"便已有江南大运河存在。其最简明的证明便是"泰伯渎"的存在。

《吴越春秋》卷一言泰伯奔吴至梅里后："起城周三里二百步，外郭三百余里……人民皆耕田其中。""起城三百里"那显然就无法用于军事防御用途了，这说的应当就是像"治陵水道"那种围湖造田的堤防工程。关于这一点，我们详细说明如下：《吴越春秋》这段引文是说，泰伯先围绕自己家宅建造起"子城"，其周长是三里二百步（所谓的"子城"其实就相当于自家宅院围墙向外扩大一两圈罢了）；然后再在"子城"外围建造起一圈"外城"（即罗城、大城），其长度则长达三百多里。由于其有三百多里长，显然也就不同于后世军事防御用的"外城（罗城、大城）"，只不过人们仍将其命名为"外郭（即外城、罗城、大城）"罢了。此长达三百余里长的工事应当也不再是军事防御的功能，因为平地上三百余里的"长城"难以防守，世界历史上规模最大的城池，也从未拥有过此等三百里

规模的防御性城墙；所以这三百里长的"外郭"的实际功用，应当只可能是为农业生产服务的"围湖造田"的堤防工程。

那又为何要围这么大的堤坝呢？其原因便是面铺得越广大，其取土便能越不深。这要从江南地区良渚人发明的"草包泥"说起；泰伯在江南立国，自然也会继承良渚人这种"草包泥"的垒筑法门。良渚人所用的"草包泥"有点类似于今人发明的"混凝土"，良渚人依靠这"草包泥"筑起山地大坝，形成今日千岛湖那般的人工水库，使相邻山头间可以在湖面上直线抵达，山岭间的交通变得极为便捷，此草包泥山地大坝系统已成为世界文化遗产"良渚古城遗址"的重要组成部分，则其时之人以及比之晚千余年的泰伯，便可用这种草包泥，在一米左右深的浅湖中围筑成堤（元《无锡志》卷二"山川、芙蓉湖"言明其湖"深五尺"），然后将湖水舀走露出湖底，然后再从湖底取土方来加固此草包泥垒就之堤。如果围堤过小，则湖底取土势必要深，地底势必会涌泉而无法达成治湖底为良田的目的；所以也就有必要将此堤围得巨大，这样不用深取土便能筑就坚固的围堤；然后再将堤内的湖底治理为水稻田；日积月累，堤内腐殖物不断累积，便可形成厚厚的土壤，且此土壤会因人们的生活（如排泄）、生产等活动不断增高，如同神话中鲧盗来的堵洪水用的"息壤"那般生长不息。

其实防敌用的城墙与防水用的堤防原本就是一回事。相传鲧治水以堵（即造堤坊）为主，同时他又是有文献记载的中国历史上开始建造城郭的第一人，即梁顾野王撰《重修玉篇》卷二"土部第九"的"城"字引：《世本》云：'鲧作城。'"《吕氏春秋·君守篇》亦曰："奚仲作车，仓颉作书，后稷作稼，皋陶作刑，昆吾作陶，夏鲧作城，此六人者，所作当矣。"《淮南子·原道训》更是给出鲧所造城池的高度："昔者夏鲧作三仞之城"，一仞为八尺，三仞即两丈四尺高。而下面这三则史料，则明确言明鲧是在治理洪水（即造堤防）的过程中发明、创造出城池来保障人民生命财产安全，即《太平御览》卷一九三"城下"引："赵晔《吴越春秋》曰：尧听四岳之言，用鲧修水。鲧曰：'帝之遭天灾，厥黎及①康。'乃筑城造郭，以为国固。"明冯复京《六家诗名物疏》卷三"城"引："《吴越春秋》云：尧听四岳之言，用鲧修水。鲧曰：'帝遭天灾，厥黎不康。'乃筑城以卫君，造郭以守民。"明陈耀文《天中记》卷十三"城"："城始：尧听四岳之言，用鲧修水，鲧曰：'帝遭天灾，厥黎不康。'乃筑城以卫君，造郭以守民，此城郭之始也。（《吴越春秋》。）"

---

①及，下引两条史料作"不"。今按："康"指虚、空，"及康"即"到了一无所有的地步"之意。又："康"指安乐，"不康"即不安乐。其文献原本当如《太平御览》作"及"为是，后人只知"康"为安乐，不知"康"有空无之意，所以下面两条史料便妄改"及康"为"不康"。又今本《吴越春秋》已有残缺，已经失去此三条文献所引之文。

这都说明：最初的城其实和"防洪大堤"是一回事，所以《吴越春秋》卷一言泰伯起城三百余里应当就是围湖造田、化无锡东境（也即古"上湖"）沼泽之地为稻田的堤防工程。在实施过程中又充分借助天然丘陵来连属成三百余里的堤防工程，从而可以省掉相当一部分人工堆土造堤的工作。

在这城一般的围堤中，有一条从无锡城下大运河处开口、发端，通到泰伯所定都的梅里，再通到漕湖（又名"蠡湖"）而截止的泰伯渎，这应当就是泰伯周长三百里的大型围田（即"井田制"的围垦区）中的主干渠，同时又可作为吴国首都梅里西至无锡、东到漕湖[①]的交通水道。

《太平寰宇记》卷九十二"无锡县"："太伯渎，西带官河，连范蠡渎，入苏州界。淤塞年深，粗分涯岸，元和八年，刺史孟简大开漕运，长八十七里，水旱无虞，百姓利之。"可见孟简是在前人基础上重开此河。

虽然上引这条文献并未记载到谁人开凿了此河，但《咸淳毗陵志》卷十四"祠庙"载明此渎乃泰伯所开："吴泰伯庙，在县东南五里，临泰伯渎，《寰宇记》云：'泰伯西城[②]去县四十里。'又云：<u>渎仍泰伯所开。</u>"又见元《无锡志》卷三"祠宇"："吴太伯庙，在州东南五里景云乡，临太伯渎。《寰宇记》云：<u>太伯开渎，以备旱涝。百姓利之，为立庙于渎侧。</u>"而且此河既然是以"泰伯"来命名，谁人所开的答案已经不言自明了。如果此渎是他人所开，古人便当以开河之人的名字来命名。况且关键还在于后人为了纪念开渎者，特地要在渎上建有永远祭祀、答谢他的祠庙；所建之庙既然是"泰伯庙"，便能证明是泰伯创开此渎；如果是他人所开，则渎上并无祭祀他人的庙，由此可知此渎只可能泰伯所开。而范蠡又从苏州开"蠡渎"到蠡湖来接通泰伯渎，这也证明此"泰伯渎"早在范蠡之前就有，是范蠡之前人（也即此渎冠名的"泰伯"）所开。

[①]要到吴国灭亡前夕此"泰伯渎"才通到苏州。因为泰伯时苏州尚是沼泽滩涂，诸樊时方才迁到苏州之地立其为行都。本书最末的第四章之"七、1. 余论：对'吴古故水道'复杂性的讨论"将引文献证明：漕湖至苏州的水道不是诸樊时所开，而是范蠡所开。即吴国要到亡国前夕，才被越国人开通漕湖至苏州城的水道。试问：诸樊、阖闾、夫差三王如何由苏州前往梅里？仍是走江南大运河往西到无锡城下后，再掉转头往东走"泰伯渎"至"梅里"，吴国为何要如此迂回而不开范蠡所开之河？那便是城市的北门为天灵盖所在，不开此河当是从风水角度考虑；难怪范蠡要开这吴王不开的如剑般悬在吴都头上之河来直逼其北门进攻吴国。

[②]西城，当作"城西"。按《太平寰宇记》卷九十二"常州、无锡"："太伯城，西去县四十里。"

此渎是从泰伯所都的梅里，往西汇入无锡城下的江南大运河，这便可证明无锡这座城市的雏形市集及其处的江南大运河，早在泰伯开创泰伯渎时便已存在；不然的话，此泰伯渎便不可能止于无锡城下。由于泰伯渎流入江南大运河后，未见其一直线上的对岸有大河通往太湖①，泰伯渎以"丁"字形流入江南大运河，当是先有江南大运河再有泰伯渎向其流入，而不可能反之。

而无锡段运河又与常州段运河在一直线上，这便可证明：常州至无锡段江南大运河早在泰伯之前便已存在。且上文已经证明第三代周天子时，京口已有江南大运河存在，此处又证明泰伯所处的商末周初无锡城处已有江南大运河存在，则两者之间的常州段江南大运河在泰伯时的商末周初便已存在当可无疑。

从无锡东境一直到苏州和常熟，在泰伯之前的尧舜禹时期，皆是古"芙蓉湖"（即"上湖"）②，夏秋雨季成为湖，冬天枯水期露出地面成为湿地、沼泽，全靠泰伯围湖成田，方才可供人们耕种居住。泰伯正是凭借自己起城三百里围湖造田的堤防工程的伟大功绩，使横亘无锡全境的"古上湖（即无锡湖、芙蓉湖）"的东境，在其治理下率先成田③。从地理位置上来看，以梅里为中心画圆的话，300里周长也即100里直径的区域内，包括了今天的苏州城、无锡城，已快接近常熟城，尽成良田，这就是泰伯所开发的土田所在，也是上湖率先成田的地区，获得良田无数，民众更加殷富，其功何其壮伟哉！而"泰伯渎"便是这一"井田制"围垦区的主干沟渠所在。

《越绝书》卷二"外传、记吴地传"载"吴古故水道"这条春秋时吴国，乃至更早时期江南吴地的极为重要的水道："出平门，上郭池，入渎，出巢湖，上历地，过梅亭，入杨湖，出渔浦，入大江，奏广陵。"其"入渎"便是入泰伯渎，一直通到今天的无锡城，

---

①按：泰伯渎对岸其实是有一条河通往太湖的，但与泰伯渎不在一直线上，且泰伯渎入运河的河口与此河入运河的河口又不在一处，而是错开很远，据此可以判断泰伯渎对岸之河不是与泰伯渎同时开凿之河，是泰伯之后或之前的人另开之河。所以说："泰伯渎流入江南大运河后，未见其一直线上的对岸有大河通往太湖。"

②因为《越绝书》卷二"外传、记吴地传"："太湖，周三万六千顷。""无锡湖，周万五千顷其。一千三顷，毗陵上湖也，去县五十里，一名射贵湖。"可见"无锡湖"相当于五分之二个太湖，则整个无锡东境和西境、乃至往东一直到常熟的海边，全都是古芙蓉湖的范畴。

③江南的地形是沿江高、中间低的一个碟形盆地，详下章"五（二）、7"。太湖最低，沿江、沿海最高，而"上湖"是太湖水大时往东北的江海方向泄水所形成的次级湖沼，其从太湖往北、往东一直弥漫到江海边，故"上湖"的东境其实要比西境略高而早成陆（因为东为边而高，西为内而低），"上湖"的湖心便在武进、江阴、无锡三地交界处的武进东北，其地至今仍以"上湖"的别名"芙蓉湖"命名为"芙蓉"，即武进东北"舜过山"东南侧的芙蓉镇。

再由无锡城西的水道入"杨湖"（即安阳山下的"阳湖"）。前已言，此地在泰伯以前的尧舜禹时期皆是湖（"无锡湖"相当于五分之二个太湖，故整个无锡东境和西境全是湖），现在从入"杨湖"开始才是湖，证明"杨湖"以东的今天无锡城到梅村再到苏州城（即无锡的东境与苏州的西境）全都已经成陆，这便是泰伯筑城三百里围湖造田的杰作，为江南增加了无数良田，奠定了江南富庶的经济基础。吴越能有争霸中原的资本，便是吴国太祖泰伯胼手胝足所成就。泰伯开发了古代无锡、苏州地区，促其早日成陆并能围垦成良田而适宜人居，这便是泰伯在江南的至德宏业，令吴地百姓受惠千万世而感恩戴德千万世。

泰伯围城（所围之城上文已言明是水利堤防），然后重整城内的水土，从而形成沟渠纵横的灌溉体系和农田，这便是太伯最大的德政，也是他继大禹之后，为江南农田水利建设所作的巨大贡献。这一基业后世一直沿用，江南粮食产量得以成为天下冠，财赋收入占据全国四分之一，泰伯便是其开创者、奠基人。因此，吴地这一天下粮仓便拜太伯辛勤睿智的擘画和胼手胝足的开发所赐，太伯之功何其伟哉！故泰伯受吴地百姓千万年祭祀而不被遗忘。元《无锡志》卷三"祠宇"："吴太伯庙，在州东南五里景云乡，临太伯渎。《寰宇记》云：太伯开渎，以备旱涝。百姓利之，为立庙于渎侧。"其渎便利了农田灌溉，又发展了交通运输，至今仍发挥着效用，而其田更是后世天下最富饶的苏州、无锡之地。由于江南在当时偏处东南一隅，中原史官远不能闻，闻亦因瞧不起江南蛮夷而不加记载，故泰伯给后世历朝历代创立的如此大的丰功伟业，在史书上却没有只字记载，难怪孔子称颂泰伯之德"至矣"！"民无得而称焉！"[①]这与泰伯为人谦逊、不矜其能、不伐其劳、功成不居显然有密切的关系，这岂非又是在效仿大舜的让德，效仿《老子》所总结的圣人（实即大舜）的"无为而无不为"？

泰伯渎的存在，证明了无锡市集和"镇江—常州—无锡段大运河"早于泰伯渎的存在。既然有了大运河，泰伯为何还要开凿"泰伯渎"呢？因为泰伯仁让，不占据前人的城市（如舜过山西侧的延陵邑、惠山东侧的无锡集），而在其东方的沼泽地带立国。其所立的国都在梅里，所以从无锡城下的运河开此通往自己家园也即后世吴国故都"梅里"的水道，同时又可以让梅里与梅里之前便已存在的此地的中心市集无锡相接通，于是泰伯便开了西半段的泰伯渎来接通已有的无锡市集（即后世无锡城的雏形）；同时又开东半段泰伯渎至漕湖来开辟新境、引来种田必须的水源。而阖闾定都苏州后，似乎会从苏州城开通水道连通

[①] 见《论语·泰伯》："子曰：'泰伯，其可谓至德也已矣。三以天下让，民无得而称焉。'"指其德太大了，大到了像天那般无形无迹，故老百姓受其好处而感受不到。

漕湖而接通"泰伯渎"抵达梅里、再通无锡；其实又不然，因为本章末尾引《太平寰宇记》证明苏州至漕湖的水道称为"蠡渎"，是春秋末、战国初的范蠡所开，而非阖闾所开，因为此渎不名"阖闾渎"而名"蠡渎"，阖闾与范蠡时代极近，如果此渎是阖闾所开，至范蠡时便不会淤塞而范蠡只是拓展，则此渎当名"阖闾渎"而不会被范蠡重开而被范蠡的名字篡改掉。阖闾及其立都今天苏州城西木渎的父亲诸樊，当仍走苏州至无锡段大运河，或是其时这段运河不用开而有天然的湖面相通，然后由运河（或天然湖面）北侧的某两枝水道分别流向故都梅里和漕湖。所以"泰伯渎"的存在并不能代表其时江南大运河不存在。

　　至于常州以东的江南大地为湖，为何还要开运河？便在于太湖以北的"上湖"（芙蓉湖）是浅沼，枯水期会有地面露出水面，所以需要开凿水道。至于盛水期，河道虽为湖面淹盖，但水道所开之处显然是两点一直线的里程最近处，沿此被湖水淹没的运河水道而行，能收到距离最短的交通效果。

　　泰伯渎开在无锡城南一两里处，又可证明泰伯开渎时无锡这座城市的雏形已经存在。我们已经证明：江南一系列城市都是先有运河再有城镇，所以泰伯开渎之前肯定已经有运河和无锡这座市集。而市集的形成需要有一定的年岁，所以泰伯之前的商代肯定已经有此江南大运河存在。而江南开河得有一个统一这江南地区的政权存在，该政权显然就是舜和禹。舜处于良渚晚期，大禹奉其命来江南治水，舜即便到江南来也不会亲自治水，所以开此江南大运河的人应该就是负责在舜手下治水的禹，抑或是舜之前江南地区的良渚国乃至更早的良渚以前的先民们所开；而大禹治水的思路便是以疏通前人所开的人工河道或旧有的天然河道为主，并不主张创开什么新河，所以此大运河很可能也是大禹沿用此前良渚国河道的基础上疏通而来，关于这一点，详见本书下两章的详论。

　　泰伯奔吴来江南吴地时，江南吴地已有无锡市集和江南大运河的存在，泰伯不与人争国，所以避开已经成为市集的无锡城，在其东侧的沼泽滩涂之地立国，于是在梅里，以之为中心，方圆百里，周长三百里，建起一座城来。其名为"城"，其实就是防洪、捍潮用的大坝。起城（坝）的同时，便可以开挖沟渠、陂池来积蓄水源、作护城河，并把挖出来的土方堆筑成城；同时在整治田块时，也会开挖沟渠、陂池来积蓄水源，将挖出来的泥土垒成田埂。于是也就形成"井田制"这种最集约、规整的网格状沟渠农田水利体系，而其正中央从东到西横向的最长一条主沟渠，便是他所开的"泰伯渎"，泰伯以此渎来作为经河，连通旧有的市集无锡（其时未必有城），为的就是要连接上江南的交通要道、水上高速公路"江南大运河"，同时又往东南连通漕湖来取得宝贵的水源供农田水利灌溉之用。

下面征引有关"泰伯渎"的文献。有关以"泰伯渎"为中段的《越绝书》《吴古故水道》的讨论，则详见本书的最末一部分。

● 《新唐书》卷四十一《地理志》"江南道、常州"："无锡。望。南五里有泰伯渎，东连蠡湖，亦元和八年孟简所开。"

● 《太平寰宇记》卷九十二"常州、无锡县"："蠡渎，西北去县五十里，范蠡伐吴开此渎。""太伯渎，西带官河，连范蠡渎，入苏州界。淀塞年深，粗分涯岸，元和八年，刺史孟简大开漕运，长八十七里，水旱无虞，百姓利之。"

● 《咸淳毗陵志》卷十五"山水、渎、无锡"："泰伯渎，在县东南五里，西枕运河，东达蠡湖，孟简尝浚导，袤八十七里，广十有二丈。"

● 元王仁辅至正《无锡志》卷二"总水，二之二"：

太伯渎，去州东五里，贯景云、太伯、梅里、垂庆四乡。西枕官河，东通蠡湖，又东达于濠湖，入平江界。岁久淤塞，唐元和间，刺史孟简浚之，长八十里，阔一丈二尺，深四尺，民获沾溉之利。《唐书·地里志》云："元和八年，孟简开太伯渎，东连蠡湖。"《寰宇记》云："太伯渎，西带官河，东达范蠡渎，入苏州界。淀塞年深，粗分涯岸，元和八年，孟简开浚之"，并导蠡湖。长八十七里，广十有二丈。自后，太伯渎谓之"孟渎"，蠡湖谓之"孟湖"。《孟简传》云："元和中，简为刺史，有孟渎久淤，治道，溉田千顷。"卢仝有《谢谏议茶歌》云："安得知百万亿苍生命，堕巅崖，受辛苦"之句，正浚此渎时，为其劳民也。此渎始开于太伯，所以备民之旱涝，民德太伯，故名其渎，以示不忘。渎上至今有太伯庙。

蠡渎，去州南三十里，在新安乡。《寰宇记》云："范蠡伐吴所开。"又云："太伯渎，西带官河，东达范蠡渎，入苏州界，淀淤年深，元和八年，孟简开浚之，并导蠡湖。长八十里。"即此渎也。按，今此渎在新安乡，通太湖，其地谓之"蠡口"。自蠡口北流十余里而与梁墓泾合为一，今人称为"蠡河"。自泾口东出运河，与太伯渎之水会为河流。东䓁渎、周泾，皆自蠡渎而来，达于运河。

蠡湖，在州东南五十五里，与平江长洲县分界，即今太伯乡之漕湖也。《郡志》云："蠡湖，在县东南五十五里，与苏州吴县分界。"《寰宇记》云："范蠡伐吴，开造蠡渎通此湖，故号曰'蠡湖'。《唐书·地里志》云：'元和八年，孟简开泰伯渎，并导蠡湖。'自后，太伯渎谓之'孟渎'，蠡湖谓之'孟湖'。"按，今漕湖在太伯乡，当州之东南，去州五十余里，东西十二里，南北六里，其地率皆占长洲之境，边湖之旁仅得一、二里为无锡之界。湖水泝流而西，与太伯渎接，贯景云、垂庆、梅里、太伯四乡，而出于运河。至今梅里、太伯界口有河，名"蠡尖口"，距湖三十里。平江城东徐门数里外亦有蠡口，去湖十余里。今谓之"漕湖",实古之"蠡湖"也。而《郡志》谓:"与苏州吴县分界"者,盖唐以前未县长洲,其地皆吴县之境,而隶于苏。至唐始分置长洲县,故后人袭旧之文,不变其实。然谓之"漕湖",则不知自何代始?其湖之浸,皆长洲之利,无锡独得其一区耳。

濠湖,在州东七十里,东西四里,南北三里,即今延祥乡之"鹅肫荡"也。谓之"鹅肫"者,取其形之肖,俗呼之耳。亦云"河湖",语讹故也。自湖向东,稀墩与长洲县界接。稀墩向北三十里至苑山,经湖中心,与平江常熟州分界。西南达于蠡湖。

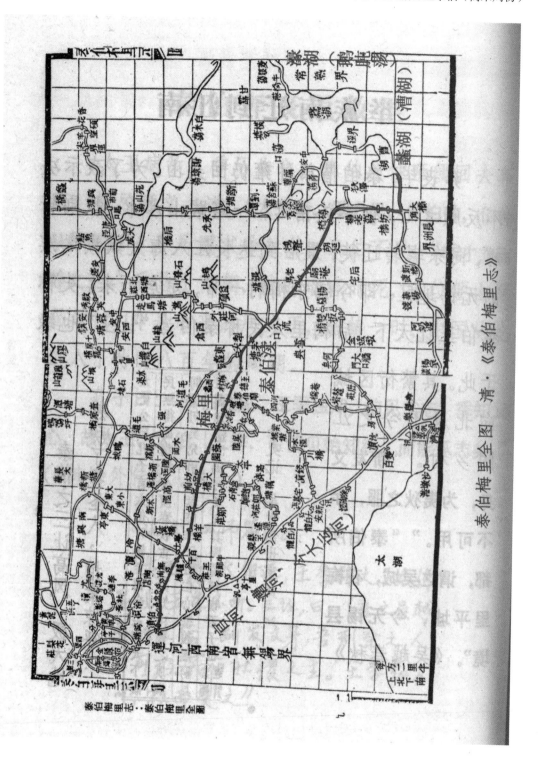

第三章　龙脉溯源三：
江南大运河溯源至大禹

上一章我们用强有力的证据，把江南大运河的存在往前推进到夫差及泰伯之前；是否还能往前推？本章便旨在把江南大运河溯源到更久远的尧舜禹时代，力图给出大禹治水时便已有江南大运河存在的最直接的文献依据，即《史记·河渠书》源自《尚书·禹贡》，其所言的"于吴，则通渠三江五湖"说的便是江南大运河，且说的就是大禹的治水业绩；所以，大禹开通或重浚江南大运河赖此句文献便可定论！

江南大运河既然可以将其源头考证到泰伯来江南之前，而泰伯所处年代距今有3100年，泰伯奔至江南时，江南并无强大的政权来开此贯穿江南全境的江南大运河。要想开通这一贯穿江南全境的运河，没有一个强大的政权是无法实现的。泰伯之前，唯有大舜和禹所处时代及稍前，江南处在良渚文明的晚期，即距今4200年前，其时的江南有一个强大且统一的政权即良渚国存在，而且这一政权还通过和平交往的方式，让其杰出领袖大舜顺利入主中原成为全天下的统治者。

一个地区仅当其发展到一定程度，导致自己政治上走向统一，经济上的商业交往日益频繁，交通上的相互沟通更加密切，这时才有开通运河的需要。此时的人们有了离家的可能与主观需要，这种主观需要中的一类来源于统治者的统治需要而让公职人员奉公务流动，另一类是物资过剩导致商品交换出现，于是有人从事商业贸易而流动。大舜多才多艺，本身既做过贸迁有无的商人①，同时又受大家拥戴，成为旨在教化民众的公务人员，遂能成为上两类人员的杰出代表。江南大地上的这两类人员此时便需要运河来交通，因为

---

① 见明孙瑴《古微书》卷三："《尸子》云：虞舜灰于常羊，什器于寿丘，就时负夏，未尝暂息。顿丘买贵，于是贩于顿丘；傅虚卖贱，于是债于傅虚，以均救之。"债，即索取、买入。贩，即运货到某地卖出。由此可见，大舜所代表的中国古人对经商的理解远比西方高尚，其经商的目的旨在平抑物价（即"均"而"救之"）。贸迁，即商贸。

江南水网密布，在远古时代无法处处造桥、铺路，只能以行舟为主。

　　我们也不能排除大舜之前应当也会有这种统一江南全境的政权存在，也不能排除舜之前江南就有这种政治与经济所导致的远距离交通需要的存在，这也就是下一章将运河溯源到舜禹之前的新石器时代所要探讨的问题。我们至少在本章可以这么认为，江南大运河的开凿，至少可以上溯到有上述内在需要和强大政权的舜和禹的时代，也即良渚文明的晚期。因此，江南大运河作为良渚时代水利工程杰作而存在的可能性是极大的。因为长江三角洲在顺江而下方面是畅捷的，而溯江流而上却是逆天而难以办到的，所以江南大地需要通过内河水运，来与长江的顺流而下构成一个完整的水运循环。夫差时代需要这一水循环，而尧舜禹的时代同样也需要这样的水循环。

一、江南大运河溯源至大禹的核心论证

　　《史记·河渠书》先讲中国的治河始于大禹："《夏书》曰：禹抑洪水十三年，过家不入门。陆行载车，水行载舟，泥行蹈毳①，山行即桥②。以别九州，随山浚川，任土作贡。通九道，陂九泽，度九山。然河菑③衍溢，害中国也尤甚。唯是为务。故道④河自积石，历龙门，南到华阴，东下砥柱，及孟津、雒汭，至于大邳。于是禹以为河所从来者高，水湍悍，难以行平地，数为败，乃厮二渠以引其河。北载之高地，过降水，至于大陆，播为九河，同为逆河⑤，入于勃海。九川既疏，九泽既洒，诸夏艾安，功施于三代。"画线部分便源自《尚书·禹贡》中大禹治黄河之文："导河积石，至于龙门，南至于华阴，东至于砥柱，又东至于孟津、东过雒（洛）汭，至于大伾。北过降水，至于大陆，又北，播为九河，同为逆河，入于海。"

　　《史记·河渠书》接下来言中国的开渠也始于大禹："自是之后⑥，荥阳下引河东南为鸿沟，以通宋、郑、陈、蔡、曹、卫，与济、汝、淮、泗会。于楚，西方则通渠汉水、云梦之野，东方则通鸿沟江、淮之间。于吴，则通渠三江、五湖。于齐，则通菑⑦、济之间。于蜀，蜀守冰凿离碓，辟沫水之害，穿二江成都之中。此渠皆可行舟，有余则用溉浸，百

---

　　① 毳，同"橇"，即今人在雪上行走的雪橇。

　　② 桥，《史记·夏本纪》相似文字作"樏"，两字通。有人说是直辕车，为山行用的交通工具。

　　③ 菑，同"灾"。

　　④ 道，通"导（導）"。

　　⑤ 逆河，指黄河入海口那一段是海潮倒灌之河，正如长江口与钱塘江口有海潮一样。又如太湖因吴淞江海潮倒灌而有潮汐，每天都会震动两次，故名"震泽"。

　　⑥ 自是之后，指大禹治黄河之后。而不是指大禹治水完毕之后的后人行事。

　　⑦ 菑，即淄水。

姓飨其利。至于所过，往往引其水益用溉田畴之渠，以万亿计，然莫足数也。"这讲的便是《禹贡》大禹治理黄河之后又往南治理汉水、岷江、长江、沇（兖）水、淄水、济水、荥水、菏水、汶水、淮水、泗水、沂水时，开沟渠泄水入长江、大海之事。具体来说：

①"荥阳下引河东南为鸿沟，以通宋、郑、陈、蔡、曹、卫，与济、汝、淮、泗会"加上"于齐，则通菑、济之间"的开渠事，便在《禹贡》大禹从沇水一路疏导济水、黄河、荥水、菏水、汶水等入大海的过程中："导沇水，东流为济，入于河，溢为荥；东出于陶丘北，又东至于菏，又东北，会于汶，又北，东入于海。"其中"菏"指"菏水"，孔安国注："菏泽之水"，即沟通济水与泗水的水道。而济水又通黄河，泗水又通淮河，此菏水便能沟通起黄河与淮河两大流域。历来相传夫差出兵时，为了沟通淮水与黄河而开了"菏水"，其实早在大禹时代便已存在，这与邗沟与江南大运河历来相传为夫差所开，其实大禹时代便已存在的情况是一样的。

②"通渠汉水、云梦之野"的开渠事，便在《禹贡》中大禹从嶓冢山开始疏导汉水的过程中："嶓冢导漾，东流为汉，又东，为沧浪之水，过三澨，至于大别，南入于江。"

③"通沟江淮之间"的开渠事，便在《禹贡》大禹综合治理江水、淮水的过程中："导淮自桐柏，东会于泗、沂，东入于海。"

④"通渠三江、五湖"的开渠事，便在《禹贡》大禹疏导汉水后、沿长江往下疏导南京以北的北江，以及疏导岷江后、沿长江往下疏导芜湖处"中江"入太湖走吴淞江入大海的这两大过程中，《禹贡》原文是："东，为北江，入于海"；"东，为中江，入于海"。

⑤"于蜀，蜀守冰凿离碓，辟沫水之害，穿二江成都之中"的开渠事，便在《禹贡》大禹从岷山开始疏导岷江的过程中："岷山导江，东别为沱"，而司马迁误把此事挂在蜀郡太守李冰的名下，何以见得？

因为《史记·河渠书》末尾有司马迁亲笔所写的总结之语："太史公曰：余南登庐山，观禹疏九江，遂至于会稽太湟①，上姑苏，望五湖；东窥洛汭、大邳、迎河②，行淮、泗、济、漯洛渠；西瞻蜀之岷山及离碓；北自龙门至于朔方。曰：甚哉，水之为利害也！余从负薪塞宣房，悲《瓠子》之诗而作'河渠书'。"而《禹贡》中载明"九江、会稽、姑苏、五湖、洛汭、大邳、逆河、淮、泗、济、漯、洛诸水、龙门、朔方"都是大禹治水之

---

①湟，《史记集解》注："徐广曰：一作'漯'。"太湟、太漯，疑即绍兴（古名会稽郡会稽县）的鉴湖水利工程。

②迎河，疑即"逆河"，古代"迎"、"逆"两字通，迎面便是面对面地逆向而行。

地①，因此"禹疏"两字肯定总领到"北自龙门至于朔方"，则位居这两句话之间的西行瞻望西蜀地区的岷山和离堆便也就在"禹疏"的范围之内了。因此，根据太史公最后的这番总结性陈述，我们便可明白《史记·河渠书》"治河"下来所说的中华大地上最初所开的诸条大型干渠之事，其实也都是大禹的丰功伟绩，而"蜀守冰"三字疑是司马迁疏于考证而妄加。因此《史记·河渠书》"通渠三江、五湖"所说的开江南大运河，"东方则通鸿沟江、淮之间"所说的开邗沟，便都是大禹的功绩；而《禹贡》"又东至于菏"又言明疏通菏水也是大禹功绩，则通常人们所认为的夫差为出兵争霸中原所开的三条河"江南大运河""江北邗沟"，以及沟通黄河、济水与泗水、淮河的"菏水"，便全都是大禹的功绩；其实更当是大禹之前先民们的水利成绩而为大禹所发扬光大。

可是后人因上引《史记·河渠书》中画线的"蜀守冰"三字，而疑"自是之后"是三代以下之事，而非大禹开渠事。纪国泰教授《大禹"岷山导江"与"开明决玉垒"传说的历史观照》这篇文章（详下文"五、（三）"有引）雄辩地证明：成都平原的整个地势是从西北向东南倾斜，坡度很大。在古代，每当雨季，岷江洪水泛滥，成都平原便汪洋一片，根本不适合人类居住。唯有"都江堰"建成后，用无坝引水的疏分方式，先分出一枝岷江水，然后将其呈扇形（伞状）发散、分枝，疏为万千沟渠，方使洪水之势化为乌有而成为宜田之渠，成都平原这才成为人类的宜居之地。而成都平原出土了年代是大禹时代（距今约 4200 年）到秦代李冰的大量文化遗址，证明成都平原早在李冰之前便已有人类居住；而成都平原宜居的前提便是"都江堰"水利枢纽的建成，由此可以证明：《禹贡》"岷山导江，东别为沱"的"沱江"就是从岷江分出来的那条枝江，而《禹贡》"沱、潜既道。蔡、蒙旅平，和夷底绩"中的"和夷"便是成都平原众多民族的统称，"底绩"便是这些民族在大禹领导下取得治水成功而得以安居的伟绩。

我们在纪教授观点基础上更往前推：成都平原的"三星堆文化"已有 3000—5000 年历史，大禹距今仅 4200 年左右，这便意味着"都江堰"这一伟大的水利工程肯定也是大禹之前就已存在，是蜀地先民们集体治水创造出来的水利奇迹而为大禹发扬光大，李冰只是再度修缮而已。由于李冰在四川治水的名声太响，司马迁作《史记》而抄录前人这段史料时，

---

① "九江"见《禹贡》"九江孔殷"。"会稽、姑苏"皆在"五湖"地区，而五湖即"震泽"，此三者实见于《禹贡》"震泽底定"。"洛汭、大邳、逆河、淮、泗、济、龙门"见于上文所引《禹贡》。"漯"见《禹贡》"浮于济、漯"。"洛"见《禹贡》"浮于洛"。"朔"即北，"朔方"即北方，见《禹贡》最末所言的："朔、南暨声教，讫于四海"，意为：中华这一国度东有大海所阻，西有流沙（沙漠）所阻，所以东西两个方向上不能再有所扩大了；而北方和南方的领土却能连同大禹的声教向更广远处扩展，达到比东海和西方沙漠更为遥远的"北海"（北冰洋）和中南半岛以南的南洋（太平洋）。所以说，以上地名全都是大禹治过水的地方。

因自己一时误会，而在"凿离碓，辟沫水之害，穿二江成都之中"这大禹功绩前加上"蜀守冰"三字，遂使上下文大禹开通天下沟渠的伟绩，顿时变成三代以后的众人行事。

但真相是无法掩盖的，因为《庄子·天下》引墨子的话："昔者禹之湮洪水，决江河而通四夷九州也，<u>名山三百，支川三千，小者无数</u>，禹亲自操橐耜而九杂天下之川。腓无胈，胫无毛，沐甚雨，栉疾风，置万国①。禹大圣也而形劳天下也如此。""杂"就是"乱"，是"治乱、治理"之意（《尔雅·释诂下》："乱，治也"）；"九杂"便是九度治理，也即亲临九州加以治理，每治一州便计为治理了一度，共历九州，故称"九杂（即九治、九度治理）"②。其所言的"小者无数"这四个字，不正是在说上引《史记·河渠书》"至于（大禹）所过，往往引其水益用溉田畴之渠，以万亿计，然莫足数也"的"莫足数也"这四个字吗？

大禹治水开天下沟渠的事我们还能找到一大堆史料，此处限于篇幅，仅引三段以概其余。一是《史记·夏本纪》："禹乃遂与益、后稷奉帝命，命诸侯百姓兴人徒以傅土……以开九州，通九道，陂九泽，度九山"，这说的便是大禹一路上发动所经过地区的各级官长、民众来疏通九州的水道（"通九道"）。二是《墨子·兼爱中》："古者禹治天下……南为江、汉、淮、汝，东流之，注五湖之处，以利荆楚、干、越③与南夷之民。""五湖"即江南以太湖为核心的五大湖④的统称，其在长江最下游，故为汇入长江的汉、淮、汝之水所归，水情最为严重，故当重点治理，以拯救生活于此地的干吴（即勾吴）与越国的民众，这便是上引《河渠书》所说的"于吴，则通渠三江、五湖"。三是《孟子·滕文公上》："禹疏九河，瀹济、漯，而注诸海；决汝、汉，<u>排淮、泗，而注之江</u>；然后中国可得而食也。"画线部分说的便是沟通长江、淮河的邗沟，这不正是在说上引《河渠书》中

---

① 置万国于安定。

② 今人解"九杂天下之川"为聚集了天下的河川，显然非是。因为大禹治水是以疏为主，若是会聚河川岂非加剧洪水？

③ "干越"与"南夷"对举，则"干越"当是一个地区，即东南部中国的江浙地区，生活着"干吴"（即"勾吴"）与"于越"这两个部族。

④ 指太湖、滆湖、洮湖（今长荡湖）、射湖和贵湖。后两湖枯水期分为两湖，而雨季则合为一湖，即古代的"上湖"，又名"芙蓉湖"。

的"东方则通鸿沟江、淮之间"吗①？而后人误会是夫差所开（其实是重开）的沟通淮河与泗水以达黄河的"菏水"，不也正是《禹贡》所说的"又东至于菏"吗？

　　总之，司马迁作《河渠书》时肯定一开始要写治河（治理黄河）与开渠（开凿灌溉兼水运用的人工沟渠）的鼻祖，而上述史料都证明大禹是有史以来治河与开渠两者共同的鼻祖②，司马迁焉能在《河渠书》开头只把大禹作为治河之祖，而不把他作为开渠之祖？既然有一大堆史料能证明大禹是开渠之祖，则司马迁又怎能在《河渠书》开头不表述这一点呢？由此可知，《史记·河渠书》述完治河鼻祖大禹事后，下来的"自是之后"开渠之事，仍是在叙述大禹这一开渠鼻祖之事。即"自是之后"应当理解为大禹治黄河之后又来开挖疏通黄河以南的诸沟渠，而不可以理解为大禹治水完毕后，大禹以后的人们开挖黄河以南的沟渠。

　　因此《史记·河渠书》开头两段便是在说：治"河"与开"渠"都始于大禹，然后再述"西门豹渠、郑国渠"以及汉代"治河、开渠"事。如果"于蜀凿离碓，辟沫水之害"真是秦国李冰事，其在西门豹治水之后，焉能居于西门豹之前而时间错乱？则"通渠三江、五湖"乃大禹功绩可以无用怀疑。司马迁撰写《史记》时，都有其史料来源；则这段文字的史料来源断然不会有"蜀守冰"三字而乃大禹功绩，司马迁未经考证时错误地加上"蜀守冰"三字而未查觉到其与西门豹治水在时序上的错乱。从时序错乱乃史家大忌来看，也可明白《史记》这段史料的原始出处必作"于蜀凿离碓，辟沫水之害"而断无"蜀守冰"三字。

　　西门豹治漳水是在魏文侯朝（前445—前396）任邺令时，郑国渠建于秦王嬴政元年（前246），蜀守李冰据说是在公元前256年至前251年被秦昭王任命为今成都一带"蜀郡"

<hr>

　　①按：江北的运河其实不叫"邗沟"。因为《左传》说的是"吴城邗，沟通江、淮"，并未提及"邗沟"这一词，夫差所开凿的沟通长江、淮河之沟究竟是何名字？《左传》因天下尽人皆知而不提其名（此即所谓的"常事不书"），其名据此《史记·河渠书》便可知是"鸿沟"。可见淮扬运河名为"邗沟"实出于误会，其真正的名字反倒是"鸿沟"。"鸿"就是大，"鸿沟"就是大沟，凡是人工开挖的大沟均可用通名"鸿沟"来命名，故江北大运河也就名为"鸿沟"。而天下众多的鸿沟（即人工开挖的灌溉兼水运的大干渠），最著名的便是项羽的西楚国与刘邦的汉国划分疆界用的河南荥阳黄河南岸广武山下的鸿沟，人称"楚河汉界"。《汉书·沟洫志》抄录《史记·河渠书》此文时，便因其前已有"荥阳下引河东南为鸿沟"，此又言"东方则通鸿沟江、淮之间"，出于思维定势，认定两不同之沟不宜同名，便将后者的"鸿"字删去而作"东方则通沟江、淮之间"，中华书局点校《史记》时，便从《汉书·沟洫志》之改，而将此处"东方则通鸿沟江、淮之间"的"鸿"字加上圆括号表示当删掉为宜，其实误矣。因为"鸿沟"是类称，淮河南北两岸都有名为"鸿沟"的大沟不足为怪。

　　②大禹之前肯定有人治过河、开过大渠，但第一个被历史记载到的著名的治黄河、开大渠者却是大禹。

郡守时，主持修建了都江堰水利工程，比西门豹要晚150年，比郑国渠早不了几年。如果"自是之后……然莫足数也"不是大禹的功绩，而是三代乃至春秋战国人的功绩，按照司马迁作《史记》的风格便不当不按照时间先后排列，于是便应当把蜀守李冰事放在西门豹与郑国渠之间。或有人认为，司马迁是先按地域总述中原开渠事，再述楚，再述吴，再述齐，再述蜀，然后再述魏国（西门豹）和秦国（郑国）开渠事。但如果西门豹与郑国开渠事当与上文并列的话，则上文的总结语："此渠皆可行舟，有余则用溉浸，百姓飨其利。至于所过，往往引其水益用溉田畴之渠，以万亿计，然莫足数也"，岂非应当放在西门豹与郑国的水利工程后面加以总结更为妥当？难道西门豹与郑国开的渠就不能行舟，就不能供百姓分流灌溉？

因此最合理的解释便是"自是之后……然莫足数也"是大禹的功绩。是大禹治完中原黄河水患后，又在中原及楚、吴、蜀三地的长江流域开河渠。正如其治河完毕，司马迁要下赞颂之语："九川既疏，九泽既洒，诸夏艾安，功施于三代"，虽然前八字与《禹贡》治水完毕后的"九川涤源，九泽既陂，四海会同"的前八字相同或相近，而像是在总结大禹治毕所有之河，即下文的"自是之后"非大禹事而是他人开渠事；而不大像是在只总结治黄河之事，而下文的"自是之后"仍是大禹开渠事。其实黄河流域亦有九河（"播为九河"），亦有九泽（"雷夏既泽""大陆泽"等），故其所言实乃总结大禹治河（即治理黄河）的功绩一直延续到夏商周三代而没有大的河患，直到汉代才又有治河的必要。然后再述大禹在黄河以南地区开通水渠的成绩，最后总结以："此渠皆可行舟，有余则用溉浸，百姓飨其利。至于所过，往往引其水益用溉田畴之渠，以万亿计，然莫足数也。"即大禹治河的功绩只能保证黄河三代无大患，但其在各地开凿的大型水利沟渠，却让后世永远坐享其利：一可行舟，二可灌溉。而且大禹所过之处（"至于所过"），往往（即总是）在主干河渠处引出分枝之河来让水滋润更多的土地化其为良田，他号召发动沿途百姓所开的分枝河渠的数量多达万、亿计（古代一亿为十万），但由于这些小枝渠太细小琐碎了，所以作者司马迁也就不加列举了（"莫足数也"）。

如果"自是之后……然莫足数也"不是大禹的功绩，便会产生两个问题，即这一系列重要河渠的开凿者没了名字（只有都江堰是李冰所开可以除外），这在古代是难以想象的，因为没有领导者便不可能开出如此宏大的渠道工程。而且"至于所过"也就只能理解为不是大禹所过，而只能理解为是渠道经过之处，下文"往往引其水益用溉田畴之渠"的主语当与之相同，便成了"渠道往往引其水"而语意欠通。而且《汉书》录《史记·河渠书》之文而更名为"沟洫志"，可证"渠"即"沟洫"，而《论语·泰伯》孔子正称颂禹："尽力乎沟洫"①，则此"河渠书""沟洫志"又焉能不述及大禹"尽力乎沟洫"这一开挖沟渠的水利方面的丰功伟绩呢？由此一端便可确信"自是之后……然莫足数也"皆是大禹治水时在各地开凿出来的水利渠道与沟洫，正如《孟子·滕文公》言大禹治水时所说的"禹疏九河，瀹济、漯而注诸海，决汝、汉，排淮、泗而注之江，然后中国可得而食也"，其中沟通淮水与江水者便是"东方则通鸿沟江淮之间"的江北大运河。至于"于蜀，蜀守冰凿离碓，辟沫水之害"，我们已引纪国泰教授的考证，证明这是大禹的功绩而为蜀守李冰所发扬光大。由于都江堰与李冰名字紧密联系在一起，司马迁记录这大禹在四川"尽力乎沟洫"事迹的文字时，误把"蜀守冰"三个字给添了上去。因为《史记》的文字其实都是司马迁汇编前代的史料，其原始史料中肯定不会有"蜀守冰"三字而为大禹功绩，司马迁抄录这些史料时未必意识到这是在说大禹的功绩，于是误加上了"蜀守冰"三字。

　　至此我们回过头再来看《史记·河渠书》，便知道其内容是先据《夏书·禹贡》来述大禹治河（黄河）的功绩保证了黄河夏商周三代没有大患，到汉代时才又出现河患。然后再根据《夏书·禹贡》及其他一些史料，来叙述大禹"尽力乎沟洫"的开通人工渠道的伟大成绩，这些渠道可用于交通和灌溉，功绩比治河更为长久，而且大禹一路上还从主干渠开出大量分枝渠道来化荒地为良田，受到百姓拥戴。下来再叙述大禹之后的西门豹、郑国及汉代的水利业绩。如果"自是之后……然莫足数也"不是大禹的功绩，则《史记·河渠书》题目中只有"河"这一治河事业的开创者是大禹，而题目中"渠"（沟洫）的开创者便不是大禹，这显然有违孔子"禹尽力乎沟洫"、孟子"排淮、泗而注之江"的说法，由此也可证明《史记·河渠书》开头从治河到开渠全都以大禹为始祖，而《汉书·沟洫志》中的"沟洫"也以大禹为开沟洫（即开渠）始祖，唯有如此，方能与大禹治水不光治河（黄河）、更治普天下之河（长江等），不光治洪涝、更疏通自然河道、开凿兼有交通与灌溉之用的人工渠道的历史事实相吻合。如果"自是之后……然莫足数也"不是大禹的功绩，这便意味着《史记·河渠书》与《汉书·沟洫志》只提到了大禹治黄河（即题目中的"河"字），而未提到大禹治黄河以外诸水的事（即开渠②，也即题目中的"渠"字），这显然有违大禹治水的历史真相。

　　所以正确的解释应当是《史记·河渠书》开头的开渠史料出自前人之书，司马迁误

---

① 又《论语·宪问》"禹、稷躬稼而有天下"句马融注亦称颂："禹尽力于沟洫，稷播百谷。"
② 按：大禹主要靠开渠来疏导诸河的积水，所以大禹治黄河等天下诸河之水也就表现在开渠上。

加上了"蜀守冰"三字；即都江堰仍是大禹的杰作，司马迁因为李冰太有名而妄加此三个字，《史记·河渠书》开头的开渠文字全是大禹治水的成绩。

又考虑到《史记·河渠书》末尾，司马迁曾亲笔总结其所观天下诸水利奇迹皆乃《禹贡》所载的禹迹，其中就有"西瞻蜀之岷山及离碓"，则他的确也知道此离碓乃大禹功迹而非李冰所创为，且其作为史官，叙事时序不可颠倒（指李冰事不可述于西门豹、郑国事之前），而且叙事逻辑也不容紊乱（指"此渠皆可行舟"如果总结了非大禹的李冰，便也当总结到西门豹、郑国，于是这一总结性语句便当下在西门豹、郑国两人治水之事后；今此语未下在西门豹、郑国治水之事后，便不是在总结西门豹、郑国，这便意味着其也不应当总结李冰而只应当总结大禹之功，即"蜀守冰"三字不当有）。因此，还有另一种解释，即"蜀守冰"三字当也非司马迁本人妄加，乃是后人传抄《史记》时，误涉李冰治水名声过大而作的妄加。

古人皆能读懂《河渠书》开头"开渠"事说的是大禹治水的神功，而当代所有水利史专家却异口同声地说大禹没有这种开渠的能力，而把上述"开渠"事视为三代以下的无名氏所为（除李冰有名字留传下来外）。

何以见得古人能读懂而今人读不懂？即我们常州地区的宋代地方志《咸淳毗陵志》卷十五"山川"："运河……《史记》云：禹治水，于吴通渠贯江、湖。"又宋代《舆地纪胜》卷七"镇江府、景物上"："漕渠……司马迁曰：'禹之治水，于吴，则通渠三江、五湖'，其来久矣。"同卷"本朝人诗"又引宋人熊遹诗："禹疏渠绝岘，秦凿堑分京"，指明大禹开浚了江南大运河（即诗中所谓的"疏渠"），而秦始皇只是为了破"京口"王气而开了江南大运河河口那一小段（即诗中所谓的"凿堑"），让江南大运河从原来的丹徒口（即古丹徒城、今丹徒镇）改口于今天的镇江城（即诗中所谓的"分京"："分"即分一枝流出来，也即改口之意，"京"指京口），就像他在南京开秦淮河走泄金陵王气那样如出一辙。

而且宋人熊遹用的是"疏"字，更指明大禹并非创开此漕渠，此漕渠乃是古已有之，大禹再加疏通而已；由此可证《史记》"通渠"的"通"字不是创开之开通，而是古已有之的疏通。所以下一章我们将江南大运河的开凿溯源到大禹之前的新石器时代，也就有了宋人的见解作为文献依据。

我们后人距离大禹比宋人要远，宋人既然读《河渠书》开头的开渠文字全是大禹治水的成绩，且读《河渠书》之"通"为疏通已有而非创开其河渠，自有其理由，也有其自古相传的学术渊源传承下来，我们后人应当相信从上古到宋朝的这一学术传承，不要妄自怀疑宋人的这两大说法。

　　为了便于大家理解本章，特将本章观点凝炼为核心观点开列于上，然后再将上述核心观点详论于下。在此更当指出其立论的前提，同时也是能够用来证明大禹所处的尧舜禹时代江南大运河便已存在的密匙，便是正确认识《禹贡》这部书乃大禹亲历、亲录的治水记，而非古人（如战国人）所作的山川地理记。

　　因为一旦论明《禹贡》是大禹治水记且是其亲历、亲录的第一手档案史料，便意味着大禹治水的真实存在性。这是因为《禹贡》的内容是治水，具有极强的实践性，远非当事者以外的人所能向壁虚构；因此只要能证明《禹贡》是大禹亲录的治水记，便能证明大禹治水的真实性；于是据《禹贡》而作的《史记·河渠书》言大禹"于吴，则通渠三江、五湖"便可以确凿无疑地认定是大禹行的事迹。

　　一旦如现当代学者所论，《禹贡》只是战国时人所作的山川地理记，则中国上古史与大禹治水便将轰然倒塌。因为山川地理记任何人都能来写，《禹贡》便不再是大禹亲录，从而丧失其作为第一手史料的铁定无疑的真实性，从此可以招致人们对其的各种怀疑。同时，认定《禹贡》是山川地理记，就等于釜底抽薪般地证明《禹贡》不再是治水记，大禹治水也就失去文献依据而未必是历史真实，于是《史记·河渠书》言大禹"于吴，则通渠三江、五湖"便可以被认为是虚妄不实的。如果还能证明《禹贡》是战国人伪作，则《史记·河渠书》言大禹"于吴，则通渠三江、五湖"更不可引以为据。

　　可见现当代学者疑古得出的结论"《禹贡》为战国人所作的山川地理记"，其实就是"大禹未必实有，治水乃属神话"的柱石所在，直接挑战中国上古史的真实性，笔者对此深恶痛绝。故在论述的最开头要详论《禹贡》此书乃大禹亲历亲录的治水纪实这一性质，因为这是本章全部立论的柱石，同时也是证明中华上古史可信的柱石。

二、《禹贡》是大禹向上天汇报自己治水过程的总结报告，是大禹治水的原始档案

　　孔子汇编上古经典第一手文书资料，来作为教育子弟们撰写公文的范本，了解历史的教材，并将其命名为《尚书》，"尚"通"上"，"尚书"就是上古的文书之意。《禹贡》作为上古中国的经典文献亦被收录其中。其分当时的中国为"九州"也即九大板块后，记录每一版块内的山川、地形、土壤、物产等情况。古代学者全都认同《禹贡》是夏朝史官乃至大禹本人治水的总结性陈述，属于夏朝史官乃至大禹本人所作的实录档案。

　　而民国的研究者深受"疑古思潮"的影响，导致目前占据主流的学术观点无不以驳倒古说为荣功，标新立异地认定《禹贡》不过是托名大禹的战国以后的作品。我们今天须还

历史本来面貌，切不可随波逐流。

有关今人的说法可以下面一篇短文为代表：

《禹贡》为《尚书》中的名篇，《史记·夏本纪》及《汉书·地理志》均收录《禹贡》全文，《禹贡》的历史价值与地理价值由此凸显，成为我国历史研究与考古研究中最重要的参考文献。《禹贡》虽然托名为大禹所作，其实却是战国后的作品。以前的学者都以为《禹贡》为夏朝史官甚至是大禹本人的著述，现在早已为学界所否定。

王国维在《古史新证》中认为《禹贡》为周初人所作；史念海在《论〈禹贡〉的著作时代》一文中，则据《禹贡》中有"南河""西河"之称，认定作者为魏国人；顾颉刚认为出自战国时秦国人之手；此外还有日本学者内藤虎次郎的战国末至汉初说。

《禹贡》为战国时期、战国人作品，具体的证据很多，最主要的理由是《禹贡》中所记的不少地理状况都是战国时的现象，有的地名和水名甚至要到战国后期才出现，如果真是大禹所作，他岂能未卜先知。《禹贡》中提到一条河"菏"，菏指菏水，是公元前483年吴王夫差为与晋争霸而开凿的一条运河。即此一点就可以断定《禹贡》作于公元前483年之后，如果我们把《禹贡》作为夏朝史官甚至是大禹本人的著述，其对夏朝历史研究的误导作用，可谓大矣[①]！

人所共知，《尚书》是孔子用来教育学生如何写作朝廷文告的上古皇家档案范本的汇编。但一到《禹贡》这儿，今人却开始背离《尚书》这一性质的认识，论定《禹贡》居然不是上古档案而是战国人写的山川地理记，或是战国人对大禹治水的追记，总之不再属于当事人大禹及其同事亲历、亲见、亲闻、亲述的原始档案。这就意味着《禹贡》所载的事情大概率是大禹以后的战国人追记而未必全是事实，乃至有可能是虚构而不是事实。以上说法已然忘却《禹贡》乃春秋末年孔子采入《尚书》而流传至今的事实，即今《尚书》中的《禹贡》最晚也只可能是孔子春秋以前的史料，故史念海等以《禹贡》为战国以下所作说均可休矣。王国维氏兼顾孔子于春秋时代采《禹贡》入《尚书》的事实，故而定其为周初之书；然孔子与周同朝，且去周初仅500年而不远，如果《禹贡》确为本朝的周初人追记，孔子焉能鉴别不出？由孔子言《禹贡》为夏书（且是夏书的第一篇），当属可信。诸家所论之偏，便在于忘却孔子编《尚书》的初衷便是要汇编第一手原始公文档案来为学生提供撰写公文的范本，故《禹贡》乃大禹及其史官亲录的原始档案当无可怀疑。历史上的事向来是当时人最有发言权，旧时流传下来的大结论、大是非，远不是后人凭其支离破碎

---

①赵辉《为何〈禹贡〉被认定是伪作？其实际价值与意义何在？》见：https://baijiahao.baidu.com/s?id=1641539872367039627&wfr=spider&for=pc。

的管窥蠡测所能猜度认知的，故历史之定章不宜也无法撼动。但史学界似乎历来又有破历史已成定局的大结论方能惊世骇俗的不良传统，民国疑古诸家遂秉所谓时代新潮，以破旧立新为荣，为树一己之私名而毁千秋之公论、牺牲中华之古史，于是以《禹贡》为战国虚构，大禹未必实有，治水乃属传奇等惊世骇俗之论横空出世。今细心考订《禹贡》的字字句句，述论大禹治水的方方面面，以此遏止疑古学派《禹贡》与大禹治水学术研究领域的不正之风，端赖今日复兴华夏文明之盛世来匡救！

本小节从独特的研究视角出发，独辟蹊径来完成学术界一直无从证明的"《禹贡》乃大禹治水原始档案"的论证，有力证实《禹贡》乃大禹治水的总结性报告的自古以来的定论。这一复归本原的认识，对于破除民国疑古思潮对大禹治水及大禹本人的否定，具有振聋发聩的功用。同时也再度有力地证明《尚书》是古代第一手官方档案的汇编，《禹贡》作为其中一篇同样也不例外，是大禹及其同事亲历、亲见、亲闻、亲录的大禹治水的第一手档案，这对于认识《禹贡》之前"尧典、舜典、大禹谟、皋陶谟、益稷"这五个篇章的性质也是当事人的实录档案，从而证明《尚书》作为全世界唯一一部历经四千年而从未中断过的人类最古老原始档案的地位无可撼动。同时也再度证明孔子所编《尚书》均为先王原典，没有一篇虚妄不实之书篡入其中。从而证实孔子那足以令人信服的、作为"万世师表"与"至圣先师"的道德操守和学识鉴别能力，即《尚书》所录先王原典应当容许有古今文字转写之失误，但绝对不会有一篇是后人篡改或托名的伪作。虽然上古书籍经历过秦火之焚，但《禹贡》等28篇因伏生壁藏得以传至汉代。伏生作为儒生，此28篇儒家师门相传之经自当与祖师孔子所定相同，伏生所传之《禹贡》又为《史记》《汉书》全文收录而与今本《尚书·禹贡》相同，证明今本《尚书·禹贡》就是伏生所传的孔子当时之本当可无疑。由此来看，所谓的《禹贡》乃孔子后之战国人所作说居然能在学术界大行其道，堪称是华夏国学的一大耻辱！本研究更要进一步证明《尚书·禹贡》亦非民国大学者王国维氏所定的周初之书，而就是夏禹亲订的官方原始档案，以证孔子编书态度之公正、学术鉴定之不虚。

而本研究独辟蹊径所揭示的前人在研究中未曾注意到的、恰能用来解开《禹贡》就是大禹治水记而非后人（周初或战国人）山川地理记的独特密匙，便在于治水记和山川地理记之区别就在于：治水时不可避免会因水网交织而有重复治理某段水道的现象；而山川地理记会分清干流与支流，述完干流后，叙述其支流时，当此支流汇入干流后，便可用参见法，指出下来便是上文已经叙述过的干流，从而不会有重复记载某一水道的情况出现。

总之，治水记会有重复经过的水道存在，而上古之人书写工具不方便，惜墨如金，且作书时会认真理清思路和叙述的条理，所作的山川地理记肯定不会有重复交代的地方。而《禹贡》"嶓冢导漾，东流为汉……东为北江入于海"的"汉水—北江"节，与"岷山导江，东别为沱……东为中江入于海"的"岷江—中江"节，便存在一段重复的长江水道。据此妇孺皆可想明白的常识，便能证明《禹贡》绝非今人所认为的山川地理记，而只可能是大禹亲历的治水记。

况且大禹治水的过程实践性很强，绝非向壁虚构者所能想象得到，此治水记遂只可能是（或源自）当事人的记录，而不可能是后世人的追记。以上两点常识便是能够用来证明《禹贡》乃大禹治水原始档案的无可辩驳的有力证据。今详论如下：

（一）《禹贡》的内容构成

《禹贡》不光记录在《尚书》中，《史记》卷二"夏本纪"，以及《汉书·地理志》也都征引有各自所见的《禹贡》全文。其中《史记》收录的《禹贡》，与今天通行的《尚书》本《禹贡》略有差别，当是司马迁引文时，作了便于读者理解的释义性改动。《汉书》所录则与今天通行之《尚书》本完全一致。

《禹贡》全文仅 1193 字，历来划分成五个部分：

①九州：叙述上古时期洪水横流（即泛滥）、不辨区域。大禹治水完结后，以一路上所涉历的山脉、河流、大海等大型自然地理实体作为标志，把全国划分成九大区域，即冀、兖、青、徐、扬、荆、豫、梁、雍"九州"。然后对每个"州"的疆域、山脉、河流、植被、土壤、物产、贡赋、民族、交通等自然地理与人文地理现象，作一简明扼要的描述。《禹贡》全篇的贡赋部分仅在此处提了一下，所占全篇的篇幅也很小，这就证明下文"（六）"的观点——《禹贡》全篇并不以贡赋为主题，后人以"贡"命名只是截取开头文字的惯例，并不代表全篇主题与贡有关。

②导山：按照从北往南的顺序，用列举山名的方式，把中国的山系划分成自西向东横向延伸的四个横列，依次来记叙全国最主要山脉的名称、分布特点，以及如何沿此山系（山脉）疏导积水来治水的情形。历来将这一部分命名为"导山"，其实就是大禹沿此山系疏导积水之意，也即《禹贡》开篇所言的："禹别九州，随山浚川"，名义上在叙山，实则是在叙述治水，是按山系来写的沿山系治水的记录，并非单纯的记山。

③导水：叙述九州九条最主要河流为骨干的九大水系的名称、源流、分布特征，以及治水时疏导此九大水系积水的情况，这就纯粹是治水的记录了。

④水功：总括九州的水土经过治理后，全国的河川全都和四海连通、流入大海，再也不会有积水壅塞而将溃决的水患情形出现，从而形成良性的水文局面。

⑤五服：叙述在大禹国家影响力所及的范围内，以大禹的京都阳城（今河南登封）为

中心，由近及远，分为"甸、侯、绥、要、荒"五服；在大禹这一新的统治体系下，天下从此得以安定。这其实是治水的结果，所以这一段名义上是在记录大禹王朝的政治影响力，其实仍是在记录治水的政治功效。

总之，《禹贡》的五个部分，无一例外全都围绕治水这一主题，与古人所说的《禹贡》为大禹治水的总结性报告是吻合的。

（二）从治水记角度来重新审视《禹贡》的内容构成

由上述分析可见，《尚书》这五大部分其实都是从不同的角度，或以州记（"禹别九州"），或以山记（"随山浚川"），或以水记，或以功效记，全都以"治水"作为核心。其中："①九州"其实就是大禹治水后的重定疆界，并记载该疆界内包括"贡赋"在内的诸多自然人文现象，下来"②导山"便是沿山系来疏导积水，"③导水"便是沿水系来疏导积水，"④水功"便是治水成功所形成的良好的水文局面；最后的"⑤五服"则是大禹治水后，各地前来朝贡的国家体系的形成，也即治水成功后出现的良好的政治局面。所以《禹贡》这本书显然就是大禹治水经过与治水成功的全方位的实录档案。我们现在便从这个"治水"角度出发，重新观照和审视《禹贡》全文，便会有不同于以往"以《禹贡》为山川地理记"认识的全新发现：

①九州：以山脉、河流、大海等大型自然地理实体为标识，把全国划分为九大区域（即冀、兖、青、徐、扬、荆、豫、梁、雍九州），依九州的次序概述各州的水患治理，顺带言明治水过程中大禹亲历所发现的该州的地理形势和物产（即贡赋）。而大禹治"九州"的水患，能抓住重点也即总纲，以收提纲挈领的功效。而华夏诸河的总纲便是"有大山便有大河"，抓住大山下的大河加以疏导（即"导山"），以及抓住平原无山地区的该流域的主干大河加以疏导（即"导水"），便能做到纲举目张、巨细无遗。故大禹分下面"②导山"与"③导水"这两大类同步（也即交织）进行的步骤：

②导山：降水会沿山坡在山下会聚成河，有大山必有大河，故大禹治水进便先沿各大山脉疏导其大山脚下的大川（"随山浚川"），具体而言共分四列大山、也即分四步来治水：

第一步是从岍山、岐山开始疏导荆山、太行山、恒山一线的积水，最终到达秦皇岛的"碣石山"而入渤海；这是"渭水—黄河"以北诸山作为治水的第一系列。

第二步再到青海的"西倾山"，从此山开始疏导太华山、桐柏山一线的积水；这相当于是秦岭山脉作为治水的第二系列。大禹到桐柏山下后，正可接着疏导下文"导水"中的"第七条"淮河。（因为淮河就发源于桐柏山。）

第三步是来到嶓冢山脚下，从此山开始疏导荆山、大别山一线的积水；这是以汉水流域之山作为治水的第三系列。

　　第四步是来到岷山脚下，从此山开始疏导积水到衡山，然后再疏导到庐山脚下的"敷浅原"；这是以长江流域之山作为治水的第四系列。

　　③导水：沿大山治山下形成的大河（即"导山"）完毕后，再沿各大河的来龙去脉一路疏导此大河本体及流入此大河的诸河，遂能将每条大河及其支河有水患处从头到尾的每寸肌肤全都治理个遍，具体而言共分如下九条大河、也即九步来治水：

　　第一条是疏导弱水至流沙，此疏导的是甘肃境内酒泉、张掖地区的大河。

　　第二条是疏导黑水（即今"澜沧江"，下详）到三危山，一直疏导此黑水河在今天越南的"胡志明市"那里流入南海。

　　第三条是从积石山开始疏导黄河，一直疏导此黄河到达其下游，分为九道河入海。由于这九条河通海而感潮，海潮会逆流而上，故统称其为"逆河"（意为会涌潮而逆流的黄河）。

　　第四条是从嶓冢山开始疏导汉水，沿汉水入长江，再沿长江一路疏导到彭泽湖，然后再沿江而下，一路上疏导到南京、常州北侧的"北江"（即今天的长江湾）入东海。

　　第五条是从岷山开始疏导岷江，沿岷江一路往下疏导到长江，仍走上次疏导长江的线路，但在到达芜湖后，便告别上次已疏导过的"北江"水道，改在芜湖处沿"北江"东分一枝出来的"中江"水道，一直疏导到今天宜兴城那儿入太湖，然后再走太湖入海的水道"吴淞江"（其即古之"松江"，是由"中江"之音讹变为"松江"之音，可证吴淞江这"淞江"其实就是古"中江"）疏导到古"松江"入东海的大海口（在今天上海市境内）。

　　第六条是从沇水（即兖水，其为济水上游）开始疏导而一直疏导到济水，再沿济水疏导到黄河，再沿黄河疏导，一路上又疏导黄河的支流荥水、菏水、汶水等，疏导它们流入黄河，最后疏导黄河流入今天的黄海。

　　第七条是从桐柏山疏导淮水，一路上再疏导其支流泗水、沂水流入淮河，最后疏导淮水流入东海。

　　第八条是疏导黄河的支流"渭水"到其黄河口。

　　第九条是疏导黄河的支流"洛水"到其黄河口。

　　在上述"导水"过程中，"第六条"重复走了"第三条"所疏导的黄河中的一段，而"第五条"则重复走了"第四条"所疏导的长江中的一段。

　　在这"导水"篇中有两个令人震惊的问题需要阐明，一是古人早就知道三江源自青海的"青藏高原"，二是大禹治水治到越南。详述如下：

（三）为什么说"导河积石"和"岷山导江"并不意味着古人认为黄河源于积石山、长江源于岷山，而恰可证明《禹贡》是治水记而非山川地理记？

如果视《禹贡》为山川地理记，自然就会认为其所言的"导河积石"的主语便是所述的山川"黄河"，也就意味着黄河导源于积石山；同理，自然也就会认为《禹贡》所言的"岷山导江"的主语便是所述的山川"长江"，也就意味着长江导源于岷山。

但如果视《禹贡》为大禹治水记，则这两句话的主语其实全都是大禹，因此上面两句话说的是大禹疏导黄河从积石山开始，疏导长江从岷山开始，全都无意指称黄河源于积石山、长江源于岷山。今详析如下：

《禹贡》导黄河与长江时提到了"导河积石"和"岷山导江"这两句话。"积石"就是青海的"积石山"。历来认为《禹贡》"导河积石"这句话表明古人已经知道黄河的源头在青海省境内的积石山，但古人对"积石山"以远地区的黄河源头情况尚不了解，即：古人对黄河的了解尚未达到黄河的最上源，古人只知黄河源头在积石山。

其实这种说法是欠妥的，因为古人完全有能力靠两只脚来身背干粮、穷溯黄河之源。只是由于黄河之源地势高，没有泛滥的可能，所以大禹疏导积水时，便从泛滥处的"积石山"开始疏导起；这丝毫不意味着古人只知道黄河的源头在积石山。事实上，大禹从积石山开始疏导起，他就会看到积石山的上游还有来水，所以《禹贡》中的"导河积石"肯定没有丝毫想说"黄河源头就在积石山"的意思在内。

《禹贡》不从地势高的黄河源头记起，而从地势稍低而会泛滥的"积石"记起，加上其述说时又用的是"导"字（"导河积石"），意为疏导，更加证明《禹贡》是治水记，而非山川地理记。因为《禹贡》如果是山川地理记的话，便不可能不穷溯黄河之源。后人把《禹贡》理解为山川地理记，才会认为"导河积石"是在说黄河源自积石，从而认定古人不知再往上游去的黄河源。这种认识便是在解"导"字为导源、发源之意，然此义项极为罕见，远不如解"导"为疏导来得顺畅。因为"导"字若作导源解，便当作"河导自积石"，不当说成"导河积石"，今作"导河积石"，则"导河"显然是动宾结构，只可以解释为"疏导"，而不当解作"导源"。"导河"既然解作"疏导黄河"，则《禹贡》为治水记而非山川地理记乃是大家都明白的道理。

至于《禹贡》导长江时说的"岷山导江"这一句，历来也都认为是在说长江发源于岷山。因为金沙江源远流长，加之山高水急，与世（指汉族人的活动区）阻隔，当时汉地人民对此"金沙江"河的状况尚不了解，所以没有把它看成是长江的正源，反倒把远在此源下游（即东边）而有汉族人居住的、水量也不算小的岷江看成是长江的正源。

其实这种说法也是错误的。因为当大禹疏导到岷江与金沙江相交汇处的今天"宜宾"那儿，就会发现岷江其实只是一条支流流入长江，长江的干流（即金沙江）还可以往上游（即往西方）追溯其源头到很远。这是因为岷江与金沙江交会成长江时，呈现的是"止"字形的格局：岷江是其中那一竖，而金沙江与长江是其底下那一横，所有人从这种形势格局中都能清楚领会到岷江是支流而金沙江才是长江干流的事实。因此，只要像大禹治水那样亲眼到宜宾目睹一下岷江、金沙江相交会的"止"字形实景，金沙江乃长江正源，可以说是连三岁小孩儿都能一目了然的事。

但由于金沙江所流之处为高山峡谷，没有泛滥的可能，反倒是四川盆地的长江支流岷江会泛滥，所以大禹治理长江也就从岷江治起，而没有从金沙江开始治理起。所以"岷山导江"这句话，肯定也没有丝毫说"长江源头就在岷山"的意思在内（因为大禹治水治到岷江口的宜宾，便能从"止"字形中看出：长江干流不是岷江而是金沙江），"岷山导江"这句话只是在说"大禹治理长江中下游的水患时，是从岷江开始治理起的"而已。

《禹贡》不从地势高的长江源头记载起，而从地势低的会泛滥的枝流"岷江"记载起，加上其述说时又用的是"导"字（"岷山导江"），意为疏导，更加证明《禹贡》是治水记，而非山川地理记。因为《禹贡》如果是山川地理记的话，便不可能不穷溯长江之源于金沙江。后人把《禹贡》理解为山川地理记，才会认为"岷山导江"是说长江源自岷江，从而认定古人居然不知晓宜宾再往上游去的长江正源金沙江。这种认识便是在解"导"字为导源（即发源），然此义项极罕见，远不如解"导"为疏导为顺畅。因为"导"字若作导源解，便当作"江导自岷山"，不当说成"岷山导江"，今作"岷山导江"，则"导江"显然是动宾结构，只可解释成"疏导"，而不当解作"导源"。"导江"既然解作"疏导长江"，则《禹贡》为治水记而非山川地理记，这是不言而喻的。

因此"导河积石"、"岷山导江"这两句话并不意味着古人认为黄河源于积石山、长江源于岷山，乃指大禹治黄河从会泛滥的积石山治起，治长江从会泛滥的长江枝流岷江治起。以上两种说法都不是我的创论，乃是鄙府（常州府）江阴县明代著名地理学家徐霞客《溯江纪原》一文中所言：后人"第见《禹贡》'岷山导江'之文，遂以江源归之。而不知禹之导，乃其为害于中国之始，非其滥觞发脉之始也。导河自'积石'，而河源不始于'积石'；导江自'岷山'，而江源亦不出于'岷山'。岷流入江，而未始为江源；正如渭流入河，而未始为河源也。"（全文见《崇祯江阴县志》卷一"山川"类。）因此，"导河积石"和"岷山导江"未言黄河、长江之源，而是在说大禹治黄河、长江水患的入手处在积石、岷山，这便无可辩驳地证明《禹贡》是大禹的治水记，而非今人所认为的战国时人所作的山川地理记，因为山川地理记断然是要从其源头说起的，治水却是可以从江河泛滥的中段开始治起，今河、江从其半道之积石、岷江说起而不述河、江之源，足以证明《禹贡》乃治水记而非山川地理记。

（四）为什么说大禹治水治到了今天越南胡志明市

《禹贡》言大禹治黑水过三危山而入南海（"道[①]黑水，至于三危，入于南海"），而中国境内流入南海的大河只有"澜沧江"和"珠江"两条。澜沧江流经中国青海、西藏、云南三省，流出中国国境后，又流经东南亚的老挝、缅甸、泰国、柬埔寨、越南五国，称为"湄公河"，最后在越南的胡志明市流入南海，是世界第七长河，亚洲第三长河，东南亚第一长河，主干流总长 4909 千米，在中国境内为 2139 千米。而长江全长为 6397 千米。青海作为三江源头，不光长江、黄河发源于此，还有澜沧江也发源于此，故名"三江源"。

班固《汉书·地理志》"益州郡、滇池"下注："大泽，在西。滇池泽，在西北。有'黑水祠'。"可见汉代祭祀《禹贡》黑水河神的祠堂就设在"滇池"旁。虽然昆明的滇池离开澜沧江很远，似乎黑水不是澜沧江，其实不然。因为澜沧江流过益州州境，故在"益州郡"郡治所在的"滇池县"为其立祠；之所以不在澜沧江岸上为其立祠，这是出于方便州郡长官"益州刺史""益州郡太守"就近祭祀此江的考虑，为的是免除这两位州郡长官因祭祀而导致的长途跋涉之苦，又可节省长途跋涉所耗费的漫长时光、提高行政效率。因此"黑水祠设在滇池畔"并不能证明"黑水就在滇池或滇池附近"。由此"黑水祠"设在滇池，便可明白《禹贡》古"黑水"就在今天的云南境内当可无疑，而绝不可能像古人拘泥于《禹贡》"华阳、黑水惟梁州。……黑水、西河惟雍州"而考定黑水河在西北的梁州、雍州境内。

今按：梁州为今陕西汉中、四川盆地，以及部分云贵地区；雍州为陕西、宁夏、青海、甘肃，以及部分新疆、内蒙古地区，后改称"凉州"。古人不知：此黑水河源自陕西以西的梁、雍两州境内的青海高原后，其实并没有东流至今天的陕西汉中一带进入中原，而是往南流入梁州南境的今天云贵地区，故而可以流入南海；事实上，此河也唯有流入这梁州南境，方才可以流入《禹贡》所说的南海。而在现实世界中，澜沧江源出梁、雍两州境内的青海高原后，流过云贵高原流入南海，而云贵高原完全属于梁州，故此江与《禹贡》对黑水河的描述"华阳、黑水惟梁州""黑水至于三危、入于南海"可谓完全吻合，足证澜沧江就是黑水。

又《山海经·西次三经》："符惕之山……又西二百二十里，曰三危之山"，扶永发

---

① 道，通"导（導）"，疏导。

《古黑水与古三危考》①言："符惕山今名汤涧梁子，位于云南云龙县旧州乡汤邓行政村东南，澜沧江西岸。三危山今名大雪坪（地片名），位于云龙县漕涧镇驻地（清理涧）东北三崇山（为怒江与澜沧江之间碧罗雪山的一部分）上，在汤涧梁子之西。"这便更加证实了《禹贡》"华阳、黑水惟梁州。……黑水、西河惟雍州。……道（导）黑水，至于三危，入于南海"中的"黑水"就是澜沧江。此江源于青海，青海东侧便是古"九州"中的梁州和雍州；此江源自青海后并未东流而是向南流向梁州的云贵高原，中途流至《山海经·西次三经》云南境内的"三危之山"（即三崇山②），最终流入今天的南海。中国社会科学院历史研究所万明先生《明朝人以澜沧江为〈禹贡〉"黑水"考——整体丝绸之路的视野》③一文，也持澜沧江为《禹贡》"黑水"的观点。

或有人会认为，大禹治水不大可能治到越南境内。笔者也曾困惑于此，但从云南"横断山脉"处的"丽江"古城附近的澜沧江，测量到澜沧江入南海的越南胡志明市，其长度仅相当于大禹"岷山导江"至"九江"城那儿的长江长度。而大禹顺江流而下能在数月或一年中完成"岷山导江"到九江的任务，则其数月或一年内，顺澜沧江流往下疏导到该江在东南亚越南胡志明市入南海的江口，也属合理。这也就雄辩有力地证明：东南亚诸国自大禹时代，乃至稍早的尧舜时代，乃至更早的炎黄时代，便是我中华的属国；大舜凭借其富民的德业（即中华文明先进的生产力，特别是以稻作为代表的农耕文明），大禹靠其治水佑民的实干成绩，感召来东南亚民众的倾心归附。

据《尚书·尧典》记述，越南早在尧舜时代曾是中国的一部分，即《尚书·尧典》："申命羲叔，宅南交。"蔡沈《传》："南交，南方交趾之地。"其地在北回归线处，为太阳直射点由南向北再南返的转移交接处，故名"南交"。而"交趾"就是汉唐的一个郡，今在越南，其人两脚并立时，足大趾内分而相触，故名"交趾"，"南交"之名亦可能因"南方交趾"而得名。由此可证大禹治水最南治理到越南胡志明市，是完全有上古文献作为依据而合乎上古实情的千真万确的事。

讨论完"③导水"这两大震惊世界的发现，让我们再接下去谈《禹贡》的下面两段：

④水功：纲举可以目张，大禹经过上述"导山"与"导水"这一系列抓住总纲、网罗无遗的成片成带、成规模体系的关键性水患整治工程后，最终得以完成九州（即全中国）的治水工程。天下（即九州）诸山、水、泽、湖（即《禹贡》所谓的"九山、九川、九

---

① 载《云南民族学院学报（哲学社会科学版）》1995年第2期。

② "危"有高、崇高之意，故"三危山"与"三崇山"这两个名字的意思其实是相同的。

③ 载《中国边疆史地研究》2018年第1期。

泽"），全都汇入了大海（"四海"）。大禹凭借这一治水的丰功伟绩赢得了天下的归心，收获到大一统政治局面的出现；于是划定以中原禹都为核心，其国力向四面八方辐射的"五服"政治体系，形成《禹贡》所谓的"九州攸同，四隩既宅，九山刊旅，九川涤源，九泽既陂，四海会同"的良好政治局面。

⑤五服：大禹按照每五百里为一服的标准，划定天下为"五服"也即五个政区等级。大禹所奠定的中华文明圈（也即大禹的国度）东至大海，西至沙漠，北至朔方，南至南方，"声教讫于四海"。于是，"禹锡玄圭，告厥成功"，在绍兴的会稽山举行会计大典（"稽"为稽核之意，"会稽"即"会计"之意，相当于后世的庆功大会；因在此山会计，故命名其山为"会稽山"，即下引《越绝书》中画线部分所谓的"更名茅山曰'会稽'"，可见其山名为"会稽之山"以前名为"茅山"）。大禹以会计于会稽山这种封禅形式，来向天地汇报自己因治水成功而受万民拥戴，成了天下的主宰。他最后也就逝世并安葬于绍兴这座会稽山。很显然，大禹晚年，中华文明的统治中心（即夏都）便是这后来越国的首都"大越"（也即今天的绍兴）；这也就是东汉袁康认为越国是天下之绝（即天下最著名地区）而著书，并将其书命名为"《越绝书》"的历史由来。

当然，著书之人袁康在其书卷一中称："何谓'越绝'？……绝者，绝也[1]。谓句践时也。……句践之时，天子微弱，诸侯皆叛：于是句践抑强扶弱，绝恶反之于善，取舍以道。"即勾践用道义来决定国土的隶属（"取舍"[2]），使天下"绝恶"（绝顶坏、糟糕透顶）的局面复归于道义上的善哉局面，使正统的中原周王室得以绝处逢生。总之，在袁康的心目中，"越绝"的书名是说越王勾践成为当时的盟主而名列春秋时代的"五霸"之一，从而使越国成为当时天下第一流的、绝顶强盛的国家，故名"越绝"。虽然其书卷十述越国先世由来于大禹时说："禹始也忧忧民救水，到大越，上茅山，大会计，爵有德，封有功，更名茅山曰'会稽'。及其王也，巡狩大越，见耆老，纳诗书，审铨衡，平斗斛。因病、亡死，葬会稽。"可惜袁康未能如笔者本书的见解，把"越绝（江南越地为天下绝顶一流地区）"的时代，由勾践再往上推到大禹乃至虞舜时代江南吴越之地在政治、经济、文化、道德等各领域均为天下绝顶一流。（按：江南虽为吴地，但越灭吴，所以江南吴地的一流也可算成是越国的绝顶一流。）

（五）为什么说《禹贡》不是山川地理记而是大禹治水记？

从上述记载来看，《禹贡》的确是一个治水的总结，而不像民国以来的主流观点所认

---

① 此指书名"绝"字意为绝顶（第一流）之意。

② 即成为中原诸国的盟主，可以判决国与国之间的领土纠纷。

为的那样——《禹贡》是"战国人整理出来的一份中华九州的山川地理记"。因为如果这是"山川地理记"的话，谁都可以来做记录；如果这是治水的总结性报告的话，则只有当事人（大禹）才会这么记录。

如果这是记录山川的话，于是读《禹贡》："嶓冢导漾，东流为汉，又东，为沧浪之水，过三澨，至于大别，南入于江。东，汇泽为彭蠡，东，为北江，入于海。"由于视《禹贡》为山川地理记，便会认为这一节是在讲汉水的源流，其主语肯定都是其所讲的"汉水"，即从"嶓冢"这儿流出汉水，而此汉水又一路东流为"沧浪之水"，往南汇入长江后，又继续往东"汇为彭蠡泽"（即汇入彭泽湖这个大泽），再往东"流为北江而入于海"，即汉水最终变成了"北江"而流入东海。读下来的感觉，便是《禹贡》把"嶓冢"发源的汉水所走过的长江全程全都给称作了"汉水"，后人便据此观感而得出了"北江即汉水"这一非常怪异但在古代却流行到占据主导地位的结论（详下）。

同理，其读《禹贡》："岷山导江，东别为沱，又东至于澧；过九江，至于东陵，东迤北，会于汇；东为中江，入于海。"由于视《禹贡》为山川地理记，便会认为这一节当是在讲岷江的源流，其主语肯定都是其所讲的岷江，即从"岷山"这儿导源出岷江，而此岷江一路上又分枝出沱江，此岷江又一路上流过澧水和九江，再往东，最后"流为中江而入于海"，即岷江最终变成了"中江"而流入东海。读下来的感觉，便是《禹贡》把"岷山"发源的岷江所走过的长江全程全都给称作了"岷江"，后人便据此观感而得出了"中江为岷江"这又一非常怪异但在古代却流行到占据主导地位的结论（详下）。

于是古人便把"北江"视为汉水，把"中江"视为岷江，持这种观点的人在古代甚多，而且还全都是顶流的学问家，今引集《禹贡》学大成的清人胡渭的《禹贡锥指》一书为代表，其书首"略例"称："南人得水皆谓之'江'，北人得水皆谓之'河'，因目岷江曰'大江'、黄河曰'大河'；此后世土俗之称，非古制也。……'江''河'自是定名，与'淮''济'等一例，非他水所得而冒。唯汉水、彭蠡水①与江水会，始称'三江'；沅、湘等水入洞庭与江水会，始称'九江'。盖皆以岷江为主，而总其来会之数以目之，其未合时不得名'江'也。后世'汉江、章江、湘江、沅江'等称，殊乖经义。"其言：在上古人造字的用语习惯中，"江"只能指长江，"河"只能指黄河，而后人泛称北方之河时皆以"河"来命名，泛称南方之河时皆以"江"来命名，非是古制（言下意诸河只能称"某水"而不能称"某江"或"某河"，这是不识古人"类称"与"独称"可以共通的"浑

---

① 历来以"彭蠡"为江西彭泽湖，在下文湖南洞庭洞的下游，胡渭将其列于洞庭湖的上游，实与事实颠倒。

言不分、析言有别"的圆融之旨，堪称奇谈怪论）。其画直线部分又言长江全程称为"岷江"，其画浪线部分言：岷江流到汉口后，因汉水来会而称"二江"（即本来的岷江加上了自北流来的北江汉水故称"二江"）；流到彭蠡湖口而有此湖所汇的南方诸水汇入大江而名"三江"（即原来的岷江和北江汉水，加上了自南流来的南江彭蠡诸水，故名"三江"）；然后流到洞庭湖口，又有洞庭湖所汇的南方诸多之水汇入大江而名"九江"（即前述三江加上洞庭湖流来的六江之水，故名"九江"）。

其显然是以岷江至长江口距离最长而视其为长江正脉，且在一般人心目中正脉自然居中，故称其为"中江"；其一路往东流至汉口时，汉水自北方来汇此正脉，因其自北来，遂称此汉水为"北江"，此时长江因有北、中二江之水故名"二江"；其一路再往东流至岳阳而洞庭湖携湘江、资水、沅江、澧水四水和汨罗江等河前来汇入，再一路往东流至九江市湖口县时，彭泽湖（即今鄱阳湖）携赣江、信江及修河、锦江河、饶河、抚河等河前来汇入。大学者胡渭遂言彭蠡湖所汇诸江与彭蠡湖水算作一江而与北江、中江这"二江"相并，因其乃自南而来，故名其为"南江"，此时长江因有北、中、南三江之水故名"三江"，然后洞庭湖所汇诸江水前来汇入，长江此时算起来已有众多小江之水汇入，便称"九江"。

大学者胡渭好像忘了长江是先过湖南洞庭湖，再过江西九江鄱阳湖，如此小小失误我们不必较真而径加纠正，于是胡渭的意思便是：洞庭湖引湖南诸小江汇入长江，再至鄱阳湖而其湖又引江西诸小江汇入长江，两者都是从南而来，故总称为"南江"，因所汇诸小江数量极多，而古人用"九"来概指极多之数，故此南方诸小江来汇后，长江所汇江数已达数量众多之地步，故鄱阳湖口之地便命名为"九江"城，此"九"字并非指实在的数量"九"，而是虚指数量众多之意。长江到此九江之地时，因所汇南方诸江众多，故名"九江"。实则九江之地古称浔阳、柴桑，秦设"九江郡"，因秦朝长江流到浔阳时分为九派东流入海，故名"九江"，也即唐元稹《相忆泪》诗所谓"西江流水到江州，闻道分成九道流。"这一"九江"得名的由来显然比前说更为合理，以九江城处的长江因汇聚南方众江而得"九江"之名的说法却给人强烈的牵强附会之感。

今按：九江这座城市以东为"长江中下游"的大平原，再没有什么大山束缚，长江干流便恣意分散成九道，即《禹贡》"荆州"所谓的"九江孔殷"，再往下流至《禹贡》"扬州"境内便再度会为一道，至芜湖又分为两道，即《禹贡》扬州"三江"中的"北江"与"中江"，而《禹贡》扬州"三江"中的"南江"并非长江而是钱塘江。《禹贡》"三江"根本就不是胡渭为代表的唐宋人所说的岷江、汉江、洞庭鄱阳两湖所汇的南方诸小江。

然而胡渭《禹贡锥指》卷六释《禹贡》扬州"三江既入，震泽底定"句时，由上引

《禹贡锥指》"略例"的认识说道："苏氏曰：豫章江入彭蠡而东至海，为南江；岷江，江之经流，会彭蠡以入海为中江；汉自北入江，会彭蠡为北江：三江入海，则吴越始有可宅之土。……按苏氏'三江'之说，人或疑之，及阅徐坚《初学记》引郑康成《书》注以证'三江'曰：左合汉为北江，右会彭蠡为南江，岷江居其中，则为中江。故书称'东为中江'者，明：岷江至彭蠡与南、北合，始得称'中'也。"其引苏轼之说，以长江发源于岷山（岷山为苏轼的老家），故名"岷江"[①]，汉水在其北、流入此江，故为"北江"，彭蠡（彭泽湖）所汇诸水在其南、流入此江，故为"南江"。岷江在汉口处仅与北江一江相合，尚是"二江"；要流到彭蠡处，方才算与北、南二江相合而有"三江"，岷江到这时才与北江、南江抗衡、居中而得名"中江"，即《禹贡》所谓的"岷山导江……过九江 ……<u>东为中江，入于海</u>"，即要到彭蠡以东、过了九江地界，岷江与北江、南江相会，方才能够得名"中江"。

　　读者须细思其言，便会感到其说牵强至极、漏洞百出。一者，《禹贡》谓汉水："嶓冢导漾，东流为汉……东，汇泽为彭蠡，<u>东，为北江</u>，入于海。"仿上文的说法，画线部分岂非意味着汉水要到彭蠡以东方才能够得名"北江"？事实上，汉水在汉口与岷江相会后，胡渭既然称之为"二江"便当各自有名，汉水在北，其时便当得"北江"之名，何必要到彭蠡诸水入后，北江、中江、南江三江相并才有"北江"之名？二者，岷江在汉口汇"北江"汉水而为"二江"，胡渭言其此时尚无"中江"之名，则当名为"南江"（其与"北江"为"二江"，而"北"仅能与"南"相对，故知其只能名为"南江"），就岂不又和彭蠡诸水名"南江"相矛盾？三者，胡渭以彭蠡所汇诸水为一江，名之为"南江"；则洞庭所汇诸水岂非也是一江，而亦当名之为"南江"？两者同样汇入长江，情形相同，何以彭蠡诸水要算作一江，而洞庭所汇诸水却不算作一江，即彭蠡、洞庭诸水汇入长江后只算一江而为"三江"？若两者均要算作一江的话，汇入长江后岂非要说成"四江"而非"三江"？四者，彭蠡以下的长江因汇诸水又有"九江"之名，则是彭蠡所汇诸水与洞庭所汇诸水至少可以算作七江，根本就不宜合算为一江或两江。彭蠡以下的长江，胡渭一方面言其为"三江"而以彭蠡、洞庭诸水合算为一江，另一方面又言其为"九江"而以彭蠡、洞庭诸水分算作七江，如此前后不一，又有自相矛盾、信口开河之嫌。

　　有此四者之矛盾，足证胡渭漏洞百出，难以自圆其说。今再举一端，读者请细思其言，便会顿感其说牵强至极、荒谬绝伦，即：其说若然，则岷江、汉水、彭蠡三水早已融

　　[①] 上已言大禹因治水至宜宾目睹岷江与金沙江呈"丄"字形相交便能识长江不源于岷山。惜禹后秦汉唐宋之人，因未治过水，故不能亲睹宜宾口岷江、金沙两江交汇的格局，遂只能纸上谈川，仅据《禹贡》书文所载而不实地考察，遂误会《禹贡》说的是长江源自岷山。

入长江，焉能再"泾、渭分明"地析分长江干流为三江？难道汉水流于长江干流河床之北侧而称为"北江"，岷江流于长江干流河床之中央而称为"中江"，彭蠡水流于长江干流河床之南侧而称为"南江"而能析分？焉有是理！所以这便是胡渭之说最荒谬绝伦而可将其彻底埋葬处。既然岷江、江水、彭蠡洞庭诸水在长江河床内早已混融不分而成一江之水，妇孺皆知其已是一江之水，无法再析分成所谓的"三江、九江水"了，而诸大学者闭坐书斋，冥思苦想一长江何以分成《禹贡》所言"三江"的缘故，于是闭门造车式地造为"其江汇有岷江水而为一江，汇有汉水而为一江，汇有彭蠡洞庭众多水而为一江"之论，此说连最基本的常识"众小水合而为一水后是一而非众"都已不顾，堪受妇人孺子之非笑。

上面的论述让我们看到：不识《禹贡》为治水记而将其读作山川地理记，便会导致胡渭所代表的唐宋人的大误解。其之所以荒谬不经，便在于视《禹贡》为山川地理记本身就会产生（或者说是包含）一个极为严重的矛盾。因为：

如果上述《禹贡》文字真是在记录山川的话，任何人作山川记录时，都不可能把岷山到大海所走过的长江全程称作"岷江"，也不可能把汉水到大海所走过的长江全程称作"汉水"，而只可能把岷江到其流入长江江口的那一段称作"岷江"，把汉水流入长江前的那一段称为"汉水"，而长江干流是绝对不可以、也永远不可能称作"岷江"或"汉水"的，而当称作"长江"。

因为古人命名都是根据当地的地物来命名：岷江得名于"岷"，乃是其流淌在岷山地界的缘故；长江干道早已超出岷山山系的范围，自然不宜再用"岷江"来命名。汉水亦然。这种命名法与人们的常识相合，任何人再糊涂，记录山川时，也都知道"岷江只是岷山山脉地盘上的那段江"这一常识；同理，由汉中地区发源的汉水，也只可能指到汉水流入长江前的那一段，而不可能涵盖到整个长江干流。因此，天下所有人来作山川地理记叙述长江水道时，都只会把长江主干道称为"长江"或"大江"，而不可能既称之为"岷江"，又称之为"汉水"。这是人所共知的常识，不管主张此违背常识之说的古今学者名望多么大（如汉郑玄、唐徐坚、宋苏轼、清胡渭），因其说违背常识，遂可判定其说是荒谬错误的。

因此，如果我们把《禹贡》的记载当成民国与当代人所谓的山川地理记来看待的话，便会发现写此山川地理记的人概念混乱、逻辑糊涂，因为他居然在试图引导我们误认为长江干流有"岷江、汉水"等名称（胡渭所代表的唐宋人的误解堪为其证），然后在此认识的基础上进一步引导我们误会：长江岸上何以会有"九江"这一地名？便是因为其处有大量的支流之江（"九"泛指众多，并不特指九条）汇入长江（这同样以胡渭等人的误解为代表）。即长江沿岸有"九江"之名，乃是因为它汇聚了"九江"之水（即汇聚了数不清的众多条江之水，其中就有岷江、汉水、洞庭彭蠡诸水①）；称"九江"乃是中国古人所特有的"孝不忘本"的孝道体现（即"长江水"只是一个总称，各有其源；饮水当思其源而勿忘其乃"三江"也即"九江"所汇成也）。

一旦我们把《禹贡》视为治水记，则上面的矛盾便会全然消失而与世人固有的常识完全吻合。即《禹贡》曰："嶓冢导漾，东流为汉，又东，为沧浪之水，过三澨，至于大别，南入于江。东，汇泽为彭蠡，东，为北江，入于海。"一旦视《禹贡》为大禹治水记，这一节便当是大禹从汉水治到长江，其主语是大禹，是讲大禹从"嶓冢"这儿开始疏导汉水，过大别山往南流入长江后，又开始治理长江的干道，一路治理至北江而入东海，第一次治理长江工程到此结束。

同理，《禹贡》曰："岷山导江，东别为沱，又东至于澧；过九江，至于东陵，东迤北，会于汇；东为中江，入于海。"如果视《禹贡》为大禹治水记，这一节便当是大禹从岷江治到长江，其主语是大禹，是讲大禹从"岷山"这儿开始疏导岷江，一直疏导到进入长江干流后，一路上又过九江，至芜湖处不走下游上回已治理过的北江，而转入上回没有治理过的北江的东分之枝"中江"，沿此中江一路治理到松江入东海，第二次治理长江工程结束。

其实一旦我们把《禹贡》的上述记载当成治水记来看的话，便会明白《禹贡》丝毫没有把长江主干道称作"岷江"与"汉水"的意思在内。上述引文中的主语既非汉水亦非岷江，而是大禹本人，上引《禹贡》说的是：大禹第四次导水是从汉水导起，一直疏导到长江，然后在长江分岔出"北江（即长江）、中江"这两枝的分岔口"芜湖"那儿，选择走"北江"疏导到大海；而第五次导水则从岷江导起，一直疏导到长江，在芜湖那儿的"长江"与"中江"的分岔口处，选择走上一回没走到的"中江"（今沿此古水道开有"芜申运河"②）疏导到太湖而由松江入大海。《禹贡》上述两条记载均没有丝毫想说"'中江'是'岷江'、'北江'是'汉水'"的意思，也没有丝毫想说"长江干道既可以称作'岷江'、又可以称作'汉水'"的意思。

只有当我们把《禹贡》的记载当作山川地理记来看待时，我们才会有"长江干流是诸条江水合在一起而可以用组成此大江的子成分'岷江、汉水'之名来称长江"的错觉来，事实上这都是误会了《禹贡》作者的本意。只有当我们把《禹贡》的记载当成治水路线记

---

① 按：前已言古人以岷江最远而为正脉，故以其居中而为"中江"，汉水在北来会而为"北江"，洞庭彭蠡诸水在南来会而为"南江"，名虽"九江"，实即"三江"。

② 芜湖至上海的运河。上海简称"申"或"沪"，"沪、芜"音近，故选"申"字命名为"芜申运河"。

来看的话，便不会有上述那种有违于常识的理解。

后代学人往往搞不清楚的常识便是：岷江、汉水是支流，当这两条支流流出岷山山系、汉水流域进入长江干道后，便再也不可以叫作"岷江"或"汉水"了，而应当称之为"长江"或"大江"。正如《论语·八佾》讲孔子怪罪季氏"八佾舞于庭"，按《周礼》规定，只有周天子才可以使用"八佾"，诸侯为"六佾"，卿大夫为"四佾"，士用"二佾"。季氏是正卿，只能用"四佾"。"佾"就是行列。后世的古人历来认为"八佾"是"八八六十四人"，这是正确的；后世的古人对于"六佾"却误会成了"六八四十八人"，这样的舞阵便不是正方形而是长方形了；至于士人的"二佾"，后世的古人便误会成了"二八十六人"，则其阵形更为狭长而怪异至极。其实从常识来看，无论什么数量级的"佾"，都应当像"八佾"那样是个正方形："六佾"就是"六六三十六人""二佾"就是"二二四人"，这是谁都能想明白的道理（即最高等级的八佾是正方形，下面无论何种数量的"佾"肯定也都是正方形而非长方形），遗憾的是历代学者却全都误会了，从而有上面那种荒谬绝伦的乐舞阵形猜测出来。只到近年"海昏侯墓"挖出36件伎乐木俑，它们与编钟、编磬，以及琴、瑟、排箫等乐器放在一起，而"海昏侯"是诸侯，这便可证明其所用的"六佾"是"六六三十六人"而非"六八四十八人"，有关"佾"人数的千年争论这才画上圆满句号。

由后人那种山川地理记理解所导致的荒谬（即长江全程既可以叫作"岷江"，又可以叫作"汉水"，其有九条以上的江在此汇流而得"九江"之名），我们顿时便可明白：上述《禹贡》的记载并非中国的山川地理记，而只可能是大禹治水线路图的文字记载，是大禹治水的总结报告。是大禹治水完成后，在会稽山封禅时，写给上苍的，用来向天地宇宙（也即大自然、造物主、上帝）汇报自己治水已经成功的总结性报告。这一总结性报告作为夏朝得以立国的第一份同时也是最重要一份的国家档案，因为这份报告说的就是本朝始祖大禹因治水而得万民拥戴成为天下共主，相当于夏朝立国合法性的证明文件，所以被夏朝史官一代代地传承下来，不敢改易一字，后来又被收入《尚书》，作为珍贵的史料流传给后世；到了春秋末年孔子审定古已有之的《尚书》时，仍将其继续保留在《尚书》中教授自己的学生，从而得以一直流传到今天。所以，后人认为夏代没有文字，《禹贡》也不可能是夏朝史料，从而把《禹贡》视为有文字的周初或战国时人写的山川地理记，这种观点真可谓荒谬绝伦到了极点。持这种观点的人无论其何等位高权重，其论调皆不足取。

正如本部分开头所言：揭开《禹贡》即大禹治水记而非后人（周初或战国人）山川地理

记之谜的独特密匙，便在于治水记和山川地理记的区别：治水时不可避免会因水网的交织而有重复治理某一水道的现象；而山川地理记则会分清干流与支流，述完干流后再述其支流，当叙述到支流汇入干流后，便可以用参见法，指出下来即走上文已经叙述过的干流，从而不会有重复记载某一水道的情况出现。换句话说：治水记会有重复经过某一水道的情形存在，而上古之人书写工具不方便，惜墨如金，所作的山川地理记肯定逻辑井然而不会有重复交代处。而《禹贡》"嶓冢导漾，东流为汉……东为北江入于海"的"汉水—北江"篇，与"岷山导江，东别为沱……东为中江入于海"的"岷江—中江"篇，便存在一段重复的长江水道。这便能证明《禹贡》绝非今人所认为的山川地理记，而只可能是大禹治水记。

而且无独有偶，上文"（二）"历述"导水"九条路线时，不光这第四、第五条重复走了长江中的一段，其第三、第六条也重复走了黄河中的一段。而且"导山""导水"诸条皆以"导"字开头，其主语显然是治水的大禹而非所述的各条山川，这都证明《禹贡》是治水记而非山川地理记。加之山川地理记不可能干流、支流混在一起一同记述，而当先述干流，再一一述说其支流，这样才逻辑清楚；而上文"导水"第六条述黄河干流时插叙其支流荥水、菏水、汶水后又再述黄河干流，第七条述淮河干流时插叙其支流泗水、沂水后又再述淮河干流，作为山川地理记便有逻辑不清晰之嫌，但从治水记来看，治干流至支流河口时，便上溯到此支流的源头，然后顺支流往下疏导到其流入干流之口后，再接着又再治此干流，治水时干流与支流原本就会交错在一起，所以从第六、第七条也能看出《禹贡》为治水记而不可能是山川地理记。

一旦承认《禹贡》是一个治水的总结，便能证明其为大禹时代的原创档案。因为如果这是"山川地理记"的话，谁都可以来作记录；而如果这是治水的总结性报告的话，则只有当事人才可以写出来（其他人由于没有亲身实践过这治水过程，想写也写不出来，即便写出来也不像），只有当事人才会这么记录（因为实干的总结是要按实际的工作流程来写的；不像山川地理记那样，可以从书本到书本，在书斋的案头，将已有文献有条理地胪列出来即可）。实践出真知，如果没有当事人这么记录，后人根本就总结不出大禹如何治水的过程，因为《禹贡》实践性如此强的文字，后人根本就不可能向壁虚构出来。这是我们判定这一治水记乃大禹时代原创而非战国人追记的原因所在。（即便退一万步讲，这是战国人的追记，那也会以大禹本人所作或其同事代禹所作的总结报告作为依据。而我们前已言明孔子收入《尚书》的篇章都是原典而非后人的纂述，孔子收入《禹贡》作为《尚书》"夏书"的第一篇，这本身已能无可辩驳地证明《禹贡》确为夏代第一篇也即最重要的国家档案，这是完全可以用孔子一生的人格信誉和学识鉴定来作背书的，因而是可信而无可怀疑的。）

而《史记·夏本纪》在引用《禹贡》时，完全按照上述《禹贡》史料，并在其最开头加上"大禹和他的同事益与后稷们，一同率领各地各级行政长官（即诸侯与百姓①）、人民大众（人徒）"的话，更加强化地表述出"此篇乃是大禹治水过程的记录而非中华山川地理记"的意思来，这是非常正确的，其文曰："禹乃遂与益、后稷奉帝②命，命诸侯百姓兴人徒以傅土，行山表木，定高山大川。……禹行自冀州始"，下来便总述大禹治九州的情形，然后重点突出"道（导）九山"沿线的积水，再重点突出"道（导）九川"沿线的积水，从而最终得以完成这一人类有史以来且迄今为止、最为宏大的空前绝后的治水壮举，形成"声教讫于四海"的盛世局面，"于是帝③锡禹玄圭，以告成功于天下。天下于是太平治"。

《禹贡》的确是篇治水的总结，而不像民国以来的主流观点所认为的那样，是战国时人所记录的山川地理记。因为如果这是"山川地理记"的话，谁都可以来作记录；而如果这是治水的总结性报告的话，只有当事人才会这么记录。没有当事人的这一记录，《禹贡》如此实践性强的治水情况，后人也根本就总结不出来。这便是我们判定此治水记乃大禹时代的原创、而非战国人追记的原因所在；即便是战国人追记，也会有亲身参与者（如大禹）的总结来作为追记的依据。

综上所述，下面这种自古以来对《禹贡》的认识方才是正确的，即：《禹贡》是《尚书》中的一篇，是中国古代文献中最为古老而有"系统性地理观念"的著作。战国、秦汉以来，人们一直认为它是大禹本人或大禹时代（约公元前21世纪）有关大禹治水过程的一部记录，同时穿插说明了与治水有关的各地山川、地形、土壤、物产等的情况，以及如何把当地贡品送往当时帝都所在地"冀州"的贡道。经过学者们的研究确认，《禹贡》大约成书于舜或禹的时代。

（六）为什么说《禹贡》不是贡赋之法而依旧是大禹治水记？

《禹贡》以"贡"名篇，历代学者一般又都会认为其是贡赋之法的记载，特别是《禹贡》开头有"禹别九州，随山浚川，<u>任土作贡</u>"的"任土作贡"这四个字。其实，古人都以开篇头几个字来作为无题文献的篇名，而开头的"禹别"与"禹浚"等，全都不雅训且不详何意，所以也就取此开头第一句的首末两字来命名为"禹贡"。从其不据文意来定名、而取首句之字来命名的做法来看，这"禹贡"两字的命名，并不意味着其书的主旨就是此

---

①中国早期社会只允许贵族有姓，因此称百官之族为"百姓"，《尚书·尧典》："平章百姓"不是指普通民众而是指贵族世家。要到战国以后，民众这才普遍拥有了姓氏，这时典籍才会用"百姓"一词来泛指平民大众。

②此帝当是舜，也可能是尧，据下文之"帝"当指舜，同一句话中的"帝"字一般不可能有两指，故此"帝"以舜的可能性为大。

③此帝当是舜。

书名所体现出来的含义——贡赋之法。

汉代孔安国就"任土作贡"四字，而把《禹贡》这部书解释成为"禹制九州贡法"①，后代学者对此篇名的注释大致类此（即沿用孔安国之说），其实全都以偏概全了。因为《禹贡》全篇以浚川、治水为主，贡赋只占很小的比重，在全文 257 个短句 1193 字中，直接或间接提到贡赋的只有 57 句 299 字，所占比重仅四分之一而不大，以贡赋为主题将无法涵盖《禹贡》绝大部分的篇意。

所以《禹贡》这一篇章也不宜根据后人的命名（按：拎出此篇首句"禹、贡"两字来对此无题文献命名，是在此《禹贡》篇原作者以后的命名），来迷信更后之人的解说（按：释"禹贡"为"禹制九州贡法"的人，乃是比命名者更后的汉代经师孔安国；即当初命名此文献为"禹贡"者本人也知道自己只不过是拎首句两字为名、而并没有用这两个字来作为全文主旨的意思在内。但其后的孔安国并不知晓这一点而作了错误的阐释和解说），把《禹贡》视为述说大禹时代规定九州贡赋的文献。我们应当仍旧根据《禹贡》全篇的主旨（即扣除四分之一体量的贡赋以外的、占据全篇绝大部分的沿山川治水这一主要内容），来把这部文献理解成是大禹治水的总结。其乃成书于尧舜禹时代的大禹治水的原始档案，经过历代传承，特别是孔子的重视而沿袭至今，4000 余年仍能为民众所识读，乃属世界罕匹。

三、《史记·河渠书》开头第二段是对大禹开渠治水的总结

论证《禹贡》乃大禹亲自所作的治水记，目的就是证实大禹治水的真实性，从而也就证实《史记·河渠书》所言的开渠事（包括"于吴，则通渠三江、五湖"）确为大禹所为。上文的论证乃是本章下文一切论证的柱石所在。

今按《史记·河渠书》先撮叙《尚书》中的"夏书"《禹贡》："《夏书》曰：禹抑洪水十三年，过家不入门。陆行载车，水行载舟，泥行蹈橇，山行即桥。以别九州，随山浚川，任土作贡。通九道，陂九泽，度九山。然河菑衍溢，害中国也尤甚。唯是为务。<u>故道河自积石历龙门，南到华阴，东下砥柱，及孟津、雒汭，至于大邳。于是禹以为河所从来者高②，水湍悍，难以行平地，数为败，乃厮二渠以引其河。北载之高地，过降水，至于大陆，播为九河，同为逆河，入于勃海</u>。九川既疏，九泽既洒，诸夏艾安，功施于三代。"

这只讲到大禹治黄河之事（即画线部分），也即上文《禹贡》"导九河"中的第三次"导黄河"："导河积石，至于龙门；南至于华阴，东至于厎柱，又东至于孟津，东过雒（洛）汭，至于大伾；北过降水，至于大陆；又北，播为九河，同为逆河，入于海。"而

① 见《尚书》孔安国传。

② 指：黄河因所流来的上游地势太高，导致黄河水势太湍急。于是开两条枝流来分其水势。

《禹贡》中，大禹还有一系列治水之事，即上文"导九河"中的第四次从嶓冢导汉水入长江后，一路疏导到彭泽湖，再一路疏导到南京之北的"北江"入海；第五次从岷山开始疏导岷江到长江，然后仍走上次导长江的线路至芜湖处的"中江"入太湖，走吴淞江而疏导至大海；第六次从沇水开始疏导到沇水下游的济水进入黄河，然后又疏导其支流荥水、菏水、汶水，然后再疏导黄河入海；第七次从桐柏山开始疏导淮水，一路上再疏导其支流泗水、沂水而入海；第八次疏导渭水到黄河；第九次疏导洛水至黄河。

因此《史记·河渠书》下文"自是之后，荥阳下引河东南为鸿沟，以通宋、郑、陈、蔡、曹、卫，与济、汝、淮、泗会。于楚，西方则通渠汉水、云梦之野，东方则通沟江淮之间。于吴，则通渠三江、五湖。于齐，则通菑济之间。于蜀，蜀守冰凿离碓，辟沫水之害，穿二江成都之中。此渠皆可行舟，有余则用溉浸，百姓飨其利。至于所过，往往引其水益用溉田畴之渠，以万亿计，然莫足数也。"这讲的便是便是《禹贡》大禹第四至八次治汉水、岷江、长江、沇水、济水、荥水、菏水、汶水、淮水、泗水、沂水等事。即：

● "荥阳下引河东南为鸿沟，以通宋、郑、陈、蔡、曹、卫，与济、汝、淮、泗会"便是《禹贡》治济水、荥水、淮水、泗水事；● "通渠汉水、云梦之野"便是《禹贡》治汉水之事；● "通沟江淮之间""通渠三江、五湖"便是《禹贡》综合治理江水、淮水之事；● "于齐，则通菑济之间"，便是《禹贡》治济水、菏水之事；● "于蜀，蜀守冰凿离碓，辟沫水之害，穿二江成都之中"，便是大禹治岷江之事，而司马迁（或后人）误挂在蜀郡太守李冰（"蜀守冰"）名下，因为此《河渠书》结尾有司马迁亲自写的总结之语："太史公曰：余南登庐山，观禹疏九江，遂至于会稽太湟[1]，上姑苏，望五湖；东窥洛汭、大邳、迎河[2]，行淮、泗、济、漯洛渠；西瞻蜀之岷山及离碓；北自龙门至于朔方。曰：甚哉，水之为利害也！余从负薪塞宣房，悲《瓠子》之诗而作河渠书。"

史书记载，汉武帝元光年间，黄河在"瓠子"决口，武帝派汲黯和郑当时，率领民夫与罪徒们堵住缺口，结果刚堵好后又被冲毁，只好放任不管长达20年，致使梁地和楚地（今苏北、安徽一带）连年饥荒。汉武帝于是又派汲仁和郭昌，征发好几万士兵，去堵"瓠子"那儿的决口。汉武帝还亲临这一黄河决口处，沉下白马、玉璧以祭河神，又命所有官衔在将军以下的官员，全都要去附近背来柴薪堵塞缺口。由于缺口难以堵上，汉武帝忧思伤神，作歌吟唱，名为《瓠子歌》。在他感召下，最终堵住"瓠子"这儿的决口，并在其上修

---

①湟，《史记集解》注："徐广曰：一作'漯'。"会稽的太湟、太漯，疑即绍兴（古名"会稽"）的鉴湖水利工程，也即下一章"四、（五）"所要讨论的"浙东运河"的前身。

②迎河，疑即"逆河"，古代"迎""逆"两字通。逆河，即上文所言的黄河分九道入海，海口处有海潮涌入，此九道河便感潮而会逆流，故名"逆河"。

筑起一座宫殿，名为"宣房宫"。后来汉武帝又修筑两条大水渠引导黄河北流，恢复了大禹时期的黄河水道，使危害20多年的黄河水患终于平息，梁、楚两地得以恢复安宁。

从那以后，汉王朝的掌权者都十分重视水利，修筑了大量水利工程，但都比不上"宣房"那么有名。最后，太史公便感慨良多地总结道："我曾经南行，登上庐山，观看大禹疏导九江的遗迹，随后到达会稽（今绍兴）太湟，又上姑苏台（今苏州）眺望五湖；东行考察了洛汭、大邳和通海潮的逆河，走过了淮、泗、济、漯、洛诸水；西行瞻仰了西蜀地区的岷山和离碓；又往北行，从龙门走到了朔方。我深切地感受到：水与人的利害关系真是太大了！我曾经随从皇帝（汉武帝）参加了背负柴薪、堵塞'宣房宫'决口的那个大工程，皇帝创作的那首《瓠子歌》让我感到悲伤，于是我写下这篇《河渠书》来总结水利的经验与教训。"

回味其文气，九江、会稽、姑苏、五湖、洛汭、大邳、逆河、淮、泗、济、漯、洛诸水、龙门、朔方全都是大禹治水之地[①]，则"禹疏"两字肯定总拎到司马迁西行所瞻望到的西蜀地区的岷山、离碓那儿。因此，根据太史公最后这番话，我们便可明白：他口中所说的治理诸水之事，全都是大禹治水的丰功伟绩，"蜀之岷山及离碓"也不应例外。这便证明"蜀守冰"三字应当是他行文时一时疏忽所作的妄加（也不排除司马迁原文无此三字，而后人传抄时因李冰治岷江之名太响而妄加）。下面我们还将征引四川学者的文章，证明正是大禹开凿（实为重新开凿）了岷山离碓，才使得四川平原得以安居，李冰只不过在前人（大禹）的基础上将岷山离碓重建、完善罢了。

可是后人全都认为《史记·河渠书》"功施于三代"之前是大禹的功绩，而"自是之后"以下，叙述的是大禹以后夏商周三代乃至东周时期的春秋战国人开渠所兴修的水利工程，特别是"于蜀，<u>蜀守冰</u>凿离碓，辟沫水之害"的"蜀守冰"三字，更加证实其上下文说的乃是战国时候的事。但其下文言："西门豹引漳水溉邺，以富魏之河内。而韩闻秦之好兴事，欲罢之，毋令东伐，乃使水工郑国间说秦，令凿泾水自中山西邸瓠口为渠，并北山东注洛三百余里，欲以溉田。中作而觉，秦欲杀郑国。郑国曰：'始臣为间，然渠成亦秦之利也。'秦以为然，卒使就渠。渠就，用注填阏之水，溉泽卤之地四万余顷，收皆亩一钟。于是关中为沃野，无凶年，秦以富强，卒并诸侯，因命曰'郑国渠'。"

西门豹任邺令而治漳水是在魏文侯时（前445—前396），"郑国渠"建于秦王嬴政元

---

①按，上引《禹贡》洛汭、大邳、逆河便是大禹治水之地（"东过雒汭，至于大伾……播为九河，同为**逆河**，入于海"），这也从另一侧面证明此处所言的诸水全都是大禹所治之水，上文"一"此节文字的页底注——有注。

年（前 245），蜀守李冰据说是在公元前 256 年至前 251 年，被秦昭王任命为蜀郡（今成都一带）郡守，从而主持修建了都江堰这一水利工程，比西门豹晚了整整 150 年，比"郑国渠"早不了几年。如果"自是之后……然莫足数也"不是大禹的功绩，而是后人乃至春秋战国人的功绩，按照司马迁作《史记》的风格，也即按照普通史家编史的风格，不会不按照时间先后的顺序来排列，则司马迁一定会把蜀守李冰事写在西门豹与郑国渠之间。

或者，司马迁是按地域先叙述中原、楚、吴、齐、蜀五地的开渠事，然后再讲魏（西门豹）与秦（郑国）两地治水之事，但如果西门豹与郑国开渠治水事当与中原、楚、吴、齐、蜀五地开渠治水事相并列的话，则上文的总结语"此渠皆可行舟，有余则用溉浸，百姓飨其利。至于所过，往往引其水益用溉田畴之渠，以万亿计，然莫足数也"，岂非要下在西门豹与郑国开渠兴修水利工程的后面方才显得更为妥当？因为"西门豹渠"与"郑国渠"显然也可以行舟，也可以为百姓的农业生产引流灌溉。

因此最为合理的解释便是"自是之后……然莫足数也"是大禹的功绩。即大禹治理完中原黄河水患后，又在中原及楚、吴、蜀三地的长江流域开河渠。正如其治河完毕，司马迁要下赞颂之语："九川既疏，九泽既洒，诸夏艾安，功施于三代。"虽然前八字与《禹贡》治水完毕后说的"九川涤源，九泽既陂，四海会同"语相同，而似总结的不是治完黄河，而是在总结治完所有河道。其实黄河流域也有九河（"播为九河"），也有九泽（"雷夏既泽""大陆泽"等），"九"是众多之意，未必是指九州之河泽，而可以指黄河流域的众多河泽，故司马迁这 17 字当是总结大禹治河（即黄河）的功绩一直延续到了夏商周三代再也没有大的河患（即黄河之患）发生，而一直要到汉代，黄河才又出现水患而有治理此黄河的必要。然后再叙述大禹在黄河以南地区开通水渠的成绩，最后总结以："此渠皆可行舟，有余则用溉浸，百姓飨其利。至于所过，往往引其水益用溉田畴之渠，以万亿计，然莫足数也。"即大禹治河的功绩只能保证夏商周三代黄河无大患，但大禹在各地开凿的大型水利沟渠，却能让后世永享其利：一可行舟，二可用来灌溉。而且"至于所过"说的便是：大禹所过之处，总是在主河渠旁尽可能多地引出分枝河渠，从而把尽可能多的土地转化为良田，他号召、发动沿途百姓所开的分枝河渠数量多达万、亿计（古代的一亿指十万），但由于这些小枝渠比较细小，所以《史记》的作者司马迁也就不加列举了（"莫足数也"）。

而"莫足数也"的小渠恰恰就是大禹所开，关于这一点的最好佐证便是《庄子·天下》引墨子说："昔者禹之湮洪水，决江河而通四夷九州也，名山①三百，支川三千，小

---

① 山，疑当据《太平御览》卷六十八"川"引《庄子》作"川"。

者无数，禹亲自操橐耜而九杂天下之川。腓无胈，胫无毛，沐甚雨，栉疾风，置万国。禹大圣也而形劳天下也如此。"

"杂"就是乱，引申出"治乱、治理"的意思来；"腓"就是腿肚子，"胈"就是肉，"胫"就是小腿；因此上引文字便是大禹开沟无数的文献记载。所以太湖流域诸枝港，以及该流域的横向总干渠"京杭大运河"，便是大禹亲自疏导。其"小者无数"四字，不正是在说上引《史记·河渠书》"至于（大禹）所过，往往引其水益用溉田畴之渠，以万亿计，然莫足数也"的"莫足数也"四个字吗？

如果"自是之后……然莫足数也"不是大禹的功绩，便会产生如下两个问题：

一是这一系列重要河渠的开凿者没有名字（只有都江堰知道是李冰所开），这在古代是不可想象的。因为这就意味着这些河渠的开凿没有了领导者，而没有领导者是不可能开出宏大的、可以传之万世的渠道工程来的。

二是"至于所过"也就只能理解为并非大禹所过，而是渠道经过之处，下文"往往引其水益用溉田畴之渠"的主语当与之相同，便成了渠道往往引自己渠道的水，语意显有不通。

再者，《汉书》录《史记·河渠书》时将其改名为"沟洫志"，"河"指黄河，则"渠"当指"沟洫"。而《论语·泰伯》正称颂禹"尽力乎沟洫"，则此"河渠书"、"沟洫志"焉能不述及大禹"尽力乎沟洫"这一开挖沟渠的兴修水利的丰功伟绩？

由此一端，便可确信"自是之后……然莫足数也"说的便是大禹治水时，在各地所开凿出来的水利渠道（也即大型沟洫）。正如《孟子·滕文公》言大禹治水时，"禹疏九河，瀹济、漯而注诸海，决汝、汉，排淮、泗而注之江，然后中国可得而食也。"而沟通淮水与江水者便是"东方则通鸿沟江淮之间"的"鸿沟"，可证在先秦人孟子心目中，《史记·河渠书》中的"东方则通鸿沟江淮之间"便是大禹的丰功伟绩，则《史记·河渠书》此句之前与之后的诸开河渠事，便当是大禹的丰功伟绩当可无疑。

至于"于蜀，蜀守冰凿离碓，辟沫水之害"，下文"五、（三）"我们将详引四川学者的考证，证明这本也是大禹的功绩而为蜀守李冰发扬光大。后世由于都江堰与李冰的名字紧紧联系在一起，所以司马迁记录古代大禹"尽力乎沟洫"事迹的文字时，一不小心便把"蜀守冰"三字给添加到蜀地"凿离碓辟沫水之害"上去了。因为《史记》中的史料其实都来自司马迁汇编前代的史料，其所汇录的原始史料中肯定没有"蜀守冰"三字而明确记载为是大禹的功绩，司马迁抄录这些原始史料时，可能还未意识到这是在说大禹的功绩，而以为是说诸无名氏开沟兴修水利的功绩，于是想当然地在四川都江堰工程"离碓"前错误地加上了有名氏的"蜀守冰"三字。当然，这也可能是司马迁的《史记》原本无此三字，而后人传抄《史记》时，将上下文理解成是在述说诸无名氏的开沟功绩，又熟知都江堰"离碓"工程的主持人有名字流传下来，于是自作聪明地在《史记》"凿离碓"工程前错误地加上了该工程主持人的名字"蜀守冰"。

关于大禹率天下各邦国开渠兴修水利事的这一真相是无法掩盖的。除了上引《庄子·天下》篇外，大禹治水开天下沟渠的事，我们还能找出一大堆史料来，此处限于篇幅仅引四段有代表性的经典文献作为佐证，以概其余：

一是《史记·夏本纪》对大禹治水的活动，概括性地叙述为："禹乃遂与益、后稷奉帝命，命诸侯百姓兴人徒以傅土，行山表木，定高山大川。……左准绳，右规矩，载四时，以开九州，通九道，陂九泽，度九山。令益予众庶稻，可种卑湿。"这说的便是大禹及其助手，役使（命令）、发动各地诸侯、长官（百姓[1]）、民众与囚徒（人徒），在沼泽地上共同开挖人工大渠作为九州水道（"通九道"）。"傅土"就是用开沟挖出来的泥土垫高地基形成田地、道路等。大禹又命令伯益发放稻种给民众耕种来度过荒年。

二是《史记》卷三《殷本纪》："于是诸侯毕服，汤乃践天子位……既绌夏命，还亳，作《汤诰》：'……曰：古禹、皋陶久劳于外，其有功乎民，民乃有安。东为江，北为济，西为河，南为淮，四渎已修，万民乃有居。后稷降播，农殖百谷。三公咸有功于民，故后有立。'"便讲到大禹治理中国西部与北部的黄河与济水，东部与南部的长江和淮水，也即整治黄河与长江这两大流域的水患。

三是《墨子》卷四"兼爱中第十五"："古者禹治天下，西为西河渔窦，以泄渠、孙、皇之水。北为防、原、泒，注后[2]之邸、嘑池[3]之窦，洒为底[4]柱，凿为龙门，以利燕代胡貉与西河之民。东方漏之[5]陆，防孟诸之泽，洒为九浍，以楗东土之水，以利冀州之民。南为江、汉、淮、汝，东流之注五湖之处，以利荆楚、干[6]、越与南夷之民。此言禹之事，吾今行兼矣。"即：古时大禹治理天下水患，西边疏通了西河、渔窦，用来排泄渠水、孙水和皇水；北边疏通了防水、原水、泒水，使之注入"召之邸"和"滹沱河"，在黄河中的"底柱山"处分流（即后世所谓的"中流砥柱"这一成语的由来），凿开了"龙门"，以有利于燕、

---

① 古代唯贵族有姓，"百姓"指诸侯及诸侯属下的百官。

② 后，当为"召"之误。

③ 池，当即"沲"而读作"沱"

④ 底，当为"厎"之误。厎柱，今黄河内的砥柱山，即成语"中流砥柱"的由来。

⑤ 之，当为"大"之误，指"大陆泽"。

⑥ 干国即吴国，详笔者《龙城·龙脉——大运河为纲的常州古城水系变迁研究》第二章"十、南北邗沟考"，又见本书第一章"五、（三）、16"开头之脚注。

代、胡、貊与西河地区的人民。东边穿沟，泄走了"大陆泽"淤积的泽水，又筑堤防，拦住了"孟诸泽"不使其泛滥，又使大水分流为九条河，以此来限制东土（即东境、也即黄河下游）的洪水，从而有利于冀州的人民。南边疏通长江、汉水、淮河、汝水，使之灌注东南地区的"五湖"之地而东流入海，从而有利于荆楚、吴越和南夷的人民。"五湖"就是江南以太湖为核心的五大湖泽的统称，其在长江最下游，故为流入长江的汉、淮、汝等众水之所归（即长江上中下游所有来水的最后归宿），故当重点治理，以拯救干吴（即勾吴）与越国的百姓，这便是上引《河渠书》所说的"于吴，则通渠三江、五湖"。

墨子最后说：这是大禹的事迹，我们现在要用这种精神来实行兼爱（的确这种遍及全国、涉及全民的大禹治水工程，唯有在公有制为基础的原始公社时代才能完成，墨子所谓的"兼相爱、交相利"恰是原始共产主义社会的人类关系）。而疏导淮河、汝水的积水入长江，便当是下文"五、（一）"所论的"邗沟"的前身，可见下引《孟子》画线部分"排淮、泗而注之江"所说的淮河之水向长江流泄是合理的；唯有涨潮时，长江之水才会涌入邗沟，从而出现江水流向淮河的局面。

四是《孟子·滕文公上》："禹疏九河……决汝、汉，排淮、泗，而注之江；然后中国可得而食也。"画线部分说的便是沟通长江与淮河的古"邗沟"，这不正是在说上引《河渠书》中的"东方则通鸿沟江、淮之间"吗？而后人误会是夫差开的（其实是重开的）沟通淮河与泗水以达黄河的"菏水"，不也正是《禹贡》所说的"又东至于菏"吗？可见人们通常认为夫差为出兵争霸中原所开的三条河"江南大运河""江北邗沟"，以及沟通"黄河—济水流域"与"泗水—淮河流域"的"菏水"，便全都是大禹的功绩；其实更当是大禹之前先民们的水利成绩而为大禹所发扬光大。

总之，司马迁作《河渠书》，肯定要写到治河、开渠这两件大事有史可考的最早鼻祖，而大禹正是治河与开渠两者有史可考的最早鼻祖，司马迁焉能在《河渠书》开头只把大禹作为治河之祖，而不载其为开渠之祖？既然有一大堆史料能证明大禹是开渠之祖，则旨在反映历史真相的司马迁焉能不加述及？由此可知：《史记·河渠书》在叙述完治河鼻祖大禹事后，其所记载的"自是之后"开诸沟渠事，便是在叙述"大禹乃开渠鼻祖"的事（而非后人所理解的是在叙述大禹以后诸无名氏与蜀守李冰所为之事）。

因此《史记·河渠书》开头两段便是在说治"河"与开"渠"全都始于大禹，然后再述"西门豹渠、郑国渠"以及汉代"治河、开渠"事。则"通渠三江、五湖"乃大禹功绩可以毋用怀疑矣！古人皆能读懂《河渠书》开头的"开渠"事是言大禹之神功，而当代所有的水利史专家却异口同声地说大禹没有这种开渠能力，而把《史记·河渠书》诸"开渠"事视为三代以下无名氏和李冰所为。

何以见得古人能读懂而今人皆读不懂？这便是我们常州宋代地方志《咸淳毗陵志》卷十五"山川"言："运河……《史记》云：禹治水，于吴通渠贯江、湖。"又宋代《舆地纪胜》卷七"镇江府、景物上"言："漕渠……司马迁曰：'禹之治水，于吴，则通渠三江、五湖'，其来久矣。"同书"本朝人物诗"又引宋人熊遹诗"禹疏渠绝岘，秦凿暂分京"，指明大禹开了江南河，秦始皇只是为了破京口王气而开了江南大运河入江河口那一小段，即从原来的丹徒口（即古丹徒城、今丹徒镇）改口于今天的镇江城处，就像他在南京开秦淮河走泄金陵王气那般如出一辙。

综上，我们的结论便是：

《史记·河渠书》先讲中国的治河始于大禹，其"故道河自积石……入于勃海"便源自《尚书·禹贡》中大禹治黄河之文："导河积石……入于海。"下来言中国诸开渠事也始于大禹："自是之后……然莫足数也。"所言正是《禹贡》大禹治汉水、岷江、长江、沇（兖）水、济水、荥水、菏水、汶水、淮水、泗水、沂水时开沟泄水之事，其中就有"于吴，则通渠三江、五湖"说的便是开"江南大运河"，而"东方则通鸿沟江、淮之间"说的便是开古"邗沟"。

可是后人因诸开渠事中"于蜀，蜀守冰凿离碓"画线的"蜀守冰"三字，而疑"自是之后"说的是三代以下而非大禹开渠事。幸亏纪国泰教授《大禹"岷山导江"与"开明决玉垒"传说的历史观照》（下文有引）力证：成都平原的整个地势从西北向东南倾斜，坡度很大。在古代，每当雨季，岷江洪水泛滥，成都平原便成为一片汪洋，根本不适合人类居住。唯有"都江堰"建成后，用无坝引流的疏分方式，从岷江分出一条枝江来，然后再呈扇形（伞状）发散、分枝，疏分出万千沟渠，才使得洪水之势顿时化为乌有而成为宜田之渠，成都平原这才有可能成为四川人的宜居之地。而成都平原上出土了从大禹时代（距今4200年左右）到李冰之前的大量古文化遗址，证明成都平原早在李冰之前便已经有人类在居住，而成都平原宜居的前提便是"都江堰"水利枢纽的建成，由此可证《禹贡》"岷山导江，东别为沱"所说的"沱江"，就是从岷江分出来的那条枝江，而《禹贡》"沱、潜既道。蔡、蒙旅平，和夷底绩"所说的"和夷"，便是成都平原上众多民族的统称，"底绩"便是这些民族取得水利的成功而得以安居的伟绩。

我们在纪教授观点的基础上更往前推："三星堆文化"已有5000年至3000年历史，大禹距今仅4200年左右的历史，这更意味着都江堰这一伟大的水利工程肯定也是大禹之前就已存在，是蜀地先民集体治水所创造出来的水利奇迹，大禹将其发扬光大，年久失修后又由李冰再度修缮完备。由于李冰治水事因年代近、名声响，盖过了上古的大禹和蜀地先王，司马迁作《史记》过程中抄录前人这段史料时，因自己一时误会，便在"凿离碓，辟沫水之害，穿二江成都之中"这大禹功绩前加上了"蜀守冰"三字（亦可能是司马迁《史记》不误而后人传抄《史记》时有此误会而加），遂使上下文大禹开通天下水渠的伟绩，顿时变成三代以后众人的行事。

端赖《论语》《庄子》《墨子》《孟子》一系列先秦著述告诉我们大禹是有史可考的用开沟渠疏泄积水法来治水的鼻祖（之前是其父鲧用筑坝堵水法治水）。而《史记·河渠书》肯定要先述治河的鼻祖，再述开渠的鼻祖；其开头先述大禹为治河鼻祖事，下来诸开渠事便是在叙述有史可考的开渠鼻祖；而开渠鼻祖乃大禹，故知《史记·河渠书》开头第二部分所述诸渠乃大禹所开。

四、《史记·河渠书》开头表明：中华民族无论是治河还是开渠，两者都以大禹为鼻祖

上已详细论明，《史记·河渠书》开头是对大禹治"河"与开"渠"这两大功绩的总结。换句话说，《史记·河渠书》无论是治河还是开渠，都以大禹为鼻祖。

至此我们回过头来再看《史记·河渠书》，便能明白它所记述的内容，便是先据《夏书·禹贡》来叙述大禹治河（黄河）的功绩确保了黄河在夏商周三代没有大患，到了2000年后的汉代才因年久失修出现河患而需要再度治理（此亦可证大禹顺黄河自然水性治理可保2000年功效，堪称圣明）；然后再根据《夏书·禹贡》及其他一些史料，叙述大禹"尽力乎沟洫"的开通人工渠道的伟大功绩，指出这些渠道可以用来作为交通和灌溉之用，其功效远比治河（治黄河）来得更为久远而可以存之万世（比如在江南开的大运河、江北开的邗沟，便一直沿用到今天，必将能继续沿用到无穷之未来）。而且又指出，大禹一路上还从主干沟渠开出大量的分枝渠道来滋润土地、化瘠土为良田，受到百姓们的拥戴。《史记·河渠书》在述完大禹"治河"与"开渠"这两大功绩之后，接下来又叙述大禹之后的战国西门豹、郑国两人开渠兴修水利事，以及汉代"治河、开渠"的水利业绩。

如果"自是之后……然莫足数也"不是大禹的功绩，则《史记·河渠书》中只有"河（此处特指治理黄河①）"的开创者是大禹，而"渠（此处指疏浚'沟洫'）"的开创者便不是大禹了，这显然有违孔子"禹尽力乎沟洫"、孟子"排淮、泗而注之江"的说法。由此也可证明《史记·河渠书》无论是"治河"还是"开渠"，全都是以大禹作为始祖；而《汉

---

① 古人的"河"特指黄河。此处"河渠书"中的"河"指"治河"，同样也是特指治理黄河。

书·沟洫志》中的"沟洫"也是以大禹作为始祖。唯有这种理解，方能与"大禹治水不光治河（黄河），更治普天下之河（指治'九州'也即全中国的长江等诸河，乃至治理到东南亚的'澜沧江'河）；大禹不光治洪涝，更疏通旧有的水道或开凿具有交通、灌溉功用的新的人工渠道"这两大历史事实相吻合。如果"自是之后……然莫足数也"不是大禹的功绩，这便意味着《史记·河渠书》与《汉书·沟洫志》只提到了大禹治黄河（"河"），而未提到大禹治黄河以外诸水及开渠（"渠"）之事，这显然有违大禹治水的历史真相。

所以正确的解释便当如上面所理解的：《史记·河渠书》开头两段史料全都出自前人之书，司马迁未予考证加上了"蜀守冰"三字。（或如上文所说：我们也不能排除司马迁原文并无此三字，而后人传抄时因李冰治岷江之名太响而妄加。）这么一理解，《史记·河渠书》四川离碓及其上所有开渠文字，便全都是大禹治水的成绩，即：

①"荥阳下引河东南为鸿沟，以通宋、郑、陈、蔡、曹、卫，与济、汝、淮、泗会"，正是上文"二、（二）"《禹贡》"导水"中的"第六条"从沇水开始疏导到济水，再沿济水疏导到黄河，再沿黄河疏导荥水、菏水、汶水等黄河支流入黄河而入海。

②"于齐，则通蓄济之间"，便是上文《禹贡》"导水、第六条"中的疏通"菏水"。

③"于楚，西方则通渠汉水、云梦之野"，正是上文《禹贡》"导水"中的"第四条"从嶓冢山开始疏导汉水，沿汉水入长江、再沿长江一路上疏导到彭泽湖。

④"于吴，则通渠三江、五湖"，正是上文《禹贡》"导水"中的"第四条"沿长江一路上疏导到彭泽湖，然后再沿江而下，一路上疏导到南京、常州北侧的"北江"入东海；"第五条"从岷山一路疏导长江到芜湖处后，在芜湖处沿"中江"水道一直疏导到今天宜兴城那儿入太湖，再走太湖入海的水道"吴淞江"疏导到古"松江"入东海的大海口"。

⑤"于蜀，蜀守冰凿离碓，辟沫水之害"，正是上文《禹贡》中的"第五条"从岷山开始疏导岷江，沿岷江一路往下疏导到长江。

由于大禹治水抓住了矛盾的主要方面，即治理全国各大自然地理区域内的最大之河，所以他已把天下大河及其重要枝流全都一网打尽，因此全国各地的后人便只能在"禹功"的基础上重开重浚，继续疏导，而蜀守李冰"都江堰"的伟绩不过是其中一例罢了；而司马迁在大禹功绩之上加"蜀守冰"三字（或是司马迁以后之人妄加此三字），更能体现出大禹的功绩是后人建功树绩的基础。

其实还远不止李冰承大禹之功而立绩这一例：《孟子》所说的大禹"排淮泗入江"便又是夫差开"邗沟"的先声，而《禹贡》中的"菏水"更是夫差疏通泗水、济水之间"菏水"的先导，这便是《国语》卷十九《吴语》中夫差亲口命自己的使臣对周王室说："余沿江、沂淮，阙沟^①、深水^②，出于商、鲁^③之间，以彻^④于兄弟之国。"

而大禹在楚地云梦大泽上开沟，后来又被传为是孙叔敖所为。至于《大禹》在江南沟通"三江、五湖"的水道，则被传为是吴王夫差或秦始皇所开，其实上文第二章已然证明，西周初年的周康王时，乃至百多年前商末的泰伯奔吴时，便已有此江南大运河存在。其实他们（孙叔敖、周康王所封的宜侯也即吴君周章、夫差、秦始皇等人）全都是在大禹所开沟渠的基础上做进一步的拓宽、加深、改进罢了。大禹治水抓住了问题的主要方面（即治大河的前提下兼顾小河），大禹既然要治天下的水，势必也就要治到天下所有的大河；而天下的大河从古至今都是基本不变的，所以大禹已经治理完天下所有的主干大河及其主要分枝大河，后人的治水便再也超不出大禹的范畴了。

因此，《史记·河渠书》中提到的全天下的主干河渠，无一例外全都经过大禹之手的整治；其实大禹本身又是在大禹之前的新石器时代先民治河工程的基础上整治而来。因为大禹之前各地的先民也要治水，各地的主要大河不是大禹时才有的，而是自古就有，自然自古就有水患，所以各地先民早已将其治理过，大禹是承先民的治河成绩与经验来治各地之河。大禹有异于先民的伟大之处在于：先民只能局于自己的方国，各治己地之河；而大禹肩负治天下水患的重任，遂由他一人历时 13 年治毕天下之河，此乃空前绝后之事。因为大禹之后，不会再有满天下的洪水出现，故也就不会再有以一人之身治毕天下之河的情况出现。

由于天下的河渠沿用到了战国时代，后来的学者便认为这些河渠在大禹时代并不存在，是春秋战国的时代方才开凿出来；他们并不知道古人笔下记录的所谓"开凿"可以是重开（即重开也可以记录为"开"或"凿"），从而误会：《禹贡》中记载到这些河道便意味着《禹贡》不是大禹时代的治水记或山川地理记，而是战国时人所作的山川地理记，于是下面这一观点非常流行，即：

以前的学者都以为《禹贡》为夏朝史官甚至是大禹本人的著述，<u>现在早已为学界所否定</u>。上世纪 30 年代，顾颉刚提出了《禹贡》成书于战国时期的观点。其中最有意思的一个证据便是《禹贡》中提到一条河流"菏"。"菏"指菏水，是公元前 483 年吴王夫差为与晋争霸而开凿的一条运河。即此一点就可以断定《禹贡》作于公元前 483 年之后^⑤。

---

① 阙沟，即开沟。阙，通"缺"，挖沟则地缺。

② 深，使深。深水，使水加深，即挖沟使水变深而成为可以走重载兵船的水道。

③ "商"为商国首都"商丘"，今睢阳，后为商的后人宋国的首都；"鲁"为鲁国首都，今曲阜，本亦是商国分封给其股肱之国奄的国都，周武王灭商，封己子周公镇守之而建立鲁国。

④ 彻，通。吴与周皆姬姓，此处指吴开沟运兵来中原和同为姬姓的诸兄弟国相交通。

⑤ 见"百度百科"之"四书五经"条，https://baike.baidu.com/item/%E5%9B%9B%E4%B9%A6%E4%BA%94%E7%BB%8F/96723。

画线部分便是明显的以不误为误、颠倒黑白，抹杀中华上古文明。其实，那条"菏水"完全可能是大禹开而夫差继续开（即便是大禹之开，亦有可能是承先民之遗绪而重新疏浚之开），"疑古泰斗"顾颉刚先生据之定《禹贡》为战国作品乃是不足为据的。

今人认为《禹贡》虽然托名为大禹所作，其实却是战国以后的作品，并认为具体的证据有很多，其最主要的理由便是《禹贡》所记的不少地理状况反映的都是战国时的状况，有的地名、水名甚至要到战国后期才出现，如果《禹贡》真是大禹所作，他岂能未卜先知？

在我看来，这其实恰可说明大禹奠定了后世全国水利的格局和基础，后世的水名、地名并不能自己开口说话来证明自己在大禹时代并没有出现，所以根据地名、水名来论证《禹贡》的成书年代那显然是靠不住的。后世的地名、水名出现于《禹贡》，这也恰可说明早在大禹时代就有这些地名、水名存在了。

事实上，只要是大河（含人工大河），河越大，便越不可能是后代才有（或创开），而是自古就有。只不过出现文字比河要晚，记载到此河已是此河出现很晚的时候了，此时再来记载此河之开凿，其实已是重开而非创开。而且古代纸墨与书版宝贵，所以养成著书惜墨如金的传统，奉行"常事不书"的原则。所以越是阔大、越是常见、越是有其大用的河，反倒越加记载得少。我们不能因某河上古未有记载而定其一定不存在于上古，更不能因后世记载到此河的开凿就说此河创开于其时。"尽信书不如无书"，所有的文献记载都要放到其所存在的实际自然地理环境与历史人文背景中去细细审度，而不宜"唯文献论"地贸然下其结论。

那后世之人为何不另开新河，而一定要在大禹的水利工程基础上继续拓宽、加深、改良呢？其原因便在于古人船只狭小而底浅（甚至是身极窄、底极浅的独木舟），后世生产力进步而船只变大，需要加深、加阔河道。而且大禹所开的灌溉用的大河，虽然在当时可能既宽又深，隔了一定年数，便会因河泥的淤积而需要重开。再则，大禹开沟渠时，更多的是借助自然的河道和湖泊，所以弯弯曲曲；而后世由于有了铁器等生产工具，拥有比大禹更强的改造自然的能力，便会违逆河道的天然本性和状态，有意"裁弯取直""逆天而行"地改进大禹时代留下来的古河道。但是有一点一定要牢牢记住：大禹之所以能够取得巨大的治水成绩，便是顺应了河流的天然水性，而后世"裁弯取直"后便需要用更大的人力来维系其河形的不变，即要通过建造堤坝、石驳岸来固化河道，就因其乃人工改造的非天然性所致。

虞夏商三代以后的东周的儒学家们，便把大禹治水的智慧看成是一种顺应自然的典范，《孟子·离娄下》对此有过非常深刻的论述："天下之言性也，则故而已矣。故者以利为本。所恶于智者，为其凿也。<u>如智者若禹之行水也，则无恶于智矣。禹之行水也，行其所无事也</u>。如智者亦行其所无事，则智亦大矣。天之高也，星辰之远也，苟求其故，千岁之日至，可坐而致也。"

孟子说，天下之人所说的本性，无非指万物固有的道理罢了。固有的道理是以"顺乎自然、因势利导"作为根本的。我们有时之所以要讨厌聪明，便是因为它会穿凿附会、会巧夺天工，从而违逆天然的本性。如果人的聪明就像大禹治水时那样让水顺势流泄，我们也就不会讨厌这种聪明了。禹使水顺势流泄，做的是不用穿凿而顺其自然的事情，看上去有所作为，其实完全是在引导大自然那样去做罢了，根本就没什么人为的行动来改变过自然（正如中医激发人自身的免疫能力也即所谓的"元气"，以此来达到治病健体的目的，根本就没有对人体加入什么新的东西）。如果聪明人也能够做这种不用穿凿而顺其自然的事情，那这种聪明也就伟大得很了不起了。虽然天是很高的，星辰是很远的，但如果能推求它们固有的运行规律，则一千年后的那个冬至，其到来时的精确时间与天上的星象位置，也都是可以坐着推算出来的。

除了孟子盛赞大禹治水能顺其自然外，《淮南子·修务训》也说："夫地势，水东流，人必事焉，然后水潦得谷行。（高诱注：水势东流，人必事而通之，使得循谷而行也。）"《淮南子·原道训》又载："禹之决渎也，因水以为师。"以水为师，就是善于根据水流运动的客观规律，来因势利导地疏浚、排洪。

《国语·周语下》也谈到大禹治水能"高高下下，疏川导滞"，即大禹能顺应大地的自然走势，高的仍然保持其高度不变，低的疏浚使其更深，而下来的"疏川导滞"这四个字说的便是疏通河流，让水流通畅而不停滞，就能引导陆地上的洪水顺利流入大海。

由此可见，大禹治水的重要方法便是顺应河水的天然本性，以此来开挖沟渠、走泄积水，此即《尚书·益稷》所说的大禹治水的主要方法："决九川距四海，浚畎浍距川。""距"就是"到"的意思，其意是指：通过开挖新的或开深旧的小河道（"畎浍"），把水引到大河（"川"）中去，然后再把大河引流到超大型的主干河道（"九川"）中去，最后再引导这宏伟的大河流入大海（"四海"），这样就能引导所有从河床中漫溢出来的"洪水、溃水"全都流归大海。

可以想见，洪水出槽，在广阔的平原上奔流驰骋（即所谓的"横流"），势必要把平地冲成千沟万壑。在这些沟壑中，主流所经过的河道总会比较宽大，如果能集中力量把这些主干河道疏浚通畅，局部也做一些裁弯取直的工作，加速洪水的排泄，然后再在两岸加开若干排水的渠道，使漫溢出河床的洪水和积涝可以迅速回归河槽中去，势必能大大减轻洪水的威胁。

据说大禹便是运用这种治水法门收到功效，即《孟子·滕文公下》所说的："当尧之时，水逆行，泛滥于中国，蛇龙居之，民无所定。下者为巢，上者为营窟。《书》曰：'洚水警余。'洚水者，洪水也。使禹治之。禹掘地而注之海，驱蛇龙而放之菹^①。水由地中行，江、淮、河、汉是也。险阻既远，鸟兽之害人者消，然后人得平土而居之。"因此《史记·河渠书》开头所说的诸河渠，便都是大禹顺应水的自然本性加以开凿或疏通的杰作。

正因为大禹能顺应自然与水流的本性，所以他所开的沟渠全都"恰到好处"，即全都能恰好就符合其所在的地理环境，这就决定后人也唯有在大禹的基础上开浚疏通才最为省力，所以大禹所开的沟渠这一大禹治水的功绩，得以被后人延续而继续重开、重浚，历时千百万年而不败，至今仍发挥其功用而泽及万世。

也正因为大禹治水能顺应自然水性，发现规律、拒绝蛮干，攻破重点、一泄千里，方能"四两拨千斤"，一路酣畅淋漓，工省而功巨，故而能在短短六年中^②治遍九州大河，甚至超出了今日中国的国境，治到澜沧江口的越南胡志明市。

因此《史记·河渠书》中所言的"于吴，则通渠三江、五湖"肯定也就是大禹治水的成绩。难怪我们明代常州府江阴县令黄傅编纂的《弘治江阴县志》，称江阴有"夏王庙"，又称"夏港"就是大禹所开的泄太湖水入长江的总纲之河，与苏州府常熟县的"白茆河"、太仓州的"娄河"（即浏河）相并称；古代又有人称"东江"也是大禹"禹功"的遗迹（其乃太湖下游往东南方向入海的江，在海盐境内，后世已淤塞不存），又有人称"京口河"（即镇江丹徒口至丹阳的"徒阳运河"，也即江南大运河"镇江至常州段"；更可向东延伸而指整个江南段大运河）也是禹功遗迹，均由来于此。皮日休称隋炀帝开京杭大运河的

---

① 菹，音"巨"，草多的沼泽地。

② 禹治水十三年，头七年用其父鲧壅堵之法治水不成，第八年得江南通水之法治六年而成功。今人以大禹治水工程量大而不可能完成，恰是以不识水性的蛮干来度大禹之事了。大禹治水犹如中医治病，几味草药便能激发身体的正气（即免疫机制）来自己治自己，大禹治水同样通过中医式的望闻问切来顺自然之势达到治水之功，无为故能高效无阻而无不为。

功绩与大禹论功也不为过①，其实也由来于此，即大运河江南段其实也就是大禹的"禹功"之一，故隋炀帝重开此河可与大禹相提并论。

大禹为代表的治水之法重在疏导（而非鲧之壅堵）。而京口至常州段江南大运河便是疏导北江潮水遍润"长江三角洲"北境的水利杰作。大禹这一疏导法便是按顺序把洪潮从高处引导到低地，再由低地疏导到大河，流归东海。

当然大禹也有"九川涤源，九泽既陂"之事，乃是将某些积水的低洼沼泽修筑起堤坝，使之不致为患。其与疏导相反而相成，但所占比重比疏导要小。

总之，大禹这种以疏导为主的治水方法，可以视作中国古代治水传统上的基本观念。不仅在所谓"传说中的"夏禹时代②如此，即便在西周，也脱离不了这一治水方法，例如《国语·周语上》说："厉王虐，国人谤王。召公告曰：'民不堪命矣。'王怒，得卫巫使监谤者，以告则杀之。国人莫敢言，道路以目。王喜，告召公曰：'吾能弭谤矣，乃不敢言。'召公曰：'是障之也，防民之口，甚于<u>防川，川壅而溃，伤人必多，民亦如之，是故为川者，决之使导。</u>'"周厉王元年是公元前 877 年，所以这则文献记载的是距今 2900 多年前的事。所记之事虽然比传说中的夏禹时代差了千余年之久，而且文中谈论的又是"弭谤"这一政治问题而与治水无关，但就其借用治水理念"为川者决之使导"作比喻来看，同样可以窥见西周中期，一般人的治水观念仍不外乎大禹开创的"疏导"这一法门而与大禹一脉相通。

这种治水观念即便到了春秋时代依然没有改变。《国语·周语下》云："灵王二十二年，谷、洛斗，将毁王宫。王欲壅之，太子晋谏曰：'不可。晋闻古之长民者，不堕山，不崇薮，不防川，不窦泽。夫山，土之聚也；薮，物之归也；川，气之导也；泽，水之钟也。夫天地成，而聚于高，归物于下：疏为川谷，以导其气；陂塘污庳，以钟其美。'"周灵王二十二年就是公元前 550 年，其时已是春秋的中期。当时周王城已经移到洛阳而成了东周。王城西北有一条瀍水，西南有一条洛水，两水在洛阳城西交会，由于雨季水涨而危及

---

①即皮日休《汴河怀古》诗画线部分的末句："尽道隋亡为此河，至今千里赖通波。<u>若无水殿龙舟事，共禹论功不较多。</u>"

②其实大禹是真实的历史人物，禹的时代并非传说，只是当时虽有文字而文字的载体罕能流传到后世（正如金石都无法不朽，四千年前的古物更是难以流传至今），大禹时代的史实全都靠口耳相传的"口述史"方式流传下来，而"口述史"与"传说"在表现形式一样，故后人径以"传说"来视此时代。由于传说可以虚构，也可以口述已有，很难鉴别，所以用"传说"来标签禹为代表的上古时代，极易否定该"口述史"时代的历史真实性，而荒谬地认为这一时代是本无其人的"传说"时代、"神话"时代。其实这一时代当客观地称之为"口述史"时代，而不宜用带有极强主观或荒诞意味的"神话或传说时代"来加以标签。

王宫的安全，周天子打算堵塞这两条河来彻底根绝、平息王宫的水患。虽然周灵王最终不顾太子晋的反对而兴筑此堤防，但从太子晋用"古之长民者……不防川……疏为川谷以导其气"的话语来加以反对，可知春秋时代，"疏导"仍是治理洪水的基本原则。

以上所述充分表明：夏禹用"疏导"作为原则来进行治水，春秋战国时的人们对此确信不疑且遵循沿袭。这一方面证明大禹治水肯定是真人真事，如果大禹治水是虚构的传说，却能有如此强有力的榜样示范作用，将无法想象。另一方面又能证明大禹治水对春秋战国以来的治水思想给予了无比的影响，这也正是春秋战国时期所开河渠与大禹所开河渠相重合的一大原因，这同样也是汉武帝堵好"瓠子"缺口后，又要开两条河渠来引黄河水北流，从而使黄河恢复夏禹故道的原因所在。足见榜样的力量是无穷的，榜样的示范效应在时间上也是无尽的；事实上，榜样当年做出来的成果也是最优解，后人不得不加以效法。

五、源自《禹贡》的《史记·河渠书》开头第二段，能用来证明江南大运河是大禹杰作

今对《史记·河渠书》开头第二段大禹治水所开沟渠，择其与本书有关者详论如下，旨在证明其中提到的江南大运河是大禹的杰作。

（一）苏北邗沟为大禹之功，反衬出苏南运河也当是大禹之功

《孟子·滕文公上》："当尧之时，天下犹未平。洪水横流，泛滥于天下。草木畅茂，禽兽繁殖，五谷不登，禽兽偪人，兽蹄、鸟迹之道交于中国。尧独忧之，举舜而敷治焉。舜使益掌火，益烈山泽而焚之，禽兽逃匿。禹疏九河，瀹济、漯而注诸海，决汝、汉，排淮、泗而注之江，然后中国可得而食也。当是时也，禹八年于外，三过其门而不入，虽欲耕，得乎？"画线部分说的便是帝尧之时，中原淮河流域发大水，大禹引导淮河积水往南注入长江，这岂非就是在开后世沟通长江与淮河的"邗沟"前身？

看来，所谓春秋末年夫差开"邗沟"，其实就是夫差在大禹疏浚的"邗沟"基础上重新开拓整治来供运兵之用。夫差为何要重加开拓呢？便是因为大禹时代生产力落后，行的是独木舟，开不大的沟便可适用；而夫差时代生产力进步，船只变大，其沟需要通行大船，故要加以拓宽、加深。

那与江北大运河一江之隔的江南大运河呢？其应当也是夫差在大禹治水所整治的江南"井田制"东西向的"人工灌溉总渠"的基础上开凿而来，下文"（二）"有详论。

邗沟未通以前，江、淮（长江和淮河）是否相通？这个问题前代学者聚讼已久。《孟子》说过，禹治水时"决汝汉，排淮泗而注之江"，认为大禹治水时，淮、泗便与长江相

通。后来很多学者都认为这话说错了，不可信据。朱熹《孟子集注》注《孟子》此语说："汝、汉、淮、泗，亦皆水名也。据《禹贡》及今水路，惟汉水入江耳；汝、泗则入淮，而淮自入海，此谓四水皆入于江，记者之误也。"

其《晦庵集》卷七十一亦言："《孟子》'决汝、汉，排淮、泗而注之江'，此但作文取其字数以足对偶而云耳。若以水路之实论之，便有不通。而亦初无所害于理也。说者见其不通，便欲强为之说，然亦徒为穿凿而卒不能使之通也。"即朱熹认为：孟子本当说"决汉，而注之江"，为与上文"疏九河，瀹济、漯，而注诸海"相对仗，于是硬添上"汝、淮、泗"三条河而作"决汝、汉，排淮、泗而注之江"，画线部分符合事实，未画线部分便是孟子为求对仗的胡说，朱熹又说：达观之人明白其胡说，因其不害文章所说的主旨，故视而不见、置之不论，而愚蠢之人便信以为真。试问：以这种方式来解经，即便解经者是著名的大贤朱夫子，能有谁信？孟子白纸黑字写明的话，岂可如此不负责任地曲解？奉行《中庸》"博学之、审问之、慎思之、明辨之、笃行之"之旨来治学的孟子，能如此舞文弄墨、以文害义、贻误后学吗？

朱熹正怕大家不信，于是详论其理由。第一条理由便是：淮水"而列于四渎，正以其能专达于海耳。若如此说，则《禹贡》当云'南入于江'，不应言'东入于海'，而淮亦不得为渎矣。"即"四渎"皆当入海，淮河若入长江便不当列为"四渎"，由其列为"四渎"，故知淮河不入江而入海；而且淮河若是入长江，则《禹贡》当言其"南入于江"，而不当言其"东入于海"（"导淮自桐柏，东会于泗沂，东入于海"）。朱熹乃不知：禹是开淮河支流而使淮河淤积之水达于长江，"排淮、泗而注之江"并无伤于淮河本身之入海。

朱子又言其第二条理由："盖古今往来淮南只行'邗沟'运河，皆筑埭、置闸储闭潮汐以通漕运，非流水也。若使当时自有禹迹故道可通舟楫，则不须更开运河矣。"这又是不识古今水势盛衰不同的表现。淮河与长江之间，直至今天仍有"水柜"洪泽湖，宋元两朝便用其来束水攻沙，即用此湖之清水来冲刷黄河浑泥浊水，以此来保漕运之河不致被黄河泥沙淤塞。而夫差所开的"古邗沟"，西晋杜预注《左传》即言其连"射阳湖"而成，可证后世长江、淮河之间仍有大型湖泊存在，则大禹之时江淮之间的湖面当更形巨大。其湖今天早已萎缩乃至不存，这是很正常的自然地理现象。因为湖泊因水土沉积而在后世只会越缩越小。正如江南横亘常州、无锡、苏州三境的"古上湖（即'芙蓉湖'）"，在南朝刘宋与南宋时便逐渐围湖成田，明清时更是彻底成陆；苏北所有的天然湖泊，也当同这一自然发展趋势。故大禹之时，江、淮之间有大的湖面水泽相沟通，大禹顺势开出若干不长的沟渠，使鲁南之水（泗水）、苏北之水（淮水）得以经由此湖（如射阳湖）流入长江，这是完全合乎情理的。此水道由于借助自然河道与湖泊而曲曲折折，夫差沿用大禹时的这一曲折水道作了一定程度的整修（如：裁弯取直以取捷径），以此来作为北上中原的运兵与运粮孔道"邗沟"；而隋炀帝再在夫差等前人的基础上，沿夫差故道再大加修整（如：彻底地裁弯取直以取捷径），开凿改造成今天的苏北大运河。大禹时代水盛，无须筑坝便能有水，而后世水退成陆，需要筑坝方能积水行舟（即朱熹所云），也就不足为怪了。

朱子又言其第三条理由："世又有立说，以为淮、泗本不入江。当洪水横流之时，排退淮、泗，然后能决汝、汉以入江，此说尤巧而尤不通。……淮、汉之间自有大山，自唐、邓、光、黄①以下，至于潜、霍②，地势隔蓦③，虽使淮泗横流，亦与江汉不相干涉，不待排退二水而后汉得入江也。大抵孟子之言，只是行文之失，无害于义理，不必曲为之说，闲费心力也。"此又是受他人误说诱导，以"决汝汉""排淮泗""而注之江"三者为因果关系，即汝汉赖淮泗之排而得以入江，朱熹以汝汉与淮泗间有大山阻隔而定此说不通。实不知"决汝汉"与"排淮泗"是并列关系，即孟子说的是"决汝汉"使"注之江"，再"排淮泗"使"注之江"，《孟子》并未言汝汉与淮泗相通，朱熹之驳并不成立。

综上，朱子"淮、泗不入江"的结论，其实没有一条理由是确凿的，所以其结论也就只能认为是武断了。这就意味着，大禹与孟子时代，淮、泗完全可能与长江相通而有古邗沟存在。

由于后世皆宗朱熹为朱子（即圣贤），故后人全都赞同朱子之说而不敢怀疑朱圣贤的这一说法。朱子之说其实也是承袭前人之说而来，如南宋林之奇《尚书全解》卷八解释《禹贡》扬州贡道"沿于江、海，达于淮、泗"时说："顺流而下曰'沿'。盖自江而入海，自海而入淮，自淮而入泗，然后由淮、泗而达于河也。禹之时，江未有入淮之道。自扬州入帝都，则必由江而入海，然后入于淮、泗④。至吴王夫差掘沟通水，与晋会于黄池，然后江、淮始通。若禹之时，则未有此道也。而《孟子》曰：'禹疏九河，瀹济、漯而注之海；决汝汉，排淮、泗而注之江'，此盖误指吴王夫差所通之水以为禹迹，其实非也。使禹时江已与淮通，则何须自江而入海？自海而入淮？为是之迂回也哉？案：五代闽王审知，以杨行密保有江、淮，每岁遣使者泛海，由登莱朝贡于王。夫淮之不通，则必泛海，由登莱然后可以达内治。以是推之，则扬州之达于帝都，由江入海，然后由海入淮泗也。

---

① 指唐州、邓州、光州、黄州。

② 指潜山与霍山（今安徽天柱山）。

③ 隔蓦，互不相通。

④ 指大禹时无沟通江淮的江北运河"邗沟"，南方朝贡时，要由长江入海，北上至淮河口，溯淮河而入泗水，再由菏水入黄河而抵禹之京。

是禹之时，江不通淮也，明矣。孟子生于周末，去禹之世为未远，而犹误指当时所见之水以为禹迹。自孟子而来至今数千年矣，禹之旧迹漫灭者亦已甚矣！而世之儒者，乃欲以今日所见之水，而配合《禹贡》之书，岂不犹胶柱而调瑟者哉？"

上已言，林氏不识江淮之间乃平原，是远古大洋退去所成之陆，长江、淮河之间必定会有大的河流、湖泊（潟湖）、沼泽相流通，故"邗沟"未必是夫差所开，而大禹时便当有其雏形存在，故其画单直线部分也就靠不住了。

孟子距夫差时代很近，只有150年，不当搞不清楚"邗沟"是夫差新开还是此前旧有。以奉行《中庸》"博学之、审问之、慎思之、明辨之、笃行之"之旨来治学的孟子，肯定不会将这一点搞错。所以我们完全有理由认为孟子是以夫差为重开邗沟，而邗沟在大禹时便已存在，于是也就不可以轻易地以"孟子误说"为由，来武断地否定孟子所说的"排淮、泗而注之江"的事实。相反，作为距夫差仅150年的孟子，其言大禹之时江淮相通，恰也就是夫差之前便已有"邗沟"的证词。换句话说《左传》夫差"吴城邗，沟通江、淮"，只是说夫差开沟沟通了长江、淮河，并不排除"此沟在夫差之前便已存在，夫差只是略为改道而重整此沟"的可能性。今再加孟子此语为证，更可证明《左传》所言实非夫差创开邗沟，而当是夫差重开邗沟。故其画双线部分也失之武断。

至于文末画浪线部分，言禹迹早已湮没于历史长河中而大多不可见。上文已详论大禹顺河流自然水势而开河，中国人又历来主张孝顺而有"承袭古人不敢擅加变改"的传统，且唯有顺禹所开之河方才最符合自然天性而最省力，故大禹所开沟渠得以历时千百年而不败。正如江南大运河，以大禹所开为雏形，夫差、秦始皇、隋炀帝沿用而开成后世之规模，至今仍历久弥新、活力不衰。故上引画浪线部分貌似公允，实为不达禹功顺应自然而长存不衰的伟大之处。

至于林之奇标举出来的《禹贡》"扬州"进贡之路是"沿于江、海，达于淮、泗"，前人皆同林之奇一样，将其解释为：中国东南沿海朝贡时，不由长江走"邗沟"这一内河航运北上中原，而沿长江东下至东海口，再由海路至淮河入海口，溯流而入淮、泗水以达黄河，驶抵大禹设在冀州的国都"阳城"（今河南登封）。

其实这么理解是有问题的。《禹贡》原文言扬州之人"沿于江、海，达于淮、泗"是说，南方长江流域的人，沿江东下至"邗沟"处北上通淮、泗；如果是沿海之人，便沿东海海岸线北上至长江的东海口，然后由于长江口宽阔，水速较缓，所以还是可以通过努力，溯江而上至"邗沟"北上而通淮泗。

其实古人根本就不用逆长江湾而上，因为逆江而上是困难的，他们完全可以沿海岸线北上至"南江"即钱塘江的东海口，北渡至余杭一带，走大禹时代就有的江南大运河。此江南大运河之常州以东部分全是"太湖"向"东海"溢水而成的湖面，无需开河便可行舟，仅常州至镇江段需要开此江南大运河。朝贡之船由此江南大运河至京口渡江，再由邗沟北通淮、泗。

其实钱塘江的东海口和长江口一样宽大，逆江而上同样不可行，所以古人根本也不用逆钱塘江而上，他们完全可以在行至钱塘湾的东海口时，不逆钱塘江而上，而走海盐处的"东江"（其为太湖往东南入海的水道），"东江"比钱塘江要小很多，容易逆江而上进入太湖东溢而成的湖面，从而走上江南大运河的水道，行驶至京口过江入邗沟。

因此《禹贡》"沿于江、海，达于淮、泗"，并不能否定江北"邗沟"的存在，反而强化了"邗沟"的必须存在，因为下面①②④三地的朝贡均可由邗沟来避江海风涛与逆淮而上之险。具体来说：

①同属扬州，但比起江南与钱塘江南岸更遥远的闽粤地区，其纳贡的话，自然以出海为方便，其沿东海海岸线到达钱塘江（南江）或长江（北江）的东海口（钱塘湾、长江湾）时，可由东江水道驶入太湖向东溢水形成的湖面进入江南大运河常州至镇江段驶抵京口，渡江入邗沟而至淮、泗、黄河、禹都。当然，其驶至钱塘湾、长江湾时不溯江而上，直接由海路北上至淮河入海口上溯淮河，这种可能性也是巨大的，因为下一章"二、（九）"便提到"河姆渡文化"已经有很强的面向海洋的特征，比之晚两千年的大禹时代，闽粤地区渡海能力当更为发达。

②扬州区域内比闽粤要邻近中原的江南吴越之地①纳贡的话，自然是走江南大运河至京口渡江，由邗沟北上淮河、泗水、黄河、禹都为便，并不走海路。其中吴地直接走江南大运河，而越地则要渡过东海之南江口（钱塘湾），由东江入太湖东溢之湖面进入江南大运河。

③如果是位于江南吴地上游、地处长江中游的楚地纳贡的话，《禹贡》载明："荆及衡阳惟荆州。……浮于江、沱、潜、汉，逾于洛，至于南河。"即溯汉江等河北上，过洛水而至黄河朝贡，并不沿长江东下至邗沟北上淮泗，因为这样走会多走回头路，绕了个大弯。

④如果是安徽、江西境内的"楚头、吴尾"之地朝贡的话，凡是邻近江南吴地者，便可沿长江至京口对面的邗沟，驶抵淮河、泗水、黄河、禹都。

前人还曾纠缠于大禹时代是淮水流入江水、还是江水流入淮水的问题。其实长江涨潮

---

①越地即今绍兴地区。吴地即长江三角洲，其即大舜所立的虞国，也即考古发现的良渚国，"虞、吴"两字通假，其海滨就在今天的常州一带；其时，泰伯时的吴都无锡梅里、阖闾时的吴都苏州城尚在海平面之下。

时，便会发生江水由"古邗沟"涌入淮河的情况；但长江不涨潮是常态，此时便是"小水"淮河流入"大水"长江。如果在长江不涨潮的常态情况下是"大水"长江流入"小水"淮河，势必导致小水不成河形而泛滥成湖沼；而古代淮河、泗水干道并未因此形成鼓腹般的大型湖沼泛滥成灾，据此便可知晓：包括大禹在内的远古直至近世的明清，一直都是淮水携带流入其中的泗水流往长江而不可能反之。夫差时代自然也不可能例外。于是前人所谓的夫差所开邗沟是引江水入淮水，便又是学者误解的实例了。这种误解便以主张古文尚书为伪[①]的阎若璩《四书释地续》"淮注江"条说为典型：

淮水入江，自孟子一时误记，朱子所谓："不必曲为解说"，最是。然郑夹漈[②]已曲为之说。曰："按《左传·哀九年》'吴城邗，沟通江、淮。'自是，江、淮始相通。孟子盖据哀公后吴王夫差所掘之道以为禹迹，而忘却《禹贡》不知"[③]，亦非然也。杜注明谓："于邗江筑城、穿沟，东北通'射阳湖'，西北至末口入淮"，乃引江达淮，与孟子"排淮入江"者不合。直至隋文帝开皇七年丁未，开"山阳渎"[④]；炀帝大业元年乙丑开"邗沟"，皆自山阳至扬子入江，水流与前相反；盖至是，孟子之言始验[⑤]。余尝谓：孟子说错

---

①笔者深信《古文尚书》非伪，只是"隶古定"时孔安国因自己学识有限而有误读，以及孔壁出土时其文有残缺而孔安国依傍它书略为补订导致与真文献有所失真，但断不可用"造伪"这两个字来视之。阎若璩《古文尚书》为伪之论，得到乾隆皇帝钦定遂能在有清一朝大行其道，以显示本朝大清的学术胜过了前朝的宋学，其实流毒深重，影响根深蒂固，今人仍奉为圭臬，罕有学者敢予驳议，然"真的假不了，假的真不了"，《古文尚书》终将被历史所证实，而阎氏《古文尚书》为伪说终将被历史所证伪！

②北宋郑樵，人称"夹漈先生"。

③此即引上文林之奇说。此句是指：孟子忘记了《禹贡》之文表明其作者不知有此邗沟存在。

④此渎是隋炀帝从山阳（今淮安）开至长江的"邗沟"的前身。夫差定都江南，邗沟自南往北开，淮安便是终点而名"末口"，邗城（今扬州）是其起点，故名"邗沟"；隋炀帝定都中原，此渎自北往南开，山阳（淮安）便是起点而名"山阳渎"。阎若璩氏认为，邗沟的命名表明夫差开沟时其水是自南之邗城流入末口淮安，而山阳渎的命名表明隋炀帝开沟时其水自北之山阳淮安流入长江。不知自古至今都是淮水流入长江，不可能反之，因为江水一时涨潮倒灌淮水可以，但不可能时时如此，否则大水入小水，江北便成泽国汪洋，由江北在先秦时未成泽国汪洋，故知夫差开邗沟时其水仍是淮水流往长江。夫差以南之邗城命名此沟而以末口淮安为终点，乃是开沟方向自南向北之故，与水流方向无关。因为世上没有此等巧合的事，即：开沟方向一定要与水流方向保持一致。至于夫差自南往北开是因为其都于南方之江南，隋炀帝自北往南开是因为其都于北方之中原的原故。

⑤指孟子说引淮、泗之水入长江要到隋代才应验。因为在隋代之前的夫差所开邗沟是长江水流入淮水的。阎子所谓夫差所开邗沟是长江水流入淮水，真正是不善读书，贻笑天下，令人为之羞死！则其学术论点之颠倒黑白可以想见，而他便是民国疑古学派的先声，树了坏榜样。

了'淮入江'①后九百余岁，隋果引淮南入江，若孟子预为之兆者，亦属异事。忆顾景范说，《禹贡》"九水"，黑、弱二水自荒裔之川，渭水止在雍，洛水止在豫，济水则灭没难明，当在阙疑之列。迄今其条贯犹存而经纬可见者，惟江、淮、河、汉四水而已矣。余戏语景范："孟子当日言'水由地中行'，不证以'四渎'，而曰江、淮、河、汉者，是得毋亦预为今日之水、之地也耶？"景范不觉笑。

今按阎氏已详引《左传》之经文及杜预注，言明夫差是在邗部落聚居的长江（邗江②）北岸筑邗城，再从此处往北开沟，东北通到"射阳湖"（今宝应东），再折往西北通到"末口"；所谓"末口"，就是所开沟渠的结束（末尾）之口，也即今天的淮安城附近，古又名为"山阳"城，"山阳"其实就是"射（读音为'谢'或'泻'③）阳"之音的流变。所开之邗沟在"末口"处流入淮河。我们读杜预这条注文时，丝毫读不出这是在说长江水由邗沟流往淮河，杜预只是说此沟通往"射阳湖"和"末口"而已，并未涉及水流的方向。而阎若璩居然能死板教条地读出邗沟之水是"引江（水）达淮（水）"来，并认为夫差时代江水流往淮水，而与150年后战国时代孟子说的前于夫差1700年的大禹时代"排淮（水）入江（水）"的流向正好相反。即：夫差前1700年的大禹时代，与夫差后150年的孟子时代，都是淮水流入江水，即淮水地处内陆，水位高于长江，这是合乎常理的，唯有到了夫差开沟那会儿忽然成了江水向内陆倒灌淮河，即长江水位猛涨而高过了内陆，焉有此理？

阎若璩又说直到夫差900年后的隋代开通京杭大运河时，孟子所说的淮水流往长江才得以应验。换句话说，夫差开沟至隋代开河这900年中又一直是长江倒灌淮河。而江南地区是众水奔流入江，苏北地区同江南地区一样是内陆，却反倒是长江水往陆上涌，则苏北便是洪水滔天、民众皆成鱼鳖——焉有是理？

阎若璩还自以为发现了独得之秘，即孟子似乎有预言才能，正如其言淮水入江是900年后应验；而"四渎"本指"江、河、淮、济"，后世济水被黄河所夺而淤塞不可考（黄

---

①指阎若璩承林之奇说，以孟子说的"排淮、泗入江"是把150年前夫差所开邗沟乃长江入淮河给错说成了淮水入江水，要到900年后隋代所开的邗沟方才是淮水入长江。即孟子说错了他那个时代邗沟乃长江入淮河的局面，要到900年后的隋代方才应验他所说的邗沟乃淮水入江水的局面。这等于说山东邹城人孟子不知300公里外的淮安的水流方向，奉行《中庸》"博学之、审问之、慎思之、明辨之、笃行之"之旨来治学的孟子，能对这么重大且如此邻近的事实搞不清楚吗？阎子厚诬亚圣之学术人品，岂非得罪于孟子、得罪于名教而为孟子之罪人、孔孟名教之罪人？古代儒士皆学孔孟而为孟子的学生，皆当为老师而上前给阎生一教诲！

②镇江京口的江面可以京口命名为"京江"或"京口江"，亦可以对岸扬州的邗城命名为"邗江"。

③按射精即是泻泄，故"射"可读"泻、谢"。

河泥沙重，流经之河河床增高，直至与平地齐平而淤塞），"四渎"只剩下三渎，《孟子·滕文公下》："水由地中行，江、淮、河、汉是也"，把"四渎"中的济水给换成了汉水，好像也预知后世黄河夺济入海而济水因黄河泥沙的缘故淤没不存，孟子所言"水由地中行，江、淮、河、汉是也"实乃后世能在地上流的四条大河有汉水而无济水了；孟子所言实乃后世的"水由地中行"，而非孟子生前济水尚存时的"水由地中行"，即孟子有预言才能。阎氏此说简直就是无聊至极的搞笑而已，难怪其自己也心虚地说成是"戏语"；因为孟子举天下大河时不举济水而举汉水，其没例举到并不能证明其就不存在，其不例举也不能证明其要更改"四渎"的组成，用汉水替换掉济水。

总之，阎若璩认为孟子言大禹治水"排淮、泗而注之江"有两大错：第一错是林之奇所主张的：淮、泗注江水是夫差所开而非大禹时代所有，因为《禹贡》所记载的大禹时代长江以南的扬州地区朝贡时要沿江入海，由淮河入海口上溯淮河进入内地，足证其时尚无邗沟，孟子言邗沟为禹迹，便是"忘却《禹贡》不知"此邗沟的存在[①]。第二错是夫差所开的邗沟并非淮、泗两河之水注入长江水，而是反过来长江水注入淮河。

其实阎若璩全都以不误为误了。首先上文已经论证清楚：《禹贡》"扬州"贡道并不能证明其时江淮之间无水道相通；而且江淮间的苏北平原本就是大洋退去所形成的湖泊沼泽之陆，其间肯定会有大量的潟湖存在而有水道可通，这显然是符合其处地理演化规律的自然现象。其次，三岁儿童也可明白的常理便是：内陆海拔高于江海，所以无论是夫差前1700年的大禹时代，还是夫差开邗沟时，或是夫差后150年的孟子时代，更不用说其后900年的隋代开运河时，乃至一直到今天，全都是内陆的淮河往长江流，根本就不存在所谓的"夫差开邗沟至隋代再开此河这900年中，苏北大地'逆天而行'，江海之水全都倒灌内陆淮河"，因为这样的话，苏北陆沉、民皆鱼鳖；而从夫差以来一直到隋代，苏北之民安居乐业而未成鱼鳖，此便可证阎说笑掉大牙。这便是所谓的清代文献大家阎若璩，堂而皇之写在自己书中的、连三岁小儿都不会犯的滑稽谬论。而更可笑者便是如今治水利史的专家不知辟阎说之非，反倒引阎说为经典，均言：隋以前邗沟是长江水入淮河，隋以后邗沟方才是淮水入长江。呜呼，此等专家曾不若三岁孩童之天真自然、童真无邪；积非成是，莫此为甚！

其实自古就有人主张：江、淮本自相通，并非始于吴国开凿邗沟。《淮南子·本经训》

---

①即孟子忘记了《禹贡》时尚不知道有此邗沟存在在那儿。若此沟在《禹贡》时已经存在，江南人朝贡时便可以由邗沟入贡，不用沿东海岸线再由淮河入海口溯淮河而上。

便是其代表："龙门未开，吕梁未发，江、淮通流，四海溟涬，民皆上丘陵，赴树木。"即大禹治水前的大洪水时期，长江与淮河有水道相通！

现在占据主流的观点认为，邗沟未开之初，江淮之间湖泊密布，形如蛛网，水势相连，未尝不可以相通，但使之南北相通，作有计划地利用，并加以因势利导，连成一线，应当归功于吴国开凿邗沟的工程彻底完成了这一局面。苏北之地早在夫差以前原本就具备了水路纵贯其南北而可自然通行的条件，到吴王夫差时，由于向北发展的需要，才作系统的整理，利用原有的湖泊，使之互相连接，以便利运兵和运军粮，这是很合乎情理的事。岑仲勉先生《黄河变迁史》（北京：中华书局，2004 年版）即言："因为江淮下游彼此相通的港汊，到春秋末年或旧迹保留，或部分淤塞，吴王夫差只按着这些故道把它重新开浚，以便利交通，并不是由他创始凿成。"这种说法很是平稳可靠。换言之，夫差所开的苏北运河"邗沟"是古已有之、天然存在，一般都认为其应当是自然遗迹；但本书更认为其也是大禹在自然水道基础上进行人工改造的水利杰作；而且这一人工改造也并不始于大禹，乃是大禹之前的新石器时代人的水利成就。

河南省社会科学院首席研究员、历史考古研究所所长张新斌，在《河南日报》2019 年10 月 30 日第 12 版刊发长文《大禹与中国运河水系的起源》，赞同岑仲勉先生的观点，认为夫差并没有足够的时间开凿邗沟，而当是利用大禹治水的成迹，即："东周末吴王夫差的运河实践，就文献所见当时他并没有足够的挖掘时间，也没有大量的人力与物力。实际上吴王争霸中原之后很短的时间，吴国就已灭亡。吴王不但由水路去了中原，而且邗沟对江淮的沟联是确实存在的。我们不得不思考，在吴王之前东南与中原的水系是存在的，只是因为时间久远，有些水道已经淤塞，吴王夫差所做的工作主要是对这些淤塞水道的疏浚。"

该文认为："中国的运河实践可以早到大禹治水时期。《尚书》一书中，最重要篇章是《禹贡》……从'导水'部分看其结果，就是江、河、济、淮、洛、渭、汉等水，形成了标志性的水道，改变了在平原地区的水系的漫流。……大禹治水，不仅仅是对个别水道的治理，最重要的是对整个平原地区水系的治理，涉及'名川三百，支川三千，小者无数。'[1]而且'所活者千八百国'[2]。洪水的治理，一是打破氏族间原有的界线，而必须依托山水地形进行重新的界限划分。这样就为新的行政建制的诞生，创造了条件。二是在治水过程中，必须形成氏族联盟之间的密切联系，氏族力量的调动需要更大的权力。……平原

---

① 笔者按：语见上文"三"引《庄子·天下》。
② 笔者按：语见《吕氏春秋·爱类》"昔上古，龙门未开，吕梁未发，河出孟门，大溢，逆流，无有丘陵、沃衍、平原、高阜，尽皆灭之，名曰'鸿水'。禹于是疏河、决江，为彭蠡之障，干东土，所活者千八百国，此禹之功也。"古之国乃城邦制国家，一国相当于今之一县。

水系的总体格局，直到东周时期吴王夫差北上中原争霸之时，仍然发挥着重要作用。岑仲勉在他的经典著作《黄河变迁史》中并不看好吴王夫差在人工水道方面的作用。<u>这是'因为江淮下游彼此相通的港汊，到春秋末年或旧迹保留，或部分淤塞，吴王夫差只按着这些故道，把它重新开浚以便利交通，并不是由他创始凿成。'吴王夫差争霸的历史主要是在江南地区，文献中并没有太多的开凿运河的记载，从江北到中原，并不在吴国的势力范围之内，大规模的修浚更不可能，吴王夫差可以乘船由江南到中原参加'黄池之会'，核心还是大禹时代形成的相互沟联的水系网络。</u>尽管我们在文献中看到很多对大禹的赞誉之词，其实并不了解大禹所作对中国文明的含义意味着什么，对整个平原地区水系改造对后人的影响意味着什么，大禹治水所形成的权威对中国国家的治理传统的形成意味着什么。大禹治水对河、济、淮、江四渎的改造，以及以河济为中心的自然水道与人工水道相结合水系网络的形成，无疑是有奠基意义。中国运河水系的肇始应该为大禹时代。……总之，中国的运河水系的形成，是大禹治水的结果。"最后便说出我们上文所阐述的，大禹治水奠定了后世难以突破的中华河流水道的总体格局，同时也奠定了后世难以突破的水利思想和水利格局。

　　通过上文的充分讨论，我们便能得出简括的结论：长江、淮河之间，原本就是个水乡泽国，是湖泊相连、港汊密布的沼泽沮洳地带。春秋末年，吴王夫差为了北上发展的需要，发动广大吴国劳动人民，做了一次比较大规模的有系统的整理开凿工作，他是重开而非创开，他充分利用了此前大禹治水为代表的先人"故道"的成迹。同时又在此沟的入口处建筑起邗城，作为北向发展的桥头堡，这就是《左传》所谓的"吴城邗，沟通江淮"。邗沟运道在以后的漫长年代里，还有一些异常复杂的变化，到隋炀帝大业年间重新规划开凿后，得以完全定型并沿用至今。

　　那么，与隋炀帝定型的"邗沟"一江之隔的、同样是隋炀帝定型的"江南河"呢？我们认为应当也是大禹治江南之水时，在江南古有的"井田制"东西向人工灌溉总渠的基础上开凿疏浚而来，然后经由吴国诸位国君（包括吴王夫差在内）不断疏浚拓宽，直到隋炀帝大业年间重新规划开凿而定型并沿用至今。由"邗沟、江南河"无缝对接于一江之隔的镇江、扬州，故知两者当是同一批人（即同一个方国政权）一体规划并实施建造，两者具有同源性、一体性，其开创时间当同时而不会相差太远。而下一章"五、（四）"更将给出江南大运河略早于江北邗沟的逻辑证明，即江南是吴地的统治中心，而江北是吴地的边疆，从开发先后来看，举一国之力的大运河工程也当由吴地的统治中心逐步开发到边疆地区，而不可能反过来从边疆开往腹里。显然前者符合开发的意味，而后者却有进攻的意味，故不被吴国统治者所允许。下一章更将证明开发此江南、江北大运河的吴地政权，应当就是新石时代以长江三角洲为大本营的良渚人的先民马家浜人。

（二）江南大运河是大禹又一治水杰作的证明

1. 尧舜时代江南发大水的记载，证明江南地区是大禹治水的又一重点地区

《吴越春秋》卷四"越王无余外传第六"指出大洪水的成因其实是人祸，即："帝尧之时，遭洪水滔滔，天下沉渍，九州阏塞，<u>四渎壅闭</u>"，最末四字便指出，当全世界的人类文明进入帝尧时代，由于人口增加，大量造坝围垦①，导致河流泄水不畅，此时天降大雨，人们又用鲧所代表的这一时代擅长的"筑坝围城"之法来抵御洪水，结果招致大自然更大的报复而遭受灭顶之灾。

大禹治水的事情，《尚书·益稷》载：

帝曰："来，禹，汝亦昌言。"禹拜曰："都，帝！予何言？予思日孜孜。"皋陶曰："吁，如何？"禹曰："洪水滔天，浩浩怀山襄陵，下民昏垫。予乘四载，随山刊木，暨益奏庶鲜食，<u>予决九川距四海</u>，浚畎浍距川，暨稷播，奏庶艰食，鲜食；懋迁有无化居，烝民乃粒，万邦作乂。"皋陶曰："俞，师汝昌言。

汉代孔安国作的《传》（即注释）：

所载者四，谓：水乘舟，陆乘车，泥乘輴，山乘樏。随行九州之山林，刊槎其木，开通道路以治水也。……距，至也。<u>决九州名川，通之至海</u>。一畎之间，广尺、深尺曰亩。方百里之间，广二寻、深二仞曰浍。浍畎深之至川，亦入海。

孔安国所言的"畎浍"之制，正与下章"三、（七）、2"所言的"井田之制"相合，可证大禹治水时，所开沟洫遵循自古相传的"井田"之法，则禹所开的沟洫便是"井田制"的灌溉之渠。由上述经文与传注的画线部分，可见大禹不光治理黄河，还治理天下九州最著名大川②，其中肯定应当包括长江在内。九州中最南的便是扬州和荆州，扬州在东南海滨，而荆州在中原正南的长江中游。大禹要治九州之水，就势必要治扬州与荆州的最大之河"长江"、以及另外七州的大河水系，因此大禹治水不光要治中原的黄河，更要治江南之河遂可无疑。

《史记》卷三《殷本纪》便言："古禹、皋陶久劳于外，其有功乎民，民乃有安，东为

---

① 良渚申遗成功的大坝遗址，便是古人造坝能力在文物实证方面的很好缩影；而鲧用息壤造坝堵水，便是古人造坝能力在传说方面的很好见证。由良渚山地大坝的存在，便可想见良渚时代在河口也会筑起大量的蓄水工程来便利农田，这就不可避免要对水的自然流动性造成壅遏而日积月累，终于酝酿成大自然的报复——全球千年一遇的大洪水。

② 孔安国释《尚书》"九川"为"九州名川"，而不释作每一州有一最大之河，普天之下共九州而有九条大川。这是因为长江这样的大川流经数州，故"九川"未必是一州一条而有九条。

江，北为济，西为河，南为淮，四渎已修，万民乃有居。"便讲到大禹治理西方的黄河、东方的长江、中原北部的济水、中原南部的淮水，也即整治黄河与长江这两大流域的水患；由此可见，长江在大禹治水中，与黄河相比，至少是不相上下；如果考虑南方水多的自然水文条件，则其工作量甚至应当远超黄河而无不及。因为南方水资源远多于北方的黄河流域，江南的水灾灾情肯定要远大于中原地区，江南肯定是大禹治水的重点，治理长江的难度和强度绝不亚于而当远超过对黄河的治理。

《浙江通志》卷十："百丈山，《咸淳临安志》：在县西三十里。高一千五百丈，周回二十里，一名潜山。……《吴兴地理志》云：尧时洪水，此山潜水中不没者百丈，因名。"卷十二："尧市山，《吴兴掌故》：在县西北四十里。《吴兴山墟名》云：尧时洪水，居民于此山作市。"高1500丈的山淹没到只有百丈来高，上述传说未免夸张。但洪水时，百姓在山上即孤岛上形成聚居的市集，则是可信的。"长江三角洲"地处长江下游，长江流域的各路洪峰全都会集于此，所以上述传说虽然夸张，但也可以用来证明江南地区的确就是尧舜大洪水时期天下受灾极重的"重灾区"，是大禹治水至为重点的地区之一。

而目前良渚申遗成功，其中有人类最早的五千年前的山地水坝工程，这一方面证明江南地区的水利事业走在当时世界的前列，也证明大禹之前，江南地区已有大量的水利工程和丰富的治水经验，"江南大运河"应当就是和良渚水坝同期乃至比之更早些的水利工程。良渚地区是山地，要筑坝留水以供种田；而常州地区是平原，要开河引水来灌溉：前者是大坝，后者是河渠，都在为农耕生产服务；而且从国境上说，两者全都处在长江三角洲这同一地区，当时应当也属于同一国度（即良渚国），两者其实是同一文明在不同地理条件下的水利表现形式。

2. 江南治水经验最为丰富，是大禹治水的师法对象

《吴越春秋》卷四"越王无余外传第六"记载有大禹的生平事迹：尧时大洪水，四岳推荐鲧可以治水，尧说他办不成这差事（即鲧治水有隐患，会有后遗症，帝尧不愿意任命他来治水），但苦于没有其他更合适的人选，即四岳（中国东、南、西、北四大部落联盟酋长）说，诸臣"未有如鲧者"，于是"尧用（鲧来）治水，受命九载，功不成。帝怒曰：'朕知不能也。'乃更求之，得舜"，可见舜是用来代替鲧任水官（即"共工氏"）之职的。舜贬杀禹的父亲鲧（即"共工氏"[①]）后，自己也治水不成功，又与四岳一同推荐鲧的儿子禹来治水，即四岳对禹说："舜以治水无功，举尔嗣考之勋。""尔"即你，"考"便是父亲的意思，"嗣"就是继承的意思。四岳对禹说，大舜因为治水无功，再度任用您大禹来治

---

① "共工"急读便是"鲧"的音。

水，您凭此可以继续您父亲鲧的治水功业（即大舜重又恢复了鲧氏族的政治地位）。

禹受命后，"禹伤父功不成，循江，溯河，尽济，甄①淮，乃劳身焦思以行，七年，闻乐不听，过门不入，冠挂不顾，履遗不蹑。功未及成，愁然沉思。"这说的便是大禹头七年的治水，由于没有他人前来开导，应当用的仍是他耳闻目濡的父亲建"堤防（也即'城防'用的城）"来堵洪水的旧法。他的父亲治水数年没有成功而被杀，大禹恐怕自己也要落入大舜铁面无私的死刑惩罚中，因此失魂落魄。所以《吴越春秋》此卷下文，便写大禹寻找治水的新思路："乃案《黄帝中经历》，盖圣人所记，曰：'在于九山，东南"天柱"，号曰"宛委"（在会稽县东南十五里，一名"玉笥山"），赤帝在阙。其岩之巅，承以文玉，覆以盘石，其书金简，青玉为字，编以白银，皆瑑其文。'"

由此可见：会稽山古代又名"南岳天柱山"，这是虞夏商周四代的南岳天柱山。此南岳天柱山不是汉代所封的南岳天柱山"霍山"（即今安徽天柱山）②。下文禹"登衡岳"，似乎登的是南岳天柱山或南岳衡山。其实当据《太平御览》卷三十九引此作"登衡山"为是（即当把"岳"字理解为"山"字），因为《史记》卷二十八《封禅书》"禹封泰山，禅会稽"，《史记正义》："《括地志》云：会稽山，一名'衡山'，在越州会稽县东南一十二里也。"可证大禹登的不是南岳衡山而是绍兴的会稽山。其山东西横列，故名"横山"③；"横、衡"两字古通，故又写作"衡山"。宛委山就是今天绍兴的会稽山，古代又名石匮山、石篑山，亦名玉笥山、龙瑞山，有大禹安葬的"禹穴"、阳明洞、龙瑞宫、阳明大佛、阳明书屋、铁壁居等古迹。峰顶海拔虽然只有279米，但层峦叠嶂，阴晴无常，难怪古人要视之为神山，而且还要加给"南岳、天柱"这两大盛名。

大禹得知东南中国即江南地区宛委之山（即绍兴会稽山）有治水宝典，于是《吴越春秋》接下去又写："禹乃东巡，登衡岳，血白马以祭，不幸所求。禹乃登山仰天而啸，因梦见赤绣衣男子，自称'玄夷苍水使者'：'闻帝使文命④于斯，故来候之。非厥岁月，将告以期，无为戏吟。'故倚歌覆釜之山，（《舆地志》：'会稽山有石状如覆鬴，谓之"覆鬴山"，一名"釜山"。'鬴，亦作'釜'。）东顾谓禹曰：'欲得我山神书者，斋于黄帝岩岳之下三月，庚子登山发石，金简之书存矣。'禹退又斋三月，庚子登宛委山，发金简之书。

①甄，考察。或疑此字不通，当为"暨"字（意为及、与）之误，即"尽济与淮"意，恐非。

②汉武帝因会稽山遥远，而定近而易祭的霍山为南岳天柱山，霍山非古之南岳天柱山。

③古人以南北为纵，东西为横，东西走向的山全都可以称作"横山"。"横、衡"两字古通，又可写成"衡山"。

④"帝"指大舜，大舜其时虽非帝，但后来为帝，故此处便以后来的名号来称舜。大舜为帝后，命令将此前史籍中所有称己为"舜"的文字一律追改为"帝"。文命，即大禹之名。

案金简玉字，得通水之理。"通水，即用疏通之法来治水，而不用其父亲鲧筑坝障水的阻水之法来治水。

元代徐天佑为此作注说："《孟子》曰：'禹八年于外。'而《禹贡》云：'作十有三载乃同。'或者以为：'比禹治水之年，通鲧九载言之也。马融曰："禹治水三年而八州平"，是十二年而八州平，十三年而兖州平，兖州平在舜受终之年。'然则禹之成功，不过三四年间耳。此书谓：'劳身焦思，七年功未及成，乃东巡登宛委，发金简之书，得通水之理。'使禹之治水七年而后得神书，始知通水之理，不已晚乎？诸若此类，盖传疑尚矣。"徐天佑不善融会诸书而触类旁通，其实大禹当是开头七年治水不成，最后于第八年得金简之书，其治水共计十三载（《史记·河渠书》："禹抑鸿水十三年"），得书后治水尚有四五年。此四五年中，大禹治三年而八州平，最后治理黄河下游的兖州一年而最终得以完全平定洪水，共计治水十三年。所以禹治水十三年不含鲧治水之九年，因为禹父亲鲧治水九年而其子禹治水三四年，任何有头脑的人都不会说成是其子大禹治水十三年。

由上引《吴越春秋》可知，大禹治水的方略其实就得自"江南地区"南岸的绍兴（古名"会稽"，因其处有会稽山），这便可以用来证明江南治水经验的丰富。事实上，江南地区作为水乡泽国，是全中国、全亚洲第一大河长江的入海口，中国与亚洲再无如此巨大之河；因此江南地区的治水经验在全国最为丰富，全国第一条人工运河就来自江南大地，也就不足为怪了，此江南大地上的第一条人工运河便是本书所讨论的"江南大运河"。

3. 大禹生前重视江南，逝世后其一手缔造的中原夏王朝又与江南存在紧密联系

《吴越春秋》其书接下来便言大禹治水的事迹："复返归岳，乘四载以行川。""四载"即上引《史记·夏本纪》所言的："陆行乘车，水行乘船，泥行乘橇，山行乘檋①。"行川，即一路治水之意，大禹一路乘有四种交通工具：车、船、橇（即在泥泞的沼泽地划雪橇）、檋（即踩高跷，双手持拐杖，行走时总会有双跷一杖三点拄地，形成稳固的三角形格局，人体重心落在其中，即便行走在高山斜坡之上也不会摔倒）。

《吴越春秋》接下来便写："始于霍山，徊集五岳。《诗》云：'信彼南山，惟禹甸之。'"

---

①檋，前引《史记·河渠书》作"桥"，音jiào，即通"檋"，为山行之具，一说是直辕车，即山行用的一种轻便小车。又有人说"檋"就是谢灵运发明的鞋底有齿的登山屐。愚以为山行当非车（因为车轮上坡吃力，下坡又难以拉住即驾驭住，于陡坡处更是如此），而是今日民间节庆所踩的高跷为是，因为"跷"字古可写作"蹻"，与"桥（橋）"字音形相近而义可相通。高跷似乎重心太高而容易跌倒，但只要像滑雪橇那样手持一棍或两手各持一棍着地，则有三足乃至四足着地，身体略前倾，则重心落在三足或四足之中间，自然不会跌倒了。（按：今人普遍认为高跷是海边之人仿照鹤来入水撒网捕鱼之用而产生，则其出现亦甚早。）

正如上文所考，此"霍山、南岳"就是今天绍兴的"南镇"①会稽山；由"徇集五岳"语，而湖南衡山是五岳之一，可证大禹所出发的"霍山"并非后世五岳中的"南岳"衡山（在湖南），而应当是绍兴会稽山这座"横山（衡山）"。

《吴越春秋》接下来又写："遂巡行四渎。与益、夔共谋，行到名山大泽，召其神而问之山川脉理、金玉所有、鸟兽昆虫之类，及八方之民俗、殊国异域、土地里数；使益疏而记之，故名之曰《山海经》。"召其神，即每到一地，请通灵的巫师让神鬼附此巫师之体，讲述有关该地的知识。故《山海经》有远古之事，有海外诸山之异闻，皆是八方之民口耳相传的传说，不局限于此时此地之事，乃是真实的口述史料的集中汇编（严格意义上说，我们不宜把《山海经》视为具有神话意味的传说，而应当把它视为"口述史"和"人类远古地理知识传闻的大汇总"方才正确）。

下来又写："禹三十未娶，行到涂山"，原书有注："《会稽志》：涂山，在山阴县西北四十五里。苏鹗《演义》：涂山有四，一、会稽，二、渝州、巴南、旧江州，三濠州，四当涂县。按《左氏·昭公四年传》'穆有涂山之会'，《哀公七年传》'禹合诸侯于涂山'，杜预《解》并云在寿春东北，说者曰今濠州也。柳宗元《涂山铭·序》曰：'周穆遐追遗法，复会于是山。'然则禹与穆王皆尝会诸侯于涂山矣，然非必皆寿春也。若禹之所娶，则未详何地。《水经注》：'江州县水北岸有涂山，南有夏禹庙、涂君祠，《庙铭》存焉，常璩、庾仲雍并言禹娶于此。'《越绝》等书乃云：'禹娶于会稽涂山。'应劭曰：'在永兴北'，永兴，今萧山县也②，又与《郡志》所载不同。盖会稽实禹会侯计功之地，非所娶之国。"今按：如其所说，涂山天下有四：一在绍兴，一在四川，一在九江，一在安徽寿春。大禹从绍兴会稽山开始治水，一直要到治水成功，方才再度回到绍兴来告成于天帝，则他不可能娶妻于绍兴的涂山。

大禹应当娶妻于濠州（今凤阳）那儿的安徽涂山，在九江的北岸而被人误会为在江州（九江）之地。后人称大禹娶妻于四川或绍兴，皆是因其出生地在今天四川的汶川，逝世地在今天的绍兴而加以附会的原故。因为普通人物不可能远行，故其出生地、逝世地、娶妻地当在同一地，后人便容易涉此而附会出大禹娶妻于其出生地四川或娶妻于其逝世地绍兴的说法来。实则越是伟大的人物，越会因工作与仕宦的需要而遍历四方，越加不可能生、卒、娶三者同在一地。

---

①按会稽山是与"五岳"相提并论的五镇（唐代则为"四镇"）中的"南镇"。"五镇"：东镇沂山、南镇会稽山、西镇吴山（一说是山西临汾的霍山即太岳山）、北镇医巫闾山、中镇霍山。

②永兴县即萧山，在绍兴西，则其处的"涂山"当亦指其东不远处的绍兴"涂山"。

　　大禹渡江来治江南水患时："禹济江，南省水理，黄龙负舟，舟中人怖骇，禹乃哑然而笑曰：'我受命于天，竭力以劳万民。生，性也；死，命也。尔何为者？'颜色不变。谓舟人曰：'此天所以为我用。'龙曳尾舍舟而去。""龙"乃鳄鱼，因为所有动物中，唯有鳄鱼求偶时会发出"轰隆隆"雷鸣般的鸣叫声，故鳄鱼有"忽雷"的别名；而"龙"字的发音便是"轰隆隆"雷声的缩略，这便是"龙"乃鳄鱼最简捷且颠簸不破的证明。正如鸡叫声"叽叽叽"而中国人以其叫声命名其为鸡，鸭叫声"呷呷呷"而中国人以其叫声命名其为鸭，鹅叫声为"俄"亦然。中国人便以鳄鱼的叫声"龙龙龙"来命名鳄鱼为"龙"，这体现出中国人的命名智慧，可谓是"放之四海而皆准"。上引文字说的便是大禹坐船渡江时，长江中的大鳄鱼正好顶住了大禹渡江的船。

　　然后书中又写他："南到计于苍梧，（《檀弓》：'舜葬于苍梧之野。'《史记》：'舜死于苍梧之野，葬于九疑。'今九疑山，在道州宁远县南六十里，亦名苍梧山。）而见缚人，禹拊其背而哭。益曰：'斯人犯法，自合如此，哭之何也？'禹曰：'天下有道，民不罹辜；天下无道，罪及善人。吾闻："一男不耕，有受其饥；一女不桑，有受其寒。"吾为帝统治水土，调民安居，使得其所，今乃罹法如斯，此吾德薄，不能化民证也。故哭之悲耳。'"这是大禹在大舜将来的安葬地会合诸侯而计功（即开总结大会），此时大禹应当尚未成为皇帝，此"帝"乃部落联盟首领之意，或"为帝统治水土"指：为（读 wèi）舜帝担任舜手下的总理一职而统管天下。因为下文有"尧……号禹曰'伯禹'"，禹其时尚为五伯之一而非皇帝。大舜的教化要使"人皆为尧舜"，有一无德之人便是自己的奇耻大辱。禹秉承大舜的教化，会为天下出现有罪之人而感到痛心自责，怪罪自己风化之美比起前代的圣王尚有欠缺。

　　书中又写大禹："于是周行宇内，东造绝迹，西延①积石，（《地志》：在金城郡河关县西南，今邵州龙支县界。）南逾赤岸，（《水经》：新安县南白石。山名广阳山，水曰赤岸水。）北过寒谷；（刘向《别录》：'燕有黍谷，地美而寒，不生五谷，邹子居之吹律而温气至。'左思《赋》：'寒谷丰黍，吹律暖之'也。）徊昆仑，（《昆仑说》曰：昆仑之山三级：下曰樊桐，一名板松；中曰玄圃，一名阆风；上曰层城，一名天庭。《地理志》：'在临羌西，即河源所出。'）"这是大禹又一次巡游，最南到达河南新安县，北到燕京（即今天的北京）一带，东至人迹不到的大海，西至黄河上游的昆仑山。

　　书中再写大禹："察六扈，脉地理，名金石；写②流沙于西隅，决弱水于北汉；青泉、

───────────

　　①延，当作"延"，即"迋"，也即"征"，远行之意。

　　②写，通"泻"。

赤渊，分入洞穴；通江东流，至于碣石；疏九河于潜渊，开五水于东北；凿龙门，辟伊阙；平易相土，观地分州①。殊方各进，有所纳贡；民去崎岖，归于中国。"最末一句便是说大禹治水成功而回到了首都（"中国"即天下至中之邦，也即首都之谓），得到了尧的接见和慰劳，尧说："俞！以固冀于此。"冀，即"脐"，天下的正中（正如同人肚子上的肚脐眼），此处是指首都所在的京畿地区。"固冀于此"就是帝尧让禹留在朝中巩固和守卫京畿地区。

于是，尧"乃号禹曰'伯禹'，官曰'司空'，赐姓'姒'氏，领统州伯，以巡十二部。"可见大禹治水前天下为九州，治水后分为十二州，禹代鲧任宗伯，故称禹为"伯禹"。然后尧禅让于舜，"舜荐大禹，改官司徒，内辅虞位，外行九伯。舜崩，禅位命禹。"此时十二州又归并为"九伯"管辖，即仍旧恢复原来的九州建置，每州一伯；大禹在中央则辅佐国君虞舜，相当于宰相，对外又可以巡行视察九州方伯的政务。大舜在自己驾崩时又禅位给大禹。

然后大禹"三载考功，五年政定，周行天下，归还大越。登茅山（《史记》注：禹到大越，上苗山。《十道志》：'会稽山，本名"茅山"，一名"苗山"。'）以朝四方群臣，观示中州诸侯。防风后至，斩以示众，示天下悉属禹也。乃大会计治国之道。内美釜山②州慎（慎，当作'镇'）之功，外演圣德以应天心，遂更名'茅山'曰'会稽之山'。因传国政，休养万民，国号曰'夏后'。封有功，爵有德，恶无细而不诛，功无微而不赏③，天下喁喁，若儿思母、子归父。"

于是大禹决定留在绍兴，即以江南之地作为天下的首都，《吴越春秋》书中言："而（大禹）留越，恐群臣不从"，即大禹恐怕群臣不愿跟从自己留在新首都大越（今天的绍兴），因为这儿偏居中华版图的东南一隅，于是他说："吾闻食其实者，不伤其枝；饮其冰（一作'水'）者，不浊其流。吾获覆釜之书，得以除天下之灾，令民归于里闾。其德彰彰若斯，岂可忘乎？"这就言明大禹是从绍兴的会稽山（覆釜山）得到治水宝典，所以治水成功后要封泰山而禅会稽山④来向天地告成，最后还要安葬于此。大禹留众大臣于此，便是大禹迁都、立都（或者说是立"行都"）在这会稽之地的表现，后世越国便以此地作为自己的首都，命名其为"大越"城。所以秦始皇要改大越为恶名"山阴"，以此来镇压此

---

①平易，即平整土地。相土，勘察土质。观地分州，观察地理形势而分天下为九州。

②釜山，即"覆鬴（釜）山"。

③指一切恶行，连最小的也要诛罚；一切功劳，连最小的也要奖赏。

④见《史记·封禅书》："禹封泰山，禅会稽。"

处的王气①。更何况大舜又是会稽（即绍兴）西边不远处的上虞人而大禹又立都于此；定都大越城（即绍兴城）的勾践又北上争霸成了春秋五霸之一：这一切都是令秦始皇感到恐惧的江南王气，所以他要对绍兴之地加以严厉镇压。

　　然后书中又写大禹定都于绍兴后的晚年之事："乃纳言听谏，安民、治室；居靡②山伐木为邑，画作印，横木为门；调权衡，平斗斛，造井示民，以为法度。凤凰栖于树，鸾鸟巢于侧，麒麟步于庭，百鸟佃于泽。"即百鸟前来为此地民众耘田除虫，这其实是耕田时犁地翻出了虫子，鸟儿跟随其后加以啄食，而西方的印度，释迦牟尼出自己所住的都城四城门时，便由上面那番景象顿悟人生的苦、空、无常、无我而出家修行。

　　书中又写：大禹"遂已耆艾将老，叹曰：'吾晏岁年暮，寿将尽矣，止绝斯矣。'命群臣曰：'吾百世之后，葬我会稽之山，苇椁桐棺，（《墨子》曰：禹葬会稽，衣裘三领，桐棺三寸。）穿圹七尺，下无及泉，坟高三尺，土阶三等。葬之后，曰：无改亩，以为居之者乐，为之者苦。'"即允许人家在自己坟头上继续当田亩来耕种，此地原有的功能不加改变，使当地土著居民的生产生活尽量不受自己安葬的影响。以免占据此地为坟的坟主快乐，而给在此耕田者带来不便。

　　书中又写："禹崩之后，众瑞并去。天美禹德而劳其功，使百鸟还为民田，大小有差，进退有行，一盛一衰，往来有常。"指大禹逝世后，原来上天所降下的"凤凰栖于树，鸾鸟巢于侧，麒麟步于庭，百鸟佃于泽"的祥瑞统统消失，但上天仍保留一项，即让鸟儿继续来为大禹坟除虫，看上去就像是在百姓种田时为百姓除草、除虫；"为民田"之"田"，即"佃"，指种田、耘田。这些鸟儿是候鸟，总是一年来得多些，而下一年便来得少些，交替间隔，很有规律。

　　书中又写："禹崩，传位与益。益服三年，思禹未尝不言③。丧毕，益避禹之子启于箕山之阳，（《史记》注：刘熙曰：嵩高之北。）诸侯去益而朝启，曰：'吾君④帝禹子也。'启遂即天子之位，治国于夏。遵禹贡之美，悉九州之土以种五谷，累岁不绝。启使使以岁时春秋而

―――――――――

　　①所谓"王气"，就是能够成为天下之都（也即帝王驻所）的基础设施、自然景象、人文气象等综合在一起的格局。

　　②《史记·晋世家》："平公元年（公元前557年），伐齐，齐灵公与战靡下"，《史记集解》："徐广曰：'靡，一作"历（歷）"。'"《史记索隐》："刘氏：'靡'音'眉绮反'，即靡笄也。"靡笄山为泰山北部余脉，海拔284米，距原济南古城南门2公里，简称"靡山"，亦称"历山"，相传大舜躬耕于此，又称"舜耕山"。故此处会稽之靡山便是绍兴的历山，亦是禹的先帝大舜的躬耕处。

　　③指总是不间断地表达自己对禹的思念。

　　④君，名词作动词用，指以之为君，即我们拥戴帝禹的儿子启作为君主。

祭禹于越，立宗庙于南山之上。"即夏王朝每年都要到江南会稽山来扫墓祭禹，并在今绍兴城南的会稽山上建立起夏朝的宗庙，可证江南地区与中原的夏王朝关系极为密切！

大禹传子"启"，启建立夏王朝，传子"太康"，太康传弟"中康"，中康传子"相"，相传子"少康"，就是发明酒（实为改良酒）的杜康。江阴地区相传有"杜康宅""杜康墓"（详见下文"4"），考虑到江南与夏王朝的密切联系，这也是有可能的。从禹到少康共有六传（即六世、六代），其实少康只是禹的玄孙（五世孙）。

书中写这无余："禹以下六世，而得帝少康。少康恐禹祭之绝祀，乃封其庶子于越，号曰'无余'。余始受封，人民山居，虽有鸟田之利，（《地理志》：'山上有禹井、禹祠，相传下有群鸟耘田也。'《水经注》：'鸟为之耘，春拔草根，秋啄其秽。'）租贡才给宗庙祭祀之费。乃复随陵陆而耕种，或逐禽鹿而给食。无余质朴，不设宫室之饰，从民所居。春、秋祠禹墓于会稽。"这也可证明：所谓分封无余于大禹所安葬的江南越地，其实只有无余一人（或再带上其家数口人）到南方越地来就封而得越地先民们的拥护，则越民与无余在血统上本非同一族属。无余到江南来是守会稽山上的宗庙（即大禹陵与陵前的大禹祠），山下属于大禹祠的田每年收取些不高的租金，只要够夏宗庙与大禹陵的祭祀即可。

书中又写："无余传世十余，末君微劣，不能自立，转从众庶为编户之民，禹祀断绝十有余岁。有人生而言语，其语曰[1]鸟禽呼'咽喋咽喋'。指天向禹墓曰：'我是无余君之苗末，我方[2]修前君祭祀，复我禹墓之祀，为民请福于天，以通鬼神之道。'众民悦喜，皆助奉禹祭，四时致贡，因共封立，以承越君之后，复夏王之祭，安集鸟田之瑞，以为百姓请命。自后稍有君臣之义，号曰'无壬'。"

这更加证明无余当是一人或一家数口人到南方越地来就封，故其后人会日渐式微而得不到越地人的拥护，沦落为普通的居民（指被当地的良渚国或良渚的后续政权编入户口而要纳税）。后来上天让其某一代的子孙生而神圣，会通鸟语，于是再度受到大家拥戴而成为越国的国君"无壬"。无壬的后人传到允常，允常生子勾践，《史记·越世家》言大禹二十余世传到允常，其间相历1500多年，若真为二十几世，则每世当为七八十年，未免太长，男子在七八十岁时罕有生育能力了；还当以三十岁一世计，则当有五十余世为宜。当是越国曾经经历过30余代人的式微阶段，故其世系中有三十余世中断残缺而失考所致。

4. 常州这方江南大地上的夏禹足迹和少康遗迹

常州府江阴县有夏王庙，常州府武进县境内遍布"夏墅"（"西夏墅、南夏墅、朱夏墅"

---

①白，当据《古今图书集成》"明伦汇编、人事典、初生部、艺文一"引此作"曰"。指说的话是鸟语"咽喋咽喋"。

②方，将、将要。

等），郑陆有寺墩而大禹姓"姒"（按："姒、寺"同音）。

《弘治江阴县志》卷十一"异端、淫祠"有："宋：夏王庙，在夏港口岸东百余步，盖祀禹也。"其书卷十四"杂辨、河渠"言："夏港，盖江阴百渎之宗经，浙西列郡之喉舌。洪荒以来，禹迹所及，固已有之；非若申、蔡诸港，智创而力为：以理与势稽之也。三吴之地，外印①中洼，洪荒之世，浑水泛滥，无所放泄，汇为震泽。故神禹因其势而利道②之，凿之加深，廓之加广。于是，'三江既入'，而'震泽底定'也。意如松之娄江，苏之白茆，常之夏港，要皆是物。"便认为上述三条大河（娄江、白茆港、夏港）为大禹所疏通。即：江南三大南北向的大河"太仓的娄江、常熟的白茆港、常州的夏港"（其实还当有孟渎、德胜河、藻港河等），全都是大禹治理江南水患，泄太湖水入长江所疏通的河渠所在。而《乾隆江阴县志》卷二十四"拾遗"在引上述文字后又加了一句："故邑中水利，惟'夏港'为最大。"指明夏港在周边地区诸河中的宗主地位，也即上引文字所言的"盖江阴百渎之宗经"。

东汉许慎《说文解字》"帚"字："古者少康初作箕帚、秫酒。少康，杜康也，葬长垣。"指明造酒的杜康就是夏帝少康。《弘治江阴县志》卷四"桥梁"："杜桥，宋桥也，在圣母桥南，石建，以桥东旧有杜康宅，名之。"其书卷六"古迹"："杜康宅，宋《志》云：'旧《经》："在县东四里。"今承天寺西有杜桥，或云："寺即其宅"，岂其然欤？''东'下当增'南'字。"所引"宋志"即"宋《江阴志》"，可证这一古迹由来甚古，非明清人妄说。其书卷十一"异端、僧寺"："能仁院，即唐'重光院'，咸平六年敕为'承天院'，政和七年改今额。元季废。或云：其址即古杜康宅。"则古杜康宅唐代已建为佛寺"重光院"，可证其古迹乃唐以前就有，甚为古老。而《崇祯江阴县志》卷二之一"冢墓"，更记载江阴城内有"杜康墓"："在城向东南隔池中。水涨不没，旱极不涸。周天球题碣曰：'古酒圣杜仲宁之墓'，长乐令郁文周立。"城向，当作"城内"，见《乾隆江阴县志》卷十二"墓冢、汉"："杜康墓，在城内东南隅。民舍后有池清涟，高冢隆然水中，极潦不没，大旱不涸。碣曰：'古酒圣杜仲宁之墓'，长乐令郁文周立。按：邑有杜康宅，在'承天寺'废址，详见'古迹'；今'南内'有杜康桥。虽代远人湮，未可从无征不信例也。"

长乐县令郁文周为明朝人，以其家"玉树堂"的名义刻过书。他定江阴城的杜康为汉

---

① 印，同"昂"或"仰"，指长江三角洲外围高亢，中间低洼，是个碟形模样。
② 道，通"导（導）"

时的杜仲宁，恐也未必确实。按道理，酒类的出现也当早于汉代，夏代粮食充裕而开始造酒是合乎情理的。字仲宁的杜康相传也是周代人而非汉代人，生于陕西白水县康家卫，葬于其地，见清乾隆朝《白水县志》载："杜康，字仲宁，为县之康家卫人，善造酒。"故江阴城的杜康宅、墓，并不能排除夏代少康的可能性。

夏代少康是相的儿子。寒浞攻杀相，篡权建立寒朝，少康之母在有仍国生下少康。少康当过有仍国的庖正和牧正（即掌管过厨房和放牧事务），在夏朝遗民扶佐下，最终攻灭寒浞得以复国。由于出身式微，少康为帝后勤政爱民，使夏祀在中断40年后出现"少康中兴"局面。其时国力强盛，民间富足，可能会有大量富余粮食出现，而且少康又当过司厨之官"庖正"，精通发酵之法，发明秫酒（即用谷物酿酒）是完全有可能的（其实应当是改良民间早已有之的造酒法）。由于少康曾流落民间，在江阴留下足迹而有宅居，也是完全可能的。这也从另一侧面证明了夏代与江南联系的紧密，是其祖上大禹重视江南且植根江南的又一旁证。至于江阴的少康墓（杜康墓）显然就是衣冠冢了。少康贵为帝，自然应当葬在中原的河南长垣县，见上引《说文解字》。古人祭祀时都要对墓行礼，于是在少康旧居处建造起纪念少康的祠庙后，为行祭礼之需又造了一座衣冠冢。

禹在江南的事迹还见载于陆贾《新语》。舜教化的核心便是"让"，即教人不贪而轻利。舜为帝后，便奉行这一宗旨，杜绝奢侈消费，教民不贪，化民以朴，《淮南子》卷二十"泰族训"称："舜深藏黄金于崭岩之山[1]，所以塞贪鄙之心也。"汉陆贾《新语》卷上"术事第二"亦言："世俗以为自古而传之者为重，以今之作者为轻。淡于所见，甘于所闻。惑于外貌，失于中情。圣人贵宽，而世人贱众。五谷养性，而弃之于地；珠玉无用，而宝之于身。故舜弃黄金于崭岩之山，<u>禹捐珠玉于五湖之渊</u>。将以杜淫邪之欲，绝琦玮之情。道近，不必出于久远，取其致要而有成。"这都代表着中国古人远超西方的智慧境界。而画线部分的"五湖"在江南，是以太湖为中心的五大湖，而太湖就是大舜在天下教化"渔者让居"时的第一个雷泽（详下文"六、7、（3）"）。禹捐珠玉于五湖的最深渊处，当然也就是抛在"雷泽"太湖中（"太湖"是五湖中最大、最深者），这同样出自对大舜在江南以让德教化民众的一种效法。

5. 大禹祖上是江南人的简要证明[2]

其实禹的祖先就是江南良渚文化的先民。因为从先秦典籍记载来看，夏文化的基本要

---

① 下文"六、6、④"言舜的家乡上虞有"指石"，俗称"蔿公崭"，颇疑"崭岩之山"即此"蔿公崭"。
② 此节参考陈剩勇先生《大禹出生地考实》，见《浙江学刊》1995年第4期。

素有夏钺、夏鼎，以及饕餮纹、夏后氏玉璜、夏后氏祀社等。田野考古发掘出来的因袭夏礼的商朝早期的玉钺和青铜钺，从形制和文化内涵上看，都是东南地区史前文化中玉钺、石钺的延续和发展。早商遗址出土的青铜鼎的形制，也渊源于东南史前文化；其灵魂——饕餮纹，及其布局方式，也与东南地区良渚文化玉器的纹饰如出一辙。作为夏文化主要礼仪用器的玄圭、夏后氏之璜等，不见于中原，而在长江下游地区的史前文化中发现其原型。

《山海经·海内经》就说："祝融降处于江水，生共工。共工生术器，术器首方颠，是复土壤，以处江水。共工生后土。"共工其实就是鲧，因为"共工"二字为"鲧"字的缓声，"鲧"字为"共工"二字的急读。"后土"即"句龙"，也即禹。顾颉刚、陈梦家、童书业等历史学家曾经对上古时代有关鲧、禹和共工、后土事迹的大量文献资料进行过全面而完整的归纳、综合和研究，从文字训诂、版本对勘、史事分析等方面，通盘考察过鲧与共工、禹与后土（句龙）的关系，确认了鲧与共工、禹与后土（句龙）各自为同一人物、同一传说分化的事实。

《山海经》这则记载所言的"江"就是长江。其言火神祝融降处于江水，即南方奉火为神明的祝融部落，在部落领袖祝融的率领下，南迁到了长江，生下第二代部落领袖共工（即"鲧"），鲧定居在江水后，生下第三代部落领袖"后土"（即禹）。《山海经·海内经》的上述记载，便是鲧和夏人的原居地就在长江流域的文献实证。这一部落又因肩负帝王所赋予的治水使命而迁居于中原地区，所以大禹也就出生在其父亲鲧就职的今天四川省的汶川地区。

6. 大禹在江南治水的助手在苏州、常州、镇江一带留存有庙和坟

《咸淳毗陵志》卷十四"祠庙"有："水平王庙，在县马迹山分水岭。旧传王为后稷庶子，佐禹平水至会稽，诲人浚导，后祠之。胡'文恭'宿①尝请登祀典。"

而《至顺镇江志》卷八"神庙"有："平水大王庙，在京岘山。（旧传：王为后稷庶子，佐禹平水至会稽，诲人浚道②，后祀之。至宋，胡'文恭'宿请登祀典。或云：'禹平水土，而人祠之。'未详也。）"这条记载太重要了，这是证明京口处江南大运河是大禹派后稷庶子"水平王"所开的实证。因为江南大运河正是从"京岘山"东侧的古丹徒城（今丹徒镇）开始，要到秦始皇才把江南大运河的北口由丹徒镇西移18里③，改到今天的镇江城处。因此古丹徒城西侧的京岘山立有大禹助手"平水大王"（常州人称之为"水平王"，两者含义相同，即平定洪水的领导者）庙，足证此江南大运河当是大禹命令其手下的泰伯

---

① 胡宿，谥文恭，北宋常州人。

② 道，通"导（導）"。

③ 此是直线距离为18里，曲折河道则为24里。

的同宗祖先、后稷的庶子"平水大王（水平王）"所开^①。

而《路史》卷四十四"余论七"之"繇余氏墓（陶臣氏、乌陀氏）"条，则言明苏州虎丘山在大禹时代是海岛，今天苏州地区的平地当时全在海平面之下，江南吴地便是辅佐大禹治水的繇余氏的封地，他死后安葬在虎丘山。这段极有价值的文字，便是北宋初年繇余氏在给钱文炳之子的梦中显灵时说的："我，帝尧之臣繇余氏也；与陶臣氏、乌陀氏佐禹理水，<u>以功封吴，</u>获葬于兹。当时此地，乃海东渐之山也。宅兆诚吉，居之且安。"文末有《路史》作者南宋人罗泌的评论："尧帝而来，迄于开宝，数百千载，而精爽犹在，足信定分之不可逾，而直谅忠忱之不泯也^②。"由此记载可知，繇余氏封于吴，则帝尧之时，江南大地便已有了"吴"的名号（见画线部分）。而"吴""虞"两字古代完全等同，舜生于江南的余姚，又在太湖北的"上湖（芙蓉湖）"北岸的常州舜过山教化，所以江南全境便以大舜的国号"虞（也即'吴'）"来命名；泰伯奔吴之时，及其前的尧舜时期，甚或更早^③，江南之地便已有"吴（虞）"的称号。

由此记载又可知禹有佐臣数人治水于江南吴地，而我常州马迹山、镇江京岘山也有"水平王（平水大王）庙"，其王当即此处所言的"陶臣氏、乌陀氏"等人中的一位。

常州水平王事又见唐鹤征《万历常州府志》卷二"常州府武进县境图说"："水平王庙，在马迹山分水岭。旧传：王为后稷庶子^④，佐禹平水至会稽，诲人浚导，后祠之。胡'文恭'公宿，请登祀典。建炎间，郡守周杞，以刘龙图驻兵，遂加修建。邑人唐中丞游马迹山，有诗。嘉靖间，道士募众重修，邑人礼部主事唐鹤征《记》，别载。庙内有刘龙图祠。"其书卷十九"文翰四"录唐鹤征《重修水平王庙碑》："水平王者，旧传后稷庶子，佐禹治水有功，庙于震泽之夫椒；岂其功独著于震泽间也^⑤？夫禹之智，神矣；其劳于外，久矣。然九州之势，岂能以一耳目周之？其治之也，又岂能以一手足之胼胝焉？身之其有藉于人之智与力也，必矣。用其智与力以集事，则必还其智与力使食报，理也。况不矜伐如禹，乌能贪其功而攘之乎？则庙而食王者，固禹之心也，亦所以报禹也。余以嘉靖丙寅过夫椒，谒王于庙。庙之建也久矣，殿寝、门庑无弗饬也，惟道士实起而新之。……藉令震泽不定，吾其不为徐、邳之民者与有几？然则室而安，耕而粒，无震惊，无昏垫，

---

① 当然，据上文熊通"禹疏渠"语及下章的研究，所谓"开"仍是重开而非创开。

② 即人死有魂是注定存在的天命，故人当忠孝而永垂不朽；若行不忠不孝，将受千古骂名。

③ 第一章"五、（三）、4、（1）"已论"吴"即"鱼"，因此地盛产各种鱼类而得此名号，这起自舜之前的远古，大舜家族的国号也是沿用此地之前就有的"虞、吴"之号。

④ 后稷乃周人祖先，其庶子与吴泰伯实乃同祖，其共同的祖先便是后稷

⑤ 由其有庙于镇江大运河口，又知其有功于大运河；由其有庙于马迹山，又知其平定太湖水患。

在三吴之民尤首被王之佑者，其何可忘？余从^①礼官之后，不能援河神以为王请，姑记之以俟云。"由此可知，上文镇江京岘山有其庙，当是纪念其"浚导（开浚疏导）"京岘山下江南大运河之功；此文常州马迹山有其庙，当是纪念其"浚导（开浚疏导）"马迹山下太湖及此太湖往长江泄水的次级湖沼"上湖（芙蓉湖）"之积水的功劳，可证大禹在江南的两大工程，一便是通过江南大运河的引流，使长江三角洲腹地的积水往东泄入东海，二是开通沿江的通江沟港来让太湖、上湖积水北泄长江、东泄大海。

又《康熙常州府志》卷十九"陵墓、武进"："夏、水平王墓，在马迹山之分水岭。其庙后大墩，云'王所葬处'。按旧《志》：'后稷庶子，佐禹治水有功。至会稽，诲人浚导。后人以其有功于吴也，故祀之。'"卷二十"古迹"："咸河，广二亩许，在夫椒山。世传：水平王欲自南凿河，通北湖，至此得剑一、盏一，土中出血，遂止。剑有'陆剿犀象，水断蛟龙'八字。盏藏南京神乐观。顺治八年，湖中盗发，剑失之。"所言"北湖"，当指"上湖（芙蓉湖）"^②，言其在常州境内治太湖水之法，便是由太湖开水道来泄太湖之水进入"上湖"，再由上湖泄水进入长江，从而平定太湖地区的水患。

由此可知，大禹亲率水平王、繇余氏等大小臣工在江南地区治水，先从丹徒古城处的江南大运河北口开始疏导起，往南疏导了整条镇江至常州段江南大运河。常州以东的无锡，其与苏州的海拔大致相等，而皆低于常州的海拔，据上引繇余氏之言，苏州乃海平面之下，则无锡亦然，即太湖为中心的五湖之水弥漫在常州以东，一直到今天上海、嘉兴境内，故而大禹亲率水平王、繇余氏等大小臣工疏导江南大运河至常州后，便要重点治理太湖为中心的五湖，在太湖的北侧、东侧、南侧开通大的水道，使太湖积水得以向北泄入北江（长江），向东由"中江（即松江）"东汇大海（东海），向南流入南江（钱塘江），即《禹贡》所谓"三江既入（即太湖流域之积水流入北中南三江），震泽（即太湖为中心的五大湖泽）厎定"，从而使得太湖水患得以根治、平定，所开的通江海的沟渠，便是上文所言的夏港、白茆港、娄江等。由此也可见，大禹治理江南水患，肯定也是花费了巨大的工夫，投入了巨大的人力。《道光武进阳湖县合志》卷三十六"摭遗志下"："太湖西有'岞岭'，山有石如拳笮，相传云：'禹所用牵山笮'者，即此。"这便是大禹亲自率领众人治理太湖水患的地标性遗迹。

太湖水得到根治后，禹便分封治水功臣于此江南之地。《越绝书》卷八"外传、记地传"："昔者，越之先君无余，乃禹之世别封于越，以守禹冢。"可见：水平王、繇余氏等

---

① 从，跟随，指唐鹤征做的是南京礼部尚书下面的南京太常寺少卿，故有此语。

② 古人以北为尊，以北为上，"上湖"在太湖之北，正是北湖，故名"上湖"。

封于江南吴地，其实比无余封于越地还要早上好几代人，是有史料可考的中央王朝分封在江南大地的最早"邦君"（即部落联盟首领）。

7. "三江既入，太湖厎定"这一大禹在江南治水的过程详考

长江三角洲的地形便是：四边高耸起一圈深处内陆的山峦丘陵[①]和沿江海的冈身[②]（见下引画线部分）；中部则凹陷成为太湖，如同一个大湖盆，下文中称之为"仰盂"。明张国维《吴中水利全书》卷二十二明人"曹胤儒《东南水利议》"有过很好的总结：

> 江南之地，浙西为低；浙西之水，太湖汇之。应[③]、镇、杭、湖，为南、北、西之极高；嘉、常以次第而渐卑，姑苏居中，松为下流。天目，障万峰于西；冈身，亘百里于东。盖江海之岸，与山麓并高；所谓"形如仰盂"，非耶？湖水积于中，常若盂之形，非藉江湖深驶，何以通泄？况浑潮[④]日上、日积，港门日淤，此东南水利有不容一日不讲者。而治之之法，大抵有三，所谓：浚浦、筑圩、置闸；三者如鼎足，缺一不可。是议也，范希文倡之，赵霖踵而行之。元有任仁发者，亦云：'治东南水利，无他：浚河港，必欲其深阔；筑围岸，必欲其高厚；置闸窦，必欲其众多。设遇水、旱，就三者而乘除之，自然不能为害。'汉晋迄唐宋，治绩彰明较著也。以故，东西[⑤]号为沃区。自元至今，漫弗复省，民窘、财伤，有繇然哉。

此言明：长江流域以"浙西"（即今"长江三角洲"）为最低，而其中的太湖又是最低洼处。太湖四周：应天（今南京）、镇江为太湖西北的高处，杭州、湖州为太湖西南的高处，而前者往东南之常州开始渐低，后者往东北之嘉兴开始渐低，均至苏州更低些而处于不高不低的适中之处，到了最东端的松江府则达到最低。

由于西有茅山、南有天目山之高峰，而东端"松江府"沿江沿海一带又有从今天江阴、常熟延伸至上海境内的冈身。太湖西北部、西南部的山峰，与此东北部、东部、东南部之冈身遥相拱卫和照应，致使整个长江三角洲成为边缘高亢、而向中部太湖湖盆日益低洼的碟形盆地的形状；全靠太湖流往长江的泄水通道畅通，如常州境内的十四溇（含孟溇、烈塘、澡港、利港、申港、夏港等）、常熟的白茅港、太仓的浏河、松江府的吴淞江、海盐的"古东江"，来使太湖积水得以往长江、东海流泄。

这些泄水通道见载于明《吴中水利全书》卷二"太湖沿境水口分图说"："太湖周环，

---

① 其在正西与西南。

② 其在正北与东北。

③ 指应天府南京。

④ 指长江潮水挟带泥沙而浑浊，会使沿江诸河港从河口往内陆河道不断淤积。

⑤ 指江南大地从东到西，也即江南全境。

跨三郡、七邑①，受来源之水，俱从宜兴之百渎、长兴之二十四渎、乌程之三十六渎、吴江之七十二溇吐纳焉。"这说的便是通太湖的诸水道中：在太湖上游的宜兴、长兴、乌程诸渎便是太湖的来水，而太湖下游的吴江便是太湖入海的泄水通道，而常州诸港便是太湖下长江的泄水通道。

其书卷十四"俞谏《请留关税浚白茆疏》（正德七年上）"："昔人开龙溪七十二溇、荆溪百渎，以疏上流；开松江十八港、常州十四渎、昆山常熟三十六浦，并福山、白茆港，以泄下流。又有塘以行水，有渠以均水，有堤以捍水，有溇以潴水，大小纵横，联络通贯，皆所以利围防、资灌溉、决太湖淫潦而达之江海也。"

同卷"翁大立《请设治水部臣疏》（嘉靖三十八年上）"："考其遗事，皆自震泽浚源以注江，三江导流以入海。而又姑苏为三十六浦，松江为八汇，毗陵为十四渎。旱则引水溉田，潦则循渠赴壑。是以垦田之入②倍于四方，转漕所输万世永赖。"卷十七"柴奇《上阁部请兴水利书》"："宜如前所列，先以'白茆'为急，大举而浚治之。其次疏'七鸦'之壅塞，葺溧阳之'五堰'，复江阴之一十四渎，则可以兴百年之利而增重朝廷之根本。若小小兴作，一二补苴，此盖有司之事，非所望于执事者也。"以上说的便是太湖向北往"北江"（长江）、向东往"大海"（东海）、向南往"南江"（钱塘江）疏泄积水的诸条孔道。

该书卷十八"曹胤儒《常州府境水道志》"："江阴地势最卑。当漕河下流，又为众水入江要道。去江壖可二里；并③江，土坟起④，日以广斥，盖古所云'息壤'也。然土性轻脆、善崩，春、夏水盛，辄败坏填淤，数丈⑤。而河势又曲，浑潮逆上，日二度，多停淤。武进、无锡之十四渎斗门又废，即无上流水势可刮除之⑥，故黄田闸、九里河两涯膏腴之地，不可治。"所谓"息壤"，就是长江淤泥沉积成陆、涨出沙洲来。由于江潮携带泥沙不断淤积，故通江河港易于淤塞，需要不断重开，否则两岸无水可以灌溉，膏腴之地也会变得干旱贫瘠。

---

① "三郡"指常州府、苏州府、湖州府。"七邑"指常州府的宜兴、武进、无锡县，"苏州府"的吴县、吴江县，"湖州府"的乌程、长兴县。

② 指种田的产出这一方面的收入。

③ 并，读作"傍"或"濒"。并江，即濒江。

④ 指江中涨出沙洲来。

⑤ 指沙洲涨坍不一，需要屡次丈量。

⑥ 因武进与无锡境内的常州十四渎严重淤塞，没有上流来水充刷通江河港内沉积的长江泥沙，导致通江河港的泥沙沉积更为严重。

而卷二十"吕光洵《常州府境水利说》"其说比之为详，当是其出处所在："江阴地势最卑。当漕河下流，又为众水入江要道。去江墙可二里；并江多山土隆崛、坟起，日以广斥，盖古所云息壤也。然土性轻脆、善崩，春、夏水盛，辄败坏填淤，数丈。而河势又曲，浑潮逆上，日两至，泥沙随潮停蓄。武进、无锡之十四渎斗门又废。即无上流水势可刮除之，故黄田闸、九里河两涯膏腴之田，往往芜秽不可耕治。议者以为：浚治、堤防，于宜兴、江阴为急，武进、无锡次之。宜兴宜疏百渎、夹芒干、百渎、横塘之口，江阴宜浚中、利、桃花诸港，武进、无锡宜复十四渎斗门，使百川流行，必无填淤盈溢之害矣。"

此言武进与无锡境内的"常州十四渎"流入江阴境内，成就出"黄田闸、九里河"两岸的肥沃之田。由于江边水土沉积而长出沙洲（也即所谓的日积日生而会孳息生长的"息壤"）容易在春夏水大时被淹没、冲走而变形，所以需要屡次丈量田地（"数丈"）。江潮每天涨两次，又把江水中浑浊的泥沙带入十四渎中，使之日渐开始淤塞起来。而上游武进、无锡境内河床上原有的斗门不能发挥其功用，即不能从运河引来太湖等五湖之水北流，把江水涨潮时冲入内陆河床的淤积泥沙再度冲回江中，导致十四渎淤塞而黄田闸、九里河两岸肥沃之田无法得到灌溉，局面日渐难以收拾。这就清楚言明：所谓的"常州十四渎"，就是上游（即内陆）武进、无锡境内的十四渎流到下游（即沿江）武进、江阴境内的十四渎。（按：武进与江阴全都沿江，无锡不沿江，故无锡境内的河港往北流后只能从江阴地界入江，而武进境内的河港北流，其在西者仍在武进境内入江，在东者由江阴地界入江。上引翁大立《请设治水部臣疏》言"复江阴之一十四渎"，以常州十四渎全在江阴境内入江，并不全面。）

运河斗门主要用来节制太湖水，以免其无节制地下泄，从而淹没江阴的良田。据上引文字又可知，斗门在让运河积蓄到一定高度的高水位后，打开闸门往长江放水，又可以冲走江潮涌入的淤泥。关于斗门节制太湖水，以免下游江阴受太湖水淹之事，见宋人单锷《吴中水利书》："常州运河之北偏，乃江阴县也。其地势自河而渐低。上自丹阳，下至无锡，运河之北偏，古有泄水入江渎一十四条：曰孟渎、曰黄汀堰渎、曰东函港、曰北戚氏港、曰五卸堰港、曰梨溶港、曰蒋渎、曰欧渎、曰魏渎泾、曰支子港[①]、曰蠡渎、曰牌（一曰碑）泾[②]，皆以古人名或以姓称之，昔皆以泄众水入运河，立斗门，又北泄下江

---

① 当即常州北境的澡子港，又名"灶子港"，今名"藻港河"。

② 以上为12，尚缺两条。所列举者大多在常州武进境内，而五卸堰在无锡西境的高桥（后写作"皋桥"）。其名又作"五泻堰"，其旁之村因侵华日军炸毁而改为音近之名"瓦屑坝"村，故其坝又名"瓦屑坝"。"五卸"之音亦与"无锡"同，当是"无锡"的讹变；而五泻堰所在的五泻水、五泻湖当即"无锡湖"之意。

阴之江。今名存而实亡。今存者无几，二浙之粮船不过五百石，运河止可常存五六尺之水。足，可以胜五百石之舟。以其一十四处立为石碶斗门，每渎于岸北先筑堤岸，则制水入江。若无堤防，则水泛溢而不制，将见灌浸江阴之民田、民居矣。昔熙宁中，有提举沈披者，辄去'五卸堰'，走运河之水北下江中，遂害江阴之民田，为百姓所讼，即罢提举，亦尝被罪。始欲以为利，而适足以害之，此未达古人之智，以至败事也。切[1]见：近日钱塘进士余默，两进三州[2]水利，徒能备陈功力琐细之事，殊不知本末。惟有言得[3]：'常州运河晋陵至无锡一十四处，置斗门泄水，北下江阴大江'，虽三尺童子，亦知如此可以为利。然余默虽能言斗门一事，合锷鄙策[4]：奈何无法度以制入江之水，行之则又岂止为一沈披耶？[5]"

　　上引文献主要是讲常州武进、无锡、江阴境内的常州十四渎这太湖泄水入江海的北面孔道，而太湖泄水入江海的东面孔道，则可见如下的文献。

　　《吴中水利全书》卷二十一"屠隆《东南水利论》"："请先言治水。三吴巨浸，厥有太湖。汪洋浩淼，绵亘三万六千顷。三吴诸水，咸入太湖，而分注三江，以入大海。是吞吐元气，翕荡[6]东南之一大关键也。南则杭、湖天目诸山，发源茗、霅等溪，由湖州七十二溇而入；西则金陵、溧水、溧阳'九阳江、洮湖、荆溪'诸水，由常州百渎而入；北有运河，受京口大江、及练湖诸水。北由江阴一十四渎入于大江，东由常熟、昆山之三十六浦入于大海。而入江海不及[7]者，亦由武进、无锡诸港，以入太湖。太湖三面受水，独湖东一面泻之三江[8]、以入大海。然三江水道仅有吴江一十八港入江。是太湖三面受水，一面分流，吞多、吐少，易蓄难泄。水口一有梗塞，则停缓无力；天时一遇淫雨，则泛溢为灾。是水口之宜通而不宜塞，彰彰明甚也。"

　　又卷二十四"杨维祯《都水庸田使司记》（至正八年）"："维祯考：中吴水患，自宋李兵部、韩殿省、郏亶父子经营规画，亦详矣。其溧阳五堰、江阴十四渎、宜兴'大吴'

----

①切，通"窃"，是自己的谦称，指下文表达的是一己之私意。

②当指苏、常、湖三州。两次向朝廷进献有关此三州水利方面的建议。

③言得，言到，指说到（点子上）。

④指符合单锷我个人的鄙见。

⑤指余默如果不想办法让斗门节制入江之水，则恐江阴又当受淹而余默又当重蹈沈披之覆辙。

⑥翕荡，即"翕张"，一合一张、一开一闭。即太湖的一开一合（也即太湖水的一涨与一退），是"长江三角洲"这一中国东南部地区水利的关键所在。

⑦指来不及入江、海之水。

⑧此非《禹贡》"北江（长江）、中江（胥溪荆溪—太湖—松江）、南江（浙江钱塘江）"之"三江"，而是指太湖往东泄水的"三江"，即正东流的松江、东北流的娄江、东南流的东江。

等渎、松江曰塘曰浦者凡一百三十有二，志籍尚可稽也。"

又卷二十五"姚文灏《重浚七鸦浦记》（弘治十年）"："东吴泄水之大道，三江之外，苏有三十六浦，松有八江，常有运河十四渎。然自海塘作于东南，而东江以塞、松江以微，水乃北折并于娄江^①，而溢于'七鸦''白茅'二浦。故今之'七鸦、白茅'，在三十六浦为最巨而要。"

又卷二十六"顾清《乡试水利策》"："夫东南之水，聚于太湖，而由吴淞江入海，前此未闻其为害也。宋庆历间筑长桥，以便漕路，水去渐涩^②，而黄浦之口渐湮，故三吴多水患。然不特此也：溧阳之上有五堰，以节宣、歙、金陵'九阳江'之水；宜兴之下有百渎，以疏荆溪所受诸水，所以杀其来之势也。江阴而东^③，置运河一十四渎，泄水以入江；宜兴而西^④，置夹苎干与'塘口''大吴'等渎，泄水以入运河：皆所以导其流之归也。此亦'三江'^⑤之遗意也。而今多涸矣，何怪水之不为害耶？"

以上文献表明，长江三角洲北濒长江，南濒钱塘江，特别是其北侧因通长江而有浑浊的长江潮水涌入内地，带来泥沙，日益堆积而堵塞港口，导致长江三角洲向北泄水孔道不畅。所以长江三角洲的治水之法，就是一方面年年要清淤而把河港挖深以利太湖等水流出江海，同时又可引来江潮灌溉农田；另一方面又要把水田周围防洪用的堤岸筑高，保证发大水时可以不受水淹；第三方面便是要设置水闸来节制水流，具体来说又分为三：

（1）大水时能开闸泄洪或闭闸防洪；

（2）旱灾之年能闭闸，保证内水不出境；但若有江潮涨潮涌入时，又当开闸来让江潮进入，在江潮退潮时，则闭闸留下江水不使退去；

（3）如果江水浑浊，又当在涨潮时闭闸，不使泥沙涌入。

只要能善于运用"疏浚河道、高筑堤防、设闸节制"这三种方法，便能在水、旱灾害面前全都不受其害。此即本小节开头引《吴中水利全书》卷二十二"曹胤儒《东南水利议》"所谓的"东南水利有不容一日不讲者。而治之之法，大抵有三，所谓：浚浦、筑圩、置闸；三者如鼎足，缺一不可。"

长江三角洲中部是太湖，外围的东北、正东、东南三边是长江江潮、东海海潮、钱塘

---

① 此是太湖向东泄水的"三江"：正东流的松江、东北流的娄江、东南流的东江。

② 指水的去路日益堵塞。

③ 指东边的江阴。

④ 指西边的宜兴。

⑤ 此指太湖向东泄水用的"三江"而非《禹贡》所言的扬州长江三角洲之三江。

江江潮冲来的沙石、贝壳堆积起来的冈身（主要在江阴往东的上海境内①），以及沿江的自然山体（舜过山脉等）。大禹治江南水患的关键，便是要把"中江"（即"吴松江"，后人写作"吴淞江"）冲破上海境内"冈身"的吴淞江口凿得更为宽大，以利太湖由东侧的"中江"向东海泄水。还有就是要开凿常州境内的十四渎，如申港、利港、夏港、黄田港等，使太湖积水北下"北江"也即今天长江所在的"长江湾"泄水；最后再开凿向南的河道，使太湖积水南下"南江"也即今天钱塘江所在的"钱塘湾"泄水。以上三者便是《尚书·禹贡》"三江既入，震泽底定"的由来。其详情口耳相传，而为宋代昆山县的水利专家郏亶记录下来，见明张国维编《吴中水利全书》卷十三"郏亶《上水利书》（熙宁三年上）"之画直线部分：

一论古人治低田之法。昔禹之时，震泽为患。东有堰阜②，以隔截其流。禹乃凿断堰阜，流为三江③，东入于海，而震泽底定。震泽虽定，环湖之地，尚有二百余里，可以为田；而地皆卑下，犹在江水之下④，与江湖相连；民既不能耕植，而水面又复平阔，足以容受震泽下流，使水势散漫，而三江不能疾趋于海。其沿海之地，亦有数百里可以为田，而地皆高仰，反在江水之上，与江湖相远；民既不能取水以灌溉，而地势又多西流，不得蓄聚春夏之雨泽，以浸润其地。是环湖之地，常有水患；而沿海之地，常有旱灾也。

古人遂因其地势之高下，井之而为田⑤：环湖卑下之地，则于江之南北为纵浦，以通于江；又于浦之东西为横塘，以分其势而棋布之，有圩田之象焉。其塘浦阔者三十余丈，狭者不下二十余丈；深者二三丈，浅者不下一丈。且苏州除太湖之外，江之南北，别无水源，而古人使塘浦深阔若此者，盖欲取土以为堤岸，高厚足以御其湍悍之流。故塘浦因而阔深，水亦因之而流耳，非专为阔其塘浦以决积水也。故古者堤岸高者，须及二丈；低者，亦不下一丈。借令大水之年，江湖之水高于田五六尺，而堤岸尚出于塘浦之外三五尺

---

①　按：上海往南的浙江省境内的沿海冈身，后世已沦陷坍入东海而不存。

②　堰阜即"冈阜"，也即今人所谓的"冈身"。

③　郏亶目光只注视在太湖下游，所言当指太湖从东侧吴江县境内的"三江口"往下游分流的太湖的"三江"（即正东流的松江、东北流的娄江、东南流的东江）。其实《禹贡》着眼于长江三角洲全境，并不局限于吴江县的太湖下游，其所指实为长江三角洲中央的太湖水往北、东、南三个方向流入"北江（长江）、中江（松江）、南江（浙江也即钱塘江）"。那么两种"三江"哪个更符合《禹贡》本意呢？由于太湖泄水不止往东边一个方向，还要往北、东北、东南、南泄水，故"北中南三江"比太湖东侧的"三江"更符合《禹贡》扬州"三江"之事实。

④　此言明宋代长江三角洲苏州等地尚有不少地方低于江海平面，则上古长江三角洲常州以东在江海平面之下更是不争之事实。

⑤　指用井田之法，开沟渠，低田可以泄水，高田可以引来江潮，皆化为良田。此是宋代之情形，而上古亦面临同样的问题，既然宋人用井田，则古人亦当用井田来解决之，此是判定新石器时代江南即有井田制的重要理由之一。

至一丈；故虽大水，不能入于民田也。民田既不容水，则塘浦之水自高于江，而江之水亦高于海，不须决泄，而水自湍流矣①。故三江常浚，而水田常熟。

其堰阜之地，亦因江水稍高，得以畎引以灌溉。此古人浚三江、治低田之法也。至于沿海高仰之地，近江者既因江流稍高可以畎引；近海者，又有早晚两潮可以灌溉，故亦于沿海之地及江之南北，或五里、七里而为一纵浦，又五里、七里而为一横塘。港之阔狭，与低田同；而其深，往往过之。且堰身之地，高于积水之地四五尺至七八尺，远于积水之处四五十里至百余里，固非决水之道也。然古人为塘浦阔深若此，盖欲畎引江海之水，周流于堰阜之地，虽大旱之岁，亦可车②畎以溉田；而大水之岁，积水或从此而流泄耳，非专为阔深其塘浦，以决低田之积水也。至于地势西流之处，又设堰门、斗门以潴蓄之。是虽大旱之岁，堰阜之地皆可耕以为田，此古人治高田、蓄雨泽之法也③。

故低田常无水患，高田常无旱灾，而数百里之内常获丰熟，此古人治低田、高田之法也。

开头的画线部分"昔禹之时，震泽为患"告诉我们："古人遂因其地势之高下，井之而为田"所言当是禹时之事，这就清楚言明"井田制"出现于大禹时代的江南地区。上引文字还详细言明大禹引导"中江"断冈阜事，又言明"井田"这一大禹治水的法度便是：开河深阔，旨在取土为堤防，堤高则河深，正如徐霞客《溯江纪原》所言的"有大山必有大川"，而河越深则堤越厚。

此文献最开头有言："昆山人郏亶上言：天下之利，莫大于水田；水田之美，无过于苏州。然自唐末以来，经营至今，未见其利者，其失有六"云云，可见其所论尚局于苏州一境。而大禹治水遍及苏、常、湖州三府，所以郏亶虽未能言及常州、湖州两府境内，但常、湖与苏的情势当同，作者即便不写，读者亦可"举一反三"加以得知。

故我们常州地区的《道光武进阳湖县合志》卷三"舆地志三、水利、熙宁六年"在引郏亶上述"此古人治低田、高田之法也"后，言道：

---

①此即原始社会以来，古人就像后人造巨舰那般，外围皆是水，而舰内无水，以此在沼泽地中建造起肥沃良田不受水淹。人们深挖河床，用其土筑起高厚之坝，坝内便可无水，等于腾空了坝内容积那么大的水，逼这被腾出来的水流入坝外河床，坝外河床的水位自然也就高了起来，此内陆之水便可外泄于江海。只要做到堤坝高厚，堤坝内再低洼也可无水；在需要用水灌溉时，只要适当在堤坝上开个小口便能有水引入，用完后便可关闭或筑死，不使水再流入。

②车，指车水。堤是由开挖堤外沟渠之土累成，故旱时可用水车抽来堤外沟渠（"畎"）内的水。

③即原始社会以来的古人治高田之法，同样也是深挖河床，只要河底低于低处之河，此处也就会有水流到。又高地可以深挖水库来蓄水。同时高田又要多设水闸，在涨潮时留住潮水不使退去。整治高田水利与整治低田水利的工程量其实不相上下，两者都极为辛苦。

（郏亶）又云："昔有'营田司'，专司水利。自唐至钱氏[1]，其来源、去委，悉有堤防、堰闸之制，旁分其流，不使溢聚以为腹内田亩之害。是以，钱氏百年间，岁多丰稔。端拱中，转运使乔维岳，一切毁废。又罢'营田司'。至天禧间，专遣使者兴修水利，而故道已湮，远方之人又不识三吴水势高下、及水源来历，但凭愚夫道路之言，导其经由、腹里。以致水势逆行而潴；于苏之长洲、常熟，常之武进、宜兴，湖之归安、乌程，秀之华亭、嘉禾，民田俱被淹没矣。"

按元潘应武亦言："钱氏时置'撩浅军'七八千人，宋时亦置'度田水军使者'，复置'水军'，专充工役。自军散、营废，河港由是淤塞。"

盖震泽为众水之委络，苏、常、湖三府，松、秀居其下流。西北受宣、歙、常、润数郡之水，西南受天目、富春诸山溪之水，三万六千顷，汇而为湖，所谓"具区"也。三分其水以入海，所谓"三江既入，震泽底定"也。古之"三江"，郭璞云："今岷江、浙江、松江是。"[2]今之三江，为东江、娄江、吴淞江[3]，皆在松、秀之间。以松江本系震泽泄水正途，水面平阔，足以容受巨流。

自堤防起而田畴盛，不得不与水争功[4]，于是昔之一者为三[5]。实则岷江、浙江皆其分泄之区。故水潦盛时，无虞泛滥。海塘[6]筑、临平[7]废，去路日蹙，以致水聚不散。是以言水之利，莫盛于宋[8]；而被水之患，沿袭至今。据郏亶、潘应武之言，犹可见当日之情形，而堰闸堤防之制、来源去路之道，顾可阙焉不讲耶？

《道光武进阳湖县合志》画线部分言《禹贡》"三江既入，震泽底（底）定"的"三江"当是岷江（即北江、也即长江）、松江（即中江、也即吴淞江）、浙江（即南江、也即钱塘江），而非太湖下游的"太湖三江"东江、娄江、吴淞江。这便把郏亶所论的太湖东侧下

---

[1] 指唐代，以及五代十国时钱镠所创立的吴越国。

[2] 此为整个"长江三角洲"的三江：岷江即长江、也即"北江"，浙江即钱塘江、也即"南江"，松江即吴淞江、也即"中江"。

[3] 此为太湖下游之"三江"，即：正东流的"松江"、东北流的"娄江"、东南流的"东江"。

[4] 此点明了如此搞农田水利，有利于增田，但水流受阻亦有其不利处，而良渚后期便尝到了这一做法的苦果，即长江下游因良渚农田水利建设而泄水不畅，一旦百年不遇的暴雨出现，大洪水暴发，必将冲毁长江入海口处的良渚农田，文明遭到荡毁。

[5] 指一条古"中江"因泄水不畅而在吴江县的三江口处分化为娄江、松江、东江这三条小江。

[6] 指吴江筑"长桥"阻滞了太湖水东泄东海。或又指沿海的捍海堤阻咸潮的同时也阻止了大河出海。

[7] 指临平湖，在今杭州余杭东南的临平山下。《三国志·吴书·三嗣主传》：天玺元年（276），"吴郡言临平湖自汉末草秽雍塞，今更开通。长老相传，此湖塞，天下乱；此湖开，天下平。"后世有"平湖县"，县东的"东湖"就是临平湖。

[8] 指赵宋之所以盛谈水利措施，乃是因为其时水患严重之故；然其举措不当，虽盛谈水利亦未能根治水患，贻害至元明清。

游的郏亶所在的苏州、松江两府水利治理格局，给拓展到了太湖北、东、南三侧的常州、湖州、苏州等府的江南全境。

8. 我们由上述大禹在江南治水的遗迹，便可得出江南大运河是大禹功绩的结论

我们由上述这些大禹在江南治水的遗迹，回过头来再读《史记·河渠书》的记载，即上文"三"开头所引："《夏书》曰：禹抑洪水十三年……诸夏艾安，功施于三代。<u>自是之后，荥阳下引河东南为鸿沟……<u>于吴，则通渠三江、五湖。</u>……于蜀，蜀守冰凿离碓……以万亿计，然莫足数也</u>"

上文已言，引文中"蜀守冰"三字似乎表明江南的"通渠"（即开通漕渠"江南大运河"）是在大禹之后、战国李冰之前的春秋时代。其实上文已经力证"蜀守冰"三字是司马迁或后人的误加，包括"离碓"在内的开诸河渠事全都是大禹的功迹；而下文还将详引四川学者的考证，证明都江堰也是蜀郡太守李冰在大禹基础上兴缮而来，因为四川是个盆地，若无"都江堰"每年雨季便是一片泽国，而李冰来蜀之前的四川并未成为泽国，可证其处早已有"都江堰""铜锣峡—明月沱"这两大水利工程存在，二者应当也是大禹治水的杰作，即《禹贡》所谓的大禹"岷山导江"的"导江"实证。有了都江堰这一水利枢纽及铜锣峡后，成都平原才会有古人类的繁衍和古文化的繁盛。到了李冰时代，都江堰因年久失修而破败不堪起来，李冰便顺应当地民众的意愿，重新修缮了都江堰，期间也不排除对都江堰进行了某些改造和重建。后人不明就里（指"只知其一而不知其二"，只知李冰改造而不知之前大禹等已造），或是出于感戴其大恩，就把李冰修缮都江堰夸大成了李冰建造都江堰。关于这一点，下文将详引四川学者的考证进行详论。

下文第四章还将详论"江南大运河"早在大禹之前便已有，江南大运河其实就是原始社会的新石器时代，江南"井田"的灌溉总渠，在大禹时代得到了更好的开发治理，即大禹将其开得更为宽广，使其功用发挥到更大。

大禹重新开浚江南大运河的现实可能性是很大的，主要有三：

一是权威。大禹对江南诸部落拥有生杀予夺、发号施令的权力。其于会稽山"会稽^①"时诛杀晚到的江南防风氏便是很好的证明。

二是技术。大禹能治理黄河、长江，难道就不能在江南腹地这一水量如此丰沛的水乡泽国开凿（疏浚）一条运河？而且当时船只简陋，大禹及大禹之前的原始社会尚是独木舟的时代，所开之运河并不需要后世那么既深且宽便能胜任，极窄、极浅亦可。

---

① 会稽，即"会计"，即举办总结与庆功大会。大禹借杀人来立威，亦非从内心到外表的仁主。

三是需要。江南需要"江南大运河"这条东西向的大河，来完成逆长江而上的任务。即：江南地区北侧有顺江东下的长江江流，从西往东比较顺畅；江南地区又有众多南北向的通江河港，南北往来也比较便捷；如果再有这条东西向的人工运河，便能与长江构成一个闭路的水循环，同时又横向串起江南诸通江河港，为江南编织出一张网状的水运体系。所以江南大运河是用人工来弥补天然不足的、人与自然和谐互补的水利工程典范。正如我们今天要重开孟河，为长江三角洲内陆引长江水来太湖冲刷蓝藻，然后再从江阴回流长江，形成一个从江到湖再回江的"水循环"；大禹时代同样也需要这样一个交通上的完整的"水循环"，使得从西向东可以顺江而下，从东向西可以走运河来避逆江而上之苦，而且从西向东也可走运河来免顺江而下的江涛之险。后代由于技术进步（如船只变大），需要不断拓展重开江南大运河，例如夫差、秦始皇、孙权、隋炀帝等便是。他们的开拓其实都以前人的成迹为基础，大禹同样也不例外。大禹也是在先民的基础上，奠定下黄河、长江流域乃至全中国的水利格局。

综上，我们的结论便是两点：

（1）"江南大运河"始于夫差，更可追溯到大禹。江南大运河及江北的邗沟，是人类历史上首批最古老运河的幸存者。常州段江南大运河是大运河中最早开凿的一段，是大禹在前人基础上拓开而夫差等再加重开。

（2）同理，江南城市作为市集，其上限其实可以追溯到江南大运河的开凿，即可追溯到大禹及大禹之前。当然，为市集建造起一圈高大的城池而成为城市，则应当是后来的春秋战国时代的事。以常州为例，则是春秋末、战国初的范蠡，为常州筑起最早的城墙，后世称之为"（内）子城"。

9. 我们要真正读懂"江南大运河是大禹功绩"，这一点极其重要

人们读了两千年的《史记》，很多人都读错了。古代读对的人还多一些，越往后，"师心自用"而读错的人也就越多。

今天绝大多数人认为《史记·河渠书》"于吴，则通渠三江、五湖"并非大禹所开的江南大运河，而是《越绝书》中记载到的"吴古故水道"，或是伍子胥沿"中江"水道拓开而来的"胥溪"，亦或是夫差或秦始皇开的"江南大运河"。今引几则正确的理解，来证明古代的宋朝还是有一大批人能读懂《史记·河渠书》，认定"于吴，则通渠三江、五湖"就是大禹所开的江南大运河。我们都知道，古代的学问务必要有师承，反对师心自用，则宋人的这一理解认识，应当也是自孔子创立儒家而以《尚书·禹贡》作教科书以来，儒家历代相传而被宋人记载下来。

有关宋人读懂《史记·河渠书》，认定"于吴，则通渠三江、五湖"就是大禹所开的江南大运河的记载有：

一是《咸淳毗陵志》卷十五"山川、河"："运河，东自望亭风波桥入郡界，西至奔牛堰，凡百七十里有奇。《史记》云：禹治水，于吴通渠贯江、湖。《齐·地志》云：'丹徒水道通吴、会。'六朝都建业，自云阳西城，今丹阳，凿运渎径抵都下。隋初尝废。大业六年诏：'自京口至余杭穿河八百里，广十余丈，欲通龙舟巡会稽。'唐白居易有'平河七百里'之句。"画线部分便指明：宋人认为流经常州的"江南大运河"是大禹治水时，在江南吴地为了贯通"三江"和"五湖"所开（"三江"指长江、松江、钱塘江；"五湖"指洮湖、滆湖、太湖，射湖、贵湖，后两者合称"射贵湖"，其即"上湖"也即"芙蓉湖"）。

二是《舆地纪胜》卷七"两浙西路、镇江府、景物上"也有相同的记载："漕渠：贯城中，《齐·志》①曰：'丹徒水道，入通吴、会'，即今之漕渠也。司马迁曰：'禹之治水，于吴，则通渠三江、五湖'，其来久矣。六朝都建康，凡三吴船避京江之险，自云阳西城凿运渎径至都下；隋平陈，废云阳二渎②。大业末，诏穿河，自京江至余杭，八百余里，面阔十丈，拟通龙舟，以备东游之役。自是始复禹通渠故道。唐世因之。白居易诗云：'平河七百里'，谓此渠也。"画直线部分同《咸淳毗陵志》一样，指明宋朝人认为《史记·河渠书》是在说"江南大运河始于大禹时代"。这一理解对于今人而言堪称是难能可贵的正确！其画浪线部分又说清楚：隋炀帝开江南河是在恢复"禹通渠故道"，再度承认江南大运河的前身就是大禹所开，这也是千古以来独具只眼的甚有见地之论！而盛传千古的皮日休《汴河怀古》诗之二："尽道隋亡为此河，至今千里赖通波。若无水殿龙舟事，共禹论功不较多"，把隋炀帝的开河与大禹开河相提并论，恐也正有这种意思在内，即唐朝人也认为江南大运河是大禹治水的杰作。

三是此《舆地纪胜》同卷"镇江府、本朝人物诗"（即宋朝人的诗）录有宋人熊適诗："古郡如河内，云藏铁瓮城。禹疏渠绝岘，秦凿堑分京。旧井朱方塞③，新桥渌水横。"

历来都有记载说秦始皇开了从"京岘山"下开始发端的运河全段（指一直开通到丹阳、

---

① 指《南齐书·州郡志》。

② 指云阳往西通建业（今南京）开有"破冈、上容"二运渎（即运河）。隋平陈，切断南朝首都建业往东联通江南财赋地区的这两条脐带般的交通大动脉，就是要让南朝首都建业萎缩不振。建业最后便在隋、唐两代沦落成一个小县城，名为"江宁县"，要到南唐才彻底振兴，明朝与民国方能再次立其为首都，但为时都不长，其历史堪称曲折。

③ 此言丹徒镇有"庆封井"而为封庆封的"朱方邑"，本书第一章"五、（三）、3"已论"朱方在镇江"说之非是。

常州乃至苏州的"江南大运河"全程都是秦始皇所开），以此来毁坏这座"京岘山"的龙脉，唯独此画直线部分却写明，宋人认为大禹开此"京岘山"东趾的丹徒口水道（即"渠"）来割断（即断绝）"京岘山"与其东山趾下的"丹徒故城"的联系（这也就意味着古丹徒城"吴京"有可能在丹徒口江南运河的东侧，但熊遹的话也不可全信）。这也是熊遹根据上引《咸淳毗陵志》《舆地纪胜》为代表的宋人读《史记》之文为大禹"于吴则通渠三江、五湖"的理解，来判定丹徒口处的江南大运河是大禹所开而非秦始皇所开，这是正确的。

其画浪线部分才是在说，秦始皇在大禹开此运河后，再度开凿沟堑，即开运河之渠，也即诗中所称的"秦凿堑"；穿"京岘山"以去其"势（即生殖活力）"，也即诗中所谓的"秦……分京"（"京"指京岘山。两者合起来便是"<u>秦凿堑、分京</u>"），从而把运河引到今天的镇江城处；同时，秦始皇又把此地带有王气的"京"字地名"吴京、京城、京口"给改成了"丹徒（口）"，即把京岘山东首的"京口"贬称为"老丹徒口"，把京岘山西侧的今天镇江城处的新河口贬称为"丹徒口"；暴秦仅15年便灭亡，后人又可重新起用暴秦所改掉的"京口"之名，于是把京岘山东首的"京口"老地名给移到了京岘山西侧的今天镇江城处那个新的"丹徒口"，于是"京口"地名也就从今天的丹徒镇移到了今天的镇江城。而丹徒镇处本为老"京口"，秦始皇改为老的"丹徒口"，到了秦亡后，因镇江城处称京口，此处不宜再称"老京口"，遂沿用秦始皇改名而称老"丹徒口"，因镇江城处可以叫"京口"而不用再叫"丹徒口"，此老"丹徒口"遂可去"老"字而称"丹徒口"。

而且正如本章一开头就指出：宋人熊遹用的是"疏"字，更指明大禹并非创开此漕渠，此漕渠乃是古已有之，大禹只是再加疏通而已。由熊遹这个"疏"字便可明白《史记》"通渠"的"通"字也不是创开之开通，而是古已有之的今再疏通。所以下一章我们将江南大运河的开凿溯源到大禹之前的新石器时代，也就有了宋人的文献作为依据。

四是南宋《嘉定镇江志》卷六"山川、丹徒县"："部侍郎李埴为之《记》曰……尝稽诸古，渠通江、湖，见于迁《书》①，其来尚矣。"这也是宋人正确理解《史记·河渠书》而认定镇江京口为起点的"江南大运河"是大禹所开。其言：李埴我认真稽考古籍，发现镇江京口这沟通起三江五湖的江南大运河，其实始见于司马迁《史记·河渠书》"于吴，开渠沟通三江、五湖"的记载（"渠通江、湖，见于迁书"），因此这江南大运河的由来甚为古老（"其来尚矣"）。李埴用"尚矣"两字，则其意当也指开此河渠之事乃大禹所为，断非秦始皇所为。因为后人蔑视崇尚法家的秦朝的一切所作所为，不可能称秦朝的措施为"尚矣"；因为古代的"尚"字不光指年代上的久远、即"上古"，更指其所处时代的高尚。至于东周

---

① 指司马迁的《史记·河渠书》。

的春秋战国，那也是礼崩乐坏之际，此河渠若是开凿于春秋战国（比如夫差），崇尚儒家圣治的李埴，也不可能称此时代为"尚矣"。能称为高尚政治局面的，在李埴这种古代儒士心目中，也只有唐尧、虞舜的时代，还有承之而来的大禹所开创的夏朝，以及再承之而执掌天下的商汤建立的商朝，周文王、周武王、周公开创的西周"成康之治"。故"其来尚矣"四字，也正暗示出江南大运河的开凿，绝非礼崩乐坏的乱世"东周春秋、战国"和暴秦。

五是元《至顺镇江志》卷八"神庙"有："平水大王庙，在京岘山。（旧传：王为后稷庶子，佐禹平水至会稽，诲人浚道，后祀之。至宋，胡'文恭'宿请登祀典。或云：'禹平水土，而人祠之。'未详也。）"这是宋代常州人胡宿请求把镇江京岘山的平水大王庙由民间私祠升格为国家礼部有登记的正规祠庙，这表明两点：一是宋人相信大禹派其助手在京岘山治水，二是此大禹助手平水王的庙自古相传，非常古老。正如上文"6"指出，这条记载与其处所引常州马迹山"水平王庙、墓"的记载交相呼应，非常重要：因为镇江人在京岘山上为水平王[①]（即平水大王）立庙，而京岘山就在江南大运河起点"京口"处，上引文献便是可以用来证明"京口处的江南大运河是大禹派水平王所开"的实证。

（三）长江上游的都江堰是大禹的水利杰作，也能证明长江下游的江南大运河是大禹之功

关于都江堰为大禹所开而司马迁将其误记到李冰账上，四川学者早已有详考，则《史记·河渠书》"于蜀，蜀守冰凿离碓，辟沫水之害"这段文字以及这段文字之前、之后所述的开渠之事，便全都是大禹的煌煌功绩；于是《史记·河渠书》此句前的"于吴，则通渠三江、五湖"这段文字所述的"江南大地上旨在沟通起三大江、串联起五大湖的'江南大运河'，便也是由大禹所开而被记到了后人账上"的真相，也就得到了很好的证明。

今详引四川纪国泰教授的这篇文章《大禹"岷山导江"与"开明决玉垒"传说的历史观照》，载《西华大学学报（哲学社会科学版）》2010年第5期，其"摘要"：

20世纪80年代，学术界曾就都江堰创建史中的关键问题展开了一场激烈的争论。争论以"开明决玉垒山"说占上峰而宣告结束。二十多年过去了，成都平原上一大批古蜀文化遗址的被发现，使我们不得不对"开明决玉垒山"说产生怀疑，不得不重新审视和探讨都江堰"宝瓶口"的开凿年代以及相关的一些其他问题。

其正文：（笔者按：正文中的注全是原文注，特此说明。）

享誉世界、造福四川的都江堰水利工程，包括鱼嘴、金刚堤、飞沙堰、人字堤及宝瓶

---

① "水平"即大水平定，与平定大水的"平水"意相同。

口等基础工程；其中，"宝瓶口"又是最为核心的工程。没有"宝瓶口"的开凿，便没有"内江""外江"之分；没有"内江"，便没有李冰"穿郫江（徐堰河）、检江（走马河），别支流双过郡下"；也没有文翁"穿湔江口（蒲阳河），溉灌繁田千七百顷"①。"内江"即《禹贡》"江沱"（柏条河原始河道）②。最初，"宝瓶口"仅仅是"东别为沱"以减杀岷江水势消除水害的治水工程。李冰则是利用"江沱"之水开二江（郫江、检江）以大兴水利的肇始者。文翁主持"穿湔江口"以来，都江堰水利工程的建设者，可谓代不乏人。因此，"宝瓶口"的开凿是关键。要研究都江堰的兴建与发展，"宝瓶口"开凿的年代及主持者，是无论如何也回避不了的问题。

在"宝瓶口"开凿的年代及主持者问题上，学术界主要有三种意见：

一种意见认为，是大约四千年前的大禹开凿了"宝瓶口"。根据是《尚书·禹贡》的记载："岷山导江，东别为沱。"历代经师对这两句话的解读比较一致，认为大禹"导江"的地点就是都江堰"离堆"（宝瓶口），"沱"就是"郫江"（实际上应当是"柏条河"故道，请参看拙著《禹贡"江沱"异说考辨》）③，司马迁著《史记·河渠书》，出于历史学家的审慎，虽然没有明确指出凿"宝瓶口"掘"江沱"的是谁，但是实际上认可了《禹贡》的记载。

另一种意见认为，是距今约2300年的李冰开凿"宝瓶口"并且兴建了都江堰水利工程。这种意见始于宋代、流行至今，其依据是《史记·河渠书》记载："于蜀，蜀守冰凿离堆，避沫水之害；穿二江成都之中。"论者认为，此处的"离堆"，就是都江堰离堆；"沫水"是指"暴雨洪水"④。

1985年在成都召开的"都江堰兴建与发展学术讨论会"上，不少学者赞成"开明决玉垒山"的说法，认为是距今约2600年的开明（鳖灵）凿开"宝瓶口"，奠定了都江堰水利工程的基础。论者撰文指出："《华阳国志》说'开明决玉垒山以除水害'，《水经注》说'江水又东别为沱，开明之所凿也'，郭景纯《江赋》说'玉垒作东别之标'。这些记载都说明，灌县玉垒山宝瓶口就是在开明领导下凿的。"⑤这位论者还对大禹、李冰凿"宝瓶口"的两种说法作出解释说："后人为离堆位置（以及都江堰创建史）争论不休，根源就在于司马迁囿于《尚书·禹贡》，把望帝、丛帝开沱江的功绩错记在了大禹帐

---

①刘琳.华阳国志校注[M].成都：巴蜀书社，1984.

②历代《禹贡》研究者多把自都江堰"宝瓶口"别出的"内江"水道称为"江沱"，语出《禹贡》"岷山导江，东别为沱"。

③纪国泰.《禹贡》"江沱"异说考辨[J].西南民族大学学报，2007（6）.

④冯广宏.都江堰文献集成·史记·河渠书[M].成都：巴蜀书社，2007.

⑤喻权域.开明凿宝瓶口的史实[J].四川文物，1988（3）.

上。大禹治水不可能来到成都平原，于是有人便把开沱江的功绩归之于李冰。"①

由于《史记》没有大禹"决玉垒"的明确记载，《史记》"冰凿离堆"被证明是开凿乐山的乌尤山离堆；而《华阳国志》是权威的巴蜀地方志，《水经注》更是权威的古代地理著作，既然两书都明确记载开明"决玉垒""别江沱"，所以"宝瓶口"是在开明氏主持下开凿的、"都江堰是李冰总结和继承开明治水成果的基础上建成的"，就成为"在成都闭幕的'都江堰兴建与发展学术讨论会'上大多数研究者的意见"②。

如果这只是针对书面文献的考证，"开明决玉垒"说应当是有说服力的。然而，这里讨论的绝不仅仅是书面文献的记载，而是实实在在的巴蜀上古史。③真实，是历史研究的生命和价值。对云遮雾罩的巴蜀上古史的研究，不是采用一般文献考证的思路和方法所能奏效的。诚如有的学者所说："三星堆和金沙折射出来的古蜀图景，竟是如此超乎想象！原来，古蜀还是一个充满梦幻的世界。"④假如我们改变一下思路来探讨都江堰"宝瓶口"开凿年代的问题，便不难发现："开明决玉垒山"的说法是值得怀疑的，因为有许多与此相关的问题会因此而解释不通。下面从几个方面谈谈笔者的意见，欢迎大家批评指正。

一、"开明决玉垒"质疑 "开明"是蜀王杜宇国相。按"七国称王，杜宇称帝"的说法⑤，开明应是战国时人。取战国的时间上限，开明距今不过2500年左右。

《太平御览》八八八引《蜀王本纪》："时玉山出水，若尧之洪水。望帝不能治，使鳖灵（开明）决玉山，民得陆处。"这是"开明决玉垒"说法的原始版本。照此说法，蜀地之"民得陆处"，距今也不过2500年。那2500年前的成都平原上，必定洪潦遍地、民不得"陆处"。正如有学者分析的那样："成都平原是个封闭的盆地，西面和北面的山区里，存在着三个暴雨中心。夏秋暴雨，从山里直向平原倾泻。可是东南的龙泉山脉，好象一道门槛，挡住了水流去路……如果挡住了洪水的脚步，问题就严重了。天上的雨水还在倾泻，地上的积水不见消退，反而一天天涨高，洪涛吞没了房屋和田园，到处是白茫茫一片，好象到了世界末日。"⑥

如果"岷山导江，东别为沱"（即"宝瓶口"的开凿）果真是在2500年前的开明时代，

① 喻权域.望丛古今·序言[M].成都：四川人民出版社，1989.
② 欧阳惠筠.都江堰何时开始建造[N].光明日报，1985-12-02.
③ 本书作者按：纪教授所言甚是，即经典文献会有失载，当以理实来断之。比如因年代远古而失载之事，当据理实来加以判断。
④ 冯广宏.三星照耀金沙[M].成都：巴蜀书社，2006.
⑤ 刘琳.华阳国志校注[M].成都：巴蜀书社，1984.
⑥ 冯广宏.三星照耀金沙[M].成都：巴蜀书社，2006.

那么以下问题就很不好解释：近年来在成都平原上发现的七大古城遗址（新津宝墩遗址、都江堰芒城遗址、郫县古城遗址、温江鱼凫城遗址、崇州双河村和紫竹村遗址、大邑盐店村遗址），它们向世人昭示着这样的历史真相：在距今大约 4500 年的新石器时代晚期，成都平原上的古蜀先民就已经由游团转入了初期的农业定居，并且出现了大大小小的村落和城邑。考古学界将这一时期的成都平原文明称为"宝墩文化"。近年来，考古学界还在成都市区发现了方池街、指挥街、青羊宫、黄忠小区、十二桥等多处古蜀文化遗址。经碳14 测定，它们都是商周时期的古蜀文化遗迹，这些遗迹产生的时间也比"开明氏"要早大约一千年。不能想象，在水患未除、民不得"陆处"的情况下，成都平原上有可能出现"宝墩文化"所代表的农业文明和城市文明，有可能在平原腹心区域的成都市区建设如此密集的居民村落。使人更加不能想象的是，大约四千年前，饱受洪潦威胁的成都平原上，竟然会出现象广汉三星堆、成都金沙遗址那样非常灿烂的物质文明和精神文明。

有必要强调指出的是，最初的《禹贡》"江沱"（柏条河故道）仅仅是一条排泄洪水的人工河道。"江沱"首起"宝瓶口"，流经灌县、郫县、新繁、新都，至金堂赵镇，与从什邡、绵阳流来的绵远河、石亭江等汇合成为"沱江"。"江沱"为什么要往金堂方向流去？因为成都平原四面环山，只有龙泉山脉最东头有个缺口，这个缺口就成为排泄平原积水的天然孔道。这个天然孔道就是今天的"金堂峡"。由此可见，"导江"的初衷就是防洪，使"民得陆处"。"江沱"具有两方面的作用：一方面减杀岷江正流（今外江）水势，防止洪水决堤成灾；另一方面，使暴雨时节成都平原上的洪潦得以从这条人工河道排泄，避免积水成灾。以成都平原的地理形势，不难想见："宝墩文化"和"三星堆文化"所代表的古蜀文明，必须要有"岷山导江，东别为沱"这个前提作保证。如果杜宇和开明是战国时人，"决玉垒""别江沱"的，就应当另有其人；要么，杜宇和开明就不是战国时人。

……

四、宝瓶口始凿年代问题刍议

都江堰宝瓶口的始凿时间，既不是 2300 年前李冰生活的时代，也不是 2500 年前传说中的开明时代，那么，究竟应该是什么时代呢？我认为，《禹贡》作者所表述的大禹"岷山导江，东别为沱"的意思，应该就是指宝瓶口的开凿。换句话说，宝瓶口的开凿应该是在夏朝，而且很可能就是传说中的大禹生活的时代。如果不是这样，出现在成都平原上距今四千多年的"宝墩文化"和广汉三星堆、成都金沙遗址便无法解释。道理已在前面作了阐述，这里无须重复。

现在需要讨论的问题是：四千多年前的古代蜀人，究竟有没有能力凿开宝瓶口、掘出柏条河？诚如前文所引："认为古代蜀国的经济文化十分落后，不可能有治理岷江、开出沱江,建立强大王朝的能力。关于都江堰创建史的争论,实质就在这里。"①下面就来讨论这个问题。

(一)蜀人发明了"积薪烧岩"的开凿技术

……

"积薪烧岩"的凿岩技术,见于《华阳国志·蜀志》:"僰道有故蜀王兵兰,亦有神作大滩江中。其崖嶻峻不可凿,乃积薪烧之,故其处悬崖有赤白五色。"刘琳先生对"积薪烧之"的解释是:

积薪烧岩是古代开凿坚硬岩石常用的一种办法。先以烈火焚烧,使其猛烈膨胀;再浇以冷水,使其骤然收缩,因而爆裂②。

刘琳先生的解释,还给了我们新的启发:要知道,玉垒山一带的岩石都是石灰岩。石灰岩虽然非常坚硬,但是如果"积薪烧岩",其"爆裂"程度将比其他岩石巨大得多。"积薪烧岩"技术绝非李冰首创。能够创造出三星堆、金沙遗址那样灿烂文化的古蜀先民,是不是也很有可能采用"积薪烧岩"的技术来开凿"宝瓶口"呢?

(二)蜀人很早就掌握了先进的冶金技术

开掘河道,没有金属工具是不行的。四千多年前的古蜀地区,有没有铜、铁一类的金属,就是个很值得探讨的问题。

在《禹贡》所记载的九州各州的贡赋中,不仅只有四川所在的"梁州"有黄金(璆),有铁,而且有钢(镂)。《禹贡》所记载梁州贡赋的原文是:"厥土青黎;厥田惟下上,厥赋下中上错。厥贡璆、铁、银、镂、砮、磬,熊、罴、狐、狸、织皮。"

顾颉刚先生对"璆"的解释是:璆,一作"镠",《史记·夏本纪》集解引郑玄说:"黄金之美者谓之镠。"《尔雅·释器》说:"黄金谓之镠。"郭璞《尔雅注》说:"镠即紫磨金。"古人称金是指铜,不是黄金,上文扬州、荆州的"金三品"都是言铜,与这里称"镠"不同。……左思《蜀都赋》:"金砂银砾,晖丽灼烁。"全是梁州的特产。③

顾颉刚先生在解释"铁"和"镂"的时候说:

铁也以梁州为最。《史记·货殖列传》说,在秦始皇时代有蜀郡卓氏以冶铁富拟邦君。《汉书·地理志》"蜀郡临邛",即今四川邛崃县;"犍为郡武阳",在今四川彭山县东十里;"南安",在今四川夹江县西北二十里,皆有铁官。梁州既多矿藏,又出黄金,当然也出白

① 喻权域.望丛古今·序言[M].成都:四川人民出版社,1989.

② 刘琳.华阳国志校注[M].成都:巴蜀书社,1984.

③ 顾颉刚.《禹贡》注释[M]//中国古代地理名著选读.北京:科学出版社,1959.

银。……镂，《说文》说："刚铁，可以刻镂。"郑玄说同①。

笔者按：长期以来，史学界一直认为铁器出现的时间较晚，多数认为是在春秋晚期。如果不是成都金沙遗址出土了金箔"太阳神鸟"，有谁相信四千年前就会有这样的黄金艺术品？《禹贡》作者独于梁州贡赋中介绍到"璆""铁""镂"，顾颉刚则特别强调"铁也以梁州为最"，我们是否可以理解为：四川的冶金工业遥遥领先于全国？黄金、钢、铁比全国其他地方都出现得早。至于早到什么时候，比照"太阳神鸟"产生的年代，大概不会错到哪里去。

总而言之，我们完全有理由说"蜀人很早就掌握了先进的冶金技术"，这就为开凿宝瓶口、开掘柏条河奠定了物质基础。四千多年前的蜀人既发明了"积薪烧岩"的开凿技术，又掌握了冶炼金属的技术，那么，"岷山导江，东别为沱"的时间，显然就不应当是2500年前的开明王朝了。换句话说，《禹贡》作者认为"岷山导江，东别为沱"的是大禹，也就不一定是传说，而可能是历史事实了。

司马迁说他"西瞻蜀之岷山及离堆"②，说明他是到过四川的，也到过都江堰和乐山。他在没有足够的文献资料、也没有地下考古发现的情况下，只好默认《禹贡》"岷山导江，东别为沱"的说法，实际上等于承认开凿"宝瓶口"的人是大禹。这应当是历史学家的科学态度，怎么能说他是"囿于《尚书·禹贡》，把望帝、丛帝开沱江的功绩错记在了大禹帐上"呢？

五、"大禹治水不可能来到成都平原"吗？

对于李冰香火鼎盛的原因，我已在前面作了说明，但是，"开明决玉垒"论者却说："大禹治水不可能来到成都平原，于是有人便把开沱江的功绩归之于李冰。"

论者没有说"大禹治水不可能来到成都平原"的原因和理由，我们不禁要问：为什么"大禹治水不可能来到成都平原"呢？

论籍贯，大禹亦是蜀人，而且生于蜀地。《史记·夏本纪》正义引扬雄《蜀王本纪》："禹本汶山郡广柔县人也，生于石纽。"又引《括地志》："茂州汶川县石纽山在县西七十三里。"③

论血缘，大禹与蜀王不仅同宗，而且关系颇近。《史记·夏本纪》说："颛顼之父曰昌意，昌意之父曰黄帝。禹者，黄帝之玄孙而帝颛顼之孙也。"④《华阳国志·蜀志》说："蜀

---

① 顾颉刚.《禹贡》注释 [M]// 中国古代地理名著选读. 北京：科学出版社，1959.

② 冯广宏. 都江堰文献集成·史记·河渠书 [M]. 成都：巴蜀书社，2007.

③ 司马迁《史记》，《四部备要·史部》，上海中华书局线装本。

④ 司马迁《史记》，《四部备要·史部》，上海中华书局线装本。

之为国，肇于人皇，与巴同囿。至黄帝，为其子昌意娶蜀山氏之女，生子高阳，是为帝颛顼。（帝颛顼）封其支庶于蜀，世为侯伯，历夏、商、周。"按以上说法，帝颛顼所封的第一代蜀侯，还应当是大禹的叔父哩。

......

如果上面的"猜想"能够成立，《禹贡》所说的"岷山导江，东别为沱"，即开凿"宝瓶口"的人就应当是大禹，或者大禹时代的人。这样一来，"宝墩文化"、三星堆文化等成都平原上出现的古蜀文明，似乎也就有了合理的解释；前面那位专家所说的"4000年中还差1500年的这段政权空白区"也就不存在了。

但是，历史研究是不能靠"猜想"来定论的。本文无非是想为研究四川上古史的学者提供一种思路，提醒某些学者：王国维先生提倡的"二重证据法"才是科学的考据方法；仅凭纸上得来的材料，尤其是明显不可靠的材料，是什么也证明不了的。

由此文我们便可得出结论：大禹是汶川人，而"汶"字就是"岷"字，大禹就是岷江人，大禹通过"岷山导江"的工程，为家乡父老创造出"无坝引流分水"的世界水利工程奇迹——"都江堰"。从此，以成都为中心的四川平原，便彻底告别洪涝灾害得以安居。因此，关于"都江堰水利工程"的建设，经过历代专家们的考证，可以认为是大禹肇其端，开明继其后，李冰总其成。

纪国泰教授的文章提到王国维先生所提倡的著名的"二重证据法"。此法开始叫作"二重证明法"，是1913年4月王国维于《明堂庙寝通考》这部书中提出的。1925年秋，王国维在清华学校研究院讲授《古史新证》时，于第一章"总论"中正式将其命名为"二重证据法"，他写道："吾辈生于今日，幸于纸上之材料外，更得地下之新材料。由此种材料，我辈固得据以补正纸上之材料，亦得证明古书之某部分全为实录，即百家不雅驯之言，亦不无表示一面之事实。此'二重证据法'，惟在今日始得为之。虽古书之未得证明者[1]，不能加以否定；而其已得证明者[2]，不能不加以肯定，可断言也。"其意思是运用"地下之新材料"来和古文献的记载（"纸上之材料"）两相印证，以此来考证古代的历史文化。

王国维先生特别相信"古之人不余欺"，而认为流传下来的古书都是事实（"全为实录"），即便是诸子百家如《庄子》等的荒唐不经之说（"不雅训之言"），其实也有其真实的根源而能在某一方面也反映出一点事实来（"不无表示一面之事实"[3]）；凡古书的材料

---

[1] 指未得考古证据证明的古书记载，不能轻易加以否定。
[2] 指已得考古证据证明的古书记载，必须要加以坚持和肯定。
[3] 即被证伪的文献，搞清楚古人如何会伪，这本身也就能发现其中有某一面的真实性存在。

即便未得到考古的证实，也不可加以贸然的否定，若能得到考古的证实，则更当给予"断言"其真实不虚的待遇。所以，王国维先生最反对的，应当就是用出土材料来否定文献依据（"虽古书之未得证明者，不能加以否定"）。而现在的考古界，颇拜民国顾颉刚先生掀起的"疑古"思潮所赐，最喜欢用考古发现来推翻文献记载，凭此来标新立异、哗众取宠。其实，文物是死的，不会开口说话，研究者想怎么说都可以；除非文物与文献真有不可折衷的矛盾，便宜代文物立言以合文献，切不可代文物立言来否定已有的文献。正如现在考古研究据文物来认为泰伯不可能奔无锡梅里，从而否定泰伯奔吴地梅里的文献，这种做法其实是只信考古而不信文献，是一重证据而非王国维先生所主张的双重证据。其实，据文物所作的理解，本身也是研究者自己的理解，误会的可能性大大存在。所以我们应当本着王国维先生所指明的，同时也是学术界公认的具有科学态度的主流做法，把文献作为第一重证据牢牢抓在手中，强立而不返，再用出土文物作为第二重证据来证实古文献的可信，千万不可让本可折衷调和的考古材料与文献自己内斗，把两重证据废为一重证据。

而王国维先生在此第一章"总论"中特地言明："至于近世……而疑古之过，乃并尧、舜、禹之人物而亦疑之。其于怀疑之态度及批评之精神，不无可取；然惜于古史材料未尝为充分之处理也。"其下来便说上文所引的二重证据法，其下一章即第二章"禹"（因"总论"为第一章，下来的第二章名义上是"第二章"，其实就是"总论"下来的正文第一章）便用此"二重证据法"来证实大禹的真实存在，即据"秦公敦"与"齐侯钟"全都提到"禹"而作出结论："自《尧典》《皋陶谟》《禹贡》皆纪禹事，下至《周书》《吕刑》亦以禹为三后之一，《诗》言禹者尤不可胜数，固不待藉他证据。然近人乃复疑之，故举此二器，知春秋之世，东、西二大国无不信禹为古之帝王、且先汤而有天下也。"王国维先生据客观审慎的"二重证据法"，用文物来证文献，早在百年之前，便证实大禹是真实存在的历史人物而非神话传说！

总之，光凭文物来否定文献史料，是一重证据，是不科学的，因为文物自己不会开口说话，所谓的能够用来证明文献为误而推翻该文献的文物证据，几乎全都出自研究者自己的误会（即错误地代文物立言）。纪国泰教授以"金沙"等遗址证实《禹贡》大禹"岷山导江"就是《史记》所说的凿离堆，这是符合王国维先生"二重证据"法的。至于该结论与《蜀王本纪》等言"开明决玉垒而有离堆"两者显然有矛盾，便当折衷为："大禹创开（因有当地若无此水利工程便无法居住的理实为证）而开明重开（因有文献为证）"，二者皆在李冰之前。

都江堰应当就是大禹治水的杰作。都江堰坐落在成都平原西部的岷江上，位于四川省都江堰市的城西。由于成都平原的整个地势是从西北往东南倾斜，而且坡度很大，所以在都江堰尚未建造起来的古代，每当岷江洪水泛滥，成都平原便汪洋一片，人们也不可能每年都在退水后到成都平原来生活，发大水时又迁徙到山上去躲避洪峰。如果真这么做的话，四川的文明便应当在山上被发现，而不可能在成都平原上有大量永久性的人类遗存被考古出土。唯有都江堰建成后，成都平原方能成为人类的宜居地，都江堰的建成也就成了成都平原会有考古遗址被后世发现的先决条件。

世人由于《史记·河渠书》的记载，几乎全都说"都江堰"是由秦朝蜀郡太守李冰经过八年努力而建成。两千年来没有人提出过这样一个疑问，即李冰之前的成都平原春夏秋盛水季节真是泽国一片而不适宜人类居住吗？近年来，成都平原的考古成果不断，新津宝墩遗址、广汉三星堆遗址和成都金沙村遗址的发现，充分表明：先秦时期成都平原有着高度灿烂的古文明。《禹贡》"梁州"章中提到："岷、嶓既艺，沱、潜既道。蔡、蒙旅平，和夷厎绩"，其中"岷"指岷山，又名汶山；"沱"是岷江别名；"和夷"是一古族名，"厎绩"就是取得了功绩，"和夷厎绩"就指和夷这一氏族成功地定居在了地势低洼的成都平原，不再受洪涝之灾。而要实现这一目的，显然就要建造起"都江堰"这样的水利工程。因此《禹贡》"岷山导江"，其实就是指建造起都江堰来（也即《史记·河渠书》所谓的"凿离碓，辟沫水之害，穿二江成都之中"），其功能便是可以调控并增加流过"玉垒山"的水量。都江堰应当就是大禹治水的杰作，同时也是《禹贡》"岷山导江"的实证，是口述史（而非虚构传说）大禹治水中"岷山导江"的真实来源和依据。

而有了都江堰以后，成都平原才会有古人类的繁衍和古文化的繁盛。可是任何工程都会损坏，到了李冰时代，都江堰因距大禹已历时近2000年，年久失修而开始破败不堪。李冰到来后，顺应当地百姓意愿，重新修缮了都江堰，期间也不排除对都江堰进行过一些改造和重建。然而后人却不明就里，或者是当地人出于对李冰的感恩，就把李冰修缮都江堰说成是李冰建造了都江堰。古人语句精练，只会写成一个"建"字，于是后人便把李冰的"重建、新建"给误会成了"创建、开辟之建"。于是国人便都有了这样一个误会，认为"都江堰"的历史是从李冰修建都江堰开始。其实，李冰治水之前，成都地区还发生过杜宇任命鳖灵治水，以及更之前的大禹治水，尤其是大禹治水的影响最为深远。《禹贡》中就记载大禹治水的著名经验就是"岷山导江，东别为沱"，这一经验正是李冰治水的"深淘滩，浅作堰"[①]的精妙之处——"疏导"，即实行无坝引水而非拦截。经过大禹、李冰等无数代人

---

① 见清朱鹤龄《禹贡长笺》卷十一"岷山导江"条："李冰尝题'深淘滩、浅作堰'，此治之之法也。"堰，即堤；其堤面低于水面，相当于后人的"浅水坝（即拦水、挡水用的滚水坝）"。

的功劳，才形成都江堰目前的无坝引水工程。大禹治水采用的这一无坝引水工程，不但没有破坏生态，还保护了生态环境，这是现代人所要吸取的文明精华和古人智慧。

让我们再顺着纪国泰教授上文的思路推演下去，无此都江堰水利工程，成都平原每年都会被大水淹没而无法定居，也就无法在平原上留下永久居住的人类文明。但成都平原上的"三星堆文化"已经有 5000—3000 年历史，而大禹距今才 4200 年左右的历史，这就意味着都江堰这一伟大的水利工程，肯定也是大禹之前的先民们所创造的水利奇迹，早在大禹之前便已存在。与之相似，长江三角洲的江南大运河，肯定也是长江三角洲先民赖以走泄潮水、通行舟楫、灌溉良田而一日不可或缺的生命线工程，应当也是大禹治水前便已存在，大禹也只是把它整治得更为完善而已。

总之，伟大的遗迹都是人民群众所创造，英雄人物只是把它们发扬光大而已，后人便把众多无名先民们的创造成果，赋予那有名望、有名字的某个英雄人物（如大禹、开明①、李冰），他们都是后来的发扬光大者，并非最初的创造者；最初的创造者肯定是默默无闻的人民群众，因为水利工程的智慧，绝不可能是一两个智者一下子所能想到的，而是千秋万代的民众们点点滴滴智慧火花的碰撞，胼手胝足的辛勤努力，日积月累在一起方能成就。同理，"江南大运河"大禹时代及大禹之前便已存在，其时无锡至嘉兴的苏州全境还都在浅海中而不用开，唯独枯水季节，需要开其泥泽形成河道，江南大运河真正要开的河道便是无锡以西的镇江至常州段，其应当就是江南大运河中最早开凿的人工河道。此江南大运河其实也是大禹之前的原始先民们疏分、导引长江潮水与太湖积水为我所用（指用于灌溉、交通）的水利奇迹。

《禹贡》所说的："三江既入，震泽底定。""三江"原本就入海，"三江既入"不是指大禹开通三江使三江入海，事实上，即便"三江"不指"北江（长江）、中江（松江）、南江（钱塘江）"，而指太湖东部泄太湖水入大海的"娄江、松江、东江"这"太湖三江"，也是自然天成而非人工所开，而且本就入海。所谓"三江既入"绝不指疏导此"三江"入海，而是言疏导长江三角洲中部以太湖为中心的五大湖泊（太湖，射、贵湖即上湖，漏湖、洮湖）的积水，其北部者往北开河而泄入通"北江"的河港，其南部者往南开河而泄入通"南江"的河港，其正东部的积水则往东开河引入通"中江"的河港。同理，大禹在其他各地疏导诸大河也不是通大河入大海，而是通诸小河入此大河，也就是开辟出各种有

---

① 开明，即鳖灵。杜宇任命其宰相鳖灵治水，鳖灵后来取代杜宇建立统治四川地区的开明王朝。

层级的河渠来，此即《史记·河渠书》所谓的大禹开出来的万千支流——大禹"往往引其水益用溉田畴之渠，以万亿计"。唯作如是观，便可明白《史记·河渠书》第二段所言的开通诸渠之人必定是大禹、而非三代及春秋战国时人。

大河不用疏导，大禹是开各级沟渠来导小水入大水。"三江既入，震泽底定"绝不是开三江，而是大禹役使沿大河而受水患的"诸侯、百姓（指有姓氏的各级贵族与公职人员）"，与没有姓氏的普通民众们和奴隶囚徒（"人徒"），尽力乎沟洫之事，开渠引太湖以北之水入北江，太湖以东之水入松江，太湖以南双水入南江，由此三江泄归东海而太湖无积水，露出磨刀石般的平地供人耕种居住。大禹又在江北同样开渠决排淮、泗之水往南流入长江入海而形成"鸿沟"。"鸿"为大雁，常见的鸟类以大雁最大，故"鸿"字便引申为大的意思，"鸿沟"就是"大沟"的意思，也即"邗沟"，"邗、鸿"两字音近，古人记录其读音时，有人记录成"鸿沟"，有人记录成"邗沟"。这便可证明：大禹一路上都在开沟渠：一可泄涝，引积水由小水入大水而归海；一可用于水运交通；一可溉田：一举而三得，故百姓乐于劳作，此即《孟子·尽心上》所谓的："以佚道使民，虽劳不怨。"也就是用建设安逸舒适的生活作为目标来鼓舞民众劳作，人民再劳累也不会发出怨言。

关于大禹时代的生产工具，上引纪教授的文章提到：

总而言之，我们完全有理由说"蜀人很早就掌握了先进的冶金技术"，这就为开凿宝瓶口、开掘柏条河奠定了物质基础。四千多年前的蜀人既发明了"积薪烧岩"的开凿技术，又掌握了冶炼金属的技术，那么，"岷山导江，东别为沱"的时间，显然就不应当是2500年前的开明王朝了。换句话说，《禹贡》作者认为"岷山导江，东别为沱"的是大禹，也就不一定是传说，而可能是历史事实了。

触类可以旁通，这段记载等于告诉我们江南也很早就会使用铜铁等金属工具了，因此也就有了开山、开河的可能。

现代考古学界以生产工具的改进而把古文明分为旧石器时代、新石器时代、青铜时代和铁器时代，其实古文献中也有相类似的说法，即《越绝书·外传、记宝剑》引风胡子回答战国时楚王的话："轩辕、神农、赫胥之时以石为兵"，此为旧石器时代。"至黄帝之时以玉为兵，以伐树木为宫室，凿地"，此为新石器时代（因为"玉"相当于新石器，而新石器时代正盛行玉器）。而"禹穴之时以铜为兵，以凿伊阙，通龙门，决江导河，东注于东海，天下通平，治为宫室"，此为青铜器时代。由这段话便可知：青铜其实是从尧舜禹所处的时代发端，并被尧舜禹运用于开山导河的生产实践中来。而"当此之时，作铁兵，威服三军"，画线部分的"此时"说的就是风胡子与楚王所处的春秋末、战国初年的时代，此时铁器已经开始出现并在生产实践中使用，中国因此进入铁器时代。上述文献清楚言明：禹时开始出现青铜器，并运用到治水实践。因此，从虞夏到春秋初年，便是我国考古学上的青铜时代[①]。

2900 年前西周的"遂公盨"，其铭文 98 字，开头就写："天命禹敷土，随山浚川，乃差地设征"，歌颂禹的伟大功绩，其时距离大禹不过一千年，此铭文因去古甚近而可信，充分证实大禹的实际存在性。

而四川盆地有如一个大水盆，川水的出口仅限于长江三峡一处。川水若无这一出口，便无从外泄，一有大暴雨，四川盆地瞬间会变成一个装满水的大水盆，里面的民众民不聊生。庆幸的是，川水出口处的"华蓥山脉"居然被干练平直地拦腰截断形成两处巨大沟渠，一个是铜锣山所在的"铜锣峡"，是长 2.3 公里、宽 200 至 300 米的巨大峡沟，另一处便是其东十余公里处的"明月山"，同样被拦腰截断，且出现 90 度的突兀转折。这两处斩破山脉来为水开路的峡沟，显然不可能是自然所为；从其笔直的形状和有 90 度直角转折的走向来看，很有可能也是大禹率领民众，利用"积薪烧岩"等法人工开凿而成。这两处峡沟很有可能是大禹治理川水的又一实证[②]。

六、附：与禹同时代的大禹的领导舜帝，在江南与常州地区的史迹详考

大禹治水重点治理长江水患的一个重要原因，还在于其顶头上司舜帝是江南人，江南是皇帝舜的老家，所以大禹对江南的水患治理特别用心。

1. 常州东北境的"舜过山"是大舜过化之山

江苏省常州市，地处长江三角洲的中心，位居南京、上海两市最正中，自古管辖武进、无锡、宜兴、江阴、靖江五县，是江南中部的核心都市，有"中吴要辅、八邑名都"的美誉。

城东 12 公里处有座横山，如绿色长城往东北迤逦而去，到达此山脉的主峰"高山"，也即古人所谓的"高山仰止、景行行止"的德高望重之山，因大舜在此过化（过而教化）

---

①我国迄今最早的青铜器发现于距今 5000 年的马家窑文化。龙山文化属于青铜器与石器并用的"铜石"时期。相当于夏朝的"二里头文化"则已进入青铜时代，这与传说"禹穴之时，以铜为兵"（上引《越绝书》所载风胡子语）是一致的。青铜器刚做成时就是黄铜的金黄色，当时人皆称其为"金""吉金"。在使用过程中慢慢生锈而变成绿色，故后人名其为"青铜"。

②参考《上古神话中大禹治水是真实的吗？是谁拯救了四川？》，见：https://baijiahao.baidu.com/s?id=1706168488832242434143&wfr=spider&for=pc。

而得名"舜过山",故为整个华夏所景仰而命名其为"高山"。此山脉延伸在古"上湖"中,也就是姜尚垂钓的"不事王侯、高尚其事"的高尚之湖①。山、湖以"高、尚"命名,便拜舜帝所赐。

古代"横山—芳茂山—舜过山"山脉绵延起伏于"芙蓉湖(上湖)"中,宛如龙游池沼,湖山相依,风光清美,谢应芳称之为"芳茂山前种玉田,芙蓉湖上采莲船"(《龟巢稿》卷十七《寿万拙斋》诗之三)。常州便拜此秀丽风光所赐而得名"延陵"。"延"即绵延不绝、长生不衰意,这一嘉称是常州历史上的第一个名号,掀开了常州人文的高古篇章。

2. 大舜是江南人的简要证明

历来相传大舜是中原人,所有人,包括常州人在内,便都会认为舜过山的传说源自民间附会。其实大舜就是江南人,原因总拎如下:

① "大舜是江南人"这一结论并非后人的说法,而是汉晋人的古说。即唐人张守节引汉孔安国对《尚书》解说,称舜出生于"姚墟"。而"虚(虗)"即"丘"(两字古音相近,故"虚"字可以从"丘"而写作"虗"),宋初《太平寰宇记》引西晋周处《阳羡风土记》,指明大舜出生地"姚丘山"就在浙江上虞。

② 大舜生母握登、后母仇氏的遗迹,只有上虞有,全国其他地方没有,如果舜不是江南人,则其两位母亲的遗迹便当在江南以外的地方出现,现在发现的只有江南有舜两位母亲的遗迹,而古人除非有特殊情况才会背井离乡,即便背井离乡也会在老家留有遗迹。大舜两位母亲的遗迹在江南,便是舜为江南人的有力证据。

③ 古常州下属的武进、江阴、宜兴、无锡有大舜教化民众的三大遗迹中的"历山(今无锡惠山)、雷泽(今震泽太湖)、陶都(今宜兴)",全都汇聚在一起。而北方中原的这三种大舜教化民众的遗迹全都分散于各地,没有一地能同时拥有这三种遗迹,例如历山在山东济南,雷泽在河南濮阳,定陶在山东荷泽,这足以证明常州是大舜由老家北上中原时的教化之根,中原则是其教化散枝、开花、结果的地方。因此,其教化的三种遗迹在根处聚

①姜子牙垂钓江南舜过山下古"上湖(即芙蓉湖)"绝非痴人说梦,而是有经典为据《孟子·尽心上》:"太公辟纣,居东海之滨,闻文王作,兴曰:'盍归乎来?吾闻西伯善养老者。'"江南之地正是"东海之滨"。唐陆广微《吴地记》:"常熟县……县北二里有海虞山,仲雍、(固)[周]章并葬山东岭上。……山东二里,有石室,太公吕望避纣之处。"宋龚明之《中吴纪闻》卷四:"太公避地处,常熟海隅山有石室十所,昔太公避纣居之。《孟子》谓:'太公避纣,居东海之滨'者,此也。常熟去东海止六十七里,故谓之海滨。杨备郎中尝作诗纪其事。"宋范成大《吴郡志》卷八"古迹、石室":"在常熟县海隅山。石室凡十所,相传太公避纣居之。《孟子》:'太公避纣,居东海之滨。'常熟去海近,或是。"常州舜过山下不远的江阴在"上湖"畔,亦有姜太公钓鱼处,见《弘治江阴县志》卷六"古迹":"太公钓鱼台,宋《志》云:'旧《经》:"在县东二十里,其石广一丈三尺。"按《风土记》云:"姜太公钓鱼之所",今呼"钓台村"。'"

在一起，在枝叶处散布各处。

④舜过山西麓的寺墩遗址是良渚文化晚期的国都或省城所在。而良渚文化的晚期正是舜和禹所处的时代。因此，在舜和禹生活的年代，常州舜过山便是江南（仅指长江三角洲，不含钱塘江以南的大越绍兴地区）的统治中心，大舜在此过化便有了考古依据。

3. 常州舜过山地区大舜遗迹的总括

正因为常州舜过山地区是大舜北上教化的发迹地所在，所以这儿留下了大量舜的遗迹，即舜过山以舜命名，山上有南北两座舜庙，山南有秦始皇甘拜下风而来朝拜、望祭舜帝的秦望山；舜过山下有舜躬耕的舜田，有舜亲自开凿的舜井，有舜耕田时耕牛留下足迹的"牛迹石"；舜过山下的焦溪古镇有舜河。

4. 常州舜过山地区大舜遗迹文献记载的总括

有关舜田、舜井、牛迹石的常州方志的记载非常古老，最早可见宋代的《咸淳毗陵志》。而《万历常州府志》更载明这是"舜耕稼之所"。但晚其几年的万历朝的《毗陵高山志》，涉于舜是中原人的惯常成见，不敢相信舜早年曾在此种过田，又涉其南仅4公里的秦望山是秦帝南巡的遗迹，遂误会其北不远处的舜过山当也是舜帝南巡到此，而后人附会以舜帝在此躬耕教化的传说，《康熙常州府志》和《古今图书集成》全都承袭这种似是而非的谬说，未能坚持《咸淳》《万历》二志的"亲耕"古说（《咸淳志》虽未言舜亲耕于此，但其载舜田、牛迹，舜亲耕于此已是不言自明）。总之，南巡时舜帝已老，不可能躬耕而让耕牛留迹。只要承认《咸淳》《万历》二志"舜过山乃舜躬耕之地"的古说，便能顿时意识到《高山》《康熙》二志"南巡说"为非、而大舜年青位卑时曾在此地"过而教化"为是。

《毗陵高山志》还记载到"舜迹桥"唐铁桥。卷四又收录唐魏璞《题舜山后牛迹石》诗、唐刘长卿《舜祠》诗，以及明人王叔承《题舜祠》、卞荣《舜田春雨》、徐汶《咏舜山牛迹石》、朱承爵《题舜祠》、陈三纲《舜田》诸诗，证明舜山舜迹的传说并非宋代才有，而是唐以前便已存在，非常古老。

苏州、镇江的地方志中没有大舜遗迹的记载，如果常州舜的传说出自附会，为何苏州、镇江人不加附会？江南只有古常州地区（含武进、江阴、无锡、宜兴）有大量舜的遗迹传说，而邻近的苏州、镇江没有，这本身也表明江南常州地区的大舜遗迹，是大舜亲自到达常州地区生产生活实践所留下，并非出自传说附会。（若是附会，则苏州、镇江亦当一样会附会；由其无附会而知常州亦非附会。）

至于苏州、镇江无大舜遗迹，乃是大舜家乡余姚、上虞处于江海交接处，而镇江地势已高，苏州尚在水面之下，唯有常州之地适得其中，与其家乡的水土环境最为相似，所以大舜亲自教化之地选在常州境内的舜过山。由于舜未能亲自教化到地势高的镇江与尚在海平之下的苏州，故苏州、镇江的地方志中没有大舜遗迹的记载。

5. 常州舜过山地区大舜传说及其特点、价值的总括

舜在江南常州的传说以其过而教化的舜过山为中心，遍及大舜足迹所到之处的舜过山邻近的江阴、无锡诸乡。今在常州东北境舜过山地区能收集到三则口碑故事：

①"《天宁人文》丛书"收肖飞主编的《舜山揽胜》（团结出版社 2016 年版），其第 53~55 页有《虞舜安营传文明》的传说，讲述在中原为帝的舜，晚年南巡时渡过长江，来到焦溪的舜过山下安营扎寨，教导百姓造屋、牛耕、织麻、种稻，留下"舜过山"这个名字，以及山上山南、山北两座舜庙，山上、山下舜迹石（有舜的脚印）、牛迹石、舜井、舜田、舜河、舜迹桥、舜锄石（以锄击石）等遗迹。

②陈东夫主编的《圣贤故地——郑陆》（内部出版物）第 3~7 页《舜山圣迹》一文载有舜的传说，述说大舜晚年南巡渡过长江，在焦溪舜过山一住便是六年，帮助当地百姓疏通舜河，建造舜迹桥，使当地民众富裕起来后，才前往湖南的九嶷山南巡并逝世于这"苍梧之野"。

③冯顺政主编的《古镇焦溪》（中国文联出版社 2012 年版）第 163~167 页有冯顺政、潘文瑞记录的《舜过天子的传说》，详细讲述舜在老家深受继母与同父异母弟象的迫害，处处谦让不争，用孝道感动铁石心肠的继母，名动天下，成为"二十四孝"之首，受到帝尧的赏识，被选拔为国家接班人。晚年南巡来到焦溪的舜过山长达六年，在此期间疏通了舜河。

以上大舜传说有如下特点：

①这些舜的传说都有当地大量的遗迹可寻，表明舜是真实存在过的历史人物，而且还在常州地区真实地生产、生活过。有关舜的传说，是在史前没有文字记载工具的情况下，通过口耳相传（即有口皆碑）的方式流传下来的宝贵的口述历史，其中辉映有江南文明的诸多曙光，具有丰富的历史文化信息。

②这些舜的传说重在讲述古人改造自然的生产实践，寄托民众对于给自己带来美好物质生活的领袖人物的那种千秋不忘的爱戴之情。

③这些舜的传说故事保存了舜在常州耕种这一极为重要的历史信息，这一点之所以非常难能可贵，也就在于这其实已表明故事中的舜只可能是年青位卑之时而不可能是贵为帝皇之时。但由于正统史书是中原人记载，他们有意要抹杀大舜来自南方的史实，通过不加提及舜是江南人，来让其后的商周秦汉之人想当然地认为舜是中原人，然后再由他们写成文字流传到后代，导致中国有文字记载的史籍中，舜被篡改或扭曲成为北方人，以此来维系中原黄河文明对南方长江文明的统治。这一观念早已积非成是，加上中原统治者的扶

持，影响力极其巨大，于是历代传载大舜故事的人，便主动接受并传承这种观念，认为舜是北方人，其到南方另有其因。而舜过山旁正好有秦始皇南巡望祭长江东海的"秦望山"（望，读"眺望"的"望"，即望祭），这也很容易误导人们认为舜这位皇帝也像秦始皇那样，因为南巡而到达江南，即舜过山所谓的大舜南巡到此的传说，很可能是秦始皇南巡到此传说的嫁接，这就抹杀了大舜在此"龙兴（即政治上发迹）"这一真实的历史信息。

④由于大舜的教化形成了自己的范式，每到一地都是躬耕、打鱼、制陶，并在这种向民众传授其最感兴趣的赖以谋生的生产技艺过程中，融入对民众仁让、孝顺的教化，既提高了民众最迫切需要的生存技能，又形成了精神层面的礼乐文明。这就导致各个受舜教化地的大舜遗迹存在类同和重名现象，例如全国有几十处历山、雷泽、定陶；有关大舜传说的情节也大同小异，全都是讲述生产实践的民间故事。我们绝不能因此而判定各地以生产实践为主的大同小异的大舜传说和重名的大舜遗迹全都是照搬一个母本附会而来。因为越是伟大的人物，其足迹越不会局限于某一处。作为伟大的人物，其所摸索到的治国之道，会日渐形成一种最佳的治理与教化范式，因此各地流传的有关大舜教化的传说会有相同的情节、遗迹会有相同的名字，也就不足为奇了。

以上大舜传说的重要价值在于：

①常州有文字可考的历史向来认为是《史记》记载季子封于延陵邑。而舜过山大舜的传说，可以和《史记》"舜耕历山，渔雷泽，陶河滨"的记载两相印证，这就证明大舜才是常州有文字可考（指被《史记》记载到）的第一人，常州有文字可考的历史其实是从大舜开始的4200年，绝不是从季子开始的2600年。上述传说有其丰富的历史文化信息，让常州的文化史在舜过山下翻开了高古一页，也必将让中华文明史，在舜过山大舜传说这一口述史的影响下得到彻底改写。因此，上述传说及符合其历史原貌的考证，对于常州文明史和中华文明史的研究，都有重要的历史人文价值。

②舜有其巨大的人格魅力和人文感召力。常州有两大主题可以感动世界，一是常州雅称"六龙城"或"龙城"的龙，第二便是"舜过山"的舜。龙是中华民族的图腾，舜是中华文明的正式开端（见《史记·五帝本纪》："天下明德皆自虞帝始"），舜又是三皇五帝之一、"中华二十四孝"之首，在全球华人中具有无与伦比的感召力：古人称颂最好的政治局面，便说成是"尧舜之治"；在舜的治理下，人人都能成为圣人而比户可封；舜的时代直到今天，仍然是后人无法企及的人类政治的最佳楷模，代表了人类施政的最高理想，是中华文化至为高古的"黄金时代"。外地人一到常州"舜过山"，无论是普通百姓，还是专家学者，最感兴趣的便是常州居然坐拥大舜的足迹而有一座舜过山。他们问的第一个问

题便是：舜真在这儿生活过吗？这儿有舜的传说吗？地方志对此有记载吗？现在还有文物古迹遗存吗？幸运的是，经过我们的详细考证，这三者（传说、文献、遗迹）在常州全都有。于是他们全都点头相信：舜在常州生活过乃是真实的历史存在。我们上面收集到的三个故事只是舜在常州的部分传说，我们应当加紧搜集抢救、好好整理、广为传播，让常州、让舜过山在中华的地理版图与文明格局中赢得其应有的地位，把舜过山、舜河建设成为江南大地（长江三角洲）唯一可以朝拜"三皇五帝"之圣的名山胜水。

③上述传说故事也从不同侧面讲述了舜在常州的生产生活实践，对于研究舜的人格思想具有重要的参考价值。

④上述传说加上与历史文献、文物古迹的相互印证，便能有力地驳斥民国以来"疑古"与"上古史虚无主义"这两大错误思潮，击溃中西方历史学家有关"尧舜禹并不存在"的荒谬结论，对于增强中华民族的文化自信心、文明优秀感，具有重大而现实的意义。

⑤大舜不光是中华民族共同拥戴的古代圣帝，又是全球姚、陈等一系列人口众多的姓氏的人文始祖，更是开发并引导江南地区走向文明的人文始祖。传承并弘扬光大虞舜品牌和虞舜的道德精神，可以使江南舜过山这座常州得名由来的"延陵"山，在全国乃至全球华人中，进一步扩大人文影响。

今对上述传说所表达的大舜过化常州的这一信息的历史真实性，作如下六方面的详细的文献考证：

6. 大舜是江南余姚、上虞人的历史记载详考

通过对舜出生地之争的考辨，我们能考明大舜的父乡（即父亲定居之地）是浙江余姚的冯村，母乡（即母亲生子之地）是上虞的虹漾村。

关于舜的出生地，《孟子》称"舜生于诸冯"，历来认为是山东诸城处的诸冯村，但东汉赵岐为此句的"诸冯"两字作注称："负海也，在东方夷服之地。"根据赵岐对"诸冯"的注解，我们便可知晓大舜为江南的海边人，这是因为下面十条重要的证据，能从多角度、多侧面地证实"大舜乃东海之滨的江南余姚、上虞那儿的冯村人"这一结论。

（1）余姚、上虞"负海（背靠大海）"且在"东方（含东南部中国）夷服之地"。

"负海"指北有大海。山东诸城虽然北靠大海，但相隔 260 里，上古交通不便，其地显属内陆而非沿海，所以孟子不会将其说成是"负海（即靠海）"。而余姚正北靠大海。

再来看古人所谓的"夷服之地"：《周礼·夏官·职方氏》有"王畿（即王都）"以外的"侯、甸、男、采、卫、蛮、夷、镇、藩"这"九服"的记载，"王畿"千里见方，每服像同心圆般外扩 500 里，则夷服至王畿中心（也即国都）实有 3500 至 4000 里。周公以洛邑（洛阳）为天下正中，王畿之都当指洛阳，而山东诸城至洛阳直线距离为 650 公里，

即 1300 里，考虑实际路线不可能笔直，加上古里小于今里，再考虑地表不平而有坡度，所以可以大致认为相当于 2000 里，远未达到夷服三四千里的距离，所以诸城这儿肯定不能称作"东方夷服之地"。

而余姚至洛阳的直线距离为 966 公里，即 1932 里，远多于诸城至中原洛阳的 1300 里，考虑路线曲折不直、地表不平而有坡度、古里小于今里，大致可以认为相当于 3000 里，达到东方夷服之地的标准。

（2）余姚、上虞分别以舜的姓"姚"、舜的氏"虞"来命名，是山东诸城所不具备。

（3）余姚冯村就是大舜的出生地"诸冯"。

《孟子》称"舜生于诸冯"。而在东海（钱塘湾）南岸的余姚有冯村，且此地拥有众多大舜的遗迹。"诸"字为发语词，正如吴国、越国加发语词"勾"和"于"称作"勾吴""于越"一般，后世称其为"冯村"，而古人加发语词称作"诸冯村"。

（4）《史记正义》引"舜生于姚墟"，所言"姚墟"便是《太平寰宇记》卷九十六"越州、余姚县"的"姚丘山"。

关于大舜的出生地，古人历来主张是北方中原，但从明末开始，余姚人黄宗羲《孟子师说》卷下"'舜生于诸冯'章"，开始主张舜为浙江余姚、上虞人。

舜出生在江南的余姚、上虞，其实这也并不是明末余姚人黄宗羲的首创，而是见载于唐人张守节《史记正义》为《史记·五帝本纪》"虞舜者名曰重华"句作注时，征引汉代《尚书》孔安国的说解：舜之父"瞽瞍姓妫，妻曰握登，见大虹，意感而生舜于姚墟，故姓姚"，声称舜出生在"姚墟"。墟，古字作"虚"或"丘"，因为"丘"字古代可以读作"区"，与"墟"字古音相同，正如常州的"邹墟"常州人一直读作"邹区"，而今天便将此地名简化而用常见字写作"邹区"。因此"姚墟"就是《太平寰宇记》卷九十六"越州、余姚县"所说的"姚丘"："<u>姚丘山，在县西北六十里。周处《风土记》云：'舜生于姚丘妫水之内。今上虞县县东也。</u>'"画线部分表明：最迟从北宋初年的《太平寰宇记》开始，学术界便已认定舜是余姚之墟附近的上虞人。而《太平寰宇记》征引的是西晋周处的《阳羡风土记》，则这又是汉晋（东汉西晋）人的古说，更加不可轻易否定。

《太平御览》卷八十一"帝舜有虞氏"又引"《风土记》曰：舜，东夷之人，生于桃丘、妫水之汭、（损）[指]石之东。旧说言舜上虞人也。虞，即会稽县，距余姚七十里。始宁，上虞南乡也，后为县。桃丘，即姚丘，方相近也。今吴北亭虞滨，在小江里。县复五十里，对小江北岸。临江山有立石，所谓'（捐）[指]石'者也。斜角西南（揩）[指]，俗呼为'蒍公斩'，高石也。"其所言的"损石、捐石"皆当作"指石"，见宋施宿《会稽志》卷九"山、上虞县"："指石山，在县西南四十五里。旧《经》云：'上虞县有立石，所谓"指石"者，俗呼"为（為）公蕲"，言舜登此石。'"此"指石"今天仍然存在，在上虞市上浦镇"方弄村"南的"东山湖景区"内。这个"东山"其实就是谢安隐居而"东山再起"的东山，谢安同样以家乡人、三皇五帝的大舜之让作榜样而隐居。

上引古籍清楚载明：上虞东山上的"指石"便是指示大舜出生地的地标性景观，其石便是此山顶上的一块大立石，欲堕而不堕，远近望之以为地标，故名"指石"。舜曾亲登此石，其家在此指石之东。而此"指石"下的平地往北3公里不远处，便是上虞民间传说中虞舜的出生地"虹漾村"。这就证明史书所载的大舜出生地"姚墟"就在余姚近旁的上虞。

（5）《孟子》言舜生于诸冯，《史记正义》言舜生于姚墟，两者在余姚、上虞之地得到了很好的统一和印证。

余姚的诸冯，和上虞的姚墟虽为两处，但相去不过数十里。所以《孟子》言舜生于"诸冯"，《史记正义》言舜生于"姚墟"，两者不仅不矛盾，反而在余姚、上虞这儿得到了很好的统一和印证，即上虞姚墟"指石"是舜的母乡，余姚"诸冯"是舜的父乡，这是证明大舜是余姚、上虞人的极有力证据。

而河南濮州有"姚墟"而无"诸冯"，山东诸城有"诸冯"而无"姚墟"，濮州之"姚墟"与诸城之"诸冯"相去有472公里（即千里），可见河南濮州与山东诸城皆非大舜出生地（因为古代交通不便，舜的父母又是平民，平民的异地通婚一般不可能相隔千里之遥），而应当是大舜后来教化时，百姓爱戴大舜，以其出生的故里之名来命名其因任职而暂栖的第二故乡。

（6）全国唯独上虞有大舜生母握登、后母仇氏的遗迹。

舜的母亲是上虞人，父亲是余姚人，舜原本就是江南人。何以见得大舜是浙江余姚、上虞人？其关键理由便在于普天之下，只有上虞和余姚有舜母亲和后母的遗迹。如果舜是中原人，则其两位母亲的遗迹便当在北方出现。现在只有上虞有，北方居然没有，合理的解释只可能是舜为江南人，江南是舜的母乡也即故乡。因此舜生母握登、后母仇氏的遗迹仅上虞有，全国其他地方全都没有，也就成了大舜是上虞、余姚人的最有力证据。

舜母姚握登[①]出生之山又名"握登圣母山"，在上虞县西南四十里，见《会稽志》卷九"山、上虞县"："握登山，在县西南四十里。山有握登圣母庙。"卷六"祠庙、上虞

[①]炎黄至尧舜禹时代中国相当于母系社会向父系社会过渡，仍保存从母姓、从母居的母系社会习俗，但却由男性来主宰部落，部落首领是男性而非女性。《史记·五帝本纪》："虞舜者，名曰重华。重华父曰瞽叟。"《史记正义》引孔安国曰："瞽叟姓妫。"又据《史记索隐》引皇甫谧云："舜母名握登，生舜于姚墟，因姓姚氏也。"可见舜与瞽叟也是父子异姓，舜从母居并以母姓"姚"为姓。

县"："握登圣母庙，在县西南四十里握登山之巅。旧传舜母名握登，生舜于姚墟，因姓姚氏。"《浙江通志》卷十五"山川、绍兴府"："握登山，《于越新编》：在县西南四十里、圣母庙。下有虹（樣）[漾]村，东、西赤岸，傍虹（樣）[漾]山，旧《志》谓：'握登生舜之地'。"

舜后母名仇，见《越绝书》卷三"吴内传"："'舜有不孝之行'：舜亲父、假母，母常杀舜。舜去，耕历山。三年大熟，身自外养，父母皆饥。舜父顽，母嚣，兄狂，弟敖。舜求为变心、易志。舜为瞽瞍子也，瞽瞍欲杀舜，未尝可得；呼而使之，未尝不在侧。此'舜有不孝之行'[①]。'舜用其"仇"而王天下'者，言舜父瞽瞍，用其后妻，常欲杀舜，舜不为失孝行，天下称之。尧闻其贤，遂以天下传之：此为'王天下'。'仇'者，舜后母也。"

上虞古有"仇亭"，便是纪念大舜后母仇氏的亭子，与"兰亭、柯亭、犬亭"并称为古绍兴的四大名亭。《毛诗注疏》卷一《国风·周南·关雎》"窈窕淑女，君子好逑"句，《经典释文》云："逑，音'求'，本亦作'仇'，音同。"可见"仇""逑"两字古义同，意为配偶，其句古人正有写作"窈窕淑女，君子好仇"者，"仇"便有了窈窕美好意，足见舜后母的美丽动人。

舜感念后母的恶毒成就了自己一代圣人的伟业，所以在柯水（即曹娥江）东侧建造起一座大型宫殿，取名为"仇亭"，昭告世人：你的仇敌才是成就你一生的人，因此要感恩而不是仇恨你的敌人；这就是所谓的以德报怨！后人便以此亭来纪念舜的大孝和伟德。

仇氏之亭唯独上虞有，而且记载很早，见《汉书》卷二十八上"地理志、会稽郡"："上虞，有仇亭。柯水东入海。莽曰'会稽'。"《晋书》卷十五"扬州、会稽郡"："上虞，有仇亭。舜避丹朱于此地。"《水经注》卷四十"浙江水"："上虞江，东径周市而注永兴。《地理志》云：'县有仇亭。柯水东入海。'仇亭，在县之东北十里、江北。柯水，疑即江也。"又《浙江通志》卷四十五"古迹七、绍兴府下"："仇亭，《水经注》：'上虞江有仇亭，在县东北一十里。'（《万历上虞县志》：今北乡有柯山沟，疑即仇亭遗址。）"

而握登山、仇亭距中原正是三四千里之遥，符合上面考证的"夷服之地"的范围（按：直线测绍兴至洛阳为966公里，即1932里，远多于诸城至中原的1300里，相当于有三千余里）。

（7）余姚历山是天下"历山"之祖，有舜"耕隐"遗迹。

余姚城东北四十里有"历山"，又名"沥网山"，即舜打鱼后晒网之山，有舜"耕隐"的遗迹。《太平御览》卷九五八"柞"引："周处《风土记》曰：旧说舜葬上虞。又《记》

---

① 据下注"舜不为失孝行"，则此句当意为"舜有不失孝行"。

云：耕于历山，而始宁、剡二县界上，舜所耕田在于山下。山多柞树，吴、越之间名'柞'为'枥'，故曰'历山'。"

柞树遍布中国全境，其在舜的眼中，便如同后人用来寄托家乡之思的"桑梓""枌榆"之树，故其每到一地，睹柞枥而思乡，命名其山为"历山"。（附记：画线部分所说的"舜葬上虞"，乃是家乡人为大舜修建的衣冠冢，大舜真坟则在湖南九嶷山。古人原本在坟前立庙，后来无坟之地要立庙来纪念此名人，便要特地建起衣冠冢来供祭祀跪拜之用；后代供祭祀用的牌位便是"衣冠冢"及其冢前墓碑的象征和简化。即后代嫌立衣冠之坟麻烦，便用只树其墓碑来象征，最后墓碑又缩小成一块木制的牌位，牌位便是墓冢及冢前墓碑的简略与象征。）

（8）虞山与上虞百官桥是舜告老还乡处。

《太平寰宇记》卷九十六"越州、余姚县"："虞山，在县西三十里。《太康志》：'舜避丹朱于此。'"大舜以61岁的高龄彻底告老还乡，回到远离中原的夷服之地的故乡，这才是真正的歇手不干，把天下彻底拱手让给尧的儿子丹朱，不愿同他争夺天子之位，这是符合大舜仁让个性的。

然而"天下诸侯朝觐者，不之尧之子而之舜"[1]，这些到大舜躲避丹朱处朝见大舜的诸侯，在老百姓口中便称之为"百官"，上虞的"百官桥"当地民众便相传是尧的这些百官们朝见大舜的地方。由此可知，编纂于西晋初年的《太康地志》所载的"舜避丹朱于上虞"完全合理而非虚妄。

而且大舜一年中能巡遍四岳，他从中原到上虞不过一个多月的行程，大舜避丹朱于东南夷服之地的故乡上虞，在当时的交通条件下也完全做得到。

（9）姚江、虞江皆名"舜江"，而全国其他地方未见有舜江。

（10）河姆渡文明的农耕、渔猎、陶器等，哺育了大舜氏族这一考古所发现的拥有发达物质文明和精神文明的"良渚国"。

以上便是舜乃江南余姚、上虞人的诸多历史记载与考证。其最早的记载便是继承汉人古说的西晋人周处《风土记》的记载，而且唯有江南余姚、上虞有舜前后两位母亲而非一位母亲的记载；在北方毫无其两位母亲乃至哪怕一位母亲记载的情况下，大舜为江南人便可据此获证。

根据上述十点便能得出"大舜是江南余姚、上虞人"的结论。由于大舜之前与大舜之

---

① 语见《孟子·万章上》。

后的王朝乃是中原统治江南，只有大舜的时候才是江南统治中原，所以中原王朝的史官们对于来自江南的天子——"舜"的籍贯讳莫如深，给人造成的印象便是大舜并非来自江南，于是后人便想当然地认为他就来自中原。所以司马迁《史记·舜本纪》便称："舜，冀州之人也"，这其实是大舜定都的第二故乡（舜都蒲坂，今属山西，古代属于古冀州的南境）。

大舜一生 89 岁，30 岁以前在江南，30 岁以后在中原，其在北方的时间反倒超过了南方，定都之地又在北方，他是在北方影响了全国而为全国人民所公认，这也是大舜同时之人及后世之人视其为北方人的原因所在。

因此，我们经过详慎考证后得出的结论便是：中原冀州乃大舜定都的第二故乡，大舜出生的第一故乡则在江南的余姚、上虞。

7. 大舜过化"延陵"，山高水长，天下同仰之详考

大舜在常州（含武进、江阴、宜兴、无锡）躬耕教化而龙兴的事迹，又能与舜出生于余姚、上虞相印证，使"舜为江南人"由孤证上升为双证乃至多证而更加可信。

常州古称"延陵"，由季子躬耕并安葬于舜过山而史籍又载季子躬耕并安葬于"延陵墟"来看，"延陵"这座山陵应当就是舜过山，是常州地区的镇山，故常州古称"延陵"。

4200 年前，大舜诞生于浙江上虞、余姚，让家、弃国（弃父亲瞽叟之产业为"家"，弃父亲所在之族为"国"），北迁至此"大江"南岸的舜过山"高山""尚湖"之地，以"让德"教化此"延陵"之地的百姓"耕者让畔、渔者让居"。此地的江、山、湖，便以"高、大、尚"来命名（"高山"舜过山，"大江"长江，"大湖"太湖，"尚湖"芙蓉湖），足证此地是中华文明至为高尚的经济、文化、政治、道德四高的高地，这一切全拜此地的"良渚文明"及此文明最后结出的伟大硕果皆为舜帝所赐。

而且大舜所教化的最初的"历山、雷泽、陶都"其实全都在江南，而中原地区的"历山、雷泽、定陶"全都分散而不汇聚于一地，其实都是大舜一路上把他在江南定下型来的教化模式和规范推广到北方中原，而北方中原受其教化之地仅得其一两样而未能获得全部。由中原的历山、雷泽、定陶全都分散在数百里外，唯有江南常州地区历山、雷泽、陶都全都汇聚于一处，这也足以证明：江南常州是大舜教化之根，而中原是其教化散枝、开花、结果处。江南作为大舜之根，故舜的三大教化才会汇集于此地；中原作为散枝、开花、结果处，故舜的三大教化才会散居各处。

除了常州与江阴交界处的这座"延陵舜过山"外，我们还发现古常州境内其他大量的虞舜史迹。

（1）舜在江南躬耕的常州与江阴交界处的"延陵舜过山"以外的江南第二座"历山"便是无锡惠山。

无锡惠山又名"历山"，有"舜田、舜井、历村"等遗迹。见元《无锡志》卷二"山川、惠山"："唐陆鸿渐《惠山记》云：'惠山，古华山也。'……《吴地志》云：'华山，在吴城西一百里，晋宋时号曰历山。'《郡国志》云：<u>'南朝多以北方山川郡邑之名权创其地，又以此山为"历山"，以拟帝舜所耕者。'</u>山北有石田，曰'舜田'。有石井，曰'舜井'。其村因谓之'历村'。《寰宇记》云：'无锡有古历山，下有春申君祠，又有范蠡城。'"

古人常误会此无锡历山是西晋末年"五胡乱华"时，山东人避难南方，把济南历山之名带到了江南。如《咸淳毗陵志》卷三十"纪遗"："太湖中有大、小雷山，周子隐谓舜之渔泽。而慧山旁有历山，又有舜田、舜井，后人指为耕稼之所。然河东旧有历山、雷首山，会稽亦有历山、舜井、象田，仍以'余姚''上虞'名县，众说殆不一。惟《郡国记》云：<u>'南朝多以北方山川郡邑名境内之地'</u>，故以此拟舜之遗迹。《吴地记》亦云：'晋、宋时始号历山'。盖两汉《地志》未之载焉，更俟博识。"其言无锡历山之名《汉书·地理志》未载，恰与事实相反，汉及汉以前无锡惠山便已有"历山"之名。

东汉初年的《越绝书》和《汉书·地理志》便已有无锡历山的记载，今按东汉班固《汉书·地理志》"会稽郡"："无锡，有历山，春申君岁祠以牛。莽曰'有锡'。"则至少在班固作《汉书》的东汉初年，无锡惠山便已名叫"历山"。而同时代（即东汉初年）的历史学家袁康《越绝书》卷二"外传、记吴地传"亦载："无锡历山，春申君时盛祠以牛，立无锡塘，去吴百二十里"，则至少在战国春申君时，惠山便已名叫"历山"；由此更可想见，其得"历山"之名当比战国更为久远。同卷又载春秋时吴国，乃至更早时期此江南吴地，有一条极为重要的陆路"吴古故陆道"时说："出胥明，奏出土山，度灌邑，奏高颈，过犹山，奏太湖，随北顾以西，度阳下溪，过历山阳龙尾西大决，通安湖。"其所言的"历山阳龙尾"就是同卷所载的："无锡西龙尾陵道者，春申君初封吴所造也，属[①]于无锡县，以奏吴北野胥主嫪。"《后汉书》卷32《郡国志》"吴郡、无锡"亦引："《越绝》曰：'县西龙尾陵道，春申君初封吴所造。'"据此可见：战国春申君时代，以及更早的春秋吴国乃至更早期的江南吴地，无锡惠山即名"历山"；惠山名叫"历山"远比战国要早。

上文"6、（7）"所言的大舜老家余姚的历山显然是江南的第一座历山，而此无锡惠山之历山，便是大舜睹枥树而思故乡的江南第二座历山。

---

① 属，读"嘱"，连属、连接之意。

（2）无锡惠山旁还有另一座"舜过山（舜柯山）"。

古常州地区共有两座舜过山，一座是常州舜过山；另一座在无锡惠山旁，只不过惠山旁的这另一座舜过山已经音讹为"舜柯山"。《成化毗陵志》卷十七"山、无锡"："柯山，在县西。《九域志》云：柯山在舜山侧。《风土记》云：吴仲雍六世孙柯相所治之地。今俚俗合名为'舜柯山'。"其有两峰，后人因其有两峰而分为两山"舜山、柯山"，总称"舜柯山"。

柯山似因柯相而得名，其实当是"相"登上吴君之位前封于此地而得"柯"名，不是山因人得名，反倒是人因山得名。

其北不远处的常州、江阴交界处又有上文所说的那座被人尊奉为"高山"的舜过山。这两座"舜过山"，加上无锡惠山的"历山"，便不再是孤证，遂可想见：江南大地乃是大舜过化之地，常州府无锡县"历山"之名当源自于大舜。

此无锡的舜柯山与武进、江阴交界处的舜过山，一在"上湖（即芙蓉湖）"之北，一在"上湖"之南，是大舜教化"上湖"南北两岸民众的驻扎之所。古人以北为尊，以北为上，常州与江阴交界处的"北舜过山"显当更为尊崇。

（3）舜在江南教化渔人的"雷泽"就是今天的太湖，太湖是天下"雷泽"之祖。

我们能找到一系列文献依据表明：太湖加上其向北泄水入江海所形成的"上湖"这一流域，就是大舜教化渔人的第一个"雷泽"。

太湖本名"震泽"，八卦中"震"为雷，在古人心目中"震、雷"两字字意相同，故"震泽"就是"雷泽"；加之太湖北侧的无锡有大小雷山，太湖南侧的长兴也有大小雷山，便不再是孤证而可证明太湖古名"雷泽"①。《太平寰宇记》卷九十四"湖州、乌程县"："具区薮，<u>太湖也</u>。……一名'震泽'，亦名'笠泽'，<u>亦名'雷泽'</u>。"同卷"湖州、长兴县"："大雷山，在县东北六十里，高一百二十丈。周处《风土记》云：'太湖中有大雷、小雷二山，相距六十里，其间即"雷泽"，舜所渔处也。'《尚书释言》云：'<u>在震泽</u>。'"画线部分便直接言明：舜所渔（打鱼）的"雷泽"便是所谓的"震泽"也即今天的太湖。湖中有两岛名大小雷山，两雷山之间的太湖水面便是大舜打鱼的"雷泽"。其湖由松江通海，松江古代非常宽阔，东海的潮水由松江涌入太湖，所以太湖是感潮之湖，湖水一日有两番潮汐震荡，故名"震泽"。

（4）太湖中共有两处"大、小雷山"，也能证明太湖是雷泽。

太湖中共有两处"大小雷山"：一是长兴的大小雷山，二是无锡的大小雷山。大舜从

---

① 因为所谓"雷山"，就是雷泽中的山之意，故雷山之名能证明太湖古名"雷泽"。

家乡余姚上虞向北教化，无锡太湖中的雷山便是继长兴雷山后的、大舜教化"渔者让居"的太湖"雷泽"的第二个中心区（第一个中心区便是长兴雷山）。元《无锡志》卷二"山川"："大雷山，小雷山，并在章山西，章山之连脉。按：今富安乡有大雷、小雷二山，边太湖。"

太湖中大小雷山不止一处而有两处，分别位于太湖的正北方（无锡）和西南隅（长兴），两处大小雷山相去颇远，却都名叫"雷山"，显然只有一种解释最为合理，即其山所在的太湖古名"雷泽"，故其中的山岛全都可以称作"雷泽之山"而得名"雷山"，这是太湖震泽即雷泽的又一有力证明。

（5）宜兴旁的太湖称"虞泽之会"。

宜兴旁的太湖称"虞泽之会"，见《舆地纪胜》卷六"两浙西路、常州、风俗形胜"称："三江之雄润，五湖之腴表。"其注："周处《风土记》曰：阳羡本名'荆溪'，吴郡之境、虞泽之会。"而虞舜教化渔人的长兴雷山正在阳羡（即宜兴）旁，《风土记》言震泽太湖为"虞泽之会"便由来于此，其意是指：太湖为虞舜所教化之泽，而渔人前来会聚成为接受其教化的子民。

（6）宜兴有大舜所教化的渔人们聚居的"诸渔浦"。

宜兴有大舜所教化的渔人们聚居的"诸渔浦"，见《太平寰宇记》卷九十四"湖州、长兴县"："余渔浦，在县东北四十二里，周处《风俗记》云：'余渔浦，一名"余吾溪"，即阳羡之东乡也。吴、越之间"渔""吾"同音。昔舜渔于雷泽，此乡之人一时化之，其捕鱼之人来居此浦，故名。'"所谓"虞泽之会"的太湖中领受大舜教化的渔人聚居于此，故名"诸渔浦"，其处古代属于阳羡县的东乡，后来割属长兴县（见下引《路史》中的画线部分）。

《路史》卷二十七《国名纪》亦引周处此条并言："余虞，即'虞吴'，<u>今长兴东北四十二[里]有余虞浦。</u>（阳羡之东乡。）周处云：'诸渔浦，一名"余吴溪"，舜虞时，人化之，徙居。'故《记》每作'余渔'，非也。"末句是言前此诸书所转录的周处《风土记》皆作"余渔浦，一名'余吴溪'"，而《路史》作者宋人罗泌所读到的善本《风土记》其实是作"诸渔浦，一名'余吴溪'"，与下文"其捕鱼之人来居此浦，故名"相合，即"诸渔[①]（诸位捕鱼人）"来居，故名"诸渔浦"。

（7）舜在江南教化制陶工匠的地方便在宜兴。

第一章"五、（三）、4、（1）"曾引《弘治江阴县志》卷六"古迹"："甄人墟，宋《志》

[①] 渔，渔者，打鱼人。

云：'鱼门村，县西二十里，旧《经》云："甄人所居之处。"'"即宋《江阴志》中这一古迹名为"鱼门村"，是制陶器的"甄人"们所聚居的"墟"。我们在其处解释说："鱼门"就是"虞门"，乃虞舜国门的所在。舜从各方面教导百姓，培育的是全才，所以在他的教化下，打鱼之人同时又制陶而成为"甄人"（"甄"即蒸煮食物用的陶器）。

　　而大舜教化具有相同的范式，即在有田之处教人农耕，又教育人们耕田时不忘谦让，让出田边来作为公用之路；而在不适于耕田处，便教人养鱼和捕鱼，又教育人们在打鱼时也不忘谦让而不断开辟新的养渔场或打鱼作业区来，不用与人相争。此外，老百姓们没有陶器便无法盛放谷物，无法煮熟开水并加以保存，为了能让百姓吃上干净而不发霉的谷物，喝上清洁卫生的开水，势必又要制作陶器，并不断改进陶器的质量，于是大舜又教导种田、打鱼之人制作陶甄来改善生活质量。

　　而我们都知道：后世宜兴的陶器甲天下，这当与大舜教陶分不开。因为上面已经证明宜兴旁的太湖称为"虞泽之会"，宜兴有大舜所教化的渔人们聚居的"诸渔浦"，而上文已言大舜教化具有相同的范式，其在江阴便已教渔人制甄，则在此宜兴之地当亦然，即舜在江南教授制陶工艺的地方除了江阴的虞舜国门"鱼（虞）门村"外，还有就是宜兴境内太湖畔的"虞泽之会"诸渔浦。《史记·五帝本纪》言："渔雷泽，雷泽上人皆让居；陶河滨，河滨器皆不苦窳。"大舜不仅教化水上的渔夫如何才能打到更多的鱼，更教化河畔的民众如何制作耐用而不粗劣的陶器来利己利人。

　　宜兴以陶器闻名天下，是自古以来公认的"陶都"，而紫砂壶便是其陶艺作品的杰出代表，这应当就是大舜"陶于河滨"、传授制陶技艺使"器不苦窳"处。宜兴的制陶技艺的精湛当与大舜的指导传授分不开。而且宜兴又在"三江"中的"中江"荆溪的两岸，这其实就是《史记》所说的大河之滨。可见《史记·五帝本纪》言："渔雷泽，雷泽上人皆让居；陶河滨，河滨器皆不苦窳"，与拥有"虞泽之会"诸渔浦与位居大河"中江"畔而有"陶都"之名的宜兴完全吻合。

　　以上这些证据加在一起足以证明：江南古常州地区的大舜遗迹全都是自古就有，古延陵"舜过山"与"惠山"全都是大舜教化"耕者让畔"的"历山"所在，而太湖诸渔浦便是大舜教化"渔者让居"之地，宜兴陶土产地便当是大舜指导陶人"器不苦窳"的制陶处。

　　以上三者便是大舜在江南的三大教化事迹，也即《史记》所总结的："舜耕历山，渔雷泽，陶河滨……舜耕历山，历山之人皆让畔；渔雷泽，雷泽上人皆让居；陶河滨，河滨器皆不苦窳。一年而所居成聚，二年成邑，三年成都。"世人便把大舜所都的常州这座"高山"称为"舜过山"。

　　"过"不是简单的经过、一走了之，而是"过化"之意，即：大舜过而教化，使自己的让德（也即通过克己来利人的）精神流传百代，古人谓之"过化存神"。明张宁《王道君子赋》对此有颂："夫耕历山而田者让畔，陶河滨而器不苦窳，宾四门而穆穆，纳百揆而时叙，此非虞舜过化之事乎！"（《方洲集》卷三。）

因此，常州乃至江南一系列城市如余姚、上虞、无锡、江阴、宜兴、长兴有文字而可考实的历史，便当从《史记》所记载的大舜对江南作上述教化为发端，距今已有4200年的高古历史。比起今天常州官方所认定的"常州有文字记载的历史当从季子让国受封于延陵邑算起"的2600年，要大大提前1600年。

8. 大舜在舜过山统治教化的考古证明

良渚文化是分布在太湖流域的新石器文化类型，南以钱塘江为界，西北至江苏常州一带，其影响曾到达过长江北岸的南通地区，因首次发现于杭州城北余杭区的良渚镇而得名，距今已有5300—4200年，其末期已进入中原夏王朝统治的开始阶段，并与夏朝统治集团大禹和禹的儿子启有密切联系。良渚文化紧接在江南河姆渡、马家浜、崧泽文化之后而延续到舜与禹的时代，舜与禹所处的时代便属于现已申报成为世界文化遗产的良渚文化的末期。

舜过山下的良渚文化有"寺墩""象墩"和"高城墩"等遗址。三者距离非常近，全都位于太湖以北的长江南岸："象墩"距"高城墩"6.5公里，距"寺墩"13公里。寺墩遗址位于常州市新北区郑陆镇三皇庙村，距常州市区约15公里，面积约6万平方米。出土了有大量璧琮随葬的良渚文化墓葬，其年代为公元前2790年，比尧和舜的年代要略早五六百年。象墩遗址位于常州市新北区春江镇杏村南侧的"象墩上"（按：舜弟名"象"），是良渚文化的聚落遗址，从良渚文化早中期一直沿用到春秋时期。高城墩遗址位于江阴市石庄镇高城墩村，是良渚文化的高台墓地，年代与象墩遗址相当，在苏南地区良渚文化中的地位不容忽视，代表着与宁镇地区、上海福泉山一带地位相当的另一个中心。

常州舜过山一带有如此多且等级高的良渚文化遗存，余姚河姆渡、余杭良渚与武进寺墩遗址在文化上又一脉相通，证明此地在当时是同一国度的国境。常州有舜山、历山（即无锡惠山），有太湖雷泽、大小雷山，有虞桥（在武进）、虞门桥（在江阴），应当都是虞舜在古常州地区被推戴为部落联盟首领的明证。他在此地教化数年（上文提到的当地传说说成是6年），然后北上，被推戴或选拔为淮南部落联盟与山东部落联盟的首领（分别留下安徽淮南的舜耕山和山东济南的历山。前者在楚国晚期之都寿春以东18公里，后者便是今天山东省的省会，可见大舜立足之地均成为世人聚居的通都大邑，足证民众对大舜的爱戴永怀不忘），最终又赢得中原各地民众、部落的认可。良渚文化从浙江两岸到长江南岸的舜过山，再越过长江向北影响中原，证明了江南文化的兴盛及其辐射力。大舜的影响也同样以这种和平的方式，沿着同样的轨迹扩展到中原并加以主导。

中华文明的曙光从良渚升起，良渚是中华民族和东方文明的圣地，良渚遗址已正式列入《世界文化遗产名录》。而常州寺墩是良渚文明的一个中心地区，是良渚这一中华文明曙光的闪光之点，考古学界已基本认定寺墩是良渚文明晚期的国都所在，至少也是良渚这一大联邦下面一个重要方国的国都所在。而良渚文明的晚期正是舜帝生活的年代，所以舜帝在寺墩遗址东侧不远处的舜过山教化，便有了寺墩这一考古依据，同时也表明舜过山就是当时江南大地上的统治中心[①]，舜便是江南大地也即良渚国或其下重要方国的执政者（注意：舜作为平民出身，其肯定不是此方国世袭的国君，但却相当于执政的宰相或总理）。后来又凭借此地的政绩而被尧提拔到中原，依靠自己的年轻有为成为尧的女婿，并一步步成长为尧的接班人，最终以和平禅让的方式，也即当时那种民主模式，成为当时大中华的"总统"，这是完全合乎情理的。

所以并不是大舜晚年南巡来到舜过山开发江南；恰恰相反，舜是二十几岁的早年，在常州舜过山出任类似江南省省长这一职务，凭其政绩，得到提拔而入主中原。舜是江南人，不是北方人，北方是其为官、称帝的第二故乡。舜是自南而北地把良渚先进的稻作文明、牛耕文明带入中原，以其富民的实效而受中原民众的拥戴而称帝，舜不是自北向南用武力的方式扩张到江南。可惜后来的历史都是中原史官来记录，他们不愿承认尧舜时代长江流域良渚文明对黄河流域中原文明的超越，也就要抹杀江南的辉煌，阿Q般用"南蛮"之类的词语，精心装扮着历史。但"青山遮不住，毕竟东流去"，辉煌的良渚文明的出土，以及周处《风土记》的记载，加上武进、江阴交界处"舜过山"的至德宏名，已从不同角度向世人一再展示"大舜是江南人、江南是其龙兴之地"的历史真相。可以说，中华文明的历史必将在常州"延陵舜过山"下得到改写，大舜的德业也只有常州地区继承得最为深厚和充分。因为继大舜的脚步，华夏另两位让国名人泰伯奔吴于此、季子躬耕于此，此处以其高山、大江、上湖的至高、至大、至上的名号，吸引着一众圣人贤士远道而来，不愧是中华版图上的道德至高之地，而绝不只是后人所艳称的财赋富庶之区、文化繁盛之薮。

9. 舜过山一带的舜过遗迹及其文献记载详考

今江南中部的古常州所辖的地区——武进、江阴、无锡、宜兴四地，有着大量的"舜过"遗迹。上文已经提到无锡、宜兴两地的舜过遗迹——历山与诸渔浦，下面更将详细列举"舜过山"所在的武进、江阴两地这大舜核心统治区的舜过遗迹。[②]

---

①虽然寺墩遗址早于舜五六百年，由舜在其东侧不远处教化便可想见：五六百年中，江南大地上的统治中心仍在此地附近并未搬离。

②先述无锡、宜兴的舜过遗迹，再述此武进、江阴的舜过遗迹，便是遵从由边缘到核心的叙述顺序。

（1）延陵之山以大舜过化而命名为"舜过山"

延陵之山乃舜过之山，又名"高山仰止"之"高山"，难怪秦始皇要特地前来望祭，留下甘拜于舜过山下风的舜过山之南的"秦望山"这一地名。（秦望山在舜过山之南，古人坐北朝南，北为至尊之位，南为下风。"秦望山"的山名，便是秦始皇面朝北方的舜过山与大江"长江湾"这一东海行望祭而甘拜于大舜及江海下风的象征。）

常州武进东北与江阴交界处的"舜过山"又名"舜峰"，山有舜田、舜井，有舜耕田时耕牛留下的足迹"牛迹石"，山下又有"舜河"，山上又有"舜庙"。

最先记载这一史实的是《咸淳毗陵志》卷十五"山川"："三山，在县东北网头村。中峰峭拔，亦名'高山'。杨诚斋诗云：'三山幸有一峰尖'。旧传上有舜田、舜井，石有牛迹。"

《万历常州府志》卷二"常州府武进县境图说"亦称："高山，距三山十里，俗名'舜山'，上有舜田、舜井，石上牛迹犹存，相传为舜耕稼之所。山有庙，制殊古。唐朱庆余有咏舜井诗。"所言的画线部分的"舜耕稼之所"这五个字非常重要，完全可以排除后来《毗陵高山志》《康熙武进县志》《康熙常州府志》《古今图书集成》这四部书所谓的"大舜因南巡而来常州"说。因为南巡时大舜已经贵为皇帝，而舜成为皇帝已是尧死后的大舜晚年，早已耕不动田。能耕稼的，显然只可能是舜年轻位卑之时。

今按康熙朝编的《古今图书集成》职方典第七二〇卷"常州府古迹考一"："舜峰，俗名'舜过山'，相传有虞氏东巡，驾历此。有舜水、舜庙、舜井、舜田。"其画直线部分源自陈玉璂编的《康熙常州府志》和《康熙武进县志》而为误说，其画浪线部分则源自《咸淳毗陵志》和《万历常州府志》的正确说法。

今按清人陈玉璂编的《康熙常州府志》书首"巡幸"类有序："粤稽巡狩之典，纪于《虞书》。吾毗陵为古帝舜巡狩地，故至今有山名'舜山'，井名'舜井'，载在《邑志》，可考也。"其卷四"山川"类又有序："而左思《吴都赋》，其于吾郡云：'舜禹游焉，精灵留其山河。'若吾郡之山川，因古帝巡行而增重。"

此康熙朝人陈玉璂的"南巡"说，其实出于略晚于《万历常州府志》几年的、同样也是万历朝编的《毗陵高山志》。此书是明代高山（即舜过山）所在的"大宁乡"的乡绅士人顾世登、顾伯平所编辑，其卷二"水道"有"附《郡志》'河道辨误'"，驳"唐太常重修《郡志》"；所驳即刊刻于万历四十六年的《万历常州府志》。书前有《毗陵高山志小引》："高山者，舜山也，俗呼'舜过山'，相传有虞氏东巡，车驾历此也。"此为"舜过山得名于大舜南巡"误说的源头。

其书卷二"风俗"又引左思《吴都赋》说舜与禹南巡而至江南："舜、禹游焉，没齿而忘归，精灵留其山阿，玩其奇丽。"则其说实源自《文选注》卷五左思《吴都赋》说舜与禹南巡而至江南："舜、禹游焉，没齿而忘归，精灵留其山阿，玩其奇丽也。"注："《楚辞·九歌》曰：'九疑缤兮并迎'，谓舜神在九疑山也。言圣帝、明王，存亡而淹留于是者，贵其奇丽也。《书》曰：'舜南巡狩，陟方死。'《山海经》曰：'南方苍梧之丘，有九疑山焉，舜之所葬。'《吴越春秋》：'禹老，叹曰：吾年寿将尽，止死斯乎？'乃命群臣：'葬我于会稽之山。'"其言舜和禹到江南一带巡游而流连忘返，舜葬在长江中游以南的苍梧之野，禹葬于长江下游以南的会稽之山，全都在长江以南地区，并不专指常州地区。

左思作为在中原西晋朝廷为官之人，泥于中原帝皇出中原的成见，又泥于《史记》大舜为冀州人之说，以为大舜、大禹至江南吴越之地是南巡，不知大舜原本就是江南余姚人，其为帝之前便已游历教化于此地，江南是皇帝大舜的故乡和龙兴之地；禹作为大舜之臣，治水时自当对江南格外用心，故大禹为帝前，也因治水的原故而长时间游历此地；总之，断非舜、禹为帝后南巡方才来到此江南之地，江南之地乃是舜、禹为帝前赢得各自重要政绩的施政之地，此江南之地在两者的仕途中均有举足轻重的地位。前人皆以大舜南巡经过江南而江南才会有大舜遗迹；若果如此，大舜南巡时遍历天下，岂非天下大舜经过之山皆可称之为"历山""舜过山"乎？今纵观全国历山、舜过山皆非大舜为帝后南巡所名，而是其为帝前的躬耕教化之地，足证江南常州东北的舜过山、无锡"历山"旁的舜过山亦不当例外，当全都不是舜南巡所过，而当全都是舜早年由南往北教化中原而执华夏大政前躬耕教化的"龙兴之地"。

总之，左思此《吴都赋》"舜、禹游焉，没齿而忘归，精灵留其山阿"是说舜与禹南巡而至江南并安葬于江南，实未专言常州。这句话只是说舜与禹晚年皆来江南而逝世，并不代表舜和禹只会在晚年南巡时才来过江南、到过常州，也不代表其年轻时没来过江南、到过常州。舜与禹晚年逝世那次南巡到没到舜过山很难说，因为舜南巡逝世于湖南九嶷山，肯定不会枉道来常州舜过山；大禹来江南绍兴之地会路过常州之地，但走不到常州东北境的舜过山。因此《毗陵高山志》据左思《吴都赋》此句定舜与禹晚年南巡至常州舜过山源自编者自己的误会。《万历常州府志》编纂时，此《毗陵高山志》尚未刊行，故唐鹤征编的《万历常州府志》未受此说误导，而之后陈玉璂编《康熙武进县志》与《康熙常州府志》时，则深受其误导而加以采录，而《古今图书集成》据《康熙武进县志》与《康熙常州府志》加以编纂，故亦采此误说。由《万历常州府志》不录此说，则"舜帝南巡至常州"说要到晚于《万历常州府志》几年的万历朝才出现。而"舜帝至常州躬耕"说（此说也就意味着舜在州时是其年青位卑之时）出自宋《咸淳毗陵志》，于年代和事理都比万历朝才出现的"舜帝南巡至常州"说更为可信。

陈玉璂所编《康熙武进县志》有关大舜南巡经过常州的记载有如下三例，全都是清人的主观猜测，见卷十九"古迹、大宁乡"："舜峰，俗呼'舜过山'。相传：有虞氏东巡之驾历此。有舜水、舜庙、舜井、舜田。邑人恽应翼作《高山志》，详其义。舜河，以舜山得名。申港河，与江阴分半，故季子墓、伍大夫祠，不复载于吾邑。其初，则皆吾邑之地也[①]。马岙，武进、江阴之界山。"江阴的伍大夫祠，就是江阴的伍子胥庙。又卷二十"祠庙、大宁乡"："舜庙，在高山。相传虞舜东巡过此，后人即其立庙祀之。"又卷二十六"流寓"："虞帝舜，今大宁乡舜山，有虞帝庙。其山最高，相传：虞帝东巡至此，驾历此山，乡人荣之，称其山曰'舜峰'，井曰'舜井'，池曰'舜池'，盖作井始于伯益，则毗陵之为井，始于此；山上得泉为池，始于此。想当年，经理扬州，帝与五人[②]皆至也。"本书下一章"三、（六）、3"有论：水井黄帝时便有，非始于虞舜，伯益所作之"井"乃井田，非水井。其下又有："禹，底定震泽。震泽，今迎春乡之夫椒山也。又有夏港，以夏王得名，其偕行者，后稷次子'水平王'，止于夫椒山，葬于是山，别具详。""夏王"即夏部落的首领大禹。"夏港以夏王得名"便指明此港实乃"夏王"大禹所开，故港口有祭祀大禹的夏王庙（正如上一章最后部分言泰伯渎以泰伯命名且渎上有纪念泰伯的泰伯庙，便可证明其渎为泰伯所开）。此书接下来又有对舜禹两帝和水平王这三位圣贤所作的总结之语："以上二圣一王，称'过化'。"故舜山又名"舜过山"，即大舜过化之山也。

　　《武阳志余》卷七之二"经籍中、史部"，录清康熙朝常州人陈玉璂所撰《三吴总志》一书的自序指出：司马迁所说的"长江三角洲所在的吴国，要到吴王阖闾时方才与中原相通"这是错误的，因为早在舜禹时代，江南便与中原相通。陈玉璂的这一见解甚有见底，只是误以舜至江南为南巡，则受《毗陵高山志》之误导，未能根据《咸淳毗陵志》与《万历常州府志》"躬耕说"，指明其为大舜年青位卑、在此担任部落酋长时事。今详引其文：

　　司马迁作《吴世家》，谓："吴自阖闾始通中国。"予尝咎其失，言：吴、越当楚东南，去中原稍远；然衣冠、文字，未尝与中国异。唐、虞以来，东南久为文明之区，禹朝诸侯于会稽，舜南巡狩至于苍梧之野，自古已通朝聘。周泰伯、仲雍亡适吴，吴人乐其德而归之，是知好德莫如吴；言游为圣门高第弟子，季札来聘，熟谙先代典故，闳览、辩博，贤于子产、叔向诸人，是文献莫如吴；《禹贡》"五服"，东、西、南、北各五千里：舜葬苍梧，禹葬会稽，皆在"五服"内。殷、周盛时不减虞夏，惟幽、厉中衰，或数十年不朝；而友

---

　　①按西晋统一江南后，分毗陵县与无锡县的缘江之境立暨阳县。毗陵县即今武进，暨阳县即今江阴，故武进与江阴交界处的舜过山在西晋立暨阳县之前全属于毗陵县也即武进县。

　　②指《论语·泰伯》孔子曰："舜有臣五人而天下治"，指舜手下五位著名大臣禹、稷、契、皋陶、伯益。禹任"司空"，治理水土，并主持政务，统率百官；弃任"后稷"，教导人民种植庄稼；契任"司徒"，教育人民遵守伦常道德；皋陶任法官，掌握刑律法制；伯益协助禹治水有功。

邦聘问，往来如故也。倘自洪荒未通中国，若所谓"断发文身、鸟语鴃舌"，则舜、禹何以往①？泰伯、季札、言游，何以称世儒②耶？食迁《史》之言，重诬吾吴，盖千百年于兹矣。

三吴，向无《总志》。予家居无事，偶检数郡《志》③，荟萃成若干卷：凡山川、人物、风土文章之属，旧《志》已载者，斟酌去留，五六十年来所未及载者，以故老见闻益之，卷帙繁多，不能刻板行世，命善书者钞录装潢，以备观览。

呜呼，无论通都大邑，即辽壤、深菁之间，一二人与一二事足传者，必赖乡里后生表章之而后见。至时移、事改，一旦震赫、喧诧，播为奇闻，终得不没于后，此岂非《志》之所系为甚大乎？三吴山川之秀丽，物产之多，搢绅、先生冠带衣履之盛，甲于天下。因憾：上古之世，何以渺然无闻，以致作《史》者之缺略不知上古之事；《六经》所载，亦已寡矣，何况其它？司马迁信称"良史"，而班固已讥之曰："是非谬于圣人。"予故断阖闾间始通中国之谬，而吾吴之为"吴"，亦可由今遡昔，遥揣而得之也矣④。

其言江南自古与中原相通且自古就是经济发达、文化昌明之区，今有世界文化遗产"良渚文明"为证，又有世界文化遗产"京杭大运河"的最早一段就是江南大运河为证，则江南自古就与中原一样发达甚至还超过中原，诚如画线部分陈子玉瑎所言："三吴甲天下"，也即本章"二、（四）"及第一章"六、（六）"开头所言的：东汉袁康命名自己的《越绝书》用的便是意为江南吴越之地为天下绝顶一流之地的"越绝"两字。只不过由于古史口耳相传而遗失甚多，到了春秋时代，孔子所传承的六经对于上古史的记载已是以中原为中心，对于江南吴地的记载甚少，至于又晚孔子400年的司马迁时代，对于上古吴地的历史则遗忘更多，而且司马迁所言实也常会有失误，即班固称其"是非谬于圣人"。司马迁言阖闾时江南之地方才和中原诸国相交通，又言吴地从泰伯奔吴开始，此地方才称"吴"，两者皆为谬误。陈子玉瑎发前人之未发，见识超卓，令笔者深感敬佩！

陈子玉瑎编纂的《康熙武进县志》卷十四"君长"类有小序：

凡承天运而子民者，其兴或在中原，或在偏隅，要皆天之所命。常州，自中原而论，南裔⑤也。《史记》云："禹治水于吴，贯渠于江、湖。"则吴之赖平成⑥于虞、夏，其为舜、

---

① 指舜便不当来此说话如鸟语的蛮夷之地。

② 指被世儒所称述。

③ 指江南多个郡的郡志。

④ 所言甚是，江南称吴，至少可以追溯至虞舜之"虞"。"虞、吴"两字古通，非始于泰伯也。且史称"泰伯奔吴"不言"泰伯创吴"，则泰伯之前江南便已有"吴"地之名。虞舜为江南人，其能为天下君主，足证其时以良渚为代表的江南文明是全国的一流文明，长江三角洲绝非蛮荒之地。

⑤ 裔，衣服的边缘，喻指边远地区。

⑥ 平成，语出《左传·文公十八年》："地平天成。"喻上下相称，万事妥帖

禹之泽无疑，然今已不能考者，以①秦既焚书耳。其间有存者，天下不尽知，而此方知之；不急为阐扬，终无考矣。旧《邑志》及《镇江志》，皆载水平王同禹治水于兹土，为后稷次子。盖稷一子在西北，教民稼穑；一子在东南②，佐禹底定。故云："躬稼而有天下也③。"则志吾地之君长，宜首水平王。

夏之衰也，弃稷不务④，水平王之子孙失其职矣。至于商之季，商之德泽不能下及于远，故吴人奉泰伯为君，臣服吴人者二十余世。至周武兴，而锡五等之封，则吴之世系，可不志乎？延陵季子为孔子所赞，寿历耆颐⑤，终吴之世，尤足多矣。

其画线部分所言便与笔者本章的结论"江南大运河是大禹治水的杰作"相吻合。今将上述文献翻译如下：

凡是接受上天的命令，来像父母般爱护子女那样统治百姓的人，他们有的在中原地区兴起，有的偏居在中原以外的角落地区兴起（如舜兴起于中国东南一角的浙江余姚），总之都是上天注定的安排。常州从中原来说，是位于中国东南一角的边远地区。《史记》说："大禹到江南吴地来治理水患，在北江（今长江）、中江（今松江）、南江（今浙江）与五湖（洮湖、滆湖、太湖、射湖、贵湖，后两者合称"上湖"也即芙蓉湖）之间，贯通起一条长渠（即今天京杭大运河江南段的前身）。"则江南吴地要仰仗虞舜和夏禹两人得以形成从天到地的整个太平局面，这一江南吴地适宜人类居住的局面是大舜与大禹所赐的恩泽，便可以不用怀疑了。但两位圣君如何治理江南的具体情况，今天已经无法查考明白，因为秦始皇已经把远古的典籍通过"焚书坑儒"都给焚毁掉了。其中偶然有点幸存下来，天下人不可能全知道，而我们当地人会知道些，如果我们当地人不急着阐明发扬给天下人，最终仍将无法被世人查考到啊。我们武进县此前编纂的《万历武进县志》，以及镇江地区编纂的府县志，全都记载有"水平王"和大禹一同在我们江南这块土地上治理水患的事情，并且记载"水平王"是后稷这位圣人的第二个儿子。即后稷有一个儿子名"弃"在西北，教化百姓种田，成为周王朝的祖先（即"弃"）；又有一个小儿子在东南，帮助大禹来使

---

① 以，因为。之所以不可考，便在于秦始皇已焚古史之书。

② 故泰伯奔吴，有由来也。其祖先之兄弟在此立国也。

③ 语出《论语·宪问》："南宫适问于孔子曰：'羿善射，奡荡舟，俱不得其死然。禹、稷躬稼，而有天下。'夫子不答。南宫适出。子曰：'君子哉若人！尚德哉若人！'"即有勇力的羿、奡虽以武功拥有天下，但最终全都不得好死。而禹和稷都亲自种植庄稼，却得到了天下。孔子评价：说这话的人真是个君子，真能尊重道德。此即"恃德者昌，恃力者亡"的道理。

④ 语出《国语·周语》之"祭公谏征犬戎"："昔我先世后稷，以服事虞夏。及夏之衰也，弃稷弗务，我先王不窋，用失其官，而自窜于戎翟之间。"指抛弃种稷的农官。

⑤ 耆颐，高龄上寿。

太湖地区的水患达到得以平定的地步。所以儒家说："大禹和稷都通过亲自种植庄稼来赢得天下（大禹治水也是在为农耕服务）。"因此当我们来记载我们常州武进县这块地方的领袖时，便应当首先记载到夏朝的"水平王"。

夏朝末年世风走向衰微的时候（即夏桀的时代），百姓们抛弃了稷粟等谷物的种植，而不再从事农业生产，"水平王"的子孙也丧失官位而衰微、下台，从而失去自己本应该有的为农田提供水利服务的职能作用。到了商朝的末年，商王朝的恩泽也无法往下传达到江南吴地这么远的地方了（即其统治不到江南吴地了），于是江南吴地之人，便拥戴从陕西奔赴这儿的外来英雄泰伯，选举他作为自己的领袖（按泰伯的祖先是后稷的长子，水平王是后稷的次子，泰伯被拥戴为领袖，显然仍与水平王在江南吴地的治水影响有密切关系），江南吴地之人向泰伯称臣而服从其政权的政令长达二十几代人。到了周武王灭了商纣王而建立起周王朝，赐给天下诸侯"公、侯、伯、子、男"这五等封爵，则接受周王朝子爵之封的吴国，其世代传承的君主谱系难道可以不记载在《康熙武进县志》这部地方志的"君长"类中来吗？特别是延陵季子，他受到过孔子的赞扬，其年寿又达到了极高的岁数，活到了吴国即将灭亡的前夕，其德、其寿尤其值得后人加以赞美啊。

于是陈玉璂接下来便记载"虞夏"朝常州地区的君长"水平王"：

"夫椒"祀水平王。旧《志》云："王为后稷庶子，佐禹有功。"考之《镇江志》，亦祀王。愚以为：佐禹治水者，必非一人；王，其一也。或曰："禹之功，何以独著于震泽也？"不知古之形势，东南之水，由浙而入吴，无钱塘之捍隔[①]。吴越之用兵，必争"夫椒"；夫椒，固江、湖之水收束处也。《禹贡》曰："震泽底定。""底定[②]"者，必有其功、有其事，而今不可考矣。当时父老爱治水之人而奉其神，必其神有专功于此地也。再思南宫敬叔之言曰："禹、稷躬稼而有天下。"岂谓稷后亦有天下为周乎？《虞书》独称稷曰

---

　　①今按钱塘江口至太湖确为平地，若无钱塘阻隔，浙江的水在涨潮时会从东南流入太湖。然本书第一章"五、（六）"提到"钱塘"这一捍海大堤当是先秦吴越先民所造，起源甚古。江南若无此堤，江潮便会涌入太湖而成更大的水患，这也是上古江南先民很早就当筑起长江南岸与钱塘江北岸的捍海大堤的原因所在。

　　②底，抵，达到。底定，达到平定的结局。

"后";夫"后",即帝王之实也。《国语》曰："稷勤于民而野死,其食报①当在其子孙。"②其长子实有邰③邰之地,其少子实有吴地。今水平王祀于吾邑,正与《经》《传》④之言相吻合。愚故以水平王冠于"君长",以补旧《志》之缺。

今将其意翻译如下:

常州的夫椒山(即马迹山,今灵山大佛所在的灵山,古属武进,今属无锡)祭祀的是"水平王"。旧时所编的《万历武进县志》说:"水平王是后稷的小儿子,辅佐大禹治水有功劳。"今查考镇江地区的府志、县志,也祭祀这位水平王。我陈玉璪认为,辅佐大禹在江南治水的人必定不止一位,水平王便是其中之一。(按:其他人便是上文"五、(二)、6"所言的鲧余氏、陶臣氏、乌陀氏等人。)有人说:"大禹治水的功绩为何在江南的震泽(即太湖)地区最为显著呢?"说这话的人可能不知道古代的地理形势:东南部中国(指浙闽粤)可以坐船走河道而由浙江(钱塘江)直达江南吴地,钱塘江是无法捍卫屏蔽住两岸交通的。江南吴地与浙江越国交战起来,一定要争太湖中的这座"夫椒山"(即马迹山)。这座"夫椒山"原本就是"长江(北江)"、"中江(荆溪—松江)"水,以及"太湖"水相会聚收束的关键所在。《禹贡》说,大禹治水让"太湖"这一连通东海而有潮汐会震动的沼泽地区的积水,得到平定而可供人类居住。大禹如何使之达到平定呢?必定会有其具体的功劳事迹,但我们今天已经无法考证了。当时的老百姓热爱前来治理江南水患的英雄,而把"水平王"当成神一般供奉起来,这位"水平王神"对于江南太湖地区肯定会有其专门的功劳啊。我又想到《论语》南宫适(《史记索隐》认为他就是南宫敬叔,但很多学者不以为然)说过的话:"大禹和稷都通过亲自种植庄稼来赢得天下。"是在说稷这个人后来也

---

①食报,受报答、受(好的)报应。

②语见《国语·鲁语上》:"夫圣王之制祀也,法施于民则祀之,以死勤事则祀之,以劳定国则祀之,能御大灾则祀之,能扞大患则祀之。非是族也,不在祀典。昔烈山氏之有天下也,其子曰柱,能殖百谷百蔬;夏之兴也,周弃继之,故祀以为稷。共工氏之伯'九有'也,其子曰后土,能平九土,故祀以为社。黄帝能成命百物,以明民共财,颛顼能修之。帝喾能序三辰以固民,尧能单均刑法以仪民,舜勤民事而野死,鲧障洪水而殛死,禹能以德修鲧之功,契为司徒而民辑,冥勤其官而水死,汤以宽治民而除其邪,稷勤百谷而山死,文王以文昭,武王去民之秽。故有虞氏禘黄帝而祖颛顼,郊尧而宗舜;夏后氏禘黄帝而祖颛顼,郊鲧而宗禹;商人禘舜而祖契,郊冥而宗汤;周人禘喾而郊稷,祖文王而宗武王。幕,能帅颛顼者也,有虞氏报焉;杼,能帅禹者也,夏后氏报焉;上甲微,能帅契者也,商人报焉;高圉、大王,能帅稷者也,周人报焉。凡禘、郊、祖、宗、报,此五者,国之典祀也。"单,即"殚",尽也;均,平也;仪,善也。

③邰,《史记·周本纪》:舜"封弃于邰"。按:弃即后稷的本名,其任官名为"稷"的农官,故称"稷"。邰,古国名,周始祖后稷至公刘定居于此,在今陕西省武功县西南。邰,又作"郊",古国名,周的祖先、后稷曾孙公刘由邰迁居于此,在今陕西省彬州以东的旬邑县境。

④经传,儒家典籍"经"与"传"的统称。"传"是用来解释、阐释经文的著作。

拥有天下、也即其后人建立周王朝吗？《尚书》中的《虞书》唯独称稷为"后"（即称之为"后稷"）；那"后"字便意为皇帝，这就表明了稷身为帝王的事实啊。《国语》又说："稷这个人勤劳为民，最终死在郊野上的劳作之地，他的子孙应当获得拥有天下的福报。"稷的长子实际上便受封在陕西的邰与豳这一带，稷的小儿子水平王实际上便受封在江南的吴地。现在水平王在我们武进县马迹山有祭祀他的庙宇，正与儒家这一系列经典的记载相吻合。我陈玉璟因此要把水平王放在我们武进县所涌现出来的君长领袖中名列第一位，以补上旧时所编的常州府与武进县地方志君长类没有他记载的缺漏。

今按上已言明：常州东北境有舜过山，乃舜过化之地，"过"即过化，有"过而教化、教化一过"之意。古有"过化存神"一词，"存"是保存、具有，言圣人所到之处，人民无不被其感化，永远受其精神影响。语出《孟子·尽心上》："夫君子所过者化，所存者神，上下与天地同流。"赵岐注："过此，世能化之，存在此国，其化如神。"明张宁《方洲集》卷三《王道君子赋》："夫耕历山而田者让畔，陶河滨而器不苦窳，宾四门而穆穆，纳百揆而时叙，此非虞舜过化之事乎？"古常州地区的"太湖、上湖"流域就是舜教化的"雷泽"，古延陵"舜过山"与"惠山"就是舜教化的"历山"，宜兴陶土产地应当就是舜所指导过的制陶之地。普天之下凡舜躬耕之地皆名"历山"，教化渔人之地皆称"雷泽"，教授陶业之地也不局限于河滨（黄河之滨）的定陶，故天下有数十处历山、雷泽。大舜教化之地，其故乡余姚的历山为其根，其家乡北边不远处的常州"舜过山"地区的历山、雷泽、陶都为其干，而中原历山、雷泽、制陶处为其华实，故《史记·五帝本纪》："舜耕历山，渔雷泽，陶河滨，……舜耕历山，历山之人皆让畔；渔雷泽，雷泽上人皆让居；陶河滨，河滨器皆不苦窳。一年而所居成聚，二年成邑，三年成都"，所记原本就不限于中原而当包括（即总结）到舜的家乡"上虞、余姚"和"龙兴之地"常州。常州有文字可考的历史便当从这儿算起，距今已有4200年悠久历史。常州第一位有史可考的君长其实还不是水平王，而是大舜（大舜当时出任常州舜过山为核心的江南地区的部落联盟首领）。水平王在大禹领导下治理江南水患，而大禹在江南治水的一大关键，便是疏通江南段古运河，使得江南南北向的通江河港全都在东西方向上得以打通，从而使得江南地区能够形成活水周流的良好水文局面，大禹和水平王显然就是常州城段江南大运河及城外镇江至常州段江南大运河的疏通者（按常州以东的江南大运河在大禹之时其实不用开凿，因为常州以东的地区全在海平面以下，天然就有水面可以行舟）。

而今天舜过山地区的民间故事，全都说上古时代虞舜帝向东南方巡狩到此，时已年过七十，到此地之后，筑室"高山"（即舜过山），并且还在这儿居住长达6年之久，率领此地的先民们开凿河道，治理洪水，种植桑麻，改变劳动生产方式，改善先民生活，留下其躬耕时耕牛的足迹"牛迹石"等遗迹。这些传说恐是《毗陵高山志》所载的原始出处，也即《毗陵高山志》这些记载便是万历朝对此类传说的文字笔录

但也不排除反过来的可能，即：《毗陵高山志》之前的《咸淳》《万历》志言明舜在此地躬耕而有舜田、牛迹石留下来，这才是对当地民间传说的真实笔录，《毗陵高山志》误解左思《吴都赋》的句意，误以大舜南巡过此，而创立舜年轻时未到此地躬耕，而是年老南巡时至此地躬耕之说，民间反受此误说的影响，而在原有躬耕传说前加上大舜年老南巡时到此。然舜贵为天子，又年事已高，尚有体力能躬耕否？且江南农耕发达，在大舜教化之时农业便已发达，何用等其年老再来教化农耕。因此我们认为：

上述传说有其可信之处，便在于舜在此躬耕了6年，百姓在其率领下安居乐业，所以对他的纪念才会历4000余年而不绝。如果他只是在此地经过一下（包括南巡时经过一下），怎么会留下舜田、舜井、舜过麦、舜河、舜迹桥等显非一朝一夕所能成就（形成、建造）的事物？由此可知，大舜必定要在舜过山这一带停留过比较长的时间，并且还在此身体力行地造福过百姓。

问题是，如果他是晚年巡狩过此，其时大舜早已贵为帝王，即便能放下皇帝的架子来躬耕陇亩，尚能躬耕得动否？此时他已年迈体弱，已是足足七十高龄（相传舜58岁时尧逝世，舜为之守丧，61岁正式登基，也不可能一登基便来江南，故舜南巡江南时当已七十余岁），古人不像今人能活到八九十岁，古人都说"人生七十古来稀"，此时的舜早已没有气力耕田了。况且大舜自己规定五年一巡狩，春天到东方，夏天到南方，秋天到西方，冬天到北方，一年内巡狩完毕，见《史记·五帝本纪》：舜"岁二月，东巡狩，至于岱宗，柴，望秩于山川。遂见东方君长，合时月正日，同律度量衡。修五礼五玉三帛二生一死为挚，如五器，卒乃复。五月，南巡狩；八月，西巡狩；十一月，北巡狩；皆如初。"常州非其都城所在，大舜怎么可能为帝之后，在常州之地一待就是六年呢？由此可知，常州舜过山之地必非舜晚年南巡时所经过，而当是舜20~26岁担任此地官长（即部落联盟首领，也即江南省省长）6年时的教化之地。舜在此地教化百姓的业绩，便是凿舜井，辟舜田，开舜河，造舜迹桥，推广新的粮食品种"舜过麦"来造福百姓。而躬耕的核心，便是寓德于教，以"让"（仁让、谦让）这种美德来教化民众，以德导人，然后凭借此物质与精神文明的双丰收而声誉再隆，被众人推选、帝尧提拔，到中原地区担任首领，接受尧的考验后，被尧帝钦定为接班人。宋罗泌《路史》卷四十四"余论七"《历山》一文言："夫使帝果南巡至是，亦何豫耕、渔之日邪？"即大舜南巡所到处，断然不会耕稼、渔、陶。

由此可知，天下凡是有大舜耕稼渔陶的地方（即普天下的历山、雷泽、定陶等地名），全都不是大舜南巡时留下，而当是他为帝前的早年，便已在这些地方用耕稼、渔、陶教化一过。

万历朝的《毗陵高山志》卷二"地里总论"："舜之峰，夏之港，季之陵，以至秦望之岭，名与天地并老，则皆以人传也。……其人传则地传，夫舜之峰，夏之港，季之陵，以至秦望之岭，名且与天地并老者也。""舜之峰"标明"舜过山"得名于舜，而夏港口有"夏王庙"，夏王实乃禹王，其子开创夏朝，禹生前当也有"夏"这一部落名，"夏港"便是大禹治水江南时所开的最大之港①，季子安葬在"延陵"舜过山下，秦始皇南巡登舜过山侧的"秦望山"望祭江海，"舜峰、夏港、季陵、秦望"这四者便都是"高山"的胜迹。

其书卷二"地里"提到：高山"西麓为唐铁桥（一名'舜迹桥'）。"

其书卷二"水道"："舜河……正当舜山阳，若避其高而西折焉。"【笔者按：指舜河北流至舜山下，由舜山西侧北流入江。】

其书卷四"诗"收录有唐以来古人吟咏大舜诸遗迹的诗：

①唐魏璞《题舜山后牛迹石》（此诗《全唐诗》失收，据之可补）：

耕凿连云磴，蹄痕见福衡。泣天伸养志，喘月藉留名。纪凤仪同美，歌麟趾并荣。胜遗方寸地，风动后人耕。

②唐刘长卿《过横山顾山人草堂》：

只见山桐掩，谁言路尚通？人来千嶂外，犬吠百花中。细草香飘雨，垂杨闲自风。却寻樵径足，惆怅绿溪东。

③唐刘长卿《舜祠》：

弦绝松风在，芳祠怅落晖。只应山鬼护，万古仰垂衣。【笔者按：《咸淳毗陵志》卷二十二有刘长卿《题独孤常州湖上林亭》诗，可见刘长卿在常州生活过，则此咏舜祠之诗确有可能是咏常州舜过山的舜祠；此诗《全唐诗》失收。】

④明王叔承（号昆仑，松江人）《题舜祠》：

香烟遥向百蛮浮，玉戚、朱干舞未休。天畔紫杉雷雨划，月明斑竹凤凰留。环祠嶂拥千年色，照座江开万里秋。听罢《箫韶》轻宇宙，入山无乃慕巢、由？

⑤明卜荣（字华伯，江阴人，官户部郎中）《舜田春雨》：

---

①即上文"五、（二）、4"所引黄傅之言："夏港，盖江阴百渎之宗经，浙西列郡之喉舌。洪荒以来，禹迹所及，固已有之。"

象耕①遗迹自东西，又喜东风雨一犁。二月绿蓑行处湿，重华翠辇望中迷。若教百亩年年熟，不负双鸠日日啼。为爱新晴看秧马，芒鞋踏破落花泥。

⑥明徐汶《咏舜山牛迹石》：

畎亩青山下，蹄痕落晚晴。春芜怜不没，留验上皇耕。

⑦明朱承爵《题舜祠》：

舜宫高倚万峰层，一径苍苍入乱藤。松撼长风声作雨，春归十月气如蒸。自怜道骨终堪换，每说名山独快登。方外闲情谁领略？白云满榻对闲僧。

⑧明陈三纲《舜田》：

谁把灵苗插？丰年实自生。荷锄怀帝子，何似历山时？

三首唐人诗，一为舜过山当地人魏璞所作（见下引《乾隆江阴县志》画线部分），二为在常州生活过的有"五言长城"美誉的中唐大诗人刘长卿所作，这三首唐人诗已无可辩驳地证明常州舜过山的大舜遗迹甚为古老，绝非后人附会。

关于舜过山的方志记载还有《弘治江阴县志》卷六"山川"："高山，与观山连，南属武进。"《崇祯江阴县志》卷一"山川"："丁国山，在观山之侧。其西阿曰孔湾，下有舜田。""高山，舜山也，南属武进。俗称'舜过山'，或有虞东巡至此欤？"卷一"寺观"："舜仪庵，来春乡、舜过山'牛迹石'下。"《乾隆江阴县志》卷二"山川"：观山"绕山而北，折西，蜿蜒绵连，如游龙，曲折数里，曰'高山'，俗呼'舜过山'：岂有虞东巡过此者耶？（山有草庵。）折而南，有崖与'秦望'西麓相望，曰'野山嘴'。过是，则阳湖界矣。北岫，为唐处士魏璞（见'隐逸'）所隐处。山有'牛迹石'。"

关于舜过山下舜河的方志记载有《万历常州府志》卷二"河渠总说"："其一自后塘桥，东北入江，曰'申港'。流皮港南来接之，东北入江。一自三山、石堰，东北入江，曰'新沟'。一自东姑出一枝北行，为'九曲河'。又自圣堂桥分一枝至麻皮桥，与九曲河会，而北出江阴大君桥，曰'舜河'；东出则由孙公桥，会三山港，出江阴虞门桥，曰'龙沟河'。其北通网头河，分派而南者六。一自白洋桥东，曰'百丈河'。"《道光武进阳湖县合志》卷三"水道"："安丰北乡田间水，自西南入于河。其东北，则翁申河汇薛沟、新沟、横沟诸港水入于河。五里而至石燕镇，复折而东行。其北则舜河（即古'新沟'，通江阴虞门桥）之口在焉。"末句言舜河的入江口处有虞门桥，当也和虞舜有关，意为虞

---

① 大舜用象耕田，这非空穴来风，至今缅甸仍用象耕田，而太湖流域即出土过5000年前的亚洲象的骨骼。

舜的国门。

（2）舜过山东侧江阴境内众多的大舜遗迹

至于"舜过山"东侧江阴县境内的舜过遗迹同样不少，证明大舜过化的足迹由舜过山一直往东延伸到了今天的江阴境内。

①**江阴县东境有舜城、舜乡**，见《永乐大典·常州府》卷三引宋《江阴志》诸乡名有"东舜乡""西舜乡"，并加按语："右诸乡名，或以义取，或以物言，唯'东、西舜城二乡'殊为难晓。土人至有'舜井''冯唐'之号，皆以舜尝在此，<u>诞矣</u>。然按周处《风土记》：'太湖中有大、小雷二山，山之中曰"雷泽"，即舜所渔之地。'又以：'浙东有余姚县、上虞江，云是舜本土。'今《寰宇记》多援其说。则'东、西舜'之名，岂亦承《风土记》而然耶？"画线部分指其事荒诞，实则厚诬古人矣。

《弘治江阴县志》卷六"古迹"有"东舜城、西舜城"条。《嘉靖江阴县志》卷二"古迹"："东舜城、西舜城，并在县东七十里。《风土记》云：'舜曾居此。'"其同上引宋《江阴志》一样，不敢相信这一有违中原史官的记载是真实的，故征引《路史》之说，以为是舜子过此方才导致江南有诸多"舜城、舜过山"等含有"舜"字的地名。其文曰：《路史》曰：'舜庶子七人：圭、胡、负、遂、庐、蒲、卫、<u>甄</u>、潘、饶、<u>番</u>、傅、邹、息、<u>何</u>、<u>有</u>、母、辕、余姚、上虞、<u>濮阳</u>、余虞、西虞、<u>亡锡</u>、巴陵、<u>衡山</u>、长沙，皆其后裔也。'今无锡与江阴接壤，舜之庶子散处江南，胤息蕃衍。即其所居，山川多以'舜'名，乡曰'舜乡'，田曰'舜田'，井曰'舜井'是也。《风土记》谓：'舜尝居此'，岂得尽无据乎？"所引《路史》之文见该书卷二十，"何、有"作"有、何"；诸国除"<u>甄、何、有</u>、<u>濮阳</u>、<u>亡锡</u>、<u>衡山</u>"外，均又见其书卷二十七《国名纪》。亡，古可音"无"，"亡锡"即"无锡"。其同《古今图书集成》"职方典"卷七〇八"常州府部汇考二"论无锡雷山条一样，引《路史》舜庶子居于江南而江南有大舜遗迹之说："舜庶子七人散处江南，故山水多以'舜'名。"实则，舜庶子居此，与其父大舜居此并不矛盾，完全可能是大舜居此而其庶子亦来居此父亲的龙兴之地。上引《嘉靖江阴县志》便不认为两者有任何矛盾，所以写下这样的话："《风土记》谓：'舜尝居此'，岂得尽无据乎？"所论甚为公允。到了《崇祯江阴县志》卷一"古迹"则言："东舜城、西舜城，并在县东七十里。舜有庶子七人，散处江南，即其所止，多以'舜'名者，如'舜乡''舜田'之类是也。"虽然也本张衮《嘉靖江阴县志》之说而来，但抹杀《嘉靖江阴县志》"《风土记》谓'舜尝居此'岂得尽无据"之结论，径直说此乃大舜的庶子们迁居此地，此地遂得名舜城、舜乡，这就失之草率了。

其实，江南所有大舜的遗迹，全都是大舜本人居住此地的遗迹，所以其山名为"舜过山"。若是大舜的庶子们居住此山，此山岂能名以"舜过"？当名为"舜子过山"为是。今名"舜过山"，恰可证明这儿是大舜本人经过。而且大舜三十岁时才结婚，在江南舜过山是未婚之时，其时仅二十多岁，故而没有在江南地区生儿育女、繁衍生息，后来舜的子孙（指姚姓、陈姓等）遍及江东，显是其子孙后来返回桑梓故乡的原故。

又《嘉靖江阴县志》卷二"古迹"径言："东舜城、西舜城，并在县东七十里。《风土记》云：'舜曾居此。'"虽然《风土记》并未这么说，《风土记》只提到："太湖中有大、小雷二山，山之中曰'雷泽'，即舜所渔之地"，且又言"浙东有余姚县、上虞江，云是舜本土"。而江阴离太湖很近，太湖又有众多大舜的遗迹，大舜曾经居住在太湖，则大舜曾经居住此江阴之地（即教化、管辖过此江阴之地），又有何不可？况且大舜的故乡余姚、上虞又离太湖不远，地域上又连为一体（指对于擅长行舟的江南子民而言，钱塘江无法隔开两岸），则大舜来此故乡近旁的太湖、江阴之地教化、管辖，又有何不可？武进、无锡有"舜过山"，既然称为"舜过"，便是大舜的过化之地、统治之地。大舜出生地是在余姚、上虞，古常州地区是他主政中原时的必经之地，是其入主中原的仕途与政绩中的重要一环，我们称之为"龙兴之地"，所以舜过山一带流传有大量舜率领百姓开发江南的政绩传说，这都是大舜得以入主中原成为帝储的最初的政治资本。

《乾隆江阴县志》卷二"古迹"："东舜城、西舜城，并在县东七十里。今所称'东、西舜'两乡。（'舜'讹为'顺'。）西舜城，在今文林镇门村浜西，东舜城，在今长泾镇南。（相传：地有'舜祠'，今亦无考。）然平原绵亘，故垒鲜存，惟土人约略指点其处而已。（旧《志》称：'舜城，舜曾居此，又有"舜井""冯塘"。'其引周处《风土记》云：'太湖中有大、小雷山；山中"雷泽"，即舜所渔地。又："浙东有余姚县、上虞，云是舜本土。"'黄《志》折之，则引陆羽《慧山记》：'南朝多以北方山川、郡邑名，权（札）[创]其地。如以慧山为历山'，以证'舜城''雷山''余姚''上虞'之名目皆属伪托。其说非也。周处为晋初人，晋方统一天下，未分南、北，何用以北方山水之名权（札）[创]其地？以彼汉、魏流传之说，去古未远，顾不足信；翻信唐人臆说乎？罗泌《路史》谓：'舜庶子七人，分封余姚、上虞、亡锡等处'。《国名纪》中独缺'亡锡'，而'余虞'云：'余虞，即"虞吴"'注云：'在阳羡东乡'，则'亡锡'即'无锡'可知。江邑南境旧属[①]无锡；舜城，殆即舜支子所居。顾《路史》谓：余姚、上虞等皆支庶分封，尚与《风土记》不合。黎洲黄氏《孟子师说》，考余姚、上虞，系舜所生地：'余姚有历山；上虞有舜母"握登山"及"象田"，耕者往往得古陶器。故《会稽旧记》云："舜，上虞人。去虞三十里，有'姚邱'，即舜所

---

① 属，属于。

生也。'"据此，则周处所云：'余姚、上虞是舜本土'，信有征矣。其云：'太湖中雷泽，为舜所渔'者，亦必不诬。舜城，南至太湖仅六十里，安必舜不居此？洪荒遗迹，愚者疑而达者信焉，能无翠然高望而兴起乎！）"

这是乾隆朝的江阴贤县令、山东人蔡澍所作，他直斥黄傅骏大舜到过江阴之地的说法为"其说非也"。蔡澍以周处在晋室南渡之先，故知江南所有大舜遗迹并非从北方迁来，"历山"之名断非如唐代陆羽臆说所谓的从东晋南朝北人南迁、侨置郡县开始。他又引《路史》舜庶子迁居江南而江南有大舜遗迹的说法，指出这一说法与《风土记》声称江南为大舜本乡仍有区别。最后，蔡澍又引黄宗羲《孟子师说》所论，判定舜为余姚、上虞之人，而《风土记》所言甚是，并言："洪荒遗迹，愚者疑而达者信"，远见卓识令人钦佩。

无锡，吴语读似"母锡"，"亡、母、莫"三字古音通，故"亡锡"即"无锡"。《路史》谓：'舜庶子七人，分封余姚、上虞、亡锡等处'"见《路史》卷二十一，《国名纪》见该书卷二十七。其引《路史》"'余虞'即'虞吴'"之注云："在阳羡东乡"，即今宜兴濒太湖之境，也即足证虞舜在太湖之滨的教化于史有征[①]。而江阴乃西晋分毗陵县（今武进）、无锡县两县缘江之境而立，故其言"江阴南境即属无锡"，为舜所教化之地，这是很正确的。此无锡、江阴之地离舜所教化的宜兴又很近。要之，大舜所教化之地便在太湖的西境（即宜兴旁的太湖）和太湖北的"上湖"之境（"上湖"又名无锡湖、芙蓉湖），大舜教化的地区相当于明清时代常州府宜兴县、武进县、无锡县、江阴县，一直往东到常熟县的虞山、尚湖，而常州东北境的舜过山，便是大舜教化的最中心区域，故命名其山为"舜峰"而立有舜庙。

②江阴、无锡交界处的斗山，有舜帝美丽动人的传说。斗山之南便是大舜教化渔人让泽的芙蓉湖中的"芙蓉山"，更南有芙蓉湖遗迹"芙蓉塘"，此斗山之北便是江阴的"东舜城乡、西舜城乡（东舜乡、西舜乡）"。今附其传说于下：

相传：中华民族的始祖之一舜帝为民时，曾躬耕于无锡斗山之下。他辛勤劳动的精神感动了上帝，上帝给他送来了风调雨顺的天气，还差遣大象为他耕地，燕雀为他衔谷播种。他爱护人民、造福于民："润天地、识气象、怜众生、护万物、爱禽兽、睦友邦"，倡导"天人协和、万物共荣"之公德。

舜还勤勤恳恳协助尧帝治理天下，埋头辛苦工作28年，受到尧帝的信任和重用，最后把他作为接班人，把部落联盟首领（帝位）禅让给舜，开创了上古史上所称的"唐尧虞

———

①有征，即可考。详上文"7、（6）"宋初《太平寰宇记》"余渔浦"条引周处《风土记》："一名'余吾溪'"，也即"7、（5）"南宋《舆地纪胜》注引周处《风土记》称宜兴太湖为"虞泽之会"，均可与《路史》"'余虞'即'虞吴'"及其注"在阳羡东乡"相互印证。

舜"太平盛世时代。

也许此事仅是传说，但千古流传，至今"舜柯天子坐龙亭，天下百姓享太平"的民谣仍在广大群众中传颂。斗山留存有"舜帝躬耕处""避雨石""钉耙印"等遗迹。斗山西北有舜帝居住过的"西舜城"（宋时称"西舜乡"），东北有"东舜城"，西北澄江镇有"舜帝井"（即今江阴市内的"舜过井"），西有"舜柯白荡"遗址和遗迹等人文景观。斗山还建有"舜帝殿"，内有"舜柯天子"塑像。[①]

可见大舜在很年轻便具有"道法自然"的理念，效法天、日、云、雨温暖润泽苍生的伟大境界来形成自己的施政措施，这绝非其一己之德所能成就，而是江南数千上万年治世思想与精神文明方能孕育出舜这位伟大的集大成者。

③江阴城内有舜井

《弘治江阴县志》卷二"河渠"："石井，在周桥之西，俗号'舜哥井'。（□□□）[盖穴巨]石为之者，淘者惮焉。瞰视之，若有石柱，泉声泠然，大旱不竭。"《崇祯江阴县志》卷一"河渠（堰闸井附）"："石井，周桥之西，一名'舜过井'，俗讹为'哥'。乃以石甃，方而广，淘者惮之。瞰视其下，若有石柱，泉声泠然，遇旱不竭。久为居民侵塞。崇祯十三年，知县冯士仁修复。"其言"舜哥"即舜之哥、舜之兄，甚无谓[②]，当是"舜过"之讹，下同。

《乾隆江阴县志》卷二"古迹"："舜过井，在东城内、周桥之西。相传：以舜曾过此，得名。（或伪[③]为'舜哥'。）"这也是大舜未到中原主政前，在此江南之地身体力行地躬耕、凿井来教化百姓的遗迹。

④江阴城东绮山上又有舜井即"善利泉"

《崇祯江阴县志》卷一"山川"："绮山，（在县东十里。）昔吴王泛舟其下，见野花繁盛，故名。言望若绮分也。一云：以绮里季旧隐得名。山之东南，有散石，如虎楬[④]踞岩壁间。有善利泉，在东峰顶，俗呼'舜井'，味极甘美。"卷一"古迹"："舜井，绮山两水湾之巅，方广不数尺，深二丈，水色不甚澈，烹则清甘，冬夏不涸。"

⑤江阴至苏州有"舜哥麦"

《弘治江阴县志》卷十二"物产、谷之属"："烧头麦，无芒，亦名'师姑头'，又名

---

① 见《虞舜姚重华遗迹》，https://page.om.qq.com/page/OiM-P5EXziZM55dLETlsYERQO。
② 无谓，指没有意义。此处指虚妄不实。
③ 伪（僞），通"讹（譌）"。
④ 楬，音"恰"，用以止乐的木制乐器，做成虎的形状，即"敔"。

'舜歌麦'，有早、晚二种。"《崇祯江阴县志》卷二"土产"："三月熟者：糯，带青炒食，磨之似新蚕形，曰'麦蚕'；又粳者曰'舜麦'，相传继母炒种、难之①，故皮杂焦灼之色：二者均可饭。"卷七"艺文、诗"收录明江阴人尹嘉宾（字孔昭）《澄江杂咏》有："舜哥山头舜哥麦，燋芽爨下种还生。乃知孝以通神至，鸟为耘苗象为耕。"相传是大舜孝感通天，遂令焦种复芽，其继母也无法为难他，后来便衍生出一个小麦新品种，跟随大舜教化的脚步而一路上广为播植。这显然可以视为大舜培育出来的小麦新品种，随大舜的足迹推广到了全国。明王鏊《姑苏志》卷十四"生植"："麦之属六：大麦、小麦、穬麦、荞麦、舜哥麦、紫秆麦。"此"舜哥麦"显是《江阴志》所载的"舜过山"上大舜所播的麦种；虞山、常熟是大舜教化区的东端，故其地也有舜过麦传播。后世讹为"舜哥"，指舜之哥，甚无谓，当是"舜过"之讹；其又音讹作"舜歌"，益证"舜哥"乃音讹。相传大舜耕历山时，孝感动天，大象为其耕，群鸟为其耘。

（3）大舜遗迹集中于常州而苏州、镇江无

苏州、镇江几乎没有大舜遗迹，证明常州地区的舜过山是大舜在江南教化的统治中心。（按：苏州仅常熟有"舜哥麦"一个大舜遗迹，且常熟本为晋陵郡属县南沙县，梁代独立为信义郡，隋代方属苏州。晋陵郡隋代改名常州，可证常熟原本也是常州属县而有大舜遗迹，剔除常熟这一常州故地后，苏州可以视为没有大舜遗迹。）

今查遍苏州地区的宋范成大《吴郡志》、明王鏊《姑苏志》，几乎没有大舜遗迹的记载。当时的姑苏地区尚在一片泽国中，而常州之地的海拔比之要高，故人口繁盛，成为大舜教化的中心地区。

今又遍查镇江地区的宋《嘉定镇江志》、元《至顺镇江志》（皆是后人辑自《永乐大典》之本），均无舜过遗迹，当是其地海拔过高，大舜是余姚、上虞的海滨之人，所以特地选择与自己家乡相似的、当时濒海的常州地区教化，并未教化与自己家乡地形有异的旱地宁镇地区。

至此我们便可得出一个重要的结论：尧舜禹时代江南（即长江三角洲）的统治中心其实就是把"舜过山"当作自己方圆百里内核心镇山的古延陵常州地区。难怪以常州为地域中心的江南大地，会成为大禹治水的重点地区，常州段江南大运河其实就是大禹根治江南地区水患时，疏引洪水用的，使太湖积水得以活水周流、泄往"三江"而开凿的水利干渠。

10. 舜的教化之路

舜为人至孝，孝则不忘本，故每到一地全都以老家的地名来命名。正因为此，普天之

---

① 指舜继母把麦种炒焦后为难大舜，让他种不出麦来。

下凡是大舜躬耕之地全都命名为"历山"，教化渔人之地全都称作"雷泽"，教化如何制陶之地也就不限于河滨"定陶"一地了。所以天下便会出现数十处历山、雷泽、诸冯（冯塘）。显然，这些大舜教化的遗迹中，余姚的历山、冯村为根，古常州"舜过山"地区的历山（无锡惠山与两座舜过山）、雷泽（太湖）、陶都（宜兴）、冯塘（在江阴东舜乡，见上文"①"引宋《江阴志》之文）是其干，而中原的历山（如在山东济南）、雷泽（如在河南濮阳）、制陶处（如山东定陶）、诸冯（如在山东诸城）便是其花实。[①]而越王勾践北上中原定都山东琅邪台，古属密州即诸城南的黄海之滨，看来勾践定都于此仍是步大舜的教化之迹。

《史记·舜本纪》："舜耕历山，历山之人皆让畔；渔雷泽，雷泽上人皆让居；陶河滨，河滨器皆不苦窳。一年而所居成聚，二年成邑，三年成都"，这是大舜为帝前所有教化的总结。作为总结，自然不可能只总结华实（中原）而不总结其根干（江南），故这一史实其实也总结着大舜在江南躬耕历山（今无锡惠山与常州舜过山）、渔于雷泽（今太湖）、陶于陶都（今宜兴）之事。

因此，常州有文字可考的历史其实始于大舜，始于其东北与江阴交界处的"延陵舜过山"，始于《史记》这条记载，比《史记》记载到季子要早上1600年，比《史记》记载到泰伯奔江南吴地之小丹阳梅里、常州无锡之梅里要早上1100年。常州"延陵世泽，让国家风"的根既在季子，更在泰伯和大舜，常州的让德文化史遂当由季子往前推600年到让国的泰伯，更当再往前推1600年到达同样教人让畔、让居的大舜，常州有文字可考的历史遂为《史记》记述的4200年。所以说，舜过山下大舜的考证，必将翻开常州文化史全新而高古的一页，一同随之翻开的必将是**江南文明史高古而全新的一页，中华文明史也将在舜过山下翻开其全新而高古的一页**，舜过山下大舜的考证，是事关中华文明全局、事关江南文明大局、事关常州文明盛局的关键枢纽所在！

由上述考证可知：舜生于江南余姚、上虞，因孝离家而感动乡人，又因身怀富民技艺、胸怀"舍己利人"的让德精神而赢得民心，被拥戴为首领，教化的范围日益扩大，其故乡绍兴有座"舜过山"，便是其驻扎中心。上虞作为其家乡，上虞人耳闻目濡其孝行，受其孝心的感化要比全国其他地区更为深厚。中华民族公认的孝道楷模，便是以大舜为首的"男二十四孝"和以东汉曹娥为代表的"女二十四孝"，而舜和曹娥全都是上虞人，这

---

①江南历山、雷泽、陶都、冯塘四迹均收束在常州一府境内，故为干；而山东与河南以上四迹地跨两省数府，故为分散而为花实。

是上虞人受舜孝德感化至深的明证，也是大舜在其故乡以孝化人、感人至深的明证。

舜20岁左右便渡过钱塘江，来到太湖流域的古常州地区教化长达数年之久，在"上湖"南北两岸留下了两座"舜过山"，从中可以想见其不辞劳苦、往来奔波教化的辛劳。在此需要指出的是："舜过山"之"过"乃过化之意，语出《孟子·尽心上》："夫君子所过者化，所存者神，上下与天地同流。"赵岐注："过此，世能化之，存在此国，其化如神。"后世便以"过化"指经过其地而教化其民，特指做地方官，如清黄宗羲《〈范熊岩先生文集〉序》："虞中为王文成过化之地，香火特盛。"又明张宁《方洲集》卷三《王道君子赋》："夫耕历山而田者让畔，陶河滨而器不苦窳，宾四门而穆穆，纳百揆而时叙，此非虞舜过化之事乎？"因此常州这座"舜过山"其实已用自己的名称"舜过"两字标明了大舜教化江南时的驻扎中心便在于此，更用此山所拥有的"大舜一过，此地五让"的感人事迹，来表明大舜的精神教化世代长存。舜过山下的五让便是：

（1）大舜所教化的"耕者让畔、渔者让居"的延陵（也即常州地区）的远古先民；

（2）泰伯让国，仰慕大舜而奔赴"舜过山"下东南巽位退让三舍100里之地的"梅里"（"巽"音"逊"，意为逊让，梅里在舜过山东南，相距三舍即100里）；

（3）季子仰慕大舜而躬耕"舜过山"以让国；

（4）唐代魏璞有才不仕而归隐舜过山，被皮日休誉为"文籍先生不肯官"（见《寄毗陵魏处士朴》诗，其名又作"魏朴"），不事王侯、高尚其志；

（5）明太祖朱元璋故人焦丙辞去荣华富贵，隐居舜过山下的焦店，也就是今天的"中国历史文化名村"焦溪，被世人誉为明代的严子陵。

正如笔者《常州让德文化史——江南三圣大舜泰伯季子新论》最开头"引言"的第一句话便说："让是最高的道德境界：让可育德，争则衰德。"而在全书最后一部分"余论"中又说："'至德'是儒家思想中安身立命的最高境界，而孔子所推崇的'至德'便是让。'百善孝为先，万德让居首'，让是一切美德之源，是一切美德的本质，所有的道德都可归结为让，'让'是最高的道德境界。"这似乎是在过高地拔升"让"这种品德（即"让德"）的价值意义。其实这都不是笔者的一己之论，而是古人的共识。孔子便在《论语·泰伯》中称赞"泰伯让国"之"让"乃是人类最高的道德"至德"："子曰：'泰伯，其可谓至德也已矣。三以天下让，民无得而称焉。'"即泰伯之让，其道德真是太大了，大到了像天一般无形无迹，所以老百姓受到其好处而全都感受不到，正如天天呼吸空气而不必知晓空气的存在。而《国语·周语下》引古代先哲史佚之言："昔史佚有言'动莫若敬，居莫若俭，德莫若让，事莫若咨。'……居俭动敬，德让事咨，而能避怨，以为卿佐，其有不兴乎！"

可见所有道德中，"让"要排在第一位，难怪孔子称让国的泰伯为至德。笔者《常州让德文化史》一书中"让是一切道德之源"的判断，当时甚感立论过激，今读见古书居然有此等古先哲（史佚）之说为证而非无根之空谈，甚感欢欣鼓舞。

"大舜一过，此地五让"，足以证明常州地区奉行大舜让德至诚至笃，"让德"这一优秀的文化传统，在常州大地上高峰耸峙、渊远流长。常州以东的苏州、以西的镇江，其地方志中没有一丝一毫关于舜的记载，这就证明大舜在江南"长江三角洲"其两脚亲履、身体力行的亲自教化之地便是常州，而非其西的镇江与其东的苏州，常州舜过山便是大舜由家乡上虞向北入主中原时的必经一环。

舜在家乡担任的便相当于是县长级的部落联盟首领，在常州便相当于被提拔为省长级的部落联盟首领，并在此地开始影响全国[①]，靠此地的政绩入主中原，江南常州是大舜的"龙兴之地（政治上的发迹地）"。此时的他思想成熟，地位上升，其教化也由一家之孝（即克己尊亲之让），逐渐向一省乃至一国、一天下（即全球）之孝（即克己尊人之让）扩大。"孝"可"修身、齐家"，而"让"则不光能"修身、齐家"，更是"治国、平天下"的法宝，是一切美德的根本所在与本质所在，是道德修为的入手所在。

然后，大舜又渡过长江，北上淮河、山东，在今天的安徽淮南市（古楚国首都寿春）与山东济南市（今山东省会）留下其驻扎中心"舜过山"，用南方先进的生产技术（牛耕和犁耕为代表的先进的物质文明）和谦逊礼让的道德文明（即先进的精神文明），教化农业生产力比长江三角洲相对要落后些的淮水与黄河这两大流域的中原百姓，从而赢得天下民众的归心，最终得以入主中原，受帝尧的禅让，凭借其道德教化与物质富民这两大方面的功绩，成为四海拥戴的君主。

11. 江南文明起源于虞舜

江南古称"吴、越"（指钱塘江以北的苏南称"吴"，钱塘江以南的浙江称"越"），不仅与无余开创越国、泰伯开创吴国有关，更与虞舜有关。《吴越春秋》载明泰伯是在奔父丧

---

① 县长的政绩通常只能影响到省一级，而省长的政绩才能影响到中央一级也即有全国影响。

后才创立勾吴国，而其奔丧时已对季历声称自己是"奔吴地①"而不言"奔江东"，证明其立"勾吴国"之前，江南（古称"江东"）之地便已称吴，故史称"泰伯奔吴"，而不言"泰伯开吴"（若泰伯之前此地不称"吴"，史书是不会称其"奔吴"，而当称其"开吴"）。

今已考明：泰伯之前，大舜以常州舜过山为中心教化江南（其时苏州尚在海平面之下，宁镇因其地势较常州高昂，不似大舜家乡余姚、上虞濒海的地形，所以全都没有大舜的足迹），江南之地遂蒙其国号而称"虞"。而"吴"与"虞"两字古代混用，"虞"其实就是"吴"字的繁体写法，"吴"字便是"虞"字的简体写法，换而言之："吴"即"虞"；所以说：江南的称号"吴"源于大舜的国号"虞"；则江苏在虞舜文化中的地位甚为重要。全国诸省，未有像江苏这样以三皇五帝之国号来作为古称、雅称者。由此亦可见：江苏（尤其是以常州为中心的江南之地）是大舜一生教化的最初根基所在，在其一生政绩中拥有至关重要的地位，是其一生中政绩得以影响全国的最初一环也即龙兴之地。可以毫不夸张地说："**江南文明，根在虞舜**②；**虞舜文化，根在江南！**"（具体而言：虞舜文化，根在常州、根在延陵'舜过山'！）"

江南早在大舜时代便已拥有灿烂辉煌、代表全国乃至全球先进水平的物质文明和精神

---

①如东汉王充《论衡》卷二十三"四讳篇"载泰伯为父亲奔丧时亲口对季历说："吾之吴越，吴越之俗断发文身"，则泰伯奔江南之前，江南已有"吴越"这一地名。《吴越春秋·吴太伯传第一》："古公卒，太伯、仲雍归。赴丧毕，还荆蛮。国民君而事之，自号为'勾吴'。"可见泰伯定国号为"吴"其实是在奔古公亶父之丧后。则泰伯奔丧时尚未有泰伯的吴国，而泰伯已对季历言："吾之吴越"，不仅说明其所奔之地为吴越，更说明此"吴越"之名早在泰伯来到之前便已。若吴越之名此时尚未有，则泰伯当言"江东"，今不言"江东"而直言"吴越"，证明泰伯奔吴之前已有"吴越"之名。故历来相传"吴"为泰伯所建之国，"吴"始于泰伯，而现在：我们上文已经明确舜的族号为"虞"，其生于上虞，故江南在舜及舜以前便已有"虞"之名。况且此时泰伯若定国号为"吴"，则当称"吴"而不当连及"越"，其连及越，则说明其所言的便不是其所立之国，而是其所奔之地。即泰伯口称的"吴越"非指国号，即不指"吴"国与"越"国，乃指地名"吴地"（即虞地、上虞）与"越地"（即姚地、余姚）。则江南在泰伯之前早已称作"吴越"便可知矣。此"吴越"之"吴"并非泰伯所立之国，此"越"亦非始于夏王朝封勾践祖先无余所立之越国，乃是舜之时江南即称"虞（吴）"、"姚（越）"。因此江南称作"吴越"甚早也。况"吴"若是泰伯新定的国号，此前此地未有此称，季历必茫然无知，泰伯必不会如此言，而当以此地的旧名（如"江东"）告诉季历才是。故据情理而论，泰伯亲口告知季历的地名，必当是季历所当知的地名，而其时尚无吴国之名（泰伯是奔丧回江南后方才创立勾吴国），则其所言"吴越"必是季历所知的江南的地名，此亦可证江南名"吴越"甚早矣，泰伯是以此地的旧名为国号。正如孙权创立吴国，言吴国自孙权始固然不错，但知晓历史者更当知孙权立国之前此地已名"吴"、已有过吴国，故言吴国或吴地之名非自孙权始反倒是很正确的。同理，泰伯创立吴国，吴国固然是泰伯所开创，但泰伯立吴国之前其地已名"吴"，泰伯和孙权都是沿用此地的旧地名来命名其国号。

②指中华的政治文明从《尚书》的开篇《尧典》和《舜典》始。而尧为天子，总理（即宰相）是舜，《尧典》其实仍是舜政绩的记录，所以中华的政治文明其实是从大舜的《尧典》和《舜典》开始。所以此句更可称作："华夏文明，根在虞舜；虞舜文明，根在江南。"

文明。从而使得大舜得以凭借江南这先进的生产技术（牛耕与犁耕）和精神文明（让而不争、仁者无敌）赢得天下归心。这充分表明：江南在汉以前，绝非后世与现代史学界所认定的"蛮荒之地"，而是有着经济、政治、文化三方面高度发达的物质文明和精神文明。从环境、气候、物产条件来看，江南也要明显优于中原，一直延续到今天依然如此。中华文明不是黄河流域一枝独秀，而是长江、珠江各大流域全都在孕育属于本区域的灿烂文明而共同发展、共同交融，从而形成更为宏大而伟丽的中华文明。这就充分表明：中华文明是以黄帝、舜帝为代表的北南两大文明相互交融的产物，中国自古以来就是各民族和睦共处所共同缔造的、用道德来维系其大一统局面的、幅员极其辽阔的联邦（或邦联）制国家。

正因为此，秦始皇临终那年要到江南来朝拜绍兴会稽山的大禹陵（大舜老家余姚、上虞即在绍兴），并且刻石纪功（即著名的《会稽刻石》），返回中原途中，要特地经过常州这座"舜过山"下，并在山南的江阴"秦望山"上，朝北望祭长江、东海与此舜山，故其山名为"秦望山"。"望"读作遥望之"望"，"望祭"即遥望而祭舜过山上的舜祠、山北的大江与东海之意，表达对大舜"高山仰止、景行行止"之情，故舜过山有"高山"之盛名。事实上舜过山仅 115 米高，比 189 米高的秦望山还要低 74 米，何以"舜过山"能得"高山"之名？显然不以山之自然高度得名，而以大舜立都此山教化江南这一道德与文化的高度来命名。

秦始皇为何要在临终前到江南来？说明江南在其版图中具有非常重要的地位。而且吴王夫差、越王勾践以江南为根据地，最后竟能称霸中原，不由让他联想到：大舜由此地出发而能赢得天下。于是他要在生命即将临终的极宝贵的几个月内，以"南巡"为名，镇压此地的王气，即著名的断钟山龙脉，开秦淮河，走泄金陵王气，使未来在此定都的十个王朝全都不长久，同时更要一路上镇压绍兴、嘉兴、苏州、无锡太湖"阖闾城""马迹山"、镇江这批江南吴越大地上的王气。唯独常州城区因秦始皇不走水路、未曾亲临而有幸逃过风水"厌胜"与改名"厌胜"这两种劫难。秦始皇此番作为，也就充分表明江南吴地绝对不是什么后人所认为的蛮荒之地，而是对中原政权存在巨大威胁的实力之邦！

第四章 龙脉溯源四：

江南大运河溯源至新石器时代

　　上一章我们用极古老的儒家经典文献《禹贡》和极经典的史部文献《史记·河渠书》"于吴，则通渠三江、五湖"，来证实"江南大运河"的前身就是大禹在吴地所开凿的旨在沟通"三江、五湖"的长渠。且宋人熊遹用"疏渠"来称大禹此举，据此可知宋人理解的《史记》"通渠三江、五湖"的"通"字并非开创的开通，而是对古已有之之渠的疏通；因此将江南大运河的开凿溯源到大禹之前，其实是有宋人的文献作为依据的。本章便旨在此宋人先声的指引下，把这条江南大运河往前溯源到大禹之前距今五六千年前的、常州圩墩所代表的马家浜文化所处的新石器时代。

　　其最简明晓畅的论证便是：江南城市全都在一平滑曲线上、两两等距而为一日舟程的布局特征，决定了江南城市只可能是先有运河再有城市，而一般的运河是先有城市，再因水运的需要而连接城市形成运河，所形成的运河每一段是直的，但总体格局却是曲曲折折的；而江南先有运河、再有城市，意味着其河最初其实不是运河而是"井田制"农田水利的干渠，这就证明中国城市的一大起源便是农业性的人口聚居地，而非交通与商业所形成的城市，这应当是世界最古老城市的真实起源。由于江南大运河沿岸有大批五六千年前的马家浜、崧泽文化遗址出土，证明运河的开凿至少已经有五六千年，今详论如下：

　　江南诸城市中的运河，与世界和中国其他它地方的运河相比全都不同，其不同就在于，中国和世界其他地方都是先有城市，再在每两座城市间用运河相连，每相邻两座城市间的运河显然可以笔直，但由于城市的形成不可能正好分布在一直线上，于是导致运河与运河之间不在一直线上。即三座及三座以上城市间的运河是曲曲折折的。如下图所示：

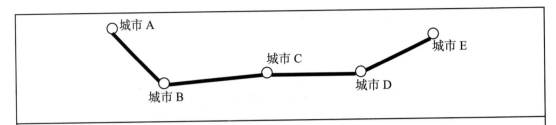

由于先有城市再有运河，运河每一段是直的，但总体是曲曲折折的。

由于城市早于运河，所以无法根据运河沿岸的城市来定运河开凿的时间。

如果先有运河，再有城市，其情形便反了过来，如下图所示：

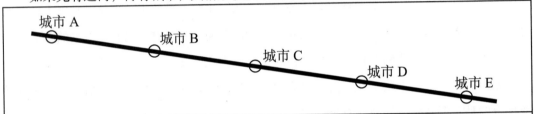

由于是先有运河，再有城市，那城市肯定是因运河水路上的过夜之需而产生，所以城市群必定在运河一直线上，且两两城市之间等距。每两座城市间还会产生因中午用饭而出现的集镇，此类集镇位于两座城市间运河的中点附近。

由于运河早于城市，所以可以根据运河沿岸的人类遗址来判定运河开凿时间的下限。

而江南"镇江—丹阳—常州—无锡—苏州"段诸城市全都分布在一条平滑曲线的运河河道上，没有分布在曲曲折折的运河河道上。

这就告诉我们：由于先有诸城市再有——连接起这些城市的运河肯定会曲曲折折，现在江南连接上述诸城市的运河居然在一条平滑直线或曲线上，而且每两座城市间等距，约为100里[①]，这只能证明如下一个事实，即：先有这条平滑线的运河，再在这运河沿线根据一日舟程（约100里）形成过夜用的大城市，同时在每两座城市间形成中午用饭的大集镇。这么严整的城市布局显然也就能证明这些城市的前身就是由这条江南大运河上的驿站与集市形成。

---

① 丹阳至镇江要加上到扬州的距离正好约100里，详见第一章"五、（六）"脚注。

　　如果江南大运河是夫差所开，则这一系列大城市及其间的集镇便当从夫差时产生，只有 2500 年历史，这显然是不够的，江南沿运河的城市的年代显然不止 2500 年，因为我们找到的马家浜、崧泽文化的遗址很多都分布在这运河两岸，其距今已有五六千年的历史，所以这条江南大运河的历史至少要有五六千年。

　　换句话说，运河沿岸所形成的过夜用的大型市集和中午用饭的中等集镇，那肯定也得有五六千年历史。之所以今天江南各大城市内找不到五六千年的遗迹，反倒是城外有新石器时代马家浜文化遗址出土，这其实是因为江南各大城市一直被人们使用至今，每天都在新陈代谢，其远古的遗存保留不下来。而城外越是荒野地方，其处的人类聚居地越加容易荒废而受尘土掩埋、保留至今。所以江南一系列城市的集镇雏形肯定可以追溯到这条大运河开凿的年代，也即五六千年前，只不过因人类一直在这聚居地活动而无遗存可以考见罢了。我们在考古研究中同样要避免"幸存者偏差"①。

　　那下来又会产生一个大问题，就是一般的运河都因城市而产生，有了城市才会有运的需要；而现在先有河再有城市，有河之时并没有运的需要，换句话说，先有河再有城市的河其实原本不是运河。那为什么会先有运河再有城市呢？即先有运河再有城市的运河最初的用途是什么呢？其实这河最初不是运河，而是井田制农业的灌溉渠，下文将详论中国的"井田制"率先起源于江南，其规定：由"井田制"组织起来劳作的农民们，在丰收后一定要聚居在城内，以免分散居住在城外会受强盗打劫，所以在井田制度下，原本就会产生方圆百里内有一个中心大城市、而其周边有卫星镇的格局，这体现出中国古人严整的空间规划理念。而且其所开的河还不是一条河，而是一个覆盖方圆百里全境的运河网络的应运而生，将数个方圆百里的河网串通、并联起来，就是最大井田制单位内的干渠，其正中的大干渠也就成了最大的运河。所以井田制是江南大运河的真实起源。与之不同，后世世界与中国其他地区的运河都是先有城市再有运河；但人类最古老的运河其实就是井田制农田水利区内的灌溉干渠，同时井田劳作区正中心及环绕其的次中心处（即后世方圆百里内的中心城与城四周的卫星镇所在处）的那几方井田便向城市化的方向发展成为最初的市集，后来演变成为棋盘格状的城市，而伍子胥所造的姑苏城完全

　　① "幸存者偏差"指数据仅来自于幸存者便会与实际情况存在偏差。2000 多年前古罗马西塞罗首次提出这一原理，即其朋友说："拜过神出海的人都活着回来了。"西塞罗说："那你把那些没活着的人叫回来，我问问他是否拜过神？"同理，轰炸机哪个部位要装甲防护，有人主张加强弹痕最多（表明其最易被击中）的机翼，有人主张加强弹痕少的机尾，因为统计样本都是平安返回的轰炸机，即便机翼被多次击中仍能安全返航，而机尾被击中的飞机早已无法返航，故曰："看不见的弹痕才是最致命的。"

是棋盘格的，其实也就是把井田圈入城内进行城市化的产物。

在新石器时代（距今四五六千年）与尧舜禹的时代（距今 4200 年），江南大地在常州以东弥漫着大湖即"上湖（芙蓉湖）"，要到 3100 年前的泰伯时代，无锡东境才在泰伯围城（堤）三百里的努力下成田，要到 2600 年前的诸樊与阖闾时代，苏州全境才适宜定居而成为吴国首都，所以可以断言的是：在四五六千年的新石器时代与尧舜禹的时代，常州以东不用开河就能行舟，江南大运河要开凿的只是镇江至常州段。后来随着无锡、苏州、嘉兴之地逐渐露出水面，而一直在湖上行舟的常州至无锡段因无锡之地露出水面而要开河形成运河水道，无锡至苏州、苏州至嘉兴各段亦然。

从"太湖流域地形图"上[①] 便能看出，常州以东的运河流经区全都是标作空白的区域，这在远古便相当于是湖区（因为水中之土会沉积，风中沙土也会沉积在水中，每千年会有半米来高，所以此图上溯到四五六千年前的远古，空白区所标平地处的地平，全都将降低很多——约降两三米——而沦为水平面以下、成为湖区），而常州以西是打格子的丘陵山地，要开河的话只要从常州往西开就行了，常州以东不用开河。而且从开河习惯来看，显然是从水资源丰沛的河湖地区往水资源比之稍少的高亢地区开，即江南大运河当以常州为原点往西开凿，而不是反过来由镇江往东南开凿到常州。

吴古故水道与江南大运河仅在无锡至安阳湖这一小段有交集，是与江南大运河截然不同的两条水道，其核心段泰伯渎是泰伯开往无锡城下的江南大运河的枝流，泰伯渎与江南大运河无关。

良渚山地大坝的存在，表明其所处的良渚时代，乃至稍早的马家浜时代，在地势比常州以东段仅高一两米的镇江至常州段开运河是完全能做到的。更何况江南大运河又是井田制的横向干渠，江南大运河伴随井田制而诞生，甚为古老。

正如上一章所举的"三星堆文化"之例，江南大运河肯定也同都江堰一样，是大禹之前的先民们所开而为大禹发扬光大。本章便旨在开列能够用来证明江南大运河作为"长江三角洲"新石器时代先民所开的理由，从而证明江南大运河"常州至镇江段"是目今可考的全中国最早的运河"京杭大运河"中的最早一段，以此来彰显镇江常州段江南大运河在京杭大运河中最早、在中国运河史中最早、乃至在全世界迄今所知诸多运河中最早这一独特而重要的地位。

我们为什么不能把"江南大运"再往前推到旧石器时代呢？那是因为开凿"江南大

---

① 其图在张修桂《太湖演变的历史过程》，见《中国历史地理论丛》，2009 年第 1 辑第 6 页。

运河"如此大规模的水利工程，不是一个氏族部落所能完成，而应当是"长江三角洲"形成部落联盟后的产物。而人类文明要在新石器时代方才开始迈入早期国家的阶段，这才为发动大量人、财、物力开凿大运河这种大型水利工程提供了可能。至于更早的旧石器时代，生产工具落后，人们的水利知识也缺乏应有的积累，能够发动大规模群众的强有力的国家政权尚未形成，无论是农业经济、交通等的现实需要，还是生产力工具的装备、水利知识的储备、部落联盟的政权实力等诸多方面，全都不足以在江南大地上开凿江南大运河。

　　大禹所处的是青铜时代，而新石器的时代是玉器时代，江南大运河只可能溯源到新石器时代，再往前推便不再成为可能。江南大运河应当是玉器时代"水运、井田、市镇"这三者出现后，由交通、生产、生活这三种现实需求结合在一起的共同孕育，这才有了江南大运河的应运而生。而"天人合一"这一尊重自然的理念形成，也是江南大运河应运而生过程中一层极为重要的因素。

一、江南太湖流域的地形特征与其新石器时代的四种文明

（一）江南太湖流域的地形特征

　　由上文提到的"太湖流域地形图"便可看出：太湖平原在地形上是一巨大的碟形洼地。洼地底部属于湖沼平原。地面高程一般 2.5~3.5 米，是长江三角洲湖泊的集中分布区，有大小湖荡 200 多个，以太湖为最大，面积 2425 平方公里（水位 3.1 米），是中国第三大淡水湖。此外有淀湖、长荡湖、阳澄湖、澄湖及淀山湖等，面积都在 60 平方公里以上。湖区密集分布有二叠系石英砂岩等坚硬岩石组成的孤丘。整个太湖湖区有大小岩岛 40 余座。较著名的湖岛有西洞庭山（海拔 336 米）。东洞庭山和马迹山原为湖岛，后世与湖岸相连而成为平原孤丘，并伸入湖中成为半岛。在苏州、无锡、常熟及松江、青浦等地亦有岩丘分布，一般海拔高约百米，最高不超过海拔 350 米。如苏州穹窿山海拔 345 米，无锡惠山海拔 336 米，常熟虞山海拔 288 米。环绕湖沼平原周缘的碟缘高地，地面高程一般亦仅 4~8 米，西缘高于东缘，南缘高于北缘。

　　太湖平原发育了较为完整的太湖水系。水系以太湖为"中转站"和调蓄库，来自浙西天目山的东、西苕溪水系，从太湖南岸的湖州、长兴一带入湖；发源于宜（兴）溧（阳）山区的荆溪水系，从西岸的大浦、百渎等港入湖。全流域的径流，分别由太湖北部和东部的沙墩口、胥口、瓜泾口、南库口及大浦口等，经由望虞河、浏河、吴淞江、黄浦江等泄入长江，其中洪水期 80% 以上的径流通过黄浦江下泄。举世闻名的京杭运河的南段"江南大运河"便纵贯本区。

　　太湖平原是中国开发历史较早的地区之一。早在 4000—6000 年前的新石器时代，人

类便已在此从事渔猎耕垦。伴随长江三角洲不断向东淤涨，其活动范围也逐渐向东扩展。

太湖东部是长江与钱塘江出海口的冲击平原，自江阴往常熟福山、太仓，经嘉定方泰、马桥，一直到金山漕泾，在距今 6000 年前后形成了数条"西北—东南"走向的沙堤，俗称"冈身"，这是在海洋波浪长期冲撞下堆积出来的自然形成的海岸。规模最大的良渚文化遗址常州寺墩、江阴高城墩与良渚古城分别位于冈身的南北端点，冈身之外便是大海，因此自马家浜文化以降的文化遗址，全都分布在冈身以内各个以"墩""渚"或"洲"等命名的地方，太湖平原除了这墩渚之外，不是湖荡便是沼泽。

（二）江南地区新石器时代的四种文明，暗示江南大运河其时已经存在

江南太湖流域的新石器时代文化，以早期并存于钱塘江南北两岸的"河姆渡文化"和"马家浜文化"，晚期的"良渚文化"，以及介于"马家浜文化"与"良渚文化"之间的"崧泽文化"，一共四种文明作为代表。

1. 河姆渡文化

河姆渡文化位于长江流域下游的钱塘江"杭州湾"南岸的"宁绍[①]平原"和舟山岛，1973 年首次发现于宁波余姚河姆渡镇而得名，距今约 7000 年。这一文化使用黑陶，住"干栏式建筑"，通过栽桩、架板来高于地面。其骨器制作比较进步，有骨耜、鱼镖、镞、哨、匕、锥、锯形器等，全都精心磨制而成。一些有柄骨匕、骨笄上雕刻花纹或双头连体鸟纹，堪称是精美绝伦的实用工艺品。

其最重要的发现，便是大量人工栽培的稻谷，是目前世界上历史最古老、遗存最丰富的稻作文化遗址，改变了传统认为中国栽培水稻是从印度引进的说法。其最具代表性的农具是耒耜，代表当时已进入"锄耕（即耜耕）"阶段[②]。

该文化的发现，表明长江下游地区的新石器文化同样是中华文明的重要渊薮，代表了与中原地区仰韶文化相并而不相同的、中国古代文明发展趋势的又一条主线。（下文因河姆渡文化与马家浜文化同期而常只例举马家浜文化。）

2. 马家浜文化

马家浜文化因首次发现于嘉兴南湖天带桥村马家浜遗址而得名，主要分布在太湖流域，南至钱塘江北岸，西北到常州一带，始于 7000 年前，到 6000 年前发展成"崧泽文化"。马家浜文化及其后续的崧泽文化、良渚文化这三大文化的发现，表明太湖地区的新石器文化源远流长、自成系统，具有鲜明的地域特色。

---

① 指宁波和绍兴。
② 我国古代农业的耕作方式，以生产工具的发展为标志，分为"刀耕火种"阶段，"耜耕（即石器耕锄）阶段"和"铁犁牛耕"阶段。

其居民主要从事稻作农业，多处遗址有稻谷、米粒和稻草实物出土，当时普遍种植籼、粳两种水稻。农用工具有穿孔斧、骨耜、木铲、陶杵等。当时还饲养狗、猪、水牛等家畜。

但渔猎经济仍占据重要地位，遗址中经常发现骨镞、石镞、骨鱼镖、陶网坠等渔猎工具，以及陆生、水生动物的遗骸。

●常州圩墩遗址

常州地区最有代表性的马家浜文化遗址便是"圩墩遗址"，位于常州戚墅堰"江南大运河"南岸往南不足500米处，距今已有6000多年历史。遗址上层为崧泽文化，下层为马家浜文化。出土遗物以陶器为主，石器、玉器、骨器和木器次之。其生产工具主要使用木器和骨角器，石质生产工具较为少见。

其先民通过原始的锄耕农业，以种植粮食为主；同时又靠打猎、捕鱼和采集野生植物、饲养猪等家畜，来补充另一部分生活资料。1985年发掘其第五层时，出土了炭化稻米，说明圩墩先民已掌握了原始的水稻栽培技术，稻米成为当时人们的主食。在发掘出土的陶釜底部，还发现了一层锅巴状的炭化物，当是煮饭时残留下来的米饭。

遗址中还出土了木橹和多支木桨，说明圩墩人已能制造独木舟之类的水上交通工具，自由地在河湖上航行、捕鱼。其所出土的木橹，在全国新石器早期遗址中仅此一见，世人美称其为"中华第一橹"。

3. 崧泽文化

崧泽文化上承马家浜文化，下启良渚文化，距今约6000—5300年，因首次在上海青浦区崧泽村发现而得名。据考古发现，青浦地区早在7000年前便已成陆，成为濒临东海的一片沼泽地，海拔很低，地下水位很高，西、南等处有山陵、土墩和林木，水草茂盛，是适合远古人类生息的地区。

该文化首次出现轮制陶器和红陶[①]。生产工具仍以精制的新石器为主，已经由锄耕进入犁耕阶段。从出土的稻谷和稻叶来看，当时已经大量人工培植粳稻和籼稻。遗址还出土了我国迄今发现的最早的两口水井，井口圆形，制井工艺已较为先进，形制与沿用至今的水井完全相同。

●常州青城墩遗址

---

①该文化使用还原焰烧制陶器，陶器中的铁元素在充分供给空气的环境下氧化，烧成的陶器变红，出现与黑陶不同的红陶。

　　2019 年出土江南第一龙（见右图）的"青城
墩遗址"，位于常州城东"江南大运河"北岸上的
横林镇"张村"。而上文所说的马家浜文化常州
"圩墩"遗址，就在此"江南大运河"南岸，两者
相距很近。

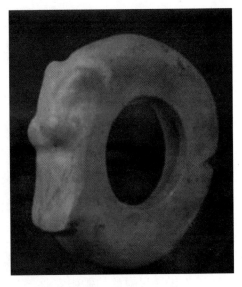

　　该遗址南距大运河仅 2 公里，南距太湖 20 公
里，北距长江 24 公里，表明此遗址与江南大运河
地处"江（长江）、湖（太湖）"的正中间。该遗
址离开常州境内的良渚文化"寺墩"遗址也仅 12
公里。

　　20 世纪 70 年代（1970—1979），此处曾出土
过玉琮、玉瑗等良渚文化器物。其由内外两重壕沟和外围多个遗址点来拱卫中心的土墩，
共同组成一处 5000 多年前的崧泽文化晚期至良渚文化早中期的高等级聚落。

　　遗址中发现有房址、墓葬，并出土玉器、石器、陶器、金银器、瓷器、铜器等各类
遗物 500 余件。其所出土的"江南第一龙"，距今约 5300—5500 年，外周雕刻龙首，以玉
环为龙身，直径 1.2 厘米，形象完整、造型精美，是环太湖地区崧泽文化极具审美价值、
制作工艺极高超的艺术品之一，为研究良渚文化和探寻中华龙文化源头增添了有力物证。

　　●常州马家浜文化"圩墩"遗址与崧泽文化"青城墩"遗址同在江南大运河两岸且
离河岸非常近，表明江南大运河其时已经存在，是这两大文化的母亲河

　　圩墩遗址在江南大运河南岸 500 米处，青城墩遗址在江南大运河北岸 2000 米处，两
者在江南大运河上的投影点相距仅 6 公里。圩墩是 6000 年前的马家浜文化至崧泽文化遗
址，青城墩是距今 5500 年左右的崧泽文化至良渚文化遗址，两者在时间和空间距离上都
很接近，两者一南一北就近分布在运河两岸，这隐隐约约告诉我们：江南大运河应当就
是他们共同赖以栖息的母亲河，所以这两个遗址就像江南（长江三角洲）其他地方的马
家浜文化和崧泽文化一样，共同沿着江南大运河这条母亲河栖息生活。

　　这两个五六千年前的新石器时代遗址的存在，以考古实物的证据证明了：这两大文
化所赖以栖息的常州段江南大运河，早在这一时代（即五六千年前）便应当已经存在。
常州段江南大运河的现实由来，便是这两个遗址所代表的江南新石期时代的先民们，在
其耕作文明中垦荒种田、善加利用自然水道并加以拓宽改造，所形成的"井田制"中的
灌溉主干渠。

4. 良渚文化

良渚文化分布的中心区，在长江以南的钱塘江流域和太湖流域，距今约5300—4000年左右，因1936年首先出土于杭州余杭县良渚镇而得名。此文化最大的特色，便在于其所出土的玉器包含有璧、琮、冠形器、玉镯、柱形玉器等诸多器型。所出土的陶器也相当细致。出土的良渚古城遗址，是人类早期城市文明的范例，其以实物证据证实了中华民族拥有五千年文明史。2019年7月6日，中国余杭良渚古城遗址获准列入世界遗产名录，其申遗成功标志着中华五千年文明史得到国际社会的普遍认可，同时也证明长江文明的5000年文明史丝毫不亚于乃至有可能领先于中原的黄河文明。

良渚文化时期的农业已经相当进步，率先进入"犁耕、稻作"的时代。所种稻谷有籼稻、粳稻之分，普遍使用石犁、石镰。这一时期的手工业也有很高的成就，玉石制作、制陶、木作、竹器编织、丝麻纺织，全都达到较高水平。所琢制的玉器数量众多、品种丰富、雕琢精美，均达到史前玉器的高峰。玉器上的纹饰主题是"神人兽面纹"，体现了良渚先民所秉承的前代以来的"天人合一"的观念和信仰，并逐步成为中国传统文化的核心价值取向。所出土的玉器、陶器上出现了不少刻划符号，这些符号在形体上已接近商周时期的文字，是良渚文化已经进入文明时代的重要标志。专家们根据以上特点，得出"中国文明的曙光是从良渚升起"的结论。

良渚文化时期的社会经济生产，主要体现在农业和手工业两个方面。水稻栽培是当时最主要的农业生产活动，在仙蠡墩、徐家湾、钱山漾、水田畈和吴县澄湖等遗址的良渚文化堆积中，都发现有稻谷和稻米的遗迹。经鉴定，这些稻谷属于人工栽培的籼稻和粳稻。

除了水稻外，各个氏族部落还从事蔬菜、瓜果，以及一些油料作物的种植。钱山漾遗址出土了葫芦、花生、芝麻、蚕豆、甜瓜子、两角菱、毛桃核、酸枣核等遗物，其中有些是野生植物的果实，有些可能是人工种植。这时的农作物品种显然比马家浜、崧泽文化有所增多，农业生产的范围也比前代更为扩大。

良渚文化所在的长江下游地区，出现了后世国家的雏形。良渚文化晚期相当于尧舜禹时期，中原地区不久便进入夏朝统治时期。此时的江南地区应当已经存在诸多相对独立的"王国"（城邦国家）。1992年发掘的余杭莫角山大型宫殿遗址，显然与国家礼制有关。良渚晚期，夏禹在绍兴地区的会稽山召集天下各部族首领聚会，出现了"万国来朝"（即数以万计的城邦国家前来赴会）的局面，在此也就获得了考古依据。

●良渚发达的农田水利，印证了以沟渠体系为核心要素的"井田制"在江南大地上的普遍存在

良渚文化农业生产水平的重要标志，便是新的耕作方式与生产技术的发明和推广。"犁耕"

是该文化农业耕作的主要方式，在许多遗址中都发现了当时使用的石犁。仅钱山漾遗址出土的石犁就有百余件。其石犁有两种形制：一种平面呈三角形，刃在两腰，中间穿一孔或数孔，往往呈竖直排列，可以安装在木制犁床上，用来翻耕水田；另一种也近似三角形，刃部在下，后端有一斜把，可能是用来开沟挖渠的先进工具，故考古学家命名其为"开沟犁"。这两种石犁都是良渚人发明的新农具，对于迅速促进农业生产发展起了重大作用。

长江下游的良渚文化遗址全都处于地势比较低洼的水网地区，主要农作物是水稻。水稻的生长既怕干旱，又怕水涝，控制水量使之适当，是保证水稻生长、丰收的基本措施。良渚文化的先民积累了自"河姆渡文化"以来 3000 年水稻栽培经验和田间管理经验，逐渐摸索并发明农业生产中以沟渠为核心的灌溉技术，大大增强了稻田抗旱与排涝这两种能力，使稻作农业获得了更加稳定的生产基础，为南方农业的发展作出巨大贡献。

水稻的种植特别需要引水灌田，因此打井、修渠来灌溉农田，便是良渚文明发展农业时的一项重要成就。徐家湾遗址发现了用于引水、排水的沟渠遗迹，联系到上面所说的"开沟犁"大量出土，表明良渚文化已经出现较为发达的以沟渠为核心的灌溉农业，这一农业生产技术在中国大陆具有首创性，再度印证本章"三、（六）"的判断——以沟洫体系为核心的"井田制"农业生产方式出自江南大地，并由大禹推广到全国。

●良渚发达的水利系统，印证了"井田制"干渠江南大运河的开凿应当不在话下

2015 年发现了良渚的山地大坝系统。其以 2009 年良渚古城外围小山包上的"岗公岭水坝"的发现为契机，经过多方调查发掘和分析，相关部门确认：在杭州余杭"瓶窑镇"内的"良渚古城"外围的北面和西面，存在一个由秋坞、石坞、蜜蜂弄等 10 条堤坝，以及长约 5 公里的"塘山长堤"，共计 11 条坝体所共同构成的古代水利系统。该水利系统占地辽阔，异常雄伟，据测算，其土方面积多达 260 万立方米，控制范围达 100 多平方公里，距今已有 5000 多年悠久历史，兼具防洪、防潮、航运、灌溉和滩涂围垦等综合功能，是迄今所发现的世界上最早的拦洪水坝系统，也是世界上年代最早、规模最大的水利系统。

良渚这一水利工程遗址所在的太湖平原地势低洼，沼泽遍布，水草丰盈，适合人类居住并耕种水稻，但同时也容易受到洪水影响。遗址所在的"天目山系"更是浙江全省的暴雨中心之一，雨水充沛，夏季极易形成山洪，对地处下游平原的良渚人的聚居区（也可以说是良渚人的城市雏形），构成了直接威胁。智慧的良渚先民，通过设计、施工高低两级水坝，把大量的来水蓄留在山谷和低地内，成为水库和河道，以此来达到防洪与交通运输的目的。

良渚时期距今年代久远，陆行的轮式交通及其配套的陆上道路系统不可能形成（因为江南水网密布，造桥困难），水运是当时最为便捷合理且又载重量很大的运输方式。高坝

所在的山谷地势陡峻，降水有明显的季节性：夏季会有山洪暴发，而冬季则可能面临枯水断流，不具备行船条件。通过筑坝蓄水形成库容后，便可以出现连接多个山谷的水上交通运输网，方便一年四季的水上交通运输。

良渚先民在全流域的上、中、下游兴建起不同类型的水利设施，有效地利用附近一圈断断续续的山包和山岗，节省了80%的筑堤工程量，这些都充分证明他们已经具备全流域水资源规划与改造的能力。这同样印证了在其后2000年的距今3100年的泰伯，《吴越春秋》卷一言其奔吴到达无锡与苏州之间的梅里地区后"起城周三里二百步，外郭三百余里……人民皆耕田其中"，所说的"起城三百余里"，便也当同良渚先民一样，是连接起附近断断续续的丘陵之山头、山梁所形成的筑坝水利工程，就像良渚先民那样，既筑成了以百里为计量单位的史前巨坝工程，同时又充分利用了自然的山脉形势，进行全流域的水利规划管理，节省了一大半的土方工程量，是"天人合一"式改造自然的典范。

良渚先民在这一水利水能系统的规划设计与大规模建设过程中，显然要涉及复杂的组织机构、人员管理和社会动员，对于建造起来的水工建筑物的牢固可靠程度也有较高的标准要求。其山地大坝系统也符合其应具备的技术要求，中国社科院考古所专家曾借助有关软件对其进行数值模拟分析，发现其能有效阻挡该流域短期内96厘米的连续降水，即能抵挡该地区百年一遇的特大洪水[①]。

百年一遇的防洪标准，对于生产力发达的现代而言，其设计和施工要求也都很高，而五千年前的良渚先民，在适应并驾驭利用自然的前提下，营造符合自己生存的环境，设计出如此高等级防洪标准的水利工程，堪称人间奇迹。

为了完成土坝的施工，智慧的良渚先民因地制宜，就地取材，完成了施工过程中至关重要的一环，即工程材料的制备。今天造坝要用到水泥，而良渚先民用的便是异曲同工的草包泥技术。在良渚水利工程遗址的鲤鱼山、老虎岭等地的土坝断面处，可以清晰发现一个个错位排列的"方格子"，这其实就是良渚先民利用"草裹泥包"横竖堆砌、上下堆叠所形成。良渚先民运用于筑坝工程中的这种技术，被研究人员形象地称作"草裹泥"技术。就是先用淤泥堆筑坝基，然后在外裹上黄土，但所裹的黄土并非散土，而是用芦荻、茅草把黄土裹成长圆柱体后，码成坝体，通过材料间的相互作用，咬合成一个极巩固的整体。

良渚山地水坝的发现，有力地证明华夏文明的水利史开端并不始于大禹，至少可以从良渚人那儿发轫，这也就证明上一章"五、（二）、2 江南治水经验最为丰富，是大禹治水

①帝尧时的大洪水显然超过了百年一遇级，所以此山地大坝也就毁于这场世界范围的大洪水，良渚文明随之遭遇到了灭顶之灾而淹没。

的师法对象"这一结论绝非无根妄谈。而平地开河比起山地筑坝显然要容易得多,良渚人能在山地筑坝造水库,则良渚人及比其略早的崧泽或马家浜先民们,在平地上开通种田所必须的井田制横向干渠"江南大运河",显然也就很容易办到。这是我们判断良渚时代已有江南大运河的重要理据。

●常州寺墩遗址,证明尧舜禹时期江南的统治中心就在"舜过山"

常州境内最著名的良渚文化遗址便是"寺墩遗址",位于郑陆镇三皇庙村,其墩因有"三皇庙"这一寺庙而名"寺墩"。其处距常州市区约15公里,在大舜过化江南的中心"舜过山"西南8公里处,南距京杭大运河10公里,北距长江12公里,相当于位居长江和京杭大运河的正中间,是长江下游新石器时代崧泽文化和良渚文化的遗址。

遗址高出地面约20米,呈椭圆形。中心祭坛东西长100米,南北宽80米,遗址外围有三圈河道,这和常州城南商末周初"淹城"遗址"三城三河"的形制也相一致。遗址总面积80~90万平方米,下层属于崧泽文化,上层属于良渚文化。南京博物院1978年、1979年、1982年对其发掘,出土了随葬有较多玉制璧、琮的良渚文化墓葬。

经鉴定,玉器质料绝大多数为透闪石,属于软玉。根据玉璧上遗留的一层砂粒,可知当时是以石英砂粒作为"解玉砂";从璧、琮的规格以及表面弧形琢痕来分析,可能使用了石英砂石圆盘(一种轮锯型琢玉装置)。由此可见良渚文化的琢玉技术已相当先进,琢玉当已成为当时一门独立的手工业。

良渚文化玉璧、玉琮的精美形制和繁缛的兽面纹饰,还被中原的商文化吸收并得到发展,构成中国古代文明的重要因素之一,体现出江南文明与夏商文明的密切联系,这又印证上第一章"五、(二)、4"所说的:寺墩与其东北10公里处的江阴夏港,应当和与"寺墩"之"寺"同音的"姒"姓的夏禹有着密切联系。

而大量高等级随葬玉琮、玉璧的出土,证明寺墩很可能就是良渚国后期的国都所在;即便不是国都,那至少也是当时江南地区的统治中心区所在。所以,大舜在年轻时的"龙兴"阶段,曾经在寺墩东侧8公里处的"舜过山"出任统治(即教化)江南地区的部落联盟首领,也就有了考古依据而非无根之谈。

上述所讨论的"①马家浜和崧泽文化遗址分布在运河两岸。②马家浜、崧泽、良渚文化发达的稻作农业离不开以开沟渠为核心的'井田制'水利工程。③考古发现的良渚山地水坝为代表的良渚文化发达的水利系统工程"这三个方面,证明开凿江南大运河这一"井田制"横向水利主干渠应当不在话下。加上上一章所证明的大禹时代已经有江南大运河存在,这就表明:江南大运河很可能在大禹之前的新石器时代的马家浜、崧泽、良渚文化时期便已存在。下面我们将探寻江南运河开凿的自然条件(即江南地区一流的水运条件)、现实需要（与江南地区一流稻作文明相配套的"井田制"水利工程）、规划理念（良渚及之前马家浜文化先民们"天人合一"理念对远古长江海岸线因势利导的利用）等。

二、江南大运河的远古溯源之一：江南地区一流的水运条件，催生了江南大运河这一全世界迄今可考且完整留存的第一条大型运河

江南在全中国是水网最为密集的地区，因此这一带开有全中国乃至全世界最早运河的可能性极大。江南地区的原始先民在长期与水打交道的过程中，形成了极为丰富的治水经验。江南地区开河又极为容易，可谓触处成河。而且江南也有开运河的强大的内在需求，即此地一日不可缺舟船，所以应当很早就有人工运河（或是略经人工改造过的以自然河道为主体的人工运河）存在。我们下来便分九点，阐述长江三角洲这一流水泽平原上的一流运河江南大运河，揭示出江南吴地的水运优势和久远的水运传统。

（一）江南水运最发达

江南水运最发达，全国首条运河在江南出现，有其内在的自然与技术逻辑。

明冯复京《六家诗名物疏》卷九释"《柏舟》篇"的"舟"字时，引《世本》："古观落叶，因以为舟。"又引《周易·系辞下》："刳木为舟，剡木为楫。"先民们用石刀、石斧等原始生产工具，把砍下的大树挖空做成独木舟并非难事。

常州大运河南岸的圩墩出土过 6000 年前的马家浜文化晚期的木船桨、木橹，后者便是中国最早的木橹，人称"天下第一橹"。

吴兴钱山漾出土了 4700 年前的木桨、石网坠，相当于炎帝和黄帝所处的时代。

常州武进淹城出土了长达 11 米的整段大原木挖空制成的独木舟，在同类独木舟中最为古老和完整，距今已有 3000 年历史，相当于泰伯所处的商末周初时代，号称"天下第一舟"。

以上事实都能证明：江南水运在全国发轫最早，以常州为核心的江南地区具有开凿全国最早大运河的技术条件。而"天下第一橹""天下第一舟"一同在常州境内出土，更可证明常州地区水运事业的发达领先于江南地区至全国。

常州所在的江南地区及江南地区的常州一带，坐拥着全国最为优越的水运条件和极丰富的水运基础优势，在这里开挖出中国第一条人工运河也就成了顺理成章、合乎自然的事。

（二）江南水利最发达、最宏伟

根据现有考古资料来看，全国各地的原始文化中，水利最为发达的地区莫过于"长江三角洲"的太湖流域。在距今 6000 年的嘉兴邱城马家浜文化遗址中，考古者发现了九条排水沟和两条宽约 1.5~2 米的大型引水渠道。崧泽文化中还出现了中国最早的水井。良渚

文化不光水井密布，而且还能建造远比平地开河更为复杂困难的山地水库和山地坝渠系统，抵御现代人都较难抵御的百年一遇的洪水，这都表明太湖先民拥有领先于当时全国乃至全球的治水技术。

中国考古发现的最早的大型水利工程，便是在良渚发现的世界最早的山地拦洪水坝系统。它的发现，把中国水利史的源头上推到了距今 5000 年前。而长江三角洲地区（江南地区）就是良渚国的国境所在，江南大运河应当就是与这一拦洪大坝同时存在的又一大型的水利工程。

良渚文化的申遗成功，使这座人类迄今发现的最早的 5000 年前的山地水坝工程世界闻名。这一宏大的水利工程一方面证明江南地区的水利建设在当时走在世界前列，也证明早在大禹之前，江南地区便已拥有中国其他地区乃至世界其他地区未必能具备的建造宏大水利工程的能力。江南大运河同样是项宏大的水利工程，有建造这一水利工程能力的民族和地区在当时是罕见的，它很可能就是与良渚水坝同期、乃至比之更早些的水利工程杰作。

良渚地区是山地，需要筑坝留水以供种田和航船；而常州地区是平原，同样需要开河引水来灌溉、航行：前者是水库之坝，后者是平地干渠，两者全都为农业生产服务，同时又都兼有水上交通的功能。而且从国境上说，两者又都处在同一地区"江南"、同属一个国度"良渚"，是同一文明在不同地理环境条件下的水利表现形式。良渚大坝这一宏大水利工程遗址的考古出土与申遗成功，也有力地支持比之难度要小但工程量却比之要大的"江南大运河"这一宏大水利工程在其同一时代或比其略早时期就已存在的合理性。良渚大坝与江南大运河应当是时代相同或时代相接近的同一地域、同一文明的水利工程产物。

（三）江南水运需求最旺盛

江南地区地处东南沿海和长江下游，这里河道纵横交错，水网密度在全国位居第一。在这一水网密布区想通过陆路来行走或行车，就需要不断跨河造桥①，不光要造很多小桥，乃至要造跨越大河的大桥，所造之桥而且还要是那种能够通车的桥梁，这在远古生产力、技术力落后而江南水面又很宽阔且到处都是水面的情况下，很难办到。因此江南地区的远古出行，全都要靠水路行船，江南地区可谓一天都离不开河道与舟楫：江南地区开挖人工运河的内在需求，比起全国其他地区都要来得更早、更迫切。

由于常州以东海拔很低，有大量的天然水面，不用开运河便能航行无阻。而从常州开始，地势开始变得高厚起来，古称"厚"为"毗"，见《诗经·小雅·节南山》"天子是毗"

---

①摆渡只能解决行走，不能解决行车；所以要想行车的话，便不能通过摆渡，而只能通过造桥来解决。

句毛《传》："毗，厚也"，所以汉代改常州之名"延陵"为"毗陵"。正因为地势略为高厚而不再浸没于湖沼中，有了大片的陆地露出水面之上，所以常州地区比常州东部地区更需要开挖一条运河。江南大运河常州以东段，在远古更多是走天然湖泊；唯有镇江至常州段才需要人工开挖，从而成为江南大运河（也即京杭大运河）中最早开挖的一段。而且常州以西的镇江至奔牛段丘陵起伏，行车要不断地上坡下坡，反倒开河道行船来得便捷，因此常州以西的镇江"丹徒—丹阳"丘陵地带开河的需要同样巨大。由于是丘陵开河，落差较大，需要在河床上每隔一定落差便建造起一道挡水坝，船只经过时翻坝而行（古人是独木舟，翻坝极为容易）。加以我们第一、第二章证明吴国首都有 500 多年设在镇江京口，而吴国每天都离不开运河水运，这便是我们判定常州以西段运河在先秦吴国时必然已经存在的理据所在，而本章将考明其更久远。

江南地区平时出行和运输物资，全都要依靠水路来进行，行军打仗也都要靠开挖运河方能行动。吴国首次北上出征山东，其实是从吴王夫差的曾祖父寿梦出征山东境内的郯国开始，而不是从夫差北上伐齐开始，这也是我们判定"邗沟一定开凿于夫差之前，而夫差只是重开或疏通旧有'邗沟'"的重要理据。

（四）江南需要"水循环"

长江在"江南"北侧的长江湾处江面一下子开阔起来，江水流速变得平缓。但由于长江江面宽阔、深不见底，在风力等的搅动下会形成大型旋涡。而且江水从西往东流，从东往西逆流而上明显吃力和困难。江南腹地的太湖，其水虽然不深，但湖面同样阔大，也容易在风力等震荡作用的不断累积下形成大的风浪。这就导致在水面广阔的长江与太湖上行船，会因风浪巨大而容易翻船，甚为危险。如何避开江洋湖泽这种大水面行船的风险，也就需要在平地或浅泽等无法在风力等机械力的震荡作用下掀起风浪的地方，开通内河航运，从而可以和水面盛大、水底稍深而易搅扰震荡形成巨大波浪的长江、五大湖（含太湖、滆湖、洮湖、射湖、贵湖，后两者合称"射贵湖"，古又名"上湖"或"芙蓉湖"），构成一个天然的水循环，这是开凿"江南大运河"的又一大内在需求。

例如从镇江到苏州的"江南"北部地区，就需要开通"江南大运河镇江—常州—苏州段"这条东西向的大运河，以此来解决从东向西逆长江而上的艰巨任务。这一区域北侧有长江，从西往东顺江流而下顺畅、快捷；但在长江中由东往西逆流而上，在生产力落后的古代根本就不可能现实（近现代成为可能，靠的是燃油火力来驱动；古代也可以靠江滩边的拉纤来完成这一艰巨任务）。对于军事出征而言，逆江而上运兵、运军粮等军需物资，万一发生翻船事故，就会导致损兵折将、军粮供应受阻，对于战事颇为不利，这也就是我们判定夫差所开运河决不会走孟渎的理据所在，因为走孟渎驶入长江后，需要逆江而上六七十公里到扬州，这在先秦乃至后世的明清两朝都有巨大的难度。所以，江南地区从内在需求上来说，也迫切需要拥有一个天然的"水循环"来解决从东往西逆江而上的问题。

再者，太湖水大，长江江滩在地势上要比内陆的太湖低一些，太湖水往北奔流入长江便能形成大量南北向的通江河港，使得"长江三角洲"的北部地区，在南北往来的水路上比较便捷，如果再能加上一条东西向的人工运河，解决从东往西（或从西往东）的内河水运问题，便能和由西向东顺流而下的长江，和南北向的通江大河，这三者共同构成一个完整的水循环网。所以"江南大运河"其实是用人工来弥补天然之不足的、人与自然和谐互补的人类水利工程的典范。

以上还是就"长江三角洲"的北部地区而言，如果按照同样的道理，扩大到整个"长江三角洲"的全境来看："长江三角洲"三面环海，北为"长江湾"，东为"东海"，南为"钱塘湾"，顺"长江（北江）"与"钱塘江（南江）"江流而下的运输甚为便捷，但逆"长江"与"钱塘江"江流而上的风险却颇为巨大，古人无法驾御。即便在江南内陆上的"太湖、滆湖、洮湖、射湖、贵湖"这"五湖"行舟时，也会因湖面上突然刮起大风、由此掀起大浪，而险象环生。

由于江南地区的河流全都由中部以太湖为核心的湖泽"五湖"，向北、东、南三面的江滩、海岸呈伞状奔流入江海（即奔流入北边的"北江"长江，东边的大海"东海"，南边的"南江"钱塘江），于是与"江—海岸线"形成正向相交。这也就有必要在江、湖之间形成一条与"江海岸线"相平行的人工运河，以此来化险象环生的江湖航线为安全系数高的内河航运。同时，这条人工运河，与连通五湖与江海的伞状天然河道，以及和长江、五湖、钱塘江，一同构成一个网状的闭环而完整的"水循环体系"，从而可以保证整个江南地区活水周流，血脉畅通，既可以引来太湖、长江、钱塘江水灌溉，同时又可打通太湖、长江、钱塘江的水运循环，洪涝时可以泄洪，干旱时可以引流，均有其重大而现实的意义。

而江南地区早在新石器时代便已步入"部落联盟"的时代，形成了较为统一的涵盖"长江三角洲"全境诸城邦政权的松散联盟，有其内在的"全域交通"的需求动机，其又有内在的能够调动全域人力、财力、物力资源的组织力量作为保证，凭此来开挖出一条与江海岸线相平行的人工干渠，从而避开在江海、大湖中行舟的风险。而前面提到的运河南岸的圩墩遗址，北岸的青城墩遗址均位于太湖与长江之间，即运河位于太湖与长江之间，其目的显然就是在江湖之间构建出一个避开大江大湖的安全系数高的内河航运体系。

常州以东的无锡、苏州、嘉兴境内因海拔低而有大量水面，从而拥有天然的水运路线，无须人工开挖河道；唯有镇江到常州段地势比之高昂而需要开挖运河[①]，当然我们也不排除：常州以东到嘉兴段，在枯水期天然水面会中断而需要人工开挖某些段运河来连接。

总之，以常州为中心的"镇江—常州—苏州"段运河的开通，可以有效地解决长江三角洲北部地区从东向西逆江而上的水路问题，与顺江而下的从西向东的水路，通过南北向的太湖入江的港渎，构成一个省便快捷的"天人合一"式的网状水循环，代表了江南民众"天人合一、人天互补、人定胜天"的规划眼光和远大智慧。这也是我们判定吴王夫差出兵北伐时不敢冒巨大风险走孟河逆江而上至邗沟南口处的今天扬州城，而一定要走今天江南大运河至镇江京口渡江到今天扬州城下的理据所在，也即今天的江南大运河在夫差时代便已存在。

（五）江南开河最容易

江南开河极为容易，就全国而言，江南称得上是最容易开河的地区了。郦道元《水经注》卷二十九"沔水"末尾，对此江南地区河流概况的描述是："东南地卑，万流所凑；涛湖泛决，触地成川；枝津、交渠，世家分伙[②]；故川、旧渎，难以取悉。"[③] 由此可见：江南地区因经常性的雨季泛滥而土质泥泞容易挖掘；江南又是江海沉积与冲积而成的平原，土质不硬而疏松，正如长江中泥沙沉积而成的孟河斧劈石资源，这种石材连斧头都可以将其轻松劈开，故名"斧劈石"。该地区河网密布，只要稍加疏凿，便可以一下子沟通起好几条自然河流，从而达到通航的目的。所以在这一地区出现中国乃至世界最早的运河，乃是非常自然之事。

而且开河只要消耗人力便可成就，再粗陋的工具也只不过影响劳动的效率，不会影响到挖掘的最终效果；只要耗得起时间和供得起人数，便能像"愚公移山"那般，通过年复一年、日复一日重复劳动的努力，就一定能开挖成功。而且新石器时代是独木舟的时代，只要开挖得略微宽深便可通航，开挖运河的工程量、土方量远没有后世之人想像中那么大，极易开挖成功。后世不断因生产力进步、船只变大，而渐进式地一辈又一辈接着拓宽、加深。故今之大运河在甚为久远的古初其实只是不大的沟渠，是无数代先民数千年辛勤累积方才成就今日之规模。

[①]换句话说，夫差出兵到京口时，从苏州到常州城东的横山桥都不用开运河，因为那儿就是古"上湖"，不用开河便有湖面可以行舟，他唯一要开（其实是重开）的便是常州至镇江段的"江南大运河"罢了。而由《左传》只载其开江北之邗沟，不开江南之运河，又可知这常州至镇江段"江南大运河"状况良好，不用开河就能出兵。

[②] 江南的湖荡水面会像世家大族分家散伙那般向四面八方分流开来。

[③] 指江南河道众多，任何人都难以全部收罗、记载下来。

（六）江南水利经验最丰富

太湖流域水多，水患亦多；江南地区的开发过程，与水患治理、水利发展密切相关。千万年来，太湖地区的劳动人民为了开发、利用水土资源，发展社会经济，与江河湖海进行了长期而艰巨的斗争，取得了伟大的成就，积累了丰富的经验。

《吴越春秋》卷四"越王无余外传"便言大禹治水七年不成，失魂落魄，最后在神人（其实就是江南地区，其水利与"长江三角洲"同样发达的钱塘江南岸的知识分子）"玄夷苍水使者"的指点下，在绍兴地区的会稽山斋戒三月，然后"登宛委山，发金简之书。案金简、玉字，得通水之理。"

这说的便是：在此之前，大禹用的是他父亲鲧传授下来的"防堵"之法，治水七年劳而无功，面临和父亲同样要被大舜斩首的走投无路的局面。是"长江三角洲"对岸的同为"江南地区"的大舜故乡绍兴①会稽山地区（也即今天绍兴"鉴湖"一带）的治水经验告诉他：要以疏导（疏通积水使之流动）为主，此即上引文字所说的"通水之理"。大禹于是幡然醒悟，又再治水六年②，改堵为疏，挽回了自己的生命，也赢得了天下的爱戴，成为夏王朝的首位君主。可见大禹的生命与放在全世界都空前绝后、无与伦比的治水伟业③，全都拜我江南地区的治水经验所赐。

正因为此，大禹最后治水成功时，要在自己获得治水宝典的绍兴地区最高的镇山"会稽之山"（又名"宛委山"）上，开庆功总结大会。古人称"总结"一词为"会④计"，写作"会稽"，故大禹命名这座自己用来举行庆功总结大会的山为"会稽山"。此山乃中国五岳以外、因高度不够高而排名仅次于五岳的四镇名山之一⑤。大禹担心群臣反对他立都于此，于是深情地述说自己就是在这座"覆釜山"获得治水宝典："吾闻食其实者，不伤其枝；饮其水者，不浊其流。吾获覆釜之书，得以除天下之灾，令民归于里闾。其德彰彰若斯，岂可忘乎？"大禹最后终于如愿以偿，说服了诸位臣子，立都并安葬于此山。

---

①大舜的故乡是浙江余姚（父亲所在的父乡）和上虞（母亲所在的母乡），古代皆属会稽县（即今绍兴）管辖。

②大禹治水共十三年，前七年失败而将斩首，后六年成功而获新生。

③从世界各地所流传的与尧舜同时代的大洪水传说（如《圣经》中"诺亚方舟"的传说）来看，面对大洪水，世界其他国家的传说全都在说如何逃难而未见治水，唯有中国人能选出自己的治水英雄，在其领导下治水成功。

④会，读"快"。

⑤四镇，四座大山。"镇"是坐镇一方的主要山岳。"四镇"即中国东南西北四个方向上的四座重要名山，其为南方扬州的会稽山，东方青州的沂山（即山东临朐的沂蒙山），北方幽州的医无闾山（即辽宁锦州的医巫闾山），西方冀州的霍山（即山西临汾的太岳山）。《周礼·春官·大司乐》："凡日月食、四镇五岳崩"句郑玄注："四镇，山之重大者，谓扬州之会稽山，青州之沂山，幽州之医无闾，冀州之霍山。"

大禹上述这番动人话语证明：太湖流域的治水经验在全国最为丰富，因此中国首条人工运河出现在江南地区是有此地的治水经验作为基础的。而江南大运河本身就是以"疏导"之法来泄洪的典范，同时又能像渔网的纲绳那般，横向沟通串联起江南所有由五湖流入江海的纵向大川（即由盛水时会连成一片而枯水时分为五大湖泽的"五湖"，泄入地势低的通江海的大川），这也就是《史记·河渠书》所谓的"通渠三江、五湖"，从而使得江南（长江三角洲）之水可以形成网格状的"活水周流"体系：洪涝时能发挥极佳的疏导泄洪之功，旱灾时又可作为引水灌溉的河渠，平时又是水运的交通大动脉（此水"路"无摩擦力、载重量大、可以坐着前进，堪称远古时代最轻松便捷的高能"公路"），此河有这般了不起的三大功用，充分体现出江南民众丰富的治水经验和超凡的水利智慧。

（七）江南地区容易因治水而形成强有力政权从事水利开发

河口之地既容易泛滥，也容易开河。大江每年汛期泛滥，泛滥过后，如何在泥泞的沼泽之地重新划分疆界，考验并锻炼着江南民众的智慧。而且泛滥后的土地因河底淤泥的覆盖变得更为肥沃，值得开垦；泛滥后的土地变得泥泞而软化，开河也变得更为容易。江南民众通过开河，一方面改造了自然，改善了生存环境；另一方面又更加团结地结成了政权，导致"原始公社"制度的出现，形成了"民主""择贤"这两大风气。这也是大舜能由平民成为江南部落联盟的首领，在常州"舜过山"建都立国的原因所在。而第一代越王无余、第一代吴君泰伯，也都只率领自己一家几口人，从中原投奔江南，凭其道德的感召力，赢得江南百姓的拥戴，从而成为越国与吴国的开国君主，其原因也就在于江南人民的民主与让贤之风。

江南因治理大河泛滥的大型工程，形成了一种自古相传、历来就有、传承不衰的"开放"心态和"开发"智慧，这表现为：推崇让德，在政治上能够举贤让能，在经济上能够互助合作，在生产资料的占有上公有，在生产产品的分配上共享，归国家所有、由国家统一使用，这一风气在《越绝书》记载的春秋时代的越国仍然如此，见方杰主编的《越国文化》（上海社会科学院出版社 1998 年版）第 81 页"三、专业化的生产方式"："<u>吴越战争和争霸战争期间，为了确保战争的需要</u>，越国除实施一系列农业政策，鼓励百姓农耕外，还在会稽山区、山会①沼泽平原和沿海滩涂，兴建了众多粮食、经济作物和畜牧、水产、盐业等官办生产基地，组织集约式专业生产，重点生产战争急需的粮食、副食品和纺织品，产品由国家统一调拨使用。这些生产基地，仅据《越绝书》卷八记载就有 12 处之多"，又该书第 84 页："生产的产品，归国家所有，由国家统一使用。"画线部分虽然在说

---

　　① 指山阴与会稽，也即绍兴地区。

这是战争时期的特殊政策，其实古代寓兵于民，兵政与民政合一，一切时期皆是战争或备战时期，所以这说的应当是越国（其实也包括与之同处江南的吴国在内）的常态[①]。

关于吴国的国营生产基地，可见《越绝书》卷二"记吴地传"记载吴都（即后世的吴县，也即今天的苏州城）的"巫门外麋湖西城，越宋王城也。……麋湖城者，阖庐所置麋也，去县五十里"，这是国营的养鹿场；而"娄门外鸡陂墟，故吴王所畜鸡，使李保养之，去县二十里"，这就是国营养鸡场；而"欐溪城者，阖庐所置船宫也。阖庐所造"，这便是阖闾所建的"国营造船厂"。

由此可见：吴越之地自古就有的"国营"生产的传统，所以能举全域（即一国）之力来从事农业与手工业生产，全部族的产业全都归全部族所有，所以可以举一国之力从事农业生产和大型基础设施的建设，从而兴起江南大运河和良渚山地水坝这类超大规模的宏伟水利工程的建造。因此，江南大运河这一伟大的运河工程率先在江南地区出现，也有其优良的民德民风传统作为基础。

（八）北纬30度的大江、大河口，是其所在文明圈中政治、经济、文化颇为发达的地区，容易出现宏大的人类工程

大江大河的入海口作为连结大陆与海洋的过渡地带，是一个自然条件非常优越且复杂的地区。当我们翻开世界地图，我们很容易就能看到：凡是人口密集、经济发达的城市，大多聚集在大河的入海口地区。例如：我国长江口的上海，珠江口的广州，海河口的天津，钱塘江口的杭州，瓯江口的温州，闽江口的福州，九龙江口的厦门，以及榕江口的汕头等。在国外，则如印度恒河三角洲的加尔各答，法国塞纳河口的哈佛尔，埃及尼罗河三角洲的塞得港和亚历山大港，美国密西西比河三角洲的新奥尔良等。其中有不少城市还是所在国的首都，如越南红河三角洲的河内，柬埔寨湄公河三角洲的金边，缅甸伊洛瓦底江三角洲的仰光，泰国湄南河三角洲的曼谷，埃及尼罗河三角洲的开罗，阿根廷拉普拉塔河三角洲的布宜诺斯艾利斯等。大河入海的河口地区在该国的政治、经济、文化发展中，占有极其重要的地位。

常州地处长江三角洲的中心，东距长江三角洲的东顶点上海160公里，西距长江三角

---

①按，吴国与越国同处江南之地，两者风俗相同，见《吕氏春秋·知化》引伍子胥进谏吴王夫差不可北上伐齐而当先灭越之语："夫齐之于吴也，习俗不同，言语不通；我得其地，不能处；得其民，不能使。夫吴之于越也，接土、临境，壤交、通属，习俗同，言语通；我得其地，能处之；得其民，能使之。越于我，亦然。夫吴、越之势，不两立。越之于吴也，譬若心腹之疾也，虽无作，其伤深而在内也；夫齐之于吴也，疥癣之病也，不苦其已也，且其无伤也。今释越而伐齐，譬之犹惧虎而刺猏，虽胜之，其后患未央。"高诱注："兽三岁曰'猏'也。"这说的便是吴越两国相邻而风俗相同，两国势不两立。越国对于吴国，如同心腹之疾，虽然没有发作，但它造成的伤害必将是深重且是深处体内的内伤。

洲的西顶点南京 130 公里，南距长江三角洲的南顶点杭州 170 公里，常州到长江三角洲这三个顶点的距离大致相当，是当之无愧的"长江三角洲"的几何中心。

而"长江三角洲"地处长江入海口，与地处埃及的尼罗河口正为相似。开罗位于北纬 31 度，地处世界第一大河尼罗河口；常州是北纬 31 度，地处世界第三大河长江口，长江三角洲以"常州"为地理中心的"南京—上海—杭州"城市群，与尼罗河三角洲的埃及首都"开罗"城市群，两者具有鲜明的可比性。

埃及尼罗河口每年雨季定期的泛滥，催生了几何学的发达，产生了辉煌的尼罗河文明。而长江这条大河也同尼罗河一样，既造福人民，同样也会在汛期发洪水而泛滥成灾。泛滥造成的泥沙淤积固然是灾害，但同时又是肥田的沃土。如何避免其灾害而兴举其利益，这便是"水利"所要解决的问题，江南的水利事业由长江的泛滥而起源并发达于远古。

可以这么说：在长期与洪水打交道的过程中，大江大河的两岸便成了水利经验最为丰富的地区。而大江大河的河口又因为是百川汇流入海之地，一方面水资源最为丰富；但另一方面，水害发作带来的危害性也更大，治水的需要也就更为迫切和巨大，其水利经验也就远比内陆地区来得更为发达。

由于水利事业源自远古，而古史又茫昧不明[①]，地下挖掘出来的考古遗迹也只可能是一鳞半爪，因为水利方面的土木工程早已在毁坏后化为乌有。千万年前的水利旧事今天很难再加以探讨；但却总归会有亘古不变的道理（即规律）留存下来，而为世人所见证。

在河姆渡遗址出土前，大家几乎全都有口皆碑地认为黄河流域是中华民族唯一的发祥地，但河姆渡遗址的发掘否定了这一结论。现在江南地区的良渚文化申报世界文化遗产成功，用考古的证据证明了中华文明具有实实在在的五千年，这同时也就意味着：中国最早的文明很可能出现在长江河口的江南地区而非中原的黄河流域（因为中国目前只有江南文明能证明中华有五千年文明史）。

唯有中华文明最早出现在长江河口，于是从世界格局来看，四大文明古国（埃及、巴比伦、印度、中国）便全都在北纬30度线上了[②]，而且全都位于大河的河口处（埃及是尼

①其时尚无文字记录，或记录后也难以流传至今，主要通过口耳相传而易失真、失传，即便流传至今，也常因被人视为不经之谈的神话而不敢信据。

②长江三角洲处在北纬30度线上，华北地区已经大为偏北，如果没有河姆渡、良渚等江南古代文化的出土，而把华北地区视为中华民族的文明起源地，中华文明在四大古国的总体格局中便显得过于偏北而有点另类。

罗河口，巴比伦是幼发拉底河和底格里斯河，印度是印度河和恒河，中国是长江和黄河）。

科学家早已指出，北纬30度周围的地区，是最适宜人类居住的地方。为什么人类文明大都集中在北纬30度线呢？这是因为：四大文明古国全都是农业文明，农业文明的发展要素便是农作物（粮食）的产量。北纬30度附近，基本上是"亚热带季风气候"或"地中海式气候"，具备农作物生长的五大条件：一是四季较分明。二是纬度合适。三是光照充足。四是降水（或灌溉用水）比较丰富。五是温度也适宜农作物的生长。而且北纬30度附近河流较多，由河流暴发洪水而来的冲积平原也比较多，土壤肥沃；此平原地区又地势极为平坦，便于交通运输和信息交流；这一纬度带河流较多，又导致可供食用的鱼类资源也丰富，从而便于人类不用辛劳就能得到鱼类这种食物来补充营养，形成健康体魄，以上种种因素相叠加，便使得这一纬度带更适宜于人类居住。

而且人类的生存除了阳光便是水。阳光只要天晴便有，而水的分布在全球却极不均衡。热带地区气候对流激烈，降水最多；北纬30度地区地处温带，降水其次；越往北，则降水越加稀少：从水资源的角度而言，北纬30度地区较之其北的区域更具优势。如果再往北，气候偏冷而干燥，降水稀少，农作物产量开始明显不足，物产远没有北纬30度地区富足。再往南，水资源是丰富了，但那儿气候炎热，降雨丰富，是地理学上所说的热带雨林气候，遍布着树木极高极大的原始森林（"雨林"）。由于热带地区植被过于茂盛，到处都是原始森林，其亿万年产生出来的腐烂物堆积在那儿，日出后，被热带的高温一蒸发，便会蒸腾起各种腐殖之气，空气中弥漫的全都是剧毒的瘴气，会把人畜毒死。所以在古代，北纬30度以南地区因有高温蒸腾出来的瘴气，并不适宜人类居住，而且是越往南越不适宜，所以从上古一直到宋代，人们都把岭南这种瘴疠之地作为官员的贬官流放所。在生产力落后的四至六千年前，人们由于铁器尚未出现或尚未普遍使用，砍伐森林的速度极为缓慢，一直要到战国与秦朝、汉朝开始，人们才正式进入铁器时代，改造自然的能力才大为增强。但那么大片的原始森林，积亿万年之功而形成，需要经过数百上千年的大面积砍伐，并去除覆盖其下的厚厚的有毒腐殖层后，方才逐渐适宜于人类的居住，其时已是距今不远的元明清时代了。总之，在五六千年前，人类还无法在热带地区形成巨大的文明。而北纬30度左右的温带，虽然也有大片的原始森林，但由于常年气温并不算很高，所以不会蒸腾出太多的瘴气来，从宜居角度而言，比热带更具优势。

降水量多，加上蒸腾瘴气少，这两重因素的结合，便使北纬30度地区相比于其南、其北的地区成为最为适合人类居住区域，从而较早形成一批人口大量密集区；并且最早开始坐拥大批富裕的粮食，可以让一部分人从农田生产（农）中解放出来，进行商品生产

（工）、商品贸易（商）、文化创作（士）、行政管理（官）等一系列非农工作，从而也就能够形成强大的政治实体来统一邻近地区，不断增强本方国的实力；并且因国土疆域的扩大，而不断产生并增进交通开发与商品交换的需求。又由于商业贸易活动的频繁，于是也就有更大的动力来开辟水上和陆路的交通线；同时又有自身不断壮大的政治实体来作为组织保障，领导这一开河、造路工程的实施。所以中国[①]古代最早的一条人工运河，便出现在北纬30度的江南地区，并在其河岸上配套形成驿道[②]；而非出现在北纬30度以北的北方或以南的南方，这便与北纬30度地带最适合人类居住，而较早出现人口大量聚集的强大人类文明有关。而中国长江口的长江三角洲正处于北纬30度线上，又处在亚洲第一大河、世界第三大河的河口三角洲上，所以比起北方的中原，更有资格代表中华文明，来与同在北纬30度地带的另外三大古文明古国（埃及、巴比伦、印度）相比肩。

中国的北纬30度地带横贯长江上游、中游、下游，为什么下游河口处的江南地区会最早出现人工运河？那是因为长江上、中、下游一路上都有山，唯有在入海口处能冲积形成大的平原。这一冲积而成的大平原，其土地由于是泥沙沉积而成，所以比较松软。显然在这种冲积平原上开河，要比在长江上、中、下游的内陆山地、丘陵地带开河来得更容易。因此，最早的运河应当就在长江口的冲积平原上出现为易、为宜。

中国的冲积平原，以黄河入海口处的华北平原为最大，长江三角洲这一长江口的冲积平原比较小，这是因为黄河流经植被覆盖差的黄土高原，河水含沙量大，而长江流经植被丰茂的森林地带，江水含沙量小。那为何长江口容易出现运河，而面积大的华北平原比之要晚？这主要是因为长江口纬度比之低，水资源（降水和河流）丰富，此地先民利用水的经验，远比华北平原的人来得丰富；而且华北平原海拔高，水容易往海拔低处流失，开河还不如开水库来蓄水，即便开挖运河，也需要有大量的闸坝来拦水，工程量大，得不偿失。而江南地区由于海拔低，水资源丰富，且经常会因海潮、江潮的侵袭淹没而导致治水经验丰富；所以利用水资源开辟运河的成绩，要比北方来得早和大。后世大运河在长江以北的段落，全要靠国家耗费天文数字般惊人的人、财、物力来维持运转，否则将滴水无存，河底日淤，远没有江南地区的运河那样具有天然的亲水性，不用人力或只需按时投入少量人力的疏浚，便能维持其良性运转：河水不减、河床不淤。这也就暗示我们：江南大

---

①同理，其他三个文明古国亦然。

②江南水网密布，最古老的驿道逢河不可能驾桥，可以设立专人来摆渡；后世有技术实力造桥后，方才可以通车。

运河比纬度高的江北邗沟更为自然，纬度稍高的江北邗沟的开凿，要比北纬30度地带的江南大运河来得晚些。

何以见得苏北的邗沟要晚于江南的大运河？这还在于历史上苏北地区并没有形成大型的方国，属于江南方国"吴"和"越"的边疆地区。这便表明：历来就是"江南"而非"苏北"成为东南部中国的核心区，而苏北只是其边缘区；后世也是如此。像古吴国首都苏州、南朝首都南京、南宋首都杭州、近现代的商业中心上海，全都在江南地区；邗沟所在的苏北，只有扬州一座城市可以和江南大城市相媲美，但扬州本身也贴近江南，可以视为江南在苏北的桥头堡；邗沟所在的苏北腹里地区，其实并未能形成一座可以和江南这些大都市相抗衡的城市，这就充分证明"江南是核心区、苏北是边缘区"的判断既合乎事理，且又自古皆然。

而我们知道，开运河这种宏大的工程，显然要凭借政权的力量，自然是从一个政权的核心区域开凿起，然后再往其外围的国家边缘区延伸。因此，苏北邗沟应当也是江南方国沿着所开江南大运河往江北发展时所开凿，开凿目的便是与江南一样，是为了农田水利的需要、为了治理苏北的水患、为了与中原沟通（包括向中原王朝进行朝贡贸易）。换句话说，邗沟肯定要略晚于江南大运河。由于前面已经论明：中国版图上，北纬30度地带开运河要早于其北的中原（黄河流域），要早于其南的福建（闽江流域）和岭南（珠江流域）；而上文又论明：北纬30度地带的长江下游，其开运河的条件和内需动力（水多且水患大），要远大于长江的中、上游，所以中国最早的运河出现在北纬30度地带的长江下游的长江河口处的可能性为大。

现在我们又论明江南大运河要早于江北大运河，虽然史书最早记载到的人工运河是夫差对邗沟的开凿（见《左传》）。但我们在第二章已经论明：早于夫差即位89年（若以夫差出兵计则为早98年）的夫差曾祖父寿梦，就已经出兵山东而当开凿苏北的邗沟[①]，所以《左传》所载的夫差开"邗沟"应当只是重开。最早的运河开于何时，其实并没有任何文献记载到。事实上，开最早的运河完全可能发生在洪荒太古，自然没有文字来记载，或者即便有文字记载到，也未必就能流传到后世；而被文献记载到的运河要么是很晚的运河，要么是古老的运河而后来重开。（事实上，若是认为江南大运河始开于夫差时代，距今只有2500多年，与中华五千年文明史相比也实在显得太晚了。）

所以我们只能根据上述理据来判断：第一条人工运河应当就是江南大运河，其和良渚的

---

① 因为吴人一日不可离舟楫，没有邗沟，吴王寿梦便无法运兵展开军事行动。

山地水坝处在同一时期，甚至比之还要更早些，因为平原开河远比山地筑坝来得容易。此江南大运河是和金字塔一样的人类文明的宏伟工程。江南大运河在北纬30度亚洲第一大河"长江"口的自古以来南中国的政治中心南京与经济中心苏州地区，在近代中华民国的政治中心南京和近现代经济中心上海地区，而金字塔在北纬30度世界最长河流尼罗河口的埃及首都开罗附近，可证北纬30度的大河口最容易出现传之万世的史诗级的人类宏大工程。

需要指出的是，埃及金字塔早已是死去的文明，而中华文明的江南大运河却依然活着，代表了中国人"融通自然、泽及万世"的非凡智慧。而且金字塔是一人（法老）所独享，代表了君权神授（奴隶社会）；而大运河是民众所共享，代表了江南的民主和民生主义，具有近现代文明（三民主义、社会主义、共产主义）的特征，符合原始公社那种原始共产主义的时代特征，所以比起奴隶制时代那种象征私有与君权的金字塔肯定要更早。金字塔是4500年前的杰作，大运河便当是五六千年前的伟业，之所以不能更早，便因为更早的话，便没有了这种能够改造大自然的生产力，也没有了这般能够发动如此大规模民众的强有力的政权。总之，再早的话，便没有了开挖如此大体量人工运河的可能。

（九）长江三角洲拥有开凿中国乃至世界首条运河的先天条件

常州所在的江南（长江三角洲）地区，具有开凿中国第一条运河的先天条件。

这一先天条件便是常州地处"北江"也即今天长江入海口的龙头位置。这儿在亿万年前，就像今天的钱塘江口一样，是一个巨大的喇叭口，长江的江流从内陆流到这儿时，因江口突然变宽而开始融入广袤无垠、深不可测的海洋大陆架，其流速因江口放宽而一下子变缓，江水中的泥砂开始沉积，经过亿万年"大浪淘沙、沧海桑田"般的演变，形成今天以常州为地理中心的长江三角洲冲积平原，泥土特别肥沃松软。

这一格局形势，就如同尼罗河入海口孕育埃及首都开罗一样，尼罗河的汛期泛滥，用肥沃的河泥来赋予开罗之地充足的肥力，使之成为沃壤，成为人口大量聚居的丰饶之地，此地便日益强大而能征服、统一四方，成为埃及古国的首都。

而且每次泛滥过后，都要重新丈量土地、平整田园，所以埃及的几何测量学特别发达。开罗的纬度是北纬31度，而长江三角洲、常州的纬度是北纬30度，与之纬度极为接近，开罗所在的尼罗河三角洲位于世界第一大河的入海口，"南京—常州—上海"所在的长江三角洲位于世界第三大河长江的入海口；四五千年前的开罗能成为其国之都，而四千多年前，我们中国的五帝之一大舜，也在常州东北的"舜过山"地区立都而龙兴，最后入主中原，其情形也与成为埃及首都的开罗相似。所以常州在大舜时代政治版图中的地位其实不可小觑。

由于中国全境皆是沃土，而北非唯有尼罗一河是沃土，所以尼罗河口的开罗能够成为其国的首都；而我中华大地上，因为水系众多而土地到处都很肥沃，出现了多元的经济、文化、政治中心，使得长江三角洲政治上的明显优势并不充分，所以未能统一全国。而大舜为代表的良渚文化，却以另一种和平的方式①入主中原，通过这种形式来完成对全国的统一。根在江南的大舜与大禹，其首都仍定在中原的山西、河北这一带，因为这儿地处中华版图的正中央，便于发号施令，统治四方；而没有定在偏于东南一隅的"长江三角洲"这一他们的老家或祖基，因为在这儿发号施令，在辐射格局和辐射里程上显得不均衡，这也充分体现出江南人尊贤让能的博大胸襟、因地制宜的融通头脑。

以常州作为地理中心的长江三角洲地区，正因为是长江入海口的冲积平原，也就具备了开凿中国首条运河的先天条件。江南大运河是中国第一条人工运河，这绝非痴人说梦，而是有其自然地理、历史文化作为根基的。江南大运河绝对就是上古中国的首条人工大运河留存并沿用到后世，起自亘古而泽及万世，至今仍在可靠地发挥其以交通为主的功用。

中华民族的产生，绝对不是一元的。以河姆渡为代表的长江流域的诸多文化遗址，与黄河流域的诸多文化遗址一样，在中华民族的发展史上具有同等的地位，长江流域、黄河流域同为中华民族文明的两大摇篮，从某种意义上说，地理纬度与自然条件更为优越的长江流域比黄河流域发展要更为充分些。

河姆渡的考古发现，向"中华民族是一元的农耕民族"的传统观念提出了巨大挑战。因为在河姆渡遗址中出土了大量的木桨、海鱼、贝类遗骸，以及制造舟楫的重要工具石锛②等海洋文化的典型标志物。这都鲜明地体现出河姆渡（也即长江三角洲地区、浙东宁波绍兴地区古文明）的海洋文明特征非常明显。这一发现充分表明：江南地区的河姆渡先民，已经为原始舟船驶入海洋创造了条件，他们已向浩瀚的海洋开拓了自己的生存发展空间。

而古代长江口的海门其实是在今天的镇江城那儿，唐代这儿仍称为"镇海军"（见第一章"五、（三）、7"有关镇江"金山"实即"京山"的考证；后来海门东移才将"镇海"改称为"镇江"），以常州为地理中心的"长江三角洲"就在东海的南岸。先吴之都"舜过山"所在的常州地区的江南大运河，以及下文"四、（五）"所要提到的虞舜老家会稽山所在的浙东宁波绍兴地区的"浙东运河"，其在中华民族文化史中的特殊性，便在于它能面向江海交接处浩瀚海洋来争取生存空间，永葆其活力、长盛不衰。而下文"四"提出的"江南大运河很可能就是古代先民对长江海岸线因势利导的利用"的观点，也就表明江南大运河其

---

① 指用江南领先全国的牛耕、犁耕技术等先进生产方式来赢得中原各族之心。

② 石锛可以刨空独木而制成独木舟。

实也是海洋文明的产物，而非单纯的连通内陆城市所开通的内陆运河，江南大运河其实代表的是江南先民"活水周流，连江通海"的伟大胸襟和生活智慧。

而与江南存在紧密联系的殷商人，相传在武王伐纣消灭商朝统治后，东渡美洲，开创了字首发音与"殷"同音的"印第安"文明；纣王叔父箕子，则远渡今天的朝鲜平壤，创立了"箕子朝鲜[①]"，也即朝鲜的前身。而江南大地上的吴王夫差的后人，则在越国灭亡夫差和吴国后，驾船到达朝鲜，成为朝鲜半岛吴姓的始祖；另有一枝则驾船到达日本，成为日本王室的祖先（见《梁书》卷五十四"诸夷"："倭者，自云太伯之后，俗皆文身、去带"）。这都是"江南大地"海洋文明特征广大而深远影响的鲜明体现。

三、江南大运河的远古溯源之二：与江南地区一流的稻作文明相配套的"井田制"水利工程，是常州段大运河的真正起源

太湖流域自古就种植水稻，稻作文明是催生江南地区较早出现人工运河的一大内在动机。而江南的稻作文明甚为古老，稻田必须要有田埂露出水面来供引水、泄水的水利之用，而堆田埂之土便来自挖水库和开沟。在最初那没有形成政权或形成的政权并不强有力的时候，自然是各家各户杂乱无章地开挖沟渠、筑成田埂，每当江海泛滥后都要重开重建。在新石器时代，江南大地上出现较为强大的部落联盟后，便会有意识地整体规划出平直而不杂乱的网格状河道水系。于是一条横亘江南大地中部的横向主干渠便应运而生，并因其功用巨大而保留不废，这就是江南大运河的雏形由来。

（一）江南适宜于稻作文明的"井田制"催生江南大运河的核心论证

江南南岸余姚河姆渡遗址七千年前的稻谷遗存，证明江南是稻作文明的起源地。水稻的生长环境需要充足的热量、低浅的泽水，也需要平坦的地形、便利的排灌，尤其需要大量的劳动力。稻作农业还需要明确的田块和田埂，田块内必须保持水平，否则高处种下的秧苗会受旱而低处种下的秧苗会受淹。稻作农业还必须要有一整套灌排设施，遭旱时有水浇灌，受淹时可以排渍，因为稻在生长时，水太多而淹过"稻眼"（水稻上方叶与茎连接点处的孕育幼穗的部位）时，六七天内便会使其生殖生长基本停止而枯萎，即便水退后结颗长穗，也是不结实的空穗。因此水利灌溉与水稻栽培相伴而生。

而江南地区地形低洼，沼泽遍布，为使沼泽地适宜水稻生长，太湖流域的百姓发明了"筑土堆墩"的生产方式，即大量开挖沟渠，把挖出来的泥土堆筑成比地面高的田埂，再

---

①今人皆读"朝鲜"之"朝"为"朝见"之"朝"，这其实全读错了，当读作"朝日、朝阳、朝气蓬勃"之"朝"。"朝鲜"就像"日本"一样，是以太阳作为赋予其名的依据，意为"朝日鲜明"，即朝鲜之地在中国的东方，早晨东方太阳升起的地方是一片鲜红的祥和之光。

在田埂里面灌水而形成水田可以种稻。在需要放水时，便开闸把田埂内的水放入开挖出的深沟大渠中去。这就形成了两类事物：一是大量的人工河道与池塘，二是大量高于地面的水田。一开始杂乱无章，在强有力的部落联盟政权出现后，便会采取今天工业化般的做法，合理地按"井"字格的正方形格局规划（以九为基数），或按"二乘以五"的矩形格局来规划（以十为基数），从而收获今天工业化般的规模效应，大大提高生产效率，解决了人多而非沼泽的可耕地少的困境。于是江南地区便在全国率先出现"井田制"（若是以九为基数便是正方形的井田制，若是以十为基数便是长方形为单位而最终仍能拼出正方形的井田制）。

此前，人们普遍认为"井田制"盛行于黄土高原，因为那儿土质疏松如面粉，利于开沟渠，而江南地区土质坚硬，难以开沟。其实这是一个巨大的错误。因为"井田制"以沟洫来划分田亩，重在水利，而北方难以种植水稻，以小麦作物为主，小麦喜旱，不宜采用井田制这种沟洫形式；而南方以水稻为主，水稻需水，才需要采用井田制这种沟洫形式。而且黄土高原土质疏松如粉，更不宜开沟引水，否则水土会大量流失；江南土质坚硬，正因为坚硬，所以土与水可以长期共存而不会有太大的水土流失，从而可以大量推广开沟引水的"井田制"。所以我们认为：中国的"井田制"可以确定是从江南的稻田耕作开始向全国推广。

为什么这么说呢？这便是《吴越春秋》卷四"越王无余外传"言大禹定都绍兴后"造井示民，以为法度。"《说文解字》卷五下："井，八家一井。……古者，伯益初作井。凡井之属皆从井。"这说的肯定不是造水井，因为大禹之前便已有井，宋代高承《事物纪原》卷八"井"引《世本》云："黄帝正名百物，始穿井。"大禹及其助手伯益所处的年代距今有4000年，考古也已发现过4000年前的水井。而且上述引文称"井"为法度，法度就是制度，所以上文所说的"造井"肯定是在说"井田制"，而不可能说的是挖井，因为挖井上升不到制度和法度的层面。《说文解字》称"凡井之属皆从井"，而"耕"字其实是象形字，取象左边的"耒"来开垦右边"井田"的形状，因此这个"耕"字本身也就可以用来证明"井"就是"井田"之意。

《淮南子·本经训》："伯益作井，而龙登玄云，神栖昆仑。"高诱注："伯益佐舜，初作井，凿地而求水，龙知将决川谷，漉陂池，恐见害，故登云而去，栖其神于昆仑之山。"这表明伯益在大舜之时便已开始推行"井田制"，到大禹为帝时，大禹又将其定型完善而推广到全国。这段文字的意义在于表明此井能"决川、漉陂池"，而开一口水井显然不会伤及川、陂，唯有实行"井田制"，才会大范围地改变地貌，化沼泽为良田，沼泽中的龙神才会因为害怕受到伤害而远避神山。

　　其实井田制也不始于 4000 年前的大舜时代，因为汉代武梁祠黄帝像有"造兵、井田"的榜文，证明"井田"起源于黄帝所处的更为古老的 5000 年前的新石器时代。而"井田制"的核心便是以"井"字形的沟渠来分割田块。北方种小麦，喜旱，其最初种田时没必要开挖"井田制"这种由小到大的成套而密集的沟渠，唯有水稻种植才需要这种密集的水利灌溉系统相配套。而水稻种植的发源地在江南，北方不宜种稻；况且大禹又是在江南的绍兴，命令伯益在江南乃至全国推广"井田制"，这就更加证明：江南是 5000 年前黄帝所处的新石器时代"井田制"的发源地。

　　"井田制"在后代便表现为五代吴越国在江南围湖造田所形成的"塘浦圩田"。《捍海塘志》"水利、撩浅溉田"便称："五代钱王，沿塘以置泾，由泾以通港：使塘以行水，泾以均水，塍以御水；脉络贯通，纵横分布，旱、潦有备，仿佛'井田'遗象。"这便言明五代的"塘浦圩田"就是古代井田制的生动再现。"塘浦圩田"及其原型古"井田制"，便是古代太湖人民化涂泥为沃土的一项独特创造。究其根由，可以大胆地说："井田制"由小到大的成套而密集的富有等级层次的沟渠体系，是古代先民模仿人体大、小、毛细血脉的仿生学创造，可谓法天象地、道法自然、天人合一。其在我国水利史上的地位，完全可以和四川都江堰、关中郑国渠、南方山地上的梯田相媲美。《左传·襄公二十五年》称楚国大臣蒍掩在云梦泽筹划水利，开拓农田，其中提到了"井衍沃"三个字，说的便是化低湿的沼泽地为沟洫农田。可见井田制在中国南部的江南和两湖这两大地区全都广泛存在。

　　《太湖水利技术史》第 97 页的"太湖环湖溇港圩田示意图"中，与太湖东、南、西三侧湖岸平行的诸条大河，便是"井田制"中"若网在纲"的横塘之河。而我们江南大运河与长江海岸线平行（见下文"四、（三）"提到的诸图），也与之类似，当是古人在太湖以北的沼泽地带开辟出来的大型"井田"中的灌溉总渠。只不过太湖东、南、西三侧以太湖湖岸为基准，而太湖北岸不再以太湖湖岸为基准，而以长江岸线为基准罢了。

　　春秋时期，"井田制"已被废弃，中国进入一家一户的"私有制"，"井田"诸渠因而分崩离析，没过多少年，便因再也没有公有制[①]下"一心为公"的大众们的通力同修而废弃。唯有其灌渠总渠，因其开得极为深阔广大，最难湮废，而且此渠又有交通、泄洪方面的大功用，所以被沿岸百姓珍惜而自发保留并幸存下来，历千万世而不废。

　　由于太湖周围要化湖泽为良田，这一工程非众人齐心协力不可，所以沿湖民众即便在

---

　　① 在夏代之前是"公天下"，即原始公社制度下的公有制；而夏、商、西周三代是"家天下"，即奴隶社会制度下的公有制。

生产、生活资料私有制的情况下，仍能不得不"齐心协力"地团结在一起，因治水而舍弃私利，守"井田"良法，成就千万世不朽的基业。于是全中国上古原始公社时期和夏商周三代奴隶制时代的"井田"遗法，唯有江南太湖流域得以保存，呈现出一幅"圩圩相接、沟渠交错"的水网圩区图景。正如《全唐文》卷四三〇李翰《苏州嘉兴屯田纪绩颂》所言："畎距于沟，沟达于川……浩浩其流，乃与湖连。上则有涂[①]，中亦有船；旱则溉之，水则泄焉；曰雨、曰霁，以沟为天。"其所言虽说是唐代"塘浦圩田"的情况，但上文已打通其与上古井田制的关系，所以其最后四个字"以沟为天"便言明：灌溉总渠及其分支沟渠对于"井田制"和稻作生产具有至为关键性的功用。而最大的沟，后世往往保留成为大的运河，即上文提到的"太湖环湖溇港圩田示意图"中所标的湖西岸的"常宜运河"（即西蠡河，也即京杭大运河通往宜兴的分枝运河，其与太湖西岸完全平行）、湖南岸的"荻塘"（湖州运河，也即京杭大运河通往湖州的分枝运河，其与太湖南岸完全平行）、湖东岸的"吴江塘岸"（即京杭大运河的吴江至嘉兴段，其与太湖东岸大致平行）。由此便可想见：湖北岸以常州为中心的江南大运河"镇江—常州—苏州"段，应当也是"井田制"的灌溉总渠。只不过太湖东、南、西三条运河平行于湖岸，而湖北岸的运河平行于长江岸线罢了（见郑肇经《太湖水利技术史》第78页"汉代围田分布示意图"）。

所以说：江南的稻作文明，以及大禹及大禹之前的新石器时代江南部落联盟的"井田制"，催生了大型的灌溉系统，这一灌溉系统便成为江南大运河的雏形。

郑肇经《太湖水利技术史》第78页的"汉代围田分布示意图"显示出江南大运河与古长江海岸（图中虚线）的一种平行缩放关系。

陈月秋《太湖成因的新认识》[②]一文第26页"距今7000—5000年的古遗址分布图"绘的是五六千年前新石器时代的"马家浜文化"和"崧泽文化"遗址，它们全都沿运河和吴淞江分布；到了其文第27页"距今5000年以来的古遗址分布图"中绘的四五千年前新石器时代的"良渚文化"，才开始由运河面向海岸线分散。而周鸿《试析环境演变对史前人类文明发展的影响——以长江三角洲南部平原良渚古文化衰变为例》[③]一文第72页"太湖流域良渚文化遗址（遗存）分布示意图"则有力地证明："良渚文化"开始远离运河，向沿海的沼泽地区充分发展，从而表明：大运河应该是聚居在大运河两岸的马家浜、崧泽人所开，而绝对不会是背离运河而向海岸线发展的良渚人所开。

陈月秋《太湖成因的新认识》一文中所绘"距今7000—5000年的古遗址分布图"图

---

① 涂，通"途"，道路。
② 见《地理学报》1986年第1期第23~31页。
③ 见《华东师范大学学报：自然科学版》，2000年第4期第71~77页。

中标"△4"的常州圩墩遗址位于常州市戚墅堰的运河南岸，遗址面积达20万平方米左右，距今有6000余年历史，延续至5000年前，是太湖流域一处典型的马家浜文化聚落的遗存。出土有炭化稻米，说明圩墩先民掌握了原始的水稻栽培技术，稻米已成为当时人们的主要食物来源之一。在发掘出土的陶釜底部，发现了一层锅巴状的炭化物，大概是当时煮饭时残留下来的遗物。圩墩先民使用磨制光滑的石斧、石铲、石锄、石刀或蚌镰来种植、收割稻谷，过着以农业为主的定居生活。木器得以普遍使用，木器制作技术也较为全面，行船工具如橹、桨等的器形、功能也与现代同类工具颇为相似，说明当时人们制作木质工具已经进入比较成熟的时期。有三件残木器是表面涂有黑色涂料的原始漆器。

其时处于原始公社时期，生产和生活资料公有，氏族内部有公共墓地。由于生产力低下，种植尚不能保证人们的温饱，采集和渔猎便成为当时取得生活资料的重要补给手段。猪已驯养成家畜。当时人们已能烧造盛器类泥质陶器，火候约600℃~900℃。古遗址中出土的木橹和多根木桨，说明圩墩人已经能制造独木舟之类的水上交通工具，在河湖上自由地航行、捕鱼，在征服自然方面迈出了坚实一步。这里出土的木橹，是全国新石器早期遗址中仅见，人们称它为"中华第一橹"。以常州为核心的江南大运河，便是以常州圩墩为代表的马家浜文化的先民们，为稻作生产而开的"井田制"的灌溉总渠发展而来。

在全新世初期，我国东部沿海的最后一次海进"卷转虫海进"已经发生，随后迅速扩大，到距今6000年左右的河姆渡文化全盛时期达到高峰，最高海岸线比现代海岸线高3~5米，河姆渡以北的宁绍平原和杭嘉湖平原的大部分地区均被海水淹没，长江三角洲的情形当也相同，但由于长江三角洲（含杭嘉湖平原）的面积比宁绍平原来得广大，所以露出水面的陆地还是很多，导致稻作农业的中心从宁绍平原转移到太湖流域。这一海进后来慢慢退去。马家浜文化遗址密集分布在运河沿线，表明江南大运河应当是当时把海岸线退去的沼泽转化为良田时开挖的"井衍沃"农田体系中的灌溉总渠所在。当时的海岸线应当在江南大运河北部一带，所开大运河这条井田制中的灌溉总渠与这条长江海岸线相平行。

良渚文化后期开始海退，海进时淹没的宁绍平原、杭嘉湖平原，以及长江三角洲的沿海地带重新露出水面，成为一片沼泽，于是良渚文化开始由马家浜、崧泽文化的运河沿线大量外迁到露出水面的太湖北侧的芙蓉湖沼泽地、太湖东面的吴淞江两岸，以及太湖南面的良渚地区附近，用"井田制"的形式来围垦沼泽泥地（"井衍沃"）。

后来由于帝尧时期全球普降暴雨，上游长江、汉水来水，以及北方淮水、汝水等南下之水，无不汇入长江下游，导致长江三角洲积水深重，于是良渚开垦的低洼良田全部被洪水淹没，靠大禹发动江南民众治水，才取得疏排积水、改造沼泽、开辟水田的成功业绩，这便是《禹贡》所说的"三江既入，震泽底定"。

　　这说的不是引太湖积水通过东江、松江、娄江这三条江下泄东海，而是说长江三角洲的积水，通过大禹开挖申港、利港、夏港、白茅港、娄江、东江等通江海之港，北侧积水流入北江（长江）而入长江湾，中部积水流入中江（胥溪—荆溪—太湖—松江[①]）而入东海，南侧积水流入南江（浙江）而入钱塘湾，于是太湖这一感潮的沼泽地带（古人称之为"震泽"。"震"即受海潮涌入而会震动泛滥）得以让陆地重新露出，而使百姓们再度得到安居，这便是《禹贡》所谓的"三江既入，震泽底定"。

　　关于大运河起源于大禹及大禹之前新石器时代，还有待下文更为深入、专门的研究，上文尚是初步研究所发现的一些核心要点，下来便将要把上述观点详细展开。

（二）江南的稻作文明

　　太湖流域是我国长江以南开发最早的地区之一。考古发掘证明，远在五六千年前的原始社会，祖先们便已在太湖流域的广袤原野上，艰苦地开展各种水土改造工作。从茅山脚下到东海之滨，从长江南岸到太湖周围，都有原始人活动的踪迹。他们在长期的生产实践中，逐渐学会在浮涨较高的沼泽地带开辟水田，种植水稻；又学会刨制独木舟，航行在天然的河道与湖面，在湖荡遍布和草木丛生的荒原上开展渔猎活动。先民们通过这种艰难曲折的斗争，逐渐改变着太湖地区的自然面貌，促进着氏族部落社会经济的发展，孕育了在当时较为先进的地区文化。

　　江南地区的太湖流域是世界稻作文明的发祥地之一。7000年前，河姆渡已进入稻作农业文明期。稻作工具、耕作技术不但配套完整，而且相当先进。科学常识表明，达到这一水平需要经过漫长的岁月积累，这就表明中国长江流域是亚洲稻的发祥地之一。以河姆渡为代表的中国稻作文化，通过多种途径，向四面八方传播辐射，大致在5000年前，已经传播到菲律宾、朝鲜和日本等地。我们也在中国北方黄河流域5000年前的新石器时代仰韶文化遗址中，发现了水稻栽培。稻的产地固然要在炎热多水的南方低湿地带，但发展之余，只要有充分的水量，其种植地区也就不限于南方，而可以扩展到稍为凉爽的北方中原。

　　在我国古代文献中，有关水利灌溉的记载很多。如《礼记·月令》中有"烧薙行水，利以杀草。如以热汤，可以粪田畴，可以美土疆"的字句，记述的是最原始的"火耕水耨"的农业耕作阶段，即人们在放火烧荒之后，引水灌田。

　　《论语·泰伯》说，大禹治水时"尽力乎沟洫"，说明至少在四千年前的大禹时代，人们已经受水流规律的启发，发明了沟渠灌溉技术。而《诗经·大雅·皇矣》有"我泉我池，度其鲜原，居岐之阳，在渭之将"的诗句，表明周部落掌握了人工修池引泉的技术。

[①]即吴淞江，古又作"吴松江"。又"松江"之名与"中江"发音相近，证明其为古"中江"的孑余。

商代甲骨文字中已有"畖"字，其为象形文字，画的就是田边修筑沟渠"巛①"的形象。《诗经·小雅·白华》中有"滮池北流，浸彼稻田"之句，说明"滮池"上游有提供稻田水源的人工水库，表明当时的原始水利灌溉工程已经达到一定的水平。虽然这些都是周代中原地区的文学作品，但其所反映出来的水利状况绝非一朝一夕所能成就，而当与远古时期水稻栽培的发祥地"江南稻作文明"一脉相承。

在上古史研究中，大家可能觉得一两千年不过弹指一挥间，人类没什么生产力方面的进步，其实不然。因为人类从秦代到今天也不过两千年，这两千年中，人类有非常丰富的进化和演进。则先秦，乃至先秦之前，那所谓"弹指一挥间"的一两千年中，应当也有其非常丰富的进化与演进，不可以视为进展缓慢到近乎停滞的地步。

在上古时代，吴越地区（即江南地区）的原始稻作农业较为发达。水稻以水为命，要有相应的排、灌、蓄等水利设施。湖州邱城的马家浜文化遗址距今 6000 多年，发现了 9 条排水沟，还有两条宽约1.5~2 米的大型引水渠道②。这些沟渠都用在住宅区，技术要求比稻田的排灌工程还要高。既然住宅区有引水、排水设施，表明其稻田的排灌工程已经相当普遍。

水稻对生长环境的要求可以概括为五点：①热量充足。②水。③地形平坦。④排灌便利。⑤劳动力丰富。

水稻的生物属性喜水、喜热，水利灌溉与水稻栽培两者相伴而生。《淮南子·说山训》："稻生于水。"明人冯复京《六家诗名物疏》卷三十"百谷"引东汉末年杨泉的《物理论》："梁者，黍稷之总名；稻者，溉种之总名；菽者，众豆之总名。"即："稻"字其实就是需要大量水来灌溉的农作物的统称。从造字来看，"舀"为手的象形"爫"，在用瓢、勺等，从装水的容器"臼"中舀水；"稻"便是耕作时要用装水容器"臼"来装水浇灌的一种"禾"苗，故造为"稻"字之形，而音"滔"字相近之音，这就更加可以证明："稻"是需要大量用水来浇灌的作物的统称。

稻作农业不光需要水和热量以发生充分的光合作用，产生大量的碳水化合物（即"谷实"）；还需要有明确的田块和田埂。田块内必须保持水平，否则秧苗会有一部分受旱而另一部分被淹。这就决定稻作农业必须要有灌排设施：旱了有水浇灌，淹了可以排渍。早期的湖田更多是位于水环境的包围之下，湖田周边有小湖泊和较大的河道。尽管随着湖田的发展，湖流逐步被分割，河港逐渐变狭窄。但到水灾泛滥时，湖田区仍然会汪洋一

---

① 此即"川"字。

② 见《文物考古工作三十年》一书（文物出版社1981年版）中收录的《三十年来浙江文物考古工作》一文。

片。春夏水涨时节，正是稻田的秧苗期，稻苗对淹水非常敏感，后世农民应对这一时期的涝灾，总是先要用水车戽水，然后再采取其他措施。而在远古时期，还没有水车这种机械发明，其最初的排水与灌水形式便是人力汲水，也即上文"稻"字所表现出来的"以手舀水"，也即古人所谓的"抱瓮取水"，见《庄子·天地》：

> 子贡南游于楚，反于晋，过汉阴，见一丈人方将为圃畦[1]，凿隧而入井[2]，抱瓮而出灌，搰搰[3]然用力甚多而见功寡。子贡曰："有械于此，一日浸百畦，用力甚寡而见功多，夫子不欲乎？"

> 为圃者卬而视之曰："奈何？[4]"曰："凿木为机，后重前轻，挈水若抽，数如泆汤[5]，其名为槔。"为圃者忿然作色，而笑曰："吾闻之吾师，有机械者必有机事，有机事者必有机心。机心存于胸中，则纯白不备；纯白不备，则神生不定；神生不定者，道之所不载也。吾非不知，羞而不为也。"子贡瞒然惭，俯而不对。

> ……反于鲁，以告孔子。孔子曰："彼假修浑沌氏之术者也。识其一，不知其二；治其内，而不治其外。夫明白入素，无为复朴，体性抱神，以游世俗之间者，汝将固惊邪（耶）？且浑沌氏之术，予与汝何足以识之哉！"

言明远古浑沌氏时代种田即是抱瓮取水，而后世才有机械如桔槔与水车之类。孔子承认其时之人（即以"浑沌氏"为代表的远古先民）境界高尚，他们的想法和境界，远非后世机心日重、私欲日盛者所能理解。

关于水稻受淹，太湖流域的人盛传：水淹过"稻眼"时，稻苗就会淹死。稻眼的位置在水稻上方的叶与茎的连接点处。在大多数时期内，这是孕育幼穗的部位。当地人认为这部分一旦被淹，六七天内，稻株就会枯萎。

正在分化的幼穗往往处于花粉母细胞的减数分裂期，这时细胞对呼吸作用极为敏感。当这一部位被淹到第六七天时，生殖与生长基本上就会停止。即使水退后结出颗粒、长成稻穗，也是不结实的空穗。夏秋之季，从稻穗分化期开始，水稻对水淹的敏感期也就开始

---

① 为圃畦，指种菜而非种稻，但与种稻的原理其实是一样的。

② 打斜着入地的隧道来洞穿井壁，通到井中去取水。《史记·五帝本纪》："后瞽叟又使舜穿井，穿井为匿空旁出。舜既入深，瞽叟与象共下土实井，舜从匿空出，去。"即舜遵照通行的造井之法，井旁开大孔洞便于人从侧旁入井汲水。当父亲与异母弟象用土将其活埋时，他便从这旁出的孔洞中逃生。舜打井被埋之所以能逃生，便在于当时流行在井旁打孔，不足为怪。

③ 搰搰，用力的样子。

④ 奈何，即如何，即想听听子贡具体怎么办的思路。

⑤ 泆，水奔突而出。此句指：提水就像从井中抽水似的，迅速得如同沸腾的水在向外溢。

了。穗分化期淹水 10 天，颖花分化受到抑制，稻穗虽可伸长，但不能出穗结实；在孕穗期，淹水 6 天，便可使大部分水稻不能出穗；到出穗期，淹水 2~4 天，出水后尚能开花结实，6 天以上，因花粉、花药死亡，露出水面后虽能开花，但不能授粉，最后所结出的穗子干枯而不结谷实。

所以，愈到后期，水稻对水灾愈加敏感，受涝灾后的排水也就愈加重要[①]。在低地湖田，一旦成灾，往往难以恢复生产，农民常常要流离失所。正因为如此，明人致力于建圩，使湖田的圩田系统得以完善，圩田水利系统得以稳定下来，碰到洪涝时，人们主要靠戽水（踩水车）来解决水淹，戽水极其艰苦。至于远古，和后世的情况完全一样，稻田必须要有排灌设施：旱了要引水浇灌，淹了可以排水除涝。

除了水和阳光，以及能灌、能排的水利系统外，稻作还是一种劳动密集型的农业活动，其精耕细作的生产方式，需要有足够的劳动力来作为保证。太湖流域的气候、降水，比起北方更适宜水稻生长；太湖平原的土地和水源，也容易形成合适的稻田。这儿地势开阔平坦，地面沼泽、河流、湖荡等水域密布，土质细腻松软，易于开掘沟渠和水井，只要稍加整治，便可形成完善的田块和与之相配套的灌溉系统。目前太湖流域发现的远古水稻田，也大多分布在天然的湖塘沟渠周围。

稻是非水不可的作物，所以从稻的地区分布，也可追寻出古代水利灌溉事业的发展情形。最初为稻作服务的原始灌溉，是个体的、小规模的，主要依靠人力来抱瓮汲水。江南地区在五六千年前出现了较为发达的稻作文明，也就应该拥有与之相应的较为系统的水利沟渠体系。考古资料表明，我国的农业水利灌溉，就起源于长江流域的水田稻作。20 世纪 90 年代吴县草鞋山遗址，首次发现了距今 6000 年前马家浜文化时期的水田和田间灌溉系统。

由于江南地区适宜于稻作的低地往往非常卑湿，雨季容易发生洪涝，并不适宜人类直接居住。在马家浜时期，人们大多居住在天然岗地上，当时的稻作生产在整个食物来源与经济活动中占比较低，稻作所需的作业面积较小，所以只需要在所居住的高地周围，寻找合适地块稍加改造，便可用来满足产量的要求。到了良渚文化阶段，气候变化导致水稻农业成为维系氏族生存的命脉，仅靠居住地周边原有的小块宜稻耕地，无法满足人口增长的粮食需求。因此，原先很少被人涉足的极低洼地带，也都必须开发出来，因为这些区域恰好就是水稻的合适作业区。这就使稻作生产和人类居住这两方面的需求矛盾开始突出起

---

① 见丁颖主编《中国水稻栽培学》，农业出版社 1961 年版，第 471 页。

来。为此，智慧的先民创造性地采取"筑土堆墩"的方式，在"人地互动"中很好地解决了这一问题。

江南稻作区的早期人群，大多居住在近水而高爽的自然高地上，既有到低地采集渔猎之便，又可居高临下、免除水淹之患，形成了这种适宜本区环境的居住模式。而到了良渚时期，新开发的土地基本上都是低洼地区，表现在上面提到的周鸿"太湖流域良渚文化遗址（遗存）分布示意图"，便是向"芙蓉湖沼泽"地区和"长江—东海—钱塘江沿岸"推进；这些地方不光由于地下水位高而有排渍的问题，还面临着季风暴雨来临时的快速排水问题，所以必须进行人工改造后方能供生产之用。

"堆墩"其实就是在低地区域，对于原来所居住的高地环境的一种人为复制和扩展，是对自然地貌的一种有计划的人工改造。"筑土堆墩"的好处是双重的：一方面抬高了人类的居住面，没有了水淹之患；另一方面，挖出堆墩所需的土方后，便形成了相应库容的低地，扩大了蓄水面积，进一步加大了水面和人类居住面的高差。从劳动高效的角度出发，取土地点往往就在堆墩处的近旁。因此，先民们一般会在堆墩工程实施前进行规划设计，使这些人工挖出的洼塘，有意成为和外围自然河湖水域相沟通的人工河道。这样，在雨季便能方便地排水，平时又能方便地获得清洁的生活用水，同时还有舟楫交通、采集水生植物与捕捞渔业资源等方面的便利，取得了一举多得的良好效果，而且低地开沟渠挖出的土又可以筑田成沟。这种改造生产与生活环境的"筑土堆墩"形式，便在良渚文化中迅速推广，导致大量台墩遗址出现，构成太湖平原显著的地貌特征。当然其不良的后果，便是以高墩的形式，阻滞了长江三角洲中部的太湖积水向江海流泄，加剧了暴雨等灾害性天气导致江南大洪水的出现，致使大禹要改用疏导而非壅堵的方式来对江南洪水加以治理。

（三）江南的塘浦圩田，从形状格局上证明江南大运河就是井田制的主干渠"横塘"

上文"（一）"所提到的《太湖水利技术史》第 97 页"太湖环湖溇港圩田示意图"（下文简称"环湖图"）所绘江南塘浦圩田中，与太湖岸线相平行的"南、北横塘"等诸横塘、与滆湖岸线相平行的"孟泾河、西蠡河"是"井田制"若网在纲的横向总干渠，便能证明与长江岸线相平行的江南大运河也是"井田制"若网在纲的横向总干渠。

五代吴越国在江南围湖造田过程中形成的"塘浦圩田"，便是先秦之前江南大地上普遍存在的"井田制"在后世时代的一种表现形式。这一"井田制"农田区中心那些与湖岸线相平行的大型横塘，保留到后世便成为江南大运河及其分枝运河的某一段；而那与湖岸线、江海岸线正向相交的纵浦，保留到后世便成为江南的各条通湖与通江的大沟港。这就表明：与长江岸线相平行的大运河，原本就是上古"井田制"中的干渠（又可称之为"经河"；而与之纵向相交的大河便称为"纬河"）。

"塘浦圩田"及其原型——古"井田制"，便是古代太湖人民化涂泥为沃土的一项独特的创造，在我国水利史上的地位，完全可和四川都江堰、关中郑国渠、南方山地上的梯田相媲美。

都江堰位于四川灌县（今都江堰市），是世界闻名的、用"无坝引流"方式来灌溉的古老而宏伟的水利工程。其在灌县西北的岷江江心洲筑起一道"分水鱼嘴"，把岷江一分为二，东面流为"内江"，供灌溉之用；西面流为"外江"，是岷江的本流，沿江筑有堤防。"鱼嘴"和"堤防"的修筑，均为就地取材，用装有鹅卵石的大竹笼叠成[1]。开凿内江的工程，便是李冰在前人（约早于李冰二三百年的做过蜀国宰相的开明，乃至更早的大禹）所修工程的基础上进行的，这一开凿内江的工程，可以让足够数量的内江水通过"宝瓶口"流入成都平原上那如同人体"毛细血管网系统"般密布的农田灌渠。

而太湖流域的地型是个碟形，沿江、沿海地势高昂，中部低洼。中部洼地的高度大都在吴淞零点 3.5 米以下，其中：阳澄湖洼地在 3 米以下，淀泖洼地在 2.3 米至 3 米之间，甚至有个别地方在 2 米以下；而太湖的平均水位却有 3.3 米[2]，从而形成洼地平原"水高地低"的地貌特征。在这特殊环境下，开发水土资源，垦辟农田，发展生产，就必须拥有相应的水利排灌设施来解决洪涝问题，否则便不能保障农业生产的丰收。江南地区的"塘浦圩田"系统，便是在利用和改造低湿洼地的长期斗争中逐步发展起来的成功的水利体系。

浅沼洼地的垦田，在春秋末期便已出现。经过战国与秦汉的努力，围田进一步开拓。到唐代中叶，原先分散围垦的初级形式，发展成为"横塘"与"纵浦"交错成棋盘格状的"塘浦圩田"系统；到了五代吴越时期，又进一步臻于完善和巩固。这一切其实都是远古"井田制"在后世的重现，可以追溯到远古。

这是因为战国时已经实行封建制的"一家一户"式生产关系，从而废除了夏商周"三代"虽然分田到户、但仍要共同劳作的"井田制"。所以"井田制"肯定要在战国封建制

---

①地处江南的良渚没有鹅卵石，便用"草包泥"叠成坝体；而四川成都平原四周多山而易暴发泥石流，山地在山溪流水的长期冲刷下，便能形成大量鹅卵石，遂用竹笼盛装起来筑坝，"草包泥"与"卵石笼"这两者均为就地取材。

②吴淞零点即江面高。太湖水位有 3.3 米，太湖比东海的江面高出 3.3 米，而阳澄湖洼地在吴淞零点 3 米高处，太湖水位比之要高出 0.3 米。

生产关系出现前就已存在，否则根本就不可能在战国以后的私有制背景下出现在历史舞台上。《左传·襄公二十五年》："楚蒍掩为司马……书土田，度山林，鸠薮泽，辨京陵，表淳卤，数疆潦，规偃潴，町原防，牧隰皋，井衍沃。"孔颖达解释："偃潴，谓偃水为潴，故为下湿之地，规度其地受水多少，得使田中之水注之。"画线部分的"井衍沃"这三个字，陆德明《经典释文》引贾公彦疏的解释："下平曰'衍'，有溉曰'沃'。"而"井"字说的便是井田沟洫。"井衍沃"便是说：用井田制来规划"云梦大泽"这片低湿的湖沼之地，使之成为平整而有灌溉系统的平原沃土。

上述记载说的是鲁襄公二十五年也即公元前548年，楚国的大臣蒍掩，按照楚地云梦水乡的自然特点，筹划水利，开拓农田，把湖荡洼地开辟成蓄洪滞涝区（"数疆潦，规偃潴"），把浅沼草滩开辟成牧场（"牧隰皋"），把低湿荒原开辟成沟洫农田（"井衍沃"）。上引文献便是春秋时期，开发低湿的沼泽地带使之变成井田（沟洫农田）的实证。正如上一章"五、（二）、7"所论，其实早在大禹时代的江南地区，便已实行过此种模样的"井田制"；并且还在大禹命令下，由江南推广到全国，因此楚蒍掩也只是遵照古法来拓荒，并不代表"井田制"由他首创，此便可证井田制可以追溯到大禹之前的上古时代。

清代钱文瀚编撰的《捍海塘志》称："五代钱王沿塘以置泾，由泾以通港，使塘以行水，泾以均水，塍以御水，脉络贯通，纵横分布，旱涝有备，仿佛'井田'遗象。"一个"遗"字便点明：五代的"塘浦圩田"其实就是古代"井田制"在五代吴越这个新时代里生动再现。正如上文"环湖图"所示，其中的大小横塘与纵浦交织而成的网格完全就是"井田"的模样，呈现出一幅极标准的"圩圩相接、沟渠交错"的水网圩区图景。而在这水网圩区中的最重要的一纲（即网的总绳，也即江南网状河道体系的"经河"，也即"横塘"）便是大运河，既可以引水灌溉，又有利于航运。

"环湖图"中凡是环绕太湖东、南、西三面的横向塘河叫作"横塘"或"横港"（图中常州宜兴境内标作"北横塘""南横塘"，湖州境内标作"荻塘"，苏州境内标作"吴江塘岸"），穿越横塘而分若干港道分头泄入太湖的纵向大小沟渠便称为"溇""浦""港"或"渎"，一般统称为"溇港"（图中常州宜兴境内标作"荆溪百渎"，湖州境内标作"苕溪七十四溇"，苏州境内标作"震泽七十二港""吴江十八港"）。从图上来看，以上横塘、纵浦完全构成"井田制"的格局，它们显然都是"井田制"沟渠。有了这些"横塘"和"纵浦"的布置，就给太湖沿岸沼泽地带的大片湖壖之地的开发利用创造了条件。群众们在开挖溇港的过程中，利用挖出来的土修筑堤岸，在溇口建闸控制蓄泄；通过溇港、堤防、水闸等工程的布置，以沟洫系统的形式（而"井田制"的关键便是"沟洫"），为湖壖地的围垦承担起排与灌的任务，逐步形成别具一格的"溇港圩田"系统，从而把滨湖的沙涂芦丛之地改造成为湖壖良田，这就是古代太湖人民因地制宜改造自然、化涂泥为沃土的独特创造。

正如上文所提到的"井田制"的核心特征便是"沟洫体系"，上述太湖流域的"塘浦（溇港）圩田"，其实就是战国"一家一户"制实行前，以原始公有制为基础的"井田制"在后世（隋唐五代）的复现。

其中与太湖湖岸相平行的诸大河（"北横塘""南横塘""荻塘""吴江塘岸"），便是"井田制"中"若网在纲"的横塘之河。而我们所讨论的"江南大运河"与长江海岸线相平行（参见上文"（二）"提到的郑肇经《太湖水利技术史》第78页"汉代围田分布示意图"），也与之相类似。既然与太湖湖岸相平行的诸横塘，是化太湖沼泽为良田的"井田制"横向总干渠；则与长江海岸线相平行的江南大运河，便当是古人在沿江冲积而成的沼泽平原开辟"井田"时，所开辟出来的位居"井田"正中央的横向灌溉总渠。

更当指出的是，民国1928年《武进年鉴》之"武进县河流图"中的"孟泾河"平行于滆湖西湖岸的岸线，其地位就相当于上文"环湖图"中太湖西北岸与太湖岸线相平行的宜兴的"北横塘、南横塘"，这条"孟泾河"显然就是古人化滆湖西湖岸沼泽为良田的"井田制"的横向总干渠，而宜兴"北横塘、南横塘"便是古人化太湖西北湖岸沼泽为良田的"井田制"的横向干渠。

1928年《武进年鉴》之"武进县河流图"中的"西蠡河"（图中标作"南运河"）的中段，同样也是沿滆湖东湖岸的塘河，其南段又是上文"环湖图"中与太湖西北岸"北横塘"相平行的更大型的横塘之河（图中标作"常宜运河"[1]），因此这条"西蠡河"与滆湖东北岸线相平行的"中段"、和与太湖西北岸线相平行的"南段"，显然也就是古人化滆湖东北湖岸沼泽、太湖西北湖岸沼泽为良田的"井田制"的横向总干渠。

而且从"环湖图"来看，"西蠡河"（图中标作"常宜运河"）与"北横塘"相平行而比之更为阔大，显然是比"北横塘"更高一级的井田制的主干渠；由两者平行且能构成更大的网状格局来看，充分表明这两者也构成一种"井田制"格局。而西蠡河相传是范蠡创开，其实也是范蠡沿用之前就有的井田制干渠。就算从范蠡创开算起，也能证明这一带的井田早在范蠡时代便开始出现；如果承认范蠡其实是沿用更早的井田制干渠，则化滆湖与太湖这两大流域湖沼为良田的井田制当出现更早。按我们上一章的论证，应当是大禹时代

---

[1]"南运河"即沟通常州（也即武进）与宜兴的运河，故又名"常宜运河""武宜运河"。

便已存在，按照本章的论证则更当前推到新石器时代以圩墩为代表的马家浜文化时期就已存在。总之，与漏湖西岸相平行的"井田制"横向干渠孟泾河，与漏湖东岸相平行的"井田制"横向干渠西蠡河中段，与太湖西北岸相平行的"井田制"横向干渠西蠡河南段、南北横塘，应当都是古有的农田水利系统工程"井田制"的横向主干渠。

需要指出的是，范蠡就是利用上述那条西蠡河的中段与南段，让其继续往正北延伸到常州城下（即开通其北段），便成了沟通常州城与宜兴城的"运河"（名为"南运河"），这便是运河源自"井田制"干渠的实例证据（即常州与宜兴之间的运河便是借助已有的井田制干渠开凿而来的实例证据）。同理，我们江南大运河，便应当是沿江"井田制"农田水利系统工程的横塘主干渠充分发挥其运河功能而来，这一点便在"西蠡河"化作"南运河"上，找到了与之同类的极有力的证据。而且范蠡所开的西蠡河北段（即连接常州城与漏湖正北的西蠡河口那一段），很可能就是以江南大运河为横塘的大型井田制区域内的、与江南大运河作正向相交的井田制的一条纵浦。换句话说，西蠡河的北段也未必是范蠡所创开，而是范蠡沿用此地旧有的与江南大运河作正向相交井田制的一条南北向（即纵向）沟渠。

1928 年《武进年鉴》之"武进县河流图"，清楚地画明：孟泾河与西蠡河是井田制沟渠体系中与湖岸线相平行的横向干河（横塘）。因此，和长江岸线相平行的江南大运河，也应当是"井田制"的横向总纲之河"横塘"。

结论：上文"环湖图"与此"武进县河流图"清楚表明：与漏湖、太湖湖岸线相平行的孟泾河、西蠡河、南北横塘、荻塘、吴江塘岸就是井田制的横向主干渠"横塘"，而且直至今天都还仍然存在；而且西蠡河又有"南运河"之名，吴江塘岸又是大运河的一段，荻塘就是湖州运河（即湖州连通京杭运河的运河），因此与长江岸线相平行的"江南大运河"应当就是长江南岸沼泽地"井衍沃"所开发出来的"井田制"的横向主干渠"横塘"。而现在世所公认的世界最早的水稻产地便在中国的江南地区，而水稻的生产离不开纵横交错的密集型的沟渠灌溉体系"井田制"，既然中国江南地区是世界最早的水稻产地，也就应当是世界上"井田制"的最早出现地，江南大运河其实就是江南"井田制"的横向主干渠"横塘"，因此江南大运河应当就是应水稻生产需求而产生的世界上最早的大运河。

（四）江南塘浦圩田的命名也能证明江南大运河就是井田制的主干渠"横塘"

关于江南大运河就是江南井田制的干渠，我们还能从命名上找到"铁案如山翻不得"的铁证。

即上文证明了：上文"环湖图"的横塘、纵浦从图上来看，完全构成"井田制"的格局，它们应当都是"井田制"的沟渠。这说的尚是太湖周围的情形，上文又补充提到第二幅图"武进县河流图"滆湖周围的情形——孟泾河与西蠡河，据此便可推知：江南大运河便是太、滆两大湖以北的长江南岸"井田制"的横塘。则宋人单锷《吴中水利书》所言的"常州十四渎"，加上上文提到的"武进县河流图"中所绘的"孟河、德胜河、澡港河"等江南大运河的通江大港，便都是长江南岸井田制中横塘江南大运河以北的通江纵浦；而江南大运河以南的通太、滆两湖的诸河，它们便是长江南岸井田制中横塘"江南大运河"以南的通湖纵浦：而后者同时又是太湖与滆湖井田制中的纵浦。总之，江南大地上的一切沟通江、湖的大河，包括运河以北的常州、武进、江阴、无锡境内的"常州十四渎"（当包括常州孟河、无锡五泄河、江阴申港、利港、夏港等），以及再往东的苏州境内的白茅港、浏河等，乃至更往东的上海境内的黄浦江、吴松江（古"中江"）等，便全都是井田制中的纵浦。

　　而运河以南五大湖区入湖的河道，也全都是五大湖区井田制的纵浦。

　　而与长江海岸线相平行的江南大运河，便是长江南岸井田制的横塘；与太湖、滆湖等五大湖区诸湖泽湖岸线相平行的诸横塘，便是五大湖区井田制的横塘。而江南大地上所有或纵或横的大小沟港，其实都是上述主干"经河"（横塘、纵浦）的毛细血管网般的分枝体系。换句话说，江南大地上的大河，便是"井田制"的经河与干渠；而江南大地上的小河，便是"井田制"的毛细支流。

　　从命名上看，井田制的横向经河通常以"塘"来命名（如"南北横塘、荻塘、吴江塘岸"），故可称之为"横塘"，后世全都用作运河。而今天的江南大运河，自古以来，民间正称之为"塘河"，如常州人称城东的江南大运河为"东塘"，称城西的江南大运河为"西塘"，就连其分枝运河，即北门外通东北境的那条主干河道便称之为"北塘河"，而城南通城西南境的那条连通宜兴城的"武宜运河"也即"南运河"便称之为"南塘"。①

　　上面已经证明：井田制的横向经河以"塘"字来命名而被称为"横塘"，而江南大运河恰好又被民众称作"塘河"，这便从命名上，找到了江南大运河就是"井田制"横向主干渠的铁证，可谓"铁案如山翻不得"。同理，南运河也被称为"南塘河"，其也就是常州城西南"井田制"的横向主干渠，同时又是平行于滆湖东北岸线、太湖西北岸线的太、滆两湖井田制的横向主干渠，故也以"塘河"来命名。

　　这些横塘在后世全都以运河功能为主，其实井田制的灌溉功能仍不可小觑；相对而

---

　　① 如《道光武进阳湖县合志》卷五"铺递"类，其递铺皆沿运河北岸的驿道设置：城西沿江南大运河北岸驿道所设诸铺统称为"**西塘**"诸铺；城东沿江南大运河北岸驿道所设诸铺统称为"**东塘**"诸铺；沿城南"南运河"岸上驿道所设诸铺统称为"**南塘**"诸铺，沿城北"北塘河"岸上驿道所设诸铺统称为"**北塘**"诸铺。

言，与之正向相交的纵浦，后世全都以井田制的灌溉功能为主，其实它们的运河功能也不容小视。而这些纵浦以"溇、浦、港、渎"来命名，这便意味着，江南大地上所有以"溇、浦、港、渎"字来命名的大河与小河，其实就是井田制灌渠体系中的纵浦（或称"纵溇"）。这也就意味着：孟河古名"孟渎"，又名"浦渎、浦河"，独占了"溇、浦、港、渎"四个字中的两个字，其实就是远古"井田制"灌渠体系中的纵浦。而"烈塘港"（即德胜河）虽说是南宋所开而得"新河"之名，其入运河之口为连江桥，桥东侧有新闸，其河、其闸都以"新"字来命名，似乎不是远古就有；其实仍当是宋人重新再开、焕然一新而名"新"，其河乃自古就有的、化长江南岸沼泽滩涂为良田的"长江南岸井田制"的纵浦，只不过因通江潮、江水混浊而为泥沙堙废，至南宋时重开而得"新"字来命名罢了。而"澡港"河，同样也是自古就有的井田制纵浦。而武进与江阴境内的利港、申港、夏港、黄田港等通江河港，其实也都是江南井田制的纵浦，故利港又名"利浦"，申港又名"申浦"河，夏港又名"夏浦"，黄田港又名"黄田浦"，"孟渎（浦渎）、烈塘港、澡港、利浦、申浦"这一系列画线字的命名，也都从命名上证明了江南一切通江大河其实都是江南化沼泽地为良田的"江南井田制"的纵浦；而江南大运河又名"塘河"，武宜运河又名"南塘河"，以及"南北横塘、荻塘、吴江塘岸"这一系列画线字的命名，也都从命名上证明江南一切与长江岸线、五湖岸线相平行的大河，其实都是江南化沼泽地为良田的"江南井田制"的横塘。

这一论证，也就从命名上提供了江南大运河就起源于江南井田制灌溉体系中的横向干河"横塘"的铁证。

当然，有一点需要说明：井田制的横塘、纵浦未必要人工开凿，可以是借助自然大川而来，即下文"（七）"之"2.沟洫制"引《周礼·考工记》载井田诸沟渠可以"专达于'川'"，而"川"显然就是自然河川，所以井田制的主干渠"横塘、纵浦"可以曲曲折折而有自然河形，这就意味着包括孟渎、烈塘港、澡港在内的"常州十四渎"虽然是井田制的纵浦，但不意味着它们就一定不是自然河道而是人工开成；同理，与长江岸线平行的江南大运河，与滆湖、太湖岸线相平行的诸横塘，虽然也是井田制的横塘，但并不意味着它们就一定不是自然河道，下文我们便将证明江南大运河很可能就是对远古长江海岸线的善加利用，是为了防江潮而特意沿古长江岸线留下来的"夹江"，将其挖深、挖宽，在长江涨潮时可以往东南引流、分洪；而滆湖、太湖岸上诸横塘，则很可能也是古人沿滆湖、太湖涨水时所至的湖岸线善加利用，将其挖深、挖宽，在湖面涨水时可以适当让水陷入此沟而可稍稍阻止湖水漫灌的水势，收到某种引流、分洪的功用。所以江南大运河既有其人工属性（人为改造），又有其天然属性（源于自然），是在保留原始河形、地貌基础上进行的"天人合一"式的水利工程典范。

由于春秋时期"井田制"已被废弃，中国进入一家一户的私有制时代，"井田"诸渠因此而分属不同的个体家庭，遂分崩离析，不用过上十几年，便因再也没有"一心为公"的大众们通力同修而废弃[①]。唯有其灌渠总渠，因原本就开得极为深阔、广大，最难湮废，而且其渠又有交通、泄洪这两大功用，所以被沿岸百姓珍惜而自发留存，历经千万世而不废。

而太湖周围因要化湖泽为良田，所以民众即便在私有制度下，仍能不得不齐心协力地团结在一起，因治水而舍弃私利，守"井田"之良法，成就千万世的不朽基业。于是全中国上古原始公社时期的"井田"遗法，唯有江南太湖流域得以保存[②]，从而呈现出一幅"圩圩相接、沟渠交错"的水网圩区图景。正如《全唐文》卷四三〇李翰《苏州嘉兴屯田纪绩颂》所言："畎距于沟，沟达于川，……浩浩其流，乃与湖连。上则有涂（途），中亦有船；旱则溉之，水则泄之；曰雨、曰霁，以沟为天。"最后四字，便言明灌溉总渠对于"井田制"和稻作生产具有至为关键的功用。

而井田制中最大的沟，后世往往保留成大的运河，即上文"环湖图"中标的"常宜运河"（即"西蠡河"，其乃京杭大运河通往宜兴的分枝运河）、荻塘（即湖州运河，其乃京杭大运河通往湖州的分枝运河）、吴江塘岸（即京杭大运河的吴江至嘉兴段）。由江南大运河的"吴江塘岸"是古"井田制"的横向干渠，故知江南大运河"镇江—常州—苏州"段，应当也是"井田制"中的横向灌溉总渠。

所以说：江南的稻作文明，以及大禹及大禹之前的新石器时代江南部落联盟的"井田制"所催生的大型灌溉系统的横向主干渠，便成为江南大运河的雏形。

（五）江南如大城般宏大的"圩垸"工程

江南自古就有如城般宏伟的"圩垸"工程，因此能开辟出江南大运河这种大型的水利

---

① 大众全被私有制分化而形成不了合力了。

② 事实上，下文"六、3"将论证：井田制也是最初现于此江南之地而由大禹推广到全国。最后，全国舍弃此至公之良法，施行类似于鲁国那种"初税亩"而"坏井田，开阡陌"，但此江南之地仍能保留井田制而不废，可谓善始而善终。其根本原因便在于"井田制"最适合此地的耕作需要，故而根深蒂固，难以废除。"坏井田，开阡陌"见《汉书》卷二十四上"食货志"："秦孝公用商君，坏井田，开仟伯。"因写到"坏井田"三字，可证"井田制"肯定是春秋时方才废除的远古实际实行过的田亩制度，不然当时人商鞅不会提出而史书记载到这"坏井田"三个字。所谓"井田制乃儒家理想化的实际并不存在的田亩制度"，根据这"坏井田"三字，便可立即被证伪矣！

工程，也就不在话下了。

"圩垸"是排除积涝来泄洪，兼有灌溉与通航功能的水利工程形式，主要分布在长江中下游的沿江及洞庭湖、鄱阳湖、太湖流域和珠江三角洲等滨江、滨湖低地。

"圩"的起源现在可以追溯到先秦时期，显然还应当远溯到更为古远。唐五代至宋，随着当时政治和经济重心的南移，"圩田"在江南和长江中游迅速发展，"圩垸"这一完备的水利工程体系也相应形成。北宋时，范仲淹《范文正奏议》卷上《答手诏条陈十事》，对江南圩垸有过这样的描述："江南旧有圩田，每一圩，方数十里，如大城；中有河渠，外有门闸：旱则开闸引江水之利，潦则闭闸拒江水之害。旱、涝不及，为农美利。[①]"其完善程度，显然和地方的经济实力、政府介入与重视程度有关。

而古代原始公社制度，也拥有筑造"圩垸"所需的人力和组织方面的保证，筑起"圩垸"本身在技术上也没有过多的要求，只要拥有挖田器即可。良渚时代能堆筑起那么高的土台来作为聚居的城市，可见新石器时代以人力为代价的开沟洫、垒高丘（即《尔雅·释丘》"绝高为之京"句郭璞注："人力所作"）的能力，应当也是极惊人的。于是在良渚时代及其稍前的新石器时代，同样也就能形成"大围如城垣，小戗如院落"[②]的以堤为城防的格局。

《吴越春秋》卷一所谓泰伯"起城三百里"，其实就是3100年前的泰伯，在今天无锡东境、苏州西境的古"上湖"这一沼泽地带所建立起来的、比今天特大城市还要大的巨型围田区域。这同样也就成了《左传》楚国司马蒍掩，在云梦大泽的沼泽地带开辟"井田"的先声。泰伯所起的300里之"城"，其实就是开"井田"时，为此"井田"所建筑起来的防御洪水用的大型堤防。其300里长当是其所开发的"井田制"圩区的四边周长。设若是正方形，则每边为75里，其当以泰伯所立的"勾吴国"的首都"梅里聚"为中心，左右各37.5里，这正是古代"子男"之国的格局。而相传鲧治水以堵为主，同时鲧又是中国历史上开始造城郭的第一人（详见第二章"四"有论），而鲧所筑的可以在军事上保卫君主、同时又可以防御洪水的城，其实也就是水利上防御洪水用的堤防（防洪水的侵逼与防敌军的侵攻有共通之处）。因此古代的筑城史，至少可以追溯到鲧所生活的尧舜时代，

---

① 意指不会有旱灾和涝灾波及，成为农业方面的莫大利益。

② 语见《吴中水利全书》卷十六"耿橘《议浚白茅等河浦申》（万历三十七年）"之"计开核筑岸法"之"一、戗岸：岸外开沟亦分难易"条："大围如城垣，小戗如院落。"围，即"圩"。其下"一、围外依形连搭筑岸，围内随势一体开河"条："外筑围岸，内筑戗岸"，可见圩田（即围田）外围的大堤称为"圩堤"，围内所筑的稍矮的子堤称为"戗岸"。

也即良渚文化的晚期；而防御洪水的需求显然自古就有，所以筑城就如同一户人家为了身家安全而筑起围墙那般，其起源其实还应当更为早　**太湖环湖溇港圩田示意图**　而筑堤防，是伴随着稻作农业的出现而产生，而稻作在中国起源于七八千年前的新石器时代的江南地区，所以全中国乃至全世界第一批城防（含堤防），应当出现在新石器时期的江南地区的可能性是很大的。

太湖流域高筑堤防，分出支浦，通于大田，并在横塘、纵浦的入口处广置堰闸、斗门来控制其启闭，实现高、低田并治，这样也就初步形成塘浦交错的圩田体系，整个圩区正如上引《全唐文》卷四三○李翰《苏州嘉兴屯田纪绩颂》所言："畎距于沟，沟达于川……浩浩其流，乃与湖连，上则有涂（途），中亦有船，旱则溉之，水则泄之，曰雨、曰霁，以沟为天。"即无论是晴天干旱，还是雨天洪涝，所开的水利沟渠都是农业生产的命脉。古以"天"为世界之首，引申为第一，"以沟为天"四字也就言明：河渠对于"井田"来说，那是第一位的关键。故运河的起源便在于"井田"的沟渠。根据泰伯能开300里长的比今天特大城市周长还要大的井田圩区，则其前的古人如鲧，乃至更早的新石器时代的先民们，应当也能够做到在江南开大的井田制沟渠。

沟渠对于稻作而言是第一位的关键（上已言农业生产"以沟为天"），大沟（即大运河）便应运而生。由于开沟不需要仰仗先进的生产工具，只要加大人力投入，无论是原始社会还是生产力有所进步的泰伯时代都能完成，关键只要有统一的政权来大范围地发动民众参与，便能有沟渠产生。此沟渠还可以行船，旱时又能靠此沟渠来灌溉，发生涝灾或江水涨潮时，便可通过此沟渠来引洪水流往它处加以疏泄。（当然古代还造不出横塘、纵浦入口处的闸门来闭水，但可以用草包泥这种方式加以壅堵，相当于关闸，然后掘开堵口便相当于开闸，虽然费事些，同样能奏效。）

这一自古相传的"井田制"沟洫系统，在全国其他地区因一家一户私有制耕作关系的确立而废弃，唯独太湖地区因水大而要突破一家一户私有制生产的框架，仍维系先民"同舟共济"的公有制为基础的兴修大型水利工程的传统，所以井田制沟洫因其适应于江南稻作文明而不可或缺，具有顽强的生命力，在江南地区依然得以保留，经过历代传承，到了五代时又承蒙吴越国奉行"以农为本"而"以沟为天"的国策，经过异常重视农田水利建设的钱镠的这一吴越国政权更为精心的经营，江南地区的"塘浦圩田"系统比古代更臻完善。

五代吴越时期治理塘浦圩田的一个重要特点，便是不光治田与治水相结合，而且治高、低田还同时并举，即南宋郑虎臣所编《吴都文粹》卷五录北宋郏亶所著《吴门水利书》中的"六失、六得"言："以上水田、旱田塘浦之迹，共七项，总二百六十四条，皆是古人因地之高下而治之法也。其低田，则阔其塘浦，高其堤岸，以固田；其高田，则深浚港浦，畎引江海，以灌田。"即在太湖平原低洼地区以塘浦为网，使田各自成圩，圩圩相接，一方面往阔里开塘浦，另一方面又往高里筑圩岸，相当于把圩内那么大体积的水给腾空在了圩外，逼这么大体量的水流到圩城之外，导致圩城之外的沟渠水位大大提高，自然利于向低处的江河湖海渲泄；而在沿江沿海的高地，又让塘浦的深阔超过了低洼地区，便可以接纳低洼地区逼出来的洪流，用车水（远古则用桔槔汲水）等方式发展自己高地的灌溉。为了阻止潮水向内地低洼地区倒灌，在高低田分界处的塘浦上，广置堰闸、斗门，依时启闭，控制水流（远古则用草包泥临时堵水或掘开堵口），从而达到郏亶此文所言的"故低田常无水患，高田常无旱灾，而数百里之地常获丰熟。"这种高低田统一治理的做法，其实也就是上文所说的良渚先民及其更早的马家浜先民"筑土堆墩"法的再现。

这就意味着，通过五代吴越国治理塘浦圩田且高低田并治等的做法，可以考见远古江南先民以"井田制"为核心的农田水利建设的诸多细节。而无论是治高田还是治低田，都会出现大型的"若网在纲"的纲领型运河，大运河的雏形便起源于这种"井田制"的主干渠。

（六）江南与井田制的密切关系

正如上文所言：江南既是井田制的摇篮，同时又是最后坚持井田制的地方。因为井田制原本就是针对太湖流域设计出来的化沼泽为良田的天然良法而为江南地区所不可或缺。所以在农业社会，江南地区"井田制"亘古长存，其横向主干渠"江南大运河"也历久而弥新。

1. "井田制"是体现现代科学精神的、令现代人都为之敬佩的、符合天理且逻辑井然的土地规划

宋邵雍《皇极经世书》卷十三"观物外篇上"谈到"天圆"和"地方"这两大观念就分别由来于天上星辰的圆形视运动轨迹和地上方方正正的"井田"格局："圆者，星也；历纪之数，其肇于此乎？方者，土也；画州井地之法，其仿于此乎？盖圆者，《河图》之数；方者，《洛书》之文：故牺、文[①]因之而造《易》，禹、箕[②]叙之而作《范》也。"

末句是指《尚书·洪范》箕子言："天乃锡禹洪范九畴，彝伦攸叙。初一曰五行，次二曰敬用五事，次三曰农用八政，次四曰协用五纪，次五曰建用皇极，次六曰乂用三德，次七曰明用稽疑，次八曰念用庶征，次九曰向用五福、威用六极。"孔安国作《传》："天与禹，洛出书，神龟负文而出，列于背，有数至于九；禹遂因而第之，以成九类。"

---

① 指画八卦的伏羲氏（古又称"包牺氏"）和解释六十四卦的周文王。
② 指造《洪范》的大禹和解释《洪范》的箕子，详见《尚书·洪范》。

马融对上引画线部分作注说："从'五行'已下至'六极'，《洛书》文也。""畴"即"类"；"九畴"指传说中天帝赐给大禹用来治理天下的九类大法，也即所谓的《洛书》从"一"至"九"，按三横三纵格式排列。后人便以大禹治国的九类大法"九畴"，来泛指能够用来治理天下的各种大法。

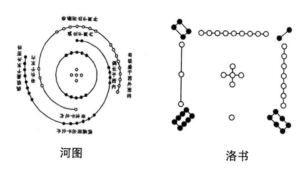

河图　　　　　　　　　　　洛书

《洛书》，古称"龟书"，是阴阳五行等术数的理论源头。相传神龟出于洛水，甲壳上有如下的图象，其结构是：戴九履一，左三右七，二四为肩，六八为足，以五居中；五方白圈皆阳数，四隅黑点为阴数，图见上。

相传，上古伏羲氏时，洛阳东北孟津县境内的黄河中浮出龙马，背负"河图"（图亦见上），献给伏羲；伏羲依此而演成八卦，故"河图"便是《周易》的渊源。又相传，大禹时，洛阳西边洛宁县的洛河中浮出神龟，背驮《洛书》，献给大禹；大禹依此治水成功，遂划天下为九州；又依此确定能够用来治理国家和社会的九章大法（"九畴"），流传下来而收入《尚书》，名为《洪范》。《易·系辞上》说："河出《图》，洛出《书》，圣人则之"，说的便是这两件事。

天上星座全都绕天轴转动①而画出圆形的视运动轨迹来，故古人称之为"天圆"；《河图》圆形，当出自"天圆"。大地丈量时，以直绳、直尺为方便，用笔直的沟渠来把大地划分为一块块时，便以方形最为省便，故称为"地方"；《洛书》方形，当出于"地方"。

从上图来看，《洛书》的确就像龟背的格局（见右图之上半），其实也正是大地上"井田"的格局（"囲"②）。

科学研究表明，结合方圆特征的"正六边形"的龟背状、蜂巢形格局（见右图之下半），其结构最稳定，受力最均匀，空间体积也最优化。

但"龟背（蜂巢）"不如正方形易于丈量和开沟渠，所以人间的"井田"

---

① 实为地球绕地轴自转，但在地球人眼中的观感，便是天空绕天轴在转。

② 此字可音"围"，音义同"圩"，当即"圩田"之象。而"圩田"其实就是圩区内的"井田"。

没有采取更为缜密的"龟背（蜂巢）"形，而是采取更为直捷了当的网格状的"井（囲）"字格局。这是对《洛书》"九宫格"的活学活用。

甲骨文"畴"字	《说文解字》中的篆体"畴"字	《六书通》中的篆体"畴"字

《洛书》九畴的"畴"字，其引申义为"类"。而此"畴"字的本意，其实就是井田状的"田"字（见上图）。"九畴"最初的本意，便是指用"井田"格局来划分田地为"九畴"（即九大区域、九大块、九大类），后来才引申出用来象征九类大法之意。

何以见得"畴"字的本意是"田"？《说文》："畸（畴），耕治之田也。从田，象耕屈之形。畕，'畸'或省。"徐锴《说文解字系传》："畕，象耕田沟诘屈也。"段玉裁《说文解字注》："隶作'畴'。"即"畕"字隶书写作"畸（畴）"。可见"畴"字本意就指已经耕种过的田地（也即"井田"）的田界；也即意味着不同农作物的种植分区；从而也就可以引申为"种类""同类"的意思，后人特地把"畴"字这个"类别"意改换其偏旁写作"俦"字，以示与指"田地、范畴"的"畴"字的字意相区别。

我们之所以敢判定"井田制"一定遍布全国的证据：一是"耕"字其实是象形文字①，象的是"耒"这种农具对"井"这块田地所作的耕种这一生产活动；其字又可写作"畊"。"耕""畊"这两个字中的"井"其实都是田（即"井田"）。而这两个字被全中国所共同遵用，其以"井"来代表"田"，因此"耕、畊"这两个字便是普天下（即全国）实行"井田制"的文字学上的实证。二是下文"（七）"证明"井田制"是治国的根本制度：国民的集体劳动，国家的财赋，军队的征兵，全都以"井田"这种制度作为基础来维系。"井田"便是春秋战国之前，我国公有制农业社会的根基所在②。当时规定"百井"这么大范围内的民众出一辆兵车（即一乘）来服兵役，而衡量一国军力的"百乘、千乘、万乘之国"的称呼通行全国，而"乘"是以井田制来作为"出'乘（即出兵车）'"的依据，因此

---

① 其为合体象形，不宜视为"人言为'信'、止戈为'武'"的会意字。

② 春秋战国以后，我国的农业社会演变成"小农经济"的私有制农业社会。

"百乘、千乘、万乘之国"的称呼，同样也就能从词汇学的角度来证明"井田制"在全国范围的存在。

而江南实行井田制的证据，便是江南种植水稻，稻田之水不能很深；而且稻田要高筑于水面之上（其实也是可以低于水面的，但要能在后期将积水排出，这种情况详见下文"五、（二）、6"引《吴都文粹》录郏亶之说，又参见第二章"四"论《吴越春秋》泰伯起城三百里便是围湖底成良田之说）。方能在水稻生长后期免除水淹。其田当是在高地上筑出半尺高的田埂来积水种稻，需要水时用瓮从低半尺的沟渠中提水灌溉（后来则有桔槔、水车等机械工具来提水）；一旦需要排水时，便在堤上锄开一个小缺口，便能泄水到低半尺的沟渠中，并不费事。所以水稻田其实要略微高筑，而且为了保证不受数年一遇乃至数十年一遇的洪水淹没，高筑半尺可能还嫌太低了些，所以需要估计发大水的水位，再高出此水位半尺为宜，这就导致稻田的田埂（而非田的表面）要筑得比较高。

而高筑的方法便是要开挖沟渠，使田下之沟可以挖得很深，有大水时可以充分积蓄，不致受淹；而挖出来的土又可以培高田基、田埂，避免水淹。元《无锡志》卷三"古迹"："阖闾城，在州西富安乡，相去四十五里。《越绝书》云：'伍员取利浦及黄渎土筑阖闾城。'"我们已经明白古人防御敌人用的城墙与防水用的堤防其实是一回事，造阖闾城其实和造堤坝并无区别，吴王命子胥造阖闾城便是开挖利浦（利港）与黄渎两条沟渠（实践中除了开沟渠外，也可以开挖水库），将其土取来供筑城之用。由此可见江南先民每造一段堤防，也就必定要在其旁出现一条人工河道（或一个人工水库）来。

古人云"有大山必有大河"，在江南便是有高堤必有深沟，"一阴一阳之谓道"[1]，两者相辅而相成。而古代田亩称为"畎"亩，其"畎"字为形声字，左侧的"田"为形傍，而右侧的"犬"是其读音。其字的另一种写法"甽"字便是象形文字[2]，画的便是"田"与沟（"巛"[3]）相共生的情景。换句话说，"甽"字之所以如此造字，便是远古时代田与沟相共不离的实证，即：有稻田便要有沟洫，而且是有高田埂便得有深沟渠；因此以水稻为主要作物的江南，肯定需要实行以沟洫排灌为核心的"井田制"。

2. 古井田制在江南曾经存在过的证明

---

① 语见《周易·系辞上》。

②其为合体象形，如同照相机般，拍下的是两个要素所构成的复杂图景。我们不宜把合体象形视为"会意字"，因为会意是意合而非形合。可惜所有的文字学家都把"形合字"视为了"会意字"，当被在天有灵的传"六书"的许慎讥笑其愚顽不灵。

③ 此即"川"字。

良渚时期江南到处被良渚国人，也即虞（吴）地、姚（越）地之人所占据[①]。吴泰伯到达江南后，首先得到荆溪（即"中江"）的越族人（即所谓的"荆溪蛮"）的拥护，就像当年江南地区的先民们把舜拥戴为酋长那样，又像"姚（越）地"先民把无余拥戴为酋长那样。而江南的越国人肯定要施行"井田制"，全境应当遍布"井田"这种先进的农业生产方式、人口组织形式和国家统治范式。

当时所用的井田制，在后世肯定会留有其痕迹。例如：伍子胥所造的苏州城如同棋盘格。其棋盘格的城池格局中的河道，绝对不是伍子胥建城时所开，而应当是伍子胥把吴王阖闾间的某一块井田作为吴王宫，然后把其周围的井田沟渠全部圈入城墙内，城墙便是用挖城脚下护城河之土堆筑而来。故而伍子胥所造的苏州城城内河道呈"棋盘格"格局，这其实就是苏州城源自农业用地"井田"的铁证。

又如：无锡城是"一弓九箭"的龟背格局，即以大运河为弓弦，以九条东西向的横河（"第一箭河"至"第九箭河"。其从惠山九峰流来，故为九道），作为此运河直弦上的九根箭。其实也就是在方形的井田格局上，画一个圈，把圈内的这块井田圈入城中，导致此圈中央南北走向的大运河这一"井田制"灌溉总渠为弦，圆的城河为弓背，井田中横向的九道横河成为"九箭河"。无锡城其实是宋以前就有，虽然其建造时圈作了正圆形，但根据其保留了明显的方形的井田制格局，其圈城的年代那肯定是实行井田制的先秦了。今按元《无锡志》卷一"城关"："《南徐记》云：'县，旧城基也。旧城，下筑濠，阔一丈五尺。'或云：旧罗城周回四里三十七步，子城周回一百三十步。宋乾兴初，县令李晋卿，重筑旧子城一百七十七步，东接运河，西距梁溪。考《吴越春秋》所称，乃太伯之古城，在今梅里。《南徐记》所载，即今之州城。"无锡在元代称无锡州，故其城在元代被称为"州城"，其实就是自古以来的无锡县城。其"子城（即县衙）"是北宋乾兴初年"重筑（重建）"，则其原来的城肯定是唐及唐以前就有了；有"子城"必定要有"罗城（即县城）"，所以子城以外的那圈圆圆的罗城应当也由来很古。这便是民国用来推广宣传无锡旅游景致的民歌小调《无锡景》中唱的"小小无锡景，盘古到如今，东南西北共有四城门呀。"其歌颂无锡城虽然小，但由来甚古，这句民谣当得自民间口碑，并非臆想之词。

同理，常州城的街巷，有很多也是"井田"的沟洫。例如城内有"物曲沟、中沟（西庙沟）、北邗沟、南邗沟、麻巷河"和朱雀桥处的"水沟沿"等，在城市化的进程中，未

---

① 今人愚顽不灵，以江南的越为夏代的无余创立，不知无余是以浙江南岸旧有的"姚（越）地"之名为国号；今人愚顽不灵，又以江南的吴国为商末的泰伯所创立，不知泰伯是以此江南"虞（吴）地"之名为国号。由此可知，早在虞舜及虞舜之前的良渚时代，乃至更早的马家浜、崧泽文化时期，长江三角洲便称为"虞（吴）地"，而钱塘江南岸便称为"姚（越）地"。

能像苏州那样作为"街河并行"的有河的"河街"给保留下来，全都湮废为路。又如常州城内的"北邗沟"与"南邗沟"，应当也是这种井田制农田沟洫的遗存。城内又有"磨盘河"，也是井田制沟洫的遗存。《道光武进阳湖县合志》书首"西右厢图"，南大街这条南北走向的路上有座南北走向的"世延桥"，桥下当有沟而淤塞成了平地，桥成了旱桥。前几年青果巷进行了考古，发现其巷东端往北的"正素巷"这条小巷为古河道，即此巷今天是陆地之巷，而在南朝至唐朝时尚为水巷（水沟与岸路并行），后来才彻底湮废成陆路。古代江南城市内的坊巷，其原型原本都是河（即"井田制"中的小型沟洫）；人们坐在船上，便可以坐着周游行走，轻松自如。

《晋书·殷浩传》："开江西畩田千余顷"，唐人何超《晋书音义》："《说文》：'畩，烧种也。'音'流'。案：通沟溉田亦为'畩'。"《越绝书·外传、记吴地传》："吴北野胥主畩者，吴王女胥主田也。去县八十里。"其田的种植法，便是先焚草，然后通入水来让烧过的草灰腐烂后作为肥料，然后种上稻谷，这便是上引《说文》所说的"烧种"，即烧田上的野草后再播种，古人谓之"火种"（先放火、再下种）。而南方所种的是稻，必须要开沟渠（稻谷的栽培需要大量的水），这便是上引何超所说的"通沟溉田"。因此，《越绝书》中说到的"畩田"，其实就是江南吴越之地以"沟洫"为核心特征的"井田"。

当经济动力积累到一定程度，也即商品交换发达到一定程度后，便可以把"井田制"中的沟洫连接起来形成运河；或是稍微借助自然湖泊而略为绕远，如苏北的邗沟便借道"射阳湖"而行，虽然绕远，但省去了开沟之力。而江南地区原本就有很多湖泊，江南又行船比走路为便，所以江南地区从原始社会以来便拥有了运河。

当然，有意把勾连起来作运河之用的自然河道给整治拓展为大运河，还离不开一个统治较大区域的强有力的政权。而良渚文化时期，钱塘江两岸便是同一个国度即"良渚国"，而且良渚国的统治实力很强大，稻产量多而有很大的富余，导致包括商品交换在内的经济活动有了长足发展，所以良渚完全有能力且有需求来开挖大运河。因此，舜和禹所处的良渚晚期的江南地区，便应该已经拥有了今天的江南大运河（其实正如本书最后一部分所言，在远古乃至先秦时代，江南大地上要开的运河，只是常州以西的"镇江—常州段"，因为常州以东是湖面，可以不用开河就有湖面可以行舟）。

然后，大舜和大禹，以及江南"吴地、越地人"（即良渚人）在舜和禹入主中原所建立起来的虞、夏王朝，及其后续的商王朝，继续沿用这一江南大运河。商末，泰伯前来投奔这一江南（长江三角洲）地区，最先落足于南京城南"小丹阳"处的梅里，然后迁到常州东北境大舜成都的"舜过山"下东南一百里处（相当于退避大舜之都三舍之地）的"梅里"立国①，建立起一个周长为三百里的水利堤防工程（即《吴越春秋》卷一所谓的泰伯"起城三百里"）。这就意味着：泰伯用这一 300 里长的堤防所围成的圩田区若是圆形的话（上文"五"是以方形举例，此处便以圆形举例。从常见角度而言，显然以圆形的可能性为大），其直径便是 100 里，在今天无锡的东境和苏州的西境；当时泰伯的国度便以其国都梅里为中心，以此百里为直径，后来才慢慢扩大开来。泰伯还特地从江南大运河的无锡城下东分一枝，形成以梅里为中心而连接起无锡城与苏州西北境蠡湖的"泰伯渎"，也即《越绝书》提到的"吴古故水道"中的中段，这一"泰伯渎"其实就是泰伯围 300 里堤所形成的井田制圩田区的横向主干渠"横塘"，其既是井田制的横向灌溉总渠，同时又是其圩田区的最大运河，但对于江南大运河而言，它只是江南大运河的一个分枝运河。

而"吴古故水道"西段由江阴利港渡江，然后溯江至广陵，这便是吴国早期立国的见证。因为：泰伯之时的吴国，其时尚未南扩到嘉兴一带，也未西扩到常州一带，故要走常州东侧的江阴境内的利港这一古芙蓉湖的入江孔道入江，然后溯江而上至广陵，这就隐约告诉我们：广陵这儿应当有水道可以通往北边的淮河与黄河流域，也即中原地区，这条从广陵出发的水道，便是邗沟的前身"古邗沟"。所以"吴古故水道"的终点在广陵，也就等于在宣告其时江北运河"邗沟"的存在。

我们都知道，溯江而上是比较困难的，吴古故水道的西半段为何要由距广陵很远的利港过江并溯江很远而上广陵？那就是因为吴国当时尚未扩展到西境，只有利港这条水道可以出江入海。而且"广陵"也是泛指的概念，即"广陵"地区。正因为此，西周第三代周天子周康王要封第五代吴君周章而周章铸宜侯簋来铭记此事，即：周康王封周章拥有此簋铭文中写明的"宜"地、也即后来此簋出土的今天江南大运河入江口的镇江丹徒之地，使周章得以名正言顺地来镇江丹徒之地镇守，从那儿古已有之的大运河过江，与广陵的邗沟无缝对接。

泰伯之所以不把吴国的国境往西扩展，那是因为尊重大舜"舜过山"而不愿与常州境内的越国原住民发生冲突，所以他选择不西扩而往东开发尚为滩涂沼泽的无锡东境与苏州西境之地。后来继任的吴国君主秉承周天子控制江南、征服越人的旨意，开始穷兵黩武，往西、往南开疆拓土；而其西北、其东南，便全都是原住民越人的国境（追随泰伯的"荆溪"也即"中江"两岸的蛮夷"荆溪蛮"本身也是越国人），所以和越国发生严重的对立冲突而成为世仇。但吴国由于有周天子作为后台，实力自然强大，占据优势，夫差时终于灭了越人所奉戴的、会稽山地区勾践家族的越国，只赐给越王勾践会稽山那一小块地盘，

---

① 由于小丹阳的梅里人（即"荆溪蛮""荆蛮"）追随泰伯来到无锡此地，所以此地仍以随迁部落的旧名"梅里"来命名，以示孝不忘本。

等于剥夺勾践家族对浙江南岸"越"地全境的统治权。但勾践卧薪尝胆最终反败为胜，灭亡吴国。吴国在扩张时期由于到了西境的常州与镇江地区，其水道自然也就要走今天的江南大运河"镇江—常州段"，从而与江北广陵那儿的邗沟无缝对接。所以泰伯时期"吴古故水道"西段由江阴利港渡江然后溯江至广陵，并不能证明泰伯时期"镇江至常州段江南大运河"的不存在。

3. 江南率先在全国出现"井田制"，是井田制的摇篮

由于北方小麦的生长最初需要水，后期反倒要避开水，因此沟洫系统在以小麦为主要作物的中原，其实并不需要；而在以水稻为主要作物的江南，则是极度需要。而且北方黄土高原的黄土太容易溶于水，在北方的黄土高原开沟，无疑会造成大量的水土流失，所以北方的黄土高原其实不宜大量开挖沟渠，而江南却很适宜开"井田制"这种纵横交错的密集沟渠。所以说唯有在南方而不是北方才有"井田"及其灌溉总渠大运河诞生，具体而言：江南一流的井田孕育了一流的运河，江南地区适宜于稻作文明的"井田制"催生了江南大运河。

江南地区钱塘江南岸的余姚河姆渡遗址，证明江南是亚洲乃至世界稻作文明的起源地。水稻的生长环境需要充足的热量、低浅的泽水、平坦的地形、便利的排灌，尤其需要大量的劳动力。稻作农业还需要明确的田块和田埂，田块内必须保持水平，否则高处种下的秧苗会受旱，低处种下的秧苗会受淹。稻作农业还必须要有一整套灌排设施，遭旱时有水浇灌，受淹时可以排渍，因为稻在生长时，水太多而淹过"稻眼"（水稻上方叶与茎的连接点的孕育幼穗的部位）时，六七天内便会使生殖与生长基本停止而枯萎，即便水退后结颗长穗，那也是不结谷实的空穗。因此水利灌溉与水稻栽培便相伴而生、不可或缺，既然江南地区在新石器时代就有了发达的稻作文明，也就意味着其当同时拥有发达的沟渠体系——井田制。

而江南地区地形低洼，沼泽遍布，为使沼泽地区适宜于水稻的生长，太湖流域的百姓发明了前面提到的良渚及其先民"挖沟渠（或水库）来筑土堆墩"的方式。即：大量开挖沟渠，将挖出来的泥土堆筑成比地面高的田埂，然后再往里面灌水，形成水田，从而可以在水田内种植稻株。在需要排水时，便开闸把这水田内的积水放入沟渠①（当然，远古未必有牢靠的闸，可以在堤埂上凿开一个小缺口放水，或堵住不让外水淹入）。这就形成两类事物：一是大量的人工河道与池塘，二是大量高于水面的水田。这些河塘、水田一开始是各自为政的杂乱无章的布局，但在强有力的部落联盟政权出现后，便会合理地按照

---

① 此种水田要比所开沟渠的地势高些。当然也会有水田低于沟渠的例子存在，详下文"五、（二）、6"。

"井"字格来规划，以求获得最集约化①的效果。于是便在江南地区，率先于全国而出现了"井田制"。

江南地区率先于全国而出现井田制，这是有文献记载作为依据的，即《吴越春秋》卷四"越王无余外传第六"言：大禹治水成功后，会计（即开庆功总结大会）于绍兴会稽山，以不忘本作为理由（"吾获覆釜之书，得以除天下之灾，令民归于里闾。其德彰彰若斯，岂可忘乎？"），定都于绍兴，然后大禹便在绍兴这儿治理国事并最后安葬于此。《吴越春秋》在言大禹定都于绍兴后的治国业绩时，特别提到："造井示民，以为法度。"《说文》："井，八家一井。……古者，伯益初作井。凡井之属皆从'井'。"可见"井"（据下文考证便是指"井田制"而非"水井"）最早从江南地区推广到全国。

上引文字中说的"井"肯定不是指造水井。古往今来的所有人，全都认为这《说文解字》是在说伯益发明了井，即八户人家共用一口水井。一般人都认为伯益发明的井是打水用的水井，也有少数人认为伯益发明的是捕兽用的陷阱。当然，打水用的水井和捕猎用的旱井都是在地上挖深坑，没有本质的区别，两者出现的时间应当差不多而同样早。

但大禹之前的帝尧时代，已有老父唱《击壤歌》："日出而作，日入而息；凿井而饮，耕田而食：帝力于我何有哉？"宋代高承《事物纪原》卷八"井"引《世本》云："黄帝正名百物，始穿井。"《太平御览》卷一八九引："《周书》亦曰：黄帝作井。"《史记·五帝本纪》也提到禹之前的大舜时代便有了井："瞽叟又使舜穿井。"现在的考古也发现了早于大舜、大禹及其助手伯益所处时代（距今四千年前）的水井，比如：大禹之前几百年的良渚时代，便已大量挖井，再往前一两千年的河姆渡时代，也已经有井出现。总之，无论是文献、还是考古，全都表明大禹之前便已有水井存在。

水井首先在长江三角洲的河姆渡和马家浜、崧泽遗址中被发现，可见水井首先就起源于地下水位极高的江南地区，后来这种采水方式，才逐渐流传到地下水位低的黄河流域及其他地区。究其原因，便是长江下游的长江三角洲地区由于地势低洼，地下水位高而水量丰富，一般情况下，开沟、挖坑到1米多深处，便会有地下水（"九泉"）涌出，所以挖井工程量小而容易开井，这就导致江南地区水井的出现远比地下水位高的中原地区出现水井的时间要早很多。同时，由于长江下游的史前遗址大多分布在7000年前刚刚海退所形成的低洼而濒海的平原上，虽然周围河湖沼泽遍布，但其水体与海相通，受潮汐的影响很

---

① 集约化，指在最充分利用一切资源的基础上，更集中合理地运用规划和管理，充分发挥人力资源的积极效应，提高效益和工作效率。

大，致使河湖水体的盐份很高，苦卤而不堪饮用，无法在此生产、生活。所以，人们迫于生存，便要开始有目的地利用天然的（或人工开挖成的）"积水坑"，以及人工开挖成的"浅井"这两种方法，来获取生活、生产所必需的淡水资源。水井的发明，不仅为人类提供了清洁的生活用水，而且还扩大了人类活动的地域范围，为开发利用没有地表淡水资源的区域创造了有利条件。

水井发明的巨大意义在于：有了水井，人们定居的地方，便不再局限于江河旁边的台地，而可以在远离江河的地方定居生活。水井不但是农村人生产[①]、生活的重要保障，也是城市赖以生存和发展的重要基础设施。在我国古代文献中，经常出现"市井"一词。唐代学者张守节在《史记正义》中说："古者未有市及井，若朝聚井汲水，便将货物于井边货卖，故言'市井'。"

由于井解决了人们的生活用水，先民们便围绕饮水的水井筑房居住，"井"因而与"乡"同起义来，"井里"与"乡里"便是同义词，古文中"背井离乡"便是远走他乡的意思。居民们集中的地方，常常设置买卖之所，因此而称商业区为"市井"。《字汇·二部》："井，市井。市，交易之处；井，汲之所。古于汲水处为市，故称市井。"水井召唤着人们去晨汲，商贩也到井边人多的地方去做买卖。乡间的集市、城中的市肆，商贩和购物者云集，市场便得以形成。可见，在市场乃至城市的形成和发展过程中，井的功劳不可忽视。

《公羊传·宣公十五年》"初税亩"句，何休有注："一夫一妇受田百亩，以养父母妻子，五口为一家，公田十亩，即所谓十一而税也。庐舍二亩半。凡为田一顷十二亩半，八家而九顷，共为一井，故曰井田。……井田之义：一曰无泄地气，二曰无费一家，三曰同风俗，四曰合巧拙，五曰通财货。因井田以为市，故俗语曰'市井'。"画线部分证明：农村地区会孕育形成按井田划分的集市，"市井"的前身便是井田，这种"因井田以为市"的农村集市称之为"市井"。凡是地处交通要道上的农村井田，商品贸易的频繁程度所带来的收入超过了农业生产，使得此处的居民可以通过行商坐贾的手工业生产和商品贸易活动来养活自己，再也不用农业劳作了，于是此处便日渐脱离农业而走向商业化，这个地方便由农村的集市发展成为小型的市镇；如果其地处于非常重要的交通孔道上，其商品经济的发展动力将更加强劲，便能最终孕育成中小型城市乃至大都市。

城市棋盘格的坊巷，其实最初便是农业化的井田，后来因交通的缘故人流聚集，此井

---

①水井是生活的保障，大家都能理解；其为生产的保障，可见上文"（二）"汉阴老人入井汲水灌田的故事。

田的住户于是日渐"去农业化"而可以靠手工业、商业为生。为了保卫此地聚焦起来的房屋地产和物资财富免受强盗抢劫和战乱破坏，于是圈起城墙来，原先的"井田制"沟渠便成为城中的水巷（沟渠是水道，两岸为街巷，合称"水巷"），后来因水道淤塞而成为只有陆路没有水道的坊巷。所以，城市的棋盘格坊巷，其前身应当就是井田农业区，故"市井"的"井"字其实也不一定是水井招致人流、商流的聚焦，而是点明任何"市"的前身就是"井田"，即上引何休注所谓的"因井田以为市，故俗语曰'市井'"。

　　何休此注可证今天的城市，是源自原始社会的某块井田制区域日渐脱离农业而走向商业化的产物；城市内纵横交错的棋盘格式的街道，其实就是井田制格局的残留。两座城市相隔百里，正是古人一日舟程，两城市交界处的边境上常有大的集市，正好相隔五十里而古人走了半日舟程正好需要在此用午餐。这就是《周礼·地官·遗人》所载的："凡国野之道……五十里有市，市有候馆，候馆有积。"如常州与丹阳这两座城市之间的奔牛有市，便是伴随两城之间的"井田制"干渠这一今天的大运河而产生。奔牛有市甚为古老，上引《周礼》记载的便是中国人所特有的、起自亘古、符合天理的天人合一的社会模式，焉能不古老？城市以外的近郊、远郊（古称近郊为"郊"，远郊为"野"）的道路上，两市之间的距离为 50 里，"候馆"是有楼而可观望的房屋（"候"即观察、守望之意，一望有无战火，二望有无失火），"积"是积存谷物等物资的地方。不难看出，原始社会直至先秦，城邦通往四方的道路上，星罗棋布地分布着一个个市场，它们都是"井田制"中某一井田区域地处交通孔道而逐渐告别农业化、走上商业化的产物。由于水路靠撑竹篙行舟，船在水上航行摩擦力极小，所以一天可以走百里，而陆路行走劳累艰辛，一天只可以走水路的一半即 50 里，上引文献便点明是"国野之道……五十里有市"，即陆路上是五十里便要过夜而有大城市，而水路则可以百里而有过夜用的大城市，其五十里处是中午用饭的大集镇。

　　而且从春秋开始，由于水陆交通的发展，全国大小市场全都日益紧密地联系在一起，不仅中原地区如此，中原地区的市与周边少数民族的经济联系也在发展之中。关于中原地区市场之间的联系和通商情况，《管子·揆度篇》说："百乘之国，中而立市，东西南北度（估计）五十里。一日定虑（计划），二日定载，三日出境，五日而反。百乘之制轻重，毋过五日。……千乘之国，中而立市，东西南北度百五十余里。二日定虑，三日定载，五日出境，十日而反。千乘之制轻重，毋过一旬。……万乘之国，中而立市，东西南北度五百里。三日定虑，五日定载，十日出境，二十日而反。万乘之制轻重，毋过二旬。"

　　这是说，百乘之国，中央立市，四周边境估计为五十里路，一天订计划，两天装载货物，三天内就可以出境；五天后便可以返回。所以，百乘之国根据邻国物价贵贱去经商赚钱，仅需五天便可以来回一次。千乘之国根据邻国物价贵贱去经商赚钱，十天内便可以返回。万乘之国根据邻国物价贵贱去经商赚钱，二十天可以返回。这一记载反映了春秋中叶以后，各国市场的联系和商人跨城邦经商的实际状况。

在各地"市"之间联系加强的情况下，全国各地的物资便可以在全国范围内流通起来《左传·襄公二十六年》载："杞梓皮革，自楚往也，虽楚有材，晋实用之。"《管子·小匡》也说：商人"服牛辂马，以周四方，料多少，计贵贱，以其所有，易其所无，买贱、鬻贵。是以羽旄不求而至，竹箭有余于国；奇怪时来，珍异物聚。"这说明：通过市场的交易，可以得到其他地区有用和珍异的物品。

《荀子·王制篇》说："四海之内若一家"，"通流财物粟米，无有滞留，使相归移（转移）"，"北海则有走马、吠犬焉，然而中国得而畜使之；南海则有羽翮、齿革、曾青、丹干焉，然而中国得而财之；东海则有紫絈、鱼、盐焉，然而中国得而衣食之；西海则有皮革、文旄焉，然而中国得而用之。"总之，经过春秋时期的发展，到了战国时，国内大小市场纷纷形成，并且彼此联系起来。这使全国各地的物产、特产都可以流通起来。这种状况为后来中国的统一提供了重要的经济条件和物质基础。从这个意义上说，春秋、战国"市"的发展、大小市场的形成和彼此联系在一起，有重大的进步意义，并对以后中国历史的发展有着深远影响。

而江南地区水道纵横，陆路难通，全靠舟船，这也就是江南段大运河在先秦之前乃至更早的尧舜禹之前必然已经出现的根源所在。

而且上引《吴越春秋》称大禹所造之"井"是一种"法度"（"造井示民，以为法度"），法度就是制度。因此，上文所说的"造井"，肯定就是在说"井田制"这种制度始于大禹，因为其是言"造井示民，以为法度"，而水井并没什么制度值得一提（造井的规范无非就是井的造型和制度，普通人根本用不着关心，只有匠人才需要关心）。《越绝书·外传、记地传》中也说："井者，法也"，也把"井"字训释为"法"度，则这儿的"井"字便只可能是"井田制"，而不可能是水井或陷阱。《越绝书·外传、记地传》就是《越绝书》的外传部分中有关越地名胜的记载，"井者，法也"的原文是：禹"因病亡死，葬会稽。苇椁、桐棺，穿圹七尺，上无漏泄，下无即水。坛高三尺，土阶三等，延袤一亩。……禹知时晏岁暮，年加申酉，求书其下，祠白马，禹井，井者法也，以为禹葬以法度，不烦人众。"据画直线者"禹井……以为禹葬"，则后人全都误会大禹葬在一个井一般的洞穴中，即所谓的"禹穴""禹井"，以洞穴、井穴（即如井的洞穴）来理解禹所葬之井的形制（然如此的话，禹当是竖着葬下去的，显与中华的葬俗完全不同，故知"禹井"是井状直立墓之说荒谬绝伦）。其实"井"当作"法度"也即"井田制"来解，禹应当安葬在会稽山下的一块"井田"中，此井田因葬大禹而名"禹井"，安葬时按照上引文字中画浪线部分的制度来办，从这画浪线部分也就能知道大禹并没有安葬在井里，而是在平地（即"井田"）上挖一个七尺深的坑。由于其地处会稽山麓，水位比平地水位要深很多：平地挖一两尺便会有水冒出来，此地挖了七尺仍未见有水，然后再在其上筑起三尺高的封土来。由于安葬用的是"苇椁、桐棺"，所以只需挖七尺深、堆土三尺高，坟头只占十步见方而得一亩面积[①]，故而非常节俭，所以说"禹葬以法度"而"不烦人众"（即禹的葬法不会增加民众的麻烦、负担）。因此《越绝书》"禹井，井者法也，以为禹葬以法度"句，末句是指用"井"这种法度来安葬大禹，这段文字便是"井"为井田而非水井的实证，同时也破解了后人认为禹葬于井穴而题"禹穴"两字的天大的误会，指出禹当安葬在会稽山麓某处百步见方的井田或梯田上。因此上引《吴越春秋》大禹在江南绍兴地区"造井示民以为法度"，及《越绝书》记载绍兴会稽山禹井（大禹所葬的"井田"）"井者法也"的记载，便是"井田制"作为国家立国的大法制度（即相当于今人所谓的"土地法制度"）诞生于江南的实证。（按：绍兴会稽山地区也属于"江南"的范畴，大禹安葬在绍兴会稽山，就是安葬在江南。）

此处文献提到要以"井"为法度，而水井不可以作为法度，井田制却是"体国经野"的治国大法（相当于国家立国的"土地法大纲"）。故《说文》"井，八家一井。……古者，伯益初作井。凡井之属皆从井"，而"耕、畊"字意为耕田而字形上皆从"井"字，段玉裁特为上引画线部分作注："此古'井田'之制"也，指明"井（八家一井）"说的不是八家共用一口水井，而是《孟子》所说的八家共处一"井（井田制单位）"的"古'井田制'制度"。伯益作为大禹的臣子，水井显然源自良渚及良渚先人马家浜、崧泽时代的江南地区，在大禹之前就已存在，所以伯益所造的"井"，乃是耕田时耕的"井田"（"耕、畊"两字便表明用"耒"耕的是"井"田），而不是汲水用的水井，所以"井田制"始于大禹和伯益，而大禹与伯益其实都在舜帝的领导下，所以"井田制"的推行也是大舜的功绩。

《淮南子·本经训》："伯益作井，而龙登玄云，神栖昆仑。"高诱注："伯益佐舜，初作井，凿地而求水[②]，龙知将决川、漉陂池，恐见害，故登云而去，栖其神于昆仑之山。"这段文字很重要，一是画线部分表明：伯益在舜之时便已开始推行"井田制"，所以大禹为帝时便是把井田制定型完善后向天下推行（按《吴越春秋》言大禹定都于绍兴后"造

[①]十步见方，则边长为十步，面积为一百平方步。而一亩为宽一步，长百步，面积也是一百平方步，故十步见方为一亩的面积。

[②]所谓的"初作井，凿地而求水"表面看上去似是挖口井，其实是开"井田"形成沟渠，为的是引水。当然江南地区地下水位很高，挖下去1米便能看到地中有水渗出，也即引文所谓的凿地出水了。

井示民，以为法度"，故知是大禹在大舜禅位乃至逝世后才向全国推广）。因此，向天下推行井田制不光是大禹的德政，也是其先帝大舜的德政。二是表明此井能"决川、瀹陂池"。由于开一口水井显然不会伤及川、陂，唯有实行"井田制"，才会大范围地改变川原的地貌，化沼泽为良田，所以沼泽中的龙神才会害怕受到伤害，而远避到人迹罕至的神山"昆仑山"。因此，黄帝时有了水井，而大舜时命伯益推广、大禹命伯益完善的"井田制"，便是中国第一次全境域范围内的土改，大大提高了生产效率，农业更加容易获得丰收，所以龙神即便为之远避其害，也当为之兴奋才对。

其实井田制也不出自舜的时代，因为年代为东汉晚期的著名家族祠堂"武梁祠"中的"黄帝像"旁题有"造兵、井田"的榜文（见下图[①]左侧题榜："黄帝多所改作：造兵、井田，垂衣裳、立宫宅"），证明"井田"起源于更为古老的黄帝所处的 5000 年前的新石器时代。而"井田制"的核心，便是以"井"字形的沟渠体系来分割田块，即《周礼·天官冢宰》所谓的"体国经野"，郑玄注："体，犹分也；经，谓为之里数"即加以测量，即按照一定的距离来等距离地划分全国的耕地。

北方种小麦，喜旱，其最初种田时没有必要开挖"井田制"那般由小到大层层累进的密集型沟渠，唯有水稻种植，才需要配套这种密集型的水利灌溉沟渠。而水稻种植的发源地在江南，北方不宜种稻；而且大禹又是在江南的绍兴会稽山地区，命令伯益把"井田制"在江南乃至全国推广开来，这就更加证明江南是"井田制"的发源地。

井田制的确立始于舜、禹、伯益。而任何一种制度都不可能一朝一夕产

① 见《黄帝长啥样？早在 2000 年前就有了》，http://sh.qihoo.com/pc/95eaca0a9f9bcca ec?sign=360_e39369d1。

生，大禹命伯益制作的"井田制"，也不可能是一种完全意义上的创立，而应当是吸取其所在的江南地区故有的"井田制"做法，将其完善定型后推广到全国。

则"井田制"在大禹之前的大舜时代，乃至更早时期便应当已经出现。而出现之地肯定就在大禹最初最初汲取此地该项制度经验而由此地向全国推广的江南地区。

因此，由上述禹命益由江南向全国推广"井田制"的记载，便可知晓：舜的老家江南地区应当就是"井田制"的发源地。

而"井田制"就是用沟洫来分割田块，"井田"的"井"字正是江南种植水稻田的象形表达。而禹又"尽力乎沟洫"，水稻田又起源于江南，所以"井田制"沟洫体系也就成为江南大运河的起源，第一条运河出现在江南地区也就丝毫不会让人感到奇怪了。

4. 大禹治水的一个重要内容便是开井田沟渠，把农田建设与水利建设有机结合起来

中国农业文明的时代便是水利社会的时代，大禹治水的一项重要内容便是开井田沟渠，其实证便是《论语·泰伯》中孔子言大禹"卑宫室而尽力乎沟洫"，即大禹拼了命地搞水利建设，就算吃不好、住不好也全不介意。

大禹治水，率民众与滔天洪水作搏斗固然是大禹的能耐，别人无法夺走；但他在治水中开辟"井田"沟渠这一伟大的农田水利业绩，正如上文武梁祠榜文所说，"井田制"这一制度其实可以追溯到古史传说中的黄帝时代。黄帝时代是我国从原始社会向阶级社会过渡的时代，私有制逐渐产生，部落（部族）之间的战争开始频繁起来，故有"造兵"之说。但当时大规模开发长江、黄河两大流域的低平地区，必须依靠集体的力量来修建农田沟洫系统；为了维护这种公共经济职能，不能不限制土地私有制的发展，从而导致"土地公有而私耕"的农村公社的建立，这就是原始的"井田制度"。史称黄帝"明民共财"（《国语·鲁语上》），经过他的治理，使"田者不侵畔，渔者不争隈"（《淮南子·览冥训》），这应该理解为建立了农村公社的份地制。以后，虞舜解决了"历山之农侵畔"的问题，使之"畎亩正"（《韩非子·难一》，也即《史记·舜本纪》所言的"舜耕历山，历山之人皆让畔；渔雷泽，雷泽上人皆让居"）；大禹治水，"尽力乎沟洫"（《论语·泰伯》）；夏王朝建立后，又"以设制度，以立田里"（《礼记·礼运》）。所有这些，都反映出以"份地制"和"沟洫制"两相结合为特点的"井田制"的延续和发展。

甲骨文中的"田"字，详下文"（七）、1、（3）"，便是区划整齐的方块田形象，说明我国的方块田制度已经有很久远的历史。为什么中国上古时代会形成方块田的形制？这是和修建沟洫系统的需要有关。因为在同样面积的土地中，以方块田的周边最短[①]。在中国古代井田制中，土地的经界和沟洫系统是完全结合在一起的，采用"方块田制"修建而成的沟洫系统，因同样周长，方形面积可以最大，于是做成方田，开沟工程量最小面积却最大，故而也就最简便易行。

从周代的材料看，井田制下的田是有一定亩积作为标准的。步百为"亩"（其为一步宽、百步长的长条形，面积为一百平方步），亩百为"夫"（上述一百个长条形便构成一个百步见方的方块形田，面积为一万平方步），以此来作为农民份地的"一夫"（也即一"田"，面积为百亩），这正是一个正方形的地块（百步见方，面积百亩，是为一"夫"所耕之一"田"）。这种方块田的份地应当由来已久。甲骨文中"田"字形象所反映出的就是"沟洫制"与"份地制"相结合的井田制的特征。正如马克思在《给查苏利奇的复信草稿·三稿》中所说："如果你在某一个地方看到有垄沟痕迹的小块土地组成的棋盘状耕地，那你就不必怀疑，这就是已经消失了的农村公社的地产。"（《马克思恩格斯全集》第19卷，人民出版社1963年版。）可见周代的井田制其实是从原始公社一直延续下来的，而非周代才有。马克思在大英博物馆坐34年冷板凳，皓首穷经，阅读了大量珍贵的人类文献，其所得出的结论并非其个人的见解，乃是汲取众多名家智慧后的完美总结，由此也就意味着江南的井田制起自新石器时代的原始公社时期，则作为井田制横向主干渠的江南大运河肯定也就是新石器时代的产物。

有关西周时期的排水沟洫的记载，见于《周礼·遂人》《周礼·匠人》，下文"（七）"之"1"与"2"分别有引，其是否有必要分为灌溉与排水这两套复合系统呢？《周礼·稻人》说："稻人掌稼下地，以潴蓄水，以防止水，以沟荡水，以遂均水，以列舍水，以浍泄水。"东汉经学家郑玄的解释是："潴"是蓄水陂塘，"防"是环陂塘的堤，"荡"是输水的干渠，"遂"是配水的支渠，"列"是稻田中停水的畦，而"浍"则是排水渠。[②]可见西周时稻田中已有灌、排两套沟渠系统。由于排灌不可能同时，有排时不必灌，灌时不必排，所以一沟便可排灌两用，西周的沟洫系统并不存在排灌两套系统，应当是一套沟洫系统在需排时排、需灌时灌，《周礼·稻人》所言当作如是观。

---

①这是把圆形和四边以上的正多边形给排除在外了。因为土地一般不会规划成圆形和四边以上的正多边形；一般的土地都会规划成矩形，而同样面积的矩形以正方形的四边周长为最短。

②上引《周礼·稻人》见1980年中华书局版"十三经注疏本"第746页，其郑玄注曰："郑司农说'猪、防'以《春秋传》曰'町原防，规偃猪'。以列舍水，'列'者非一，道（导）以去水也。以涉扬其芟，以其水写（泻），故得行其田中，举其芟钩也。杜子春读'荡'为'和荡'，谓以沟行水也。玄谓：'偃、猪'者，畜流水之陂也。防，猪旁堤也。遂，田首受水小沟也。列，田之畦畛也。浍，田尾去水大沟也。"末句是指构成大块田边界的大沟，可泄水。

　　而一渠兼有灌、排两种功能的渠道系统，是否也可上溯到大禹时代？答案也是肯定的，因为从大禹到西周，稻作的生产方式没有变，西周的稻作排灌系统肯定也与大禹时代一脉相承。《史记·夏本纪》记述大禹治水成功后，"令益予众庶稻，可种卑湿。"即大禹治水时，命令伯益和农官稷，在大片低湿地区推广喜水耐涝的稻作物。而卑湿之地显然就是江南，稻作地区在大禹时代更是在江南而非中原（因为中原以种麦为主），这也是证明"井田制"由江南逐步推广到全国的一个实例和佐证。

　　江南地区的稻作文明和与之相配套的沟洫水利工程，便是横亘江南大地上的"江南大运河"的真实起源。以常州段为代表的江南大运河，其真实的历史起源，便是遍及江南大地上的井田制的主干渠。

（七）井田制度的具体内容

　　《孟子·滕文公上》："方里而井，井九百亩。其中为公田，八家皆私百亩，同养公田。"《说文解字·井部》："井，八家一井。"段玉裁注："此古'井田'之制。"学者们普遍的认识认为，上述文献中的"井"字说的就是商周时代的"井田制"，即商周时期的统治者为了便于对老百姓管理，实行"井田制"，将一里见方的土地划分为九个区，形同"井"字（"囲"），每区百亩，八人各分一区耕种，其中央百亩则作为公田，由八家来共种、同养。

　　其实"井田制"是上古时代的一种土地制度（上引马克思的论述可资为证），而不只限于商周时期。它以一里见方的九百亩（即"九顷"）土地划分为九区（每区百亩即一顷），形同"井"字，故名。"井田"不仅和"井"字形似，更与前面提到的水井所形成的居住区"市井"有密切关系，实际上就是古人聚井而居的居住方式，以及共用一口水井之人聚集起来作为一个耕作单位的劳动方式和人户管理方式。

　　井田制其实是一种具有综合功能的社会经济制度，兼有耕作方式、租税制度、宗族制度、军事组织、村落形式等多方面的综合内容，可以说是当时人类社会的基层细胞。《孟子·滕文公上》对"井田制"的内容做过这样的描绘："死徙无出乡，乡田同井。出入相友，守望相助，疾病相扶持，则百姓亲睦。方里而井，井九百亩，其中为公田。八家皆私百亩，同养公田，公事毕，然后敢治私事，所以别野人也。""野人"显然就是不以井田来规划田地的杂乱而无章法的未开化的农民和农田耕作区。唐代杜牧《塞废井①文》也对"井田制"做过这样的认识："古者井田，九顷、八家，环而居之；一夫食一顷，中一

---

　　① 指堵塞废弃的水井，见杜牧《樊川文集》卷三。

顷树蔬、凿井，而八家共汲之。所以籍齐民①而重泄地气②。"

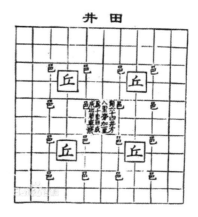

井田制示意图

根据《孟子》书中的阐述，加上后人对下文"3"所引《周礼·地官·小司徒》的表述，再加上笔者自己一些合理的理解和推测，古人的"井田制"是以四井为一邑，四邑为一丘，四丘为一甸，一甸共64井。井田制的劳役地租的税率是"什一"（十分之一），八家实际上一共经营公私田共880亩（一周亩约折合今亩的0.328市亩），其余20亩则为水井、屋舍、菜田等所占的不种粮的生活用地。

每户人家100亩，中间那块100亩之田扣除居住等用途的20亩，只有公田80亩，八户共种，每户10亩，所以每户人家种100亩，而另种再种10亩公田，数量相当于自家100亩田的十分之一，故税率与西方献给上帝的"什一税"完全相同，这是证明东西方文化同源的重要标志。

在这一井田制度下，每家以八口计，八家共64口，他们"出入相友、守望相助，疾病相扶持"，以公共水井为中心，组成了一个自然村落（不妨称之为"八家村"）。当时的凿井主要供同部落人饮水之用，随之便形成了人们聚井而居的生产生活方式；当时的开沟，主要供同部落人生产之用，随之便形成了人们共此一井而加以劳作生产的"井田制"的生产生活方式。

上文"（六）、3"所引史书《吴越春秋》和《越绝书》如此郑重其事地记录到大禹创造并推广"井"这一法度（"造井示民"），可证井田制这一制度应当完善定型于大禹时期；之前虽有井田，但都没有大禹发展得那么完善。我们可以从先秦与汉代儒家传承并讲述给后人的"井田制"的制度，来推想大禹所制定的完善的井田制度。

从形式上看，井田制就是利用沟洫体系（水利沟渠）来把农田划分为相等面积方块田的一种土地疆理制度。其在内容实质上，就是把土地划分为等额的"份地"来分配给农民，并定期对"份地"的分配作"重分式"调整（即重新分配份地）的一种土地分配

①齐民，即平民。籍，一指登记造册，二指征集、征税，此处当指后者。籍齐民，即向平民们征公田之税。

②开井便相当于在大地身上吸其血，会耗泄地气，所以只能八家共开一井，尽量把开井数量削减、控制到很小限度。

制度和份地占有制度。

从上引马克思的结论来看，井田制无疑就是原始社会以公有制为基础的"农村公社"的土地制度及其诸多变种形式。从原始社会到三皇五帝、尧舜禹、夏商周，全都以"井田制"这一根本的土地制度来作为立国、治国、兴国的基础，并且根据这一根本的土地制度来确定国民的租赋而形成"租赋制度"，确定民众的组织形式和聚居形式而形成"井邑制"与"国野制"相配套的城乡管理制度。而这一土地制度中最原始的表现形式"份地制"和"沟洫制"，则是"井田制"贯穿始终而不变的最本质的特征所在。而"份地制"本身还伴随有"轮换休耕制度"。今对井田制的具体内容详述如下：

1. 份地制与轮换休耕制

《周礼·地官·遂人》："遂人掌邦之野，以土地之图经田野。……以岁时稽其人民，而授之田野。……辨其野之土，上地、中地、下地，以颁田里：上地，夫一廛，田百亩，莱五十亩，余夫亦如之；中地，夫一廛，田百亩，莱百亩，余夫亦如之；下地，夫一廛，田百亩，莱二百亩，余夫亦如之。"此言份地制。

《周礼·地官·大司徒》："凡造都鄙，制其地域而封沟之，以其室数制之：不易之地，家百亩；一易之地，家二百亩；再易之地，家三百亩。"此言轮换休耕制。

（1）份地制

周代土地法以"一田"为单位，一田为一百亩，而一亩为一步宽、一百步长的一个长条形，一田百亩为百步见方。周代一步长六尺，周代一尺折合为营造尺的六寸四分，一步合营造尺的三尺八寸四分。横竖均一百步的方形便是一百亩，约合营造亩24亩6分。田与田中间，乃至每一大片井田之间，必须以沟渠及沟上之路所代表的各种疆界来区分。疆界其实就是可供排与灌的水渠，及此水渠岸上供农人上田通行用的小路和供车通行用的大路。《诗经·小雅·信南山》说："我疆我理，南东其亩"，指的就是田间的疆界。

"井田制"的划分土地之法，就是把田野按照三百步见方的标准划分成一个个大块[1]，每一个大块内再分割成九块，每一块为百步见方，然后每一块内再划分成长条状的一百块，即一百亩。所以三百步见方的一大块井田（即一"井"）为900亩，每个百步见方的一块便是100亩（即一"田"），每个长条块便是一"亩"。这就是《周礼·天官冢宰》所说的"体国经野"之法。

---

[1] 凡是未按此标准开发的田便称"野田"，其上的农民便称"野人"。没有礼法和规矩称之为"野"，体现在种田上便是不按井田制来组织耕作。

然后国家再把这种规划得井然有序的田地（"井田"），按照一定的授田标准，授给每户人家耕种。计算户制、赋制和军制时，便以授田的家数来计算：正方形的九家（或长方形的十家，下详）为一井，一井中的诸家要互相配合着劳动耕作、兴修水利，共同承担赋税、劳役和兵役，"一井"其实就相当于后世的一个自然村，看上去是九家村，但考虑到其田要休耕：如果是一年一休耕（即上引《周礼》所言的"一易之地，家二百亩"），便是四家村或五家村；如果是二年一休耕（即上引《周礼》所言的"再易之地，家三百亩"），其实也就成了三家村。

周代及周代以前的虞夏商三代便实行这种平均分割土地后授田的"份地制"。关于这一点，战国、秦汉以来的学者全都众口一辞，如《逸周书·大聚》记载周公叙述周文王的德政，便谈到："分地、薄敛，农民归之"；《荀子·王霸》引《传》云："农分田而耕。"所引之《传》，其实就是当时仍在流行的、旨在解释某部经典的古书。古老的历书《夏小正》中也有"农率均田"的记载。这些不约而同的"均田（均分份地）"的说法，表明均分份地不可能没有现实依据；换句话说，"均田分地"应当就是当时的现实情况。

甲骨文中"田"字的形象，反映出当时（并可以追溯到比甲骨文所处的商代更为早远的原始社会），耕地被划分成若干方方正正、面积相等的地块，这显然是为了适应农民平均分配份地的需要。为了平均分配份地，首先就要制定好划分疆界的合理尺度（一般是百步）和划分疆界的比较牢靠的地物（指沟渠及渠上路途这类地物作为分界线）。孟子说"夫仁政必自经界始"，《周礼》屡言"体国经野"，说的都是这个意思。

甲骨文中有"疆"字古代写作"畺"，其为象形文字，所象之形便是在土地上划出界画来，也即划出份地的疆界来。

份地的疆界备受人们重视，《国语·周语》说人民要"恪恭于农，修其疆畔，日服其镈，不解（懈）于时"，《礼记·月令》说农民在孟春之月要"皆修封疆，审端径术"，这都是夏商周三代"份地制"留下的痕迹。战国时仍然实行授田制，云梦秦简和银雀山汉墓《尉缭子》竹简便是明证[①]。这种制度当然不是某个早晨突然从地上冒出来的，而是之前的

①1975年湖北省云梦睡虎地秦墓竹简的出土，其秦律中有《田律》，讲到授田制度："入项刍稿，以其受田之数"云云，其所讲到的按户授田来承担相应的赋税的制度，与文献记载相合。又如《尉缭子·原官篇》："均地分，节赋敛，取、与之度也。""均地分"三字今本误作"均井田"，此据山东临沂银雀山汉墓出土的《尉缭子》竹简改正。

尧舜禹乃至更早的原始社会的"份地制",在新的历史条件下的一种延续①。孟子有关三代"井田租税制"的追述,或许会有他美化的理想成份在内,但从孟子治学的人品而言,大体应当是可以信据的。

总之,《孟子》《周礼》中有关"经野、分田"的设计应有所本,其所依据的便应当是当时流传于口碑或仍在实行中的古代"井田制"的实情。

（2）轮换休耕制

除了前引《周礼》所言的"一易、再易"以外,何休为《公羊传·宣公十五年》"初税亩"句作解诂时亦提到:"司空谨别田之高下善恶,分为三品:上田,一岁一垦;中田,二岁一垦;下田,三岁一垦:肥饶不得独乐,墝埆不得独苦,故三年一换土、易居。"近年出土的银雀山竹简《田法》也提到,应鉴别土壤的美恶,"巧(考)参②以为岁均计,二岁而均计定,三岁而壹更赋田,十岁而民毕易田,令皆受地美亚(恶)口均之数也"③。赋即赋予、颁布,也即分田到户;"三岁而壹更赋田"即何休所说的"三年一换土、易居",这就表明:在相当长的一段时期内,份地不但要平均分配,而且还要据田美恶而定期重分。

在《孟子》和《周礼》中,我们看不到"换土、易居"的明确记载,但《周礼·地官·遂人》说"以岁时稽其人民而授之田野",这应当既包括达到受田标准的人来领受人生的第一份份地,也当包括领份地后份地的经常性调整。《孟子》一书没有提到轮休与轮换耕地,不代表他不知道这一点,也不代表当时已经不实行这一点,只是孟子在书中没有必要也没有机会提到罢了。所以我们不能据此认为《孟子》与《周礼》所反映的已不是份地制的原初形态、而是份地制发生变化后的情形。

---

①如杜佑《通典·州郡典·雍州风俗》载:"按周制:步百为亩,亩百给一夫。商鞅佐秦,以一夫力余,地利不尽,于是改制二百四十步为亩,百亩给一夫矣。"可见秦的按户授田制度并非从商鞅变法开始,而是商鞅在前代已有成法的基础上改进而来。最简单的道理,商鞅时要种田,之前也要种田,而种田就要有疆界和分田,所以商鞅时的疆界分田法当和远古一脉相承而有所变易。我们不当割裂历史,以疆界与分田为核心的"井田制"乃有文字记载的商周或春秋战国时期才开始;那只是文字记载到而已,早在有文字记载之前,这种以疆界与分田为核心的井田制便当早已存在。

②巧,当是"考"之误。考参,当即今人所说的"参考"。

③《银雀山竹书〈守法〉〈守令〉等十三篇》,载《文物》1985年第4期。有人认为份地最初是年年重分,《夏小正》记载一年一度的行事,因为其正月提到"农率均田",似乎夏代年年要重新均分田地,夏代以后才逐渐发展成为三年重分一次。其实《夏小正》记载的是:视各家是否要换田的情况来定,如果某年要换田则在正月举行,如果此年不必换田则此项政事便可不举行;由于份地质量参差不齐,各户人家情况不一,但全国来说,每年都会有人家其田要分。从《田法》记载来看,土壤肥力有不同等级,如果土壤肥沃,可以不用轮休,年年耕种;如果土壤一般,则一年一轮休;如果土壤贫瘠,则需要种一年而休耕三年。由于有美田、中田、恶田的差别,为了利益均沾,便三年要轮换一遍,十年保证要全部更换完毕。

由于地广人稀，加上古代没有肥料，需要长草后将草烧死，然后大水漫灌将草灰浸泡腐烂，以此来积绿肥，这就是古人所谓的"火耕、水耨"，也即《月令》所谓的季夏"烧薙行水"。所以授田的时候，也就需要多授田以供轮休之用，这也是商鞅变法要改以前的周制一夫授田百亩为授田240亩的原因。后世用粪肥田，提高了地力，所以也就可以连续耕种而不必休耕了。

又由于田有美恶之分，于是又有诸家轮换所分田地的制度，让诸家无论美恶全都共沾其利，做到公平合理，体现出一种平均主义的公平精神。

以上是以"一夫受田百亩"作为基准，然后按照土地肥力高低的差别，配以数量不等的休闲田。《周礼》的授田制，田、莱搭配互易，其实就是农学上的休闲耕作制，这在先秦其他文献中也可以找到印证，如《诗》《易》中的"菑、新、畬"，就和《遂人》田百亩、莱五十亩的耕作制度相契合。而《月令》季夏"烧薙行水"和《周礼·秋官·薙氏》所记载的"薙氏掌杀草。春始生而萌之，夏日至而夷之，秋绳而芟之，冬日至而耜之。若欲其化也，则以水火变之。掌凡杀草之政令"，便都是"休闲田"（即"休耕田"）中的农事活动。休闲耕作制在西周春秋时代普遍存在，到战国时代才逐步被田地肥力提升后（指用粪肥田而非积绿肥后）的"连种制"所替代，只有瘠薄的田才继续实行休闲制。[1]孟子井田方案中没有提到休闲田，也许体现出的就是战国时代肥力提升后不休耕的时代烙印。

（3）井田制有"正方、长方、三角形"田块之别

井田制的田块未必全都是"三三得九"那种正方形的田块，也可以是"二五得十"形成的一个长方形田块。

甲骨文中的"田"字			
▦ 通常的"田"字	▦ "三三得九"的正方形地块的"田"字	▦ 像"二五得十"的长块形地块的"田"字	▦ 像三角形"圭田"状的"田"字

井田制城外的"郊"（近郊）"野"（远郊）之田，便是三百步见方的方田，城内之田便是只有其一半大小的三角形的田，古称"圭田"。这是因为：井田制的最小单位在城外是"方田"，城内因面积有限，所以划分成三角形的"圭田"。这种圭田既有可能是等腰三角形，更多的则是普通的锐角三角形，反正其底边为三百步，高为三百步，而高未必就在

---

[1] 以上参见李根蟠《西周耕作制度简论——兼评对"菑、新、畬"的各种解释》一文，见《文史》第十五辑，北京：中华书局1983年版。

底边的正中央，而可以偏在底边的任意位置上，由于底边长度与高长度相同的三角形面积只有矩形的一半，所以"圭田"的面积只有矩形"方田"的一半：方田为一百亩，圭田便是其一半而为五十亩。可见"方田"和"圭田"的底和高的规格全都相同、统一，只是由于圭田是三角形，所以其面积只有矩形方田的一半。

城外的井田是豆腐干式的四边方正的"方田"，其基本形式为□□□□……，而城内的"圭田"是三角形的不方不正之田，其基本形式为△△△△……。[①] 井田的每一块"方田"长百步而宽百步，"圭田"的每一块田的底边长百步而高为百步，两者在尺度上等同。但井田为方田，故一田为百亩；圭田为三角形（不规则形状的地，全都可以分割成若干个三角形），故一田为五十亩。

"圭田五十亩"也可以反证出井田的每块田是百亩而非千亩（或900亩）。《说文》"田"部云："畦，田五十亩曰'畦'，从田，圭声。"并有后人的注音"户圭切"，可见其音与"辉"相近而音义与"圭"相通，而与今音"奇（其）"不同。"井田"是给城外郊野地区的民众们耕种的产粮区，而"圭田"则是给城内大夫及其子孙种菜用的田地（即"采邑"，也即"禄田"）。

田中收成，国人（即平民）上交十分之一，而被征服者（即被征服国家的平民）则出十分之五，奴隶则要出十分之十（即奴隶没有余粮）。上交的公粮全部作为公共开支和国家积储之用。

2. 沟洫制

井田制的田与田之间要用沟洫分隔开，这既是界限，同时也是排水和灌水用的类似人体输"血"的孔道。故造字时，将其字造作带"血"字的"洫"字。从这个角度来说，井田制便是中国古人智慧地从人体血液系统中获得灵感的"仿生学"的水利杰作。

井田制表现为田块都成"井"字格。"井"是沟洫水道与沟上的陆道，与上文"（一）"所附"太湖环湖溇港圩田示意图"中江南地区水田"沟渠纵横"的格局正相吻合。"井田"源自江南，已有上述所考证的大禹之事作为例证；"畊、耕"两字皆从"井"，便可证明当时天下的田全都是"井"字格，两者相加便可证明井田制由江南推广到全国；而后世把上古文献中的"井"字理解为汲水用的水井，或挖矿用的矿井、捕猎用的陷阱，失之浅矣。

---

① 参见《周谷城史学论文集》，北京：人民出版社，1983年版，第453~457页。

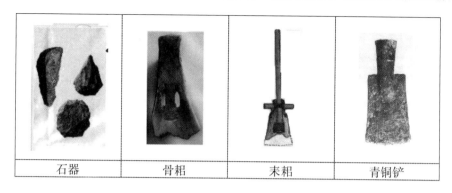

| 石器 | 骨耜 | 耒耜 | 青铜铲 |

《周礼·考工记·匠人》载："匠人为沟洫，耜广五寸，二耜为耦，一耦之伐，广尺、深尺谓之'畎'。田首倍之，广二尺、深二尺谓之'遂'。九夫为井，井间广四尺、深四尺谓之'沟'。方十里为'成'，成间广八尺、深八尺谓之'洫'。方百里为同，同间广二寻、深二仞谓之'浍'，专达于'川'：各载其名。"可见古人"体国经野"化荒地为良田时，必须与水利方面的开沟渠相并行。

"耜"（见上图）是汉族古代曲柄而可起土的农器"手犁"，是用来翻土的工具，样式和现代的铲子相似，用这种原始农业工具的时代便称为"耜耕农业"时代。

由于耜的标准是宽五寸、深五寸。两人耦耕，把两把耜并靠在一起一同起土，便是广一尺而深五寸，再往下掘一次，便能由五寸深挖到一尺深了。古人所言的"一垈^①土"便是广五寸、深五寸，两人耦耕两次挖出四垈土来，便是广一尺、深一尺，这样所开的沟渠便称为"畎（畝）"。这便是每亩田（即一步宽、百步长的长条形田）之间所开沟渠的标准。

方百步的一块方田（"一田"、也即百亩田）之间所开的沟渠，其宽深当各加一倍，即二尺宽、深，其沟被称为"遂"。

方一里（三百步）的"一井"的方田（即九百亩田），与另一"井"方田间开的沟渠，则当再宽深一倍，即四尺宽、深，其沟渠命名为"沟"。

方十里也即"一百井"方田（即九万亩田）之间的沟渠，当再宽深一倍，即八尺宽、深，相当于一人张开臂膀那么宽、一人身高那么深，所开之沟称为"洫"。

方百里也即"一万井"方田（即九十万亩田）之间开的沟渠，再宽深一倍，即16尺（二寻）宽、14尺（二仞）深，相当于两人张臂那么宽、两人身高那么深，其沟便称为"浍"，其规模已经差不多达到大河（即自然河川"川"）的模样了，的确也能连通到自然界的大河了，或者径直就利用自然界的大河来作为"浍"也是可以的，即"浍"有可能就是"川"。但经过与下文《周礼·地官·遂人》对读后制表，方才发现"川"是"浍"更

---

　　① 垈，同"垡"，读音fá，指耕地翻土，或指翻耕挖出来的一个土块。

上一级沟渠而有"三寻"24尺宽、"三仞"21尺深，相当于三人张臂那么宽、三人身高那么深。

上述"畎（畋）、遂、沟、洫、浍、川"六级沟渠，逐级加宽并加深，这样也就能在水稻后期需要排水而稻田水位又高于田外自然河流水位时，形成一个可供排水用的水位差，从而可以逐渐排水，最终排入自然大河。同时也可以在缺水时，在自然河流的水位高于稻田时，引自然大河之水，逐级向田内灌输，从而满足稻株的灌溉需要。就像人体的血液从大动脉通往中动脉，然后分头进入各毛细血管，形成对田野整个水系的滋养。应该来说：井田制的排和灌是同一个沟洫系统，并不存在两套系统，主要是通过自然形成的内外水位差（即涝时，田内高于田外的自然河流；旱时，田外的自然河流高于田内无水的田床）；或在水位差相反时，通过人力或机械力（如桔槔、水车），在田内水位低于田外水位时排田内之涝，在田内水位高于田外水位时抽水灌田。"井田制"即便放到现代来说，也称得上是通过科学规划所营造出来的符合天理（指仿照人体血管的仿生学原理）所建造出来的完善的水利灌溉系统，能充分保证农田在平年与水灾、旱灾之年都能获得丰收。

以上说的还只是"九夫为井"这类"井田"情形，此外还有一类是"十夫为井"的井田，即《周礼·地官·遂人》："凡治野，夫间有'遂'，遂上有'径'。十夫有'沟'，沟上有'畛'。百夫有'洫'，洫上有'涂'。千夫有'浍'，浍上有'道'。万夫有'川'，川上有'路'，以达于畿。"

郑玄注："遂、沟、洫、浍，皆所以通水于川也：遂广、深各二尺，沟倍之，洫倍沟，浍广二寻、深二仞①。径、畛、涂、道、路，皆所以通车徒②于国都也：径容牛马，畛容大车，涂容乘车一轨，道容二轨，路容三轨。"

秦朝马车的宽度一律为6尺，即人走一步的距离（古代6尺为一步）。当时的一尺是23.1厘米，车宽也就是1.386米，正是今人一步的长度（古人的一步相当于今人走两小步，古今人的身高大致相同，所以古今人的步伐应当相同而没有大的差异）。

"一夫"就是百步见方的一块田（即一百亩田），也即"九夫为井"中的一夫之田。一夫之田，也就是一个壮年劳动力所能或所要完成的种田数，其为百亩，所以百亩便称为"一夫之田"。

---

① 八尺为寻，十尺为仞。
② 车，车行；徒，徒步行走。车徒，路中供车行，两边供步行。

"九夫为井"是方田（三百步见方的正方形田），此"十夫为井"的规划便是"二乘以五"的一个长方形的田块，这也是不难规划的。其累进的情况与上引《周礼·考工记》相似，具体详述如下：

一夫之田（一百亩）内的小沟为"甽"（即亩与亩之间的田沟称"甽"），广尺而深尺，其上之路应当也是一尺宽，只能供一人行走，如果迎面两人交会则要侧身而过（因为两脚并拢差不多有半尺，人肩膀为一尺宽左右，所以此路只能供一人行走；两人迎面交会时，两人都必须把身子向外倾斜一下才能通过），而牛和车子全都走不了（牛马两足的间距、也即其肩宽，超过了一尺）。

而"一夫"之田（一百亩）外，环绕以宽、深均为二尺的沟渠"遂"，其上有小路应当也是二尺宽，称为"径"，可以走牛马（两尺可以胜任牛马行走时的两足间距也即牛马肩宽了），或者可供两人并行或迎面擦肩而过。【今按："一夫"为方百步的正方形之田。】

"十夫为井"，也即一个"二乘以五"的长方形田块（一千亩）之间，有宽、深四尺的"沟"，其上之路应当宽至四尺，称为"畛"，可以走一辆大车（牛车或马车），或者可供四人并行或迎面擦肩而过。【今按："十夫"为"一夫"这个方形按"二乘五"排成的一个长五夫、宽二夫的长方形，由于一夫为 100 步长，所以"十夫"便是长 500 步、宽 200 步的长方形。】

"百夫"之田，也即"十夫"按"二乘以五"所排出来的更大一个正方形田块（一万亩），"百夫之田"与"百夫之田"之间，有宽、深八尺的"洫"，其上有宽至 8 尺的单车道"途"，可以走一辆战车（轨长 6 尺，两边各空一尺距离当是供人也即步兵步行）。【今按："十夫"为长五夫、宽二夫的长方形，"百夫"为"十夫"这个长方形按"二乘五"排成的一个长十夫、宽十夫的正方形。由于一夫为 100 步长，所以"百夫"便是长 1000 步、宽 1000 步的正方形。古代 300 步为一里，所以"百夫"之田为 3.3 里见方的一块井田区域。】

"千夫"之田，即此百夫之田再按"二乘以五"所排出来的一个更为宏大的长方形田块（十万亩）之间，有宽 16 尺、深 14 尺的"浍"，浍上有宽至 16 尺的双车道"道"，可以两辆战车并行（双轨长 12 尺，两旁各空 1 尺供人也即步兵行走，同时车与车之间又可以空 2 尺以免突出在外的车轮之轴相碰撞）。【今按："百夫"为长十夫、宽十夫的一块正方形，"千夫"为"百夫"这个方形按"二乘以五"排成的一个长五十夫、宽二十夫的长方形。由于一夫为 100 步长，所以"千夫"便是长 5000 步、宽 2000 步的长方形。】

"万夫"之田，即此千夫之田再按"二乘以五"排出的一个最为宏大的正方形田块（百万亩）。"万夫"之田间，有自然的大川分割，川上有宽至 24 尺的三车道的"路"，可以三辆战车并行（三轨长 18 尺，两旁各空 1 尺供人也即步兵行走，以及车与车之间保持2尺车距以免轮轴碰撞)。【今按："千夫"为长五十夫、宽二十夫的长方形，"万夫"
为"千夫"这个长方形按"二乘以五"排成的一个长百夫、宽百夫的正方形。由于一夫
为100步长，所以"万夫"便是长10000步、宽10000步的正方形。古代300步为一里，
所以是33里见方的一块井田区域，相当于是一个小的城邦国家。九块这样的"万夫之
田"按"囲"排布就相当于后世百里见方的一个县。**然后将每个万夫之田四等分，即下图
中的一个"田"字格**；特别是正中间那个万夫之田四等分后归属四方，就能把一县分为四等分，
每一等分便相当于古人所谓的"县"下面所设的一个"郡"；见下文"4、（7）：四郡便成为一个
县，也即古代一个方圆百里的诸侯国。其构想详见左下图。】

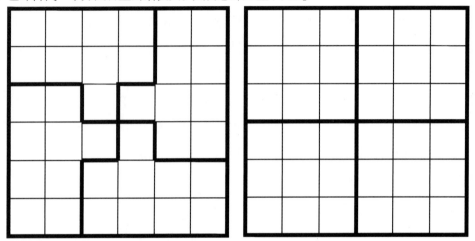

【当然也可以把形状调整得更为方正规整，即一郡为50里见方，即《左传·哀公二
年》："克敌者，上大夫受县，下大夫受郡"句杜预注："《周书·作雒篇》：千里百县，县
有四郡。"陆德明《经典释文》："千里百县，县方百里；县有四郡，郡方五十里。"其形
制如前页右上图。】

"以达于畿"的"畿"，就是古代天子（也即古代最大的封国）所领的千里见方的地
面。"畿"本意就是疆域和界域，《诗经·商颂·玄鸟》："邦畿千里，维民所止"，毛《传》：
"畿，疆也。"此处"川上有'路'，以达于畿"说的便是："体国经野"这一分割田野的
建置工作的最高单位，便做到此最高级别的"万夫之田"的浍和路为止。再往上，便由
这"万夫之田"的万步见方相互并列。由于一个"万夫之田"为33里见方，于是横向排
33个"万夫之田"，纵向排33个"万夫之田"，即纵横共排1089个"万夫之田"，便能达
到天子所领的"千里邦畿"的界线了。由于9个"万夫之田"可以形成一个百里见方的邦
国，扣除中间分隔用的道路，所以天子"千里邦畿"内可以分封约100个邦国（即100个
县，即上引《经典释文》所言的："千里百县，县方百里；县有四郡，郡方五十里"）。

由此可见，"万夫之田"往上，不再按"二乘五"的格局来设立新的建置。即"体国经野"的建置只从"一夫之田"到"十夫""百夫""千夫""万夫之田"为止，共有五个层级。这与人一只手只有五指，人的面孔上只有五官，上天只有日月以外的五星（五大行星），中国人只定构成世界万物的基本要素为"五行"（金木水火土）而全都用五分法有关，这与中国人视"五"乃最符合"天理"之数的文化传统有关。究其根本，仍是人手不多不少正好有五指，所以最初古人是用"五进制"来看待世界、计算世界；后来才根据两手有十指而晋级并发明出十进制来看待和计算世界。总之，"体国经野"的建置遵从中国人"五"为"天理"的朴素观念而只有五级，再往上便不再设立建置，而是由最大的井田制单位"万夫之田"作为基本板块相互并列、拼合，纵33而横33，一直排布到天子"邦畿千里"的边境线上为止。

把这个体系与上文《周礼·考工记·匠人》的"九夫为井"的体系两相对照，便能看出："九夫为井"的"方百里为同"的"浍"只对应"十夫为井"中的"千夫有浍"。换句话说，"方百里为同"当是川。所以《周礼·考工记·匠人》的文字实当改为："方十里为'成'，成间广八尺、深八尺谓之'洫'。十成为终①，终间广二寻、深二仞谓之'浍'。方百里为同，同间广三寻、深三仞谓之'川'。"（画线部分《周礼·考工记·匠人》原文作"方百里为同，同间广二寻、深二仞谓之'浍'，专达于'川'"，而跳过了《汉书·刑法志》"成十为终"、下引《司马法》"十成为终"这一等级，且误其界限"浍"为"同"之界限"川"。）

《周礼·考工记·匠人》"九夫为井"只言"三三得九"的方形井田制有沟作为界划来分隔，未言沟上之路，据《周礼·地官·遂人》"十夫为井"的"二五得十"的长方形井田制沟上有与沟相平行的道路来看，前者沟上也应当有路，后者弥补了前者未言之秘，今将这两种井田形制的沟渠体系两相结合，互通有无，制成如下之表。

同时《周礼·地官·小司徒》"九夫为井，四井为邑，四邑为丘，四丘为甸，四甸为县，四县为都"郑玄注引《司马法》，对于《周礼·考工记·匠人》"九夫为井"有进一步的补充："《司马法》曰：六尺为步，步百为亩，亩百为夫，夫三为屋，屋三为井，井十为通。通为匹马，三十家、士一人、徒二人。通十为成，成百井、三百家、革车一乘、士十人、徒二十人。十成为终，终千井、三千家、革车十乘、士百人、徒二百人。十终为同，同方百里，万井、三万家、革车百乘、士千人、徒二千人。"今亦将其相关文字加〖　〗附

---

① 下引《汉书·刑法志》作"成十为终"。

于下表第③列中,其"井十为通"为其所独有,故单列一行。

	《周礼·考工记·匠人》"九夫为井"体系			《周礼·地官·遂人》"十夫为井"体系		
序号	①	②	③	④	⑤	⑥
类别	井田之沟洫	井田之路	井田该沟路所围的面积	井田之沟洫	井田之路	井田该沟路所围的面积
最本原而无建置	广尺、深尺谓之"甽"。	【同⑤之分析。】	【宽一步而长百步为一亩,其为井田制的最小单元(相当于是井田制的细胞)。】〖六尺为步,步百为亩〗	【其沟的名称与宽深均同①。】	【其上之路不详何名,应当也是1尺宽,仅供一人行走,牛和车全都不能行走。】	【同③。长百步而宽一步,为"一亩"。】
第一级建置	广二尺、深二尺谓之"遂"。	【其路的名称与宽度均同⑤。】	【方百步的一块方田称为"一夫",即授给一户(也即一个壮年劳动力)的田,称"一田";其为百亩,乃井田制的最小单位(相当于井田制的最小分配个体、最小份地)。】〖亩百为夫。〗	夫间有"遂"。【其沟的名称与宽深均同①。】	遂上有"径"。【2尺宽,可以走牛马,或者两人并行、擦肩而过】	【同③。长宽均百步而为"一夫"百亩。】
第二级建置	井间广四尺、深四尺谓之"沟"。	【其路的名称与宽度均同⑤。】	九夫为"井"。【"一井"即一里(300步)见方的方田,"一井"为九百亩。比⑥小"一夫"百亩。】〖夫三为屋,屋三为井。(此是以三年一休耕计,每屋也即每户授田三夫;一井为三家村。)〗	十夫有"沟"。【其沟的名称与宽深均同①。】	沟上有"畛"。【4尺宽,可以走一辆大车(牛车或马车),或者四人并行、擦肩而过。】	【"一夫"这个方田按"二乘以五"排成长五夫(500步)、宽二夫(200步)的长方形田,为"十夫"一千亩。】
			〖井十为通。〗即"一井"这块方田按"二乘以五"排成一个长1500步、宽600步的长方形田,为十井,即九千亩。			
第三级建置	成间广八尺、深八尺谓之"洫"。【即一人张臂宽、一人身高深。】	【其路的名称与宽度均同⑤。】	方十里为"成"。【"一成"即十里(3000步)见方的方田,为一百井,九万亩。是⑥的九倍。】〖通十为成,成百井。(即"一通"这块长方田按"五乘以二"排成边长3000步的方田。)〗	百夫有"洫"。【其沟的名称与宽深均同①。】	洫上有"涂"。【8尺即一人张臂那么宽,单车道,可以走一辆战车,轨长6尺,两旁各空一尺距离供步兵步行。】	【"十夫"这个长方田,按"二乘以五"排成的一个长宽均十夫(1000步)的正方形,为3.3里见方,"百夫"一万亩。】
第四级建置	终间广二寻、深二仞谓之"浍"。【即二人张臂宽、二人身高深。】	【其路的名称与宽度均同⑤。】	十成为"终"。【"一终"即"一成"这块方田按"二乘以五"排成一个长15000步、宽6000步的长方形田,为一千井,即九十万亩。是⑥的九倍。】〖十成为终,终千井。〗	千夫有"浍"。【其沟的名称与宽深均同①。】	浍上有"道"。【16尺即二人张臂那么宽,双车道,可以两辆战车并行,双轨宽12尺,两旁各空1尺供步兵行走,轮轴间又能空出2尺距离以免碰撞。】	【"百夫"这一方田按"二乘以五"排成长五十夫(5000步)、宽二十夫(2000步)的长方形,为"千夫"十万亩。】

	《周礼·考工记·匠人》"九夫为井"体系			《周礼·地官·遂人》"十夫为井"体系		
序号	①	②	③	④	⑤	⑥
类别	井田之沟洫	井田之路	井田该沟路所围的面积	井田之沟洫	井田之路	井田该沟路所围的面积
第五级建置	同间广三寻、深三仞谓之"川"。【即三人张臂宽、三人身高深。】	【其路的名称与宽度均同⑤。】	方百里为"同"。【"一成"即百里（30000步）见方的方田，为一万井，即九百万亩。是⑥的九倍。】【十终为同，同方百里，万井。】	万夫有"川"。【其沟的名称与宽深均同①。】	川上有"路"。【24尺即三人张臂那么宽，三车道，可以三辆战车并行，三轨宽18尺，两旁各空1尺供步兵行走，轮轴间又空2尺距离以免碰撞。】	"千夫"这个长方田按"二乘以五"排成的一个长宽均百步（10000步）、的正方田，为33里见方，"万夫"一百万亩。】
再往上无建置①	专达于"川"。【川即自然河川，其为三人宽、三人深以上的自然河道，是井田制的最大划分单元。】【同右：再往上无建置，由第五级建置纵横排列即可】			以达于"畿"。【指由33里见方"万夫之田"横向排33个，纵向排33个，纵横共排1089个"万夫之田"，便能排满天子的"邦畿千里"而达到天子所领的"邦畿千里"的边境线上为止。】【此是言天子所领的千里见方之地"畿"，如果是诸侯国所领的百里见方之地"同"，则见下。】		
	【百里见方的诸侯国"县"，其即上表第五级建置左侧的"同"，则由该级右侧33里见方的"万夫有川"的"万夫之田"纵向排3个、横向排3个，纵横共排9个方形而呈"囲"字状。】					

下图 A 为《周礼·考工记·匠人》"九夫为井"体系，图中一小格为"九夫为井"之一井，左上角那个网格状正方形便是"百井为成"之一成，其外那圈长方形便是"十成为终"之一终，而最大的那个正方形便是"十终为同"的一同，即"百里为同"。

该图 A 中横向、纵向均为 100 格，而为百里见方的诸侯国（"县"），也即"十终为同、百里为同"的一同。此百里见方的诸侯国可以由 33 里见方的"万夫之田"纵向排 3 个、横向排 3 个而为一同。即图 A 中最大的方形"同"横向纵向皆作三等分，纵横共排 9 个方形而呈"囲"字状。

---

① 遵中国古人"五"为天理的传统，所以再往上无有建置。

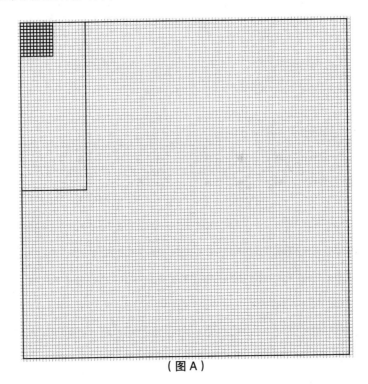

（图 A）

再下图 B 为《周礼·地官·遂人》"十夫为井"体系，图中一小格为"十夫有沟"，比图 A 一格"九夫"大一夫。其图左上角"丰"字状的正方形便是"百夫有洫"（为图 A 网格状正方形"成"的九分之一），其外那圈长方形便是"千夫有浍"（为图 A 长方形"终"的九分之一），最大的方形便是"万夫有川"的"万夫"（为图 A 最大正方形"同"的九分之一）。

由于图 B 只画到"十夫"为最小单位，整张图没有正方格"田"字格组成的"井（囲）"字形格局，但图中未画出来的每一夫其实都是由十个小方块（即"十夫"）组成；若将每一夫的十个小方块都画出来的话，则图中最大方形边长便是 100 夫，其整个格局便到处都是图 A 那种"田"字格组成的"井"字形。即图 B 的最大方形其实就是图 A 最大方形的九分之一：即图 B 中最大方形纵向排 3 个、横向排 3 个，纵横共排 9 个方形而呈"囲"字状便是图 A；也即将图 A 边长各三等分为"囲"字状的九块，其中每一块便是图 B 的最大方形。所以我们不能说图 B 的"十夫为井"没有井田格局。只不过图 A 是以正方形为单元格的井田（"九夫为井"），图 B 是以长方形为单元格的井田（"十夫为井"）。

图 B 的一小格为"十夫"，图 A 的一小格为"九夫"。

图 B 左上角那格"丰"字状正方形仅相当于图 A 左上角那网格状正方形的九分之一，

即图 A 左上角那 10 乘以 10 共 100 小格的正方形每一边三等分所成的九个方块中的一块正方形，便相当于图 B "丰"字状正方形的面积。图 B 最大方形的面积只有图 A 最大方形面积的九分之一，即图 B 最大方形九个，才抵得上图 A 那个最大的方形。换句话说，图 A 最大方形的边长三等分所成的九个方块中的一个方块，便是图 B 的最大方形（也即上文所说的"万夫之田"）。

　　图 B 左上角那个长条矩形便是图 A 左上角那个长条矩形三等分所成的九个方块中的一块，也即图 A 左上角那个长条矩形的九分之一。

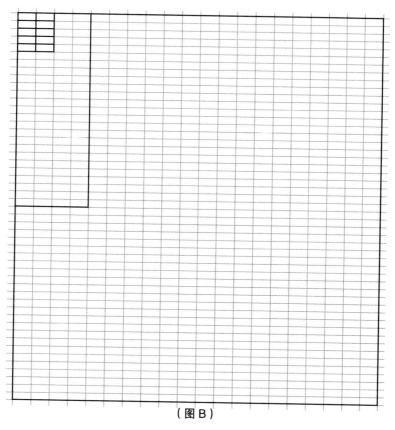

（图 B）

　　《周礼·地官·遂人》《周礼·考工记·匠人》这两者五级沟渠的名称与顺序全都相同，但《遂人》"沟"在十夫之田（呈长方形）之间分割，推行于城外远郊乡野处的行政单位"遂"（即"乡遂"）；而《匠人》"沟"在九夫之田（呈正方形）之间分割，推行于城外近郊的卿大夫的采邑"都鄙"。[①] 前代学者习称《遂人》所载为"沟洫法"，《匠人》

---

　　① 下文 "3. 以'井田'为根基的国家赖以维生的户口与赋役制度"（即以春秋时期的做法为例，以见古人如何据"井田制"定田赋与兵役），则论此说恐非是。

所载为"井田法"，其实都是井田制两种不同的格局形式，并非两者一者乃井田制而另一者非井田制的区别。

根据"九夫为井"是以正方形为单位来拼成大的正方形，而"十夫为井"是以长方形为单位来拼成大的正方形；从前者纯以正方形拼合显得非常规整来看，"九夫为井"当是后起之秀，而后者以长方形拼成正方形的"十夫为井"当是比较古老的排法。因为越往后发展，形制会越加规整，我们据此判定"十夫为井"当是古法（夏商之制），而"九夫为井"当是后来的周代之制。所谓"革命"，就是要在制度上与前朝有所不同；而夏商用"十夫为井"的古法，周革商命，自然就要改用不同且更规整的"九夫为井"的做法了。[①]但也并非如此，因为只有这两种井田法，商用长方形法，则其所革的夏便当用正方形法，两者互为更替，所以难定两者哪一个更早。况且十夫虽为长方形，但最终能拼出正方形来，所以九夫与十夫哪个更早实难定论。而且根据本小节末尾引《左传》夏少康"有田一成，有众一旅"语与"九夫为井"反倒相合来看，则"九夫为井"反倒是夏代古制，而商更以"十夫为井"之制，周代再复夏代之制。而且更有可能是夏、周皆是近郊用九夫为井、远郊乡野用十夫为井；商革夏命则反之，近郊用十夫为井，远郊乡野用九夫为井。

古代兵民一体、军政合一，田制与军制配套一致。从甲骨文中的有关材料来看，商代的军队组织采取十进制，故其数字如"百、数百、千，数千，万，数万"，皆以十为倍数。周代有的军队组织似以九为基数，其最小数为三，故《史记·周本纪》称武王伐纣时，有"甲士四万五千人"，是"三"和"九"的倍数。这也就证明上文所说的"二五相乘"而来的"十夫为井"的长方形为单位的方形"井田制"乃是古法商制（由于商革夏命，夏必不如此，故不可言夏商之制如此）；而"三三相乘"的"九夫为井"的正方形为单位的方形"井田制"又似是周制（周革商命故与商不同）。由夏少康与周武王相合，即夏、周两朝相合，看来似乎是夏用"九夫为井"的正方形，商革夏命要与之不同，故用"十夫为井"的长方形，周革商命，由于井田制只有两种选择，所以只能选"九夫为井"的正方形，又恢复到了夏制，这也就是所谓的"否定之否定"。

"井田制"的沟洫体系集"排、灌"于一体，大雨则排之，旱则下闸、筑堰[②]，车水以

---

① 后代的改革旨在与前朝有所不同：如果前朝不完善，则其会改良得更为精密规整；如果前朝已是精良规整，则后朝的改变反倒会走向质朴古拙。

② 上古可能无法造闸，主要用堰来封堵：需水时据开一口，不需水时将此据口用草包泥堵塞。

灌之①。关于这一点是肯定的。我国上古存在农田沟洫体系的证据有很多。②《论语·泰伯》说大禹"尽力乎沟洫"，《尚书·益稷》说禹"浚畎浍距川"，都是指修建田间排水的沟渠。甲骨文中"田"字的形象，在一定程度上也反映出农田沟洫的存在。"宜侯簋"铭文中也有"锡土，厥川（甽）三百囗"之语③。《尚书》《诗经》等文献中有关作疆畎的记载更多。"畎"是"井田制"田间沟渠体系中最小的排水之沟，《匠人》贾公彦《疏》云："井田沟洫之度，起于垄中之畎。"挖"畎"挖出来的土堆在两边田面之上，形成高垄④，这就是"亩"。畎亩是相互依存的。上古把耕地称"畎亩"，这表明沟洫制在当时不是个别事物，而是普遍存在的，单言"亩"字其实也就包含"畎"字的意思在内。

"畎"与"亩"不可分离，沟洫体系是我国上古田亩制度中固有的有机组成部分。周代文献中有"东亩""南亩"之称，表明田亩沟洫布局要因地制宜。其见《左传·成公二年》所谓："先王疆理天下，物⑤土之宜而布其利，故《诗》曰：'我疆我理，南东其亩。'"所谓的"东亩""南亩"，便得名于与"亩"相辅相成的"畎"的排水流向。

中原乃至中国的地势大体上是西北高、东南低，河水总是向东流或向南流⑥，沟畎排水也就顺应此种地势，所以"畎"内自西向东排水的田亩便称为"东亩"（即"横亩"），"畎"内自北向南排水的田亩便称为"南亩"（即"纵亩"）⑦。

其实"东亩"就是东西长一百步，南北宽一步的东西走向的田，也即百步见方的"一夫方田"在划分为百亩时，是东西横向开沟而作东西横向的切分，故称"横亩"，"畎"中的流水自然是东西流向。

如果这一夫百亩的方块田划分为百亩时，是按南北方向作纵向切分，便称"纵亩"，所分出来的每个一亩大的长条形田是南北走向，即南北长百步，而东西宽一步，其"畎"中的流水自然是南北流向。

---

①古代应当也有类似桔槔、水车等的取水机械，今相传要到东汉才出现水车，三国时曹魏政权的马钧应当是改良水车，其实早在东汉之前应当也有水车的雏形存在。桔槔则出现很早，《墨子·备城门》作"颉皋"。《庄子·天地》载子贡教汉阴老人："凿木为机，后重前轻，挈水若抽，数如泆汤，其名为槔。"此是桔槔为文献所记及，按照事物发展的规律，当在其出现一段时间后才会被文献记载而流传下来，则桔槔的出现实当更早。

②参见李根蟠《先秦时代的沟洫农业》一文，载《中国经济史研究》1986年第1期。

③郭沫若《〈矢簋铭〉考释》谓："'川'乃'甽'之省，'百'字后当为'万'字。'甽'即'畎'。"本书第二章"二、（二）"考明"川"非"甽"，乃是用大的自然或人工河川划分出来的井田制的最大单位。

④挖渠之土可以垒高田野，这是南方开发沼泽地为良田的通常做法。

⑤物，物色、辨别。

⑥故东西向河流的北岸称"上塘"，南岸称"下塘"；南北向河流的西岸称"上塘"，东岸称"下塘"。

⑦参阅清人胡承珙的《毛诗后笺》。

从采光角度来看，显然"纵亩"更佳，"横亩"欠佳，故普天之下皆以"纵亩"（即"南亩"）为主，很少有用"横亩"（即"东亩"）的。

当然，我们会为周朝整个王畿的田野全都实行划一的沟洫模式感到有点难以想象，似乎《周礼》所载的"沟洫体系"，正如目前学术界所普遍认为的，是经过编者整齐化、理想化后的结果，难以完全实行。

但笔者深信这一制度应当源自现实而且还反映现实，应当完全和现实相一致，只不过书面只可能记载其中一种最为理想化的情形，而不可能记载其因地制宜的每个个案。正如《物理》教学中的每个例子为了研究方便，全都是理想化下的情况，在现实世界都不存在。因此我们不可以因为文献记载的是理论情形，便认为这种制度在现实中不存在；因为任何书面材料（包括最为科学的《物理》教材，更不用说更具主观性的人文科学了），都不可能记载到每一个具体的个案。《考工记·匠人》在上引"沟洫法"后便有"凡沟必因水势，防必因地势"语，而且《周礼》也反复申述要按照不同类型的土地，安排不同的生产内容，征收不同的贡物[①]，即广大原野并非全都是种植谷物的农田。因此，我们应该把《周礼·遂人》和《考工记·匠人》的有关记载，理解为作者为了便于表述，其所叙述的只是按照最典型情况设计出来的理论样板，实施时并非不许变通。

井田制的原始形态就是农村公社，井田制就是原始农村公社的土地制度。而夏商周已是"家天下"，即所谓的"奴隶制社会"，当时的"井田制"便是留存下来的原始社会一种旨在集合大众力量的土地与沟洫制度，而"江南段大运河"便是古代沟洫农业中横向"干渠"的历史遗存，这在全世界都具有其独一性。

从形式上看，井田和沟洫互为表里，沟洫农业是井田制产生和存在的基础。在《周礼》中，农田、沟洫、道路这三者完全配套，"沟洫、道路"是井田经界的疆界所在，这也可以从其他文献中得到印证。《周礼》中份地以百亩为基准，称"田"或"夫"（即称"一田"或"一夫"），"夫"间的排水沟叫作"遂"，"遂"旁的道路叫作"径"。《礼记·月令》：孟春之月"皆修封疆，审端径术"，"术"通"遂"，"径术"就是农民份地间的道路"径"

---

①即《周礼·地官司徒第二·大司徒》载："以土均之法辨五物、九等，制天下之地征，以作民职，以令地贡，以敛财赋，以均齐天下之政。"即根据山林、川泽、丘陵、坟衍、原隰这五种土地，以及九等美恶不同的土质，再根据庶民九种不同的职业，确定各种田赋、军赋、物贡、钱谷等各类赋税，使天下各种赋税的征收做到公平合理。按《周礼·天官冢宰第一·大宰》又载："以九赋敛财贿：一曰邦中之赋，二曰四郊之赋，三曰邦甸之赋，四曰家削之赋，五曰邦县之赋，六曰邦都之赋，七曰关市之赋，八曰山泽之赋，九曰币余之赋。"

和排水沟"遂（术）"，它们起着划分"份地"疆界的"经界"作用。《礼记·月令》这一记载，表明《周礼》所言不诬。"皆修封疆，审端径术"不但是春耕前修治农田沟洫、道路的工作，而且也包含了调整和检查份地疆界的含意。《尚书·梓材》"疆、畎"连文，《诗经》《左传》等屡有"疆理土地"的记载①。所谓"疆"就是"画疆界"，所谓"理"就是"分地理"，即根据地势来规划畎亩、使之有条理②。正如程瑶田说的，"疆之以成井，所以别'夫'也；理之以成亩，所以为'畎'也。"③开沟渠分田界这两种工作不可分割地联系在了一起。

这里所说的"井田制"中的"夫"，就是"一夫"，也即一家一户中的一位成年壮丁（"夫"）授田百亩作为基准的、"井田制"授田份地的土地单位。"夫"以上的"井、成、同"也是相应的更大的土地计量单位。这些土地单位很早就在使用，《左传·哀公元年》载夏少康投奔有虞氏后，"有田一成，有众一旅"。如果按《考工记·匠人》所述来计算的话，田一成方十里，合百井、九百"夫"、也即九万亩。这里的"成"既是土地单位，也是土地上生产者的户籍单位，一夫即一家，九百夫便相当于九百家，以一家出一员士兵来计算，则有九百人的军队。考虑到有休耕田的存在，取中位数④来假设全都是一年一休耕，于是"有田一成"上实际只有450家在耕作（因为要种一年休一年，每年只能耕种450夫田），每家出一名士兵，故有450人的军队，这便与一"旅"这五百人的军队编制完全吻合了起来⑤。因此《左传》这一记载便是夏代实行"井田制"的实证。

"成"中并非全都是现耕地（也即不是下引《汉书·地理志》中所谓的"定垦田"），其中可能有休闲田（即下引《汉书·地理志》所谓的"可垦不可垦"田）和非生产用地（即下引《汉书·地理志》所谓的"群不可垦"田）。所以九百"夫"地只能就地安排五百家；以一家出一人当兵计，由夏少康有一旅500人，故知其"有田一成"为500家。

井田制作为土地计量单位，其实是理论估算值，而非实际可垦田数。古有"提封"一词，是"通共、大凡"之意，也即概略地统计总数而不涉及内在细节之意。汉代粗略统计

---

① 《左传·定公四年》有"启以商政，疆以周索"和"启以夏政，疆以戎索"语，杜预为前一句作注："启，开也。居殷故地，因其风俗，开用其政，疆理土地以周法。索，法也。"《诗经》之例见下条注。

② 《诗经·小雅·信南山》"我疆我理"句毛《传》："疆，画经界也；理，分地理也。"

③ 见清人程瑶田《沟洫疆理小记》一书。

④ 上田不用休耕，中田一年一休耕，下田三年一耕。今取中位数，假设全都是中田。

⑤ 下文"3"引《周礼·地官·小司徒》所载军制："五人为伍，五伍为两，四两为卒，五卒为旅，五旅为师。"可证最基层的"伍"为5人，拥有一辆战车的"两（辆）"为"两伍"即10人，四个"两"100人为一"卒"，五卒500人为一旅。

某地的总田数，便称之为"提封田"，见《汉书·地理志》：

本秦京师为内史，分天下作三十六郡。汉兴，以其郡太大，稍复开置，又立诸侯王国。武帝开广三边。故自高祖增二十六，文、景各六，武帝二十八，昭帝一，讫于孝平，凡郡国一百三，县邑千三百一十四，道三十二，侯国二百四十一。地东西九千三百二里，南北万三千三百六十八里。提封田一万万四千五百一十三万六千四百五顷：（师古曰："提封"者，大举其封疆也。）

其一万万二百五十二万八千八百八十九顷，邑居、道路，山川、林泽，群不可垦；

其三千二百二十九万九百四十七顷，可垦不可垦；

定垦田[①]八百二十七万五百三十六顷。

民户千二百二十三万三千六十二，口五千九百五十九万四千九百七十八。汉极盛矣。

这里记载了三种土地面积：一是全国的提封田，包括山川林泽和邑居道路，以及其他所有"不可垦"的土地，总称为"群不可垦"田[②]；二是尚未开垦的荒地，统称之为"可垦不可垦"的土地[③]；三是已经开垦的实际农田，也即"定垦田"[④]。

《汉书·食货志》又言："是时，李悝为魏文侯作'尽地力'之教，以为地方百里，提封九万顷，除山泽、邑居三分去一，为田六百万亩，治田勤谨则亩益三升，不勤则损亦如之。"这说的是：用力种田，每亩可增加三升产量；不用力种田，则每亩会减产三升。由画线部分便可知：此提封田是按"方百里"为计算单位所计算出来的理想数字，也即上引画线部分颜师古所注的"大举其封疆也"：只是理论上的大约估值，并非实际统计数字。

由于各地区地形不同，所以各地"提封田"中可垦的田也就各不相同。李悝的"提封田"行之于魏国，而魏国全境之地大多为平原，山泽所占面积较小，所以和上引西汉全国提封田中农田数目所占比重出入也就很大了。

《商君书·来民》言："地方百里者，山陵处[⑤]什一，薮泽处什一，溪谷流水处什一，

① 指确定下来的可垦之田。

② 当指未成为田，或未作耕田用的地。即种田功用以外的所有山林川泽和邑居道路等用地。

③ 所谓"可垦不可垦"，意谓不知其可垦与否，即指荒地。其本可开垦出来，但尚未开垦出来，故为荒田。或结合上文所说的"休耕制"，是休耕田，即正在休耕而今年不可垦的田；具体来说，三年一耕的"下田"以其亩数的三分之二计入，两年一耕的"中田"以其亩数的二分之一计入，每年都可耕的"上田"不计入。

④ 指已开发为田。或结合上文所说的"休耕制"，是指不用休耕而每年实际可垦的田；具体来说，三年一耕的"下田"以其亩数的三分之一计入，两年一耕的"中田"以其亩数的二分之一计入，每年都可耕的"上田"的亩数全部计入。

⑤ 处，占据。

都邑蹊道处什一，恶田处什二，良田处什四。以此食作夫五万，其山陵、溪谷、薮泽可以给其材，都邑、蹊道足以处其民，先王制土分民之律也。"这里所说的"先王"，应当是自古以来的圣贤之君，也即命伯益作井田的舜和禹。由于马克思指明"井田制"是原始公社的田制，所以这里所说的"先王"其实还应当指在尧舜之前开创此"井田制"格局的原始公社的诸位首领。

任何制度都不可能一朝一夕、一人一时所定，乃是对千百年传承下来的民众智慧结晶的发展。有人说"井田制"是战国时人的一种理想，这就明显违背了历史唯物主义[①]。下文将详述"井田制"这一如此严密的制度，因其如此严密而只可能产生于实践，而绝不可能脱离于实践，而且还应当是无数代人实践的结果，绝不可能只存在于空想阶段而未加实施，更不可能存在于某个人的空想中，更不可能是某个人的空想而后面的人再接着这前人的空想继续来作空想。

所以井田制肯定是先王留下来的原始公社制。换句话说，全世界全都没有保留下原始公社制度的记载（这不代表全世界其他国家不实行井田制，只是他们没有历史记载的传统来加以记载罢了），唯有中国的文献将这套制度全部保存、记录了下来，这也是中华文明"孝不忘本"得以生生不息的伟大之处。

因此，把上文《商君书》中的"先王制土分民之律也"的"先王"理解为商君（即商鞅）著书时的秦代先王秦孝公、秦昭王等，是非常欠妥的，因为秦国是诸侯，不宜称"王"，能有资格称王的只有"三皇五帝"及"唐、虞、夏、商、周"五代天子。

井田制在春秋时期还存在，见《国语·齐语》："桓公曰：'伍鄙若何？'管子对曰：相地而衰征[②]，则民不移。政不旅旧[③]，则民不偷。山泽各致其时，则民不苟。陆阜陵墐，井田畴均，则民不憾。无夺民时，则百姓富。牺牲不略，则牛羊遂。"与画线部分相类似的记载，还有前面引过的《左传·襄公二十五年》楚国"司马"蒍掩"井衍沃"。由此可见，井田制在春秋时期仍然存在，它并不是什么不可捉摸、只存在于理想和空谈中的田亩制度。

上引《国语·齐语》管子所说的"陆阜陵墐，井田畴均"，在《管子·小匡》将其写

---

①物质的世界的确是唯物而非唯心的，有其不以人意志为转移的客观规律。正如有生必有死，释迦牟尼佛也难逃生老病死的身体规律，而不像秦始皇与道家那般徒劳地寻求长生不老之道。但抛弃肉体束缚而获涅槃解脱后的物质世界之外，则另有一番世界，即灵的世界，也即今人所说的精神世界。

②相，看；衰，差。相地而衰征，即根据地力来决定田赋的等差。

③旅，陈，铺陈、陈列。此句指：政令不沿用旧令，则百姓不会有苟且之心。

作"陵陆丘，井田畴均"，表明井田制规划时，每块井田包括了各类土地；比如像丘陵地区，在当时的农业生产条件下，显然难以开垦而当视为"不可垦"，所以"井田制"框架下的土地数目并非只是"实垦田（定垦田）"的概念，而是上引"提封田"的概念。即上引《商君书》《汉书·食货志、地理志》中战国（秦国、魏国）与汉代概略估算全境田数的"提封田"的概念，其实仍能体现出自古以来就有的"井田制"思想。

把井田制视为一种粗略估算土地的办法，便可以把各类土地（含可耕地，不可耕的居住与社会用地，不可耕的山川河流之地等）全都包罗无余地统盘估算出来。《管子·侈靡》言："断方井田之数，乘马甸之众，制之。陵溪①立鬼神而谨祭，皆以能别以为食数，示重本也。"所谓"断方井田之数"，就是把土地按照方一里、方十里、方百里、方千里估算出"井田"这一"提封"总数（即"井田"的地亩数）来，然后便可以大致估算出"乘马甸之众"（即大致估算出这块"井田制"田地能出多少的军赋）。乘②马，就是四匹马拉的战车。甸，即下引《周礼·地官·小司徒》中"井邑丘甸"这一征收赋税的行政区划。《管子·侈靡》这句话意为：根据井田开垦的田地数和一甸所能产出的兵马数的多少，定立为制度，在山陵和溪涧处建立祭祀山川的祠庙，以此来谨慎地祭祀鬼神；根据大小人等能力的不同，来给予相应的衣食（即俸禄、工资），这些全都可以用来表示出我们政府对农业的重视。（古人以农业为立国之本，"本"即农业。）

3. 以"井田"为根基的国家赖以维系的户口与赋役制度

井田制既是对国家土地的规划治理，同时也是统治者计算土地和百姓人口数量的计量单位，也是民户编制以及民众负担赋税、劳役、兵役的计量单位。

在古代，土地和人民是相匹配的，田制和社会编制也相称而一致，沿着边界度量疆土（即所谓的"彻疆土"③），就能估算出此地有多少田地，能容纳多少人口，能出多少兵役；进而只由疆土的大小便能分出天子与大、小诸侯国国家财富、军力数量等的实力等级来。

前引《周礼·地官·遂人》和《周礼·考工记·匠人》这两种井田制，便和各自所对应的两种不同的社会编制制度相匹配。

一是《周礼·地官·小司徒》："乃经土地而井牧其田野：九夫为井，四井为邑，四邑为丘，四丘为甸，四甸为县，四县为都，以任地事而令贡赋，凡税敛之事。"详见下图。

下图左上角那9个小方块所组成的"囲"字形便是一"井"，四井为"邑"，四邑为

---

① 陵溪，指山陵、大河。

② 乘，读"胜"，意为"四"、四匹马拉的战车。

③ 见《诗经·大雅·江汉》："江汉之浒，王命召虎：式辟四方，彻我疆土。"彻，丈量。

"丘"，四丘为"甸"，四甸为"县"，四县为"都"。

上引画线部分的"井牧其田野"表明这显然是一种以井田为基础的社会编制制度。

其所言的"九夫为井"是指附着在一井900亩（其乃"提封田"而非"实垦田"）土地上的基层社会组织，且此基层社会组织同样以"井"字来命名。则此时的"井"便已不光是指田制，而更是指社会编制了。

上引《周礼·地官·小司徒》以"九夫为井"为基础的社会编制当是周制，即周代社会的人民便是按照这种规则来编制形成社会基层组织。其以九起数，与《周礼·考工记·匠人》所载的"九夫为井"的九进制为基础的沟洫体系相适应。当然上引《小司徒》"九夫为井"往上的"邑、丘、甸、县、都"是四进位制，而《匠人》"九夫为井"往上的"成、终、同"是十进位制。如《小司徒》的"一甸"为八里见方[①]，而《匠人》之"一成"则是10里见方。

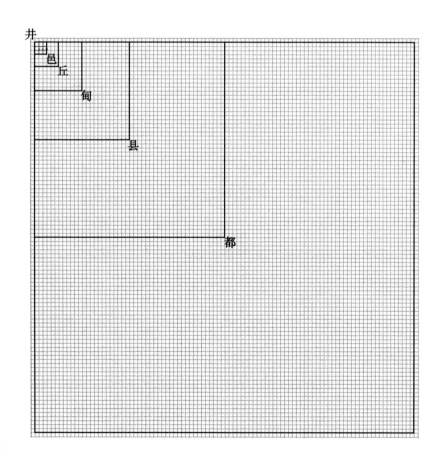

---

①按"一夫"为百步见方，九夫为井为一里见方，下来加倍为邑（2里见方），再加倍为丘（4里见方），再加倍为甸（8里见方），再加倍为县（16里见方），再加倍为都（32里见方）。

《左传·宣公十五年》记载鲁国"初税亩",即首次实行按亩征税的田赋制度,标志着鲁国开始承认土地私有的合法化。《春秋·成公元年》又记载:"三月,作丘甲。"即鲁国实施一种命为"丘甲"的向民间征发军需用品的制度。《左传·昭公四年》记载:"郑子产作丘赋。"杜预注:"丘,十六井,当出马一匹、牛三头。今子产别赋其田,如鲁之'田赋'。田赋,在哀十一年。"所言即:鲁国在春秋晚期又实行过"田赋",意为"用田赋、以田赋",即用田来征赋,也即根据田地来定赋的制度。其即《左传·哀公十一年》所言:"季孙欲以田赋",杜预注:"丘赋之法,因其田财,通出马一匹、牛三头。今欲别其田与家财,各为一赋,故言'田赋'。"即之前"田财"(指田地加家产)一同纳税,现在是根据田产(即田地亩数)要交纳一种赋税,然后再根据家产(家庭财产)又要再交纳一种赋税。

其事即《国语·鲁语下》所说的:"季康子欲以田赋",即季康子打算按田亩征收"田赋",而孔子对此表示反对,并列举古代的"井田制"说:"先王制土,籍田以力,而砥其远迩;赋里以入,而量其有无;任力以夫,而议其老幼。于是乎有鳏、寡、孤、疾,有军旅之出则征之,无则已。其岁,收田一井,出稯禾、秉刍、缶米,不是过也。先王以为是。若子季孙欲其法也,则有周公之籍矣;若欲犯法,则苟而赋,又何访焉?"杜预注:"其岁,有军旅之岁也。缶,庾也。《聘礼》曰:十六斗曰庾,十庾曰秉;秉,一百六十斗也。四秉曰筥,十筥曰稯;稯,六百四十斛也。"

孔子说,先王(当指尧舜禹夏商周"三代"[1]先王)按照土地的肥瘠来分配土地,按照劳动力的强弱多少来征收田赋,同时根据土地的远近来对田赋加以平均化的调整;征收商税时,按照商人的利润收入,同时估量其财产的多少,来对商税加以调整;分派劳役,则按照各家男丁的数目,同时要照顾那些年老和幼小的男子。于是就有了"鳏、寡、孤、疾"这四类人可以豁免的名目,除非有战事时才征收他们的税,无战事时便免除他们的赋税。有战事的这个年份,每一井田地,要出一稯(6400斗)有壳的稻谷、一秉(160斗)禾草、一缶(16斗)去壳的稻米,一般不会超过这个标准的。先王认为这样就已经足够用了(指够行政开支了)。如果季康子想按照法度来办的话,那就已经有周公的田赋法可以遵照执行了;如果想不顾法规办事,那就随意征收赋税好了,又何必来征求我的意见呢?(即孔子坚持按周公之制来办,反对季孙氏面临新局面的改革举措。)

《孙子兵法》也提到"财竭则急于丘役"。

上述三则记载到"丘甲、丘赋、丘役"字样的文献,表明"丘"的确是赋役的负担单

---

①周称虞夏商为"三代",并不包括自己的周朝在内。而后人常误会春秋战国时人所言的"三代"是"夏商周",这是秦灭周统一天下后的说法,秦统一前的"三代"实指"虞夏商"。

位；而孔子言"田一井，出稷禾"，表明孔子之前的古代农民，是以"井"为单位来交纳军需物资的。下文引《周礼·地官·小司徒》"井邑丘甸县都制"郑玄的注，以及引班固《汉书·刑法志》，均对作为军赋征发的"井、邑、丘、甸"这个单位系统有过详细的阐述。由此看来，《周礼》所说的"井邑丘甸县都制"这种以"井田制"为根基的赋税制度，在历史上真的存在过。

　　《周礼·考工记·匠人》所载的是"授田—沟洫制"这一"井田制"，也即理想状态下的土地划分法，其田数相当于是"提封田"而非实授田数。而《周礼·地官·小司徒》记载的是授田后民户所要承担赋税的赋役制"井、邑、丘、甸、县、都制"。两者的区别在于"井田制"是提封田，不是实垦田，其实际的赋税不可以根据井田制的粗略田数来估计，而要根据实际授田的户数（每一户便是一个赋税单位）来重新划分为"井、邑、丘、甸"的形式来计量。两者既有联系，又有区别。

　　前者是划分土地用的"授田—沟洫制"，与户数并不一一对应；而后者是据户数这一承担赋役的单位来统计，是井田实授田所产生的"赋役制"。两者各司其职，不可混淆，否则便是一笔糊涂账。

　　郑玄不理解这一点，于是在上引《小司徒》"乃经土地而井牧其田野"句下注："此谓造都鄙也。采地制井田异于乡遂"，以《小司徒》所言是一种井田制，即"采地"内的"井田"制，而以《匠人》所言乃另一种井田制，即"乡遂"内的"井田"制，于是也就有了两种"授田—沟洫"制度。至于《周礼·考工记·匠人》与《周礼·地官·遂人》两种井田制的不同，如前所说，则当是两个朝代不同的"授田—沟洫"制度，而非郊野之别（即非近城之郊与远外之野的区别[①]）。

　　另一种是五进制为基础的户口编制与征发兵役的制度，其分城、乡两种，这是因为周代国、野有别。正如后世城内无田，全服承担城市公共职能的劳役（后世称作"差役、徭役"）；近城田少，以劳役为主，兼交田粮；而城外很远处的乡野则田多，不服劳役而以交田粮为主；三者有别，所以有必要把城内与近城的"国人"（城市户口）和城外远郊之

---

　　① 因此上文"2"言：《周礼·地官·遂人》《周礼·考工记·匠人》这两者五级沟渠的名称与顺序全都相同，但《遂人》'沟'在十夫之田（呈长方形）之间分割，推行于城外远郊乡野处的行政单位'遂'（即'乡遂'）；而《匠人》'沟'在九夫之田（呈正方形）之间分割，推行于城外近郊的卿大夫的采邑'都鄙。'其说恐非。或是郊野用相反之制：近城用新制也即本朝（周朝）之制；远郊仍沿用古制也即前朝（商朝）之制而不变。

民（野人，也即农村户口）分开编制。

"国"即城市内（或城近郊），其社会编制见《周礼·地官·大司徒》：大司徒"令五家为比，使之相保。五比为闾，使之相受。四闾为族，使之相葬。五族为党，使之相救。五党为州，使之相赒。五州为乡，使之相宾。"

"野"即城外，其社会编制见《周礼·地官·遂人》："遂人掌邦之野，以土地之图经田野，造县鄙形体之法：五家为邻，五邻为里，四里为酂，五酂为鄙，五鄙为县，五县为遂，皆有地域沟树之。使各掌其政令刑禁，以岁时稽其人民而授之田野。"

今将这两条文献编成下表，一并将下文"小司徒"提到的军制也编入表中：

类别	第一级建置5家	第二级建置25家	第三级建置100家	第四级建置500家	第五级建置2500家	第六级建置12500家
国（城市与城市近郊的户口编制）	五家为比	五比为闾	四闾为族	五族为党	五党为州	五州为乡
野（城市远郊即野外的户口编制）	五家为邻	五邻为里	四里为酂	五酂为鄙	五鄙为县	五县为遂
军（寓兵于民的从军户口编制）	五人为伍	五伍为两	四两为卒	五卒为旅	五旅为师	五师为军
下文《周礼·地官·小司徒》军队编制的人数与战车乘数	出一伍5兵	出一两25兵、一乘①（辆）战车	出一卒100兵、4乘（辆）战车	出一旅500兵、20乘（辆）战车	出一师2500兵、100乘（辆）战车，此即百乘之国，疑即"公侯伯子男"中的"侯伯"之国	出一军12500兵、500乘（辆）战车，此即五百乘之国，疑即"公侯伯子男"中的"公"国

又将上表内容编成下图，图中一格表示一家，纵向50格，横向250格，共计12500家，以一家八口人计，即是10万人，出军队12500人为一军，此为一乡；天子有"六乡"即"六军"（75000人、也即75000家、60万民众）。（图中文字不加括号为"国"的编制，加圆括号为"野"的编制，加方括号为"军"的编制。）

城内"六乡"的"比闾族党州乡法"，城外"六遂"的"邻里酂鄙县遂法"，两者构造相同，皆是五进制为主（中间用到一次四进制），与上文的四进制为主不同。这五进制为主的民户户口的编制法（分国、野两种），与上一类所言的九进制为基础、然后用四进制的赋役承担法（即《小司徒》"九夫为井"往上的"邑、丘、甸、县、都"制）和九进制为基础、然后用十进制的授田开沟法（即《匠人》"九夫为井"往上的"成、终、同"制）不同。

---

① 乘，读"胜"，车子的计量单位"辆"，本行诸"乘"字皆然。

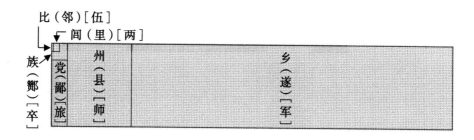

　　这分国、野两种的"五进制"民户户口的编制法，可以构成十的倍数，似乎和《周礼·地官·遂人》所载的"十夫有沟"的"十进制"沟洫体系相适应，似乎"十夫为沟"的井田制分田耕作体系是此五进制民户赋役编制的根基所在。

　　其实不然。因为《周礼·地官·遂人》所载的"十夫有沟"的"十进制"沟洫体系以十为累进，最高为一百万亩；而此以五进制累进，出现了12500家，不是万的整数倍，所以两者其实不是同构的体系，不存在后者建立在前者基础上的关系。

　　《周礼·地官·遂人》所载的"十夫有沟"是井田制的一种划分田亩后的授田制度，与耕种有关，其以十为基层单元，以十来累进；其与以九为基层单元、以十来累进的《周礼·考工记·匠人》"九夫为井"体系，同属划分田亩并授田的耕种制度。后者因加了"井十为通"这一层级而为前者的九倍（详上文表）。

　　而上文"四进制的邑丘甸县都"与此"五进制的比间、邻里"则是确定民户户籍、编制赋税徭役的制度，与上两者（指《周礼》遂人、匠人之授田制）在功用与架构体系上均不同，明显是两个不同的体系，不存在此二者以前两者为根基的关系。所以，我们不能把以正方形为基的"井邑丘甸县都制"这四进制的民户赋役编制体系，与同样以正方形为基的《周礼·考工记·匠人》"九夫为井"的疆理、授田耕种制度相比附；也不能把以长方形为基的城内"比间"、城外"邻里"的五进制民户赋役编制体系，与同样以长方形为基准单元的《周礼·地官·遂人》"十夫有沟"的疆理、授田耕种制度相比附。因为两者是不同的两个体系，其关系如下表所示：第二列的"井田耕种制度"不是第三列"户籍与赋役制度"的根基，两者不存在直接的关联性。

	井田制（划分田亩并授田的耕种制度）	赋役制（民户户籍与赋税徭役的编制制度）
表现为**正方形**（且以正方形的"九夫为井"作为基准单位）	《周礼·考工记·匠人》"九夫为井"的井田制体系	"井、邑、丘、甸、县、都制"四进制民户赋役编制体系
表现为**长方形**（且以长方形的"十夫"或"五家"为基准单位）	《周礼·地官·遂人》"十夫有沟"的井田制体系	城内"比间"、城外"邻里"五进制民户赋役编制体系

上表第二行的第二、第三两列虽然都以"九夫为井"的正方形作为基准单位，但下来的累进则前者为十进制，后者为四进制，完全分道扬镳，乃两个体系，两者不存在后者以前者为根基的关系。而且两者虽然都能构成正方形，但前者十进制是先以"九夫为井"的正方形形成二乘以五的长方形，即将此二乘以五的长方形按照五乘以二的形式排列而构成正方形，是长方形构成正方形；而后者"九夫为井"的正方形是按四进制，每一步都是正方形，因此两者虽然都能构成正方形，其实内部构成仍有不同，是两个不同体系。

上表第三行的第二、第三两列前者以"十夫"即二乘以五的长方形为基准单位，而后者以五家即一乘以五的长方形为基准单位，两者虽然都以长方形为基准单位，但其实也迥然不同，所以两者也是两个不同体系，不存在后者以前者为根基的关系。而且前者长方形再通过五乘以二的正方形形式排列又可构成正方形，即其由长方形、正方形作不断的更替；后者虽然也由长方形和正方形作不断更替，但其是以五乘以一的正方形形式排列构成正方形，与前者以五乘以二的长方形、正方形相更替的方式实有不同，表明两者实乃并非同构的两个体系，不存在后者以前者为根基的关系。

总之，上表第二列是井田制授田耕种的体系，上表第三列是根据实际授田情况来确定民户的赋税、兵役情况。分田时按照前者，而确定赋役时按照后者，两者不存在后者以前者为根基的关系，即确定民户的赋税、兵役时，是依据井田实际授田的具体情况，两者不可能形成完全一致的同步协调关系与同构关系。

因为每户人家授田的情况会有不同。比如：其家为官吏，则授田多；由于有休耕田情况存在，这几年此家授的是"上等田"，则亩数虽少，产量却不少，承担的赋役也就不可少；而过了几年，此家改授"中等田"后，亩数虽然增加，产量却未必增加，承担的赋役也未必要增加；再过几年，此家又改授"下等田"，亩数更为增加，但产量与赋税却未必要增加。加之每户人家的人员构成不同，若是有鳏寡孤独四种穷困无助的穷人存在（因其无劳动力，自然其家贫穷，故称之为"穷人"[①]），像这种贫穷的人家便要少服乃至不服徭役。

总之，上表中第二列与第三列之间不存在必然的联系，即第三列非以第二列为根基，两者是"不同构"的两个体系，不能妄加比附。

这是因为某户的赋税徭役情况并不与授田情况相一致，需要重新编制关于赋役的户籍，并注上此户人家该轮编制时所要负担的赋役数量，每隔一定年份便要重新授田而根据

---

①实行分田制的原始公社时期，家庭的富裕与劳力有关，人少便贫穷，故其称"鳏寡孤独"四种人为"穷人"，是指其家无壮劳力可以仰仗而贫穷。

实际情况重编一次赋役。因此这也就导致与第二列井田制授田不同的、但却是以井田制授田为根基的第三列赋役体系出来了。此第三列民户户籍编制时，是以相邻几家圈在一起作为一个集体，从而形成四进制的"井、邑、丘、甸、县、都制"或五进制的"城内'比闾'、城外'邻里'制"。

　　这一制度后世也有相类似的做法，可以考见远古时代如何登记并编制民户赋役册子的细节做法，即元《无锡志》卷一"总村"类记载每一乡下有何都（相当于今天的行政村）、都下又有哪些村（相当于今天的自然村）的情况，其在类别名"总村"两字下特地注明："凡保分所该①村墅，并从一、二顺数至十止。仍著②所摄都分于下，余可例推。"其下开列："胡村，一保。前王，二保。蔡家渡，三保。冯窑，四保。峯③村，五保。后祁，六保。高桥，七保。梨花庄，八保。塘头，九保。下王。十保。一都。杨庄，一保。倪村，二保。观庄，三保。龙阳，四保。斗门，五保。下墟，六保。富村，七保居庄湾，八保。严埭，九保。侯庄。十保。二都。并天授乡。"（浪线是该村的保号，直线是其都号。）

　　可证是将境内诸村按顺时针方向画圈，即从某一村开始，按此顺时针之圈圈起可以团为一体的十个村，分别称作"一保"至"十保"而作为一个都；然后再按顺时针方向圈连出可以团为一体的另外十个村作为二都，两个都合为一乡。于是便把无锡县境内所有的村都，全都按照十个一组的做法组团成"都"，再将相邻两三个都组团成一个"乡"，从而在县以下形成"乡、都、图（即村、保）"三级体系，与今天"乡"下设"行政村"，其下再有"自然村"的格局形制也完全一致。

　　《无锡志》所表现出来的宋元时代是十个村一组来形成县下"乡、都、图"三级管理体系。而上文已言"九夫为井"相当于一个自然村（三家村），因此"井、邑、丘、甸、县、都制"便是四个一组，形成六级管理体系；而"城内'比闾'、城外'邻里'"则是从五家（也相当于一个村即"五家村"）开始，五个一组，也形成六级管理体系。由于这两者没像后世《无锡志》那样十个一组，所以层级要比之增多两三级。

　　至于上表第二列第二、第三行之别，上文已指出当是古今制度的变迁或郊野异制。而第三列第二、第三行之别当是：田赋视种田时散居全境的种田情况而定，遂有第二行的"井、邑、丘、甸、县、都制"以四进制来圈起种田之家；而服徭役、兵役则是以有的聚居在城内、有的聚居在城外卫星城镇的居住情况而定，遂有第三行"城内'比闾'、城外

---

　　① 该，包，包括，即该它所管之村墅。

　　② 著，写。仍把此村属于第几都第几保给标在此村名之下。

　　③ 峯，右半实当作"夅"。

'邻里'"五家一圈来定徭役与兵役之事。

具体来说,上述五进制的社会编制分城、乡两种,乃是因为周代国、野有别的缘故,其起因当是家居和耕田并不在一处。即便是野外耕田之人,据下文"4"所揭示的"井田制度"而言,在秋收至来年春耕之间,仍要聚居在全境郊野正中央的城市(即"都、县"),或是聚居在城市周围的卫星市镇(即"甸、丘^①")中。正因为先民家居和耕田不在一处,凡是家居于中央之城与城四周卫星镇时,便以"五进制"来定邻里的互助之事;而在城外耕田劳作而由田亩来定赋役时,便以授田时"九夫为井"为基准的"井、邑、丘、甸、县、都制"四进制民户赋役编制体系为标准。

《周礼·地官·载师》有一段文字谈到"国"("国"指"国家",也即中心城市及其城郊)与"都"("都"即野外之"都",也即《小司徒》所言的"四县为都")这两者在地域上有别:"载师掌任土之法,以物地事,授地职,而待其政令。以廛里任<u>国中</u>之地,以场圃任园地,以宅田、士田、贾田任<u>近郊</u>之地,以官田、牛田、赏田、牧田任<u>远郊</u>之地,以公邑之田任<u>甸</u>地,以家邑之田任<u>稍</u>地,以小都之田任<u>县</u>地,以大都之田任<u>疆</u>地。"

在这幅土地规划图景中,我们可以看到"国中、近郊,远郊、甸地、稍地、县地、疆地"之不同,像"国中"显然就是城中(因为"国"的繁体字"國"就是外面有一圈城墙来包围保卫人口,同时又用"戈"来表示城市设有武备来防御寇盗的入侵),而"小都"已是远郊之外、也即野外的"县地"了,而"大都"则是更远的国境线上的边疆之地"疆地"了。

周代国、野有别,但无论是国还是野,全都不管实际的授田情况,而是根据聚居时(既可以聚居在城内,也可以聚居在城外的卫星镇)房屋的相邻情况,以五进制来重新编制户口。而在野外耕田时,则以"九夫为井"来授田,以"井、邑、丘、甸"的四进制来编制赋税的征收。

关于"五家为比"的社会编制,城市户口的最高单位是"乡"(城外郊野的最高单位是"遂"),一乡(遂)均为12500家,六乡(六遂)均为75000家。

《周礼·地官·小司徒》中还载有与此相应的一种军制:"乃会万民之卒伍而用之。五

---

①"丘"即墟,相当于今天的集镇,如舜出生于"姚丘"即"姚墟(虞)"也。"甸"当是比"丘"更大的中心集镇,"县"是比"甸"更大的小城市,而"都"是比县更大的中心城市。而"井"相当于自然村,"邑"相当于今天的行政村。"邑"当已有城池类的防御设施而可以用来分封为"采邑"。但从安全角度而言,则村民当聚居于比邑规模更大的市镇"甸、丘"为宜。

人为伍，五伍为两，四两为卒，五卒为旅，五旅为师，五师为军。以起军旅，以作田役，以比追胥，以令贡赋。"今将此军制也编入上表之中。

这显然就是农闲聚居在城邑时，把百姓拉到城外进行军事化训练时的编制。由于是农闲时操练，人们聚集在一起，自然也就不能以城外耕作时的"九夫为井"的井田制作为根基，而要以"五进制法"的户口编制法作为依据，每家抽一壮丁来从事这一军事性的操练——阅兵或田猎。

由于平时这么训练、演习，打仗时肯定也就要按这样的军制（军事制度）来采取军事行动，所以上述引文便说按"五进制"法的编户制度来"以起军旅"。而"田役"之"田"本身就是打猎的意思（后世特加偏旁而写作"畋"，古字即写作"田"），所以引文中的"田役"并不指农田方面的差役（比如种田、开沟），其与耕作用的"井田制"无关，而是诸侯为了狩猎而役使民众、并以此来训练民众军事素质以供作战之需的准军事化行动，见《周礼·天官·大宰》："八曰田役，以驭其众。"贾公彦《疏》："谓采地之中，得田猎使役于民。"孙诒让《周礼正义》："谓起徒役以田猎也。"

对照上表，贾公彦对上引《周礼·地官·小司徒》文有《疏》：

小司徒佐大司徒以掌六乡，六军之士出自六乡，故预配卒伍。百人为卒，五人为伍也。

"而用之"者，即军旅、田役是也。

"五人为伍"者，下文云"凡起徒役，无过家一人"。六乡之内，有比、闾、族、党、州、乡，一乡出一军，六乡还出六军。今言"五人为伍"者，五家为比，家出一人，则是一比也。在家为比，在军为伍。伍者，聚也。

"五伍为两"者，在乡五比为闾：闾，二十五家也；在军伍伍为两：两，二十五人也。

"四两为卒"者，在乡四闾为族：族，百家也；在军四两为卒：卒，百人也。

"五卒为族"者，在乡五族为党：党，五百家；在军五卒为旅：旅，五百人也。

"五旅为师"者，在乡五党为州：州，二千五百家；在军亦五旅为师：师，亦二千五百人也。

"五师为军"者，在乡五州为乡：乡，万二千五百家；在军五师为军：军，亦万二千五百人也。

"以起军旅"者，谓征伐也。

"以作田役"者，谓田猎、役作皆是也。

"以比追胥"者，"追"谓逐寇，"胥"谓伺捕盗贼。

"以令赋贡"者，依乡中家数而施政令以贡赋之事。

由于前已言田赋当按照以井田"九夫为井"九进法为基础的"井邑丘甸"制，如今这以"五进法"为根基的带有军事性的编户制度，提到"作田役""令贡赋"，说明当时的赋役制度似乎并不以"九夫为井"的九进法为基础，而以"五进法"为根据。

其实不然，上文已言，其所言的"田役"不是农田的赋役，而是打猎与借打猎为名的军事操练，所以"起军旅"和"作田役"是一回事，即平时是打猎来演练军事（"作田役"），而打仗时便是军事实战（"起军旅"）。

而"比追胥"贾公彦解释得很清楚，就是侦察、瞭望、追捕强盗等事，也具有很强的军事性。

至于"令赋贡"，可见《周礼·天官·大宰》："以八则治都鄙……五曰赋贡以驭其用。"郑玄有注："赋，口率出泉也。贡，功也，九职之功所税也。"所谓的"九职"，就是周代社会上的九种职业，见《周礼·天官·大宰》："以九职任万民：一曰三农，生九谷；二曰园圃，毓草木；三曰虞衡，作山泽之材；四曰薮牧，养蕃鸟兽；五曰百工，饬化八材；六曰商贾，阜通货贿；七曰嫔妇，化治丝枲；八曰臣妾，聚敛疏材；九曰闲民，无常职，转移执事。"说的便是各行各业包括城市无业闲民在内的赋税。泉，即钱。率，按某种标准计算。口率出泉，即按人口出钱（有一张嘴便要出一份钱）。因此，这儿所说的"赋贡"中的"赋"，据郑玄所注就是人头税，这是按人头计算的人口税，与田地无关，所以不以"九进法"的井田制为基础；而"贡"就是行业税，除了第一种农民与田地有关外，另外八种全都与田地无关，所以也不要以"九进法"的井田制为基础。故贾公彦疏："依乡中家数"而交纳赋税，等于收的仍是城市税（城市居民从事非农产业所征的税）。即农民在农闲时聚居到城邑中来，而城市执业者更是常年居住在城邑中，如果只据前面所说的"井邑丘甸"制按井田来征税的话，则常年居住在城内的居民将无税，这是不公平的，所以要专门针对城内各行各业的居民，根据其户口的"士农工商"性质来征不同的税：农民当是因为征过田赋了，所以这项税可以定得很低或没有，而其他行业的人则要重重地征这项税。由于此"令赋贡"是针对城市居民开征（农民农闲时也会回到城邑内居住而成为城市居民的一员，故也在征税之列，但所征税率当极低或近乎没有），所以自然不能再以"九进法"的井田制为基础，而当以"五进法"的城乡户口编制法为基础。

总之，古代寓兵于民（即军队融于老百姓中，全民皆要服兵役），军政与民政原本就合二为一，因此，"国、野"城乡户口编制法，便与服兵役的军事户口编制法这两种编制体系具有同构性，这是非常合理的。由军事（相当于现役军人体系）而衍生出打猎为名的军事演习（相当于预备役体系）、防捕寇盗（相当于公安体系），以及惠及城市所有人的维持城市运转的税费体系（商业等非农行业的收税体系），便都以"五进法"的"国、野"城乡户口编制法为基础。其不按城外的井田来征税，而按聚居在"国"（即城内）与"野（即城外的卫星城镇内）"的城镇户口，每五家作为一个计税单位来征发徭役和征收非农行业税。

我们根据东周及传承东周的东汉时期的文献，可以考见古人如何根据"井田制"来确定受田民众的田赋与兵役情况。

《周礼·地官·小司徒》："乃经土地而井牧其田野：九夫为井，四井为邑，四邑为丘，四丘为甸，四甸为县，四县为都，以任地事而令贡赋，凡税敛之事。"

郑玄有注：

此谓造都鄙也。采地制"井田"，异于"乡遂"，重立国。小司徒为经之，立其五沟五涂之界，其制似"井"之字，因取名焉。

《孟子》曰："夫仁政必自经界始。经界不正，井地不均，贡禄不平，是故，暴君、奸吏，必慢其经界。经界既正，分田、制禄，可坐而定也。"

郑司农云："'井牧'者，《春秋传》所谓'井衍沃、牧隰皋'者也。"玄谓：隰皋之地，九夫为牧，二牧而当一井[1]。今造都鄙、授民田，有不易，有一易，有再易，通率二而当一[2]，是之谓"井牧"。

昔夏少康（正）[在]虞思，有田一成，有众一旅。一旅之众而田一成，则井牧之法，先古然矣。

"九夫为井"者，方一里，九夫所治之田也。此制小司徒经之，匠人为之沟洫，相包乃成耳。邑、丘之属相连比以出田税，沟洫为除水害。

"四井为邑"，方二里。

"四邑为丘"，方四里。

"四丘为甸"，"甸"之言乘也，读如"衰甸"之"甸"。甸方八里，旁加一里，则方十里，为一成。积百井、九百夫。其中六十四井、五百七十六夫，出田税；三十六井、三百二十四夫，治洫。

四甸为县，方二十里。

四县为都，方四十里。

四都方八十里，旁加十里，乃得方百里，为一同也。积万井、九万夫。其四千九十六

---

[1] 可见是一岁一易之"中田"。因为每年可耕的"上田"是"九夫为井"而为九家村。两年一耕的"中田"，要两牧即18夫每年才有"九夫为井"之田可耕而为九家村。

[2] 指考虑有以上三种情况，便取中位数而以一岁一易（即两份田种一份）的"中田"来计算。

井、三万六千八百六十四夫，出田税；二千三百四井、二万七百三十六夫，治滘；三千六百井、三万二千四百夫，治浍。

井田之法，备于一同。今止于都者，采地食者皆四之一。

其制三等：

百里之国凡四都，一都之田税入于王；

五十里之国凡四县，一县之田税入于王；

二十五里之国凡四甸，一甸之田税入于王。

地事谓农牧、衡虞也，贡谓九谷、山泽之材也，赋谓出车徒、给繇（徭）役也。

《司马法》曰："六尺为步，步百为亩，亩百为夫，夫三为屋，屋三为井，井十为通。通为匹马，三十家、士一人、徒二人。通十为成，成百井、三百家，革车一乘、士十人、徒二十人。十成为终，终千井、三千家，革车十乘、士百人、徒二百人。十终为同，同方百里，万井、三万家，革车百乘、士千人、徒二千人。"

正如上文所述，"井邑丘甸县都"只是纳田赋的户口编制制度，并不与授田有关，"井邑丘甸县都"只统计受田户数也即赋税单位，即受田一户为一夫，计九夫为一井，四井为一邑即 36 户，四邑为一丘即 144 户，四丘为一甸即 576 户，四甸为一县为 2304 户，四县为一都为 9216 户，接近于一万户；郑玄又说四都为"一同"则为 36864 户。

由于有休耕地存在，所以一户即一夫未必就授田百亩。如果一夫授上等田百亩，则一井便为九家村，但完全有可能是一户授中等田 200 亩而一井为四家或五家村，乃至一户授下等田 300 亩而一井为三家村。所以郑玄据一户授田百亩来计算只是算了其中的一种情况。而且一个地区因田地肥力不同，有的人家会授给 100 亩肥田，有的人家会授给 200 亩中田，有的人家会授给 300 亩瘠田；而且每隔一年或两三年还要轮换一次，导致每户的田数其实年年或每隔两三年都会有所变化。但不管怎么变，其每户每年的工作量都是一定的，即每年要交的田赋是决定的，每年授的田总能保证他们家能完成这么多的工作量而交纳那么多的赋税，这也就决定了：统计赋税时便不要和田数挂起钩来，只要统计户数就行了，因为每户的赋税量是有定额的。所以"井邑丘甸县都"制便是只统计户数、进而来确定田赋的制度，并不反映出井田的亩数也即农业区的占地面积。郑玄把"井邑丘甸县都"理解为空间概念，其实是未达其真意而误导了后学。这个"井邑丘甸县都"制只是田赋登记册上的编制情况罢了，根本就看不出实际田数来，故非空间概念。

又东汉班固《汉书·刑法志》讲到商、周两朝的军赋时，把田赋和兵役这二者紧密联系在一起，因为古代寓兵于民，处处实行军事化管理，每个人都是民兵。其文云：

殷、周以兵定天下矣。天下既定，戢臧^①干戈，教以文德，而犹立司马之官，设六军之众，因井田而制军赋：

地方一里为井。

井十为通，通十为成，成方十里。

成十为终，终十为同，同方百里。

同十为封，封十为畿，畿方千里。

有税有赋，税以足食，赋以足兵。

故：四井为邑。

四邑为丘。丘，十六井也，有戎马一匹，牛三头。

四丘为甸。甸，六十四井也，有戎马四匹，兵车一乘，牛十二头，甲士三人，卒七十二人，干戈备具，是谓"乘马"之法。

一同百里，提封万井，除山川沈斥^②、城池邑居、园囿术路三千六百井，定出赋六千四百井，戎马四百匹，兵车百乘，此卿大夫采地之大者也，是谓"百乘之家"。

一封三百一十六里，提封十万井，定出赋六万四千井，戎马四千匹，兵车千乘，此诸侯之大者也，是谓"千乘之国"。

天子畿方千里，提封百万井，定出赋六十四万井，戎马四万匹，兵车万乘，故称"万乘之主"。

班固开头所讲的商周军制，郑玄所引的《司马法》有类似的记载，当是班固所本的出处所在。由于每家授田数是不一定的，所以计算兵役与赋税当据家数而非井田数，可是郑玄与班固的通病便在于他们将"井邑丘甸"制仍与井田数硬性地绑定在一起，其实都只说了一种情况，失之于僵化，会误导后学。其实空间上的井田（即政区、封境概念上的"井田制"），和赋税所依据的"井邑丘甸"制应当划分开来，前者是"授田—分封制"，后者是"赋税统计制"，两者不应当混为一谈。

郑玄所引《司马法》与上文授田表中《周礼·考工记·匠人》"九夫为井"的体系一脉相承，但与该表《周礼·地官·大司徒、遂人》"比、邻"军赋体系，以及此处班固所说的田赋兵役体系有所出入，今将此四者放在一起加以考论：

①臧，通"藏"。

②原书注："臣瓒曰：'沈、斥，水田、舄卤也。'如淳曰：'术，大道也。'师古曰：'川，谓水之通流者也。沈，谓居深水之下也。斥，咸卤之地。'"

《周礼·考工记·匠人》体系	郑玄注引《司马法》	班固《汉书·刑法志》所述的商周田赋兵役	《周礼·地官·大司徒、遂人、小司徒》军赋体系
广尺、深尺谓之"畎"。	六尺为步，步百为亩。		
广二尺、深二尺谓之"遂"。	亩百为夫。		
九夫为"井"，井间广四尺、深四尺谓之"沟"。	夫三为屋（300亩），屋三为井（900亩）。		一级：五家为比/邻（5家）、五人为伍，出一伍5兵。
方十里为"成"，成间广八尺、深八尺谓之"洫"。	井十为通（9000亩）。通为匹马，三十家、士一人、徒二人。	四井为邑，四邑为丘。丘，十六井也，有戎马一匹，牛三头。	二级：五比/邻为间/里（25家）、五伍为两，出一乘（辆）战车、25兵。
	通十为成（9万亩），成百井、三百家，革车一乘，士十人、徒二十人。	四丘为甸。甸，六十四井也，有戎马四匹，兵车一乘，牛十二头，甲士三人，卒七十二人。干戈备具，是谓"乘马"之法。	三级：四间/里为族/鄷（100家）、四两为卒，出一卒4辆战车、100兵。
十成为"终"，终间广二寻、深二仞谓之"浍"。	十成为终（90万亩），终千井、三千家，革车十乘，士百人、徒二百人。		四级：五族/鄷为党/鄙（500家）、五卒为旅，出一旅20辆战车、500兵。
方百里为"同"，同间广三寻、深三仞谓之"川"。	十终为同（900万亩），同方百里，万井、三万家，革车百乘，士千人、徒二千人。	一同百里，提封万井，除山川沈斥、城池邑居、园囿术路三千六百井，定出赋六千四百井，戎马四百匹，兵车百乘，此卿大夫采地之大者也，是谓"百乘之家"。	五级：五党/鄙为州/县（2500家）、五旅为师，出一师100乘战车、2500兵。此即百乘之国，疑即"侯伯"之国。
		一封三百一十六里，提封十万井，定出赋六万四千井，戎马四千匹，兵车千乘，此诸侯之大者也，是谓"千乘之国"。	六级：五州/县为乡/遂（12500家）、五师为军，出一军500乘战车、12500兵，疑即"公"国。
		天子畿方千里，提封百万井，定出赋六十四万井，戎马四万匹，兵车万乘，故称"万乘之主"。	七级：天子六师（75000家）、出六军3000乘战车、75000兵，称"王师"。

郑玄所引的《司马法》将授田的"井田制"与定赋税与兵役的"井邑丘甸制"结合在一起，其实只说了"三夫为一屋（即一户人家）"这一种情况，也即《周礼·地官·大司徒》所说的"再易之地，家三百亩"，也即一井九夫900田三年一轮，故而一井九夫900田只能供三户人家耕种居住，即一井为三家村。其实还有《周礼·地官·大司徒》所说"不易之地，家百亩"而一井为九家村，"一易之地，家二百亩"而一井为四五家村的情况，所以授田的"井田制"与定赋税与兵役的"井邑丘甸制"当分开来加以表述，否则失之僵

化、误导后学以为只有此一种情况；唯有将两者分开来认识，大家才会不局限于郑玄注而能做到举一反三。

又《司马法》只讲了出马与步兵的情况，而班固则又提到了牛。牛用来耕田，马用来作战，此乃古人耕战并重理念的体现，更为全面；《司马法》是军事书，故未提及牛。兵车要用4匹马驾御，故出军赋的"井邑丘甸"便以四为进制。上引班固《汉书·刑法志》："丘，十六井也，有戎马一匹，牛三头。"可证是16井养一匹马，"四丘为甸。甸，六十四井也，有戎马四匹，兵车一乘，牛十二头。"要"四丘"即64井才能凑齐一辆战车的四匹马。又结合"有戎马一匹，牛三头"句，可知一丘16井中，每4井养一匹马或一头牛，打仗时养马之4井代大家出征，故耕田时养牛的12井要借牛给他耕田。而每井或是9家、或是四五家、或是3家，今以中位数4.5家计，便是18家养一匹马或一头牛。

西周时一乘战车配备车上的甲士三人（即御者、持箭的车左、持戈矛的车右），车下披坚执锐的甲士七人，徒兵二十人，与第4列的《周礼》"大司徒、遂人、小司徒"一车25兵大致吻合，则第4列说的是西周的情形。而到了西周晚期及东周的春秋战国，由于战争日益激烈，故除车下由27人增为72人，这便和第2、第3列说的情况相同，可见第2列郑玄所注与第3例班固所述乃是后来的情形。

从横向比较来看：《司马法》100家、300井出1辆兵车、3名军士与72名步卒，平均每家出0.01辆兵车、0.75名军士，每井出0.0033辆兵车、0.25名军士。班固64井出1辆兵车、3名军士与72名步卒，平均每井出0.015625辆兵车、1.171875名士兵；其未言一井有几家，今假设其每井同《司马法》为3家，即64井有192家，据此可得平均每家出0.0052辆兵车、0.39名士兵。《周礼》25家出一辆兵车、25名军士与步卒，平均每家出0.04辆兵车、1名士兵。《周礼》出车是班固的7.69倍，《司马法》的4倍，出兵是班固的2.56倍，《司马法》的1.33倍。即《周礼》所代表的西周早期兵役要比后来的西周晚期与东周春秋战国要沉重。这可能是周初人口少而后来人口增加的缘故。

在此还当指明一点，即：江南吴地所在的吴国，在寿梦时已经能称王，则已到了"千乘"乃至"万乘"之国的地步，足见其疆域扩大后垦田开辟的惊人程度，这也从一个侧面反映出江南的"长江三角洲"地区，可以和西周镐京与东周洛邑这两大地区相抗衡而称王，则此地在先秦乃至更早的新石器时代，绝非中原史官所谓的"蛮荒之地"。这与后世，比如明清，江南财赋占全国财赋一大半的事实是完全吻合的；江南有如此强大的财赋产出能力，绝对不像后世史官所说的那样，是汉晋以后中原大乱、北人南迁、经济重心南移的结果。因为寿梦能够称王，表明早在先秦吴国时，只占全国一个巴掌大的长江三角洲，便能与中原洛邑的东周抗衡而称王；现在江南良渚文明申报世界文化遗产成功，更能把可与中原相抗衡的江南财赋的强盛史，由先秦吴国刷新到新石器的良渚时代。

4. 以井田为基础的、国家赖以"新民"（即让民众不断进步）的完善的社会制度

新民，源出《大学》开篇"大学之道，在明明德，在新民，在止于至善"，即使民更新、教民向善，开发民智、教化民众。

从班固与何休所收集到的以井田制为根基的古代社会制度来看，无不体现出《大学》"新民"这一宗旨。这就有力地证明《大学》所论述的治国之道绝非儒生空谈，而是对古已有之、而他们那个时代尚有残存的现实制度的理论总结。

班固与何休所收集到的古代扎根于井田制的社会制度，能达到《大学》（治国与修身养性的最大学问）所揭示的"新民"这一宗旨和目的，所以是一种非常完备的社会治理体系。其详情可见东汉班固《汉书》卷二十四上"食货志上"详述古代以"井田制"为根基所架构起来的整个社会制度：

禹平洪水，定九州，制土田，各因所生远近，赋入、贡棐①，茂迁②有无，万国作义。殷、周之盛，《诗》《书》所述，要在安民、富而教之。故《易》称："天地之大德曰'生'，圣人③之大宝曰'位'；何以守位曰'仁'，何以聚人曰'财'。"

"财"者，帝王所以聚人守位、养成群生、奉顺天德、治国安民之本也。故曰："不患寡而患不均，不患贫而患不安；盖均亡贫，和亡寡，安亡倾。"

是以圣王域民，筑城郭以居之；制庐井④以均之；开市肆以通之；设庠序以教之；士、农、工、商，四民⑤有业。学以居位曰"士"，辟土殖谷曰"农"，作巧成器曰"工"，通财鬻货曰"商"。圣王量能、授事⑥，四民陈力、受职⑦，故朝亡⑧废官，邑亡敖民，地亡旷土。

理民之道，地著⑨为本。故必建步立亩⑩，正其经界：六尺为步，步百为亩，亩百为夫，夫三为屋，屋三为井，井方一里，是为"九夫"。八家共之，各受私田百亩，公田十

---

① 贡棐，即盛贡品的竹筐。

② 茂迁，即"贸迁"，指贩运买卖，即两地之间的商品贸易活动。

③ 指三皇五帝、尧舜禹、夏商周天子们这些圣明之王。

④ 指房屋和房屋四周的井田。下文"在野曰'庐'，在邑曰'里'"，更点明"庐"是野外种田用的居所，而下文"还（环）庐树桑"更指明"庐"是野外生产用的居所，所以庐周围有井田。

⑤ 四民：士、农、工、商。唐人避太宗李世民讳而书"民"为"人"，故有版本作"四人"。

⑥ 考量民众的才能授以职务，即提供工作岗位。

⑦ 民众呈献自己的力量来接受职务，提供服务，获得报酬供生活之用。

⑧ 亡，无。下"邑亡"、"地亡"之"亡"字同。

⑨ 地著，著于地，即"土著"。此处指让民众务农而安心地附著在土地上进行农耕生产。

⑩ 指：规定一步的长度，订立一亩的长度标准

亩^①，是为八百八十亩，余二十亩以为庐舍。【1】出入相友，守望相助，疾病相救，民是以和睦，而教化齐同，力役、生产可得而平也。

民受田：上田，夫^②百亩；中田，夫二百亩；下田，夫三百亩。岁耕种者，为不易、上田；休一岁者，为一易、中田；休二岁者，为再易、下田：三岁更耕之，自爰其处^③。【5】农民户人已受田，其家众男为余夫，亦以口受田如比^④。士、工、商家受田，五口乃当农夫一人。

此谓平土，可以为法者也。若山林、薮泽、原陵、淳卤之地^⑤，各以肥硗多少为差。^⑥

有赋、有税。税谓公田什一，及工、商、衡虞之入也。赋共^⑦车马、甲兵、士徒之役，充实府库、赐予之用。税给郊、社、宗庙、百神之祀，天子奉养、百官禄食、庶事之费。

民年二十受田，六十归田。七十以上，上所养也；十岁以下，上所长也；十一以上，上所强也^⑧。

种谷必杂五种，以备灾害。【2】

田中不得有树，用妨五谷。【3】

力耕、数耘^⑨，收获如寇盗之至。

---

① 此表明：古人受田百亩而交十亩税的"什一"之制，与西方"什一税"相同。

② 夫，一个成年劳动力。

③ 指最初是土地公有，换田要换居所，称为"爰土易居"；后来土地私有，在自己所分之田内轮休（即轮种）而不用换居所，称为"自爰其处"。按《汉书·地理志》末言秦地"孝公用商君制辕田"句注："张晏曰：周制三年一易，以同美恶，商鞅始割列田地，开立阡陌，令民各有常制。孟康曰：三年爰土易居，古制也，末世浸废，商鞅相秦，复立'爰田'：上田不易，中田一易，下田再易；爰自在其田，不复易居也，《食货志》曰：'自爰其处而已'是也。辕、爰，同。"爰，通"援"，援引、依据。

④ 比，比例。

⑤ 淳卤，指瘠薄的盐碱地。

⑥ 指：此为平地之田，可以作为其他田地授田的法度。如果是山林等其他类型的土地，各有折算成平田的比率在，即按平田授田的一定比率来授其他类型之田。

⑦ 共，供也。

⑧ 指百姓20至60岁要为国家作贡献。而70岁以上，国家要来养其老（而60至70岁便当是退休后仍要承担轻体力生产劳动的状态）；10岁以下，国家要来培养使之长大；11至20岁，要由国家来培养，使之不断强壮，成长为国家的强壮劳力。这就意味着：一切民众皆非家庭所养，而是国家培养后为国家所用，这就是原始社会的"原始共产主义"，也即将来的"共产主义社会"，其实也就是孔子《礼记·礼运》"大同篇"所谓的"大道之行"的公天下、大同社会："大道之行，天下为公。选贤、与能，讲信修睦。故人不独亲其亲，不独子其子。使老有所终，壮有所用，幼有所长。矜寡孤独废疾者，皆有所养。<u>男有分，女有归</u>。货恶其弃于地也，不必藏于己；力恶其不出于身也，不必为己。是故谋闭而不兴，盗窃乱贼而不作。故外户而不闭。是谓'大同'。"画线部分指社会有义务让男子有"职份"（即有职业），让女子有归宿（即出嫁）。可见自古以来就是男子工作养家，女子相夫教子，不用外出工作，男主外而女主内。

⑨ 竭力耕种，一而再、再而三地多次除草。数，音"硕"，屡次。

还①庐树桑，菜茹有畦②，瓜瓠果蓏殖于疆易③。鸡豚狗彘，毋失其时，女修蚕织，则五十可以衣帛，七十可以食肉。【4】

在野曰"庐"，在邑曰"里"④【6】五家为邻，五邻为里，四里为族，五族为党，五党为州，五州为乡。乡，万二千五百户也。邻长位下士，自此以上，稍登一级，至乡而为卿也。

于是里有序而乡有庠⑤。序以明教，庠则行礼而视化⑥焉。

春令民毕出在野，冬则毕入于邑⑦【7】其《诗》曰："四之日举止⑧，同我妇子，馌彼南亩。"又曰："十月蟋蟀，入我床下"，"嗟我妇子，曰为改岁，入此室处。"所以顺阴阳，备寇贼，习礼文⑨也。

春将出民，里胥平旦坐于右塾，邻长坐于左塾，毕出然后归，夕亦如之。入者必持薪樵，【8】轻重相分，班白⑩不提挈。

冬，民既入，妇人同巷，相从夜绩，女工一月得四十五日⑪。【9】必相从者，所以省费燎火，同巧拙而合习俗也。

男女有不得其所者，因相与歌咏，各言其伤。⑫【10】

---

① 还，环也。颜师古注："还，绕也。"

② 可见"井田"的方田种五谷主食，而"圭田"（即"畦"）种菜。

③ 易，通"埸"。疆埸，边界，即在菜田与稻田的边角之地种上瓜、果等辅食。

④ 指春夏种田时，于野有别墅，称为"庐"，因为种田处离城远，回不了城。而秋冬丰收后入城市避冬，则城内又有居所，称为"里"。上半年居乡野而从事劳动，下半年居城内从事文教学习，物质生产与精神生活两不耽误，这样的社会制度使人有德、有才，又有劳动技能，即今人所追求的德智体美劳"五育"全面发展。

⑤ 庠、序，皆为古代的学校。

⑥ 视，读作"示"，向学生们展示好的教化。

⑦ 春夏居于野外种田用的庐，秋冬则居于城邑之里巷，以防备盗贼，同时又可以聚集在一起学习礼节与文化。春夏时未丰收，无谷物可抢，可以居于城外，且要劳作，不得不居于城外；秋冬丰收后，若谷物不运入城中，在野外会遭抢劫，故当入城居住，且可从事文化学习。

⑧ 止，通"趾"，耕田要用脚趾出力来踩耜（木制或铁制的锹）掘土等。

⑨ 居城过年，是为了顺应阴气的到来，要收藏好食物、身体以免受冻，同时又是为了防止野外谷物会被强盗这种阴邪之人抢走，所以要聚居在城内过冬、储粮，同时也是为了能集中起来学习到文化知识，城市是文化的中心，郊野不利于文化知识的集中传授和学习。

⑩ 班白，今写作"斑白"，指头发斑白者不用从事体力劳动。

⑪ 原书注："服虔曰：一月之中，又得夜半为十五日，凡四十五日也。"即以一天工作八小时计，每天其实工作了一个半工作日，一个月相当于工作了 45 个工作日。

⑫ 鼓励民众用歌唱、演戏等文艺创作形式来发泄心头的不满，以利于内心遭受创伤之人的心理健康。所以古代的娱乐活动既有喜剧，更有悲剧。

是月，余子亦在于序室①。八岁入小学，学六甲②、五方③、书计④之事，始知室家长幼之节。十五入大学，学先圣礼乐，而知朝廷君臣之礼。其有秀异者，移乡学于庠序。庠序之异⑤者，移国学于少学。诸侯岁贡少学之异者于天子，学于大学，命曰造士。行同、能偶⑥，则别之以射⑦，然后爵命⑧焉。【11】

孟春之月，群居者将散，行人振木铎徇⑨于路以采诗，献之大师，比其音律，以闻于天子。故曰："王者不窥牖户而知天下。"

此先王"制土处民、富而教之"⑩之大略也。故孔子曰："道⑪千乘之国，敬事而信，节用而爱人，使民以时。"故民皆劝功乐业⑫，先公而后私⑬。其《诗》曰："有渰凄凄，兴云祁祁，雨我公田，遂及我私。"民三年耕，则余一年之畜。【12】衣食足而知荣辱，廉让生而争讼息，故三载考绩。孔子曰："苟有用我者，期月而已可也，三年有成"，成此功也。三考黜陟，余三年食，进业曰"登"；再登曰"平"，余六年食；三登曰"泰平"，二十七岁遗

───────────────

①余子，古代卿大夫嫡长子之外的儿子，即百姓家庭中服兵役劳役的"正卒"以外的子弟们，又指因年幼而尚未服役的男子。此处指成年人以外的少年儿童。序，上文言"里有序"，则"序"为里中的学校，后世称作"社学"。序室，古代幼童就学之所。

②指六十甲子为代表的常用字的书写，包括用天干、地支来纪年、计数。

③指四面八方的书籍，包括地理类书籍。

④书计，指学习写字和数学计算。

⑤异，指"秀异"，才能突出者。

⑥行为相同（即指符合道德标准），其能力又可以相并列而不分上下（又指能力达到标准，又与德行相称）。对于能力不分上下之人，用射箭的好坏与运气来区分其上下。

⑦由于射箭是古代打仗时必须的技能，所以培养人才光有文才还不行，要有良好的体育技艺、军事射击才能，方才能够做官。可见古代的官员大都是文武全才。

⑧命以官爵，即量才授官。

⑨徇，遵循、沿着。

⑩指用井田制用来划分田地，让百姓安居乐业，使之富裕起来后再加以教育，让其成为有德之人，不白生于人间一趟。

⑪道，通"导（導）"，引导、教导、治理。

⑫劝功，努力建功立业。乐业，安于职守、乐于效力。乐，意动用法，以……为乐。业，职守、职业。

⑬指百姓们先公而后私，把国家利益放在第一位。表现在井田制上，便是先耕种、先保证正中央的公田丰产，再种植自己家私田的庄稼。

九年食①，然后王德流洽，礼乐成焉。故曰"如有王者，必世而后仁"，由此道也。

周室既衰，暴君、污吏慢其经界，徭役横作，政令不信，上下相诈，公田不治。故鲁宣公"初税亩"，《春秋》讥焉。于是上贪、民怨，灾害生而祸乱作。

又《公羊传·宣公十五年》谈到鲁宣公废井田制而行"初税亩"时，东汉何休注此《公羊传》"'什一'者，天下之中正也；'什一'行而颂声作矣"句时，详述古代圣人（即尧舜禹、夏商周先王）所创立的"井田制"这种治国大法，与上引班固所述正可参看。凡可参看处，便在上文与下文中全都用"【 】"标注序号，读者可以就同一序号之文两相参阅：

颂声者，大②平歌颂之声，帝王之高致也。《春秋经、传》数万，指意③无穷状，相须而举，相待而成，至此独言"颂声作"者，民以食为本也。

夫饥寒并至，虽尧、舜躬化，不能使野无寇盗；贫富兼并，虽皋陶制法，不能使强不陵弱：是故圣人制井田之法而口分之④：一夫、一妇，受田百亩，以养父、母、妻、子五口为一家，公田十亩，即所谓"什一而税"也⑤。庐舍二亩半，凡为田一顷十二亩半。八家而九顷，共为一井。【1】故曰"井田"。庐舍在内，贵人也；公田次之，重公也；私田

①三年有成，谓之一考；三考，即考察九年的政绩来决定官位的升降。凡是"三考"即九年从政中，百姓有三年的余粮，称为"登"，即其所治理的人间获得了大丰收；再"三考"，即总共十八年从政生涯中，百姓若能有六年余粮，便称为"再登"，这时便可称其所治理的人间达到了"和平"；再"三考"而二十七年从政生涯中，百姓若能有九年的余粮，则称为"三登"，这时便可称其所治理的人间达到了"太平"。故27年有9年余粮便称为"盛世"，如"贞观盛世、康乾盛世"就是按此标准衡量而得名的。这便是中国人的"盛世"标准，自古不易。这既是古代在考察一方官员的政绩，更是在考察治理国家的皇帝的政教成绩，只有能让全国人民27年有9年余粮的，方能称作"太平盛世"。

②大，通"太"。

③指意，即"旨意"。

④指按人口来分井田，做到生产资料的平均分配，则社会不会有家庭财富相差悬殊的局面出现。然数代以后，人口呈几何级数增长，田终有不够分之时，加之富者兼并，穷者无立锥之地，遂揭竿而起为流寇，天下大乱而改朝换代矣。

⑤一家五口含成年男子和妻子、子女、父母，一般以生一个子女为标准，故为五口之家。此一家五口得百亩之田，又要承担十分之一即十亩公田来作为赋税（此即所谓的"什一而税"），加上庐舍的二亩半，故接受了国家给予的112.5亩田。八家为一井，计为900亩，即"九夫"为一井，八家共种中央那一夫百亩的公田，平均每家负担10亩的公田，"一夫百亩的公田"扣除这80亩公田外，另外的20亩则为八家的房屋。

在外，贱私也。① 井田之义，一曰：无泄地气②，二曰：无费一家③，三曰：同风俗，四曰：合巧拙，五曰：通财货④。因井田以为市，故俗语曰"市井"。

种谷，不得种一谷，以备灾害。【2】

田中不得有树、以妨五谷。【3】

还庐舍，种桑荻、杂菜，畜五母鸡、两母豕，瓜果种疆畔，女工蚕织：老者得衣帛焉，得食肉焉；死者得葬焉。【4】

多于五口，名曰余夫，余夫以率⑤受田二十五亩。

十井共出兵车一乘⑥。

司空谨别田之高下、善恶，分为三品：上田，一岁一垦；中田，二岁一垦；下田，三

---

① 指九夫为一井，中间一夫的正中间20亩为房屋，人居住之屋处井田之正中，重人也，也即今人所谓的"以人为本"；此20亩外环绕的80亩田为公田，是八户人家为国家（也即君主）种的要交公粮用的田，其在井田的第二层，重公也，也即"急公好义、以公为重、先公后私"的象征。此中央一夫百亩以外的八夫800亩田，便是各家的私田，先公而后私，故私田在外而公田在内，贱私而尊公之相也。

② 井田制的好处便是能够集约化地生产、生活，不会过分地因一家一户而碎割田野，消耗自然资源。正如杜牧《樊川文集》卷三《塞废井文》言："古者井田九顷，八家环而居之，一夫食一顷；中一顷树蔬、凿井，而八家共汲之：所以籍齐民而重泄地气。以小喻大，人身有疮，不医即死；木有疮，久不封，即亦死；地有千万疮，于地何如哉？古者八家共一井，今家有一井，或至大家至于四五井，十倍多于古，地气漏泄，则所产脆薄。人生于地内，今之人不若古之人浑刚、坚一，宁不由地气泄漏哉？"即古代是公有制社会，九顷那么大的地才开一口井；今一家一户私有制，家家户户皆开井，耗泄地气。正如公有制则消耗实际会少，而私有制则每个人都穷奢极欲，地球无法承载，其道理是一样的。故社会当以节俭为美德，不以美好享受为目标，因为地球有限，人欲无涯，《庄子·养生主》言："吾生也有涯而知也无涯，以有涯随无涯，殆已。"今以有涯之地球自然资源，逐无涯之人欲，不亦殆乎？井田公有制可以有效根治人欲之无涯，从而集约化、节俭式地生产、生活。孔子倡导"克己复礼"，以"礼节""谦让""廉洁"来教化民众；《史记·管晏列传》引《管子·牧民》所谓的"仓廪实则知礼节"，社会越是富裕越要强调礼制与节制。

③ 井田公有制可以集中起集体的财力来办大事，比如婚丧嫁娶，比如置办大型的生产工具（如养耕牛），比如从事大型的工程建设（如兴水利）。后世实行一家一户私有制，会导致贫富分化，富者穷奢极欲，贫者孤苦无依，而且需要大家团结协作来办的事情也就无从实行了。正如包产到户，恢复小农经济，遂无法实现农业现代化、集约化的目标。

④ 井田公有制可以让家家户户经济处境相同而生活格局、思想情调协调一致，没有两极分化的现象出现。而且还可以让能者补助同一井田内劣者之不足，强者帮扶弱者，扑灭两极分化出现的可能性。而且大家在经济上还可以互通有无，相互资助。"通财货"还指能在交通要道上的"井田"水井处形成贸易集市，通商惠民。

⑤ 率，比率。读作"比率"之"率"。

⑥ 前据《周礼》"大司徒、遂人、小司徒"考得25家为一"两（辆）"而出兵车一乘（一辆）。此为十井出兵车一辆。今按"九夫为一井"，一夫为一家，可见九家为一井，十井为90家。但十井之田考虑存在中田、下田的情形，若以中田为标准，则九夫为一井实只有四五家，今以四家计，则十井为40家，出兵车一乘，与前所言的25家出一两（辆）兵车相差也不大。

岁一垦。肥饶不得独乐，硗埆不得独苦；故三年一换主、易居^①，财均、力平，兵车素定，是谓均民力、强国家。【5】

在田曰"庐"，在邑曰"里"；【6】一里八十户，八家共一巷^②，中里为校室^③。选其耆老有高德者，名曰"父老"；其有辩护^④、伉健者，为"里正"，皆受倍田，得乘马^⑤。"父老"比三老、孝弟官属，"里正"比庶人在官吏。^⑥

民春夏出田，秋冬入保城郭^⑦。【7】田作之时，春，父老及里正，旦开门，坐塾上：晏出、后时者，不得出；莫不持樵者，不得入^⑧。【8】

五谷毕入，民皆居宅，里正趋^⑨缉绩，男女同巷，相从夜绩，至于夜中，故女功一月得四十五日作，从十月尽^⑩正月止。【9】

男女有所怨恨，相从而歌：饥者歌其食，劳者歌其事^⑪。【10】男年六十，女年五十，无子者，官衣食之，使之民间求诗，乡移于邑，邑移于国，国以闻于天子，故王者不出牖户，尽知天下所苦；不下堂，而知四方。

十月事讫^⑫，父老教于校室。八岁者，学小学；十五者，学大学；其有秀者，移于乡

---

①田换不同的田主，而田边的居所相应地换给新来的田主居住。易居，即房主换房屋居住。

②是8家为一巷，10巷为一里。今按四井为丘，四丘为甸，一井以二岁一换耕的"中田"计为四五家，四井就是16至20家，相当于两巷，四丘为甸计8巷，相当于"一里"。

③即城内各居民区的学校。其为城内最基层的学校，相当于社区的学校，后世称之为"社学"。

④辩护，古代是指能治事管理。

⑤凡任乡里之长官者，皆得双倍的生产资料而富于常人一倍，并能乘坐四匹马拉的车。乘，音"胜"，四也。即本区要出战车一辆，平时便可供此长官坐着出行，相当于今天的小轿车。

⑥古代选老人任"乡三老"(古代执掌教化之官，一乡、一县、一郡均设置乡三老、县三老、郡三老)，古代又选孝悌之人担任乡官，其官即名为"孝弟"（汉代设"孝弟力田"科来选拔此种人出任乡官，与乡三老一同教化乡里）。古代又选年高之人任"父老"之官，作为乡官"三老""孝弟"二者的下属；又选拔办事能力强的人任"里正"，其待遇好比以庶人的身份出任了官职，两者国家均赐予他们两倍于常人家庭的田产，出行时可以乘坐四匹马拉的车。即作战打仗时的兵车，平时可供有职务者乘坐出行。

⑦入城郭而受城郭的保卫。

⑧指晚出者便无人身自由，取消当日工分。农工完毕，如果没有打来柴草的人，便拒绝其入居住区居住，这是逼众人每天都要打柴草。因为柴草就是当时的燃料，是当时生活所需物质能源的重要来源，相当于今天的电力、天然气，柴是百姓不可或缺的"开门七件事"之首。

⑨趋，同"促"，催促。缉绩，纺织。据下文来看，男子也参与纺织之事。

⑩尽，一直到。

⑪忍饥挨饿的人在歌声中呼唤他所盼望的食物，劳累的人在歌声中述说让自己劳累辛苦的活（即劳作之事）。

⑫指农事完毕。

学；乡学之秀者，移于庠；庠之秀者，移于国学，学于小学①，诸侯岁贡小学之秀者于天子，学于大学。其有秀者，命曰"造士"，行同而能偶，别之以射，然后爵之。【11】士以才能进取，君以考功授官。三年耕，余一年之畜；【12】九年耕，余三年之积；三十年耕，有十年之储：虽遇唐尧之水，殷汤之旱，民无近忧，四海之内莫不乐其业，故曰："颂声作矣！"

上引两则文献，让我们感受到"井田"公有制上生长出来的社会制度具有如下特点（这同时也是其优点所在）：

（1）井田制是一种事关人性升华而非堕落的制度

以上两则文献言明：大禹平定洪水后，制定了以"井田制"为根基的涉及民众劳作、国家贡赋、文化教化在内的完备的社会制度体系，也即所谓的"禹平洪水，制土田……万国作乂"而步入文明时代。这套以"井田"为根基的制度体系被其后的夏、商两代沿用而延续到西周，一直要到春秋时期，才因为"暴君②、污吏慢其经界，徭役横作"，也即统治者私欲的横流，方才导致井田制为根基的圣王仁政（也即儒家所谓的"王道政治"，也即孔子所谓的公天下的"大同"制度）土崩瓦解，以鲁国"初税亩"为标志，中国进入各自为政、谋一己之私的、"家天下"的"小康"而非"大同"的社会制度。

上引文字又说：圣王就是要推行以土地国有为基础的"井田制"，以此来"筑城郭以居之，制庐井以均之，开市肆以通之，设庠序以教之，士、农、工、商，四民（指士农工商四民）有业"，从而达到"四民陈力受职，故朝亡（无）废官，邑亡敷民，地亡旷土"的大治局面，这也就是儒家所谓的"王道政治"、也即"大同社会"的政治理想。

（2）井田制旨在公平的授田与轮换制度

上引文献认为：要达到上述大治局面的根本的治国之道，便是"体国经野"、加以授田，规定长百步、宽一步为一亩，以百亩作为一夫（即一个壮年劳动力）所种之田，从而以"百亩一夫"作为土地的基本授田单位来进行经界、授田。以"三夫之田"来作为一户人家（也即一个家庭）之田③。然后三户家庭作为一"井"而形成一个比较基础的组织单位（即"三家村"，相当于后世的一个自然村）。"一井"为一里见方而有土地九百亩，即

①此小学与八岁所学之"小学"不同，当是"少学"，与"大学（太学）"相对应，乃诸侯之国学。即："太（大）学"是天子首都之学，而"少（小）学"是诸侯国都之学。"少、小"两字古通；"大、太"两字古通。下"诸侯岁贡小学之秀者"之"小学"亦是"少学"。

②即秦始皇之流。当然废井田早在秦始皇之前便已如此。

③之所以一户人家不是"一夫之田"，而是"三夫之田"，便是考虑到如下的缘故，即古代地力并不肥沃，没有充足的人畜之粪来肥田，所以需要用植物来积绿肥而要休耕一到两年。

"九夫"。这一井九百亩由三户家庭（三家村）所共有，相互帮助，形成生产小队。

由于田有优劣，凡是地力肥沃而年年可耕之田称为"上田"，一家授予百亩就能温饱而小康，于是一井中便可以有九家（即由"三家村"变成"九家村"）；其田如果是要轮休一年的田，便称为"中田"，一井之中便可以有四家半（相当于四家村或五家村）；其田如果需要轮休两年方才能够恢复地力，便称为"下田"，一井之中便只可以授给三户家庭（即"三家村"）。每满三年，大家便要把优劣之田轮换一遍，以此来保证授田的公平合理，让美田与恶田不会永在一户手中。

每户人家多出来的劳动力，以及士、工、商这三种家庭，也都按照各自的情况授予相应比例的田地（授田亩数要低于前面那种情况）。所有人受田之后，要根据所受田的肥沃程度和田内物产的出产情况，以及工商所得，承担对国家和社会应尽的赋税义务，以此来维持国家机器的运转和对天地神明的祭祀。

（3）井田制合理而适度的赋税与服役义务

井田制度下的赋税，就是把田划出十分之一来作为"公田"，用此十分之一的公田上出产的农作物来纳税。工人、商人、衡虞之人（守护山林的人），也要交纳其收获物的十分之一，这也就是所谓的"什一税"。而西方信仰上帝的天主教与基督教，也要求信徒向上帝交纳"什一税"，与东方中国的情形正为相同，而东方中国也信仰上帝（即天帝）①，可证：税率定为十分之一，乃是全世界普遍通行的惯例和"天理"。

所谓"赋"，就是由百姓出钱来供应作战用的车马、兵器，并承担当兵、服兵役的义务，以此来保卫国家的存在；所谓"税"，就是出钱来供奉天子的祖宗和国家神明的祭祀之用，以及供给天子和各级官吏的俸禄之用。

关于其他的徭役，《礼记·王制》记载了足以让所有封建时代民众为之感动到哭泣的王道政治："用民之力，岁不过三日。"郑玄注："治宫室、城郭、道渠（道路和沟渠）。"孔颖达《正义》曰："三日，谓使民治城郭、道渠；年岁虽丰，不得过三日；自下皆然。案《周礼·均人》云：'丰年，旬用三日；中年，旬用二日；无年，旬用一日。'年岁不同，虽丰，不得过三日。"旬，均也。这便言明：古代在圣明的君主统治下，凡是为国家或君主造建筑、城池、交通与水利这类大工程时，每年最多只能让每位百姓服役三天，这三天由百姓自带干粮，百姓也乐于尽自己三日之力来为国家和君主效劳。如果是歉收之

①如《尚书·泰誓上》："天佑下民，作之君，作之师，惟其克相上帝，宠绥四方。"即上天也即上帝爱世人，从众人中选拔优秀的人作为君主、师长和统帅，来帮助自己治理人间。即上帝不直接管理人间，通过自己的代理人来掌管人间，即《尚书·盘庚上》："先王有服，恪谨天命。"中国古代就相信天命，这与西方也如出一辙。

年，最多只能役使百姓两天；如果是荒年，则只能役使百姓一天或不役使。

上引文献又言明，百姓年满 20 岁，就要分给田地来让他劳动（在当今便是给予其就业机会）。到 60 岁时，其人便要归还田地而退休（古人称之为"归田"而"引年致仕"）。因为 70 岁以上的老人，天下有义务来供养他；10 岁以下的人，天下也有义务来养育他；11 至 20 岁之间的人，天下有义务要养到他可以强壮地从事生产劳动：以上这些人全都不用参加劳动。而 60 至 70 岁之间的人虽然退了休，但还要干一些拾柴草等轻体力活。

（4）井田制所体现出来的科学合理的劳作经验

上述记载又告诉人们很多生产生活方面的经验教训与制度。比如：种植谷物时，要均衡地种上各种品种的五谷杂粮，以免灾害到来时，不会因为只种一种作物而绝收。农田中不能有树，因为会遮挡阳光，不利于五谷生长。如何来用力地耕种？其实就是尽可能多地增加耘田（除杂草）的次数。收割作物时，就要像面临强盗来抢那般，要赶快收割完毕，以免被风雨糟塌。围绕屋舍，应当种上桑树来养蚕；屋边要见缝插针地种上菜，并要按时养育家禽和家畜；这样，50 岁的人方才可以有丝绸衣服穿，70 岁以上的人方才可以天天有肉吃，这都体现出中国人独特的敬老、爱老习俗，把年老视为此人有福气、有道德的象征。可见古人认为，只有老人才有资格吃好、穿好，吃好、穿好是年高有德人的权利，年轻人即便家境富有，也没有这种享受的资格，因为"俭以养德"，节俭能让人拥有美好的德行。

在井田制所处的原始公社时期，已经有了城和乡的区别，但并没有出现城和乡的对立，这是因为每个人都是城外有房、城内也有房。因为所有的人都是必须劳动种田的农民，都是壮劳动力。在城外耕田种地时住的房子称为"庐"（后世称作"别业、别墅"）；冬天丰收后，不用再在田里干活，而要把粮食全都带回城里储备起来，以免留在荒郊野外被强盗抢走。于是，种田之人顺应"秋收冬藏"的规律而回城里居住，所以在城里也有供其居住的房舍。

（5）井田制严密整齐的社会组织架构体系

所有的人因井田制度，而与就近、相邻之人结成一层又一层紧密团结、以德为尊的社会关系而融为一个社会整体，具体来说：

城外的五户人家结为"邻"（在城为"比"），五邻（五比）即 25 户人家结为一里（即一个村，在城为"闾"），四个村（四闾）即 100 户人家形成一族（即一个族类的人，在古代便是一个氏族部落），五个种族即 500 户人家结成为一个党（即一类人，"党"即类的意思），五个党即 2500 户人家结合为一个州（一个中等规模的行政区），五个州即 12500 户形成为一个乡，乡是国家在基层建置方面的最大行政单位，相当于一个小型的国家（即邦国、方国、城邦）。

《礼记·王制》："王者之制禄爵：公、侯、伯、子、男，凡五等。诸侯之'上大夫、卿'，下大夫，上士、中士、下士，凡五等。"上大夫与卿实为两级，卿比上大夫还高一级。五家中选拔一人（当然是有德之人而未必有才之人）来担任长官，称为"邻长、比长"，相当于是"下士"级别；25户有一"里长、闾胥"，相当于"中士"；100户人家有一个"族师、酂师"，相当于"上士"；500户人家有一个"党正、鄙正"，相当于"下大夫"；2500户有一个"州长、县长"（其好比是后世的知州、知府、知县），相当于"上大夫"（下引贾公彦称之为"中大夫"，而以乡大夫为上大夫）；12500户有一个"乡大夫、遂大夫"相当于"卿"的级别，非常尊贵。

这就完全不像后世"中央集权"制度下，京官比地方官尊贵，大家都抢着拍上级的马屁求升官，都想升到京里去出人头地，没人愿意沉下心来服务于基层的民众、做一个合格的亲民之官。而远古实行民主制度，国君以德为本，而且以民为本，亲民、管民的地方官的地位，与国君身边的京官同样尊崇。

（6）井田制富有公众参与性的相互扶助、相互监督功能

上述管理民众的级别体制，与《周礼·地官·大司徒》相同，即："令五家为比，使之相保；五比为闾，使之相受；四闾为族，使之相葬；五族为党，使之相救；五党为州，使之相赒；五州为乡，使之相宾。"贾公彦疏："二千五百家为州，立一中大夫为州长。"

这就规定清楚：五家人相互保全，如有犯罪则有义务检举，如有贫穷则要加以救济；五比（五邻）即25户人家，物资可以相互共用，即所有生产资料（如耕牛）和大型的生活资料实行公有制或集体所有制；四闾（四里）即100户人家，共同置办婚丧所需的那套仪仗设施，凡遇婚丧大事，相互配合，这便是后世婚丧嫁娶时出份子钱的由来；五族（五酂）即500户人家，凡是灾荒之年要相互救济，有战争的话，要选取丁壮加以训练，结成民兵武装"团练"来保家卫国；五党（五鄙）即2500户人家，也是灾荒之年要相互救济，有战乱则要共同抵御。五州（五县）即12500户，则是以此为单位，每年要选拔出一定数量的优秀人才（数量极为有限，只有个位数，以保证选拔出来的是万里挑一的英才）上贡到中央，担任中央的官职，这就是后世科举制度通过"乡试"来选拔举人，再让举人参加"会试"选拔出进士的远古由来。

（7）井田制下城乡互补的行政制度

各级民政长官，春天时命令民众们全都住到野外的房子"庐"中去，因为要进行野外的生产劳动了，如果还住在城内，未免离生产基地太远；冬天则让所有民众全都返回城里的房子安居。这对于我们研究古人类文化遗存具有重要的指导意义。

一般来说，方百里之国都会有一个中心城市，是丰收后秋冬两季该区域人口的聚居地和稻谷储藏地；而春夏农耕生产开始后，城里的人又全都要分散到城外去进行劳作。显然也不大可能让一个乡的 12500 户人家全都聚居在一起，而应当是 2500 户人聚居为一个州，方才在体量上比较合理。即一个国家（其即邦国，相当于后世的县）的正中心有一个大州，东北、西北、东南、西南境的中心又各有一个小州（卫星城市）。也就是百里见方的一个县中，可以分成"田"字格那样的四小块，这四五十里见方的每一小块的正中心有一个州，而百里见方的"田字格"的正中心则有一个大州。这也就是古代县比州大的原因所在。

古代民户编制以 2500 户为一州，已见上论，而《尚书大传》卷四："古者处师，八家而为邻，三邻而为朋，三朋而为里，五里而为邑，十邑而为都，十都而为师，州十有二师焉。"郑玄注："州凡四十三万二千家，此盖虞夏之数也。"即：这是虞舜与夏禹时的很古老的古代民户编制，43 万 2000 户为一州。即一邻为 8 户，一朋为 24 户，一里为 72 户，一邑为 360 户（象征一年有 365 天，圆周为 360 度），一都为 3600 户（相当于十年），一师为 36000 户（相当于百年），一州为 12 师 43.2 万户（相当于 1200 年为一个大的纪元、大的周期）。

又《管子·度地》："州者谓之'术'，不满术者谓之'里'①。故百家为'里'，里十为'术'，术十为'州'，州十为'都'。"尹知章注："地数充为州者，谓之'术'。②"此种古代民户的编制便是一万户为一州，一都为十万户。即一里为 100 户，一术为 1000 户，一州为 10000 户，一都为 10 万户。

故《史记·舜本纪》：大舜"一年而所居成聚，二年成邑，三年成都"，其《史记正义》注："聚，在喻反，谓村落也。《周礼·郊野法》云：九夫为井，四井为邑，四邑为丘，四丘为甸，四甸为县，四县为都也。"上文所引《周礼·地官·小司徒》郑玄注，以一邑方二里，一都为方四十里，"都"还没有"一县方圆百里"那么大，大舜"三年成此一都（40 里见方的人口聚居区）"便也就不值得夸耀了。而且上文已经证明这"井邑丘甸"制是赋税计量单位，并非井田实土的政区单位，即"井邑丘甸县都"之"都"是赋税单位，并非"三年成都"所指的面积单位，所以不可以据其来论"三年成都"的空间规模和人口数量，因为两者谈的不是一回事。

---

① 即不满"术"的"术"以下的编制单位是"里"。
② 即组成"州"的下级编制单位是"术"。

其实，所谓的"三年成都"，当如《管子》所言为一都十万户，"二年成邑"之"邑"当指州，为万户，而"一年成聚"之"聚"当是"术"的概念，即一千户。因此《史记·舜本纪》大舜"一年而所居成聚，二年成邑，三年成都"，便是指舜在短短三年内，便聚居了十万户人家在自己周围（也即拥戴他为酋长，归他教化和治理）。而大舜在常州的舜过山所成之都便是延陵季子受封的延陵邑（在舜过山西趾），范蠡灭吴后将其迁至今天常州城这儿，历来是郡府所在，下辖武进（清又分出阳湖县）、无锡（清又分出金匮县）、宜兴（清又分出荆溪县）、江阴、靖江，历来号称"中吴要辅""三吴重镇""八邑名都"，即省会苏州府重要的辅佐之地，是所辖八县的中心都会，至今仍是全中国位居前列都市；而大舜在淮河流域舜过山下所成之都，便是楚国晚期的国都寿春；而大舜在山东舜过山（即历山）下所成之都，便是今天山东省的首都济南。足证《史记》称大舜"三年成都"名不虚传，而且长盛不衰，成为后世此方的重镇、要辅，乃至国都、省会。

而古代"一同方百里"而为四五万户[①]，后世一个县就是百里见方，则大舜之国在短短三年中，便相当于后世2~2.5个县的规模。正是古常州（含武进、江阴、无锡、宜兴）之地的范畴，难怪古常州四县境内有大量虞舜的遗迹，而其东侧的苏州，西侧的镇江境内没有一点虞舜的遗迹，这就有力地证明：《史记》言舜"三年成都"就是关于舜任"长江三角洲"中部以古常州（武进、江阴、无锡、宜兴）为核心区的部落联盟首领的文献记载。

"县"是地方行政区划名，周时已有县邑。春秋时期秦、晋、楚等大国将兼并而来的土地建置为县，故当时的县大多设在诸侯国的边境之地。后来各国将县制内移，边远地区置"郡"。秦统一六国后，有意与前朝相反，改为以郡统县，历代因之。

周制是县大而郡小，见《释名·释州国》："郡，群也，人所群聚也。"《左传·哀公二年》："克敌者，上大夫受县，下大夫受郡"，杜预注："《周书·作雒篇》：千里百县，县有四郡。"陆德明《经典释文》："千里百县，县方百里；县有四郡，郡方五十里。"

战国时，逐渐演变成郡大于县。秦灭六国，正式建立郡县制，以郡统县。汉朝因之。

---

①指：九夫为一井乃是一里见方，而一同为百里见方为一万井，由于田有美恶，今以中等田来折算，一井中有四五户，则一"同"百里见方有四五万户。扣除其中非农之田，四五万户实不止一同百里见方。由于后世之县为百里见方，但后世之里大于古里，故四五万户仍可视为后世一个县的区域。

汉武帝时，又置"十三州刺史部"来统领诸郡。隋文帝改郡为"州"[①]，唐代在州（郡）之上设"道"（相当于汉代的州刺史），隋、唐"州、郡"互称而可以画等号。宋代"州、郡"继续互称，唯改"道"为"路"。元朝又升"州、郡"为"路"，升大县为"州"，将宋代的"路"改创为新名词"行省"（其相当于唐代的"道"、两宋的"路"），以"行省"来统领诸路（即昔日的州郡）。明朝废"郡"存"州（元代称'路'）"，且改"州（元代称'路'）"为"府"，依然以"行省"统"府、直隶州、直隶厅"。清沿明制。

元《无锡志》卷四元代无锡人李晦为元朝元贞元年（1295）无锡县由县（大县）升为无锡州而作《无锡升州记》："粤自黄帝画野分州，尧命禹别为九，舜承尧，肇为十二，县之名未闻。殷封国，始有天子之县，县之名闻而未详。至周作洛，千里百县，县有四郡，县百里，郡五十里，县之名详而在郡上。始皇易封建为郡县，以郡统县，盖昉于此。自唐改郡称州[②]，继此以州领县定矣。……余老矣，犹能记忆前世'县'名义、沿革一二，并述今日升改年月，以为他日删修图志之一助云。大德庚子中秋，州人、前乡贡进士李晦显翁记。"便历述"郡、县、州"三种名称变迁沿革的历史，唯将隋改郡称州误写成"自唐改郡称州"。

（8）井田制度下生气蓬勃的男耕女织场面，以及畅通民情民志的怨歌（文艺）创作与采集

冬天农事完毕（指丰收后），所有民众入城过冬。之前以田间劳作为主，男子为主而女子配合；而今却以家居纺织为主，女子为主而男子配合。正如阳气强盛时的春夏之季，便是阳性的男子为主；而今阴气强盛时的秋冬之季，便是阴性的女子为主，人事与天象完全吻合。

妇女们聚在一起纺织时，白天做的工算作一个工（大致相当于今天的八小时工作制算作一个工作日），晚上又可以再做半个工（大致相当于工作四小时而算作半个工作日），等于一天做了一天半的工，所以总计下来，一个月做了一个半月的工作量。

之所以要把妇女们组织在一起纺织，便是可以省去晚上的灯火钱（各家各户点灯太耗

---

①按：州有驻军，是军区的概念；郡无驻军，是行政区的概念。汉代郡与国无驻军，而设在其上的州则掌管有军队，诸郡、国为其所辖。南朝逐渐把州划小，等于把军权分解。隋代把这已经划分为小州的军队又全部分给诸郡，诸郡皆有驻军，便相当于古代有军权的州，故改郡为州，州、郡开始可以画上等号。郡的长官为太守，无军权，只有民政与财政权；州的长官为刺史，有军权。隋代改郡为州后，等于郡的长官也有了军权，其既可以用古称"（郡）太守"，又可以用古称"（州）刺史"，宋代则改称新名词"知州"。

②实为隋改郡为州。然隋文帝的继承人隋炀帝又复古而改州为郡，唐朝代替隋朝后，又恢复隋文帝的制度，再度改郡为州，故称唐代改郡为州亦可，但又要知隋代已然，并非唐代才开始改郡为州。

灯油了，这也是"井田制"公有制优越性的体现），而且还可以通过相互观摩，来纠正工艺上的错误、改进工艺上的不足；又通过相互比赛，提高了劳动生产的效率和质量。同时，大家一起劳动时，凡有哀伤者，大家可以陪她（他）们一起歌唱，发泄心中的忧伤，从而导致诗歌与文学创作的繁荣（当时的文学艺术全都由集体参与创作，没有单纯的个人创作[①]）。

这些歌谣反映了民间的心声，深受统治者的重视，专门设立专职的采风人员，通过"采风"这种形式来让民意上达。所谓"风"就是"国风"，其为《诗经》中的民歌，"采风"其实就是"采诗"之意，旨在采集民歌中表达出来的民情民志。这与当代报喜不报忧的做法不同，古人特别重视民怨的上达，以使统治者可以足不出户地周知民间疾苦。

何休言："男年六十，女年五十，无子者，官衣食之，使之民间求诗，乡移于邑，邑移于国，国以闻于天子，故王者不出牖户，尽知天下所苦；不下堂，而知四方。"这就告诉我们两点：

一是男子六十可以退休，女子五十可以退休，这就是今天女子要比男子提前五到十年退休这一制度的历史由来，这显然是由男女身体上的差异所造成，是符合自然规律而不宜违背的天理性制度。

二是前已言明，男子70岁以后由国家来赡养，而男子又是60岁退休，则60~70之间便要由子女来赡养。如果没有子女来提供家庭方面的赡养，便可以选择为政府服某种非体力的劳役来较为轻松地获得一份赡养[②]，在此处便是采集民间的歌谣，把老百姓的心声一级级上传到中央，便于君主了解舆论后正确决策。这说的是男子的情形，如果是女子，自然是50岁退休，60岁由国家赡养，50~60岁时由子女赡养；如果没有子女，同样也可以提供上述的轻体力服务，较为轻松地获得国家的一份赡养。

（9）井田制下公平公正的人才培养和选拔机制

冬天群居之时，正是孩子和青少年们入学之时。孩子们八岁时读小学，学习《九章算术》（古称"九数"）这一数学，又要认识汉字（即掌握仓颉造字的六种规则，这六种规则同时也就是后人可以用其来辨识汉字字音、字形、字义的六种法门，古人称之为"六书"，

[①] 中国文学史上流传下来的最早的文人独创的文学作品，便是屈原的《楚辞》。

[②] 相当于"以工代赈"，但"以工代赈"从事的是重体力活，这却是用轻体力劳动来获得一份社会救济，这也给我们社会救济提供了很好的方向性启迪。

即：象形、指事、会意、转注、形声、假借①），同时又学习日常生活与社会交往所必需的各种礼仪（"曲②礼"——各种细节性的礼仪）。以上所学统称为"小学"，相当于今天的初等教育和中等教育。

而十五岁之人便不再读"小学"的内容，而要读"大学"的内容，相当于今天的高等教育，旨在学习思想内涵比较深邃的礼乐等经典书籍，以及比个人与家庭这两方面礼仪要更为宏大的官方的礼仪（"吉凶军宾嘉"五礼）。凡是学习成绩特别优秀者，便由每个基层社区（在城外便是乡村）学校的校官与行政长官，往上推荐到本地方所设立的更高一等的学府——"庠序"。在庠序中学习成绩和品行表现又特别优异的学生，再移送到诸侯国国都所在地的该国的最高学府——"国学"，这个"国学"相对于天子的大学（"太学"）而言，只宜称作"少学"③。

其学习和表现又特别优异者，每年诸侯便要再把他们进贡到天子首都所在地的、天下最最高等的学府"大学（即'太学'）"，经过天子与官员们的考核，授予合格者"造士"的称号（相当于后世的"进士"，指其前进到了一定的造诣，故名"进士"或"造士"。古有"造访"一词，"造"有"前往、到"的意思，与"进"的意思相通）。

经过培养，此人才的品行、才能与古代贤士的标准相同了（即古人所谓的"希圣、希贤"——效法圣贤、仰慕圣贤），便用射箭来决定谁的水平更高，然后根据射箭本领的高低来任命其官爵④。可见：古代选拔的是文武全才，对于人才的体育素质和军事作战才能非常重视。正因为此，孔子要教育弟子们掌握"六艺"（六种才艺）："礼（礼仪）、乐（音乐）、射（射箭，即军事，相当于今天的枪弹射击，这是古代打仗所必需的技能）、御（驾驭马车，相当于今天的开汽车，这也是古代作战打仗和交通出行所必需的技能）、书（识字与书法，这是读书所必需掌握的认字技能）、数（数学，这是从事工程计算与运筹帷幄

①据笔者数十年的研究，"象形"便犹如用今天摄像机摄像的原理，绘简笔画来构字，包括"合体象形"在内。"指事"便是在所画形体上，指明某一部位或位置，属于"象形"加指示之点来造字，其实也属于绘画、象形的范畴。"会意"是用今天字典的释义原理，为某一概念下一个两个字的定义来造字。"假借"是用今天录音机录音的原理，像西方的表音文字那样，用同音字来记录某个概念的发音而达到记录此概念的目的。为了把用同一个字来记录的同音概念的不同含义在字面上区分出来，于是有形象的事物便加象形的形旁来作细分，这便是"形声"；无形象的抽象含义便加义符来细分，这便是"转注"。"转"即"传"（读作"经传"之"传"），"传"和"注"都是下定义、作注释、为经典作翻译、转换一种说法的意思，也即为声符注上义符而已。"形声"与"转（传）注"的区别在于：前者加的是具体有形的形旁，后者注的是无形而有义的抽象义符。中国古人用音形义三种方式构字，远比西方表音要立体。

②圆为整体，曲为圆的一小部分。曲礼就是礼的细节。

③"太"即大，"少"即小，大、小（太、少）相对，故这个比天子之学"太学"低等的诸侯国的国学，便命名为"少学"。为区别于少年儿童念的"小学"，故不称"小学"而称"少学"。

④这表明，在文治相同的情况下，便以体育与武略来选拔出更优秀的文武全才。射箭本身也有运气的成分在内，即当一样好而难以取舍时，古人用射箭来决定。

所必需的运算技能）"。而孔子在教授文科类技能时，又会重点突出"德行、言语、政事、文学"这四个科目（古称"四科"）。

需要说明的是，古代各级政府及其用来培养人才的学校，上贡到上一级学府的人才名额都是极为有限的，务必严进严出，保证选拔出来的是百里乃至万里挑一的人才。不似今天学士、硕士、博士文凭滥发过度，无法甄别出真正的卓越人才。正因为名额稀缺，也就难以鱼目混珠，故而选拔人才便不看重其家庭背景而只看重其才德是否双全、文武是否齐备。

（10）井田制下居安思危的民兵操练

地方各级民政长官也会定期在农闲时，组织所有民众从事"春搜、夏苗、秋狝、冬狩"的春、夏、秋、冬四季的狩猎活动，借此机会来进行军事训练、讲习兵法和布阵。由于不能以人作为演习的对象，因为惨杀人类是无道的表现，所以也就只能拿动物来作演习的对象，寓军事于狩猎之中。

其狩猎时，要先树立起狩猎场的标志，常常还网开一面。据《史记·殷本纪》载："汤出，见野张网四面，祝曰：'自天下四方，皆入吾网。'汤曰：'嘻，尽之矣！'乃去其三面。祝曰：'欲左，左；欲右，右。不用命，乃入吾网'。"即说：我网开了三面，想向左逃的快往左逃，想向右逃的快往右逃，想上飞的赶快往上飞，想往下逃的赶快向下逃，只有那命该绝的，才进入我的网中。在网开一面或几面的情况下，猎物被擒获，便真是"其命当绝"而不能怨天尤人、怪罪我了。

设好猎场标志（古人称之为"射防"）后，狩猎时只能追到围场界线处便要停止，不能越过界线，见《春秋谷梁传·昭公八年》"秋，搜于红"句《谷梁传》："因搜狩以习用武事，礼之大者也。……过防弗逐，不从奔之道也。"

这些全都体现出狩猎者对上天"好生之德"的尊重。正因如此，他们射杀猎物时，一定要射中要害，让其一箭毙命，而不能让猎物在痛苦中缓慢死去。

通过这种既追求高质量射击效果，又不忘仁义道德的高尚的狩猎行为，既能获得猎物来供祭祀或自己享用，又提高了自己射艺的精准度（即务求一箭毙命），而且还操练了大众协同作战的阵法。

（11）公天下的"井田制"在后世的消失

圣明的君主力求保证百姓耕种3年便有1年的积蓄，力图谋求耕种9年会有3年的积蓄，最终达到耕种27年而有9年积蓄的太平盛世的局面①。

①所谓"文景之治、贞观之治、开元盛世、康乾盛世"等的"盛世"标准便是民众劳作27年而有9年积蓄。

可惜这么好的社会制度，被诸侯及其各级官员的贪婪私欲给毁灭了。

于是，为官者的贪婪导致民怨沸腾，各种天灾人祸接连不断，天下大乱。

大禹以"井田"为根基所推行的圣明的社会制度，从 4200 年前的尧舜禹时代开始，到公元前 770 年左右的春秋时代告终，一共延续了 1400 年左右、夏商西周共两个半朝代。

当然，这一制度在大禹之前便已出现，其从本质上说，就是原始社会以公有制为基础的社会组织形态，甚为古老，其延续的年代当远不止 1400 年。

四、江南大运河的远古溯源之三：大运河"天人合一"的自然本性，暗示江南大运河可能是古代江南先民对长江海岸线因势利导的利用

上一章"四"谈到大禹治水顺应了河流的自然地理本性，这显然是大禹对其之前的中华先民（尤其是江南先民）水利智慧的一种继承和发展，并非大禹本人首创。

江南先民早在大禹之前就有了丰富的水利智慧和水利成绩，江南大运河和良渚山地水坝工程其实早在大禹之前便已存在，是先民们顺应山川河流自然地理本性而开凿、建造。

关于这一点，我们还能从下面的相关研究中，看出江南大运河开在今天这个位置是完全有其自然依据的。今将这一方面的自然线索开列如下：

①上面已经提到过江南大运河与长江的古海岸线相平行；

② 20 世纪 80 年代编的《武进县志》中，常州段江南大运河地处长江水土沉积的最南分界线上；

③江南大运河地处太湖板块下沉带沿线上；

从中便可得出一个重要的结论：以常州段为代表的江南大运河的真正起源，便是古代江南先民对长江海岸线因势利导的利用。

而考古又发现：大量的新石器时代马家浜与崧泽文化古遗址，全都沿江南大运河两岸分布，要到良渚时代，先民才向地势低洼的长江江岸与东海沿岸分散，这就证明：这条江南大运河很可能就是马家浜人的水利杰作。

而马家浜人大量种植水稻时需要大量的水资源，其水既不可以深、也不可以浅，而且需水时要引水、不需水时要排水——他们怀有挖土堆田、疏浚沟渠，对自然水线善加利用而将其开凿为"江南大运河"的内在动力。

今将以上发现详述如下：

（一）江南大运河是地质构造带的分界线：运河以北是长江沉积带，运河以南是黄土地带

"武进县地貌类型分布图"可参见《武进县志》（上海人民出版社 1988 年版）第 146 页"第三篇、地理环境""第一章、地质地貌""第二节、地貌"。

该县志第 145 页："一、冲积平原：分布大运河以北……由长江等冲积而成。"

该县志第 147 页："三、堆积平原……由黄土组成。……与冲积平原的分界线，暂以京杭运河为界。"

可证：常州段江南大运河大致是沿"黄土堆积层"与"长江冲积平原"之间的一条分界线。

黄土堆积层便是古大陆，而长江冲积平原便是古长江湾，作为两者分界线的"常州段江南大运河"很可能就是古长江海岸线不断成陆时所形成的"夹江"。即古长江湾中心出现沙洲，不断南涨，江心沙洲与古大陆间的夹江不断变狭而成为"常州段江南大运河"。

（二）江南大运河处在地质构造的断裂线上

此处可参考《地震学刊》1993 年第 4 期苏州市地震办公室高级工程师沈自励《太湖及其下部地质构造特征》一文第 42 页的"图 2"。第 41 至 42 页对该图作了说明：

本课题研究采用 TM 多波段黑白航天卫片，用北京大学遥感应用所的 4200F 图象（像）处理计算机，进行图象（像）假彩色变换、比例合成，从所得 54 张比例合成假彩色卫片中。通过筛选、解疑，其中七张非常明显地显示：自常州—申港—江阴—张家港—后塍—鹿苑—福山—梅李—昆山—澄湖的半环形主影象。（图 2）……从一般地图上不难看出：太湖处于苏锡北西断裂西南、呈一半圆形的图象，在经处理后的航天卫片上，显示其具清晰边缘轮廓、区别于周边的一个半圆形地块，（图 2）与该断裂北东环形构造遥相呼应，对称分布，综观全貌，为一对以断裂为界、二者呈不同半径的对称半环，通过下列事实的论证，可以认为：太湖半环形岩块与东侧半环原为一个完整的环形体。于燕山后期被北西向苏锡断裂所切，使它分割为二个半环，它们是同源的。

该图文表明江南大运河常州至苏州段正好处在地质构造上的"苏锡断裂"线上。这条断裂线无疑就是此线上容易形成大河的一个重要因素。

（三）江南大运河正与古长江岸线相平行

江南大运河本身也可能就是古长江岸线，所以其与今天的长江岸线呈年轮状的缩放关系。

可参见文物出版社 1980 年版《文物集刊（1）——长江下游新石器时代文化学术讨论会论文集》一书中收录的林承坤《长江三角洲古地理与新石器时代文化的关系》一文的第 147 页"图一、新石器时代长江三角洲岸线变迁图"。该图"新石器时代中期"的长江海岸线（即其图例中第一种线"———"），就画在"常州—无锡—苏州"段江南大运河一线附近。而新石器时代中期的马家浜遗址就沿此运河沿线分布，在当时便是在海岸边生活。该文第148页解释说：

> 长江三角洲的南半部在新石器时代早期，大部分还淹没在茫茫的大海之下，<u>新石器时期中期</u>，三角洲开始形成，大量马家浜文化遗址的分布，可以看出，这一时期三角洲成陆面积较大。河口岸线相对停顿时间较短，沙堤规模较小，也不高，马家浜文化较早期的遗址分布在常州圩墩、苏州越城，吴县唯亭草鞋山和浙江嘉兴马家浜等遗址下层，证明当时长江口岸线大致在镇江东面的丹徒—常州市的圩墩—无锡—苏州越城—吴县草鞋山—浙江嘉兴马家浜。

考古学中所谓的"新石器时代"是从一万年前开始，到距今5000多年至2000多年结束，在长江三角洲则是距今4000年左右结束。因此，在江南地区，新石器时代晚期是四五千年前，而新石器时代中期大致可以取其中间数而为7000年前。其图便表明，江南大运河很可能就是7000千年前的古长江岸线。与其同期或比其晚几百年的"马家浜文化遗址"，自然可以生活在这古长江岸线上了（正如同同时期的河姆渡人生活在钱塘湾南岸的海岸线上）。

关于江南大运河本身也可能就是古长江岸线，其与今天的长江岸线呈年轮状的缩放关系，又可参见海洋出版社2010年版恽才兴《图说长江河口演变》一书第16页"长江口南岸形成年代"与"长江口南边滩向海推进"这两幅图，后者更显示出六千年前的长江古海岸线。

还可参见郑肇经《太湖水利技术史》一书第167页"江南运河形成示意图"及该书第78页"汉代围田分布示意图"。以上四幅图全都显示出江南大运河与五六千年前的长江古海岸（见郑肇经书两幅图中的虚线）呈一种年轮状的平行缩放关系。如果江南大运河是7000年前的长江岸线，则在一两千年中，长江岸线向外推进到了郑肇经书两幅图中的虚线处。

《地理科学》1985年第3期景存义《太湖地区全新世以来古地理环境的演变》一文第59页的"太湖地区新石器时代古文化遗址及中全新世主要泥炭点分布图"，旨在反映太湖地区的古人类遗址，同样也显示出海岸线与大运河的缩放关系。

由于长江岸线在动态的迁移中，所以一般认为江阴至上海境内的"冈身"是自然海浪冲来的贝壳、沙砾等堆积而成，则这条冈身带也当在动态的迁移中，于是在长江南岸留下数条呈年轮状缩放的平行的冈身，每条约宽四五十米，标志出长江岸线的逐步外移。而本书第一章"六"所提到的"秦驰道",其实就是秦始皇借用其中某条冈身建成的捍海大坝,并将坝顶用作高于地面的高等级公路"秦驰道"(其即当时的沿江沿海高速公路)。

长江从上游、中游挟带大量的泥沙进入下游的入海口"长江湾",在长期大风和海浪作用下,不断堆积成一条带状的海岸,因其地势高爽,俗称"冈身"。长江口南岸的冈身从常熟福山起(其实发端自更西的江阴),经太仓、嘉定方泰、上海马桥、奉贤新寺,直至金山漕泾一线及其以东,形成数条西北—东南走向的沙堤即"冈身"。其中:吴淞江以北有五条冈身,最东一条在今天"娄塘—嘉定—马陆—南翔"一线。吴淞江以南有三条,最东一条在今天"诸翟—新市—柘林"一线。1966年,在马桥古文化遗址发掘范围内发现一条宽约45米、厚0.1~2米以上的长度不明的南北向介壳沙带,西侧呈60度斜坡,东侧坡度较小,有三条海浪冲成的滩脊,这就是"古冈身"。(可参见上文提到的恽才兴书"长江口南岸形成年代"图中所绘的古冈身。)

上海地区最早的地方志南宋绍定《云间志》卷上"古迹":"古冈身,在县东七十里,凡三所,南属于海,北抵松江,长一百里,入土数尺,皆螺蚌壳,世传海中涌三浪而成。其地高阜,宜艺菽麦。《吴郡图经》所谓:'濒海之地,冈阜相属,俗谓之"冈身",此天所以限沧溟而全吴人也。'"清嘉庆《上海县志》亦载:"古冈身有三:沙冈、竹冈在十六保,紫冈在十八保,南属于海,北抵松江,长百余里。"这三条冈身自西向东依次为"沙冈""紫冈"和"竹冈",沙冈成陆距今约6400年,"竹冈"约5080年,均为远古时代的海岸线。

(四)以常州圩墩为代表的马家浜文化遗址沿江南大运河分布

郑肇经《太湖水利技术史》第12页"太湖地区新石器时代文化遗址分布图"中古人类遗址沿江南大运河分布。在其图"武进"(即常州城①)东侧未标"圩墩"遗址,宜当补标上去。

《地震学刊》1993年第4期苏州市地震办公室高级工程师沈自励《太湖及其下部地质构造特征》一文第41页"太湖周边古遗址图"中清楚可见马家浜文化遗址沿江南大运河地带分布。上文已言,江南大运河很可能就是远古的海岸线,到马家浜时,海岸线又往北移了一定距离,故江南大运河这一古海岸线已经成为近海地带,通过马家浜人的改造,已能有效地避免海潮卤水的侵袭而可以供人定居,故能成为马家浜人的宜居场所。

科学出版社2003年版王仁湘著《中国史前考古论集》一书第25页"崧泽文化遗址分布图",其也同常州圩墩为代表的马家浜文化遗址一样,主要沿江南大运河和吴淞江两岸

---

① 武进县政府本就设在常州城,1995年方迁至城南湖塘镇,故图中所标之"武进"即常州城。

分布（该图所标的"10"即常州大运河边的"圩墩"遗址），证明江南大运河在当时很可能已经存在。

又请参见本章"三、（一）"提到的陈月秋《太湖成因的新认识》一文第26页"距今7000—5000年的古遗址分布图"、第27页"距今5000年以来的古遗址分布图"，周鸿《试析环境演变对史前人类文明发展的影响——以长江三角洲南部平原良渚古文化衰变为例》一文第72页"太湖流域良渚文化遗址（遗存）分布示意图"这三幅图。其第一幅图中五六千年前新石器时代马家浜文化和崧泽文化遗址沿运河和吴淞江分布，到第二幅图中四五千年前新石器时代的良渚文化才开始分散。而第三幅图则有力地证明：良渚文化开始远离运河，向沿海的沼泽地区发展，表明江南大运河应当是聚居在江南大运河两岸的马家浜人所开，而绝对不可能是背离运河而向外部沿江沿海低洼沼泽滩涂地带发展的良渚人所开。而常州城东"戚墅堰"处的京杭大运河南岸的圩墩遗址，便是太湖流域一处典型的马家浜文化聚落遗存。

联系到上文"（三）"提出的7000年前的长江岸线在江南大运河一带，上文"（一）"指出其后来形成为夹江，又处在"（二）"所指出的地质断裂线上，到了6000—5300年前的圩墩也即马家浜、崧泽时代，由于有一两千年的海岸线的往外推进，所以大运河沿线的夹江日益淡水化而成为马家浜人的宜居场所，而吴松江两岸也因为太湖淡水入海而有丰富的淡水资源，也成为马家浜人的宜居场所。但运河以外及吴松江南北两岸上离河较远处的沿江与沿海沼泽滩涂地带，由于新近从海中涨成陆地，咸卤化严重，尚不适合人类生产生活。而到了5300—4000年前的良渚时代，由于又过了近千年的淡水化，以及土壤继续沉积变厚和熟化，这才开始慢慢适合人类的生产生活，所以到了良渚时代，便呈现出背离运河而向沿江、沿海沼泽滩涂地带发展的态势。

在全新世初期，我国东部沿海的最后一次海进"卷转虫海进"已经发生，随后迅速扩大，到距今6000年左右的河姆渡文化全盛时期达到高峰，最高海岸线高出现代海岸线3~5米，等于今天的长江三角洲海拔3~5米以下的部分全都处于海平面之下（常州海拔4~5米，正好在岸边，其东海拔低而在海面下，其西海拔高而在陆上）。再考虑6000年风土又会沉积2米左右，故今天"长江三角洲"海拔五米到七米处，在6000年前便全都在海平面以下（丹徒口处海拔为7米，则当时丹徒以东全在海面以下，丹徒以西方在海面上，这与镇江京口为古海口的地位是吻合的）。当时，河姆渡以北的宁绍平原和杭嘉湖平原的大部分地区全都被海水淹没，长江三角洲北部的情形也与之相同；但长江三角洲毕竟面积要比之广大，所以露在水面上的陆地面积还是很多，导致稻作农业的中心要从宁绍平原转移到太湖流域。

这一海进后来又慢慢退去，使得长江三角洲和宁绍平原适宜人类居住的面积又慢慢恢复到最初的状况。以圩墩为代表的"马家浜文化"遗址密集分布在运河沿线，表明这条运河应当就是当时化"海岸向外退去而形成的沼泽"为良田所开挖出来的"井衍沃"中的灌溉总渠所在，当时的海岸线应当就在其北部一带不远而与之相平行。

在良渚文化的后期，便出现了上面所提到的海退局面，海进时淹没的宁绍平原和杭嘉湖平原、长江三角洲北部的沿海地带重新露出，成为新的一大片可资开发的沼泽地，于是"良渚文化"便开始由"马家浜、崧泽文化"的运河沿线，大量外迁到刚露出水面的太湖北侧的"芙蓉湖"沼泽地、太湖东面的"吴淞江"两岸，以及太湖南面的"良渚"一带，用此前"马家浜—崧泽文化时代"先民们发明的成熟的"化沼泽为良田"的井田制生产方式来围垦（即所谓的"井衍沃"）。

但由于"井田制"是以挖沟堆土的方式，在长江三角洲中部"五湖"之水向外部"江海岸线"泄水处大量建造起人工圩田，这一挖沟堆土而来的人工圩田毕竟会占据原本用来泄水的水面，造成长江三角洲中部湖水往北侧、东侧、南侧流泄时会逐渐不顺畅起来。

在良渚文化晚期的帝尧时期，由于全国乃至全世界普降百年乃至千年未遇的长达数十日的暴雨，上游长江、汉水等来水东下，以及北方淮水、汝水等水南下，全都汇入长江下游的江口"长江湾"，导致长江三角洲积水更为深重，于是良渚开垦的低洼良田全被洪水淹没；可以想见，2019年申遗成功的良渚山地大坝也当毁于这场大洪水。

下来便要靠大禹发动江南民众治水。而大禹最初仍以其父亲鲧所擅长的方法重新筑起被冲毁的圩堤来防堵洪水，效果适得其反。后来大禹才在江南治水高人"玄夷苍水使者"所传授的江南数千年来治水经验的指导下，重开"长江三角洲"中部五湖之水往外围北东南三侧泄入江海的伞状港渎，以及横亘其中央、贯通全局、使全境水系得以变活（"活水周流"）的江南大运河，充分发挥江南自古就有的"井田制"沟渠体系疏排积水的功能，取得泄中央"五湖"之水入外围三江海岸（北江长江湾，中江松江湾，南江钱塘湾）从而赢得长江三角洲"底定"的局面。

然后大禹又"尽力乎沟洫"之事，重整江南的"井田制"沟渠，在治水的同时，又取得了改造沼泽、开辟水田来富民的成功业绩。

以上过程便是《禹贡》所说的"三江既入，震泽底定。"这句话并不是在说，引太湖水通过东江、松江、娄江这三条太湖下游的"三江"流入东海，而是说"长江三角洲"中部的积水（即五湖之水），通过大禹开挖孟河、德胜河、澡港、申港、利港、夏港、白茅港、娄江、吴淞江、东江等连江通海之港，北侧之水流入北江（长江）而入长江湾，中部之水流入中江（胥溪荆溪—太湖—松江）而入东海，南侧之水流入南江（浙江）而入钱塘湾，于是太湖以及以太湖为中心的"五湖"之水（其为感潮而每天震荡两次的沼泽地带，古称"震泽"）得以泄走积水、露出陆地来，使百姓们再度得以安居。

所谓的"底定"也即"厎定"。"厎"有一意便是"砥"，指磨刀石，《诗经·小雅·大东》谓"周道如砥"，《孟子·万章下》引作"周道如厎"。"砥"显然是硬质的基底，所以"震泽厎定"便可指"震泽"这一沼泽地带露出了可以耕作的硬地来。

大禹的时代处于良渚文化的晚期，上面所说的第三幅周鸿文章中的图又充分表明，良渚时代最大的环境问题，便在于背离运河而向沿江沿海的低洼地带垦殖。由于用的是上文所说的"挖沟堆土"之法，其处又是太湖泄水的孔道，堆土所形成的围田和人类居住地，肯定会对太湖泄水造成大规模的阻塞，从崧泽文化末期进入良渚时代开始，这种趋势不断累积，到尧舜禹时期，这种对太湖及其次级湖沼"上湖（芙蓉湖）"向江海泄水孔道，特别是松江，所造成的阻塞局面日益严重，终于在帝尧的时代，因天降暴雨而暴发百年乃至千年未遇级的大洪水，冲毁了良渚的田园和居住地。上文所说的良渚山地水坝，据当今考古研究，只是预防百年不遇级的大洪水，在这千年不遇级的世界性大洪水面前，自然全部冲毁。而这良渚山地水坝的工程量已经很是惊人，其他江海沿岸的良渚围田工程肯定没有这一工程宏大，自然也就全被冲毁了。这是大自然对良渚文化不能节制自己开发欲望而严重违背自然规律的一种必然惩罚。

良渚只是全国农耕文明造成环境问题的一个缩影。在全国的其他地方，在黄河等大河的下游，也同良渚一样在围垦造田，良渚只不过先行一步而做得更严重、发达些罢了。在当时的生产力水平下，全国乃至全世界其他地方，也在实行着与良渚相类似的改造自然、向河海要田来供应日益增加的人口生存需要。因此，从全国乃至全世界范围来看，生产力发展到这一阶段时，必然会在江河入海口处出现这种因人工围田所导致的阻塞河流入海的局面，在极端大暴雨的气候条件下，便会酿成全国乃至全球大洪水的局面。

鲧以堵来治水，其实用的就是良渚文化的做法（即挖沟堆土，建造如同大型城墙般的圩垸工程来阻挡水淹，征服大河），充满了一种"人定胜天"的豪情壮志，但终究要遭受大自然的无情惩罚，可谓"登高必重跌"。于是，以良渚文化为代表的当时人类的围田文明，遂被大自然从地图上无情抹去，江南地区再也难以找到良渚文化的这一围田遗迹^①，而鲧也被大舜追究其治水不仅无功反倒有害的责任而斩杀。从这个角度来看，大洪水既是天灾，同时也是人祸，是人欲无涯指导下的生产力发展酿成的苦果，是人定胜天的狂妄和对自然泄水规律违背招致的灾难，鲧便是这种思路的代表人物，而申遗成功的良渚水坝这种"基建狂魔"式的风格，便是其（指鲧的治水思路和那种"人欲无涯、人定胜天"理念的）实物证明。

与之相反，大禹治水秉承的却是良渚人之前的马家浜时代顺应水流习性，一路挖深沟渠，使水得以就下而流泄江海的做法，见明张国维编《吴中水利全书》卷十三"郏亶《上水利书》（熙宁三年上）"："昔禹之时，震泽为患。东有堰阜^②，以隔截其流。禹乃凿断堰阜，流为三江^③，东入于海，而震泽底定。"即太湖之水通过其正东的松江流入东海，松江很宽，在唐宋时仍有几里宽，可敌千条通江之浦^④，古代应当如同海湾般宽阔，太湖之水便由此宽广的"松江"大豁口，往东滔滔奔流，淹没过那仅有一两米高的冈身汇入东海。

而良渚文化依托沿江的冈身，在松江两岸聚居并大量围田，致使太湖泄水不畅。大禹便像凿开"龙门"那般，"凿断堰阜，流为三江"，即流为郏亶所说的太湖下游吴江县境内由太湖流出来的太湖"三江"：娄江（浏河）、中江（松江）、东江（在海盐境内，已湮

---

① 关于良渚文明毁灭于大洪水，而且是一再的大洪水，详见《新华日报》2019年7月26日"人文周刊"《5000年前，"基建狂魔"在良渚修建水坝》："早在良渚先民出现在这片土地上之前，崧泽文化（距今6000年至5300年之间）就在这里留下了遗迹，考古发现表明，崧泽先民无力改造自然，只能住在高地上。然而良渚人则完全不同。碳-14测年表明，良渚古城和水坝的始建时间均在5000多年前的良渚文化早期，其中水坝建设持续了四五百年之久，也就是说良渚先民刚在这里站稳脚跟，就开始雄心勃勃地要改天换地，单单兴建莫角山宫殿区，他们就把地面垫高了大约15米。……直到良渚文明衰落时，水利系统仍然在正常发挥功能。王宁远告诉记者，良渚文明为何在距今约4300年前突然衰落，学术界有不同观点，其中一种认为原因是当时发生了大洪水。研究表明，在嘉兴、德清、良渚地区的广大区域里，地层中都发现了一种黄粉土，它们来自长江入海口，被海潮带到杭州湾，再被冲到今天浙江杭嘉湖地区。混合着海水的洪水使良渚地区变成了一片盐碱滩涂，更可怕的是这样的大洪水反复发生，在良渚古城的低洼处形成了一两米厚的黄粉土堆积，良渚人的家园就这样被彻底摧毁了。良渚人撤退了，这些水坝却留了下来，直到2000年后的商代，人们为了排水在'蜜蜂垄'上挖掘了沟槽，直到5000年后的今天，石坞拦出的湖边，人们开起了农家乐，塘山长堤的北侧仍然有被水坝拦蓄成的长庆湖。"见：http://xh.xhby.net/mp3/pc/c/201907/26/c663721.html。

② 即冈阜，也即上文所说的"冈身"。

③ 郏亶目光只注视在太湖下游，所言当指太湖往湖东吴江县境内"三江口"处分流出来的三江，即：正东流的"松江"（今吴淞江）、东北流的"娄江"（今太仓浏河）、东南流的"东江"（在海盐境内，久已湮塞）。

④ 见《吴中水利全书》卷13录宋人"郏侨《再上水利书》"："吴淞古江，故道深广，可敌千浦。"又见《浙西水利书》卷下录明人"夏忠靖公《治水始末》"："按吴松江，旧袤二百五十余里，广一百五十余丈，西接太湖，东通大海，前代屡浚屡塞，不能经久。"

塞）；从而使太湖积水得以入海。

因此上引郏亶之文说的便是：大禹在太湖正东的松江下游，压服良渚诸族，捣毁良渚氏族的堤防，以利太湖之水东流入海。由于郏亶是苏州人，目光只注视在太湖的东侧下游，其实太湖的北侧、东北侧、东南侧、南侧下游，大禹肯定也都凿开了那儿良渚人依托沿江冈身所筑起的堤坊，以利太湖水流入北侧的长江湾、南侧的钱塘湾，再加上凿开东侧阻挡松江的冈身堤防流入东海，这便是《禹贡》所言的"三江既入"，所指便是长江三角洲中央的太湖以及以太湖为核心的五湖之水往北、东、南三个方向，流入"北江（长江）、中江（松江）、南江（浙江即钱塘江）"，从而得以实现"三江既入、震泽底定"的局面。

大禹其实是马家浜时代水利思想的代表人物，而江南大运河便是马家浜时代水利思想的实物遗存。良渚文化被洪水冲入东洋大海而遭灭顶之灾，表明他们在水利上其实已经是"过犹不及"，远不如其"马家浜时代"先民能得水利文化的"中庸之道"而顺应自然。马家浜文化沿江南大运河分布，具有亲运河性，江南大运河又像是"都江堰"般无坝引流的水利杰作，马家浜文化与运河的和谐共生，是人类在顺应自然前提下驾驭自然的光辉典范。

从这个角度来看，江南大运河也不可能是旨在"人定胜天"（即妄想征服自然）的良渚人所造，而应当是顺应自然、谋求天人合一的马家浜时代的产物，其比考古发现而申遗成功的良渚山地水坝当更早且更符合古人的治水睿智。

相比而言，良渚水坝（其有山地水坝，必也有平地水坝）所体现出来的是鲧的水利思想，是"堵"的治水理念，今天早已被尧时的大洪水冲毁不存；因为它只能抵御百年不遇的洪水，遇到尧时那种千年不遇级的大洪水，自然也就溃灭无存。而代表"人间正道、无欲则刚"的无坝引流型、不堵水而疏水的"都江堰"与"江南大运河"工程，却一直沿用至今，这就是大禹所学到的江南"通水"[①]智慧的胜利。

孙顺才《太湖形成演变与现代沉积作用》一文第 1338 页"太湖平原良渚文化层（4000—5000a B.P.）遗址分布"图（参见《中国科学·B辑：化学、生物学、农学、医学、地学》,1987 年），此图反映出良渚文化的先民们，喜欢在沿江沿海的低洼沼泽地带种植水稻，同时在沼泽中开挖沟渠，用其泥土垫成高墩供人居住，从其图上来看，其土地开发已经明显开始在空间格局上背离（也即远离）江南大运河一线。

《美的事迹之美丽旧世界——良渚文化与杭州的缘起》（当代中国出版社 2002 年版）

---

①《吴越春秋》卷四：禹"得通水之理"。

一书第 55 页的"良渚文化分布图"则反映出也有一部分良渚文化遗址沿江南大运河分布。这很好理解，毕竟有很多良渚文化不是凭空发展而来的，而是在之前的马家浜、崧泽文化基础上发展而来的；而之前的马家浜、崧泽文化沿江南大运河分布，江南大运河便成了此类在马家浜、崧泽文化基础上发展而来的良渚文化的本根和大本营。只不过当时又有更多的良渚文化的部落，选择离开江南大运河这一本根和大本营，向长江与东海沿岸拥有水稻生长所需的更多水资源的低洼地带发展。

（五）陈桥驿先生浙东运河的研究独具慧眼，对江南大运河的起源研究具有重要启迪

《美的事迹之美丽旧世界》一书第 29 页"良渚文化时期的海岸线"一图说明良渚文化时期宁绍平原的海岸线就是后世"浙东运河"的前身，从而与后世的海岸线呈现出上文所说过的那种"树木年轮"式的平行缩放关系。同理，该图也绘出了长江三角洲的江南大运河，又绘出了良渚时期的长江海岸线，两者也呈上文所提到的"树木年轮"式的平行缩放关系，证明江南大运河也应当是更为古老的海岸线发展成为运河。

由其图上良渚时期的长江海岸线江南大运河与之相距甚远，而浙东运河与良渚时期海岸线相重合，证明了三点：

①江南大运河作为海岸线的时代，要远早于浙东运河作为海岸线的良渚时代；

②江南大运河由良渚很早以前的海岸线退居内陆而成为"夹江"式的内陆河道，最后演变成内陆运河，当远早于浙东运河由此同样演进过程而由良渚时期海岸线演化为运河，这便意味着下面第③点结论：江南大运河要远早于浙东运河。

同样，《美的事迹之美丽旧世界》一书第 29 页的"河姆渡文化时期的杭州湾南岸海岸线"一图绘出了比良渚时代更早的河姆渡时代的海岸线，浙东运河尚在其北侧；"浙东运河"显然就是河姆渡时代以后（据上文所述之"良渚文化时期的海岸线"一图当是良渚时代），大浪淘沙般，从海中不断淤涨出来的海岸线，然后再在良渚先民的后辈，也即夏商时期此地越国先民们的干预下，由海岸线继续淤涨成为"夹江"，最后再在商周越国先民们的改造下，由"夹江"式的内陆河道演变成为此地"井田制"的横向主干渠——浙东运河。

长江三角洲处的江南大运河流到钱塘江对岸便是"浙东运河"，其最初原型很可能就是钱塘湾南岸成陆时所形成的"夹江"。江南大运河应当也是这种"夹江"日渐淤塞变浅、变窄而形成为运河。

邱志荣、陈鹏儿所著《浙东运河史》（中国文史出版社 2014 年版）一书第 3 页"春秋至西汉浙东运河示意图"，也能反应出"浙东运河"与钱塘江南岸的海岸线具有一种平行缩放关系。

第 503、504 页的四幅图描绘了浙东运河的形成过程，即由最初海中长出的沼泽滩涂（图 1），到东晋时筑坝蓄水形成"鉴湖"（图 2），后世沿其坝便形成了"浙东运河"（图 3、图 4）。其图出自陈桥驿《古代鉴湖兴废与山会平原农田水利》一文的第 189、191、196、200 页；该文见载于《地理学报》1962 年 3 期。

此冲积平原地处会稽山的北麓，唐代属于山阴（在西）、会稽（在东）两县，故名"山会平原"，位于今天的绍兴境内，与萧山、宁波接壤，故今天又称其为"宁绍平原"。

陈桥驿先生所论证的这一过程，给我们的巨大启发便是：

浙东运河其实就是东晋永和年间的人们，沿古海岸线所造的坝（其实就是先秦越地捍海堤被秦始皇在其上建驰道而成为陵道），阻挡会稽山北坡流下来的淡水所形成的一个长湖，然后此长湖逐渐萎缩成为河道（其实就是垦田时化沼泽为良田，为了把良田所在处的水给排掉，莫如再把沿堤的河道挖深，如此这般的不断改进，便形成了沿堤极深的浙东运河）。而这条远古的海岸线，在东晋时代，已经演变成为陆地上的山麓延伸地带和江海水土沉积而来的冲积沼泽地带的分界线。

则江南大运河便也是与之情形相同、但比之更早的沿河而居的马家浜人，沿长江古海岸线所造的坝，坝下拦截的湖水慢慢被人工改造成较深的运河水道。而这条远古的海岸线，在马家浜时代已经成为陆上实土与江滩沼泽相分界的分界线所在，也即上文"（一）"所说的：常州段江南大运河是"黄土堆积层"与"长江冲积平原"之间的一条分界线。

而元代《无锡志》又为我们提供了另一种运河形成的思路，即江南的长江三角洲地带与浙东所处的山地不同，其有大面积的平原，上面存在巨大的湖泊"太湖"，此湖泊向北侧长江溢出泄水所形成的次级湖沼"上湖（古芙蓉湖）"，长江三角洲常州以东段运河其实是从此湖中孕育而来。该书卷二"五步湖"条言："今此湖皆塞为良田，惟所经之道称'五步塘'，今之'塘头'，即其地。"指湖面虽然退缩为田，但湖中心线却仍保留为行船的水道；古称运河为"塘河"，故此"五步湖"退缩保存下来的运河水道便称作"五步塘"，"塘"即运河水道之意。

可见古人围湖造田之法，其中一种便是在湖中心线两侧垒堤，两堤之内留作水道，而堤外之湖泄光其水，开垦为田，这样既毁湖得了田，同时又特意保留其中心线之湖以收其固有的运河、灌溉、泄洪三重水利，可谓田、水两利。而常州白家桥以东古为"芙蓉湖"，弥漫至无锡、苏州全境，古人（当是夏商周三代之人）当亦用此法围湖成田而中心线保留为运河，所保留之河便是江南大运河常州白家桥以东段的前身是也。

至于是陈桥驿先生所揭示的筑坝御海潮法形成运河，还是元《无锡志》所提示的湖中心保留为运河法，在早期，无论是浙东地区还是长江三角洲地区都有必要筑堤抵御海潮，故最初都当行陈桥驿先生之法；后期浙东地区因筑堤而形成了平地之湖，而长江三角洲不用筑提原本就有平原大湖，便以元《无锡志》之法来化湖为田的同时又保留沿堤一线来提供运河、灌溉、泄洪这三重水利服务。长江三角洲平原面积大且原本就有湖，似乎其最早期无法在湖中筑堤，但太湖以北的古上湖地区水深仅 5 尺，且冬季枯水会露出陆地，所以在冬季筑堤是可行的。因此长江三角洲在最早期行陈桥驿先生之法是可行的，即长江三角洲的江南大运河源自陈桥驿先生说法是成立的。

浙东运河与江南大运河的缘起，应当都是遵循陈桥驿先生说法来化沼泽为良田的伟大的水利工程。而浙东运河是东晋人的水利工程，江南大运河则是大禹乃至大禹之前的马家浜人的水利工程，江南大运河要远早于浙东运河，但两者最初形成的原理（即陈桥驿先生说法）是相同的，可谓"异代而同符"。

当然，考虑到越王勾践时，已经在浙东运河两岸大力发展农业生产，所以东晋浙东运河的形成，其实无法排除在越王勾践乃至勾践更早时期，便有其比较完善的雏形，浙东运河完全有可能与江南大运河同时出现。

考虑上文所论证的良渚时代的长江南岸的海岸线，江南大运河与之平行且相距甚远，而钱塘江南岸的海岸线浙东运河与之相重合的三点推论来看，则江南大运河其实要早于浙东运河就存在了。换句话说，浙东运河应当是在尧舜禹时代便已有其雏形，不排除是大舜在其老家的水利杰作；或是稍后的大禹在先帝大舜的老家，在治完此地水患后，依照江南大运河的井田制格局疆理田亩、兴修农田水利的杰作。

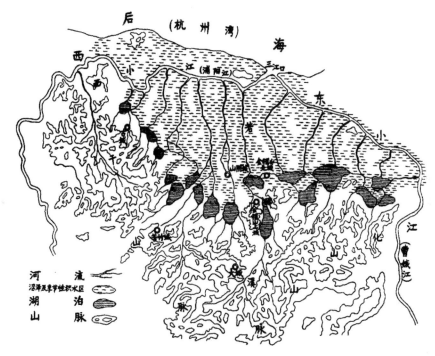

图 1　永和以前山会水系示意图（公元前 500—139 年）

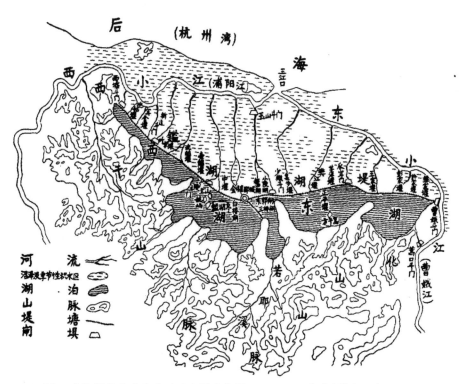

图 2　永和至北宋山会水系示意图（公元 140—1010 年）（鉴湖图）

图 3 南宋以后山会水系示意图（公元 1127 年）

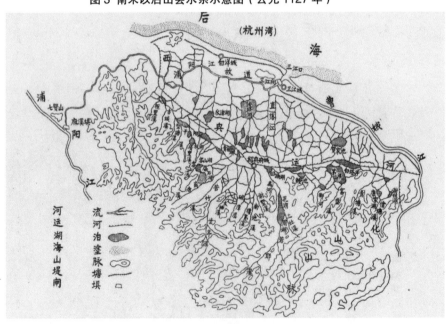

图 4 嘉靖以后山会水系示意图（公元 1537 年）

两晋时期的绍兴地区为何要筑堤？便在于其处种田需要淡水，所以要筑起一道捍海堤坝，其目的就在于防止咸潮的涌入；同时，这道捍海堤坝又可以截留住山地往海流泄的清溪水，使得宝贵的淡水资源不白白地流入大海，从而可以留作农田水利之用。这一工程肯定是远古时此地出现强有力政权（如河姆渡、良渚）便已然。

而与长江古海岸线大致平行的江南大运河，自然也可能是此类留住淡水来服务于种田的水利堤坝工程。总的来看，江南大运河的年代应当早于浙东运河。

有关"浙东运河"的示意图可参见姚汉源《京杭运河史》（中国水利水电出版社1998年版）一书的第739页"宋代浙东运河示意图"，以及《运河访古》（上海人民出版社1988年版）一书第35页的"浙东运河图"，《中国水利史稿》下册（水利电力出版社1989年版）第327页的"浙东运河图"。

正如上文所言，陈桥驿先生的论证尚且认为浙东运河是东晋永和朝之人改造江岸滩涂而形成的类似于"井田制"横向灌溉干渠的产物。其实根据《越绝书》的记载，这一改造的历史年代当大大推进到周代，至少在越王勾践时，便已进行过这样的改造，从而出现了"浙东运河"的前身。

至于东晋又大规模地改造，那是因为秦始皇南巡时，破坏诸侯国的京畿要地，摧毁其宫殿；而山会平原是越国首都"大越"城所在，自然是破坏的重点。秦始皇一并将"大越"如此气壮山河的名字，改成了山背后永不见天日的"山阴"之名，这便体现出秦王朝对此越国心腹之地的巨大破坏。

而继承秦朝衣钵的汉朝和西晋也是立都中原，自然也不希望东南有"王气"这一都邑的局面和景象，故而也对东南的吴越地区呈现出打压态势。

到了东晋，王室迁到此中国东南部来立都，这才对东南吴越之地采取扶植和振兴的政策。所以陈桥驿先生阐述的东晋山会平原的开发，其实是迁都南方的中央政府"东晋"政权，对秦王朝以来屡遭中原政权破坏的越国京畿地区的重新复兴，是对此前屡次破坏的一种救赎，而非是此地的原创性开发。

有关"先秦"越国对"山会平原"的农田水利开发，方杰先生主编的《越国文化》"第四章　越国的农业"之"第三节　农业特色"之"二、塘田与水利"，以及"第五章　越国的水利"之"第二节　水利工程"之"二、平原水利"，有过全面的考证，今撮引其发现如下。其书第79至81页：

二、塘田与水利

前面已经提到，塘田是越国改造沼泽平原的产物。它是在离海岸线较远的滨海平原上，围筑土堤拦截顺自然河流上溯的咸潮形成的，既不同于在内陆河、湖、滩地筑堤形成的圩田，又有别于在沿海滩涂上的围海造田，而是我国东部沿海地区独有的一种历史性的农田类型。这类塘田，随着海塘的出现，海洋泥沙运动导致海滩地不断向外淤涨，以及海塘的不断向外延伸，原围筑的上塘因被海塘替代而失去了御潮作用，塘田已不再是原来意义上的塘田，而成为筑有海塘的滨海平原的腹地水田[1]。

在句践时期，越人从会稽山地进入山会沼泽平原，首先是垦殖咸潮不及的山麓冲积扇作为基地和跳板，然后逐步向北发展，利用南北倾斜微地貌差异，在受潮害较轻的平原南部，修筑东西向的土塘，拦截沿南北向自然河流上溯和大潮季节在平原上漫溢的海潮：这种筑于平原上的御潮土塘，与筑于海岸沿线或入海口河岸的海塘有所不同，它不需要正面抗击海潮的冲击，故塘体的技术要求不是很高，绝对高程一般不超过2~3米[2]。另一方面，在拦截的自然河流断面上，必然要设置堤坝和小型水闸一类的水工建筑物，以御潮蓄淡，疏排积水，保持塘内河道、湖泊相对稳定的水位，满足塘内水田灌排的需要。这类因兴建配套水利设施形成的塘田，既无咸潮之患、排洪之虑，又有充裕的淡水资以灌溉，灌排便利。加以土质肥沃，气候温和，十分适宜于种植水稻，因而成为越国的上等良田和稻作基地，这类塘田大约在春秋中期已经出现，据三国谢承《会稽先贤传》所载："公子光之祸，王子庆忌，挺身奔卫，妻子并度浙水，隐居会稽上，越人哀之，予湖泽之田，俾擅其利，表其族曰庆氏，名其湖曰庆湖。"按公子光之祸见于《春秋》昭公二十七年（前515年），庆湖系山会沼泽平原南部较大的山麓湖泊，说明在这时候，沼泽平原南部地势稍高处，已经开始垦殖。当时，山会平原的北部当然无法进行耕作，在山会平原南部耕作，也必须做好拒咸蓄淡的水利设施。唯一的办法就是筑塘，也就是《越绝书》所记载的，"饥馑在问，或水或塘，因熟积以备四方。"所以，越人赠给吴王子庆忌家属的"湖泽之田"，当然是经过围堤筑塘，有拒咸蓄淡设施的，实际上就是塘田。庆湖是塘内的蓄淡湖泊，湖周的田地先得灌排之利，可谓上等，故作为馈赠之物。

公元前544年首次吴越战争以后，双方征伐不绝，更需要大量的粮食来保证战争的需要。因此，越国在山麓附近的平原南部，肯定围筑了不少塘田种植水稻：但由于当时的青铜农具尚未普及，铁制农具也未出现，越国还没有能力兴修较大规模的水利工程来开发中部和北部平原，只能在平原南部围筑塘田。塘田的规模也不会很大。真正大规模地围筑塘田是在句践时期开始的。在句践时期，因为有了石器所无法比拟的青铜和铁制农具，有了句践为代表的强有力领导和范蠡为代表的精通水利的专家，围堤筑塘开发沼泽平原的水利

---

① 笔者按：这段引文可以用来证明本书第一章"五、（六）"塘田、海塘（捍海堤）先秦时代即已存在的观点。

② 陈鹏儿等《春秋绍兴水利初探》，《鉴湖与绍兴水利》，中国书店，1991年版。

工程大量发展起来。塘田规模不断扩大，塘田分布从山会平原南部逐步向中、北部推移。随着地势的下降，沼泽平原受咸潮的影响逐渐加重，筑塘工程也就更为困难，需要投入更多的人、财、物力和解决技术上的难题。当然，大自然的回报也是十分丰厚的。中、北部沼泽平原水土资源丰富，土壤肥沃，一经改造成塘田，就成为富饶的稻作基地。如《越绝书》卷八记载的富中大塘和练塘："富中大塘者，句践治以为义田，为肥饶，谓之富中"，"富阳里者，外越赐义也，处里门，美以练塘田"，均为富饶之处。据笔者考证，富中大塘和炼塘均处山会平原中部。炼塘既是冶炼基地，也是农业生产基地，位于今上虞市东关镇西，炼塘地名至今尚存。富中大塘是越国开发沼泽平原的一项重要水利工程，西自今绍兴城东郭门外护城河（平水江），向东延伸至东湖镇坝口截攒宫江而过，再向东延伸至富盛江畔的樊江坝头山，全长10公里左右，拦截范围，北起富中大塘，南至会稽山麓，东临富盛江，西界平水江，面积约51平方公里，可垦塘田近6万亩。这就是富中地区，它作为句践时期和此后一个时期的主要农业基地，在越国的经济振兴中有着举足轻重的地位。富中大塘绵亘10余公里，成功地阻遏了咸潮侵入，较好地解决了塘田的蓄淡和灌排问题，其工程的规模、配套设施和效益，已经达到了系统堤防的标准，时间比我国黄河流域最早的系统堤防还早100多年[①]。

上引画线部分都可以运用到比之为早的"长江三角洲"沿江沿海沼泽滩涂地带的田地开发中来，其中所形成的横向主干渠便是"江南大运河"的前身。

该书第93页（【 】内为笔者按语）：

第五章 越国的水利

稻作文化的一个显著特征，就是水稻种植与水利工程相辅相成，共同发展。水稻作为一种喜水作物，在人工种植时，必须要解决引排水的灌排水利工程，以确保水稻在不同生长阶段的用水需要，因而水利工程可以视作水稻种植的前提和基础。从河姆渡文化遗址出土的大量碳化稻谷可以证实，当时在宁绍平原水稻种植已经颇具规模，并且在经济生活中占有重要地位，而河姆渡遗址第二层中发现的木架方井足以证明，越族的祖先已经拥有了当时最发达的水利技术。【这与上文的两大判断相合，即：（1）井田制灌溉沟渠是稻作文明的前提，（2）江南地区拥有丰富的水利经验[②]。大运河起源于"井田制"横向灌溉干渠；在"稻作文明"也即"井田制"的起源地江南，首次出现全中国乃至全世界最早的"大运

---

① 陈鹏儿等《春秋绍兴水利初探》，《鉴湖与绍兴水利》，中国书店，1991年版。
② 分别见本章"三、（二）"与"二、（六）"。

河"，乃是顺理成章之事。因为江南地区不光是全中国最早的水稻产地，更是全世界公认的最早的水稻产地。】

本章就历史时期越国的中心区域，即南起会稽山，北抵杭州湾，东西分别为曹娥江、浦阳江环绕的地区，以公元前493年至公元前473年，即吴越交战、越王句践进行"十年教训，十年生聚"到灭吴北迁琅琊时期的水利事业，作一历史的考察。

该书第98页（【】内为笔者按语）：

二、平原水利

兴建这类水利工程，是越人在山洪漫流，海潮泛滥的沼泽平原立足的主要手段，也是越人开发北部平原，抗拒潮洪，与水争地，解决灌溉和运输问题的关键工程。《越绝书》记载的就有富中大塘、练塘、山阴故水道和山阴城墙。除确保越国都城在平原沼泽地区免遭潮洪冲击的山阴城墙外，最著名的当推富中大塘。……富中大塘……这一带是山麓冲积扇向沼泽平原过渡延伸的地区，地势自南向北缓降，略低于南部山麓区，略高于北部平原区，间隔平水江（若耶溪）、攒宫江、富盛江等自然河流。潮汐顺自然河流自北向南上溯，时而漫溢于河道之间的平原地区，形成沼泽，沼泽程度也介于南、北部之间。因此，在这一地区修筑的富中大塘，主要是为了拦截溯河漫溢的海潮。由此推断出富中大塘的走向决非顺潮汐涨落的南北走向，而应为拦截潮汐的东西走向，其位置当处于东西向的山阴故水道南上方①，与故水道基本平行……

富中大塘北邻山阴故水道，再北为山阴古故陆道。《越绝书》卷八"山阴古故陆道，出东郭，随直渎阳春亭；山阴故水道，出东郭，从郡阳春亭。去县五十里。"据陈桥驿教授考证，这条连接大越城（山阴城）和今曹娥江的山阴古故陆道可能就是沿运河北岸而筑的挡潮拒咸的堤塘，同时也兼作陆道，这条古故陆道与东汉鉴湖堤的位置基本相符。【这印证了我们在本书第一章"五、（六）"定"秦驰道"筑于"捍海堤"顶的判断是合理的。】

直到东汉永和年间，马臻修鉴湖，在故陆道的位置上，筑成从山阴城五云门到曹娥江畔的鉴湖东湖堤后，富中地区纳入其拦蓄范围，成为鉴湖的一部分，富中大塘也随之毁废。

而江南大运河所处的长江三角洲的情形，也与上述"富中大塘"和"山阴故水道、故陆道"所处的"宁绍平原"正为相同。

因为两者的北部同为大江（长江和钱塘江），南部同为山地（江南为茅山与无锡、苏州

---

① 笔者按，宁绍平原南高北低，故据地势之高低而言南为上，言北为下。

之山，越地为绍兴的会稽山），两者的地形又都是由南往北倾斜，都面临防范长江湾与钱塘湾海潮涨溢的水利问题，所以在"长江三角洲"的北侧，也要像"山阴故水道"那样，形成一道东西向的"防潮堤"，以此来阻止咸潮的涌入，保证堤内良田的淡水资源不受咸潮的侵入，其堤上便形成类似"山阴故陆道"这样的驿道，也即后世"江南大运河"北南两岸的驿道，而堤下而也就形成一条东西向的类似"山阴故水道"的运河水道，也即后世的"江南大运河"。同时，这条河道也就是化沼泽为良田的"井衍沃"的井田制横向主溉渠。

江南大运河应当就是古海岸线所在，或是长江涨潮所及的潮岸线所在，是一种天然的界线，最初很可能不是人工开凿，而是先民们对大自然地理形势的顺势而为、善加利用。其起源甚为古老，是古代化滩涂之地为良田的水利工程。

其例证便是上文"（一）"所提到的《武进县志》中的"武进县地貌类型分布图"，证明"江南大运河"是冲积平原的南线，而孟泾河、西蠡河同样也分别是滆湖所形成的"湖积平原"的西侧与东侧边界线（参见"三、（三）"之1928年《武进年鉴》之"武进县河流图"，图中西蠡河标作"南运河"），而大运河东境便是芙蓉湖区所形成的湖积平原区，也即我们所说的：常州以东全是湖，不用开河就能行舟；而常州以西则要开河，其河实为善加利用古长江海岸线也即当时的长江涨潮所及的潮岸线而来。

江南大运河应当就是古初的海岸线，而在马家浜时代则是涨潮时的潮岸线、防潮沟。涨潮时，会有潮水涌到此潮岸线，故在线上开沟导引潮水使之不再往内泛滥，而此潮岸线外便是潮水泛滥处，需要重新丈量、重开井田。由于江南大运河南北两侧为滩涂之地，容易开凿，所开的主干渠因其宽深达一丈四五尺而难以湮灭（数据是据上引"井田制"制度而得知，即宽深达四五米，相当于三个人高），所以能沿用到后世，形成为大运河。江南大运河与江海岸线相平行，便是先民们充分利用自然水线的水利杰作。

在全新世，我国东部沿海的最后一次海进"卷转虫海进"已经发生，随后迅速扩大，到距今6000年左右的河姆渡文化全盛时期达到高峰，最高海岸线比现代海岸线高3~5米，河姆渡以北的宁绍平原和杭嘉湖平原的大部分均被海水淹没，后来逐渐退去。马家浜文化诸遗址位于运河沿线，似乎也就表明其所在的河姆渡时代的海岸线就在这一带。

由于长江三角洲的地形如浅碟子一般，是从外围的江海沿线向内陆的太湖湖盆走低。太湖西侧、南侧、东侧的运河（在西侧为西蠡河即"南运河"，在南侧为湖州运河"荻塘"，这两者均为江南大运河的分枝运河；在东侧为"吴江塘岸"而为江南大运河的一部分）均与太湖湖岸平行，可以看作是太湖湖水往外涨溢的边缘线所在；相当于在太湖的潮岸线上开的导引湖潮用的防潮沟。而太湖北侧的江南大运河与太湖岸线不平行却与长江南岸线平行，故知太湖北侧的江南大运河不是太湖潮岸线处的防潮沟，而当是在长江潮岸线上开的导引长江潮水的防潮沟所在。（参见本章"三、（一）"提到的《太湖水利技术史》第 97 页的"太湖环湖溇港圩田示意图"。）

这时河姆渡人的生态环境严重恶化，水稻田或被海水淹没，或遭海水浸蚀，水稻栽培已经不可能大规模进行，稻作文化由此转入低潮。可以引为证据的，便是在河姆渡第三文化层（距今 5900—6400 年）与第二文化层（距今 5500—5800 年）之间，文化内涵衔接不紧，而有某种缺环，而这一缺环的界定时期，恰恰就是卷转虫海进的高潮时期。

由于杭嘉湖平原、太湖平原的成陆地区，要比宁绍平原来得广大得多，受海害的程度自然轻微得多，大部分河姆渡人可能已经北迁，使得稻作农业的中心从宁绍平原转移到太湖流域。据董楚平先生《吴越文化新探》（浙江人民出版社 1988 年版）第 253~255 页统计，晚于河姆渡第四层和罗家角第三、四层的新石器时代稻作遗存，太湖流域多达 14 处，而宁绍平原和舟山群岛仅各 1 处，这便是稻作中心转移的证据。这也证明：浙江（钱塘江）两岸是一国一族，所以大舜要由自己的老家钱塘江南岸的余姚、上虞，来到钱塘江北岸的常州地区的舜过山来作教化。而浙东地区不及太湖平原广大，这也是大舜选择北上、拓展部族生存空间的原因所在。

卷转虫海进高潮后稳定了一段时期，大致在良渚文化后期开始海退。在海进时淹没的宁绍平原和杭嘉湖平原重新露出，遂成为一片沼泽。特别是宁绍平原，东西狭长，南负山，北滨海，既承受雨季山洪暴发的冲击，又要遭受北海"钱塘湾"潮汐的漫溢，土地泥泞，湖泊连绵，沼泽化程度比起长江三角洲更为严重。

为了重新开发这片土地，越族先民开始挖浚河渠来疏排积水，逐步在沼泽平原上开辟起水田。这种疏排积水、改造沼泽、开辟水田的成功业绩，越族后人归功于大禹。乐祖谋先生便说："自禹功告成于会稽，而南山（会稽山）之下始有土田。"[1] 这与我们上文所判断的："浙东运河应当是在尧舜禹时代便已有其雏形，不排除是大舜在其老家的水利杰作；或是稍后的大禹在先帝大舜的老家，在治完此地水患后，依照江南大运河的井田制格局疆

---

① 乐祖谋《历史时期宁绍平原城市的起源》，《中国历史地理论丛》第三辑，西安：陕西人民出版社，1988 年版。

理田亩、兴修农田水利的杰作。"（见上文陈桥驿四幅浙东运河形成图之前。）我们并不认为浙东运河的开辟可以前推到大禹之前的马家浜（河姆渡）、崧泽时代，也不认为大禹之前的马家浜（河姆渡）、崧泽时代已经有浙东运河的前身。

或许正因为卷转虫海进所造成的海陆变迁在宁绍平原表现得特别典型，以及宁绍平原河流短促、沼泽遍布的水环境，才形成古籍记载的"洪水横流"、"大禹治水"和"导水"传说的起源[①]。其实大禹传说遍及全国，不限于绍兴一地，所以这一猜测是没有根据的。只是卷转虫海进造成的海陆变迁在宁绍平原表现得特别典型，以及宁绍平原河流短促、沼泽遍布的水环境，导致这里的治水经验极为丰富发达，极为久远古老，所以成为大禹治水所师法的对象。

比之要早一两千年的马家浜、崧泽时代，在"长江三角洲"长江涨潮所至的潮岸线上化沼泽为良田的成功伟绩，应当是江南大运河这一大横塘出现的原因所在。与之有相似性的太湖周围的横塘当也是在这一时期出现，那便是太湖西侧与南侧的横塘和荻塘[②]，同理，滆湖周围也有"孟泾河"与"西蠡河"，它们也正好就是滆湖周围的横塘[③]。这都是先民们治理江滩、湖滩沼泽地的丰功伟绩，因其巨大的实用性而历经数千年不败。

（六）江南大运河与浙东运河，又可能是古人在潮岸线处开挖的兼作"井田制"横塘与"引潮沟"这两种用途的水利工程

潮岸线，就是潮水涌上江岸的最远轨迹线。上文"（三）"提到的四幅图（林承坤《长江三角洲古地理与新石器时代文化的关系》一文第147页"图一、新石器时代长江三角洲岸线变迁图"，恽才兴《图说长江河口演变》一书第16页"长江口南岸形成年代"与"长江口南边滩向海推进"图，郑肇经《太湖水利技术史》第167页"江南运河形成示意图"、第78页"汉代围田分布示意图"）可以看出：江南大运河从丹阳至苏州至杭州段，与古长江海岸线大致有一种同心圆式的平行缩放关系。上文"（五）"开头提到的三幅图（《美的事迹之美丽旧世界》第29页"良渚文化时期的海岸线"图与"河姆渡文化时期的杭州湾南岸海岸线"图，《浙东运河史》第3页"春秋至西汉浙东运河示意图"）又可看出，浙东运河应当也和钱塘江的古海岸线有一种年轮般同心圆式的平行缩放关系。

所以我认为，江南大运河和浙东运河应当是很古老的海岸线。随着海岸的外扩，此原

① 陈鹏儿《大禹治水传说的起源异说及我见》，《绍兴学刊》1992年第2期。
② 见本章"三（一）"所提到的《太湖水利技术史》第97页的"太湖环湖溇港圩田示意图"中太湖西侧宜兴境内的"北横塘、南横塘"，太湖南侧湖州境内的"荻塘"。
③ 见本章"三（三）"所提到的1928年《武进年鉴》之"武进县河流图"。

本的古老海岸线处变成了内陆地区，仅在长江、钱塘江涨潮时，才会有潮水自北涌及，于是人类便在此潮水刚好涌及处定居，为的就是开垦此潮水涌及线外侧的沉积平原（海相与河相沉积平原）。因为这一沉积平原泥土松软而肥沃，容易平整。他们再通过开挖沟渠的形式，将挖出的河泥筑高成田来抗御潮水，化咸为淡，形成地势稍高的适宜种植的水稻田。这应当发生在气候转寒、人口增加而需要扩大粮食生产之际，这一时期应当就是新石器时代的马家浜—崧泽、良渚文化时期。

"潮岸线"对于先民们非常重要，此线的存在便表明：此线以内没有潮水涌及而可以高枕无忧；而此线以外会有潮水涌及，会有泛滥之虞而需要重新划定疆界，从而需要采取截然不同的处理方式。于是人工地开挖一条有一定宽度的深沟，使潮水流到此处后循沟东下，不致于再泛滥到沟的另一侧，这条"引潮之沟"便极有可能就是"江南大运河"的前身。这就意味着：上文所说的"夹江"其实未必是天然形成，而很可能就是人工开挖成的"引潮沟"。而浙东运河则更多地借助于天然的夹江来达成，而江南大运河尤其是无锡以上的北段（即镇江至常州段），则是人工开挖的泄潮沟，其开挖的年代甚为古老，当是定居于此沟两侧的马家浜人所处时代的产物。

此潮沟开挖后又有两个用途：一是开挖潮沟证明此处有强有力的统一政权，此沟遂成为联系这一邦国的交通大动脉。二是以此潮沟为界，外侧全是容易泛滥而当采取别样措施的滩涂之田，滩涂由于松软而很容易"经界"（即划分田亩）成为"井田"，此潮沟便成为"井田制"中最南段的一条"经沟（经线式的沟）"。江南井田制便以此经线之沟为基准，向南北两侧蔓延开来。其治水的思路不是堵，而是引流，此江南大运河的前身，便是聪明智慧的治江南水患的江南先民在滩泽之地上，根据潮头最远的界线，开挖出来的一条人工的引流、泄潮之沟。

上文还提到太湖、漏湖也有相类似的潮岸线，由相同的机理而形成与湖岸线相平行的塘河。这两大湖为何也会涨潮，这便是因为太湖由吴淞江通东海，东海涨潮，太湖也会感潮，故名"震泽"。漏湖虽不通海，但其与太湖又存在如下一种情况，即每年春夏秋水盛之季，湖水涨溢，冬季枯水时湖水退缩，环湖与湖岸相平行的塘河其实是盛水季湖面涨溢的最远所在，其线外侧的受涨淹处同样需要化沼泽为良田。

浙东运河显得有点曲折，江南大运河是条平滑曲线，因此浙东运河应当还有不同于江南大运河的特殊成因，即"南江"钱塘江在"科氏力"①作用下，冲入宁绍冲积平原东行，正好越国人也沿着这条古潮岸线开有一条人工引流的沟，流入此沟的钱塘江水也就更加切深了这条人工沟，并且"顺己自然"地形成出曲曲折折的自然河道的外形；但其总体上又基本呈现出一条直线状，故其最初来源仍应当是滩涂上开挖出来的人工引潮河，只不过在"科氏力"推动下，涌入"浙东运河"的钱塘江水的水量多、冲击力大，故而可以不受原来一直线的人工引潮沟的束缚，冲刷出比较曲折自然的河形来。

因此，江南大运河与浙东运河是古代大河口的先民，治理滩涂沼泽，化其为良田（井田）的水利杰作，其功用有四：

一是导潮入海，即具有通过这条运河来引导潮水流入东海的导流之功；

二是作为东西向的交通大动脉来构成一个完整的水循环体系，解决逆江而上的棘手问题；

三是作为井田制的灌溉总渠；

四是成为沿河一系列市镇形成的动力源和母亲河。

后世之所以持续不断地动用人力来疏浚开挖这两条运河，便是因为其有上述"导流泄洪、交通航运、井田灌溉、城市动力"这四大利的缘故。

正因为此运河是古海岸线，故运河内侧诸河全都流入此河沿河东下入海，或过河由其北侧的通江之港直下江海。而运河外侧通江诸河其实也是古人化沼泽滩涂为良田的"井衍沃"的南北向（即纵向）的井田制河道。涨潮便沿此连江通海的纵向水道涌入，退潮便将此连江通海的纵向水道中的水吸走，全赖此东西向的横塘之河来贯穿诸港，收活水周流、互济有无、泄水通畅这三大功效。

涨潮之时，潮水由连江通海的纵向水道涌入此运河，赖此运河东流入海，无锡人有"迎潮、候潮"之说，见《康熙常州府志》卷十二"公署、无锡县治"有："接官亭，旧凡三所，一在西门外，旧名西馆驿。一在北门外，曰迎潮馆。一在南门外，曰候潮馆，中有憩节堂。俱久废。今于北门外孙状元坊下，南门外吴探花坊下，暂设廨宇，各三间，以为驻节之所。"又《古今图书集成》"职方典第七百二十四卷、常州府部纪事"引《无锡县志》："甲戌之春，潮水入西关，至学宫之前。是岁，孙宗伯继皋状元及第，邑人为立'候

---

① 以北半球为例，在地球自转和河流流动的联合作用下所产生的"科氏力"，会使河水涌向右岸，在河岸的阻挡下，右岸的水体会比左岸高（河面越宽、水流越急则高出的高度越大），河水对右岸多出来的压力对右岸造成的冲刷便比左岸更为严重，长期积累下来，便会导致右岸比较陡峭。而钱塘江的右岸（即南岸）在"科氏力"作用下，便容易冲刷出一条河道来。

潮馆'。及宗伯乞归，舟抵北郭，是日潮亦随至，人以卜孙之不复出矣。"可见无锡亦以潮水涌至城内为出状元之兆，常州亦然。

常州亦有长江潮水涌入常州城下运河的记载，见清李兆洛《道光武进阳湖县合志》卷三"舆地志三、水利"之康熙"三十一年，知府于琨、通判徐丹素、知县王元烜浚城内外各河"条，收录有常州乡绅代表杨兆鲁提出的开通常州城河的建议，其中提到："迩因江潮不通，城河梗噎，致科名寥寂，民生日蹙，贤士大夫，频遭参处。岂真不古若哉？亦人以地累耳！"这条记载告诉我们：清朝常州城的清水更多要靠"北江"也即今天长江涨潮时涌入的澄清之水来接济。平时如果不涨潮的话，便是丹阳流来的浑浊不堪的运河水充斥城内诸河。

而清代常州籍状元钱维城《钱文敏公全集》卷十一"庚寅"（乾隆三十五年庚寅岁、1770 年）有《武陵舟中怀树参》诗，末句"孟河西上是常州"有注："孟河引江水入常州城，江涨则水西流，郡当有大魁者。""大魁"即科举考试殿试第一名（状元）。其说的便是：运河水是自西往东流，唯有长江潮水涌入州城后继续西涌至孟河，这种罕见的情景便能预兆当年出状元的城市是常州！

常州西北境的孟河固然能引长江水沿大运河往东流入常州城，但一旦长江涨起大潮，江水便会从常州东北境的澡港、申港、利港、北塘河等河涌入常州城北门下的护城河，然后由护城河流入运河。由于其河水是长江大潮从东北往西南涌来，一般情况下不可能再继续西涌，如果当年潮水特别盛大，便会沿运河继续往西逆流到奔牛镇的孟河口。每当这种异事出现（即运河因长江大潮涌入而向西逆流），便预示我们常州毗陵郡城会在当年的科举考试中涌现出状元。

运河之水自西往东流，故孟河引长江水从西往东流到常州城并不稀奇。常州东北境的通江大河"澡港"等河能引来长江潮水，沿运河逆流而上，流到孟河口的奔牛镇那才算稀奇。这种情况唯有长江出现百年一遇的特大江潮方能出现，常州人便把这种稀奇事视为同样稀奇的出状元的兆头。

常州全境西高东低，孟河在常州西北境，地势偏高，此孟河虽能引长江水流入大运河，但长江涨高的潮水只能由孟河涌到孟河入大运河河口处的奔牛镇，并不能有多少江潮涌入运河东流。而常州东境由于地势比孟河处略低，所以长江大潮能由东境"澡港"等河涌至常州城（这比较常见），乃至再沿常州城下的大运河往西逆流至奔牛（这很罕见）。

由此可见，涨潮之时，潮水由连江通海的纵向水道涌入此运河，赖此运河东流入海；而不涨潮时，内河之水又可由此连江通海的纵向之港往"北江（长江）"、东海泄水。所以此泄潮之沟也是江南滩涂之地上因地制宜而成的宏伟的水利工程，代表了以常州圩墩为代表的"马家浜文化"先民们的治水智慧，其功用如同"岷山导江"的都江堰这一无坝引流工程。

五、远古常州以东水面弥漫的自然地理环境，便能极好地证明镇江常州段江南大运河是京杭大运河最早一段

（一）对上文江南大运河乃大禹之前便已存在的文献依据和考古证明的综述

今对江南大运河早在大禹之前便已存在，其可以溯源到常州圩墩为代表的新石器马家浜文化时代的所有文献与考古证明作一总结。

上面诸章用丰富的文献史料，证明江南大运河在大禹时代便已存在，又根据新石器时代的马家浜文化遗址大量分布在江南大运河的两岸，而其后的良渚文化开始远离运河，走向海岸，证明江南大运河很可能就是五六千年前的新石器时代马家浜文化的水利杰作，比之于申遗成功的良渚山地水坝工程还要早上几百乃至上千年。笔者曾浓缩其精华写成精要的论文，刊发在《常州工学院学报（社科版）》2019年第三期，名为《江南大运河溯源至大禹及新石器时代考》，本书便是此文所作的详细论证和阐明，今再总拎上文论证时的主要文献和考古依据如下：

江南大运河在隋炀帝之前的齐梁便已存在，即《南齐书·州郡志》所言的"丹徒水道，入通吴、会。"此河其实早在东吴初年便已存在，即《太平御览》卷73"堰埭"："《吴录》曰：句容县，大皇时使陈勋凿开水道，立十二埭，以通吴、会诸郡，故船行不复由京口。""大皇"即吴大帝孙权。

《史记·河渠书》先讲中国的治河（"河"专指黄河，"治河"即治理黄河）始于大禹，接下来又说中国的开渠事业也可以追溯到大禹，其中便提到"于吴，则通渠三江、五湖"，而江南吴地能以一河贯通起三江与五湖者唯有江南大运河，故画线部分便表明其说的就是大禹开凿了江南大运河。其所提到的"东方则通鸿沟江、淮之间"，而江北能以一河贯通起长江与淮河的唯有江北大运河邗沟，因此画线部分便表明其说的便是大禹在苏北开通了沟通长江与淮河的邗沟，而"鸿沟"与"邗沟"乃一声之转而共同指今天的苏北大运河。

常州现存最古老的宋代地方志《咸淳毗陵志》卷15"山川"，叙述常州段江南大运河来历时，便根据《史记·河渠书》所说的大禹"于吴，则通渠三江、五湖"这一点来指明江南大运河是大禹开凿，其文曰："运河……《史记》云：禹治水，于吴通渠贯江、湖。"宋代《舆地纪胜》卷七"镇江府、景物上"也宣称镇江的漕渠（即"漕河"也即京杭大运河）是大禹开凿，其文曰："漕渠……司马迁曰：'禹之治水，于吴则通渠三江、五湖'，

<u>其来久矣。</u>"该书"本朝人物诗"又引宋人熊遹的诗句:"禹疏渠绝岘,秦凿堑分京",指明大禹开凿了镇江的漕渠("禹疏渠")。而"漕渠"就是"运河"的同意词,镇江的"漕渠"与常州段"运河"是同一条河,也即江南地区的大运河"江南大运河"。以上三条宋人文献,便无可辩驳地证明了两点:一是早在大禹时代,江南就已有"江南大运河"存在;二是这条江南大运河早在大禹时代,便已从常州通到了镇江城。这就又意味着两点:一是夫差出兵中原是重开江南大运河,而非创开;二是夫差及夫差之前的江南大运河就从镇江过江,并不走民国武同举所误会的奔牛处的孟河过江。

而且更当指出的是:宋人熊遹用的是"疏"字,这便更进一步指明大禹并非创开此漕渠,此漕渠乃是古已有之,大禹只是再加疏通而已;由此便可证明《史记》"通渠"的"通"字并非创开之开通,而是古已有之的今再疏通。因此本章将江南大运河的开凿溯源到大禹之前的新石器时代,也就有了宋人的见解作为文献依据。

而本章"三、(一)"提到的陈月秋《太湖成因的新认识》一文第 26 页"距今 7000—5000 年的古遗址分布图"与第 27 页"距今 5000 年以来的古遗址分布图"这两幅图,画明五六千年前新石器时代马家浜文化和崧泽文化的遗址,全都沿运河和吴淞江分布,这是大运河在大禹之前的新石器时代便已存在的考古证明。换句话说,4200 年前的大禹,也是在其一两千年前便已存在的江南大运河的基础上将其重新疏浚开通,江南大运河实也并非大禹创开。因此,江南大运河的起源甚为古老,其乃五六千年前的新石器时代,以常州戚墅堰圩墩先民为代表的马家浜文化和崧泽文化的先民们,开创了这一泽及万世的人类水利史上的宏伟工程、不朽杰作。

下面我们便要着力论证这一时代常州以东弥漫有湖面,不用开河,其时要开的便是常州以西段运河,而常州以东段运河是后世常州以东湖面萎缩后的产物,因此江南大运河最早一段便是镇江至常州段。

(二)江南大运河中最早一段是镇江至常州段大运河的逻辑证明和多条文献依据

1. 远古常州以东尚处在海平面以下,今日无锡与苏州境内的高山是浅海中的岛屿

在上述"大禹之前的原始社会,江南大运河便已存在"这一结论的基础上,我们继续分析如下一个事实,即:

大禹和大舜生活的年代相当于良渚文化后期的距今 4200 年左右。其时,常州横林以东的区域尚在海平面之下而尚未完全成陆,只有今天的苏州虎丘、无锡惠山等几个山头露出水面,成为近海的岛屿。要经过一两千年的水土沉积,到了一千年后的泰伯奔吴的时代,以"梅里"为中心的无锡东境和苏州西境,方才逐渐成为沼泽而日渐可供人类生产生活;到了再五六百年后的吴王诸樊、阖闾、夫差这祖孙三代时,今天苏州城及其东境,方才成陆而可供人类生产生活。

这就意味着，四至六千年前的江南大运河，只要开通镇江至常州横林段即可，其东可以借助已有的水面直达嘉兴，一直要到与镇江差不多海拔高度的杭州境内（两者海拔均为20米左右），才又有大片陆地出现，而需要在此杭州境内开上一小段人工运河来沟通钱塘江。甚至也可以在此杭州高地东侧的海拔低的低洼处直接沟通钱塘江，即不需要在杭州境内开通人工运河便可绕过杭州南渡钱塘江。

2. 明代常州戚墅堰以东的江南地区多湖荡而可行舟，常州白家桥以西至镇江则地势高而需要开运河的文献记载

关于常州城往东一直到杭州城外全都是水面，我们找到一条极重要的清代文献作依据，即清江南按察使傅泽洪编的《行水金鉴》卷一二一“运河水”提到：

江南运道，自万历元年始属总理①。自杭州以达于镇江，凡八百余里。湖杭及常之七墅堰②，大势地卑，且多湖荡。即崇德、吴江、长洲之间，浅不甚也③。唯自常之白家桥，以至镇之京口，地势渐耸，河止一经④，更无支流可引。每旱干，秋冬水涸，辄浅滞不可舟。而洋子江复下丈许⑤，此京口所以冬筑、春开。今建瓜洲二闸，大挑常、镇诸湖，遂使腊月初旬，京口可开，千艘并入，诚二百年仅见，江南百世之利也。

顾自白家桥抵京口，仅三百里，浚之以渐，而下引“七墅堰”以南之水注之北流，

① 当指隶属傅泽洪所掌管的“江南按察司”经营和管理。

②今作“戚墅堰”。其处古代有“漆市”，见《古今图书集成》“职方典第七百二十二卷、常州府部艺文一”元人朱德润《游江阴三山记》提到“抵官塘‘漆市桥’而泊焉”是也。官塘，即国家开凿管理的漕河、塘河，也即今天的大运河。漆市，后来讹作“戚墅”或“七墅”。

③ 即便说其浅，其实也浅不到哪里去。即：即便是浅的地方，也不很浅而是深。

④只有一条经河（即干河、主干河道），此处指镇江至常州段唯有此江南大运河一条主干河道，无有第二条大河，这也是先秦吴国立国于京口而必定要有此江南大运河镇江至常州段方能立国的原因所在。

⑤指镇江长江口处的长江水面，更比运河口（即“京口”）还低一丈即3米，所以冬天奔牛、京口两处均要筑坝截水，不使运河中的水流泄以蓄水，要等来年春天“惊蛰、雨水”两节气开始下雨发大水后，方才可以开坝放行。如果冬天不在京口处筑坝，则运河水全都流入地势低的长江中；如果冬天奔牛处不筑坝，则运河水全都流入地势低的奔牛东部的常州、无锡，这样的话，京口至奔牛段江南大运河（也即江南大运河镇江至奔牛段）没有一滴水可以行船。据下文，则此处专指京口处当筑坝或闭闸，以免运河水流入长江，要等春天下雨、水大之后，方才可以在京口处开坝或开闸通长江。后来到了傅泽洪主持漕务时，由于挖深“常州至镇江段运河”两岸上可以用来蓄水的湖泊，特别是丹阳境内的练湖，凭此来大量积蓄春夏两季之水，补给冬天运河之水，运河水方才多到了冬天也可以开京口闸的地步。

如南旺、北河①故事，则京口永无患矣。常州以北三十里为奔牛闸，又二十里为吕城闸，官、夫②故在，唯作新而用之，此事半功倍者也。每岁，奔牛筑坝，两浙回空，皆由江阴下江口，历青阳③出无锡之高桥④，抵苏、杭，此其捷径⑤也。但青阳一带，河身狭浅、阻塞，商贾不通；今浚之，不惟江阴运舟径可抵城，而每京口大挑，此其间道⑥也。

可见明代江南大运河"戚墅堰"以东到杭州，一路上仍有大量的湖面可以行船，运河水源充足；唯有从"戚墅堰"以西的常州"白家桥"开始，一直往西到镇江城处的江南大运河的入江口"京口闸"，也就是江南大运河的"常州至镇江段"，因地势逐渐高耸而水源不足，需要"练湖"水柜来接济运河。而常州城西"奔牛"至城东"白家桥"段，其地势只是稍高而已，水源仍充足；唯有奔牛以西的运河水位约为海拔五六米，其东的运河水位约为海拔三四米，两者存在一两米的落差，奔牛越往西而地势越高，所以需要在奔牛处建造一座奔牛坝或奔牛堰（埭堰），以此来节制上游的运河水，若无此坝（闸），镇江至奔牛段京杭大运河便如同袋口未扎而河水尽泄无余。

这说的还是明代的情形，在此之前，太湖水位当比明代更高，而太湖地处常州的东南境，因此常州白家桥以东的太湖北侧地区，在远古更当是汪洋一片，不用开运河就能行船。故而在大禹及大禹之前的新石器时代，乃至大禹之后的秦汉时代，真正要开运河且开运河后要不断疏浚的，只有因地势渐高而不会受水淹的镇江至常州段。而常州城东"白家桥"以东的区域，即便在秦汉乃至南朝，都会因太湖水的盛大，而有大面积的湖泽水域，从不用开运河便能行舟，即便开了运河也不用疏浚而天然有水、不会淤塞。以上便是我们判断江南大运河最早一段当在镇江至常州段的依据所在。

3. 宋代常州至苏州水泽丰满、苏州至嘉兴湖面盛广而均不用开浚河道的记载

关于远古常州以东是一派湖水弥漫的景象而丝毫不用开河，这一点我们还能找到另一

①指山东汶上县的南旺镇，地处京杭大运河南段（即所谓的"南河"）与北段（即所谓的"北河"）两相分界之处，地势高，素有"京杭大运河的'水脊'"之称。其处南高于沽头（今江苏沛县城西）38.7米，北高于临清30米，经常出现断流，历来就是京杭大运河上船只容易缺水搁浅的险阻之地，严重影响到漕运畅通。永乐皇帝迁都北京后，京师用粮全靠京杭大运河来运输江南出产的粮米。永乐九年（1411），宋礼受命治理此河，采纳汶上老人白英"引'汶'济'运'"的建议，通过水闸、水柜的配合使用来控制水流、调节漕运，科学解决运河航运史上的这一难题，使得明清两朝的运河航运在此畅通无阻。南旺分水工程其科学价值和艺术水平，均可与都江堰相媲美。

②指闸官和闸夫。

③指江阴的青旸镇。

④高桥处为"五卸河"口，"五卸河"又写作"五泄（泻）"，其即"无锡河"的音讹，此河即江阴城通往"京杭大运河"而至无锡的江南大运河的向北分枝运河，古又称"江阴运河"。

⑤指东下可以不走运河，因为运河船挤而行程慢，走长江顺江东下则行程快速而直捷也。

⑥间道，即支路、小道、别道之意。京口至奔牛段运河不通时，可走江阴运河出入长江。

条极为重要的文献依据，即《宋史》卷九十七"河渠七、浙西运河"(所谓的"浙西运河"、也就是本书所言的"江南大运河"①)："又：自秀州'杉青'，至平江府'盘门'，<u>在太湖之际，与湖水相连，而平江阊门至常州，有枫桥、浒墅、乌角溪、新安溪、将军堰，亦各通大湖。如遇西风，湖水由港而入，皆不必浚。</u>"引文所言的太湖之际，是指江南大运河经行的区域就地处于太湖边上。这一引文记述的还只是宋代的情形，其时的江南大运河不用疏浚而天然有水，这就有力地印证出：比之早几百年的六朝至唐朝，乃至更加早上千年的距今两千年的秦汉时代，乃至再早上千年的三千年前的泰伯奔吴的商末周初时代，乃至更早千年的四千年前的尧舜禹发洪水的时代，太湖水势不光比现在要大，而且也比宋代还要大，所以从常州到苏州阊门、再从苏州盘门到秀州(嘉兴)"杉青闸"的浙西运河(也即"江南大运河")，根本就不必开浚而天然有水。

就是到了宋代，从苏州盘门到嘉兴杉青闸，其实就是在走太湖水面行舟而不用专门开河("在太湖之际，与湖水相连")，而从常州城到苏州阊门，不要说春、夏、秋雨季"太湖"水大时运河有水，就是冬天枯水季，由于刮西风和西北风，也能把地处运河东南的太湖水通过太湖与运河之间的河道，给吹送到无锡至苏州段运河中来；当然也能把地处运河西南的滆湖水，通过滆湖与运河之间的河道，给吹送到常州段运河中来，所以冬天常州(含无锡)至苏州段运河，也不用疏浚便会有水。至于春、夏、秋雨季时，那就更不用疏浚了。

以上便能证明：常州至苏州段常年水资源充沛，基本不用挖深河道；而苏州至嘉兴段，其实连运河都不必开凿，就走太湖往"东海"泄水所形成的湖面上走。

这尚且说的是宋代的情形，则上古时代，从常州城东至嘉兴有充足的水面，其实不必开凿运河，便有湖面可以行船，江南无湖面而需要开凿运河的那一段运河，其时应当只有常州至镇江段，这是显而易见的道理。

4. 现代常州地图上仍清晰可见城东有大片湖荡，在古代更是茫茫湖泽

将《武进县地名录》中的武进诸乡图与《常州市地名录》中的"常州市地名图"合在一起参看，便能发现，在现代常州的版图上，常州城"丁堰"以东仍有众多湖泊。如：丁堰镇北侧的"丁塘港"便很宽阔，其实就是古代湖泊的萎缩；戚墅堰"京沪铁路"两侧的

---

①古人在东西南北四方概念形成前有一种粗略的只分"西北"与"东南"两个方向的概念，故常将北与西混为一谈、东与南混为一谈。唐宋人以浙江(钱塘江)为界，其北的长江三角洲称为"浙西"，明明属北而称西，即北与西相混也；其南的绍兴地区称"浙东"，明明在南而称东，即南与东相混也。江南在宋代称"两浙西路"，故其大运河名为"浙西运河"；相应地，绍兴地区在宋代称"两浙东路"，故其大运河称为"浙东运河"。

河道也有比较宽阔的水面，也是古湖泊的孑余。而戚墅堰处京杭大运河以南有"宋剑湖"，横林东南与无锡交界处又有"南阳湖"和"北阳湖"，横林东北又有地名"芙蓉"，乃古芙蓉湖最深同时也是最后成陆的湖心所在。以上所说的常州白家桥以东的"丁堰"往东的这一系列宽广水面和零散湖泊，其实都是"古芙蓉湖"（也即"上湖"）的残存。这里在上古其实全都是湖区，无需开凿运河便能行舟。

古芙蓉湖因弥漫无锡全境，故又名"无锡湖"（后人音讹为"五卸湖""五泄湖""五泻湖"）；古人以北为上，其湖在太湖之北，其实就是太湖往北侧和东北侧长江泄水所形成的次级湖沼，故又名"上湖"；因又在古毗陵郡境内，故又名"毗陵上湖"，见《越绝书》卷二"外传、记吴地传"："无锡湖，周万五千顷。其一千三顷，毗陵上湖也。去县五十里。一名'射贵湖'。"其湖因湖底浅，仅一米来深，所以湖中到处能开荷花，故名"芙蓉湖"。《全唐文》卷四百三十三有唐人陆羽的《游慧山寺记》称："从大同殿直上至望湖阁，东北九里有'上湖'，一名'射贵湖'，一名'芙蓉湖'，其湖南控长洲，东洞江阴，北淹晋陵，周回一万五千三百顷，苍苍渺渺，迫于轩户。"这就载明，唐代时，无锡全境，一直东到苏州（长洲县①），北到江阴②，全都是芙蓉湖。则比唐代早三四千年前的新石器时代与尧舜禹时代，"芙蓉湖（也即'上湖'）"的湖面当更为广阔。

清代无锡人顾祖禹《读史方舆纪要》卷二十五"南直七、常州府、武进县"便把常州东境与无锡西境的南北两"阳湖"统称为"阳湖"，用小字附注在"芙蓉湖"后，把"阳湖"和"芙蓉湖"视同为一湖，其曰："芙蓉湖，府东五十五里。昔时湖岸南北相距凡八十里，南入无锡，北入江阴，又北注于大江。一名'上湖'，一名'射贵湖'，东南流者曰'五泻水'③。《南徐记》：'横山之北曰"上湖"，南曰"芙蓉湖"。'虞翻、郦道元皆以'射''贵'二湖列于'五湖'④，即此湖也。昔时，菰、蒲、荷、芰，烟水苍茫，一望百里。宋元祐中，往往堰河⑤为田，于是湖流渐塞。今运道经武进、无锡间，<u>两岸类皆平衍</u>，一遇淫潦，辄成泛滥，<u>盖皆旧时湖浸之区也。</u>"画线部分足以证明：武进、无锡两县交界处，运河北的"芙蓉湖"与运河南的"阳湖"这两大湖面相连而实为一湖，只不过后者在南而

①武则天万岁通天元年（696），析吴县东部置长洲县。所以长洲其实就是苏州的东境，可证"上湖"一直弥漫到苏州的东境，等于"上湖"由常州境内往东而与东海相连接。

②江阴在长江南岸，"上湖"往北弥漫到了"长江湾"的南岸，等于"上湖"往北也通到了东海。

③五泻水，即前面所说的"五卸河"，其即"五泻湖（也即'无锡湖'之音讹）"在后代萎缩后的河道，河面比较宽阔。

④此二位名家所定的"五湖"便是洮湖、滆湖、太湖和射、贵两湖，而"射、贵两湖"其实就是"芙蓉湖（也即古'上湖'）"的一部分。

⑤河，宜作"湖"。堰湖，即筑堰来围湖成田，欺此湖浅而可以人力改变之也。

近安阳山，故名"阳湖"（即"安阳湖"的省称），而前者在北故称"（毗陵）上湖"罢了，两者并非截然相分，一到雨季发大水时便会连为一体，枯水时则露出沼泽地而分为两湖。而且江南大运河两侧海拔相同，其南有湖，其北有湖，自当会有水道、水面连成一湖，也不可能绝然分作两湖。且上文"四、（五）"引《无锡志》"五步塘"的围湖成田而中心线保留为运河之法，此常州以东的运河原本就很有可能是先民用此法在"上湖"中围湖成田而中心线保留为江南大运河常州白家桥以东段。故运河两岸之湖盛水时会连为一湖，运河所行处原本即湖也。

古上湖在"横山—三山—舜过山"山脉的"三山"处①，便称为"三山湖"，今有"三山港""三山石堰"这两个地名保留下来。此古上湖在舜过山处，便称之为"舜过湖"，后人讹作"射贵湖"，又析分横山南的湖面为"射湖"（今芙蓉镇所在的芙蓉湖），横山北的湖面为"贵湖"（今黄天荡），正如无锡"舜过山（舜柯山）"有两峰而离为"舜山"和"柯山"。此古上湖在常熟县虞山下，便名为"尚湖"，也就是传说中姜尚姜子牙垂钓之湖。上述所谓的"上湖""芙蓉湖""（安）阳湖""三山湖""射贵湖（舜过湖）""虞山尚湖"，其实就是同一个湖被不同地方的人局于自己的一孔之见而各自命名。由此可见：上古马家浜与尧舜禹时代，今天常州丁堰以东一直到常熟境内，也即太湖的正北方与东北方，全都是茫茫一片浅湖或浅海（其水淡便称为浅湖，其水咸便称为浅海），根本就不用开运河便能行舟。

由于其为湖面，人类聚居地并不多，所以产生运河的需求也不大，唯有镇江至常州段露出水面之上，人类聚居地多，所以产生开运河的需求大，其处才有开凿江南地区最早运河的需要。而常州以东的湖沼区在千年以后，无锡东境、苏州西境逐渐露出水面，再过五六百年而再往东的苏州东境逐渐露出水面，其处人类聚居地增多，要到此时才逐渐产生

---

①其名"三山"，是指此山脉有舜过山、秦望山、石堰山三个大山头，由常州城东望，便统称之为"三山"。其下有"石堰"，古称"三山石堰"，而"石堰"其实就是"古芙蓉湖"盛涨之时，湖水之力能把山石推排到湖岸边而形成的一道长的石堤，这道长石堤反倒能阻碍其南侧的太湖水、芙蓉湖水泄入长江，又能阻碍长江潮水涌入太湖或芙蓉湖，事见《宋会要辑稿》"食货八、水利下"的第 21～22 页："至乾道二年（1166）八月，漕臣姜诜等，始议措置，欲于来年移造蔡泾闸、[申] 港工物，次年春初地脉开冻之时，先开申港。其说谓：'上流横河，有三山横石，妨碍泄水，须先开凿。'"画线部分的"三山横石"就是所谓的"三山石堰"，也即今天常州东北、焦溪镇南"石堰"这一地名的由来。此石堰乃天然所成，非人力造就，读者不可不知。然《毗陵高山志》卷一"山境、三山"条则云："其东北麓，下饮于'顺塘'，发一石珠，以堰水口，故地名'石堰'。为其妨船行，随凿之，而居民辄衰。"顺塘，即"顺（舜）塘河"，也即"北塘河"也。以三山东北麓下临北塘河，河中有一石珠堰塞河道而名。今按：一珠不足以成堰，则横石说更为可信。

开运河的需求，要到此时人工开凿的江南大运河才由常州继续往东延伸。

5. 常州以东的无锡、苏州、嘉兴在上古处于海平面、湖面之下的事实，作为传说、地名等口述史形式而被记载流传下来

四至六千年前的新石器马家浜文化时期与尧舜禹时代，无锡、苏州乃至地形比之更低的嘉兴地区，尚处在海平面（或湖^①平面）之下，这当然不会有文字记载留下来，因为其时即便有文字，也没有坚固的文献载体足以抗拒腐朽与风化而流传到今天。但通过自然地理的研究，我们应该能够得出这一结论；而且这一结论如果符合事实的话，则民间必定会有不少这方面的地名和传说故事作为口碑流传下来。这些地名和民间传说在得到自然地理印证的情况下，便不能视为无根的不经之谈，而当视为古代先民流传在后世的口述史记载（即口碑资料）。

关于苏州在尧舜时代尚在海平面以下的事实依据，首先便是虎丘又名"海涌山"这一地名，即苏州城北的虎丘古名"海涌山"，自来相传：此山在远古时代是海岛，海浪天天在此腾涌，故名。

关于苏州在尧舜时代尚在海平面以下，还有古书所记载的自古相传的传说作为依据。《路史》卷四十四"余论七"之"繇余氏墓（陶臣氏、乌陀氏）"条记载说：北宋初的开宝五年（972），苏州节度使元帅府判官钱文炳妻子丘氏逝世，在苏州的报恩禅寺（原文作"报恩禅宅"）旁的松林中安葬^②，寺僧常泰怀疑这座高阜（即虎丘山）是远古时代的先贤所葬，劝他不要动土，但钱文炳不听，结果挖出了古坟，想取走随葬的宝物而被墓中的黑蜂螫死，其子钱知玄得梦："遽亦冥然见一丈夫，道貌古野，身度^③丈余，鱼鳞之甲，足色如金，徒跣挺剑，前语玄^④曰：'我，帝尧之臣繇余氏也；与陶臣氏、乌陀氏佐禹理水，以功封吴，获葬于兹。当时此地，乃海东渐之山也。宅兆诚吉，居之且安。奈何而父刚愎，发吾版石，顾已非义。而乃更欲夺吾玉楄，罪孰甚焉！'"文末有评论："尧帝而来，迄于开宝，数百千载，而精爽犹在，足信定分之不可逾，而直谅忠忱之不泯也。"

由此记载便可知晓：繇余氏封于吴，则尧时江南已有"吴"这一名号。而"吴""虞"两字古代完全等同（即两字古人通假），舜出生在江南的余姚，又在太湖北的"上湖（芙蓉湖）"北岸的常州"舜过山"教化（"舜过山"之"过"便是"过化"、也即过而教化的

---

①其在太湖北侧、东北侧的湖，遵循古人以北为上的命名习惯而得"上湖"之名；而在太湖东侧之湖，习惯上仍视为太湖的范畴，而不单独以"东湖"来命名。

②按明王鏊正德《姑苏志》卷五十九"纪异"有："繇余氏墓，在虎丘"云云。虎丘的虎丘山寺，唐代避唐高祖李渊祖父李虎讳而写作"武丘报恩寺"，当即此处所说的苏州报恩禅寺。

③身度，身体的高度。

④玄，钱知玄。

意思，因此"舜过山"这一地名便是大舜在此地教化、为官的实证），所以江南全境便以大舜的国号"虞"（也即"吴"）来命名；泰伯奔吴之时，及其前的尧舜时期，甚或更早[①]，江南之地便已有"吴"的称号。

由此记载又可知：禹有辅佐之臣数人随其一同治水于江南吴地，而常州马迹山（今无锡灵山大佛所在的灵山）也有"水平王庙"，其王当即此处所言的"陶臣氏、乌陀氏"等人中的一位。

其又言："当时此地，乃海东渐之山也"，更可知：尧舜命大禹治水时，苏州尚处在大海之中，唯有东渐入海之山露于浅海之上而成为"鲧余氏"安葬之地，即上文所言的"海涌山"也即今天的虎丘山。

而常熟虞山，其时应当也是东渐入海的山岛，故西晋在这儿立"海虞县"，东晋又罢其西暨阳县（即古江阴县东境）境内的"暨阳盐署"立为"南沙县"（即今常熟县的前身），可见其地可以煮盐，则其处之水为海水而非淡水。

上述传说虽然带有神话色彩，但神话传说的素材也都来自民间传说，而苏州上古又的确在海平面之下，所以上述那则貌似荒诞的神话，其实应当就是民间口耳相传的口述史。虽然讲述这一事实的形式是神话故事，但这一事实其实却不可因其形式上的荒诞性，也即不可因该事实所穿的那件神话外衣来加以抹杀。

6. **重要的结论**：江南大运河在远古时期其实只开通了地势高的镇江至常州段

远古的常州以东一直到嘉兴，在当时尚处在水平面下，不用开河。这就意味着常州戚墅堰至嘉兴段运河的开凿，要到镇江至常州段江南大运河开通数千年后的其地（常州戚墅堰至嘉兴段）成陆之时。

下文更将论明江南大运河早于江北邗沟的开凿，即论明京杭大运河最早开凿的一段是江南大运河而非江北邗沟。现在又能证明江南大运河中最早的一段是镇江至常州段，这便意味着：镇江至常州段运河是"世界文化遗产"京杭大运河中最早开凿的一段。

需要特别说明的是，常州城东直至嘉兴，乃至一直到邻近杭州的低洼地带，全是湖面而在海平面下，这只是排除了其地要开运河的必要性，并不代表该区域不能为人类所生存。因为这一区域也会有露出水面的自然高地，枯水期也会有大量沼泽地露出水面，而且新石器时代河姆渡、马家浜、崧泽、良渚文化的先民也有强烈的主观能动性，通过开挖更深之沟来蓄水，同时通过开沟来获取宝贵的泥土堆积成略高或远高于湖面的田地与居

---

① 第一章"五、（三）、4、（1）"已论明"吴"即"鱼"，因此地产鱼而得此名号，起自舜之前的远古，大舜也是沿用此地"虞、吴"之号为国号。

住用高墩。他们通过这种挖沟、挖湖（水库）来堆高土地的方式，兴建起城防般既可抵御洪水、又可开闸泄水的"塘浦圩田"。正因为此，在常州以东的所谓"海平面以下"区域，其实是有人工土丘、自然山麓高出水面的，故而仍会有大量新石器时代河姆渡、马家浜、崧泽、良渚文化遗址存在，而且这些马家浜、崧泽文化遗址还呈现出沿今天大运河沿线分布的局面，证明当时常州以东大水弥漫之区仍有一条沿后世江南大运河的较为固定的水上航线存在。这条较为固定的江南大运河水上航线，要么是枯水期露出地面时，先民们开凿此航线上的运河，盛水期仍沿此航线航行；要么就如上文所说，今天的江南大运河很可能就是先民对古长江海岸线的善加利用而筑起坝来，在常州以东大水弥漫的沼泽区，以开"井田"的方式，大力兴建塘浦圩田系统（即《左传》所谓的"井衍沃"），从而形成沿今江南大运河沿线（实即远古海岸线）分布的人类聚居地带。此江南大运河便是先民们所兴建的"塘浦圩田"中东西向的大横塘、大干渠。其具体的兴建情形显然鲜活而复杂且具有细节性，体现出人与地之间的有趣互动，有待更深入的模拟研究。

总之，常州以东在远古尚处于水平面之下而不需要开河就有水路相通，这并不能完全否定常州以东江南大运河水道的开挖和存在。因为我们说过了：江南地区的马家浜、崧泽的先民们，具有化沼泽为良田的"井田制"的生产实践，这一生产实践就是要把常州以东的湖泊，通过"开挖沟渠、水库来取土"的筑土堆墩的水土改造方式，改造成为可灌可排的稻作区，其所形成的便是《左传》"井衍沃"所说的井田制灌溉系统。

常州以东的湖沼区肯定会有《左传》提到的楚国云梦大泽"井衍沃"那种井田制格局的稻作区存在。与古长江海岸线相平行（甚或就是更古长江海岸线演化出的"夹江"所在）的井田制横向主干渠"江南大运河"的常州以东段也就应运而生。由于常州以西在水面之上，其处能开发出比常州以东更早的"井田制"及其横向主干渠"江南大运河常州至镇江段"，而常州以东的湖沼区的"井田制"与横向主干渠"江南大运河常州以东段"要略晚于前者。

由于常州以东天然有湖而可行舟，远早于其处开发为井田的实践，所以远古常州以东湖沼区存在江南大运河所在的天然航道要早于常州以西段；但常州以东段伴随井田制开发形成人工开挖的运河则要晚于常州以西段。

常州以东是湖，但五六千年前，沿江南大运河常州以东段却有大量新石器马家浜、崧泽文化遗址出土，似乎证明常州以东不是湖。是湖、同时又有新石器遗址存在，这两者其实并不矛盾，其关键原因便在于我们指出过的：这个常州东境的"上湖"其实很浅，只有一两米深，所以可以满湖盛开荷花而得"芙蓉湖"的芳名。这就意味着两点：

一是，湖水再浅（哪怕只有一米深）也可以行舟，用作水上交通的运河，并且能在湖面上连接起两个山头（如惠山西趾的无锡城、虎丘南趾的苏州城）形成一条较为固定的航线，从而成为后世无锡至苏州运河的前身。这就是我们所说的：常州以东不用开河就有天然的运河水道存在。

二是，正因为湖水浅，所以填土成田的改造也容易。通过开沟、开湖、开水库来获得土方堆田、堆台地，堆填成可供人耕作的有田埂的水稻田，堆填成可供人栖息的台地成为后世城镇的雏形。所以常州以东的湖沼内有大量古人类遗址出土也就不足为奇了。正如上文"四、（四）"的小注所引《新华日报》2019 年 7 月 26 日"人文周刊"《5000 年前，"基建狂魔"在良渚修建水坝》提到良渚先民"兴建莫角山宫殿区，他们就把地面垫高了大约 15 米"。

而且宋人记载古人善于在湖中围墙并排空积水来居于湖中不受水淹，见宋郑虎臣编《吴都文粹》卷五录《六失六得》郏亶"：古者，人户各有田舍在田圩之中，浸以为家。欲其行舟之便，乃凿其圩岸以为小泾、小浜，即臣昨来所陈'某家泾、某家浜'之类是也。说者谓浜者，安船沟也。泾浜既小，堤岸不高，遂至坏却，田圩都为白水也。今昆山'柏家濼'水底之下，尚有民家阶甃之遗址，此古者民在圩中住居之旧迹也。今昆山富户，如陈、顾、辛、晏、陶、沈等，田舍皆在田围之中，每至大水之年，亦是外水高于田舍数尺。此今人在田圩中作田舍之验也。"其画单直线部分便是古人曾居于湖中，但不幸已被淹没的实证；而画浪线与画双线部分便是宋人居于湖中的实证，其大水之年，埝圩的大堤之外的水面高出堤内数尺也即一两米高，这正是古代芙蓉湖那么深的格局。可证古人善于利用冬季枯水期湖水退去后的时机，赶紧挖深地基，将挖出来的泥土筑成围堤，从而得以在湖中居住、生产，即便水大之时，仍能保无恙。则良渚时代敢于在沼泽之地开疆拓田，便由来于这种技术。其实更早期的马家浜、崧泽先民也在湖中沿江南大运河一线围湖成田，为良渚人向江海滩涂拓展生存空间积累了宝贵经验。总之，由这条记载，也就能明白智慧的江南人如何在沼泽中种田生活的另一种方式，就是围成大圩种低田，而未必要堆高成台地种高田（因为水往低处流，高田引水灌溉太费事，种低田，只要堤墙筑得坚实，便可收获容易引水方面的大便利）。相比于堆高成台地，这种"圩埝"工程可以少用很多土方，在土方宝贵的江南湖泽之地，应用当更为广泛。

至于"三、（一）"所提到的陈月秋《太湖成因的新认识》一文第 26 页"距今 7000—5000 年的古遗址分布图"与第 27 页"距今 5000 年以来的古遗址分布图"这两幅图中，之所以大运河镇江至常州段没有古老遗址出土，似乎江南大运河最初只存在常州以东天然水面上的航线，要到很晚才开到镇江，其实这一认识又受幸存者偏差而未必确实。我们认为，镇江至奔牛处的江南大运河水道，反倒是江南大运河最早开凿的一段（常州以东不用开河，第一段人工运河肯定开在镇江至奔牛再至常州段），其开凿的目的在于解决江南的水循环问题，即自西向东顺江而下容易，自东往西的逆江而上却困难重重，常州以东天然有湖面可以行舟，不用开河就可解决由东往西行舟的问题，现在只剩下常州往西至镇江这一段并不算高的"高"①地，同时又不算长，只有70公里（从常州城东的白家桥处往西至镇江城东的丹徒口）需要打通，所以新石器时代"马家浜人"便团结起来，在平地上开通起这条140里长的河道。

而且常州以东湖沼区缺少宝贵的土方，更需要以开挖高地运河的方式来取土堆田或建造上文所说的低田之堤，即元《无锡志》卷三"古迹"引唐代陆广微著的"《吴地记》云：'阖闾城，周敬王六年，伍员伐楚还，运润州利湖土筑之。不足，又取吴地黄渎土。为大、小二城。当阖闾伐楚回，故因号之。'"言明春秋末年造江南东境的苏州阖闾大城时，仍要从镇江（润州）取土而开"利湖"，此前当亦然，即到地势高的镇江开沟、开湖（水库）来取土供常州以东的低洼地带堆土成田（或成低田之堤防），故镇江至常州段江南大运河也就应运而生，因为取土时肯定不可能走陆路，而要走水路，这样可以充分利用船只承重量大、水面航行无摩擦力的优势；因此镇江至常州段江南大运河本身就是改造江南常州以东湖沼区的先行工程，这也是我们判定镇江至奔牛段江南大运河早于常州以东段江南大运河的原因所在。

之所以镇江至常州段大运河沿岸没有马家浜时代的古人类文化遗址出土，其关键原因便在于其处地势高亢。而上文"三、（一）"所提到的陈月秋《太湖成因的新认识》一文第26页"距今7000—5000年的古遗址分布图"中处于此高地处的2号"丹阳八卦荡"、3号"金坛北水荡"有遗址出土，从这两个名字便可受到启发：其处为湖荡，可见应当是其处在远古时期遭水淹没方才得以留存至今。而镇江至奔牛段因地势高亢，一般很难遭受水淹，所以遗址无法拥有被淹埋的机会，于是一直暴露在人们的活动范围内，受到不断的风化侵蚀与后人活动的蚕食，导致遗迹无存。

总之，镇江至奔牛段江南大运河沿线没有新石器时代马家浜文化遗址出土，乃是其处无水可淹，而常州以东有湖之境的江南大运河沿线有大量新石器时代马家浜文化遗址出土，便在于这儿是湖荡区，终将遭受几十年乃至百年一遇的大洪水的淹没，正因为有水淹没的缘故，故而能完整淹埋在地壳中留存至今。至于这些遗址在考古中并未发现受水淹的

---

① 因其地势不高，只是相对于更低处高几米，故此处加引号，表明其其实不高。

地层，那是因为其受水淹后不久，或是受水淹几年后，水逐渐退去，一时乃至几年的沉积仅有薄薄一层水淹之土，下来便是风沙沉积，其水淹层因其太薄而无法观察或判断出来，不等于这水淹层不存在，也即不等于："没有"①水淹层便意味着此处没受淹过。而镇江至奔牛段地势高亢、无水淹没，其马家浜文化遗址暴露在空气中，易受风化而无存，也正因为无水淹没，后人一直在前人遗址上居住、生产、生活，古遗址因后人的活动而如同新陈代谢般无迹可存。

马家浜时代的江南"井田制"区域如此辽阔，肯定也不可能局限于常州以东的湖沼区，因为"宜侯簋"证明早在西周初年，此簋所出土的镇江地区便有井田制存在（"锡土：厥川三百"，"川"即井田制的最大赐田单位），至于之前，肯定也有"井田制"存在。

马家浜时代的江南"井田制"区域如此辽阔，那又为何常州以东的湖沼区只有大运河沿线才有马家浜文化的遗址出土？其原因一是由于运河沿线虽然在当时走的是湖面，似乎可以自由航行，其实仍已形成将湖中山头处形成的居民点（如惠山西趾的无锡、虎丘南趾的苏州）连接起来的近乎一直线的固定航线，所以沿此交通线，通过挖土堆台的形式形成人类聚居地的概率，比起其他地方要高。原因二便在于"井田制"的一大内容便是务农之时分散在郊外种田，收获后要入该方区域几何中心所在的"城"及"城"周边等距分布的卫星"镇"内聚居，因此位于"井田制"中心线上的江南大运河沿线（按：江南大运河在井田制横向中心线上），其成为人口聚居地的几率更高。

（三）常州奔牛坝是江南大运河上最早之坝的文献依据和逻辑证明

我们将在文献依据的基础上，加以合理的理据分析（即合乎逻辑的识读），证明奔牛坝是江南大运河上的最早之坝。

镇江、丹阳一带的地势要比常州高出好几米，所以镇江至常州段江南大运河开凿后，必然要筑坝蓄水，否则运河河床将无水行舟，这便是宋陆游《渭南文集》卷二十《常州奔牛闸记》所说的："京口闸……吕城闸……奔牛闸……以地势言之，自创为是运河时，是三闸已具矣。盖无之则水不能节，水不能节则朝溢暮涸，安在其为运也？"陆游说镇江至常州段江南大运河上离不开"镇江城处的京口闸、丹阳东境东大门吕城处的吕城闸、常州西境西大门奔牛处的奔牛闸"这三座闸②来蓄水，这是非常有见地的。

需要说明的是，陆游的水利知识仍有点欠缺，因为根据水利史的研究，中华文明（乃至世界文明）要到唐宋时代，才普遍具有科技实力建造不漏水的闸门，此前只能通过造坝

---

① 不是真的没有，而是因受淹时间短暂而无法观测到，故加引号。
② 据下文，这三道闸其实应当修正为只需奔牛一个坝即可。

的方式来堵水、蓄水①；此前如果造闸的话，那是关不住水的，也就无法蓄水；而且所造之闸也无力不被河水冲毁，那种牢固到能抵御河水冲击的闸，在远古时代根本就不存在。古人只能通过造坝来截断河水。古人所造的坝，当时称为"埭"或"堰"，其实就是今天的坝，但也可以是低于水面的河面下的拦水坝②。至于船只到露出水面的坝下如何通行？那便是依靠人力和畜力乃至机械力（如古代的绞盘机）来拉船过坝，古人称之为"盘坝"。

陆游说的"三个闸"当修正为"三个坝"。在此又当指出陆游所犯的第二个小错误，便是这段运河其实不需要三个闸（坝），只需一个闸（据上论修正为"坝"）即可。这是因为：镇江至常州段运河的北口（即"京口"）古代（即先秦）在丹徒口，其处与长江水位相同，其处要引长江水供运河行舟，根本就不会设坝或闸。秦始皇将其河口西移到镇江城处的京口后，其处与长江的水位也相同，也不用设坝（闸）。但河口往上走的京口也即镇江城处的海拔有十几米高，需要设闸，即上文"（二）、2"引清人《行水金鉴》提到："唯自常之白家桥，以至镇之京口，地势渐耸……<u>每旱干，秋冬水涸，辄浅滞不可舟。而洋子江复下丈许，此京口所以冬筑、春开</u>。"提到明清枯水的冬季与旱灾时，京口的运河河床要高出长江一丈即三米，所以要筑坝留住运河之水。由于枯水季毕竟只占全年少量的时间，而旱灾也是每隔几年才会发生一次，所以从常年来看，京口运河的河面或河底当与长江水位持平，不用筑坝就有江水灌注运河。这也正是上引文字所说的京口之坝是"<u>冬筑、春开</u>"，表明春夏秋三季京口水位与长江持平，仅冬季长江水位退缩后才显得高亢而要闭闸。而且古人在江口不能造坝的关键原因还在于：宋明之人有技术实力可以在江口造坝，而先秦及更早以前的古人尚无在江海的大河口建筑大坝的能力。因为海口有大潮，江口也有大的江潮，其破坏力巨大，即便古人能在枯水季造出大坝，也不用多久，便会在春天开始的盛水期中，被汹涌的江潮、海潮冲毁无存。所以在石器时代的江海处的大河口上，根本就不可能有大坝这类用来抵御江海洪潮的人工设施存在。那么为什么连绵几百里的长江三角洲沿岸可以筑起捍海堤？那便是潮水之力分散为数百里之故，而大运河口京口处仅一口，江潮集中冲击此十来米的一口，招架不住。

①当然秦始皇三十三年（前214）凿灵渠时便设置了石质的"陡门"，"陡门"又称"斗门"，今名"闸门"。南朝宋景平年间（423—424），在扬子津（今扬州市扬子桥）河段上建造起两座陡门形成闸室；北宋雍熙年间（984—987），在西河（今淮安至淮阴间的运河）建造起两个陡门，间距50步（约合76米），陡门上设有输水设备，这便是中国历史上有名的"西河闸"，以上两者均为现代船闸的雏形。但唐宋之前的闸门都是举全国之力的偶一为之，真正向全国各地普遍推广不漏水的闸门是唐宋时期。

②其功用在于，水大时不影响航运，而水小时又可以确保上游来水被这道坝挡住，不致全部流失到下游，从而保持住一定的上游水位。

　　仅当人类滥伐森林的不良后果累积到宋朝，加之宋朝人改造自然的能力又远超前代，这就导致宋代长江流域的水土流失日益严重，长江水的含沙量日益增多，这时才有必要且有技术实力在运河通长江口处造闸，为的就是在长江涨潮时适当地加以关闭，以免混浊的江潮大量涌入运河导致淤泥日积月累地堵塞河道。

　　而在四至六千年前乃至两三千年前，长江水澄清，含沙量极低，不用设闸，更不用筑坝。这就意味着，陆游所说的与运河与生俱来的蓄水用的三个闸（其实古代蓄水用的是坝，尚无技术能力用闸来蓄水，要到唐宋时才有技术能力建造起能够用来蓄水的闸），运河通江口处的京口闸（坝）其实是不用造的，镇江至常州段运河与生俱来的蓄水（即保持运河水位）用的闸（坝）仅需建造两座，即吕城和奔牛处的坝。

　　至于奔牛往东的常州由于地势平坦，而戚墅堰、横林以东更有大湖"上湖"(即古"芙蓉湖")，奔牛以东的海拔只比它们略微高出一点（1 米），所以奔牛以东地区的运河常年有水，不用筑坝蓄水。

　　现在又考虑到吕城和奔牛相距仅 8 公里且海拔落差几乎为零，两地在古代显然只要造一座坝便可，原始社会的先民更不可能在如此短且无高度差的距离内连造两座坝。换句话说，最早的江南大运河镇江常州段只可能有一座坝，要么设在吕城，要么设在奔牛（其河口"京口"不用设坝，上已有论）。此坝是与这段江南大运河一同诞生的，是旨在让镇江至常州段江南大运河有水来维持运转所不可或缺的，其历史当同江南大运河一样古老。江南大运河一日不可或缺此坝，所以此坝的管理人员，也即奔牛坝的坝官（后世改闸则为闸官）便应运而生。其实早在原始社会的马家浜文化时代建造起这段大运河时，便已经由当时的国家（即方国，也即当时"长江三角洲"的原始公社制城邦国家），指派专人前来维护管理此坝（其即后世所谓的"坝官"）。

　　在运河上造坝似乎会阻隔舟船的通行。其实只要把大坝造成坡度比较和缓的梯形，如同今天的滑滑梯那般，当船只来到坝下时，便很容易通过人力或畜力（主要是牛）来牵引其上坡、下坡，古人称之为"盘坝"（古又称作"盘驳、盘剥、般剥、搬剥"等）。因此原始社会这座大坝，只要造成如同滑滑梯般的和缓坡度，此坝的存在便丝毫不会影响运河船只的通航。更何况四五千年前，古人乘坐的还只是一根独木舟，两三个人肩扛、手拉，便能轻松过坝，连牛都不用。距今两三千年时，虽然出现后世那种形制完备的大船，但即便是夫差出征中原时所驶的大型军船（长 20 米），乃至唐宋时期的大型楼船，抵达这种坡度和缓、如同滑梯般的大坝时，在并不陡峭的平缓堤坡上铺以稀泥和草皮，便能有效减少摩擦阻力，借助纤夫的人力牵引，或用一群牛来牵引，后世或再借助些齿轮装置（如绞盘）

的机械力，便可由绳索的牵引，依靠人力、畜力、机械力三种力量，就算是唐宋楼船那般极大型的船只，也能被拉过大坝。

熟悉水利史的人都知道，在唐宋船闸建造之前运河上只有坝，而唐宋有船闸后，运河上也还有大量河段没有把坝改造为船闸，全都改要靠这种方式来盘坝，这在当时并非难事。而奔牛坝便是用牛这种畜力来拉船过坝的地方，古人称这种坝为"牛埭"。而"奔"字古代又写作"犇"，是三头牛，而且古人以"三"来代表二以上的多数（即《老子》："道生一，一生二，二生三，三生万物"，古人常以"三"指更大的数目），所以"犇牛埭"这三个字其实也表明此坝很可能就是编组成队型的一群牛①拉大船过坝的当时比较先进的埭坝。

本书既然证明镇江至常州段江南大运河早在马家浜时代便已存在，而此镇江至常州段江南大运河"先天"与生俱来、不可或缺地要靠吕城或奔牛处造坝来蓄水，方能维持运输，否则便如陆游所言："无之则水不能节，水不能节则朝溢暮涸，安在其为运也？"即吕城或奔牛坝对于镇江至常州这段地势高的江南大运河来说，可谓与生俱来、难以或缺。而我们又证明两者相距仅8公里，原本只要造一座坝即可，则与这段运河与生俱来而不可或缺的大坝，究竟是造在奔牛还是吕城？答案便是奔牛，其逻辑依据给出如下：

从丹阳至常州城是一日舟程的间距，两者因为过夜需要而形成大的都市。吕城或奔牛之地正处于两者之间，相当于船上之人用午饭的理想地点。吕城或奔牛这一造坝之地，应当伴随此江南大运河的出现，而在坝下形成吃完午饭后才有气力来盘坝的大规模集市。鉴于吕城的集市远无奔牛那般繁盛（民谚有"一座奔牛镇，大于丹阳城"，而吕城是丹阳县下面的一个镇，则奔牛镇明显比吕城繁华便由此民间口碑为证），则运河这儿的第一坝究竟造在吕城还是奔牛已是不言而喻，显然就是先造在奔牛而非吕城。因为如果吕城先出现集市，按照正常的发展规律，其在后世便当一直领先而比奔牛更为繁华。现在奔牛远比吕城来得繁华，从先发优势的角度来看，奔牛造坝应当远早于吕城。

正因为奔牛这里集市繁华，所以宋代在此设镇，镇官其实就是国家设在此交通要冲处的收税官，也即此处设有税务。

早在魏晋南北朝时期，便已有文献记载到奔牛这儿存在江南大运河上的水利工程设施"埭、堰、坝"，其出现当比文献记载更为古远。关于"埭、堰"的含义，可见《康熙

___
① 不止三头牛，只不过古人以"三"来代表众多而造为似乎只有三头牛的"犇"字罢了。

字典》"埭"字的解释为："以土堰水也，往来舟舶征榷之所，两岸树转轴①，遇舟过，以绠系舟尾，或以人、或以牛，推轴挽之而前。《晋中兴书》：以牛车牵埭取其税。"其"堰"字的解释为："壅水为埭曰'堰'。"明曹安《谰言长语》："坝上以牛转轴曰'牛埭'。"

《南齐书》卷二十九《全景文传》便提到此"奔牛埭"。从名字上就能看出来，奔牛埭不光是"以土堰水"的土坝，更是动用人力或畜力（牛力）乃至机械力来拉船过坝的堰埭。由于动用到畜力（牛力）等来拉船过坝，自然不可能无偿使用，需要缴纳一定的"税"（即使用费），古人谓之"牛埭税"，奔牛埭这里也就成了过往船只过坝征税的"税务（税卡）"所在。

由于过往船只搬空货物后船身仍然很沉重，需要用编成队的一群牛来拉。而奔牛埭（坝）以"牛"字来命名。"奔"字古人又可以写成"犇"，"犇（奔）牛坝"便是用四头牛编组拉船翻坝的形象写照（"犇"为象形文字）。其牛群编组显然是三头在前拖（其中又有一头在最前面领头），一头在后拖着船（前面三头牛的绳也都系在船上拖）。因此"犇（奔）牛坝"的命名，便意味着此坝从一开始就用编成组的牛群来拉船翻坝。运河上如此多的船坝，唯独此坝用牛群编组的"犇（奔）牛"（一连有四头"牛"）来命名，很可能也就意味着：此坝是江南大运河沿线用编组牛群拉船翻坝的首创之地。之所以这里率先用牛群编组来拉船翻坝，显然就是由此地处在东西地势落差交界线上的特殊地理位置所决定，是由中国最早运河开在此地而必须要有此坝来蓄水、一日不可或缺所决定的，故此地成为中国乃至世界上第一个用牛群编组拉船翻坝的地方。

"牛埭税"的文献记载始于两晋，此税通行于南朝、隋唐，但皇帝出于仁政，仍可不收或尽量少收，见《晋书》卷七十八《孔愉从子孔严传》："时东海王奕，求海盐、钱塘以水牛牵埭，税取钱直②，帝初从之，（孔）严谏乃止。"此便是反对开征牛埭税。

又《南齐书》卷四十六《顾宪之传》："时西陵戍主杜元懿启：'吴兴无秋，会稽丰登，商旅往来，倍多常岁。西陵牛埭税，官格日三千五百，元懿如即所见，日可一倍，盈缩相兼，略计年长（涨）百万。浦阳南北津及柳浦四埭，乞为官领摄，一年格外长（涨）四百许万。西陵戍前检税，无妨戍事，余三埭自举腹心。'"

吴兴就是今天的湖州，会稽就是今天的绍兴，两者间的运河水道要经过萧山的"西陵牛埭"（即今天的"西兴堰"），这显然就说到湖州至杭州的江南大运河和杭州钱塘江以南的浙东运河了，这是证明江南大运河与浙东运河在南齐时便已成在的文献实证。西陵戍主杜元懿主张把萧山西陵埭用牛盘坝的税费给涨上去，但顾宪之则决议不可收取此税。他

---

① 树，树立。转轴，盘坝的机械装置。

② 收取钱物等来作为税收。直，今写作"值"。

说："寻始立牛埭之意，非苟逼僦以纳税也。<u>当以风涛迅险，人力不捷，屡致胶溺，济急、利物耳</u>。既公私是乐，所以输直无怨。京师航渡，即其例也。而后之监领者，不达其本，各务己功，互生理外：或禁遏别道，或空税江行，或扑船倍价，或力周而犹责，凡如此类，不经埭烦牛者上详，被报格外十条，并蒙停寝。从来喧诉，始得暂弭。"指出设此牛埭税的本意是服务民众，交税多少由大众心甘情愿地给，对于随意增税表示了坚决反对。

《资治通鉴》卷一三六此事后有元人胡三省注："西陵，在今越州萧山县西十二里'西兴渡'是也。吴越王钱镠以'西陵'非吉语，改曰'西兴'。牛埭，即今西兴堰用牛挽船，因曰'牛埭'。"吴越国首都杭州在此堰西北，"陵"有陵替、衰微之意，故改"西兴"，表示此堰西北的吴越政权兴盛不衰。此西兴渡就是"浙东运河"通钱塘江的西北口，其地理位置就如同"江南大运河"通长江的西北口"京口"。

牛埭税原本属于使用费的性质，后行之日久，遂成常税。奔牛埭远在东晋南朝时期，便已成为江南地区的重要交通关口，成为国家税务征收的重地所在。由唐白居易编而宋孔传续撰的《白孔六帖》，其卷七十九"田税四、杂税附"有孔传增加的"多率税商贾"条，其有注："上元中，敕江淮堰埭商贾牵船过处，准斛斗纳钱，谓之'埭程'。"即交牛埭税时，可以不用交钱而折算成大米交纳。

需要说明的是，上面只是说"牛埭税"的文献记载始于两晋而通行于南朝、隋唐，而文献的记载往往要落后于事物的实际出现。本书证明了奔牛所在的江南大运河起源于距今6000年前的新石器"马家浜文化"时期，奔牛地处上游宁镇丘陵与下游常州以东湖泽平原相交界的地势有较大落差处，势必要筑起大坝，奔牛埭（坝）与此江南大运河同日而生，否则镇江至奔牛段运河将滴水无存。

而有坝就要有翻坝服务存在（即上引所说的"济急、利物"），因为此处地势高差颇大（落差达四五米：镇江海拔八九米，丹徒七米，奔牛六米，常州四五米），其翻坝势必要借助牛力，此牛埭的使用费"牛埭税"自然也就应运而生。因此，早在原始社会时期的新石器时代，奔牛埭与奔牛埭税便当随奔牛坝而存在。奔牛坝所收取的翻坝劳务费"牛埭税"，便可以视为古代税收起源的一个典型例证。全世界税收最初起源中的一大来源，便源自奔牛埭这种翻坝时收取的劳务服务费。该研究有待税收史专家来一同讨论，今先抛砖引玉暂述鄙见如下：

"税"字的本义就是"捝（脱）"，也即脱下衣物，如《礼记·文王世子》："文王有疾，武王不税冠带而养。"说的就是文王生了病，武王便要日夜服侍，连衣冠都来不及脱掉，时刻守候在文王身边，不敢安然入睡。可见"税"字的本义就是"脱"。用在我们所讨论的大坝处的"税（脱）"，显然就指坝下的卸货以供盘坝。

《尔雅·释诂下》："税，舍也。"郭璞注："《诗》曰：'召伯所税。'舍，放置。"对《尔雅》及其实例《诗经》"召伯所税"的"税、舍"的理解，历来有两种：一说"税、舍"是释放、放置意，一说"税、舍"是止息、居住之意。

其第一意可见《方言》卷七："税，舍车也。……宋、赵、陈、魏之间谓之'税'。"又《玉篇·禾部》："税……租税也，舍车也，放置也。"则"舍车"之意似乎是指把车放置在某处。

其实"舍车"之意并非把车放置于某处，而是指把车上的货物给释放、放置下来，也就是停车卸货的意思。其实例可见《左传·庄公九年》："召忽死之，管仲请囚，鲍叔受之，及堂阜而税之。"管仲不愿自杀，甘愿服刑，请求让自己上囚车（即请求逮捕自己），鲍叔牙答应了，到了"堂阜"这个地方，他把管仲从囚车上释放下来。可证《方言》所说的"税，舍车"便是卸货之意。

《吕氏春秋·慎大》："乃税马于华山，税牛于桃林"，高诱注："税，释也。"《韩非子·十过》："昔者卫灵公将之晋，至濮水之上，税车而放马，设舍以宿。"《吕氏春秋》的"税马、税牛"，说的都是把马和牛从车辕下解放出来，也即《韩非子》所说的"税车而放马"，可证"税车"不是把车子放置于某处，而是停车卸货之意，只不过这儿卸的不是车上的货物，而是拉车的牛马罢了。总之，"税"字的本义就是停车卸货。

其第二意"止息、居住"便由这停车意而来，例见《诗·召南·甘棠》"蔽芾甘棠，勿翦勿拜，召伯所说"句毛《传》："说，舍也。"唐陆德明《经典释文》："说，本或作'税'，又作'脱'，同。始锐反。"即"说"字读作"说服"之"说"音，也即读作"税收"之"税"音（始锐反），可见"说、税"两字音同而通假，均读作"税"字之音。上引《左传·庄公九年》的陆德明的《经典释文》也说："税，本又作'说'"，可见"税、说"两字古人混用（即今人所谓的"通假"）。

"蔽芾甘棠，勿翦勿拜，召伯所说"即指召伯停车憩息在这棵甘棠树下作短暂的停留，或指在此甘棠树下居住过夜乃至连住几宿。由于这棵甘棠树有如此重要的纪念意义，所以不可以将其剪除或拔除（拜，通"拔"）。

陆德明《经典释文》又说此"税（说）"字可以写作"脱"，"始锐反"这一反切注音法告诉我们：这个"脱"字的发音不再是今天"脱衣服"的"脱"字之音，而应当是蛇蜕皮的"蜕"字之音。其字作"脱"而音"蜕",便指明所谓的"召伯所说",就是要像人脱衣、蛇蜕皮那般,把人从车子上请下来或剥离下来,也就等于从车上卸货来把货物放置好,只不过这里卸的货和上文的管仲一样,是人(召伯)而不是物品罢了。

由此又可知:"说、税(读音为'税')"和"脱、蜕(读音为'蜕')"这四个字音义并通。而《左传·宣公十二年》:"楚子为乘,广三十乘,分为左右,右广鸡鸣而驾,日中而说。""说"字和"驾"字对举:"驾"指驾上马而行车动身,"说"便当指卸下马而停车止息。

综上所述,"税(脱、蜕、说)"字的本义便是停车卸货、卸人、卸马。

以上说的都是陆路交通的货车,而水路交通的货船同样存在相同的卸货情况。

在一般情况下,车、船仅在到达旅店过夜或到达终点时,才会停车卸货,这时全都可以由自己来为之(即上引顾宪之所说的"力周",即自己的力量足以完成此项任务)。唯独途中行船翻坝时的停船卸货后翻坝,再装货前行,不是自己这个团队所能及时完成的。因为后面还有大量船只等着翻坝,由不得自己人慢慢卸货、装载,需要有一定规模的劳务团队提供快速翻坝这一专业服务。官府为过往交通工具提供翻坝这一劳务服务时,便会征收一定量的劳务费。

上文从字意上探索"税"字的起源,指出"税"字原本写作停车船卸货的"说、脱"字。由于古代以禾(稻米、麦子等谷物粒而非禾苗、麦苗)作为一般等价物(相当于今天的货币),所以加"禾"字偏旁,将"说、脱"字改造成今天的"税"字;此"税(说、脱)"字的本义,便由停车船之意演变成停车船后收取费用的"税收"意,而最初的"税收"便是运河船只过坝时,政府提供翻坝一条龙服务所相应收取的劳务费。

政府靠此获得一笔财政收入来维持公共开支,这不一定要到后世的政府才如此,原始社会的原始公社也可以做这种事,所以"税收"的起源并非剥削社会产生后的剥削现象,其最初便是原始公社时期的政府提供公共职能所收取的类似翻坝这类劳务费,后来才演变成商品过境时未经翻坝装卸,也要根据货物价值来"雁过拔毛"式地抽头、收税(即上引所谓的"不经埭烦牛者"与"或力周而犹责"),从而把政府开支转嫁给买入货物的全体消费者来承担,这是古税制的滥用和腐化堕落。

奔牛埭提供翻埭劳务而收取其服务费"牛埭税",便是古代税收起源的一个缩影。无独有偶,西方税收称为"tax",其除了"税收"之意外,又有"使负重担,使受压力"之意,即与"负载"有关;而出租车称为"taxi",出租车便是一个负载用的工具。这都告诉我们,从西方语词的起源来看,"tax(税)"也与运货、载重有关。两相比较,东方的中国看重的是"税"这一翻坝整条龙服务过程的第一步"卸货"，所以中国的"税"字本义是卸货之意；而西方看重"税"这一翻坝整条龙服务过程的最后一步"装货"，所以西方的"tax（税）"是装货之意。

"税"这一翻坝整条龙服务过程分为第一步卸货、第二步翻坝、第三步装货，通过这三步服务来收取一定的劳务费用，称为"税费"，这是后代税收的原始本义，天经地义且合情合理；而后代滥用这一制度，演变成"雁过拔毛"式的流转税（商品流转就要抽头收税），而不再是行政服务费，这便掩盖了税收的起源和本义。今得以从奔牛坝的牛埭费中重新考证发明税收设立的目的（即上引顾宪之所谓的"寻始立牛埭（税）之意"，也堪称是江南大运河研究中的意外收获。

奔牛埭收取的翻埭劳务费"牛埭税"无疑就是古代税收起源的一个缩影，为研究中国乃至世界税收的起源提供了一个独特而全新的视角。

由于奔牛这儿是交通要冲之地，过往商旅有食宿的需求，于是国家（在原始社会便是原始公社，本段所说的"国家"与此同）又在此处设有酒务，也即国家所立的、由国家垄断经营的酒坊。国家实行酒类国营专卖的目的，也就像其所设的税务那样，是为了增加国家的收入来供应政府的开支。这虽然说的是宋代的情形，其实往前推到隋唐，乃至秦汉、魏晋、南朝，也都应当是一样的。即便是先秦的春秋战国，乃至夏商周三代，乃至运河最初出现的马家浜、良渚、尧舜禹时代，依然如出一辙，人类的活动历时数千年而不会有质变。

以上便证明了江南大运河上第一坝（或称第一堰、第一埭）便在奔牛而非吕城。而江南大运河作为世界文化遗产，是全中国乃至全世界有文献可考且沿用至今的、人类现存最早的大运河工程。因此，奔牛便是全中国乃至全世界有文献可考的、人类现存最早的大运河上的水坝（埭堰）工程，堪称"中国（乃至世界）第一埭（第一坝）"。

而且正史一直要到两宋时朝才记载到吕城埭（坝、闸），详下文"（六）"，正史记载到奔牛埭却是刘宋朝，这同样也从另一侧面反映出"奔牛造坝要早于吕城、大运河上第一坝不在吕城而在奔牛"这一不争的事实来。

之所以现在奔牛、吕城不再有坝，那是因为现在奔牛往西的上游镇江、丹阳河底，可以挖到与奔牛以东的常州、无锡下游一样深的地步了。

（四）江南大运河早于江北邗沟的逻辑证明

江南大运河早于江北邗沟，因年代久远而无文献依据可供征引，但却有其合理的理据可以想见。

认定邗沟的开凿要早于江南大运河的文献依据，其实只有一条而为孤证；而且宋人并不相信这条文献说的是创开，而认为其说的是重开。这条文献便是《左传·哀公九年》载公元前 486 年 "秋，吴城邗，沟通江、淮。" 这是吴王夫差北上伐齐争霸时，在今天扬州城处的古邗国聚居地筑起城池 "邗城"（即扬州城的前身），并以此城为起点，往北开沟渠这种人工运河，来使长江和淮河得以沟通。所开之沟，后世便以其起点 "邗城" 而命名为 "邗沟"，其终点则为入淮河处的 "末口"（"末" 即终点意）。

但《左传》所说的 "沟通" 可以是创开，也可以是重开。而且夫差出兵时，显然要先开江南的大运河，才能连通上江北的邗沟。所以真实的情况很可能是：江南大运河由于地处吴国的统治腹地（即京畿地区），而吴人一日不可缺舟楫，所以一直通过不间断的维护来保持其通畅，不用修整便可出兵；而江北的运河因地处吴国江北的边陲，年久失修，有所淤塞，需要重开后才能畅通。而且《春秋》和注解《春秋》之事的《左传》，历来有 "常事不书" 的体例（以免年年出现重复的话），江南大运河因年年维护而成为常事所以不用加以记载，江北大运河因系吴国边地，不可能年年维护，故其重开是作为不平常之事加以记录。总之，文献（指《左传》）只记载夫差开江北邗沟，而未记载到他开江南大运河，这并不能证明江北邗沟就一定早于江南大运河。况且，上文我们已经动用文献和考古这两方面的多重证据来证明：江南大运河和邗沟早在夫差之前的大禹时代便已存在（文献便是《孟子》"排淮、泗而注之江"，文物便是沿运河分布的马家浜文化遗址），江南大运河应当是新石器时代以常州圩墩为代表的马家浜文化所开。

而且从文明发展的情况来看：江南新石器时代的文化遗址普遍多于江北，无论是马家浜文化、还是崧泽文化、或是良渚文化，乃至后来的各种文化，无不如此。这就证明江南的文明程度远比江北要发达。而运河的开凿，显然要和人口的数量和文化的发达程度有关。从这个角度来看，文明更为发达的江南，其运河的开凿显然要早于文明程度比之落后的江北。

而且先秦时代，江北是吴国的边境，吴国的统治中心在江南，当时是江南统治江北。我们知道：历史的一般规律便是强者愈强、弱者愈弱。从这个角度来看，吴国之前的先秦，以及更早的原始部落时期，应当也是江南为统治中心，江北是其边境。而开运河是举一国之力的大工程，是全域 "经济、政治" 活动发展到一定阶段的产物，统治中心开河的需要，显然要远大于、远早于边疆地区。运河这种耗全国之力的大工程，显然只可能从首都开往边疆，而不可能反过来。

正如上文所言，夫差出兵中原，应当也是先疏通江南大运河，再疏通江北的邗沟，而不可能反过来。而且从原始社会诸文化的考古发掘来看，江南的各种文明都要比江北发达。五六千年前开凿大运河的时代，显然也是江南统治江北，因此江南大运河的开凿要早于江北大运河，京杭大运河中最早开通的那一段不可能是江北的邗沟，而只可能是江南的镇江至常州段运河，这应当是不争的事实。

（五）结论：镇江常州段大运河是全世界"有史可考、有迹现存"的最早的大型运河，奔牛是此全世界最早大运河上的第一坝

我们把上面讨论的发现总结如下：

（1）上文证明了：现在有史可考且沿用至今的、人类最早的大型运河工程，便是"世界文化遗产"京杭大运河。

（2）上文"二、（八）"从降水丰沛且无瘴气的角度，证明了北纬30度的大江、大河口，是其所在文明圈中政治、经济、文化最发达地区，最容易出现宏大的人类工程。即：中国京杭大运河的最早一段，应当就出现在北纬30度地带的江苏境内：要么是江北的邗沟，要么便是江南的大运河。

（3）上文又证明清楚：京杭大运河中最早的一段不是江北的邗沟，而是江南大运河。

（4）上文又证明清楚：江南大运河中最早开凿的一段是镇江至常州段，而非杭州段[1]，更非无锡—苏州—嘉兴段[2]。即："世界文化遗产"京杭大运河诸段中，最早的一段应当是镇江至常州段。

（5）而镇江至常州段江南大运河先天就存在一个大缺陷，一直到后世的明清时代依然如此[3]，即其水会因其地势偏高、落差大而留不住。因此，开镇江常州段江南大运河的同时，势必要在这段运河的下游也即今天镇江丹阳的东大门、常州武进的西大门"奔牛"处，筑起一道大坝（古称埭堰）来保证运河中有水，不让河水一泄千里般流走。

（6）镇江常州段江南大运河由于其北口（"丹徒口"与"京口"）要引长江水来供运河之用，无需筑坝，此河显然只需筑其下游的吕城或奔牛一道坝即可。

（7）由于正史对奔牛埭的记载远比吕城埭要早，而且奔牛镇又远比吕城镇繁华数倍，所以这道与"镇江常州段大运河"与生俱来、不可或缺的坝，便当造在奔牛而非吕城。

---

①排除杭州段的原因，在于比嘉兴地势高的杭州地区的面积远比"镇江—常州"地区来得小，而嘉兴段太湖向东泄水入海的湖面进入钱塘江（即钱塘湾）有别的水道相通而未必要走杭州，不似长江通往常州以东的太湖溢水入江海的湖面"上湖"，必须要经过镇江与常州地区，也就一定要开通"江南大运河镇江至常州段"，方能完成长江湾与太湖之间的水循环体系。而钱塘江与太湖之间的互通，则会因为露出水面的杭州地区面积过小而可以绕行，即钱塘江与太湖之间无须通过后世的"江南大运河杭州段"便能得到相通。

②笔者排除常州以东的"无锡—苏州—嘉兴段"，便是因为这一段在远古尚在海平面之下，不必开河就能行舟。

③今世为何没有这一缺陷？便在于今世机械力发达，已经把镇江至常州段运河河底挖得极深，从而能让其保持大量的运河水而不流失。而在古代，河底不可能挖到与常州以东运河河底那样深的地步，导致运河之水如果没有奔牛坝的话，便会全都流往河底比奔牛坝低一两米的常州东境而一泄无余、滴水难留。

（8）因此奔牛堰便是迄今可考的全世界"最早运河"京杭大运河上的第一坝。它是与所开高地运河相配套的、不可或缺的水利工程。

（9）原始社会在运河上造坝，不会阻隔水运。因为当时是独木舟时代，很容易通过人力来牵引过坝。而且运河上的坝原本就筑成"滑滑梯"般的和缓坡度，方便人们通过人力、畜力、机械力来牵引大小船只过坝。

（10）古人称用牛拉船过坝的坝为"牛堰"，所以，"奔牛坝"古称"犇牛堰"，一连有四头"牛"（"犇牛"），很可能就是全中国（乃至全世界）最早使用编组式牛群拉船过坝的地方。这是因为：坝造好后要翻坝，人力有限，便要用到牛，第一个用牛翻的坝应当会据这一特征而用"牛"字来命名，奔牛坝以"牛"字来命名，全中国乃至全世界未见有以"牛"字来命名的著名之坝，这便可以证明"奔牛坝"是天下第一个用牛来拉船翻坝的坝。而且其又名为"犇牛坝"，是四头牛拉的坝，三头在前拖（其中又有一头领头），一头在后拖着船（前面三头牛的绳子也系在拖船上），形成编队；这显然是古人用牛来拉物时，由于物重（指船比较大，用的是原始森林里极粗大的硬木制成的独木舟），便要用编队的一群牛来拉。所以"犇牛坝"的名字便意味着：此坝从一开始便是用编组的牛群来拉的坝，堪称"天下第一牛坝"。

（六）有关奔牛堰最早的历史文献记载

《南齐书》卷二十九《全景文传》言："全景文，字弘达，少有气力，与沈攸之同载出都，到奔牛堰，于岸上息。有人相之：'君等皆方伯人，行当富贵也。'……孝建初，为竟陵王骠骑行参军。"同载，即乘同一艘船走运河来到今天常州段运河的西大门"奔牛"。其处有堰属于"牛堰"，即用牛拉船过坝的堰埭（大坝），故名"奔牛堰"。这条记载便是常州段江南大运河在文献中的最古老记载。在东晋南朝时，此堰已用畜力（牛）来拉船过坝。其实更早的先秦乃至远古时也是如此，因为从远古至东晋，人类的生产活动没有本质上的改变。

又《宋书》卷七十九《竟陵王刘诞传》：元嘉三十年（453）"元凶（宋文帝太子刘劭）弑立……劭（刘劭）遣将华钦、庾导东讨，与彬之（顾彬之）弟相逢于曲阿之奔牛塘，路甚狭，左右皆悉入菰封，彬之军人多赍篮辴，于菰莽中夹射之，钦等大败。"所谓"塘"就是堤岸、堤防。此处当指"塘河"，即有石驳岸的河，即此河两岸筑成石驳岸。由于运河是国家命脉所系（指国家粮食与财赋运输的交通命脉在此），需要以较高等级建造并维护其河道，但全线建造起石驳岸又不大可能，而奔牛堰作为运河上的重要水利设施，其上下游又有必要很早就筑起石驳岸来称作"塘河"。这就证明到了东晋南朝时，此江南大运河的重要地段全都已经用石块来砌筑驳岸，是高等级的水上交通大动脉。而且上文"三、

（四）"我们已经证明井田制的横向干渠以"塘"来命名，因此所谓的"奔牛塘"其实就是"奔牛埭"处的那一段江南大运河。其时奔牛埭、奔牛塘属于曲阿县（即后世的丹阳县），故被称为"曲阿之奔牛塘"。

上引《南齐书》全景文与沈攸之同坐一艘船（"同载"）到达奔牛埭，发生在"孝建初"之前，孝建元年是公元454年。上引《宋书》曲阿奔牛塘之战是在公元453年（元嘉三十年），全景文事很可能在"孝建初"之前好几年，故《南齐书》奔牛埭的记载要比《宋书》奔牛塘的记载略早些的判断，便由此而来。

奔牛埭与奔牛塘是江南大运河上重要的水利设施，即上引陆游《渭南文集》卷二十《常州奔牛闸记》言大运河与长江交会处："北为瓜州闸，入淮、汴以至河、洛；南为京口闸，历吴中以达浙江。而'京口'之东有'吕城闸'，犹在丹阳境中；又东，有'奔牛闸'，则隶常州武进县。以地势言之，自创为运河时，是三闸已具矣。盖无之，则水不能节；水不节，则朝溢莫涸，安在其为运也？"既然奔牛埭与奔牛塘是江南大运河上重要的水利设施，所以《南齐书》《宋书》所记载的奔牛埭、奔牛塘河的存在，也就是江南大运河至少在南朝刘宋时便已存在的铁证。

至于江北邗沟开河时，也要有坝来节制河水。正史最早记载到的江北大运河之坝便是邵伯埭，正史对其的最早记载也是在刘宋朝，见《宋书》卷二十九载："元嘉二十八年（451）七月戊戌，嘉禾生广陵邵伯埭，兖州刺史江夏王义恭以闻。"这便是邵伯埭的最早记载。

奔牛埭的最早记载详上文所引，与邵伯埭差不多是同一时期，即元嘉年间。

而吕城被正史记载则已是很晚的《宋史》卷九十六"河渠志六、东南诸水上"：北宋熙宁"二年（1069）三月甲申，先是凌民瞻建议废吕城堰"，根本就不能和奔牛相比。而且吕城又是三国时东吴大将吕蒙屯垦才建置设立，并非自然形成，而是政府军垦需要所形成，奔牛则是因为交通与商业而自发形成的集镇，肯定要比之为早。

江北大运河通江口处的瓜洲，古称"瓜步"，最早记载到的是《晋书》（见卷一〇〇西晋末年人陈敏《传》："泛舟涉瓜步之渚，咸震丹阳"），之前瓜洲还不存在，应当是西晋时才从江中新涨出来的形如滚瓜般圆的圆形沙洲。而瓜洲处建瓜洲闸，也是两宋才记载，见《宋史》卷九十六"河渠志六、东南诸水上"：北宋"哲宗元祐四年（1089），知润州林希奏复吕城堰，置上、下闸，以时启闭。其后，京口、瓜洲、奔牛皆置闸。"

江南大运河通江口处的镇江城北的京口闸，也是唐代才记载，见《新唐书》卷一二八《齐浣（675—746）传》："浣徙漕路縣京口埭，治伊娄渠以达扬子"，这与我们的估计相吻合，即：唐以前长江水清澈，泥沙量很少，不用建运河入江口处的闸，史书亦无镇江在运河入江口的京口、丹徒口设坝、埭、堰的记载。

宋代科技水平较高，已能做到改坝为闸后仍然滴水不漏，从而不用翻坝来耗费人畜之力、磨损船只，于是把"京口、邵伯、瓜洲、吕城、奔牛"一同改坝为闸。宋代常州人胡宿《文恭集》卷三十五《真州水闸记》，便载有京杭大运河仪真段改埭坝为船闸的详情："先是水漕之所经，颇厌牛埭之弗便：江形习①下，河②势踞高——斗绝一方，壁立万仞。每岁，木叶秋脱，天根夕见。七泽收潦，当涸水之有初；万里连樯，自上流而并至。将乘高堰之险，必俟灵潮之来；浅涸贻忧，引挽甚苦。守卒达旦而不寐，严鼓终夜而有声；人相告劳，官不眠给。"末署："天圣五年（1027）十一月十七日记。"

江南江北大运河上的诸船闸，应当是同一个时代（即北宋中后期）改坝建造起来。但就闸前身的坝（埭堰）而言，通过对江南、江北大运河上诸有名船闸（其前身均为埭坝而非船闸）历史记载的比较来看，江南当以"奔牛埭"为最早，江北当以"邵伯埭"为最早。而运河是从江南开到江北的，奔牛坝又与江南大运河与生俱来、不可或缺，所以"奔牛埭"当早于"邵伯埭"。

又考虑江南的马家浜遗址、良渚遗址远多于江北，所以江南大运河当先开通，江北大运河当后开凿，奔牛坝肯定要早于邵伯坝，两者即便是同一时期建造，仍当是江南略早于江北。

虽然邵伯埭与奔牛埭在同一时期（刘宋元嘉年间）被正史记载到。但正史记载的先后，并不等同于其出现的先后。据上文的理据来分析：邵伯埭所在的邗沟，要晚于奔牛埭所在的江南大运河。因此邵伯埭当晚于奔牛埭，奔牛埭应当是世界运河史上有据可考的第一坝。

当然，江南与江北大运河改坝为闸的年代，也有可能提前到唐朝以前的南朝，见《嘉定镇江志》卷六"地理三、山川、水、丹徒县"之"丹徒水"即丹徒段江南大运河："江干元有五闸"下引"礼部侍郎李埴为之《记》曰"："嘉定甲戌仲冬，有诏：京口漕渠，岁久堙阏，爰命守臣史公弥坚，总领军赋，钱公仲彪行视疏瀹。……尝稽诸古：'渠通江、湖'，见于迁书，其来尚矣；唐漕江淮，撤闸置堰。国初淳化，始诏废之。熙宁、元祐，相距两纪，由积中、希，持议异同；曰堰与闸，废复不常。至于绍圣，使臣孝蕴，抗议、讲画，佥谓详致，易堰而闸，旷定于此，公私便之，今弗可改。兴澳之利，实出孝蕴。置官专掌，厥意甚良。"画直线部分便明言唐以前江南与江北大运河上便已有闸，可能是当

---

① 习，常常、经常。此处或通"袭"，指日渐、逐渐。

② 河，指江北的大运河"邗沟"。仪真为其河口所在。

时船闸技术还不发达，闭水功能不强，没多久便已损坏而无法闭水，所以唐朝废闸而退回古老的埭堰（坝）。宋初淳化年间可能运河加深到与奔牛以东一样深，所以居然可以不用埭堰了。到了熙宁、元祐两朝，当因河床淤塞抬高，不得不又恢复堰或闸。到绍圣朝最终决定改堰为技术含量与通行便捷度高的闸。

其画浪线部分言：京口闸所在丹徒段江南大运河始见于司马迁的《史记·河渠书》"于吴开渠沟通三江五湖"，其由来甚为古老。作者李埴用"尚矣"两字，则其意当也指开此河渠之事是大禹所为，断非秦始皇所为。因为后人蔑视崇尚法家思想的秦朝的一切作为，不可能称秦朝的措施为"尚矣"。至于东周春秋战国发生之事，也处于礼崩乐坏之际，此河渠若是春秋战国所开，崇尚儒家圣治的李埴，也不可能称这一时代的产物为"尚矣"。能被后人称颂为高尚政治局面的，只有唐尧、虞舜，还有承之而来的大禹及其所开创的夏朝，商汤开创的商朝，以及周文、周武两王和周公开创的西周之治。

其又言：唐代开漕河来运输江淮地区的稻米，怕运河之水走泄，于是改闸为堰（即堤坝），像接力跑般分段运输，每到一坝，便搬运过坝，用另外的船递运到首都洛阳和长安。

然后又说到：北宋初年的淳化年间，皇帝下诏书废除运河上的堰，使运河全程畅通无阻，但这显然不利于地势高的镇江至常州段的蓄水。

于是熙宁年间，元积中重新设置江南大运河镇江至常州段（即常润运河夹岗河道）上的京口堰、奔牛堰。而元祐年间的林希则又恢复吕城堰，但不用堰的形制，改为有上下两闸室的船闸形制。

到了绍圣年间，曾孝蕴彻底把京口堰、奔牛堰、吕城闸改成能节水的新型"澳闸"，设闸官看守。

以上的经过，详见第一章"三、（三）"所引的《嘉定镇江志》卷六"山川、丹徒县"之"丹徒水，《齐·志》：丹徒水道……"至"《四朝国史·志》：元符二年九月……"条。

奔牛埭作为世界文化遗产京杭大运河上的最早之坝，其形成与演变研究无疑也是大运河形成演变研究中的重要组部分，此处限于篇幅也就不详加展开了。

六、本书最后的其他一些总结

1. 常事不书论：古籍不载江南大运河并不代表当时没有此运河

古人常事不书（以免编年体史书叙事时年年重复或经常重复），所以常见事物古书反倒会不加记载，这并不代表其不存在。就拿江南大运河来说，我们已能证明至少在秦始皇时代，乃至泰伯、大禹时代便有此运河存在，但隋唐以前记载此河存在的文献即只有寥寥四条：

一是《史记·河渠书》："于吴，则通渠三江、五湖"，由于江南大地上能沟通起"三江、五湖"的只有"江南大运河"这一条河道，所以这条文献的记载，也就证明司马迁所处的西汉时代已经有江南大运河存在。而且一旦考明这是司马迁在说治河与开渠鼻祖大禹的事，则这条记载更成了大运河在大禹时代便已存在的文献依据。

二是唐代许嵩《建康实录》卷二采录的南朝史料清楚载明吴大帝孙权"凿句容中道，<u>至云阳西城，以通吴、会舸舰，号'破岗渎'</u>"，即孙权开通破冈渎，来连通之前就已存在的通往吴县（今苏州）与会稽县（今绍兴）的水道，而其所通的通往吴县与会稽县的水道，显然就是江南大运河和浙东运河。许嵩又加案语："<u>初，东郡舸不复行京口江也。晋、宋、齐因之</u>"，即此破岗渎未开之初，东郡（即吴郡与会稽郡）的船只要走京口的长江江面逆流而至南京；从此开始（即所谓的"初"），便可走此破岗渎而不用再走京口的长江江面了；这就证明此"破岗渎"未开之前，通东郡的江南大运河也通京口，即镇江至常州段江南大运河其时也已存在，这便表明三国东吴时江南大运河和浙东运河的全线存在。

三是《南齐书》卷十四"州郡志"所记载的"丹徒水道，入通吴、会"，说明南齐为代表的南朝，江南大运河与浙东运河已全线存在。

四是《咸淳毗陵志》卷十五"山水"述江南大运河两侧的"阳湖"条时，引刘宋朝山谦之《南徐记》："长渠南有小五湖，南通阳湖。以近阳山，故名。"所言"长渠"，便是今天的江南大运河。此记载又见《太平寰宇记》卷九十二"江南东道四、常州"无锡县的"五湖"条引："《南徐州记》云：无锡西三十五里有长渠，南有五湖，向南又有小五湖。"又见《咸淳毗陵志》卷十五"山水"述无锡县之"五湖"条引："《南徐记》云：县长渠南有五湖，又有小五湖"，并言此五湖"中道长渠，溉田五十顷"。"中道长渠"便是说江南大运河取道于此湖的中心线；实际上，后世此湖正在大运河上，这就证明刘宋朝《南徐记》所说的"长渠"便是江南大运河。这是江南大运河在刘宋朝便已存在的文献实证。

如果上述四条文献不存在，一定要见到史料才承认运河存在的人，便会认为隋以前江南大运河并不存在。而隋以前那么多书留下来，却只有汉《史记·河渠书》、刘宋《南徐记》、梁《南齐书》以及唐人《建康实录》征引的南朝史料这寥寥四条文献记载到江南大运河，这就表明大运河是常见的事物，人们司空见惯而"常事不书"，不记载并不能代表其不存在。

请注意上文我用的是"却只有……这寥寥四条文献记载到"，而不是"仅此四条记载留下来"，我相信没有江南大运河的记载并不是文献失传，而是常事不书，根本就没什么文献会特意记载这司空见惯的常事，正如我们天天呼吸空气而不用知晓空气的存在。

2. 强立不反论：站定宋人"《史记·河渠书》说的就是大禹开通江南漕渠"这一脚根来上下千古，论证禹之前数千年与禹之后数千年

　　大运河到底何时出现？古人历来解《河渠书》乃禹迹，这以宋人为代表，这是古人的定论。但民国以来，研究者受西方史观的影响，以留洋喝过洋墨水为荣，不愿承认中华文明曾经在古代领先于西方，也就不愿承认连今人都自愧不如的、领先世界的大禹治水的真实性，认为古人解《河渠书》为禹迹纯属后人误会或附会。

　　而我们第三章详细分析《河渠书》是先记开河之祖乃大禹，然后再记开渠之祖；而先秦有大量典籍记载到大禹在治水过程中开凿了大量沟洫，则司马迁《史记》记载他所知道的开渠鼻祖时，便不容许他不记载到大禹；于是《河渠书》中所说的一系列最早的开渠事，肯定就是大禹的行事。因此《史记·河渠书》"于吴，则通渠三江、五湖"记的便是江南大运河乃大禹开凿，这便是本书全书立论的柱石所在。只要此柱石不倒，则全书观点便不倒；要驳倒本书，便当驳倒本书第三章大禹开江南大运河的立论。

　　一旦奠定下《史记·河渠书》'于吴，则通渠三江、五湖'真如宋人所言，乃是在说大禹开江南大运河事"这一基石后，我们在此柱石的基础上，上可推远古，下可涵秦汉：

　　大禹距今为 4200 年，上可溯一两千年而到新石器时代，以戚墅堰圩墩为代表的马家浜文化先民便已有此江南大运河，其论证见第四章，我们证明这条运河为江南"井田制"横向（即东西向）主干渠。我们又根据浙东运河其实就是古海岸线，后来海岸线向外淤涨形成沿海的沼泽滩涂，越地先民便将此古海岸线萎缩形成的"夹江"给改造成为治"井田"用的水利工程。而江南大运河又恰好与后世的长江岸线平行，由浙东运河之例，便可推知江南大运河也当是七八千年前的长江岸线，而五六千年前的江南先民也来化此长江岸线往外淤涨出来的沿海沼泽滩涂为良田，即《左传》所说的楚国治云梦泽的"井衍沃"之法，从而沿古海岸线产生出一条"井田制"的横向主干渠即江南大运河。

　　同时又充分考虑到常州以东在远古时代尚为湖面，江南大运河的开凿以陆上的镇江至常州段为最早；但湖面的存在，仍可以形成较为固定的航线，而且此湖水仅一两米深，可以挖沟堆土，改造成宜田、宜居之所，所形成的人类聚居地也可以沿航线分布。马家浜文化沿常州以东段运河分布证明：常州以东段运河其实早在马家浜时代便已存在天然湖面上的较为固定的航线以及沿此航线的极具主观能动性的"湖中田舍"。

　　根据上文所说的"大禹开江南运河"这一柱石，往下又可接上西汉《史记·河渠书》提到此江南大运河证明其时已有这条运河存在。从大禹的 4200 年前到 2100 多年前的西汉司马迁时代相差 2000 多年，这 2000 多年中江南大运河肯定已经存在。这虽然没有一条文献可以作为佐证（这便是上文"1"所说的古人"常事不书"的缘故），但范蠡开西蠡河至常州城下的运河，运河对岸无其河道，可证春秋末年吴王夫差、越王勾践时江南大运河业已存在，常州这个人口聚居的市集也已存在。而泰伯开渎通无锡城下的运河，运河对岸也无其一直线入太湖的河道，可证商末周初江南大运河已经存在，无锡这个人口聚居的市集也已存在。而镇江出土的"宜侯簋"，证明第三代周天子时，已经封吴国第五代君主周章到镇江丹徒之地立都，其地名为"吴京"，秦始皇要镇压江南字面上冒出来的腾腾王气——"吴乃天下之京"，于是将其污名化而改为"丹徒"，到了东吴孙权恢复其旧名时便记载成了同音的"武进"；而先秦吴国之人一日不可离舟船，必定要把运河开到此定都之地，此簋铭文中赐"厥川三百"中的最大一川便当是镇江段徒阳运河乃至其往东延伸到江南全境的江南大运河，这就再度证明周初大运河便已存在。而吴王夫差北上争霸，重开江北邗沟，便走此江南大运河与之无缝对接；其后越王勾践消灭吴王夫差后，再走此水道北上争霸中原，定都山东琅琊台。

3. 镇江高地论：高亢地势与江南大运河镇江段的存在毫不冲突

有关镇江至奔牛这一地带（涵盖今丹徒、丹阳及与之地形相似的孟河地区），江南大运河是否在大禹及大禹之前便已存在，大家可能顾虑比较多，主要有三点：

一是此处比起东境的常州以东，地势要高出几米，常州以东沉浸在湖泽中，此处则露出于水面之上，而且地势有点高亢，似乎留不住水，一泄无余，先民们无法从事稻作农业的生产，也就难以在此地生存。

二是此地地高水少，当以车行这种陆上交通工具为主，不便行舟，运河的开凿似乎没有必要，而且此地地高缺水，更加无法开凿运河。

三是此地"马家浜—崧泽—良渚时代"的文化遗存不多，证明大禹及大禹之前这儿比较荒凉。

其实平心而论，上述三点皆与事实相反，实为是非颠倒的荒谬之见。

第一，此处虽然比常州东境要高，但仅高出两三米，水资源仍然非常丰富。且有大山必有大河，此地南境有大型的茅山山脉，降水顺其北坡下流，在山北形成丰富的河流可供山下镇江、丹徒、丹阳、孟河地区平原良田的灌溉，只不过全是河流水道，未有大平原的条件来形成常州以东地区以"太湖"为中心的"五湖"那种大湖大泽罢了。这一带水资源虽然少于常州以东地区，但仍非常丰富，因为常州以东水资源虽多，但是多到了泛滥成灾的地步，此处适得其中，不受水淹，同时又有丰富的山上流下来的河川溪流，可以进行稻作生产。"宜侯簋"的"锡土，厥川（'川'指平川、平原）三百□"语，便证明了两点：一是此地水资源丰富，二是此地的稻田发达。所以上面第一点担忧大禹及大禹之前此地之人无法靠此地的稻作农业来生存便是"杞人忧天"。

第二，此地属于宁镇丘陵，由于丘陵起伏，反倒不大适合走车。特别是山地下坡容易上坡难，此处在远古反倒要像良渚发展山地水坝系统那样，大力发展丘陵地带的运河水系，既会利用天然河道供水路交通，同时也会主动开辟大量人工河道（即运河）来作交通之用。为了防止地势落差导致水泄无余，又会在人工开凿的河道上建造挡水坝，其坝略低于河流的最高水位，大水时便可漫过此坝，枯水时便可留住上游来水，使河道不枯，此即《孟子》所谓的"盈科而进"。按《孟子·离娄下》："孟子曰：源泉混混，不舍昼夜，盈科而后进，放乎四海。""科"通"坎"，即坑；"盈科"指水充满坑坎。当水灌满坑洼之后再向前流去，便是所谓的"盈科而进"。晋大夫巫臣来见吴王寿梦时，吴国尚不知车战，可证吴国虽有车轮，但历来不熟习车这种陆路交通工具，而考古发现今丹阳、孟河一带史前便已河道纵横，因此连一天都离不开舟船的吴国立国于镇江地区仍以船为主而不用车，这是完全符合此地风俗习惯的。这就意味着：大禹及大禹以前，镇江至奔牛段运河就已存在是大概率事件，因为此地属于江南吴地，而吴国的风俗就是离不开水。

第三，镇江至奔牛地区，与常州以东地区应当是同一种族的活动空间。此种族旱时便往东至常州以东地区生活，因为常州以东有丰富的河流湖泽，鱼类资源丰富，不用辛勤劳动，就能靠渔猎生存。涝时，常州以东受大水淹没，人们也不大可能长久地生活在树上（"巢居"），于是便西迁至常州以西的宁镇丘陵高地上进行耕作生存。因此常州以东与常州以西当是同一种族（即江南吴地的先民），其文化不应当截然相分。何以今天常州以东四五六千年前古遗址多，而常州以西较少？这不是因为常州以西比以东荒凉，而是上文"五、（二）、6"所指出的缘故："镇江至奔牛段因地势高亢，一般很难遭受水淹，所以遗址无法拥有被淹埋的机会，于是一直暴露在人们的活动范围内，受到不断的风化侵蚀与后人活动的蚕食，导致遗迹无存。"

而江南常州以东地区在良渚以后，文明便一度消失了一千多年。即整个夏商两代，常州以东似乎成了一片沼泽涂泥而不再适合人类居住。考古出土的良渚遗址，在这一时期都被厚厚的淤泥层所掩盖，表明它们因遭受水淹才得以保存至今。这场大洪水彻底把常州以东地区的文明给抹除，这应当就是传说中的帝尧时的大洪水。而大禹治水虽然根除了太湖水患，常州东境再度有陆地露出水面，但之前很多被冲毁的田舍原本就低于水平面（见上文"五、（二）、6"引《吴都文粹》录郏亶之说，又参见第二章"四"论《吴越春秋》泰伯起城三百里便是围湖底成良田之说），便仍全都被淹没而继续被淤泥覆盖、一直保存至今。

相反，夏商时期，常州以西地势高的镇江至奔牛一带，以及更往西的宁镇丘陵地带，却有丰富的文明遗迹出土，且有青铜礼器出现，可证良渚文明已西迁到常州以西的高亢地带来躲避大洪水，并且在那儿生根定居。

常州以东地区在夏商两代成为沼泽滩涂，要到泰伯奔吴以后才又开始兴盛起来。而正如上文"三、（六）、2"所指出的：泰伯是秉承大舜之让德，不愿占据西境已被此地原住民开发好的沃土，故意往东开发以梅里为中心的、尚为滩涂沼泽的无锡东境和苏州西境之地，为的就是不与其西侧常州"舜过山"为中心的方圆百里（即今常州全境）的越国原住民发生冲突。

而到了第三代周天子周康王时，他把吴国封到西境，即把常州以西的镇江之地赐给吴国，等于给了吴国占有整个"镇江至梅里地区"的合法理由，这一切也就是"宜侯簋"铭文所记载的内容，因此吴国也就顺理成章、天经地义、心安理得地占据了前代江南先民们所开发出来的肥沃且不会受淹的常州舜过山及其以西的理想居所与良田。

总之，镇江至奔牛地势高，与四五六千年前的马家浜、崧泽时代此地就有江南大运河的最早部分"镇江至常州段"出现，这两者并不矛盾，而且都能从上面的分析中找到合理的理由。

4. 湖泽城市论：常州以东浩淼湖面与沿湖上运河航线的城镇相共存的远古先民智慧

我们说常州以东是一片湖泽，不用开辟人工河道就可以行舟，真正要开挖人工运河的是常州以西、地势开始略为高亢起来而常年露出于水面之上的地区，所以"镇江至奔牛段"也就成了江南大运河中最早开凿的那一段。但这并不能否定下面两点：一是考古遗址所证明的、常州以东在四五六千年前的"马家浜—崧泽—良渚"时代便已有大量人类聚落存在；二是常州以东，在湖面上仍能形成今天江南大运河的航线，以及沿线那地平面低于湖平面乃至湖底平面的田舍存在。这是因为：

一是常州以东有大量的高山，如无锡的惠山、苏州的虎丘山、沿太湖诸山、常熟的虞山等，因此常州以东的湖面上到处有山头耸峙成岛屿，其山麓便是露出水面的永久性的人类定居地。例如：惠山东麓便形成无锡城市的雏形，虎丘南麓便形成苏州城市的雏形，虞山脚下便形成常熟城市的雏形。

而从常州往常州以东湖面航行时，肯定会选择一条直线的最短距离，于是在无锡城市雏形与苏州城市雏形之间拉一条笔直线，并将此线向西延伸到常州城市雏形处，便能形成一条笔直的水道，也就是今天江南大运河"常州—无锡—苏州"段。任何自然湖泊都会因为上游来水的减少，江河泥沙日益沉积成陆而萎缩，常州以东的"上湖"湖面同样经历这一自然萎缩的趋势，导致此航线上的湖面慢慢变浅乃至露出陆地，但人们仍要沿此笔直的最短航线行船，加之后世由独木舟向船底逐渐加深的大型船只演进，所以也就要不断开挖航线处的河道，于是便由之前的天然湖面航道形成为真正的人工开挖出来的运河水道。所以在镇江至常州段人工运河开挖之前，常州以东的天然湖面上的运河航线便已存在，只是因为其非人工开挖，所以不能以"运河"来相称罢了，于是"江南大运河"的第一段便要拱手让给人工开挖的"镇江至常州段"。

二是江南吴地的"马家浜—崧泽—良渚"先民在与湖沼打交道的过程中，形成了一整套向湖面要耕地的开发实践和开发经验，尤其是第二种做法更令人称奇道绝、叹为观止。

第一种做法便是上文"三、（六）、1"所说的"开沟堆土"法。即：开挖沟渠或水库，把田卜之沟或田旁的水库开挖得很深，有大水时便可以充分积蓄来水，不致受淹；而挖出来的土又可以用来培高田基、避免水淹。于是在江南大地上出现了堆高20米的常州寺墩、堆高15米的余杭莫角山等一系列大型土墩台地来作为城市聚落。但这一做法的局限性很大，因为常州以东到处是水，取土不便，要想取来大量泥土的话，便要到常州以西的镇江至奔牛段的高亢地带来取土，用船运到常州以东的湖区来堆土，效率低下。如果选择就近取土，则就近到处是水面，无从下手。即便冬天水枯有陆地露出，其时天寒地冻，施工困难，效率也不高；而且就近取土，岂非挖肉补疮？还不如直接到露出水面的地上去定居，何必挖其土来造成人工台地，多此一举？这也正是常州以东之人要到常州以西开沟渎取土来供常州以东堆土生存之用的原因所在，即唐代陆广微《吴地记》言："阖闾城，周敬王六年，伍员伐楚还，运润州利湖土筑之。不足，又取吴地黄渎土。"于是镇江至常州段大运河便应运而生。这也是我们判定江南大运河镇江常州段很早就存在的原因所在，因为无此便无常州以东湖区诸多土墩居民点了。这代表了江南吴地先民能全流域进行土方规划：在高区挖河形成水道、水库供稻作生产之用，同时又将挖来的土方在低区的低洼沼泽地带堆出高墩，或如下面所说的第二种方法来围出厚墙，供生产、生活之用。

正因为堆一座台地需要用到大量的土方，江南湖泽之中最多只能偶尔堆一两座这样的大型台地，故而显得难能可贵，只能偶一为之，作为方国首都或大都市。所以这种做法并不如我们上文所想象的那样，能推广到全境而被江南吴地先民普遍采用。

于是第二种方法便应运而生，其即上文"五、（二）、6"引《吴都文粹》郑寰之论所说到的：古人在湖中深挖泥土，垒成院墙般的高厚坝墙来阻挡住四围的湖水，然后在所挖出的空间内营构居室与良田。当然，这仍以冬天枯水季施工为便；其实考虑到常州以东的湖面不深（仅一两米）的事实，即便在有水之时，仍可以施工，即用上文所说的良渚人擅长的"草包泥"①的方式码出坝体，围出一大块湖面，将湖中之水舀空，再将湖底挖得极深，深到快要掘地出水时为止。

由于江南常州以东的"上湖"不过一两米深，用"草包泥"筑圩很容易，舀空一两米深的湖水更是轻松，此法切实可行的原因便在于湖水不深、很浅。

这种方法好似第一种方法的挖水库取土，其不同处在于：第一种方法取土后又将湖水灌入；此第二种方法便是取土筑圩岸使之非常坚实，不让湖水进入。第一种方法是堆土为实心的高地，形成高出水面的土墩聚落和土墩井田，用土量大；此第二种方法便是用草包泥码出或用土堆筑一圈高厚的围墙，来把水挡在墙外，从而在墙内形成湖水无法流入的低于湖面乃至湖底的"井田"和居所（统称"田舍"）。只需最初草包泥码墙的土，然后便可以在墙内侧挖土垒厚墙的根基，再将湖底之土挖出后堆在草包泥墙顶、墙边，把墙筑得更高、更厚而成为湖中的堤坝。围湖之土就取自所围之湖底，不用到湖中露出水面的高地上去取土；等于垒墙之土全都可以在围内解决，根本不用到围外去取土，实现了土方的自给自足；从取土量来看，显然比第一种方法更可推广。而且码筑围墙只用一圈，比起第一种方法要将围墙之内全部筑实并垒成高地，用土量仅其一个零头，从用土量上来看，此法也比第一种方法更具优势，值得推广。第二章"四"论泰伯起城三百里便是围湖底成良田时又指出：所围之湖的面积越大，便越能不用深掘就取得足够多的土方来把围墙垒高筑厚，收获规模化效应；反倒是围湖面积小了会有土方不足的问题。

第一法的弊端在于用土量大，但所筑之台地与田地高于湖水，可以不受水淹。而此第二种方法的弊端便在于居所与田地低于湖面，易受水淹。考虑到成田之处湖水原本仅一两米深，不是很深，加之围墙高厚，所以在碰到发大洪水时，如果是几年一遇，由于堤高岸厚，应付起来绰绰有余；如果是几十年一遇，显然也可勉强撑过去。如果碰到百年一遇乃至千年一遇的大洪水，则围墙必将被水淹过而此田舍被水淹没，这便是今天良渚遗址均深埋于厚厚淤泥下的原因所在。这厚厚的淤泥并非良渚被淹后几百上千年沉积所致，而是其田与居所原本就在湖沼水面一两米下，所以淹没时便一下子淹为平地而淤泥有好几尺深。

那良渚及其之前的马家浜、崧泽文化的江南先民为何要以这第二种方式费力地化沼泽为良田？这便是古代居有定所，一地之民武力侵占别人的领土阻力重重，除非有十成把握一举成功，否则便有可能亡国灭族。而方国的实力显然与土地面积有关，良渚等江南先民要想扩大地盘也得首先壮大自己的实力，而农耕社会壮大自身实力的方式便是增加人口，

---

① "草包泥"好似今天水泥的功效。其能有效地在湖水中构筑起隔水而不漏水的堤防工事。

而增加人口就有必要增加田亩，在无实力侵略之前，或为将来侵略积蓄实力时，只能向自己领地内的湖沼要地，唯有此法才能切实可行地增强实力，才有后来的扩张可能。

江南先民在沼泽地立国，此处因沼泽面积广大，严重限制了耕地面积，造成此地立国的江南先民实力极为有限，易受上游平地邦国的实力碾压，所以也迫切需要在沼泽地中开辟粮田来增加人口、增强实力，以与上游邦国相抗衡，通过主观能动的方式提升自己的智慧、突破天时地利的局限，以此来壮大自身的实力到足以征服上游邦国，这都是良渚等江南先民向沼泽地要田的根由所在。

由良渚遗址被厚厚的淤泥淹没，也可证明良渚人（其实也可上溯到其祖先"马家浜—崧泽人"）以第二种方式为多。因此《吴都文粹》郑亶之论提到苏州湖泽之下能看到民居、民田，宋人单锷《吴中水利书》也提到太湖湖岸不远的湖内有民居、民田[①]，其实都是古人用第二种方法化湖沼为良田后又被淹没的证明。均非此地原为陆地而后来被水淹没。有人据太湖底有房舍来定太湖形成很晚，便是不识此旨的误判。只要今天太湖中的田舍离太湖岸不远，便不能证明有此田舍时此地尚未成湖，除非在离太湖岸二三十里的湖深两三米处有此田舍存在，方能证明有此田舍处在古代是陆地而非湖泽。

三是正因为有了上述两种化湖面为居田的方法，当然最初肯定以第一种为主，形成少量的聚居地，后来发现用这种方法造墩的话，就近取土明显不足，于是又发明第二种方法，从而形成出大量低于湖平面的聚居地。于是"马家浜—崧泽—良渚"时代的江南先民，便能在天然湖面上那大运河笔直航线这一"人财物"交流的黄金孔道两侧，建造起居所和良田。于是在陆上常州与丹阳这两者中央的奔牛之地筑坝以免运河水泄，而形成"奔牛"这一市镇的雏形；在湖中常州至惠山脚下无锡这两者间的中央，形成"横林"这一市镇的雏形；而无锡至虎丘山下苏州这两者间的中央，形成"望亭"这一市镇的雏形，这三者均为中午用饭来恢复体力继续前行处，所以能形成大的集镇。而在此黄金孔道沿岸的其他一些地方，也就形成一系列比之为小的村庄聚落。这些村落的居所田地最初是杂乱无章的布局，在江南出现强有力政权后（即江南吴地的部落联盟出现后），便可以按照井田制的格局来全域规划，以收集约化的效果。而此井田制区域的横向主干渠，其即湖上"常州—无锡—苏州段"原本天然的运河航线，在后世因湖面日渐萎缩而开挖固定成为江南大运河的"常州—无锡—苏州段"。

---

①见单锷《吴中水利书》："锷于熙宁八年，岁遇大旱。窃观震泽水退数里，清泉乡湖干数里，而其地皆有昔日丘墓、街井、枯木之根在。数里之间，信知昔为民田，今为太湖也。"

　　以上还只是说了"常州—无锡—苏州段"运河航线上的演变，苏州以南"苏州—嘉兴—杭州段"运河航线的形成情形当也与之类似，大家可以举一反三。

　　总之，一方面是常州以东的天然湖面，另一方面是此湖面上出现笔直的天然航线奠定后世的江南大运河河道，以及航线两岸出现化湖面为田舍（而且还是可以低于湖平面的田舍）的人类聚居地，这两者其实是不相矛盾的，而且还能从上面的分析中找到其存在的合理理由。

七、余论：对"吴古故水道"复杂性的讨论

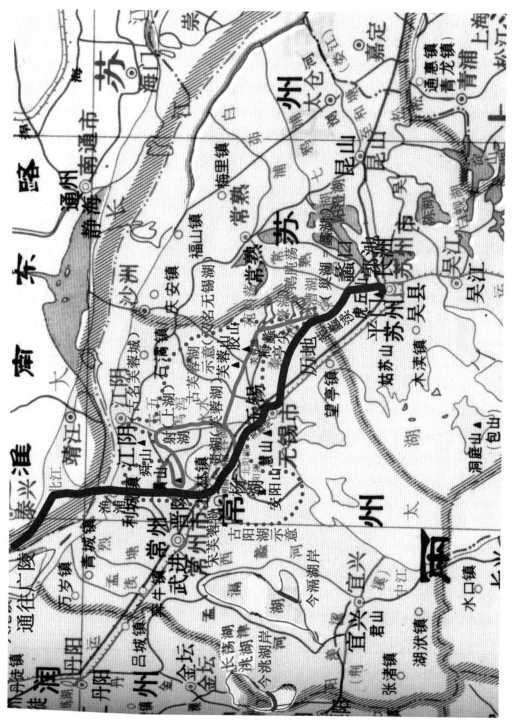

　　《越绝书》所载的"吴古故水道"从苏州的北门入蠡渎而至漕湖、抵无锡，然后走芙蓉湖湖面，从利港出江至对岸，再逆江西上至广陵（见上图中的粗线。图中粗线东侧那圈

细线是两宋时芙蓉湖的示意，其外那圈点线是古芙蓉湖的示意）。"古、故"两字似乎能表明这条水道甚为古老，加之《越绝书》将其记载在越王勾践前后的吴越时代背景中却又不记载江南大运河，遂容易使人误会先秦吴越时代并无此江南大运河存在，即此江南大运河并非越王勾践或吴王夫差所开，乃是秦始皇时方才开此运河到京口。

此说貌似公允，实则《越绝书》记及汉代之事，汉代已有江南大运河而被《史记·河渠书》载明，《越绝书》却只字不提，可见其所载水道仍是"常事不书"。江南大运河为今道，而《越绝书》这本书旨在录古，故不记载沿用到当时的江南大运河。《越绝书》不记，并不代表江南大运河其时不存在。正如隋以前那么多书留传至今，仅四条文献记及江南大运河，因此《越绝书》对江南大运河不加记载，无足怪哉。

"吴古故水道"的复杂性也就在于其有不同年代的三段：无锡往西段最早，为大舜时期便已存在；无锡至巢（漕）湖段的"泰伯渎"是泰伯时代开的；而巢湖至姑苏城的"蠡渎"，实为越国范蠡灭亡吴国时所开的作战通道。西段距今至少已有4200年历史，中段距今为3100年，东段距今只有2500年历史。而江南大运河是五六千年前马家浜时代的产物，与之是两条不同的水道，不可混为一谈，只据"吴古故水道"的"古故"两字，而不管其流经的路线实与江南大运河路线不同，便妄论其为"江南大运河"的前身是不妥的。

1. "吴、古、故"三字的含义

《越绝书》提到"陆道"与"水道"者，见卷二"外传、记吴地传"："邑中径从阊门到娄门，九里七十二步，陆道广二十三步；平门到蛇门，十里七十五步，陆道广三十三步，水道广二十八步。"这很好理解，"陆道"与"水道"就是陆路与水路，从平门到蛇门是水陆并行之道。

同时，《越绝书》又提到"古故陆道"和"古故水道"，加了"古故"两字，也见于同卷："吴古故陆道，出胥明（'明'为'门'繁体字'門'之误，即'胥门'），奏（奔凑、奔向）出土山（苏州狮山大桥西首），度灌邑（苏州西津桥镇），奏高颈（高景山），过犹山，奏太湖，随北顾以西，度阳下溪，过历山阳、龙尾（这证明无锡的惠山早在战国、汉代时便已名为'历山'。此山之阳［即之南］有龙尾，即惠山山陇［也即惠山山脉］收尾处）西大决，通安湖（疑为安阳山下的'上湖'，即'安阳湖'，简称'阳湖'或'安湖'）。"

这条陆路是从苏州城的西门胥门出发，"奏"即奔向之意，过土山，度过灌邑，再奔向"高颈"（即高景山），经过"犹山"之后便来到太湖边，再走"北顾山"往西，过"阳下溪"，在无锡城的历山（今惠山）西南侧的河埠口（"龙尾西大决"即大缺口）通"安阳湖"而进入了毗陵县界。其到安阳湖后便不再往下叙述，而汉代吴县与毗陵为两县，因此"吴古故陆道"所用的"吴"字，便表明其只叙述以吴县为中心的陆道，到毗陵县界为止，所以其无意述及整个江南的水陆通道，而只是讲述先秦吴国首都吴县及其周边无锡境内的水陆通道。

其用"古"字表明这是古代的一条道，即先朝的一条道；其用"故"字，表明这是已经作古（即废除不走）之路的意思，即已经成了古迹，而且这一古迹还是前朝（即古代）就已经不走了，故名"古故"。我们显然也就可以明白了：写此《越绝书》的东汉时期，吴县西门"胥门"通往无锡与常州（毗陵县）之路可以沿江南大运河走，这条陆路古代称之为"驿路"，乃是东汉时的"今道"（官道），《越绝书》不记载如今仍用之道，不是说此道不存在，而是其书出于旨在记录古迹的用意，所以不加记载。这也就是上文所说的"常事不书"、只录古迹。

其下又有"吴古故水道，出平门，上郭池，入渎，出巢湖，上历地，过梅亭，入杨湖，出渔浦，入大江，奏广陵。"其所提到的就是从苏州到无锡再到江阴利港的古水道。今对其详析如下（"【 】"内是本文所加的注释和按语）：

吴古故水道：出平门，【平门，苏州西北门。】

上郭池，【郭，城郭，外城。郭池，即苏州北门外护城用的城关之河。】

入渎，【渎，当指通往太伯渎的"范蠡渎"。《吴郡志》卷八"古迹"："蠡口，在齐门之北。"此"蠡口"便在通往无锡泰伯渎的范蠡渎上。】

出巢湖，【巢湖，即"漕湖"，又名"蠡湖"，即"历地"无锡之湖。至正《无锡志》卷二"总水、蠡湖"："与平江长洲县分界，即今太伯乡之漕湖也。"《咸淳毗陵志》卷15"山水、湖、无锡"："蠡湖，在县东南五十里，中与吴县分派。"】

上历地，【此即走上文所说的连通漕湖与梅里之间的"泰伯渎"。历地，即"蠡地"，乃"蠡渎"或"蠡湖"之地，至正《无锡志》卷二"总水、蠡湖"："至今梅里、太伯界口有河，名'蠡尖口'，距湖三十里。"本书第二章"四"最后所附的"泰伯梅里全图"中的泰伯渎上标作"犁尖"，即此处所说的"蠡尖口"（前图中有标），其在梅村略东，"历地"便当指此。又：无锡惠山又名"历山"，古人用山来命名并指称山下方圆百里之地，正如常州以绵延起伏的舜过山而称作"延陵"，南京以"金"字形的紫金山而称作"金陵"，无锡全境之地便以大舜过化的"历山（惠山）"称作"历地"。历地包括蠡地在内。】

过梅亭，【"亭"是秦汉时的基层行政单位。《汉书·百官公卿表上》："大率十里一亭，亭有长，十亭一乡。"方圆一里之内为一个村（即井田制的"九夫为井"、一里见方，为一个三家村或四五家村），古又称作"里"，方圆十里之内便是一个亭（即井田制的"方十里为成"），十个亭便相当于一个乡（即井田制的"方百里为同"），因此亭就相当于今天的大村（行政村），而"里"就相当于自然村。此"梅亭"，其实就是泰伯勾吴国的首都"梅里"、"梅村"的所在，古又称"勾吴墟、故吴墟"。从梅里西至无锡、东到苏州便是"太伯渎"，因此从上文"出巢湖"至此，便是吴古故水道借用旧有的太伯渎而达无锡城。】

入杨湖，【杨湖，即安阳山下的"安阳湖"，省称"阳湖"，因在安阳山下，故名。《咸淳毗陵志》卷15"山水、湖、晋陵"："阳湖，在县东五十里。东西八里，南北三十二里，中与无锡分派。北通荛韶、（本曰'蛟涛'，后人讹之。）临津，总为三湖。《南徐记》云：宋元嘉修废，成良畴数百顷，俗号'宋建'。又云：长渠南有小五湖，南通阳湖。以近阳山，故名。"此"入杨湖"便是吴古故水道借助已有之湖泊。而从无锡到阳湖，显然走的是江南大运河，或此河出现前的湖面上的天然航线。】

出渔浦，【渔浦，即江阴之"利港"，见《永乐大典·常州府》卷五"江阴县、港"引宋《江阴志》："利港，县西五十里。按《四蕃志》：'本名"渔浦"，因渔得利，故名'。"阳湖之北为芙蓉湖，两湖湖面相连，前者近安阳山而名"阳湖"，后者在北而名"上湖"（古人以北为上，以南为下），吴古故水道走阳湖、芙蓉湖，再走此湖泄湖水入江的孔道"渔浦"（今利港）而出长江。】

入大江，奏广陵。【指由利港渡江并逆江而上至广陵。奏，凑也，向也。广陵，今扬州。】

这条水道便是由蠡渎入泰伯渎，然后再走无锡的江南大运河而入阳湖[①]，而阳湖湖面又与北侧的上湖[②]相连[③]，由上湖北侧通江诸口中比较靠西的、全湖最西北角的一个大出口"利港"出江，可以通往广陵（扬州）。其实到了江对岸，以走江北的内河通往广陵为便，逆江而上在当时恐难做到。

其实上湖弥漫太湖以北、常州以东的江南全境，所以江阴境内通江诸港如申港、利港、夏港、黄田港等全都是此"上湖"的出江口，此处选择的是最西的利港出江，可以减少一段抵达广陵时的逆江西上的行程。

今天苏州古城的护城河（"郭池"）到漕湖（即"巢湖"）之间只有蠡渎这条河，因此

---

①古代阳湖在无锡与武进交界的安阳山下，湖面很大，是"上湖（芙蓉湖）"在安阳山下的那部分，故名"安阳湖"而简称"安湖"或"阳湖"。江南大运河在古代横穿此湖面而不必开专门的河道（有湖可行，故不必开河），后世阳湖萎缩，所以才要专门开江南大运河的无锡境内段。而先秦及以前，江南大运河横穿此湖面而不必开专门的河道，过了阳湖往西才要开人工的河道即常州至镇江段江南大运河。

②古人以北为上，"上湖"就是太湖向北侧长江泄水而形成的浅沼，因湖浅，至多一米多深，故能全湖盛开荷花而得名"芙蓉湖"。

③枯水时会分为"上湖、阳湖"这两个湖，而雨季时两湖便又连为一湖。

从"上郭池"到"出巢湖"之间的"入渎"可以断定为入"蠡渎"，而漕湖（即"巢湖"）也因此渎而得名"蠡湖"，这就更加证明从苏州城通"巢湖"的就是蠡渎。

《太平寰宇记》卷九十二"无锡县"："蠡渎，西北去县五十里，范蠡伐吴开此渎。"已言明所谓的"吴古故水道"中由漕湖连通苏州城的关键一段（即东段）乃是吴国灭亡前夕越国统帅范蠡开通；夫差当然也就不会走这条河出兵，而肯定要走江南大运河出兵。因为其时尚无此河，范蠡亡吴时才有此河。

"吴古故水道"的西段走江南大运河的一小段和自然湖泊"阳湖、上湖"，中段走泰伯渎，乃是范蠡之前就有的；东段是范蠡所开，则整条"吴古故水道"显然只可能是范蠡伐吴后才贯通的产物。夫差北伐中原时，这条水道尚未贯通，当然不会走这条水道出兵，而肯定要走"苏州—无锡—常州—京口"的江南大运河出兵。范蠡伐吴为何不走江南大运河"无锡—苏州"段进军？这条水道固然要走，但这条水道只能行船到苏州城的西南角，所以要特地开通蠡湖通往苏州城北门的水路，以便于南北夹攻，使夫差只能被迫从苏州城的东西方向上逃跑，从而逃不出越国的追杀范围；因为如果北门没有军队进攻的话，夫差肯定会北撤渡江逃往中原，这无疑会像放虎归山般贻患无穷、鞭长莫及。

当然，有人会据"吴古故水道"中的"古故"两字，坚信这是一条与泰伯渎同样古老的水道，于是认定范蠡是重开"蠡渎"，"蠡渎"及此"吴古故水道"乃范蠡之前就有。但此"蠡渎"很长，与无名小渎不同，这条长渎如果是范蠡之前的某人所开，其人必定也是江南地区的古代酋长或王公大臣而当有名望，则这条长渎便不应当用范蠡的名字来命名，而应当像泰伯渎那样，以始开此渎的有名望者来命名。今其渎以范蠡命名，便同泰伯渎一样，指明了此渎乃范蠡所开。泰伯只开渎开到漕湖，范蠡当是从西往东进攻吴都（今苏州）时，走泰伯渎只能走到漕湖，于是由漕湖接着往东开此渎而得以兵临苏州城的北门之下，给吴王夫差以当头暴击。

至于"古故"两字，并不意味其一定会古老。因为前朝之事便可称"古"（即"先朝"意），废弃不用便可称"故"（即"作古"意）。《越绝书》是东汉袁康所作，凡前朝（秦、楚、越）已经废弃不用之物便可称"古故"了。而江南大运河显然要早于此江南吴地的"古故水道"，何以《越绝书》记载比江南大运河为后的"吴古故水道"，而不记载比之更悠久的江南大运河？那便是因为江南大运河在东汉袁康时仍然存在并沿用，古代史官奉行"常事不书"原则而不载；而《越绝书》当录已故不用的古迹，故当记"古故水道"。本书第一章"四"已证明东汉袁康时江南大运河必然存在，袁康不加记载只能以"常事不书"来解释了。

这条吴古故水道从苏州的北门"平门"，走水路由泰伯开的泰伯渎入吴国的发祥地、也即吴国宗庙泰伯庙的所在地梅里（又名故吴墟"梅亭"），然后再由无锡走今天大运河入安阳湖而北通"芙蓉湖（又名无锡湖、上湖）"，一直走到芙蓉湖向北泄水的孔道"申港、利港"入长江。

无锡湖又名"上湖"，即元《无锡志》卷二"总水"所言的"上湖大陂"："五泻水，即五泻河，去州北一十四里天授乡，通运河，阔六丈，深七尺。其源'上湖大陂'，自五泻口北岸行，沂流四十里，至江阴、晋陵两县界雉尾口，从界北四十七里，深三尺已上，至申浦上口，北入大江。"言明其湖可由申港上湖之口（"申浦上口"）入江。古代于此设有守堤之吏，见《搜神记》卷十八："吴郡无锡有'上湖大陂'。陂吏丁初，天每大雨，辄循堤防。春盛雨，初出行塘。日暮，回顾有一妇人，上、下青衣，戴青伞，追后，呼：'初掾，待我。'初（丁初）时怅然，意欲留俟之。复疑本不见此，今忽有妇人冒阴雨行，恐必鬼物。初便疾走，顾视妇人追之亦急，初因急行。走之转远，顾视妇人，乃自投陂中，泛然作声，衣盖飞散。视之，是大苍獭，衣、伞皆荷叶也。此獭化为人形，数媚年少者也。"

古时长江江口远大于钱塘江口，每月大潮的激烈程度远甚于今天的钱江潮，直涌内地可达九江。而长江口大，长江干道又狭窄，大量涌入的潮水自然会使江中之水陡然猛涨，而从芜湖之口东溢"中江"。芜湖处虽有山地，也无法阻挡这一汹涌而来的江潮，这有枚乘《七发》中的江潮描写可证其一直可以涌到九江城下的气势："疾雷闻百里；江水逆流，海水上潮……其始起也，洪淋淋焉，若白鹭之下翔。其少进也，浩浩溰溰，如素车白马帷盖之张。其波涌而云乱，扰扰焉如三军之腾装。其旁作而奔起也，飘飘焉如轻车之勒兵。……观其两旁，则滂渤怫郁，闇漠感突，上击下律。有似勇壮之卒，突怒而无畏。蹈壁冲津，穷曲随隈，逾岸出追。遇者死，当者坏。……鸟不及飞，鱼不及回，兽不及走。纷纷翼翼，波涌云乱；荡取南山，背击北岸；覆亏丘陵，平夷西畔。险险戏戏，崩坏陂池，决胜乃罢。"

长江退潮时，涌入中江的潮水又被来时涌过的山地阻挡，无法原路退去，遂由"中江"胥溪、荆溪再一直往东灌注宜兴太湖，一路上又泛滥出洮湖、滆湖，注入太湖后，又再向北泛滥为"上湖（芙蓉湖）"。此"上湖（芙蓉湖）"北至江阴，东至无锡与苏州界，西至武进"舜过山-横山"，烟波浩淼，因在太湖之北而统称"上湖"。此湖之在南者围绕安阳山，遂称"（安）阳湖"；其在北者偎依舜过山，故称"舜过湖"而讹为"射贵湖"；其在三山石堰者称为"三山湖"。其湖以江阴诸港为泄水孔道，申港（申浦）是其入江孔道，入江口名"上口"①。又言夏港是其入江孔道②。此外，利港也是其入江孔道，即上引《越绝书》"吴故古水道"有："过梅亭，入杨湖，出渔浦，入大江，奏广陵"的记载，梅亭就是泰伯所居的"梅里"，杨湖就是安阳山下的"（安）阳湖"，阳湖北与芙蓉湖水面相连，水道入阳湖自然也就通芙蓉湖，再从"上湖（即芙蓉湖）"的泄水孔道"渔浦"出长江；而"渔浦"就是利港，见《永乐大典·常州府》卷五"江阴县、港"引宋《江阴志》："利港，县西五十里。按《四蓄志》：'本名"渔浦"，因渔得利，故名。'"

这条"吴古故水道"的西段通向江南最神圣的大舜纪念地舜过山，季子在舜过山下西趾立延陵邑，全都在标志此地的神圣性，所以通河至此也就有朝圣的意味在内，然后再由舜过山西北的利港（在申港西。申港在舜过山正北），出利港后便可渡"北江"（长江），借助江北的内河水网，不必逆江而上就能西达广陵。由于这也是很古老的水道，后来废除不走了；因为第五代吴君周章就已在江南之地坐拥其处的"京口河"（即徒阳运河及其西延的江南大运河），由京口出江更为方便，省得到江北别人国度中行船，受制于人。

其实这条水道在唐末五代时仍可行走，见《咸淳毗陵志》卷十八"人物三、寓贤"："张训，字克明，滁之清流人，与杨行密号'三十六英雄'。……有土军陈可儿窃据毗陵，训受命充常州都虞候，掩其不备而图之。可儿计无所措，果出迎接，训于马上察其色变，乃手刃之。入城绥抚，一军帖然。景福中，<u>行密由毗陵入利港、赴广陵</u>，中涂谓左右曰：'张训以一剑下此郡，未尝自伐其功。'即授检校右散骑常侍、守常州刺史。今子孙皆家焉。"可见后唐末年的景福年间（892—893），杨行密从毗陵常州，经由常州东北的利港这条河出长江奔赴广陵。其时的广陵扬州是杨行密杨吴割据政权的首都。他当是从扬州过江至京口，走运河至常州视察，扬州是其首都，回去时未由运河原路返回，而从常州往北的水道（今天的北塘河③），走利港回江北的首都扬州。杨行密从利港渡江至江对岸后，一种可能是不逆江西上至广陵，而走江北的内河航运到扬州；另一种可能便是其时正好有东风可借，扬帆便可逆江西上至扬州。（由纤夫拉船溯江而上至广陵则不大可能，若要逆江而上只有一种可能，即有东风可借。）

《越绝书》上引"吴古故水道"文字后又有："吴古故，从由拳'辟塞'，<u>度会夷</u>，奏

---

① "上"为北，"上口"即"北口"，同时也是"上湖（即'北湖'）之口"的意思，详上引元《无锡志》卷二"总水"所言的"上湖大陂……至申浦上口，北入大江"。申浦上口，就是芙蓉湖的北口在"申浦（申港）口"。

② 见《咸淳毗陵志》卷十五"河、无锡"："芙蓉河，在县北门，通芙蓉湖，北入江阴青旸、夏港。"

③ "塘河"即运河。北塘河，即常州城北的运河，其为江南大运河往北通江阴城的分枝运河。

山阴。'辟塞'者，吴备候塞也。"此条"吴古故"未言是陆道还是水道，当仍从上文读作"吴古故水道"，或是水陆并行之道亦未可知，由其"度（渡）"字可知是水道的可能性为大。因为会稽山在钱塘江以南，故知由"由拳"嘉兴"度会稽"显然是坐船度（渡）江至钱塘江对岸的会稽山而奔向越国首都绍兴（"山阴"）；"奏（奔凑、奔向）山阴"三字也就能证明从苏州吴地到嘉兴而至绍兴的水道（但非"江南大运河苏州—嘉兴—杭州段"与"浙东运河"，详下）早就有了。

由拳，即今嘉兴。《水经注》卷四十"浙江水"："韦昭曰：'越北鄙在嘉兴。'浙江又东径'柴辟'南。旧吴楚之战地矣。备候于此，故谓之'辟塞'。是以《越绝》称：'吴故，从由拳辟塞渡会稽，凑山阴'，是也。"吴楚之战地，当作"吴越之战地"，见同卷："柴辟亭到语儿、就李，吴侵以为战地。"又见下引记越地之传称"吴疆、越地，以为战地"，故知是吴越两国作战之地。语儿，就是"御儿乡"，后世的"崇福县"。就李，即"檇李"，今嘉兴西南。

《越绝书》卷八《外传、记地①传》："语儿乡，故越界，名曰'就李'。吴疆、越地②，以为战地，至于柴辟亭。""女阳亭者，勾践入官于吴，夫人从，道产女此亭，养于李乡，勾践胜吴，更名女阳，更'就李'为'语儿乡'③。""吴王夫差伐越，有其邦，勾践服为臣。三年，吴王复还封勾践于越，东西百里，北乡臣事吴，东为右，西为左。大越故界，浙江至就李，南姑末、写干。""觐乡北有武原。武原，今海盐。姑末，今大末。写干，今属豫章。"【乡，通"向"；北乡，即"北向"。因面北而左西、右东。其北界至檇李（就李）。南界至"姑末"，即"姑蔑""大末"，今衢州。】

此言越国与吴国的交界处在嘉兴之地。柴辟是吴国所建立的防备（"备"）与瞭望（"候"）越国的城堡要塞，因在柴辟之地，故名"辟塞"，《浙江通志》卷四十一"古迹三、嘉兴府"："辟塞，《越绝书》：'辟塞者，吴备候塞也。'（《秀水县志》：在拱辰门外一里。）"即在嘉兴城处。

会夷，据《水经注》所引（见上引画线部分），即"会稽"之异文。可证从吴县往南，有古故陆道和水道至嘉兴城。由于吴地到绍兴肯定没必要走今运河先到杭州再到绍兴绕远，所以这条水道肯定是与京杭大运河、浙东运河不同的另一条水道（即此苏州城往南的"吴古故水道"不是"江南大运河苏州—嘉兴—杭州段"与"浙东运河"），这条水道在前

---

①卷二是记吴地，故要写明"外传、记吴地传"，此记越地，因书名为《越绝书》，记越地时便可以只称"地"，而不必加定语，所以作"外传、记地传"。

②指本属越地而处在吴国的边疆（即边境线）上，故成为吴越两国的交战之地。

③语儿乡，其音义即"女儿乡"。

朝便已作废，而不是本朝作废，故称之为"吴古故水道"。

《越绝书》卷二"外传、记吴地传"："百尺渎，奏江，吴以达粮。"奏江，指奔凑、走向、驶向"南江"钱塘江。它由吴城通往古钱塘江北岸的"河庄山"侧（今浙江海宁市盐官镇西南四十里），是一条沟通吴、越的人工渠道。公元前495年，越王勾践的军队曾循百尺渎北上攻吴，吴师败于樵李（今浙江嘉兴市南五里）[①]。这其实也是条与江南大运河不同的水道。

上述诸"吴古故水陆道"皆是以吴（苏州）为中心的对外水道与陆道，其向西以陆道的形式通无锡而到吴国的西野"毗陵（今常州）"，其往西北由水道而可以过"北江（今长江）"驶向中心大城市广陵，其往南由嘉兴走水道而可以过"南江（今钱塘江）"而驶向中心大城市越国首都"大越（今绍兴）"。这三条道路（一陆两水）都在前朝便已作废，故称"古故"。因是以吴（泰伯的首都无锡梅里与阖闾的首都姑苏城）为中心，故称"吴古故"。

而越国首都大越，秦始皇厌恶其名，特改其为"山北为阴"的大山背后的不祥之名"山阴"，其也有以之为中心的"古故陆道"与"故水道"，即《越绝书》卷八"外传、记地传"："山阴古故陆道，出东郭，随直渎阳春亭。山阴故水道，出东郭，从郡阳春亭。去县五十里。"这应当也是前朝即秦朝或先秦（故称"古"）便已废除不走、而今已不用（故称"故"）之道。

对吴古故水道的分析，证明"吴古故水道"的存在不能否定沿用至《越绝书》作书时代的大运河"今水道"的存在，因为《越绝书》旨在记古迹，"今道"可以不记，且奉"常事不书"的原则，常见的、当时还存在的今水道"江南大运河"未加记载到。这也就解决了如果"江南大运河"早已存在时，何以又会有"吴古故水道"存在的问题。（两者虽然连通相同的目的地，但却形成不同的路线走法，各有其功能：江南大运河从起点扬州开始，旨在贯串起江南全境的丹徒、丹阳、常州、无锡、苏州、嘉兴、杭州，由江面稍狭的杭州渡江又串起浙东运河之萧山、绍兴、上虞、余姚、宁波。而诸"吴古故水陆道"旨在构筑起吴城（苏州或梅里）为中心的水陆交通干道，西由陆道通无锡、常州，西北由水道芙蓉湖、利港过北江而通广陵，往南由嘉兴走水道"百尺渎"渡南江驶向越都。两者各有其不同的目的而共存，随着秦统一六国，破坏吴都与越都的交通枢纽地位，于是以吴城为中心的水陆道便作古而称"吴古故"，以大越城为中心的水陆道亦作古而称"山阴古故"。由

[①] 见"百度百科"之"百尺渎"词条，https://baike.baidu.com/item/%E7%99%BE%E5%B0%BA%E6%B8%8E/3384307?fr=aladdin#reference-[1]-899811-wrap。

"山阴"为越国的首都,可知"吴古故"中的"吴"便是指吴国的首都吴城。)

历来认为百尺渎或吴古故水道是江南大运河的雏形。我们认为"江南运河"有"专称"与"类称"两种。作为"专有名词(专称)","江南运河"就专指"京杭大运河"的江南段,古名"江南河",本书称之为"江南大运河"。而作为"类称",江南运河便可以指"江南(长江三角洲)"大地上所有的人工运河。伍子胥改造"中江"五堰的胥溪,以及像《越绝书》中所载的"吴古故水道",都可以视为是江南的大运河(指江南大地上的大型运河),但显然和我们讨论的专称"江南大运河"不是一回事。而吴古故水道作为"江南大地上的一条大型运河",其从苏州至梅亭(梅里)至无锡至杨湖(阳湖)至渔港(利港),其与京杭大运河江南段只有无锡至阳湖这一段有重合,其余全不重合;而且无锡至阳湖在先秦"吴古故水道"时尚为芙蓉湖湖面,可以任意航行,从这个意义上看,"吴古故水道"与今天京杭大运河江南段其实也可以说是不存在一点重合,"吴古故水道"只是江南大地上的某条人工水道,不能视为今天的京杭大运河江南段的前身。本书所言的江南运河用的是专称概念,特指京杭大运河江南段的主干航道,不涉及其分枝运河。而泰伯渎、胥溪、西蠡河、吴古故水道、百尺渎其实都是江南大运河水系的一部分,是江南大运河的分枝运河。因此"百尺渎、吴古故水道"与"泰伯渎、西蠡河"一样,都是江南大地上比较早的运河水道,但与江南大运河无关,不是江南大运河的雏形,它们只是江南大运河往不同方向上枝分出来的分枝运河,具体而言:江南大运河自常州往南分枝出西蠡河,南通宜兴城处的荆溪,再往西连通胥溪,这三者可视为江南大运河往西南的分枝;江南大运河在无锡城处往东分枝出泰伯渎,范蠡灭吴时将其往东延伸到苏州北门,即蠡渎,泰伯渎又沿大运河往西至阳湖后北上芙蓉湖由利港出长江至广陵,这条以泰伯渎为中心往东往西的水道途径便是所谓的"吴古故水道",其阳湖以北段相当于江南大运河的北枝运河,其泰伯渎、蠡渎段相当于江南大运河的东枝运河;江南大运河在苏州城处往东南通海宁的百尺渎可以看作江南大运河的东南枝运河;总之江南大运河是江南诸人工运道之总纲。而且从交会河形来看,"泰伯渎、西蠡河"入大运河呈现的是"丁"字形格局,对岸都不再有河道继续穿运河而行,显然大运河为早,而"泰伯渎、西蠡河"为晚,至于"百尺渎、吴古故水道"当亦然,所以从时代来看,江南大运河要早于其分枝运河"泰伯渎、西蠡河、百尺渎、吴古故水道"。沿波讨源,江南大运河是江南诸人工运道之总纲,若网在纲,编网先要有纲,才能经线、纬线编织成网,江南诸人工运道全都以江南大运河为纲,全都晚于江南大运河;若以诸枝河为早,江南大运河为晚,便是因果倒置、先后颠倒了。

因此,关于"吴古故水道"我们的结论是:

(1)常事不书,"吴古故水道"被《越绝书》记载到而江南大运河未被《越绝书》记载到，不能代表"江南大运河"不存在。《越绝书》作于东汉，西汉的《史记·河渠书》"于吴，则通渠三江、五湖"证明两汉时肯定已经有"江南大运河"存在，而东汉的《越绝书》没有记载到，这便表明：《越绝书》旨在录存古迹，常事不书，其未说的事物并不代表其事实上的不存在。

（2）"故"指作古（即已不用），"古"指前朝。故"吴古故陆道、水道""山阴古故陆道、水道"全都是前朝已经作古了的水陆道路。

在"长江三角洲"，苏州至广陵的水道，在"吴古故水道"作古后如何走通？便是走"江南大运河"。

在"宁绍平原"，"山阴古故水道"作古后如何走通？便是走"浙东运河"。

而"长江三角洲"与"宁绍平原"这两处的"古故陆道"作古后如何走通？便是走那沿"江南大运河"与"浙东运河"岸上的自古以来就有的驿道，每逢河口便用人工摆渡或浮桥的形式过河，后世生产力发达便建桥通行。

而且根据"常事不书"的原则，我们也不宜根据有"吴古故水道、陆道"和"山阴古故水道、陆道"的存在，来证明其作古前"江南大运河"与"浙东运河"及其岸上的"驿道"的不存在。"江南大运河"与"浙东运河"及其岸上的"驿道"是否存在，要有另外的证据来证明或证伪。

2. "吴古故水道"实分古中晚三段

"吴古故水道"其实应当分为三段：无锡以西段甚为远古；无锡至巢湖的"中段"泰伯渎是泰伯所开，巢（漕）湖以东至姑苏城则是范蠡所开而最晚。今分别考证如下：

（1）此水道无锡以西段，不一定要循"江南大运河"而走，可以任意由阳湖、芙蓉湖面走利港、申港、夏港出江至广陵。由于其中段是"泰伯渎"，乃泰伯时开通的一条古水道，在其西的无锡以西段"吴古故水道"便可以非常古老，是朝大舜之圣的水道，因为本书第一章"五、（三）、4、（1）"便论明虞舜国门所在的"鱼（虞）门桥"就在申港口。此无锡以西段的吴古故水道，虽然是从利港出江，但利港与申港很近，利港与申港都是芙蓉湖出江孔道，且此"吴古故水道"行于芙蓉湖面可以自由航行，从利港出江与从申港出江都可以，只是利港偏西5公里，从利港出江可以少走这一段5公里逆江西上的水道。因此吴古故水道无锡以西段这一水道，显然就是大舜立都于舜过山，由虞门桥出江而至广陵，至江对岸后，沿江岸逆江而行或走江北的内陆运河而行。

虽然我们上文引《永乐大典·常州府》引宋《江阴志》所引的唐代梁载言《十道四蕃志》定"渔浦"为"利港"（即"因鱼得利"），联系到本书第一章"五、（三）、4、（1）"据《弘治江阴县志》卷六"古迹"引宋《江阴志》"鱼门村"，其在舜过山下老舜河"新沟港"入江口处，申港的入江口就在其西 2 公里处。而"虞＝鱼＝渔（打鱼人）"，"渔浦"即"虞（打鱼人）"①之浦，也即"虞（鱼）门桥（村）"所在的老舜河（新沟港），所以"渔浦"也可以指"虞（鱼）门村"这一虞舜国门处的老舜河（新沟港），及其西不远处的上湖出江用的申浦河（申港）。虞舜由渔浦（可能指利港，也可能指上湖出江的申浦口东侧不远处的老舜河口处的鱼门村）出江至广陵，表明大舜时代江北广陵处的"邗沟"便当已经存在，否则渡江后不用专程至此广陵城再北上。虞舜之时独木舟、小船可逆江上行至广陵，而后世大船则必须由"江南大运河"西行至镇江渡江至广陵。

前面虽然一再提到逆江而行似乎不现实，其实这也不能一概而论。因为到江对岸后，可以紧傍江岸而行，因是江岸所在，水浅而水的冲力便没有江中来得大；江边虽然有沙石容易撞破船底，但原始社会是独木舟，是木排，反倒不怕碰撞。而且沿江岸处其水浅，可以用竹竿撑船撑到河底而行，因为有了河底作为支撑点，所以沿江岸逆江而上反倒成为了可能。但只宜行小船，因为大船无法用竹竿来撑，故而也就不能逆江而上了；而且后世大船也怕撞击江岸的砂石，所以也就不宜靠江岸行船了。因此，如果是大船的话，靠人划桨逆江而上是大为困难的，只好靠江岸上的纤夫来拉纤，如此一来，远不如走内河航运的江南大运河西上来得省便。所以"吴古故水道"逆江而上行至广陵，其实也就只适合于独木舟及小船撑船之用（即只适合虞舜为代表的独木舟与小船时代）。泰伯开泰伯渎时当仍以独木舟及小船撑船为主，故仍用此水道逆江而上至广陵。到了后世的大船时代，则仍以走江南大运河为便。因此，吴古故水道西段逆江而上至广陵，应当只适用于远古及大舜、乃至到泰伯的时代，而且仅限于独木舟和小船，因为大船逆江而上反倒比小船来得困难。而且江北走内河还不如在江南开内河，此又证明其时到江北后肯定不走江北的内河，而是小船或独木舟傍江岸而行。

后世大船从镇江京口渡江，江面在唐及唐以前宽达 40 里（今天扬州城下就是古代的长江江岸），势必要往下游冲下去五六里，到对岸后仍要由纤夫拉船逆江而上五六里，更有可能是开一小段西北行的内河接到邗沟而不用拉纤，比起利港渡江后到江对岸逆江拉纤200 里上广陵扬州要省掉 97.5% 的功夫②，所以虽然要在奔牛盘一次坝也是合算的。

夏商周如果已是大船出行的话，便全都当走运河；由芙蓉湖利港、申港出江逆江而上是独木舟、小船时代才可，乃是甚为古远年代之事，大船时代除非长江北岸有内陆运河才可于此渡江。但如果是这样的话，则"吴古故水道"便不会写作"入大江，奏广陵"，其

---

① "虞"的本意为打猎，自然也可指打鱼而即"渔"字。况且"虞人"是掌管山泽苑囿的官，其管到泽，自然是渔猎自古就不分家。

② 五六里除以 200 里再用 1 去减。

言明是由长江逆江而上至广陵扬州，不是从江北的内河航运至广陵。而且如果江北可以开运河，还不如在江南开。由此可证，这条无锡以西的"古故水道"在大船出现后，便早就废弃不用了；而《越绝书》因为"常事不书、今事不书"，所以不用的古道反而加以记载，一直沿用至今的江南大运河反倒不加记载。但《越绝书》不加记载并不代表此水道在先秦不存在。

（2）此水道中间那段是"泰伯渎"，由此"渎"来沟通无锡至"巢（漕）湖"，详见第二章"四"。

即泰伯在梅里创立勾吴国时，统治中心在梅里，所以他开通了以自己国都梅里为中心的"泰伯渎"，西通无锡城处的江南大运河，东通巢湖。此"吴古故水道"便是泰伯立国梅里时的出江孔道，即由泰伯渎向西连通到无锡城下进入其处的江南大运河，再经芙蓉湖，由利港出江至广陵入邗沟北上，向中原朝贡。

如果说泰伯时代已有"江南大运河"，那为什么还会有以"泰伯渎"为重要组成部分的"吴古故水道"的记载出现？那便是因为泰伯渎其实就是泰伯造城（堤）300里、城（堤）内以井田制开发沼泽滩涂上的围田所开的横向主干渠。

其时已经有江南大运河，泰伯何必还要走这条水道由利港出江？而且泰伯完全可以从江南大运河到京口渡江至广陵，非常方便，何必要从利港出江？即便江对岸有内河可以行走，毕竟是在人家国度内行兵，远不如在江南腹地开内河行船来得方便。

到了泰伯时代，无锡东境和苏州西境才被泰伯开发成田，在此之前尚处在海平面下，或是刚露出水面的咸卤的沿海沼泽滩涂，不宜种田，也不适合人居。泰伯秉承大舜"让居"之旨，在无人愿居的东境斥卤沼泽地带立国，一点都没有意向要把国境西扩到常州镇江境内久已成陆的肥沃之田，所以只能从其西陲的利港出江到广陵。[①]但利港至广陵要逆江而上200里，远不如走内河航运的江南大运河来得安全。第三代周天子时便封自己在江南的同姓国吴国于京口，使其势力扩张到广陵对岸的京口，这时吴国方才可以正大光明地行此江南大运河。

（3）巢湖（漕湖）以东到苏州城的蠡渎乃是后有，其即范蠡所创。

"吴古故水道"连通泰伯渎。泰伯的统治中心在梅里，并不以苏州为中心，所以这条从苏州起的"吴古故水道"并非泰伯所开辟或贯通。吴国自诸樊方才开始定都苏州，但他的城当在木渎，不在今天的苏州城，阖闾方才定都于今天的苏州城，因此这条从苏州北门

[①]而且利港正对常州东境，即正对吴县与毗陵县的交界处，吴古故水道旨在讲述"吴县"境内的水道，所以选择由"吴县"与"毗陵县"两县交界处的"利港"渡江。

起的"吴古故水道"其实最早也当是从阖闾时代才开通的。

　　而且从苏州城起的这条水道又走蠡渎，而蠡渎更是范蠡所开，则诸樊时代还当走江南大运河，由其枝流入巢湖与梅里，不走蠡渎，蠡渎当是范蠡所开的通苏州城的捷径，则走"蠡渎"的"吴古故水道"其实更是范蠡灭吴而越国占领整个江南前夕所开的水道。

　　诸樊定都苏州时仍要由江南大运河苏州至无锡段西上至巢湖南侧时，再由其处开的分枝运河北上巢湖而入泰伯渎（见下图中标有箭头的两段）。所以范蠡要开巢湖至苏州的捷径"蠡渎"，往东可以直通姑苏城。

　　诸樊、阖闾、夫差三王如何由苏州前往故都梅里？仍是走江南大运河到无锡后，再回头走泰伯渎到梅里。为何要迂回而不开范蠡所开之河？那便是因为城市的北门是天灵盖所在，不开此河当是从风水角度考虑，所以范蠡要开此如剑般悬在吴都头上之河，来直逼吴都北门而进攻吴国。

　　由上述分析可证：此"吴古故水道"的巢湖以东段其实开通得很晚，是吴国灭亡前夕所开。尽管巢湖以西段甚为古老，但此"吴古故水道"全部的开通却应当定在越国灭亡吴国之际，则此水道作古而称"吴古故水道"也必定要在范蠡开通蠡渎之后，即作古于越国灭亡吴国之后。

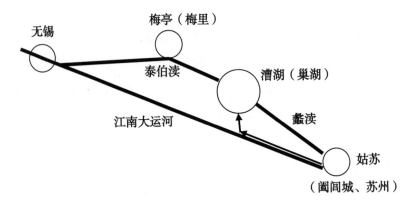

　　"吴古故水道"尽管西段、中段比较古老，其名中又有"古"字，但其全线开通不会太早，原因便在于其是从姑苏城出发而入巢湖的这条"蠡渎"居然乃是很晚的范蠡所开。而吴国定都在苏州本身就很晚了，诸樊虽然迁都于苏州，但其都城其实是在太湖边的木渎，不在今天的苏州城。今天的苏州城是吴王阖闾建造于公元前 514 年，距公元前 473 年吴王夫差被勾践困死而吴亡仅 41 年历史。所以从苏州城北门出发的这条"吴古故水道"最早也只可能是定都于苏州城处的吴王阖闾所开；但如果是吴王阖闾所开的话，此渎便不应当以范蠡来命名，而当以阖闾来命名，今此巢湖至苏州城北门的蠡渎以范蠡来命名，范蠡开渎与吴王阖闾定都苏州仅相隔 40 年，民间也不可能因此 40 年而失忆，把范蠡重开此渎称作创开而用范蠡来冠名此渎；况且短短 40 年，此渎也不可能淤为平地而要视范蠡之重开为创开而用其名来命名；更何况阖闾若开此渎，则此渎便是阖闾、夫差每年到梅里向泰伯祭祖时必由之道，焉能让其荒废而由范蠡来重开？总之，蠡渎的命名便能证明"吴古故水道"苏州至巢湖段就是吴亡前夕范蠡为灭吴而创开，正如其从宜兴开西蠡河至常州城下，也是吴亡前夕为灭吴攻占常州城而开，这两条水道应当都属于范蠡为围歼吴都而开的运兵河。因此，"吴古故水道"的苏州至梅里段乃是吴亡前夕才全线开成的水道，当使用于越国、而作古于越国及吞并越国的楚国时。其之所以称为"古故"，乃是其前朝所开而称"古"，其不常用而作废故称"故"；其乃前朝越所开而作废于前朝楚（或秦、或越），故称"古故"。至于梅里以西至无锡、再至利港而上溯广陵，则是大舜之时就有，后世也因其不常用而作废。

至于越王勾践灭吴时，范蠡特开苏州至巢湖（漕湖）的水道，使通"吴古故水道"即泰伯渎，其时大运河已经存在，范蠡为何不走？显然大运河沿线是吴国国防的重点，所以范蠡才要另辟蹊径，出奇制胜。况且走大运河便只能从苏州的西门进攻，而由蠡渎进兵便可从苏州的北门也即苏州这座城市的"天灵盖"给这座城市以致命一击，从而收到出奇制胜的效果。

（4）由"山阴古故"可明"吴古故"之"吴"是吴县而非吴国，从而明白"吴古故水陆道"是吴王阖闾或其父诸樊迁都吴县后才有（更确切地说是才全线贯通，因为其西段、中段乃古有），并非吴王阖闾或其父诸樊迁都吴县之前的古道。

换言之，我们可以从"吴古故"与"山阴古故"的命名上直接得出"吴古故"水陆道是阖闾后才形成。今详论如下：

《越绝书》卷二"外传、记吴地传"一连记载了三条带有"古故"字样的水陆道路，即西上的"吴古故陆道"、"吴古故水道"和南下的"吴古故"，《越绝书》对这三条水陆道路的具体记载，清楚言明这三条道都是从吴县（即吴国末代的首都吴县、也即今天的苏州城）出发。

该卷下文又有："吴王故祠江汉（一作'海'）于棠浦东，江南为方墙，以利朝夕水。古太伯君吴，到阖庐时绝。"一般的本子"王"字作"古"而作"吴古故祠江汉"云云，于是在"吴古故水、陆道"之外似乎还有个"吴古故祠"的名目，也就似乎意味着"吴"字是朝代或国家之意，而不再是水陆通道出发点"吴县"的意思了；其实不然。我们应当据《四库全书》所引古本定其为"吴王故祠江汉"，因为"祠于棠浦东"之"祠"是动词而不是名词，若"祠"为名词，加定语"古故"可以理解，其即同"古故道"一样是古代所立而今已不用的亡故之物；但"祠"是动词，"故祠"就是之前祭祀而今已不再祭祀，"故"字已含"古代"也即过去意，不烦再来一个"古"字作"古故祠"。

又因为吴国并未扩展其疆土到汉江流域。阖闾与伍子胥攻占楚国首都"郢"只是昙花一现，无暇建造祠庙来祭祀楚国的汉江；且下文言明此祭祀"到阖闾时绝"，可见设祠祭祀当发生在吴王阖闾之前，而吴王阖闾之前，吴国并未扩展其疆土到汉水。正因为吴国并未扩展疆土到汉江流域，吴国便无资格代表楚地之人来祭祀汉江，所以此处便当从《四库全书》所注的古本"一作'海'"而作"吴王故祠江海于棠浦东"。因为下文言明其处有"朝夕（通'潮汐'）水"。天文常识告诉我们，内陆河流也即楚地的汉江是没有潮汐的。月球吸引地球水体，理论上内陆河流也会发生潮汐现象，但水体涨退的幅度非常小，实际基本观测不到。因此，引潮力与水的体积有关，基本上要到大洋的尺度，才能肉眼可见地明显观测到由月球引潮力产生的潮汐现象。像渤海、黄海这样的边缘海，自身的潮汐也只有厘米级，其潮汐之所以那么大，其实是从外海传递进来的。而对于通江的河流，除了河口区有从海洋传递进来的能量而有明显的潮汐现象，比如钱塘江大潮，但由于摩擦作用将其渐渐抵消而很难传到河道的深处。其他内陆河流单纯靠引潮力产生的潮汐微不足道。而汉水属于内河，观察不到明显的潮汐；吴国东侧却是大海，地处长江口，有江海潮汐现象发生，故此处当作"江海"而非"江汉"。

且吴国北濒北江（今长江），南濒中江（吴淞江）和南江（今钱塘江），东濒大海，坐拥《禹贡》所言的扬州"三江"与"淮海维扬州"的"海"，故其有资格祭的是"江海"而非"江汉"。而且其祭"江海"显然也是周天子赋予吴国的神圣使命。由于下文提到"古太伯君吴"时便有此祠，可证太伯一到此江南吴地立国，便主动承担起商末天子（纣王）赋予此地当祭江海的使命。由于泰伯的首都立在无锡之梅里，故"棠浦"当在吴泰伯国都梅里正北侧的长江边。吴国地处江南，故此祠便建在梅里正北侧的长江南岸（而非北岸），用方墙围起此祠，以利于江海潮汐水涨落时不毁坏此祠，这也就意味着方墙应当是不开门的（若开了门，潮水便会涌入），出入当是在墙外垒起台阶攀上墙顶，然后再走墙内的台阶入其院内（这正是新石器时代江南先民围湖造出低于湖平面的"圩垸"的高级版本）。由于吴王阖闾迁都于吴县（今苏州），此梅里正北的吴国代替周天子祭江海的古祠便废弃成为了故迹（也即作了古，逝世亡故了），即上文所言的"到阖庐时绝"。因此祠是古代吴君所建而今已亡故，故称"吴王故祠江海"。由此亦可想见吴王阖闾迁都吴县时，忘了要在吴县正北的长江南岸建造起祭祀江海的祠堂，从而忘却了自己对江海的敬畏，有辱周天子赐予他的使命。吴王阖闾之父诸樊已迁都吴县（今苏州）西南的木渎古城，为什么不是诸樊废弃此祠呢？便因为诸樊让国于季子，因季子不受而只好代为摄政，为了表现出自己是无奈摄政的，便不敢居于吴国都城，特意要在梅里东南百里的木渎建行都，东南为"巽"位，"巽"通"逊"，有避让意；退避百里即退避三舍，也即连退三天之行程，以示不敢居于故都；且木渎之新都亦非正都，故不在其正北的长江南岸建立祭江海之祠，由于其都仍在梅里，所以江海之祠仍在故处，诸樊仍每年都在此行祭祀江海之大礼。而阖闾篡位，其迁都吴县，自然不再过问故都，任由故都正北的江海之祠荒废，故吴国祭江海的古祠便"到阖庐时绝"了。

正因为上引《越绝书》不当作"吴古故祠"而当作"吴王故祠"，这也就是我们不将其与上面三个"吴古故"、下面两个"山阴古故"放在一起讨论"古故"含义的原因所在，读者千万不要以为我们回避了《越绝书》卷二"吴古故祠"这一条而出现了论证上的盲点。

我们接下来讨论《越绝书》卷八"外传记、地传"所载的："山阴古故陆道，出东郭，随直渎、阳春亭。山阴故水道，出东郭，从郡阳春亭，去县五十里。"这个古故陆道与水道皆冠以"山阴"两字，而秦始皇改越国首都"大越"城为恶名"山阴"，《越绝书》是东汉人所作，故称"山阴"而不称"（大）越"。由此古故陆道与水道是以越国首都"山阴"来冠名，此道的具体描述又从山阴开始，由此便可想见：上文"吴古故陆道""吴古故水道""吴古故"以"吴"来冠名，并非是以吴国这个朝代或国家来冠名，而是以此三条道路的起点——吴国的首都吴县（今苏州城）来冠名。由此可见"吴古故陆道""吴古故水道""吴古故"这三条水陆古道其实都是吴国定都吴县后才有（且《越绝书》述此三条水陆古道的行程皆从阖闾的吴都吴县出发，而非从泰伯的吴都梅里出发，故知此三条水陆古道肯定是吴国定都吴县后才有，而非泰伯在无锡梅里立国时就有），则此三条水陆古道当然会沿用之前就有的古道（如两条陆道可能全是古道，只不过之前以梅里为中心，今以吴县为中心而有所区别；其水道也正如上文所说，西、中两段甚为古老，而东段却是后来才有的），但以吴县为中心的吴县周边的水陆通道却是要到阖闾时代或阖闾父亲诸樊迁都吴县后才有（之前以吴都梅里为中心）；这也就意味着：这三条以吴县为中心的水陆通道因其吴县周边部分是新的，所以其全线也就不宜视为阖闾或诸樊之前的古道了。再加上"吴古故水道"所走的"蠡渎"又是范蠡所开，则"吴古故水道"这一"蠡渎"段更是夫差末年、吴亡前夕才形成，这也就意味着吴古故水道的全线贯通其实要到夫差末年的吴亡之际才出现（尽管其西、中两段甚为古老，我们也不宜视其全线为甚古老的水道）。

至于《越绝书》卷二记载吴国之地名为"记吴地传"，而卷八记载越国之地却名为"记地传"而不加定语，这是什么原因呢？首先《越绝书》何以能记载到吴国之地？这是因为吴、越原本虽然是两国，但后来越王勾践消灭了吴国，越国占有了吴国之地，所以记载越国历史的《越绝书》也就有理由也有必要同时记载到吴国之地了。正因为《越绝书》

是用来记载本国越国之事的，所以其所记载的"地"便天经地义地指本国越国之地而不用加定语"越"字来修饰；但其记载越国后来吞并的吴国之地时，便会有意加定语"吴"字说成记"吴地"，以示吴地为外国，比自己的越地要低一等。

（5）吴王海军有可能走"吴古故水道"出兵的否定

吴王夫差走"邗沟"北上争霸中原的水军似乎能和齐国在海上作战，见《左传·哀公十年》："吴子三日哭于军门之外。徐承帅舟师，将自海入齐，齐人败之，吴师乃还。（承，吴大夫。）"这似乎表明吴国的水师可以航行在海上与齐国打海战。既然如此，则逆长江而上自然也就不在话下了。这似乎意味着吴国的水军是大型舰队，难以从运河行船，所以不得不走苏州的"吴古故水道"入泰伯渎、入芙蓉湖、入大江来出海。即"吴古故水道"是供吴都的吴国海军出江入海的专门水道。

由于吴军一日不可离战船，所以其军队全都是水军。如果吴军真是从海上出兵的话，吴王夫差也就根本不用再开"邗沟"了，吴王可以直接从苏州南境的古"中江"（吴淞江）入东海北上齐国，或从苏州北境的"北江"（长江湾）入东海而北上齐国，全都不用走邗沟，吴王夫差也就不用在出兵前一年开"邗沟"来行军了。

既然《左传·哀公九年（公元前486年）》载明："吴城邗，沟通江、淮"，可见吴王夫差争霸中原时，仍走的是"邗沟"，这就说明其可以打海战的水军仍可以走运河，则其从江南吴都出兵时肯定也是走江南的大运河，而不必走所谓的"吴古故水道"出兵来"入大江、奏广陵"而入邗沟。

况且上文又一再言明此"吴古故水道"因其苏州至巢湖（漕湖）的第一段乃是范蠡灭亡吴国时才开，吴王夫差时根本就不能走此"吴古故水道"出兵（在吴王夫差出兵中原时，此"吴古故水道"只通到漕湖为止），所以"吴王海军走不了内河航运的运河，而要走'吴古故水道'出江入海"仍属妄说。

事实上，"江南大运河"常州以东段天然有水而无坝，吴王的水军可以任意行船，唯有到奔牛才有一坝。吴王之船虽有20多米长，但仍可以靠船上近百名士兵与坝下拉船的牛群之力合作来翻坝，翻坝后便不再有坝而可直抵京口渡江，与江对岸的邗沟无缝对接，远比走利港逆江而上200里出兵来得安全稳妥。

且上引文字"徐承帅舟师，将自海入齐，齐人败之"，写明是"将自海"，也即将由海道进攻齐国而尚未来得及付诸实施便被齐人打败。换句话说，吴国的水军未必已经驶入大海，至多是在海港口露了一下头，顶多再沿海岸行驶了一小段，根本就未驶入海洋，也就根本未和齐国在海上作过战。据此文献，以及当时的生产力水平，我们便可断言：吴国的水师在江海交接处的大陆架处的海洋"长江湾"（又名"扬子大洋江"）逆江而上，仍是有相当难度而令吴军心有余悸的。所以，吴王出兵北上中原时，仍不敢贸然由利港逆江而上至邗沟。总之，走"吴古故水道"渡江至广陵要逆流而上，三国东吴与南朝时，人们尚且惧怕江涛之险而要另开"破岗渎"和"上容渎"，可证吴王夫差时代同样要开内河航运来与顺江流而下的长江航运构成一个交通回路，形成一个良性的闭环水路交通网络，因此便开凿了江南大运河，比走"吴古故水道"更有利于出兵。

唯有一种可能，即吴军打完仗从北方回来时，由京口走大运河则有奔牛翻坝之劳，莫如直接顺江东下，由利港走芙蓉湖至无锡，再走江南大运河直达苏州城的西门；如果是越国的话，由于蠡渎已开，越军也可以从无锡城东走泰伯渎、蠡渎而至苏州城的北门。但正如前图所示，无锡至苏州的大运河反倒是一直线，反倒不如走此为捷径，而走泰伯渎、蠡渎恰倒是绕远的路线，这也正是此"吴古故水道"在吴亡之际出现后，开通此水道的越国仍嫌其不实用而将其作古的原因所在。

至于吴亡之际，吴国贵族为躲避越国斩草除根，坐船入海远渡朝鲜、日本，那都是亡命的缘故，属于特例而非常事，不能代表吴国正常出兵时敢走"长江湾"逆江而上，或敢如前人误会《禹贡》而臆想中的由海洋上溯淮河那种朝贡路线驶入东洋大海。即认为，朝贡者因利港处长江湾比扬州处更为阔大（这也正是先民要从京口渡江的原因所在），由其处渡江时，肯定会受自西向东江流的推送而往东到达了今天南通处，然后沿苏北海岸往北，便可到达淮河口，然后逆淮河而上；由于淮河水势远小于长江，逆淮河而上是有可能办到的，而逆长江则是不大可能的，从而上溯淮河、然后入黄河抵达中原。并认为这就是《禹贡》也即大禹时代及大禹时代之前，江南地区向中央皇朝进贡物产的一条路线，故称"古故水道"。但第三章"五、（一）"否定了这一朝贡路线，所谓的《禹贡》"扬州"进贡之路是"沿于江、海，达于淮、泗"，说的是钱塘江以南及长江三角洲的方国，沿钱塘湾北上，走内河航运即江南大运河至京口渡长江至邗沟；而长江口以上的安徽、江西一带的方国则沿长江东下至邗沟；两者均由邗沟至淮河、泗水而达黄河，根本就不走苏北的东海岸线至淮河口后再逆淮河上溯。

八、附论：对地质与考古学界先秦太湖小于今日太湖论的思辨

《越绝书》卷二"记吴地传"称："太湖周三万六千顷，其千顷乌程也，去县五十里。无锡湖周万五千顷，其一千三顷毗陵上湖也，去县五十里，一名'射贵湖'。"可见太湖为36000顷而"上湖"即"无锡湖"为15000顷，相当于太湖的41.6%，即相当于半个太湖；其时的太湖显然要比今天的太湖来得大，所以"上湖（芙蓉湖、无锡湖）"的面积便相当于今天太湖面积的一半都是有可能的。

当然，汉制每顷约为今天的 70 亩，《越绝书》说太湖 36000 顷便是今天的 252 万亩、1680 平方公里，仅为今天太湖面积 2250 平方公里的 75％，《越绝书》的记载似乎表明东汉时的太湖面积远比今天太湖面积要小。但东汉人没有精确的大地测量技术，所谓的"三万六千顷"当是凭其目测、心估得出，未必属实。笔者之所以一反考古界、地质界的说法，认定古太湖面积要比今天来得大，便因为太湖受纳长江从芜湖分流而来的、占据长江干流相当部分水量的"中江"水，此水要到宋代牢筑"五堰"（也即今天的"东坝"）后才大为减少。而且太湖下游入海的三条水道"娄江""松江（吴淞江）""东江（即由吴江县的'三江口'往东南流经嘉兴至海盐'澉浦'入海的水道，今已淤塞不存）"，在古代均为水量浩瀚的大江，其中尤以"松江"最宽，松江府的"旧《志》"便称唐代松江河口宽达 20 里（而今天从江阴到靖江的长江江面也仅宽 4 里），宋代青浦县的松江河段面宽尚有 9 里。当时太湖接受西部荆溪、西南部苕溪的山区来水，足以通过这太湖下游的三条大江排入大海，故考古与地质界判定古代太湖平原很少泛滥，湖区面积远较目前为小，今天太湖以东、以北的诸湖荡大都不存在，是唐宋以后，由于围垦导致东江、娄江相继淤塞，吴淞江也日趋束狭，堵塞太湖水入海的去路，从而引发太湖泛滥，导致太湖中部平原洼地化、沼泽化；不光太湖本身的水体面积在扩大，其还在东、北部先后形成大大小小的零星湖泊，像"淀山湖"的最早记载便始于北宋郏侨的《水利书》，是"东江"湮没后形成；苏州与昆山间的"阳澄湖"则与娄江湮塞有关。从而认为：太湖下游出海用的"三江"淤塞、阻滞，方才导致太湖面积扩大，并在其尾闾一带出现湖泊广布的局面。

但笔者认为：郦道元《水经注》卷三十九言明"'五湖'谓长荡湖、太湖、射湖、贵湖、滆湖也"，均在太湖正北方向上，并未言及太湖东北的"阳澄湖"、东部的"淀山湖"等为五湖，可证郦道元所处的古代，五湖仅是太湖及太湖往北泄水形成的湖泊，其东部诚如诸家所言，由于有极宽的吴淞江泄水存在，并无诸湖。而之所以太湖北侧有大湖，而太湖东侧无大湖，这比较反常，其实这正证明导致太湖水大的来源在于太湖上游的"中江"之水，其水一路上北溢（即流往）北侧地形低的长江而形成"洮湖（即长荡湖）、滆湖"，然后流入"太湖"，再由太湖北泄为"上湖"（即古"芙蓉湖"，也即郦道元所谓的"射、贵"湖）。

今按宋初《太平寰宇记》卷九十二"常州、宜兴县"下说："荆溪，在县南二十步，《汉志》云：'中江首受芜湖东至阳羡入海'，即此溪也。刘穆之云：'船从义兴通江至芜湖分水，北溢为丹阳湖，东北回为洮湖，又东入震泽。'"刘穆之是东晋人，可见东晋时芜湖分长江一枝流出来的"中江水"、也即胥溪与荆溪，一路上北溢，在南京城南的小丹阳境内形成丹阳湖，又往东北溢为金坛境内的洮湖，然后至宜兴流为荆溪而入太湖。清《毗陵庄氏族谱》卷十三"家传"《金沙始祖邦一公传》："闻长老言：先朝银注东坝未筑，溧阳、金沙、义兴之间，皆巨浸也。今之沃壤，即昔之洪涛。"银注，即"银树堰"，又名"银林堰"，即"东坝"五堰之一。"金沙"是金坛古称，"义兴"是宜兴古称。其言"中江"胥溪上的银林堰处的东坝，在前朝也即明朝初年未筑牢之前，溧阳、金坛、宜兴三县"胥溪—荆溪"沿路流经之处皆是一片汪洋；明初牢筑东坝后，中江不复东流，三县之水方才退去而围湖成田，成为沃壤。此尚是东晋与唐宋元明的情形，可以想见更早的先秦时代，"中江"水势更大而一路北溢成为金坛、溧阳之"洮湖"，武进、宜兴之"滆湖"，又至宜兴灌注"太湖"而太湖北溢为"上湖"入江海，则其时之"长江三角洲"西境与中部"中江—太湖"流域的水势焉能不盛大？

正因为"中江"之水所行之地为茅山丘陵地带，后世政权一旦在"东坝"筑堤阻遏"中江"之水东流，则"五湖"（"长荡湖、太湖、射湖、贵湖、滆湖"）便会萎缩而退出陆地来供人居住，但此堤堰一旦没有政府来维持，或北方政府有意纵容江南吴地水患使之无法与自己的北方政权相抗衡，便又会拆除此堤堰，使五湖又再度水势盛大而淹没旧时已经成陆而宜居的沼泽区。所以我们不宜以后世太湖的暂时萎缩，便判定尧舜禹至秦汉时期太湖面积要比今日为小。

笔者又认为：唐宋以前，由于"五堰"未筑，"中江"水能通过长江天文大潮冲涨入茅山丘陵地带而流入太湖，故太湖面积当远大于今天；宋时筑"五堰"方才导致太湖面积一度萎缩。至于太湖底有平原类型的黄土堆积，且有大量古动物化石出土，甚至湖底还有近古人类的村落遗址：前者当是一万年前海平面低于现在三四十米，太湖地区在当时为高亢平原，故有古动物化石；后因全球冰川融化、海平面缓慢上升，在4000年前接近于今天的海平面，在此过程中太湖流域诸湖泊得以孕育形成，上述古动物化石所在地遂被淹没为湖底。至于太湖湖底有近古村落，因太湖仅深一两米，宋人便因人多地少而围堤造田，堤内地面可以低于堤外水面一米多；五代与宋建造"五堰"阻止太湖上游来水，太湖下游的"三江"又因其泄水功能巨大，太湖因此而有一段时期部分湖面萎缩成可供人类居住的陆地。总之，我们并不能以这后世的这种暂时性萎缩，便判定尧舜禹至秦汉时期的太湖面积比今日为小。

《咸淳毗陵志》卷二十录唐人陆羽《慧山寺记》："东北九里有'上湖'，一名'射贵湖'，一名'芙蓉湖'，其湖南控长洲，东洞江阴，北淹晋陵，周回一万五千三百顷，苍苍渺渺，迫于轩户。"写出太湖北泄入江的次级湖沼"上湖（古芙蓉湖）"地跨晋陵、江阴、无锡、长洲四县的盛大水势。该书卷十五"山水、湖、晋陵"又言："芙蓉湖，在县东五十五里。南北八十里，南入无锡县，北入江阴军，东南入平江府，北入扬子江。"写明其湖宋朝的规模是南北长八十里即40公里。元《无锡志》卷二"山川、芙蓉湖"条言："《寰宇记》云：'上湖，一名"芙蓉湖"，亦谓之"无锡湖"，占晋陵、江阴、无锡三县界。西去常州五十九里，东西四十五里，南北四十里，深五尺。东流为五泻水。'"比上载尺度小了一半，当是宋代此湖日渐萎缩，而《咸淳毗陵志》所载当是宋以前的唐朝或南朝旧文。根据自然湖泊有此一贯的萎缩趋势，遂可据此萎缩速度推知其更古的秦汉与先秦，其湖的规模当更形巨大。且以当时长江中游有巨大的"云梦大泽"，则其下游更不当无大泽，故"震泽（太湖）"自古即为巨大当无可怀疑。

今再以太湖南北长68公里、最大宽度56公里来比较，芙蓉湖作为其派生湖沼，据《咸淳毗陵志》所载的尺度是今太湖的58%，面积可取尺度的平方而约估为今太湖的33%。而上文所引东汉《越绝书》记载的当是秦汉与先秦的湖面情况，其时的芙蓉湖是当时太湖面积的41.6%，而当时的太湖又是今天太湖面积的75%，换句话说：《越绝书》所载的秦汉或先秦芙蓉湖的面积是今天太湖面积的31.2%，与《咸淳毗陵志》所载的唐宋或南朝此芙蓉湖面积大致相同。而据下文元《无锡志》引《南徐州记》，东晋时，此芙蓉湖受到官方的围垦，面积自当有所缩小，且宋代此湖又急剧萎缩一半，考虑一般湖泊都处于一个不断萎缩的自然过程中，则早于《咸淳毗陵志》的《越绝书》所载的秦汉与先秦此湖的面积，显然要比《咸淳毗陵志》所载要更大，这也就从侧面让我们看到《越绝书》所载的芙蓉湖面积记载小了，相应的，《越绝书》所载的太湖面积就也记载小了，这也正符合我们在此节开头所说的：东汉人没有精确的大地测量技术，其所谓的太湖、芙蓉湖面积出自其目测、心估而未必属实。秦汉与先秦的太湖、芙蓉湖面积当比《越绝书》所载要大很多。

元《无锡志》卷二"山川、芙蓉湖"条又引刘宋朝山谦之《南徐州记》："《徐州记》云："横山北曰'上湖'，南曰'芙蓉湖'。"《南徐记》云：'芙蓉湖，晋张（阖）[闿]基其中，泄湖水，令入"五泻"，注于"（巨）[具]区"，欲以为田。盛冬着赭衣，令百姓负土。值天寒凝冱，施功不成而罢。'至宋，居民因其旧迹，堤岸堰水，塞湖为田，今悉'南东其亩'矣。湖之经界，漫不可考。"由此刘宋朝《南徐州记》提及"芙蓉湖"，便可想见唐朝及唐以前的南北朝时期，"太湖"水势盛大而有往长江北溢泄水所形成的太湖次级湖沼"上湖（古芙蓉湖）"的存在，并不如上文考古界所言的：太湖在宋以前湖面不大，其向东、向北泄水入海尾闾处的湖泊乃是宋代太湖入海"三江"淤塞后的产物。

太湖向东诸湖或许如其所论，为宋代太湖入海"三江"淤塞后的产物；但其向北泄水入海尾闾处的湖泊"芙蓉湖（上湖）"却是古已有之而慢慢退化。此"上湖"湖区会有先民前往湖西高亢的宁镇丘陵地带开渠运来挖渠的泥土，而在湖中堆筑起宜居的高地

（所开之渠，便是今天的"江南大运河常州至镇江段"），故"上湖"湖区之内也就会有古人类遗址与近古村落遗址发现；此"芙蓉湖（上湖）"后来也遵循自然湖泊演变成陆地的一般过程日渐萎缩成陆。总之，在太湖及芙蓉湖区的湖底发现远古、近古人类遗址，并不能证明其处在当时不是湖泊沼泽。

　　且本章"五、（二）"之"5. 常州以东的无锡、苏州、嘉兴在上古处于海平面、湖面之下的事实，作为传说、地名等口述史形式而被记载流传下来"，举虎丘又名"海涌山"之例，加上《路史》"鲧余氏墓"言大禹治水时虎丘之地为海边之岛这一口碑性质的史料（"当时此地，乃海东渐之山也"），从而证明苏州之地在大禹治水时尚在海平面之下。然后又举常熟虞山之例，证明其时亦当是东渐入海的山岛，故西晋在这儿立"海虞县"（可以理解为虞舜亲自教化区的最东边的海滨之地），其西境暨阳县（即古江阴县之东境）境内又设有可以煮盐的"暨阳盐署"，证明其地实为海中涨沙而来的陆地，故东晋将此"暨阳盐署"改设为"南沙县"（即今常熟县的前身），因其为"长江湾"这一海湾南岸沙洲涨成之县，故命名其为"南沙县"。

　　本书第一章"五、（三）、14"亦论及："在大舜时代，无锡与苏州还都在海平面之下（苏州城北的'虎丘'古名'海涌山'，相传远古是海岛，海浪天天在此腾涌），海水味咸，即便枯水期露出来的陆地也是斥卤之地，并不适宜人类的居住和耕种。"故其西境的无锡之地要到晚于舜和大禹一千年后的泰伯时代，才逐渐淡化而可耕种，泰伯遂立国都于此西境的无锡梅里；而其东境苏州之地尚未淡化，要再晚600年后方才淡化宜居而诸樊、阖闾父子方能立其新都于此。

　　通过上面两处的分析，我们便可想见：远古时代，"长江三角洲"浸泡在"东海"海水这一咸水与"中江"所灌注的太湖为中心的"五湖（五大湖泽）"淡水之中，要到舜与禹的时代，"长江三角洲"西部的宁镇丘陵和常州地区，方才成陆而适宜人居，其时宁镇与常州东部的无锡、苏州之地仍全都浸泡在海洋咸水与湖泽淡水中，当然其淡水之湖因通海而有海水涨潮的涌入，遂有一定的咸度，并非完全的淡水。此淡水之湖因在太湖北侧，而古人以北为"上"，遂名"上湖（意为太湖北侧的湖）"。此"上湖"因其浅而只有一两米深，可以到处盛开荷花，遂名"芙蓉湖"。其时"长江三角洲"东境的无锡、苏州全境均为此湖所弥漫，只有几座山脉与山头座落在湖中，适宜人类居住，于是形成今天江南诸城市的雏形。具体而言：

　　舜过山西趾形成季子所封的"延陵邑城"，这有《毗陵高山志》书首的"高山图"为证，其图在"舜过山"西趾的平地上画有一圈河道标为"城河"，并在东侧画有其从东侧大河——舜过山下的"舜河"——为此"城河"引水的引水河"岑（城）沟"。此圈"城河"东侧偏北处标有"东城门桥"，而季子便躬耕于舜过山北，舜过山西北、该图"城河"以北的"申港"西岸上有其安葬的墓，证明此圈城池（"城河"）便是季子封于延陵的延陵邑城。而范蠡灭吴后，方将此"延陵邑"城迁至今天的常州城处，以充分利用流经其处的江南大运河的水运优势，其论详见拙著《龙城·龙脉——大运河为纲的常州古城水系变迁研究》第二章之"一、常州'成市'的起点——远古至春秋常州集市的形成和发展"与"二、常州'筑城'的起点——春秋末年、战国初年越国范蠡的筑城与引水工程"。

而君山东南趾便形成今天的江阴城，虞山东南趾便形成今天的常熟城，虎丘山南趾便形成今天的苏州城，惠山东趾便形成今天的无锡城。以上诸山在当时其实皆当称作"岛"为宜，形如太湖中的常州马迹山岛与苏州东西洞庭山岛。关于此点，并非我臆说，乃是明万历朝顾世登、顾伯平为常州舜过山下"大宁乡"所编乡志《毗陵高山志》卷一"山境"最后一山"芳茂山"条言："此与'三山'诸山，直至梁溪慧山，俱坐芙蓉湖中；则久矣桑田，今曰'芙蓉圩'。"这便言明：此"芳茂山"及与其山脉相连的其书上文的"三山"乃至"高山"（"高山"即"舜过山"之古名），以及更为遥远的无锡（雅称"梁溪"）的惠山（古又写作"慧山"），全都是"古芙蓉湖"（也即"上湖"）中的岛屿，只不过到了编《高山志》的明朝时，其处早已成为桑田（"则久矣桑田"），这真可谓是长江三角洲这一近海地区"沧海变桑田"的绝佳实例。

由此可见，长江三角洲东境四座大小城市苏州、无锡、江阴、常熟，无一例外全都依山趾而建，这恰可证明其处曾弥漫有大湖，其所依之山在尧舜禹乃至更早时期其实是湖中之岛。若其处没有大湖弥漫，则长江三角洲何以没有平原上立足的古城？由江南众多古城皆立足于山趾，便证明其是湖中依山而建之城。而今天的常州城之所以没有建在山附近，便在于形成城市雏形时，其处已是地势高亢而不受水淹的陆地，即其名"毗陵"（按《诗经》"天子是毗"句毛《传》："毗，厚也"）的由来。（常州再往西的丹阳城亦无山，亦是此缘故。）由江南众多古城皆依山而建，便可证明先秦时代太湖水势之盛大，而今日考古界、地质界断言先秦时代太湖比后世要小的论调实可休矣！

主要参考文献

一、立足于"经史子集"四部古籍

（一）十三经及其解释，如陆德明《经典释文》、朱鹤龄《禹贡长笺》、阎若璩《四书释地续》、胡承拱《毛诗后笺》、冯复京《六家诗名物疏》、程公说《春秋分记》、顾栋高《春秋大事表》、黄宗羲《孟子师说》、程瑶田《沟洫疆理小记》、邹汉勋《读书偶识》等。

（二）以二十四史为代表的史部文献，以及司马光《资治通鉴》、袁康《越绝书》、赵晔《吴越春秋》、许嵩《建康实录》、宋衷《世本》、孔晁《逸周书》、韦昭注《国语》、张敦颐《六朝事迹编类》、杜佑《通典》、徐松《宋会要辑稿》、马端临《文献通考》、罗泌《路史》、孙毂《古微书》等。

（三）诸子百家的子部文献，如《老子》《庄子》《司马法》、陶宗仪《辍耕录》等。

（四）集部文献，如萧统《文选》、李昉《文苑英华》、董诰《全唐文》、谢应芳《龟巢稿》、王偁《思轩文集》等。

（五）语言文字类文献，如《尔雅》、张揖《广雅》、许慎《说文解字》、庄述祖《说文古籀疏证目》、顾野王《玉篇》、曹安《谰言长语》等。

（六）方志类文献，如郭璞《山海经》、李吉甫《元和郡县志》、乐史《太平寰宇记》、王象之《舆地纪胜》及各地方志。

（七）类书文献，如《太平御览》《永乐大典》《古今图书集成》、彭大翼《山堂肆考》、叶庭珪《海录碎事》、高承《事物纪原》等。

（八）水利类文献，如《水经注》、单锷《吴中水利书》、张国维《吴中水利全书》、姚文灝《浙西水利书》、傅泽洪《行水金鉴》、黎世序《续行水金鉴》、钱文瀚《捍海塘志》、武同举《江苏水利全书》等。

二、立足当代人的研究

（一）镇江、常州、无锡三地的地方文献，如《丹阳县地名录》《丹徒县地名录》《镇江市地名录》《常州市地名录》《武进县地名录》《无锡市地名录》等。

（二）运河与漕运研究，如房仲甫《中国水运史》、朱偰《中国运河史料选辑》、傅崇兰《运河史话》、史念海《中国的运河》、姚汉源《京杭运河史》、邱志荣《浙东运河史》、嵇果煌《中国三千年运河史》、陈桥驿《〈中国运河开发史〉概论》（论文）、王文楚《江南运河的形成及其演变》（论文）、魏嵩山《江南大运河的形成及其演变过程》（论文）等。

（三）大禹治水研究，如扶永发《古黑水与古三危考》（论文）、纪国泰《大禹"岷山导江"与"开明决玉垒"传说的历史观照》（论文）、陈剩勇《大禹出生地考实》（论文）、陈鹏儿《大禹治水传说的起源异说及我见》（论文）。

（四）水利史研究，如周魁一《中国科学技术史·水利卷》、姚汉源《中国水利史纲要》、孙保沭《中国水利史简明教程》、武汉水利电力学院《中国水利史稿》、郑肇经《中国水利史》《太湖水利技术史》等。

（五）井田制研究，如董恺忱《中国科学技术史·农学卷》、黄耀能《中国古代农业水利史研究》、田昌五《解井田制之谜》（论文）、李根蟠《井田制及相关诸问题》《西周耕作制度简论——兼评对"菑、新、畬"的各种解释》《先秦时代的沟洫农业》（均为论文）、吕珊雁《奴隶社会的井田制和沟洫农业》（论文）等。

（六）江南农田水利研究，如陈桥驿《古代鉴湖兴废与山会平原农田水利》（论文）、周晴《唐宋时期太湖南岸平原区农田水利格局的形成》（论文）、王建革《江南"活水周流"的历史经验与现实对策》（论文）等。

（七）长江三角洲与太湖、潟湖研究，如徐建春《〈禹贡〉三江新释》（论文）、王建革《太湖形成与〈汉书·地理志〉三江》（论文）、张修桂《太湖演变的历史过程》（论文）等。

（八）太湖流域城市起源研究，如傅崇兰著《中国运河城市发展史》、乔彭年《中国河口演变概论》、乐祖谋《历史时期宁绍平原城市的起源》（论文）等。

（九）江南考古研究，如林华东《河姆渡文化初探》、周膺《良渚文化与中国文明的起源》、王遂今《吴越文化史话》等。

（十）其他研究，如吴丁讲史《三星堆青铜器的铜料，可能来自江西吴城？结论让人难以置信》（网文）、孙志平《中国邮驿始于何时？》（论文）等。